Uma história religiosa das cidades medievais

Universidade Estadual de Campinas

Reitor
Antonio José de Almeida Meirelles

Coordenadora Geral da Universidade
Maria Luiza Moretti

Conselho Editorial

Presidente
Edwiges Maria Morato

Carlos Raul Etulain – Cicero Romão Resende de Araujo
Dirce Djanira Pacheco e Zan – Frederico Augusto Garcia Fernandes
Iara Beleli – Marco Aurélio Cremasco – Pedro Cunha de Holanda
Sávio Machado Cavalcante – Verónica Andrea González-López

Coleção Estudos Medievais

Comissão editorial

Coordenação: Néri de Barros Almeida (Unicamp)
Comissão Editorial: Carlos Augusto Ribeiro Machado (University of St. Andrews)
Marcelo Cândido da Silva (USP) – Maria Filomena Coelho (UnB)
Olivia Adankpo-Labadie (Université Grenoble-Alpes)
Representante do Conselho Editorial: Cicero Romão Resende de Araujo (USP)

André Miatello

UMA HISTÓRIA RELIGIOSA
DAS CIDADES MEDIEVAIS

EDITORA UNICAMP

FICHA CATALOGRÁFICA ELABORADA PELO
SISTEMA DE BIBLIOTECAS DA UNICAMP
DIVISÃO DE TRATAMENTO DA INFORMAÇÃO
Bibliotecária: Maria Lúcia Nery Dutra de Castro – CRB-8ª / 1724

M58h	Miatello, André
	Uma história religiosa das cidades medievais / André Miatello. Campinas, SP : Editora da Unicamp, 2024.
	1. Cidades e vilas medievais. 2. Cristianismo - Idade Média. 3. Comunas. I. Título.

CDD – 307.7609
– 270.3
– 333.2

ISBN 978-85-268-1678-7

Copyright © André Miatello
Copyright © 2024 by Editora da Unicamp

As opiniões, hipóteses, conclusões e recomendações expressas
neste livro são de responsabilidade do autor e não
necessariamente refletem a visão da Editora da Unicamp.

Direitos reservados e protegidos pela lei 9.610 de 19.2.1998.
É proibida a reprodução total ou parcial sem autorização,
por escrito, dos detentores dos direitos.

Foi feito o depósito legal.

Direitos reservados a

Editora da Unicamp
Rua Sérgio Buarque de Holanda, 421 – 3º andar
Campus Unicamp
Cep 13083-859 – Campinas – SP – Brasil
Tel.: (19) 3521-7718 / 7728
www.editoraunicamp.com.br – vendas@editora.unicamp.br

Para Caetano Andrade Miatello

AGRADECIMENTOS

Quero expressar minha gratidão à Université Paul-Valéry Montpellier 3, que gentilmente me concedeu a oportunidade de realizar dois estágios de pesquisa como professor convidado nos anos de 2015 e 2019. Gostaria também de agradecer ao estimado professor doutor Patrick Gilli por seu apoio e sua interlocução durante esse período. Um agradecimento especial aos alunos do curso As cidades na Idade Média Ocidental, nos anos de 2011, 2018 e 2020, e do curso Republicanismo Medieval, de 2018. Foi a curiosidade e o interesse demonstrados por vocês que me incentivaram a prosseguir com minha investigação sobre as cidades na Idade Média. Não poderia deixar de mencionar meus interlocutores no Laboratório de Estudos Medievais, nomeadamente os professores Néri de Barros Almeida e Marcelo Cândido da Silva, cujas contribuições foram inestimáveis para o aprimoramento deste trabalho. Por fim, gostaria de reconhecer o apoio financeiro do Conselho Nacional de Desenvolvimento Científico e Tecnológico (CNPq), por meio da Bolsa Produtividade em Pesquisa, que viabilizou a realização deste trabalho nos últimos quatro anos.

Imaginemos uma cidade composta por pessoas tão perfeitas que toda a sua vida seja para a honra e serviço de Deus, uma vida toda voltada para o ofício da honestidade, toda dedicada ao auxílio dos outros. Esta cidade, tal como um edifício nobre e magnífico, é construída com madeiras cortadas, esculpidas e polidas com grande habilidade, e decorada com todo o esplendor da arquitetura: cada cidadão, então, é como uma pedra ou madeira ornamentada em toda a sua beleza arquitetônica.

Guillelmus de Alvernia (m. 1249), *De sacramento in generali.*

Inutilmente, magnânimo Kublai, tentarei descrever a cidade de Zaíra dos altos bastiões. Poderia falar de quantos degraus são feitas as ruas em forma de escada, da circunferência dos arcos dos pórticos, de quais lâminas de zinco são recobertos os tetos; mas sei que seria o mesmo que não dizer nada. A cidade não é feita disso, mas das relações entre as medidas de seu espaço e os acontecimentos do passado: a distância do solo até um lampião e os pés pendentes de um usurpador enforcado.

Marco Polo para Kublai Khan em:
Italo Calvino, *As cidades invisíveis*, 1991, p. 14.

SUMÁRIO

INTRODUÇÃO 15

1 - A CIDADE ENTRE O IDEAL LIBERAL E AS LEITURAS
TEOLÓGICAS 27
    1.1 A *ville* dos burgueses contra a *cité* dos padres 28
    1.2 A igreja como pólis 30
    1.3 A Igreja, a cidade e os leigos como sujeitos eclesiais 34

2 - AS PALAVRAS E AS COISAS 49
    2.1 *Urbs* e *Civitas*: a distinção fundamental 49
    2.2 *Urbs Ecclesia*: a convergência fundamental 63
    2.3 O cristão e a cidade 80

3 - AS CIDADES E SEUS FUNDADORES 89
    3.1 O conceito romano de fundação 90
    3.2 Agostinho de Hipona e a cristificação do conceito
de fundação 99
    3.3 Isidoro de Sevilha: a urbe de pedra e a cidade de homens........ 102
    3.4 Iacopo de Varagine, a cidade de Gênova e a autoridade
da fundação 108

4 - A CIDADE EPISCOPAL 121
    4.1 Os bispos, a elite urbana e a construção da cidade cristã........ 123

4.2 Construir igrejas e edificar cidades.. 133

4.3 O governo citadino dos bispos (séculos V a X)............................... 159

5 - *ECCLESIA MATRIX* OU *DOMUS CIVITATIS*: AS MÚLTIPLAS
FUNÇÕES DA IGREJA URBANA 175

5.1 A Mãe Igreja 177

5.2 *Domus ecclesiae*: a casa comum da cidade 186

5.3 Os cônegos da catedral.. 199

5.4 As escolas eclesiais e a educação na cidade 212

6 - ANTIGAS E NOVAS CIDADES, RENOVADAS REALIDADES
ECLESIAIS 225

6.1 Celebrar a fé, compartilhar a cidade.. 226

6.2 Os senhorios territoriais (séculos X-XII).. 238

6.3 As igrejas castrais e a nova organização da comunidade eclesial ... 254

6.4 A paróquia e os centros urbanos... 263

6.5 A paróquia urbana e a afirmação do senso de comunidade 271

6.6 Fundar paróquias para conquistar a terra (Lisboa, 1147).............. 278

7 - AS COMUNIDADES ECLESIAIS E AS COMUNAS
(SÉCULOS XI-XV) 291

7.1 As cidades e o regime comunal na visão dos historiadores
modernos 291

7.2 Os pressupostos eclesiais da fundação das comunas....................... 296

7.3 O associacionismo urbano entre corporações de ofício
e confrarias 311

7.4 As instituições eclesiais e o governo comunal 328

7.5 Comunidade civil: ética eclesial e consciência comunitária 337

7.6 A linguagem do bem comum e do bom governo.............................. 349

8 - OS FILHOS DA IGREJA: UMA CIDADANIA POSSÍVEL.............. 363

8.1 Os leigos, a comunidade eclesial e a sociedade urbana 364

8.2 As vias da devoção 367

8.3 As confrarias e irmandades urbanas 370

8.4 Leigos e leigas consagrados: a escolha da penitência
como política 380

8.5 A atuação dos leigos na comunidade urbana: uma recusa
à violência 392

9 - OS RITUAIS DA CIDADE-IGREJA 411

9.1 Batismo... 418

9.2 Procissões... 429

9.3 Sermões.. 448

9.4 O que é um sermão?... 448

9.5 A pregação na cidade 460

9.6 Os pregadores urbanos... 465

9.7 Efeitos da pregação nas cidades... 475

10 - AS POLÍTICAS DA CARIDADE E A MISERICÓRDIA
URBANA 485

10.1 "Não desvies do pobre os teus olhos": esmola e hospitalidade
nas cidades.. 488

10.2 A comunidade e a *cosa pública crestiana*............................ 500

10.3 "E se a caridade, senhor, que sustenta o mundo, se perde,
o que será de nós?".. 513

CONCLUSÃO.. 527

DOCUMENTOS HISTÓRICOS... 537

BIBLIOGRAFIA CITADA 549

INTRODUÇÃO

Com o intuito de ser uma história religiosa da cidade ocidental, este estudo investigará o papel do religioso na organização da comunidade urbana, na gestão das pessoas e dos espaços, nas relações econômicas, na exploração do ambiente, enfim, na cultura da cidade como um todo. Além disso, ao buscar ser também uma história urbana da Igreja, o livro examinará a influência da cidade na construção da experiência eclesial cristã, especialmente ao longo dos séculos da Idade Média. As balizas deste trabalho são, portanto, duas: a história religiosa da cidade e a história social da Igreja. Por essa razão, as discussões que são apresentadas, por meio de ensaios articulados em capítulos temáticos, levam em consideração os debates estabelecidos pelos historiadores da cidade com a história da Igreja, assim como os debates estabelecidos pelos historiadores da Igreja com a história política e social. Quando pertinente, também são referenciados estudos conduzidos por teólogos e cientistas da religião.

Os termos "cidade" e "igreja" nunca tiveram significados fixos ao longo da história e, com o tempo, adquiriram novas acepções, por vezes ampliando ou restringindo a compreensão que se tinha anteriormente. Para os leitores contemporâneos, isso pode representar um desafio adicional, pois nossa percepção dessas realidades sociais é frequentemente moldada pela cultura ocidental que se desenvolveu com o Iluminismo e as revoluções liberais. Esses movimentos deram origem aos Estados-nações e à subsequente dissociação entre cidade e cidadania, além do confinamento da religião no espaço privado. Os efeitos dessa transformação cultural e política transcendem a mera mudança de significado de palavras antigas, como "cidade" e "igreja", e comprometem sua inteligibilidade histórica. Sob a influência do secularismo, por exemplo, podemos não reconhecer que "a religião exerceu um papel central durante a maior parte da história urbana"[1] ou, inversamente, que os antigos cristãos – criticados por Suetônio como promotores de ideias revolucionárias – foram pioneiros na defesa da laicidade do Estado.

Nesse sentido é notável como a história do cristianismo desde o início foi marcada por tensões entre grupos ou facções que discordavam sobre como interpretar o mundo material e as estruturas políticas e sociais, como o Estado e a família, por exemplo. Alguns os consideravam coisas más e condenáveis, enquanto outros os viam como algo bom e digno de cuidado. Essas divergências também se estendiam às visões sobre o papel de Cristo e da Igreja no mundo secular. Portanto, não é surpreendente que a versão do cristianismo adotada pelo Império como sua nova religião oficial em 380, com o Edito de Tessalônica, tenha sido aquela representada pelas Igrejas de Roma e Alexandria. Os bispos dessas cidades reivindicavam sua sucessão dos antigos apóstolos como Pedro e evangelistas como Marcos. Eles argumentavam que os grupos gnósticos, ao favorecerem uma religião de espíritos contra a carne, acabavam por condenar a veracidade da carne humana de Cristo, e por conseguinte o alcance histórico da redenção sobre as estruturas injustas da cidade. Esses bispos eram veementemente contra qualquer forma de divisão sectária na Igreja, pois acreditavam que "não há presença divina onde não há comunidade humana".[2] Assim, aqueles que participavam da comunhão com a carne de Cristo deveriam também compartilhar da vida daqueles que Cristo veio redimir.

O texto conhecido como *A Diogneto* expressa esse princípio da seguinte maneira:

Os cristãos, de fato, não se distinguem dos outros homens, nem por sua terra, nem por língua ou costumes. Com efeito, não moram em cidades próprias, nem falam

INTRODUÇÃO

língua estrangeira, nem têm algum modo especial de viver. [...] Pelo contrário, vivendo em cidades gregas e bárbaras, conforme a sorte de cada um, e adaptando-se aos costumes do lugar quanto à roupa, ao alimento e ao resto, testemunham um modo de vida social admirável e, sem dúvida, paradoxal. Vivem na sua pátria, mas como forasteiros; participam de tudo como cristãos e suportam tudo como estrangeiros.[3]

Quando *A Diogneto* foi escrito por um cristão anônimo em algum momento do século III, os seguidores de Cristo eram em sua maioria de origem pagã e buscavam diferenciar-se dos judeus dispersos pelo Império Romano, que optavam por não se assimilar às populações das cidades helenizadas. A convivência com gregos e bárbaros, desejada e buscada pelos cristãos, delineou uma ética de solidariedade pela qual as "assembleias de Deus" (*ekklesíai tou Theou*) – como Orígenes nomeava as *igrejas* – colaborariam para o aperfeiçoamento das assembleias políticas (*ekklesíai*) de cada cidade, principalmente através de uma melhor observância de seus fundamentos legais. Orígenes inclusive estabeleceu um paralelo entre a *assembleia* dos cristãos e a *assembleia* política dos cidadãos, o *senado* cristão (composto do clero) e o *senado* civil, e entre "o chefe da igreja [o bispo] de cada cidade e o governante político", e observou que o comportamento ético dos primeiros só discrepava daquele dos últimos porque esses últimos seriam indolentes em abandonar a idolatria do Estado e em seguir o ordenamento jurídico e a ética social.[4]

Orígenes e o autor do discurso *A Diogneto* trataram das "igrejas", no plural, como assembleias urbanas de crentes em Cristo que se caracterizavam por uma atenção especial às leis e aos princípios da convivência civil. Para eles, a religião de Cristo se identifica com as "assembleias de Deus", ou seja, as igrejas, as quais, por sua vez, assimilam a cultura das cidades. Se a condição autoimposta de apátridas levou mais de um filósofo grego a considerar os cristãos como pessoas subversivas, estes, como membros de comunidades eclesiais urbanas, acreditavam agir nas cidades como a alma de um corpo. Nada de morar em guetos ou evitar a assimilação. Desde que as leis civis estivessem em conformidade com o que chamavam de direito natural, as comunidades eclesiais estavam dispostas a se conformar com as instituições políticas e a zelar por elas. Textos de Agostinho de Hipona (m. 434), Gregório Magno (m. 604) e outros demonstram que esse procedimento não foi abandonado nos séculos V e VI. No século VII, com uma mais completa cristianização das antigas cidades romanas, ele adquiriu a forma de um sistema eclesial de cidade, que será um dos principais objetos deste estudo.

Toda essa política cristã de integração com a cultura urbana e de produção de novos sentidos de vida comunitária e ordenamento civil foi desenvolvida a partir do que José Comblin denominou de *Teologia da Cidade*.[5] Isso implica reconhecer que, ao adotar uma postura favorável às cidades, as assembleias eclesiais elaboram uma teologia correspondente, que consiste em interpretar as realidades sociais e as instituições civis segundo uma experiência religiosa que atribui à comunidade humana um valor teológico inegociável. Nesse sentido, o trabalho historiográfico que apresento ao leitor não pode dispensar os artefatos e os métodos teológicos, pois eles são valiosas portas de acesso ao fenômeno urbano em todos os lugares e épocas considerados neste estudo. Foi com base na teologia que os cronistas produziram suas narrativas e retrataram as cidades; e nem precisaram fazer muito esforço, uma vez que os textos sagrados da comunidade eclesial já lhes forneciam o argumento necessário para desenvolverem seus relatos.

O último capítulo do livro Apocalipse de São João, que conclui o Novo Testamento, descreve uma teofania universal, materializada em uma cidade que desce dos céus. Essa cidade não tem um templo, embora construída por Deus; é uma cidade sem violência, ainda que cercada de muros; uma cidade de pobres de espírito, mesmo estando adornada com pedras preciosas. O Apocalipse, como último livro da Bíblia cristã, oferece um epílogo *urbano* para a história humana que teve início em um jardim, conforme narrado no livro de Gênesis, onde os primeiros seres humanos tomaram uma decisão livre, mas que resultou em sua queda. Assim, a *cidade* descrita no Apocalipse se apresenta como um antídoto para aqueles que foram banidos do *jardim* do Éden. A presença duradoura dessa imagem bíblica – ou desse conjunto de imagens – na concepção cristã, antiga e medieval da *cidade terrena* é motivo suficiente para justificar a dedicação de muitos estudiosos da história urbana, e certamente justifica o esforço em produzir o livro que o leitor tem agora em mãos.

Tomei todos os cuidados necessários para preparar um estudo com o máximo rigor acadêmico, levando em consideração que o texto também será lido por pessoas que não são especialistas em História ou Teologia. Por essa razão, evitei notas de rodapé e mencionei apenas a bibliografia que foi fundamental para a redação do livro, sem a intenção de abranger todos os estudos correlatos, resumir debates ou fornecer um panorama historiográfico completo. A investigação buscou desvendar aspectos das cidades ocidentais que hoje em dia seriam classificadas como *cidades europeias*. No entanto, gostaria de destacar duas coisas a respeito disso: em primeiro lugar, dei mais destaque às regiões mediterrâneas dessa história e às realidades urbanas que tiveram um impacto significativo em experiências sociais e políticas não europeias. Sempre que possível, também dediquei atenção às comunidades urbanas da península Ibérica, a fim de evitar a tendência de considerar o comunalismo/republicanismo como algo exclusivamente italiano. Em segundo lugar, desde o início me posicionei como um historiador não europeu, utilizando essa diferença geográfica como uma forma de tornar a análise dos fenômenos religiosos e urbanos mais plural e menos condicionada pela tradição historiográfica europeia sobre a Idade Média.

Ao escolher abordar as comunidades urbanas a partir das formas comunitárias da religião cristã e de suas influências na cultura civil, este livro dá prioridade à investigação de rituais, símbolos, liturgias e expressões cultuais. É importante ressaltar que os historiadores europeus, embora não de forma unânime, costumam deixar esses aspectos sob a responsabilidade da História Eclesiástica, da História da Liturgia ou das Crenças Religiosas, áreas consideradas, por eles, separadas da história das sociedades e dos poderes,[6] e, portanto, seus resultados raramente são incorporados ao ensino nas faculdades de História. Até recentemente, especialistas em História Medieval lidavam com a *religião* como um produto ideológico de uma "instituição hegemônica", a Igreja, que era reduzida a uma "instituição eclesiástica" cada vez mais centralizada, dirigida por um clero letrado que monopolizava o sagrado e procurava controlar as massas de leigos iletrados, frequentemente rotulados como supersticiosos e inclinados à contestação. Os especialistas da História Eclesiástica poderiam ter oferecido um contrapeso para os exageros dessa visão laicista e anticlerical, se não fosse pelo fato de também serem excessivamente tendenciosos em sua abordagem confessional religiosa, na qual a Igreja romana é vista como vítima de poderes laicos ambiciosos que buscavam manipular o sagrado em benefício próprio.

A ideia de escrever este livro surgiu durante meus primeiros anos como professor universitário, especialmente nos cursos sobre cidades medievais que ministrei. Ao entrar em contato direto com os estudantes, percebi que sua formação em relação à Idade Média era superficial e marcada por distorções acadêmicas modernas. Fiquei ciente de que seria mais fácil seguir reproduzindo a tese de que as cidades ocidentais começaram a resgatar a tradição republicana clássica à medida que se libertavam da influência da instituição eclesiástica centralizada e todo-poderosa. No entanto, essa peça parecia não se encaixar no quadro explicativo que eu considerava menos reducionista. Para mim, não era uma tese, mas uma antítese. Por outro lado, eu não conseguia fazer com que eles enxergassem o ponto de discordância sem parecer que eu estava propondo uma versão renovada da velha história confessional. Como solução, selecionei um conjunto de imagens e textos, tanto sacros quanto profanos, que relacionavam a *religião* e a *cidade*. Procurei suscitar a observação dos traços e elementos que apontavam para o coletivo e o comunitário, enfatizando a ritualidade, o movimento coreografado dos corpos humanos e das corporações profissionais no *corpo* de pedra das cidades,[7] nas quais o religioso ia além de uma simples instituição. Sua experiência ajudava a *fabricar* o urbano à medida que congregava a comunidade.

Reconheço minha dívida para com sociólogos como Émile Durkheim e Max Weber, e teólogos como Johann Baptist Metz e Jon Sobrino. Eles me fizeram enxergar a religião além de sua dimensão institucional e perceber nas escrituras sagradas, nas fórmulas litúrgicas e nas representações dos mistérios um movimento fora do comum das coletividades que se alimentam dessas práticas e promovem vida social, frequentemente desafiando regimes e reinventando a ordem política. Era necessário responder à racionalidade iluminista europeia, que via a *fé* como oposta à *descrença* (ateísmo), a religião como oposta à política, o sagrado como oposto ao profano e o espírito como oposto à matéria. Ao nos afastarmos desses pressupostos e nos aprofundarmos na história do povo bíblico ou das primeiras comunidades eclesiais, notamos que a categoria *fé* tinha significados bem diferentes, como compromisso individual e coletivo com a justiça e um pacto comunitário que inspirava a luta contra qualquer forma de idolatria do poder político, seja dos impérios antigos ou de qualquer outro poder dominador. Os biblistas já sabem disso desde o século XIX, quando os estudos bíblicos incorporaram as contribuições da arqueologia, sociologia e antropologia. Os sociólogos também sabem disso, como Max Weber, para quem a experiência do profetismo hebraico foi fundamental em sua análise sociológica da autoridade carismática.

A ideia central que impulsiona este livro, portanto, não é minha. Eu simplesmente selecionei os artefatos, organizei-os no tempo e no espaço, estabeleci alguns parâmetros de comparação e adotei uma abordagem de leitura que pode não ser original para teólogos, antropólogos ou sociólogos, mas que me ajudou a explorar a história urbana, religiosa e política a partir do paradigma das comunidades. A política está intrinsecamente ligada à comunidade, assim como o individual está ao coletivo, como argumentou Egídio de Roma (m. 1316), em seu livro *De Regimine Principum* (Sobre o governo dos príncipes), ao comentar as propostas de Aristóteles: a política envolve a organização do espaço urbano e social em prol da comunidade que o habita; e ele acrescentou: "é tarefa do político estabelecer uma ordem para as casas, a construção dos bairros e a fábrica da cidade [*fabrica civitatis*], a fim de que sejam conformes à comunidade e à forma política dos cidadãos [*politia civium*]".[8]

E por que *cidade* e *igreja*? Se pedíssemos a uma mulher de Pisa, como Bona (m. 1207), ou a um homem da cidade de Brescia, como Albertano (m.*c.* 1251), que nos dissessem o nome da comunidade a que pertenciam ou como eles preferiam ser chamados – considerando que sobrenomes patronímicos eram mais comuns entre os nobres –, eles diriam *Bona de San Martino* e *Albertano de Oria Sancta Agata*: em que "San Martino" e "Sancta Agata" correspondiam às paróquias dos bairros onde eles residiam. Mesmo Dante Alighieri, no Canto XVI do *Paradiso*, referia-se a Florença como *l'ovil di San Giovanni* (o aprisco de San Giovanni), em referência ao padroeiro do batistério florentino, local onde seu ancestral, Cacciaguida, e ele próprio receberam a fé cristã e, ao mesmo tempo, a cidadania de Florença, uma mistura de religião e civismo. E como não mencionar o ilustrador do códice da *Nuova Chronica*, de Giovanni Villani,[9] que desenhou o batistério de San Giovanni em todas as miniaturas que retratavam Florença, sempre o colocando como o edifício mais proeminente e representativo da cidade.

Bona, Albertano, Dante, Cacciaguida são apenas alguns exemplos de uma história da Igreja permeada por leigos e leigas. É por isso que você encontrará frequentemente a expressão "comunidades eclesiais" ao longo do livro, pois ela não apenas traduz adequadamente o termo latino *ecclesia*, mas também nos permite compreender que a própria instituição religiosa raramente se reduz à dominação de seus clérigos. Desde que Herbert Grundmann publicou o pioneiro volume sobre os *Movimentos religiosos na Idade Média*, em 1935, os especialistas têm lidado de forma insatisfatória com esse aspecto laical da Igreja medieval. Muitas vezes, esses movimentos são interpretados como sinais de insubordinação e rebeldia em relação ao clero, o que é verdade apenas em alguns casos isolados. Em geral, os leigos da Igreja, os *filii ecclesiae* (*filigreses* ou fregueses), buscavam ser senhores de suas cidades, não tanto de suas Igrejas, que para eles eram como mães ou aprisco, lugares sem os quais acreditavam não ter raízes nem um passado. Essa dimensão *comunitária* e inclusiva da Igreja será sempre referida aqui como *eclesial*, pois engloba leigos e clérigos, liturgias sacramentais e devoções populares. Quando for necessário destacar a estrutura hierárquica da Igreja e os diversos *officia* (funções) desempenhados pelos ministros ordenados, utilizarei o adjetivo "eclesiástico", mesmo reconhecendo que esses termos não se opõem nem se excluem.

No primeiro capítulo, discuto o *mito comunal* das cidades livres e a crença de que sua origem se deu através da emancipação dos poderes religiosos. Essa tese tem sido difundida em círculos intelectuais desde o século XVIII e adquiriu uma abordagem científica no século XIX. A historiografia das cidades no século XX se baseou nessa explicação, e é importante estarmos atentos aos seus paradigmas, uma vez que teremos que lidar com alguns deles ao longo do livro. No segundo capítulo, abordo a terminologia utilizada pelos *auctores* da Idade Média para descrever a realidade urbana e sua interseção com a cultura eclesial. Nesse contexto, teremos a oportunidade de compreender a distinção e a aproximação entre a Cidade e a Igreja, principalmente a partir das obras dos autores patrísticos. O terceiro capítulo enfrenta o problema político e teológico da fundação das cidades. Ao contemplar suas cidades, historiadores, cronistas e teólogos realizavam uma dupla operação historiográfica. Por um lado, consideravam a história particular de cada cidade como um indicador de civilidade e de máxima conquista política. Por outro lado, situavam a cidade dentro de uma história universal, seja no âmbito político romano, seja no contexto da história da salvação cristã. A cidade nunca era apenas um

INTRODUÇÃO

ponto na paisagem ou uma simples realidade física, mas sim a realidade por excelência, algo pelo qual valia a pena viver e até mesmo morrer.

No quarto capítulo, são apresentados e discutidos os componentes essenciais que caracterizaram o que ficou conhecido como cidade episcopal, no período compreendido entre os séculos V e XI. Investigaremos o funcionamento do governo civil dos bispos, o significado das assembleias cívicas nesses centros urbanos e as transformações arquitetônicas que marcaram as cidades no período pós-romano da Alta Idade Média. No quinto capítulo, a ênfase será direcionada para a cultura religiosa das cidades. Vamos explorar a convicção compartilhada, por exemplo, por Dante Alighieri, de que a Igreja local, situada no núcleo da povoação, era como uma mãe, e que a catedral (ou matriz) representava sua casa (a *domus civitatis*), sendo ainda mais nobre por ser o local de encontro da comunidade eclesial e civil. Além disso, vamos conhecer alguns dos serviços públicos prestados pela *Mater Ecclesia*, desempenhados em benefício da comunidade.

No capítulo sexto, haverá uma mudança na cronologia, passando a considerar as novas realidades urbanas e eclesiais que surgiram a partir do século XI. Daremos destaque ao papel das paróquias no desenvolvimento urbanístico, econômico e político. No capítulo sétimo, será estabelecido um diálogo entre as instituições eclesiais e o movimento comunal, incluindo outras experiências políticas além do contexto italiano, como os casos da península Ibérica. Discutiremos o associacionismo e as corporações profissionais e devocionais como entidades eclesiais que envolveram e destacaram os leigos da Igreja na vida civil da cidade. No capítulo oitavo, os leigos e leigas serão o foco central mais uma vez. A partir de duas categorias evangélicas fundamentais, a penitência (ou conversão) e a caridade, destacarei a inventividade dos leigos no âmbito espiritual e como eles souberam transformar devoção em iniciativas de ação coletiva que foram essenciais para estabelecer políticas comunais de solidariedade.

O capítulo nono será dedicado aos símbolos e ritos que compõem a cidade. Serão privilegiados três momentos ritualísticos principais: o batismo, que constitui o nascimento tanto para a Igreja quanto para a cidade; a procissão, como uma marcha de um povo unido; e os sermões, como eventos coletivos que enfatizavam o discurso, a assembleia e a formação da consciência cívica. Por fim, no décimo capítulo, será avaliado o impac-

23

to dos empreendimentos eclesiais nas políticas de saúde e redistribuição de renda, com o objetivo de tornar as cidades lugares belos, saudáveis e que proporcionassem felicidade aos seus habitantes. Nesse capítulo, será demonstrado como a noção cívico-política do bem comum foi preservada e desenvolvida no ambiente eclesial, e como a interpretação laica dos textos evangélicos desempenhou um papel crucial em seu apoio e sua validade política.

Em todos os capítulos, busquei mobilizar documentos históricos que fossem relevantes para a proposta de explorar o aspecto comunitário da vida urbana. Dessa forma, dei prioridade aos textos e imagens que tratavam menos da teoria do urbano e mais dos gestos, discursos, movimentos, mobilizações e afetos relacionados à comunidade citadina em si. A documentação será citada em extensos trechos, com traduções realizadas por mim, a menos que se indique o contrário. Minha intenção não foi cansar o leitor ou complicar a leitura com uma linguagem antiquada. Pelo contrário, procurei fornecer ao leitor as ferramentas necessárias para que ele possa realizar sua própria pesquisa e avaliar o que está lendo. As imagens que compõem o nosso conjunto de evidências serão analisadas como registros da vida e do tempo, como expressão de ideias e ideais, desejos e projetos. São textos iconográficos que falam das cidades e de habitantes, da cidade que já existe e daquela que está por vir, da realidade e da utopia, como esta do franciscano catalão Francesc Eiximenis (m. 1409):

Em um futuro próximo, quando chegar o último século do mundo, que ocorrerá *in apercione sexti signaculi Ecclesie*, previsto para o *anno Domini MCCCC*, não existirão mais reis, duques, condes, nobres ou grandes senhores. Pelo contrário, a partir desse momento e até o fim dos tempos, a justiça popular [*justícia popular*] reinará sobre todas as coisas. O mundo será dividido e governado por comunas, assim como podemos ver em cidades como Florença, Roma, Pisa, Siena e outras cidades da Itália e da Alemanha.[10]

Eiximenis, no *Décimo Segundo Livro do Cristão* (cap. CC), inspirado pelo Apocalipse, fala de um universo religioso que valorizava o aspecto comunitário e que não receava desafiar estruturas de dominação política consolidadas, buscando sonhar com uma participação política mais ampla e a inclusão de diversos atores no cenário político. Ele vislumbrava um futuro escatológico caracterizado por uma sociedade fundada na igualdade social e livre de privilégios aristocráticos, uma visão que, 500 anos depois, poderia fazer-nos pensar que seu autor fosse um frade subversivo, não um súdito do rei de Aragão e um acadêmico da Teologia Escolástica. Que o leitor possa se conectar com esses antigos citadinos, com suas contradições, seus erros e, sobretudo, com projetos de cidadania que, de uma forma ou de outra, deixaram sua marca na cidade que somos nós.

Notas

[1] Kotkin, 2012, p. 36.

[2] Comblin, 1991, p. 98.

[3] Padres Apologistas, 1995, p. 22.

[4] Orígenes, 2004, pp. 228-230.

[5] Comblin, 1991.

[6] Lauwers, 2015, pp. 30-31.

[7] Sennett, 2014, p. 13.

[8] Samaritanium, 1607, p. 122.

[9] Frugoni, 2007, p. 85.

[10] *Apud* Sabaté, 2018, p. 124.

1

A CIDADE ENTRE O IDEAL LIBERAL
E AS LEITURAS TEOLÓGICAS

Desde o século XIX, ou, mais precisamente, desde que François Guizot (m. 1874) e Denis Achille Luchaire (m. 1908) ministraram seus cursos na Sorbonne de Paris, a *cidade*, sob a forma de *comuna* livre, apresentou-se como o resultado de uma marcha, a marcha do *povo*, ou seja, a raia miúda formada por servos, artesãos e comerciantes, que romperam com a Igreja, a monarquia e a aristocracia. A comuna aparecia como uma marcha pela liberdade, pela inclusão política dos excluídos da História. Para François Guizot, os burgueses criaram um Estado dentro do Estado antes de se apropriarem dele e estabelecerem a cidadania da liberdade. Para Achille Luchaire, os burgueses lutaram para se integrar em um Estado que não os considerava, e, de tanto combater os entraves da monarquia, do clero e da nobreza, eles absorveram as forças desses grupos e impuseram o seu próprio programa. Tanto em um quanto em outro autor, a comuna se apresenta como o passado de um futuro revolucionário, que rompeu com uma ordem elitista sancionada pela Igreja. Em suma, trata-se de um problema político no qual o religioso é simplesmente um epifenômeno (cf. Cap. 7.1).

1.1 A *ville* dos burgueses contra a *cité* dos padres

No início do século XX, Henri Pirenne (m. 1935) propôs uma chave interpretativa para a história urbana, substituindo o paradigma político pelo econômico; porém, essa substituição não perdeu as notas características de uma visão romântica da História. Ainda que Pirenne tenha evitado o teleologismo de Guizot e Luchaire, ele interpretou as comunas como um momento fundador de uma nova racionalidade econômica. Suas ideias sobre o movimento comunal foram sistematizadas em 1925, em um ensaio publicado inicialmente em inglês, com o título *Medieval Cities. Their Origins and the Revival of Trade*, pela Princeton University Press. Foi nessa obra que Pirenne desenvolveu as teses que ele já havia defendido em sua *Histoire de la Constitution de la ville de Dinant au Moyen Âge*, em 1889: Pirenne opõe *ville* (cidade) a *cité* (núcleo fortificado) ou, dito de outro modo, ele afirma que *cité*, na condição de domínio e sede de um bispo, é algo estranho à ideia de *ville*, isto é, o domínio dos burgueses leigos, ou, mais simplesmente, de pessoas não eclesiásticas. Desse modo, *cité* significa religião, e *ville*, mercado.

E as oposições não param por aí. Na medida em que a *cité* (o pequeno centro amuralhado sob domínio de um bispo) teria desconhecido a economia como sistema reticular de trocas, ela se mostra como uma coisa obsoleta, como o resultado da época em que os muçulmanos fecharam o Mediterrâneo ao trânsito cristão, no século VII. Do mesmo jeito, a *cité*, anunciada como inapropriada dominação do religioso sobre o político, não é por si mesma política; ao contrário, ela é uma teocracia, como Pirenne afirmava em 1927: a *cité* é "um regime teocrático [que] substituiu completamente o regime municipal da Antiguidade. A população era governada por seu bispo, e ela não reivindicava nem possuía a menor participação nesse governo".[1] A *cité*, portanto, reduziu-se a algo duplamente negativo: era o não urbano, isto é, um simples apêndice do campo, e ao mesmo tempo era o apêndice do poder senhorial, com o qual o poder episcopal se confundia. Em síntese, a *cité* episcopal era o produto de dois fechamentos: aquele da economia e o da política.

Henri Pirenne não ignorava a existência de mercados nas cidades episcopais, nem que os mercadores ali viviam e desenvolviam suas atividades; no entanto, para ele, o poder do bispo teria impedido a formação de uma associação autônoma de mercadores e de artesãos, e a economia não passava de um domínio submetido ao governo do bispo. Para Pirenne, a *cité* não tinha nenhum direito próprio, o que significa que o fato de habitar no interior ou no exterior da cidade não alterava em nada a vida das pessoas, pois ela não outorgava privilégios àqueles que Pirenne enxerga como os autênticos construtores da cidade, os burgueses, a partir do século XI. Não é por acaso que Pirenne opõe o modelo da cidade episcopal (a *civitas*, donde o termo francês *cité*) àquele da cidade burguesa (o *burgus*), afirmando que somente o segundo modelo exprime a natureza de uma cidade.

Pirenne articula duas representações contrastantes: uma pessimista, a *cité* da época carolíngia (que ele chama de *cité fermée* – a cidade reclusa), e uma otimista, a *ville ouverte* (a cidade aberta) dos burgueses, a partir do ano 1000. Desde esse momento, a *ville* se voltou contra a *cité*, a abertura contra o fechamento, as conexões contra o isolamento. A cidade burguesa seria o produto da abertura e das conexões. O comércio de longa distância retorna ao Mediterrâneo, sobretudo graças às cidades marítimas da Itália (Gênova, Veneza, Pisa). E, em havendo comércio, haverá também as condições favoráveis para a existência de cidades, e foi o que aconteceu, principalmente na Itália e em Flandres. Os mercadores itinerantes, então animados pelo dinamismo de um mercado novo, começaram a fundar burgos junto às portas das antigas *cités* episcopais e dos castelos e conferiram uma nova fisionomia a esses antigos centros, graças ao *ius mercatorum* (o direito dos comerciantes), e teria sido esse direito que originou a primeira forma de organização verdadeiramente urbana da Idade Média, a *comuna*.

Deve-se insistir, já que as teses de Pirenne gozaram de extensa fortuna crítica ao longo de seus quase cem anos: as cidades *pirennianas* são centros de mercado e, por essa razão, são comunas; elas surgem e se desenvolvem nos cruzamentos de rios navegáveis e de estradas, onde as pessoas e os bens se encontram. Opostas à *cité* dos bispos e ao castelo dos senhores, as cidades pirennianas são distintas das aldeias do campo e de sua cultura predominantemente rural. É um contraste gigantesco. Assim, não espanta que Alain Derville tenha, depois, reavaliado criticamente as oposições que Pirenne fixou entre uma *cité* eclesiástica e feudal e uma *ville* mercantil. Ele, por exemplo, demonstrou que o *ius mercatorum*, supervalorizado por Pirenne, era, na verdade, "um fantasma",[2] precisamente porque "os burgueses usavam o direito comum. Nada, portanto, os impedia de recorrer aos tribunais públicos";[3] ademais, "os escabinos urbanos" não eram "os representantes da burguesia", em sentido próprio; antes, porém, eram oficiais do senhor, e, assim, na opinião de Derville, Pirenne ajudava a solidificar o mito da burguesia trabalhadora.

Não se trata absolutamente de negar o papel do comércio para a existência de uma cidade nem de preferir sublinhar o quanto as comunas urbanas mantiveram diversos aspectos do regime senhorial; não se trata nem mesmo de tecer críticas a um autor, cuja obra foi decisiva para que a moderna historiografia sobre a Idade Média superasse os estreitos limites da história nacional e os reducionismos da tradicional história política, baseada em grandes nomes e fatos individualizáveis. Se Pirenne vem citado logo no começo deste livro, é porque foi o seu *Les Villes du Moyen Âge*, em que confrontou a *cidade dos bispos* com a *comuna dos burgueses*, que me levou a pensar a religião em sua relação com o espaço urbano. Para mim, *Les Villes du Moyen Âge* funcionou como um *clássico*, conforme a "Definição 11" de Italo Calvino – "o 'seu' clássico é aquele que não pode ser-lhe indiferente e que serve para definir a você próprio em relação e talvez em contraste com ele".[4] Foi Pirenne, com sua história econômica das cidades, em que a religião é quase nada, que me provocou a procurar respostas às suas objeções para com a *cidade dos bispos* e, ao fazê-lo, deparei--me com dados que os historiadores da Igreja – sobretudo os historiadores locais – já conheciam, mas que não repercutiam nos estudos gerais sobre as cidades da Idade Média. Este livro, então, surgiu das provocações causadas pela leitura desse clássico de Pirenne: por que a religião – apesar dos bispos – estava ausente de *Les villes du Moyen Âge*?

1.2 A igreja como pólis

Em 1929, isto é, dois anos depois que Pirenne lançou a versão francesa de seu livro, o teólogo alemão Erik Peterson (1890-1960), de passagem pelos Países Baixos, publicou um ensaio intitulado *Die Kirche* (A Igreja) – aqui comentado a partir da tradução inglesa de 2011 –, que resultou de um curso de outono, ministrado em 1928. Nesse breve, porém polêmico, ensaio, Peterson define a *Igreja* a partir do que chamou de *a decisão dos Doze Apóstolos*, ou seja, a deliberada opção que fizeram de deixar Jerusalém e trocar a missionação dos judeus pela dos gentios, porque, para Peterson, *Igreja*, em sentido próprio, é a *Igreja dos gentios*.[5] Daí que, para o autor, existe Igreja somente quando se reconhece a legitimidade da autoridade dos Doze Apóstolos em tomar decisões legais independentes: "nenhuma dessas duas características pode faltar [para que a Igreja seja verdadeira], nem a legitimidade legal nem a liberdade espiritual".[6]

Se a *Igreja* nasce do irrenunciável distanciamento do judaísmo e dos judeus, inclusive do judeu-cristianismo – materializado em decisão juridicamente legítima e espiritualmente livre –, a existência da Igreja "necessariamente implica um movimento em direção ao conceito antigo de *polis*", da qual faz parte a instituição secular conhecida como *ekklesía*, isto é, "a assembleia dos cidadãos plenamente emancipados, que se reúnem para efetuar atos legais". E continua: "de modo análogo, pode-se chamar a *ekklesía* cristã de assembleia dos cidadãos plenamente emancipados da cidade celestial, que se reúnem para efetuar transações cultuais particulares".[7] A relação entre ambas as assembleias pode ser de analogia, porém as consequências teológicas são bastante concretas, dado que, se a Igreja funciona como uma *ekklesía*, seus membros formam um *demos*, isto é, um povo, o qual, como qualquer *demos* grego, detém *exousia* (autoridade) para decidir e para agir – a *Ekklesía* dos Doze Apóstolos, por força de sua condição histórica, reivindica todas as características públicas e legais que constituem a *ekklesía* política, ainda que, por força de sua fundação divina, ela pertença a uma *polis* espiritual, metaforizada na mística *Jerusalém celeste*, descrita no capítulo 22 do livro do Apocalipse.

A posição de Peterson é especialmente inspiradora para este trabalho porque, ao ressaltar o quanto a Igreja, desde a sua fundação, esteve "mais próxima das entidades políticas, como o reino e a pólis, do que das associações e uniões voluntárias" – que abarcavam os diferentes cultos religiosos, como o mitraísmo ou o maniqueísmo –, ela nos aponta para uma operação que poucos conseguem perceber: a religião cristã, independentemente do aspecto relacional e social de qualquer outra religião, não somente atua sobre o político, como se transforma em uma de suas mais vívidas expressões; e, ao fazer isso, ela não perde sua natureza propriamente religiosa nem corrompe a natureza secular, ou seja, não religiosa, das instituições civis. Peterson, como escreve José Comblin, autor de uma *Teologia da cidade*, publicada inicialmente em 1968, foi quem melhor ressaltou a relação entre a Igreja e a pólis e, em *Die Kirche*, provou "como, no cristianismo, o reino de Deus desce sobre a cidade e como São Paulo havia captado isso mostrando na Igreja uma instituição que não segue apenas o modelo das imagens proféticas e apocalípticas, mas também o modelo das realidades terrestres, especialmente a *polis* grega".[8]

De fato, desde que Jesus de Nazaré decidiu tomar o caminho para Jerusalém, acompanhado de seus Apóstolos (Lc 9), a *polis* (ou *civitas*, em latim) tornou-se o lugar primário e privilegiado de assentamento, constituição e reprodução das comunidades cristãs e, talvez, o objetivo principal de sua ação comunitária e de sua missionação.[9] As comunidades crentes em Cristo, como um movimento pluriétnico e multilinguístico, adaptaram-se bem às características cosmopolitas das cidades greco--romanas espalhadas por toda a bacia mediterrânea, e essa situação foi decisiva para que o modelo da *ekklesía* política se tornasse uma referência para a organização local e universal dessas comunidades. Comblin considera "tradição autêntica" a "união entre a Igreja local e a cidade", uma tradição que não se perdeu com o fim da Antiguidade.[10]

Nas fontes cristãs mais antigas, o uso do vocábulo *ekklesía* ocorre no Evangelho segundo Mateus, nos Atos dos Apóstolos, nas Epístolas neotestamentárias e no Apocalipse de São João; já nos relatos externos e contemporâneos ao Novo Testamento, as comunidades cristãs podiam receber outros nomes: "partido dos nazoreus" [*haíresis ton nazoreion*, em grego] (At 24, 5), "facção/seita" [*factio/secta*, em latim] e ainda "associação juramentada" [*collegium e hetaeria*, em latim].[11] Independentemente de qual seja a designação, todas elas comportam um claro apelo político, seja de afirmação de um regime ordinário (*ekklesía* e *collegium*), seja em contraposição e contestação a ele (*haíresis*, *factio* e *secta*), e, com exceção de *collegium*, esses termos não caracterizam a Igreja como uma *religião*, mas como um *movimento social* que executa um culto específico e professa uma doutrina revelada. Seja como for, a Igreja que emerge dos textos cristãos mais antigos aparece sempre referida a uma cidade, ou, como afirma José Comblin,[12] como "Igreja de uma cidade": "os cristãos tomaram o nome de Igreja em cada cidade, precisamente porque se sentiam como totalidade em cada cidade".[13]

Biblistas, como Karl L. Schmidt (1891-1956), objetaram que Erik Peterson subestimou a força que a versão grega da Bíblia – a *Septuaginta* – exerceu sobre os primeiros cristãos, cujo texto emprega *"ekklesía"* para traduzir o hebraico *"qahal"* – designativo da reunião mística do Povo de Deus –, isto é, uma entidade religiosa, messiânica e transcendente, algo bem diferente da secular *ekklesía* da *polis* grega, de onde Peterson saca sua reflexão eclesiológica. Ora, os qualificativos, digamos, religiosos do *qahal* hebraico iluminaram, sim, a autocompreensão da Igreja, e Peterson o reconhece quando diz que "uma certa ambiguidade se liga à Igreja", pois ela não é "uma entidade político-religiosa", ao modo do messiânico *Reino* dos judeus, nem se reduz a uma entidade espiritual, para a qual a política é estranha.[14] Mesmo com essa ambiguidade, a *ekklesía* dos cristãos nunca pretendeu ser idêntica ao *qahal* dos judeus, uma vez que, como lembra Comblin,[15] o *qahal* "testemunha contra a cidade", ou seja, não lhe reconhece nenhum dos sinais constitutivos daquela comunidade messiânica que é o Povo de Deus e, ademais, não se baseia em compromisso voluntário ou se abre a uma acolhida igualitária dos pagãos. Em outras palavras, a *ekklesía* deixa o *qahal* para trás porque ela aspira a uma *polis* universal, que Peterson vai explorar a partir da imagem neotestamentária da Jerusalém celeste. Escreve ele, em *O livro dos anjos* (originalmente publicado em 1935):

[...] a estrada da Igreja parte da Jerusalém terrena e vai rumo à [Jerusalém] celestial; da cidade dos judeus para a cidade dos anjos e dos santos. A Igreja leva a sua vida entre as cidades terrena e celestial, e isso determina a sua natureza. As marcas da Igreja são condicionadas pelo fato de que os cristãos deixaram a Jerusalém terrena atrás de si, e, não dispondo de nenhuma cidade duradoura sobre a terra (Hb 13, 14), seguem o exemplo de Abraão, e procuram a cidade que está para chegar, cujo construtor é Deus (Hb 11, 8-10).[16]

Distendida entre uma cidade *que não serve mais* e outra *que ainda está longe*, a Igreja, na história, atua em vista da cidade que vem e efetua, no presente, os sinais de sua pertença à Jerusalém da eternidade. O canal para isso, como sustenta Peterson, é a liturgia e os sacramentos:

Quando, por exemplo, S. Paulo diz que nós somos filhos da Jerusalém livre, que está no alto, devemos entender que isso significa que, através do Batismo, tornamo-nos filhos, cidadãos de fato, da cidade celestial. E quando a Epístola aos Hebreus declara que nós nos aproximamos da assembleia festiva, na qual anjos incontáveis, cidadãos da cidade celestial, e as almas dos justos perfeitos tomam parte, devemos pensar nisso *aproximando-nos* da solene celebração no céu, de tal forma que a liturgia que é celebrada pela *ecclesia* na terra seja vista como participação nesse culto que é oferecido na cidade celestial pelos anjos.[17]

Sacramentos e liturgia assomam, na reflexão de Peterson, como atos públicos de uma assembleia citadina, atos jurídicos, vinculantes, legítimos de uma verdadeira comunidade política identificada a uma cidade, e acrescenta: "no Apocalipse, imagens políticas e litúrgicas misturam-se exatamente da mesma forma que na Epístola aos Hebreus". Esses textos neotestamentários, comentados por Peterson, são suficientes para nos mostrar que a Igreja se sentia chamada a abraçar a cidade, e a cidade inteira. A oposição entre as duas Jerusaléns, que reflete o contraste entre uma ética eclesial e uma ética antieclesial, não indica nenhum repúdio pela cidade, nem mesmo hostilidade em relação a ela (como no caso do *qahal* hebraico); pelo contrário, é uma demonstração de amor por ela.

1.3 A Igreja, a cidade e os leigos como sujeitos eclesiais

O percurso por alguns aspectos da teologia da cidade serviu para nos apresentar duas chaves importantes para adentrarmos o mundo das cidades da Idade Média, pois os textos bíblicos e o culto litúrgico não só constituíam o pão cotidiano das pessoas que habitavam as comunidades urbanas, como embasavam as expressões culturais do habitar e conviver. Peterson demonstrou que tanto a autocompreensão da Igreja quanto suas fontes mais antigas e mais sagradas hipervalorizavam a cidade temporal e, ao mesmo tempo, davam forma cidadã à prática religiosa desses crentes que se enxergavam como *peregrinos* (em grego, *paroikoi*, paroquianos) em busca da Cidade Definitiva. Durante praticamente toda a Idade Média, cronistas urbanos e iluminadores de manuscritos encontraram nessa imagem uma fonte inesgotável de inspiração para suas narrativas e representações visuais. Esses hábeis artesãos da palavra e da imagem, cujo trabalho será explorado nos próximos capítulos, empenharam-se em modelar palavras e figuras que capturassem a essência da cidade. Desde a visão da mística cidade sem fim até aquelas cujo fim estava reservado para o Dia do Juízo, eles *imaginaram* suas cidades sem perder de vista a crueza fatalista dos centros urbanos reais. Seus quadros não apenas transmitiam transformação, mas também ressaltavam a continuidade de um projeto comunitário e citadino duradouro, materializado nas estruturas que compunham as igrejas--matrizes de cada centro urbano. Como enfatizou Richard Sennett em seu inspirador ensaio *Carne e Pedra*:

Apesar de global, a teologia cristã alimentou um intenso apego ao lugar. O revisionismo iniciado quando os seus ritos se acomodaram a Roma completava--se com os laços do crente com "sua" Paris. Assim como as aldeias e vilas medievais reviveram sob a égide do cristianismo, as pedras das igrejas e catedrais expressavam a afeição passional e eterna dos cristãos às cidades em que viviam.[18]

Aqueles que ergueram essas igrejas não sentiam que eles mesmos eram as "pedras vivas" mencionadas pelo apóstolo Pedro, fazendo parte de um "edifício espiritual" que é o corpo de Cristo (Cf. 2Pd 2,5)? Dominique Iogna-Prat propõe a interessante ideia de que a *igreja de pedra*, o templo, representa o continente de uma *igreja de pessoas*, a comunidade, que é seu conteúdo,[19] demarcando assim a ambígua relação templo-comunidade. Isso encontra afinidade com o que também apontava o exegeta Bruno de Segni (m. 1123), em cujo comentário ao Salmo 60 podemos ler:

"Quando meu coração estava angustiado, tu me exaltaste sobre a pedra" (Sl 60,3). O coração da Igreja são os apóstolos, bispos e doutores, pois neles está contida a sabedoria, a vontade e o conselho da Igreja. Quando estes eram atormentados, afligidos, torturados com duros suplícios e mortos, nem por isso podiam ser separados da fé em Cristo; então, toda a Igreja, toda a multidão dos fiéis, era exaltada sobre a pedra e firmada nas profundas raízes da fé. "E a pedra", como diz o Apóstolo, "era Cristo", em cuja fé aqueles que estão firmemente edificados vencem os ímpetos dos ventos. E a Santa Igreja foi, de fato, muito firmada na fé em Cristo, pois contemplava uma tão grande constância de seus pregadores.[20]

O sentido cristológico atribuído à pedra (ou rocha) encontra um elevado sentido eclesiológico: se Cristo é a pedra, a Igreja também o é por participação. Ela oferece "um refúgio singular para todos os atribulados", como afirmava o papa Alexandre II (m. 1073), "de modo que aqueles que recorrem a ela costumam sempre encontrar consolação".[21] Bruno de Segni também esclarece que, além de ser uma construção visível, a Igreja subsiste na ação incessante e invisível de Cristo, que lhe confere firmeza e consistência, completadas pela perseverança dos prelados eclesiásticos que resistem à perseguição. Cristo, como rocha, atua na Igreja por meio de seus ministros hierárquicos, que asseguram à "multidão dos fiéis" (a comunidade eclesial) acesso ao tesouro de graças contidas na ação salvífica e sacramental.[22] Nessa perspectiva, a "ligação afetiva" entre a cidade e sua igreja local, destacada por Sennett, estava intimamente relacionada a uma eclesiologia – uma reflexão teológica sobre a Igreja – na qual ela, em relação a Cristo, é a sua esposa, e, em relação aos fiéis, é a sua mãe.[23] O simbolismo inerente a essas imagens da Igreja como "pedra" e como "mãe" ajuda a entender como, em termos teológicos, o centro urbano era suscetível de uma gestão eclesial do espaço e, inversamente, a comunidade eclesial era suscetível a uma gestão social e política.

Dominique Iogna-Prat localiza entre os anos 800-1200 a atuação de uma eclesiologia segundo a qual "a igreja de pedra [funcionava] como fábrica sacramental da Igreja-comunidade"[24] e, assim, era passível de ser analisada com base na confrontação "com outras formas e outros continentes geradores de comunidade, entendidos como outras tantas abstrações institucionais a cargo da 'coisa pública' e, como tais, constitutivas de uma esfera 'pública'".[25] Para o autor a "cidade", a partir do século XIII e devido às traduções de *A Política* de Aristóteles, absorveu "o poder metonímico da relação continente/conteúdo até então vinculado à igreja/Igreja", tornando-se a referência para a "sociedade civil" e a forma mais natural para realizar esse confronto com o ordenamento da Igreja. Todavia, antes que os avanços filosóficos, políticos e econômicos viessem a alterar a relação entre igreja local e cidade, é à *comunidade eclesial* que se deve mirar como fábrica de comunidades, inclusive, em seu aspecto mais propriamente civil, pois as "pedras vivas" que formavam a Igreja universal eram as mesmas que povoavam as praças fortes e os centros urbanos da cristandade latina.

Entendida como um organismo sacramental composto de clérigos e leigos, a *ecclesia* reservava a exclusividade do serviço litúrgico e das ações sacramentais para o clero, enquanto atribuía aos leigos a responsabilidade pelas atividades ditas seculares [*negocia secularia*], conforme descrito pelo monge Plácido de Nonântola (m.*c.* 1020).[26] Tratadistas eclesiásticos, como Plácido, estabeleciam uma distinção rígida entre clérigos e leigos. No *Liber de Honore Sanctae Ecclesiae*, esse autor afirmava que é próprio dos sacerdotes ensinar o povo [*docere populos*], enquanto cabe ao povo obedecer ao clero como a Deus.[27] Para o monge, os *negocia secularia* correspondiam ao oposto exato das *spiritualia* ou das *res ecclesiasticae* (as coisas eclesiásticas), sobre as quais os leigos, sempre chamados de *seculares*, não tinham autoridade alguma: "os leigos ou seculares [*laici vel saeculares*] não devem tomar para si as prerrogativas [*facultatibus*] dos homens dedicados a Deus e à Igreja".[28] Diferentes pela profissão e pela condição eclesial, os leigos também o eram pelo vestuário, pela estética e por certa desconfiança em relação às suas qualidades morais. O monge Otloh de Saint-Emmeran (m.*c.* 1070) conta que um clérigo dirigiu-se a um leigo acusado de roubar um cavalo, dizendo:

Como pode isso ser verdade, quando vejo que carregas um grande pecado, que não confessaste nem a nós e nem sequer acreditas ser pecado? Sendo tu um leigo [*laicus*], não deverias raspar a barba, conforme o costume dos leigos [*juxta morem laicorum*]; no entanto, como desrespeitador da lei divina, raspaste a tua barba como se fosses um clérigo. Esse pecado, embora o consideres insignificante, eu considero ser grave e não serás absolvido de forma alguma do crime em que incorreste, a menos que faças penitência e prometas a Deus que evitarás tais ações no futuro.[29]

Nos textos de autores monásticos do século XI, os leigos são frequentemente retratados como pessoas glutonas e irreverentes, que não sabem rezar ou rezam pouco, e que não respeitam devidamente o dia de domingo. A condição eclesial do leigo não era apenas pouco valorizada por certos setores do clero, mas também era alvo de preconceito e má vontade, sendo constantemente caracterizada como uma ameaça à pureza dos ritos sagrados. Porém, dada a grande distância entre a "fé prescrita" e a "fé vivida", os leigos certamente não se identificavam com essas descrições e, principalmente, não acreditavam que o sagrado não lhes dizia respeito, o que justificaria o temor dos clérigos em relação à possível apropriação de seus direitos. Foi exatamente a fé vivida ou o desejo de se vivenciar mais profundamente a fé no estado de leigos que levou muitos deles a iniciar um confronto aberto com os seus detratores, disputando com eles dentro do campo que supostamente não lhes pertencia, o das sacralidades. A segunda metade do século XI e todo o século seguinte foram atravessados por essa disputa.

O cronista Bernoldo de Constança (m. 1100) relata que, em 1091, em muitas partes do reino teutônico surgiu um movimento de clérigos e leigos que abraçaram uma vida de maior rigor espiritual, pelo qual muitos "leigos [...] oferecem a si mesmos e seus bens, com toda a devoção, para essa vida comum; eles, embora se vistam diferentemente dos clérigos e monges, de modo algum devem ser vistos como diferentes deles no mérito". E acrescenta: "eles vivem comunalmente segundo a forma da Igreja primitiva" [*ipsos ad formam privitivae aeclesiae communiter vivere*].[30] O abade Guiberto de Nogent (m. 1124), que considerava o surgimento das comunas uma "novidade detestável" (cf. Cap. 7.2), não compartilhava do mesmo entusiasmo de Bernoldo por esses grupos. Ele presenciou o julgamento de dois irmãos, Clemêncio e Ebrardo, que em 1114, na *villa* de Bucy-le-Long, perto de Soissons, estavam sendo acusados de heresia, especificamente "maniqueísmo". Depois de descrever as crenças supostamente heréticas, Guiberto nos fornece uma informação valiosa: "aquilo que outrora começou entre as pessoas mais instruídas chegou até os rústicos, os quais se orgulham de manter o modo de vida dos apóstolos e valorizam apenas a leitura de seus atos".[31]

A despeito das diferentes miradas entre Bernoldo e Guiberto, a "vida apostólica" e a "forma da Igreja primitiva" emergem como indicadores de uma nova maneira de conceber a vida eclesial, tanto entre grupos considerados ortodoxos quanto entre os considerados heterodoxos. O movimento era tão abrangente a ponto de englobar em suas fileiras pequenas fraternidades, a maioria delas itinerantes, compostas de leigos de ambos os sexos, incluindo muitos casados, monges, cônegos e padres seculares. Todos se sentiam compelidos a imitar, cada um de acordo com seu estado, o que liam nos Evangelhos e nos Atos dos Apóstolos. Esses leigos convertidos (conhecidos em latim como *conversi*, e algumas fontes os chamam também de *poenitentes* ou "irmãos de vida comum") não acreditavam na necessidade de se recolherem a um mosteiro para servir a Deus e defendiam a santidade do estado dos leigos.

Gerhoh de Reichersberg (m. 1169), autor do *Liber de aedificio Dei*, afirmava que "[a] pessoa que, no batismo, renunciou ao diabo e a todas as suas pompas e seduções, muito embora nunca venha a se tornar clérigo ou monge, já renunciou ao mundo". Para ele, o sacramento do batismo não apenas equivalia à consagração monástica, como também impedia que os leigos, mesmo exercendo as mais distintas profissões, fossem considerados pessoas mundanas. Escreve ele: "Toda ordem [*ordo*] e, de fato, toda profissão [*professio*], na fé católica [*fide catholica*] e na doutrina apostólica [*doctrina apostolica*], possui uma regra adequada [*aptam regulam*] para seu aperfeiçoamento, sob a qual, lutando legitimamente, poder-se-á alcançar a coroa [da vida eterna]".[32] Na visão desse cônego, o céu não estava fechado para os leigos, tampouco o patrimônio espiritual da Igreja.

A leitura comunitária dos Atos dos Apóstolos, conforme praticada nessas comunidades, levou-as a perceber que a primitiva comunidade eclesial de Jerusalém, descrita por Lucas, incluía em um único carisma os *apóstolos, presbíteros, diáconos* e *fiéis* (nunca chamados de leigos) e não excluía esses últimos dos dons espirituais que marcavam os primeiros. Os *fiéis* não eram meros receptores de uma graça regulada por uma casta de dirigentes, mas sim *colaboradores* destes, através da coletivização de seus bens e talentos pessoais colocados a serviço da missão e da caridade. O paradigma de Atos, que Gerhoh chamava de "regra apostólica", reforçava para os leigos *communiter viventes* e para todos os outros leigos que a realidade da *Igreja* não se esgotava no estado clerical.[33]

Posições como essas são particularmente surpreendentes quando consideramos a cultura histórica que recebemos do século XIX, que tende a caracterizar como "laico" aquilo que está fora do controle da "religião" em sentido amplo ou da "Igreja" em sentido restrito, criando uma dicotomia entre o secular e o religioso que os fundadores do regime comunal entendiam como dimensões complementares de um todo. Augustine Thompson, pioneiro em chamar a atenção dos historiadores para a característica eclesial do movimento comunal, examina uma vasta documentação na qual "laico" se refere à condição "não clerical" daqueles que pertencem à Igreja como "leigos", não ao que não é "religioso". Nesse contexto, o estado de vida "laico", embora tratado como "secular", não é equivalente a "profano" ou "não sagrado", pois a grande maioria dos sacerdotes católicos do período medieval pertencia ao clero diocesano, justamente chamado de "clero secular". Nas palavras de Augustine Thompson,

[...] a oposição dos domínios clerical e laico obscurece [o fato] de que a cidade era uma única entidade, ainda que a jurisdição e o governo fossem separados. E seu governo laico, longe de ser "secularizado" por sua separação da catedral e do bispo, passou a se expressar e a se compreender por meio de retórica e rituais cada vez mais explicitamente religiosos.[34]

Análises como essa nos lembram de que precisamos romper tanto a superfície ideológica que herdamos do século XIX quanto a dos clérigos, sobretudo dos monges, dos séculos XI e XII, que depreciavam a condição dos leigos, principalmente em face de projetos eclesiológicos que visavam blindar os bens eclesiásticos das manipulações políticas de agentes laicos, como os príncipes e senhores. Mas, por mais tensos que fossem, conflitos como esses, sempre localizados em um dado momento e uma dada situação, nunca conseguiram subverter completamente a persistente convicção de que a Igreja, com "i" maiúsculo, era uma comunidade material e espiritual organicamente constituída de clérigos e de leigos. E mais do que isso, é necessário ter presente que a religiosidade dos leigos não se pautava total e exclusivamente pelo que determinavam as pastorais momentâneas dos clérigos, restando a eles múltiplas possibilidades de organizar suas vivências religiosas e sociais segundo uma compreensão menos clerical ou absolutamente não clerical da religião cristã e da experiência cidadã.[35]

Com base nas pesquisas dos historiadores das últimas cinco décadas, tornou-se evidente que os processos históricos responsáveis pelo surgimento de práticas políticas inovadoras, como o regime comunal, também englobaram inovações no âmbito da religiosidade dos leigos, indicando uma interconexão entre esses fenômenos. Dessa forma, é crucial considerar que as lutas dos citadinos por maior participação no governo municipal, no século XI, estavam entrelaçadas com os esforços dos leigos por maior participação na comunidade eclesial. O aspecto fundamental a salientar aqui é que as iniciativas que levaram à formação das comunas – como será discutido posteriormente – foram elaboradas dentro de associações profissionais que compartilhavam uma bem arraigada consciência eclesial, às vezes referida como confraternal. Essas associações, sob diferentes formatos, como fraternidades ou grupos devocionais, não apenas permitiam que os *burgenses* (os habitantes dos burgos) se identificassem como membros legítimos da comunidade política, mas também os faziam se sentir como *confrades*, ou seja, irmãos, em uma mesma comunidade eclesial, profissional e política.

Nesse contexto de associações profissionais e devocionais, a atividade comercial, a produção artesanal e a militância política eram orientadas por uma lógica que buscava conciliar as identidades de ser "filho da mãe-Igreja" e "cidadão da comuna", muitas vezes por meio da negociação ou supressão das contradições entre essas instâncias em prol de uma compreensão unificada do fenômeno urbano. Não é sem razão que figuras como Guiberto de Nogent, um monge de origem aristocrática, deploraram o surgimento das comunas livres, dirigindo a elas o mesmo desagrado que sentiam pelos recém-organizados grupos de vida apostólica. Assim, é fundamental reconhecer que as demandas por liberdades levantadas pelos burgueses nas cidades se alinhavam com as aspirações de dezenas, senão centenas, de grupos *laicais* – prefiro usar o termo "laical" em vez de "laico" para evitar as confusões trazidas pelo liberalismo – de praticar o evangelho livremente, a despeito das diretrizes de seus clérigos.

Os processos históricos descritos por Bernoldo de Constança, Guiberto de Nogent e Gerhoh de Reichersberg têm sido objeto de diversas avaliações desde que Herbert Grundmann publicou *Movimentos religiosos na Idade Média* em 1935, hoje considerado um clássico da historiografia. Além da sofisticação em sua análise dos fatos religiosos, Grundmann instiga os leitores a resistirem à rápida submissão dos movimentos à lógica dos acontecimentos políticos. Ele enfatiza o quanto esses movimentos, embora perseguissem objetivos religiosos, reconfiguraram a condição laical, intensificaram a consciência comunitária e atuaram como produtores de comunidades.

Para Grundmann o termo "movimento" se refere a um impulso de natureza religiosa acalentado por homens e mulheres, leigos e clérigos. Esse impulso visava, em primeiro lugar, questionar aspectos da estrutura eclesiástica tradicional, especialmente a segmentação entre clero e laicado e o monopólio clerical do sagrado; em segundo lugar, visava elaborar novas "formas" eclesiais que pudessem atender às expectativas desses grupos insatisfeitos. Sendo um "movimento", não é possível apontar fundadores e, por conseguinte, rotulá-lo com um nome específico ou identificar uma "organização sólida". Apesar dessa maleabilidade, o "movimento" ou os movimentos representaram, de fato, uma pressão que as "novas forças religiosas da Igreja" impuseram sobre sua "antiga forma hierárquica", desencadeando uma reorganização global da Igreja que resultou tanto em novas ordens religiosas autorizadas quanto em novas seitas, consideradas heréticas. Nos termos de Grundmann, as questões e dúvidas trazidas pelos movimentos religiosos para o debate eclesial deram origem a

[...] uma consciência religiosa que não mais via a essência do cristianismo como sendo cumprida somente na Igreja como uma ordem de salvação ou na doutrina da Igreja somente como seu dogma e tradição. Em vez disso, essa nova consciência buscou realizar o cristianismo como um *modo de vida* religioso imediatamente vinculado a cada cristão genuíno, um compromisso mais essencial para a salvação de sua alma do que sua posição no *ordo* hierárquico da Igreja ou sua crença nas doutrinas dos padres da Igreja e seus teólogos.[36]

Grundmann observou que os movimentos não contestavam aspectos dogmáticos ou doutrinais globais, mas sim uma disciplina eclesiástica específica que se impunha pela força de uma eclesiologia acentuadamente antilaical. Assim, o resgate do "modelo dos apóstolos" significava a universalização de uma "forma de vida" primordial – anterior à clericalização da Igreja – que, de acordo com seus idealizadores, nem mesmo nos mosteiros encontrava total concretização. Essa "forma de vida" baseava-se no "renunciar a todos os bens deste mundo em uma pobreza voluntária, renovar a vida cristã e buscar a doutrina cristã através de itinerância e pregação incessantes".[37] O resultado, seja na direção de novos grupos heréticos, seja na direção de novas ordens religiosas, foi uma distensão eclesiológica, que reabsorveu os elementos laicais na organização eclesial, na vivência comum da religiosidade e até mesmo no campo da mística.

Giorgio Agamben, comentando o trabalho de Grundmann, afirma que o autor teve o mérito de reconhecer que as mudanças produzidas pelos movimentos religiosos se concentraram no que Agamben chama de "plano da vida". De acordo com ele, figuras como Pedro Valdo, Roberto de Arbrissel, Norberto de Xanten, Bernardo Prim e Francisco de Assis não estavam preocupados com teologia, mas sim "com a vida e o modo de viver".[38] Não apenas não se interessavam por assuntos de lei ou doutrina, mas também a sua escolha de viver a "vida segundo uma forma" ultrapassava a tradição monástica, cujas regras funcionavam como meios de santificação, não como seu fim. Para Agamben, "[...] talvez pela primeira vez, estava em jogo nos movimentos não a regra, mas a vida, não o fato de poder professar esse ou aquele artigo de fé, mas de poder viver de maneira determinada, praticando alegre e abertamente uma determinada forma de vida".[39]

Como já apontado, Grundmann evita analisar os movimentos religiosos a partir de motivações de ordem econômica e política, como outros autores costumavam fazer. Não que ele negue que tenha havido conexões com causas materiais; porém, Grundmann prefere circunscrever os movimentos a seus motivos religiosos, que ele considera terem sido os principais. O pressuposto de sua tese é que a religião tem uma lógica autônoma, a qual não resulta necessariamente de pressões ou manipulações de forças políticas ou econômicas. Nessa perspectiva, o autor se opõe firmemente à avaliação predominante na primeira metade do século XX, segundo a qual os adeptos da *vita apostolica* seriam artesãos ou tecelões pobres lutando contra uma dominação aristocrática ou seriam membros de uma burguesia citadina reivindicando direitos políticos através da religião. Para o autor, tudo isso não passaria de um "mal-entendido".[40]

Grundmann acredita que a "reação religiosa" dos pregadores do movimento não se voltou contra os chefes da Igreja, da sociedade ou da economia com o intuito de defender excluídos, mas sim contra o próprio "desenvolvimento social, econômico e cultural". Ele assevera: "em nome da religião, [o movimento] se opôs à abertura e ao florescimento de uma cultura e uma sensibilidade mundanas e profanas".[41] O evangelho, não as injustiças sociais, era o que os impelia a abraçar a pobreza, a resistir à tentação do enriquecimento que se apresentava até mesmo nos palácios dos bispos e nas suas novas e imponentes catedrais. Assim, Grundmann conclui que a adesão à pobreza evangélica continha na verdade uma lógica antieconômica ou pelo menos antiburguesa.

No âmbito da teologia católica do século XX, os movimentos religiosos ganharam uma avaliação muito favorável, sendo considerados a ponta de lança de uma verdadeira revolução eclesiológica. O teólogo Marie-Dominique Chenu, com seu livro *A teologia no século XII*, de 1957, tratou esses movimentos a partir do que chamou de "despertar evangélico", descrito como um fenômeno de amplo alcance eclesial que impulsionou a reflexão teológica, levando-a a se afirmar como ciência, a Escolástica. Mas, para explicar como as discussões levantadas pelos "pobres de Cristo" vieram a revolucionar a teologia tradicional, Chenu optou por dar um passo atrás em relação a Grundmann. Embora suas razões sejam claramente teológicas, é curioso como o teólogo dominicano precisou recorrer ao pressuposto da luta de classes para descrever o "despertar evangélico":

[...] o movimento apostólico de leigos se desenvolve nessa nova classe urbana, ligada à economia de mercado e de circulação, não sem ressentimentos contra o feudalismo: filhos mais novos sem-terra, jovens que, na superpopulação do século XII, não encontraram estatuto nem domínio e organizaram sua vida à margem, assalariados vivendo de trocas, "pés poeirentos", estes formam o ambiente homogêneo dos pobres de Cristo.[42]

Chenu não ignora que o movimento apostólico, como defendido por Grundmann, era conduzido por motivações religiosas, e que os grupos apostólicos viam a pobreza como a perfeição do estado religioso. Tal como Grundmann, ele também acredita que "os pobres de Cristo não estavam lidando com problemas sociais", ou seja, que suas razões eram mais religiosas do que econômicas, e que "a intenção deles era determinada pela pureza evangélica", não por seus "efeitos temporais". Contudo, Chenu precisava ressaltar as disrupções que fomentaram os movimentos dos "pobres de Cristo", porque, sem elas, argumenta, a "desintegração do sistema social que era a cristandade feudal"[43] não teria sido possível. Assim, a teologia no século XII teria sido o resultado de um processo de implosão das velhas estruturas da Igreja senhorial – ou feudal –, confrontadas pela "combinação de pobreza e liberdade cristã [que] encontrou seu terreno e sua eficácia na clientela apostólica da Igreja, onde os pobres se tornaram novamente o objeto privilegiado de seu ministério".[44] Essa não é uma afirmação trivial.

Chenu atribui aos movimentos, especialmente às ordens mendicantes, um papel absolutamente crucial na superação das marcas senhoriais ou feudais que, em sua opinião, comprometeram a natureza primária da Igreja, a qual precisava ser restaurada. E essa restauração, para ser eficaz, demandava uma ruptura radical com a velha ordem eclesial. Desse modo, no pensamento de Chenu, os conceitos de "pobreza" e "liberdade" passaram a representar, para a Igreja, um impacto comparável aos efeitos que "liberdade" e "mercado" representaram para a cidade, conforme observado antes por Pirenne; os pobres de Cristo atuaram, na Igreja, como os burgueses, na cidade, e, por isso, Chenu enfatizou a origem burguesa de muitos adeptos do pauperismo. E se Pirenne considerava a "cidade dos bispos" uma cidade reclusa, portanto, incompleta, Chenu considera a "Igreja dos bispos-senhores" não menos imperfeita, pelo menos do ponto de vista de sua eclesiologia e do regime temporal que vigorava. Não à toa, Chenu, ao mencionar Francisco de Assis, lembra que ele era "filho de um tecelão, daqueles tecelões cuja corporação era a mais inclinada ao espírito crítico, incluindo uma ponta de anticlericalismo contra os prelados feudais e os mosteiros ricos".[45]

Que Chenu tenha explicado o "despertar evangélico" como Pirenne descrevia o "renascimento urbano" confirma a intuição inicial de que os leigos, dentro da comunidade eclesial, podiam ser tão criativos quanto o eram na administração de suas comunidades políticas, onde obviamente não precisavam ser chamados de "leigos" ou "seculares", pois seria um pleonasmo. De toda forma, os *cives*, ou seja, os habitantes de uma cidade, fossem burgueses ou aristocratas, não deixavam suas convicções religiosas em casa quando participavam das assembleias cívicas ou se reuniam no palácio comunal. Não é que eles, por serem incapazes de compreender a separação entre o religioso e o laico, ingenuamente replicavam suas convicções religiosas nas assembleias cívicas.

Conforme Agamben observou em relação ao livro de Grundmann, os movimentos religiosos, surgidos contemporaneamente à invenção das comunas, tensionaram de tal modo o binômio religioso-laico que acabaram por criar, ainda que brevemente, uma alternativa bastante laical, tanto para o espaço urbano e sua cultura política quanto para a vivência da religião em si. Seja como for, esses movimentos ampliaram as possibilidades de conceber a vida comunitária e elaboraram novas formas de engajamento religioso e político, evidenciando que as cidades não se desenvolveram apenas pela expansão de sua rede comercial, mas também pela dilatação da consciência de ser uma comunidade e de compartilhar um bem comum. Parafraseando Grundmann,[46] podemos dizer que as cidades adquiriram novo vigor no momento exato em que outros poderes ameaçavam substituí-las e encontraram novos agentes precisamente entre aqueles que nutriam o espírito de comunidade sob o teto de suas igrejas.

Notas

[1] Pirenne, 1927, p. 63.

[2] Derville, 1985, p. 204.

[3] *Idem*, 2002, n. 3.

[4] Calvino, 1993, p. 13.

[5] Peterson, 2011, p. 31.

[6] *Idem*, p. 37.

[7] *Idem*, p. 38.

[8] Comblin, 1991, p. 196.

[9] Stark, 2006, p. 3.

[10] Comblin, 1991, p. 208.

[11] Cf. Pliny, 1915, p. 404; Tertullian, 1931, p. 170.

[12] Comblin, 1991, p. 192.

[13] *Idem*, p. 196.

[14] Peterson, 2011, p. 38.

[15] Comblin, 1991, p. 40.

[16] Peterson, 1964, p. VIII.

[17] *Idem*, p. X.

[18] Sennett, 2014, p. 166.

[19] Iogna-Prat, 2006, p. 469.

[20] Migne, 1884a.

[21] *Idem*, 1884b.

[22] Iogna-Prat, 2016, p. 163.

[23] Tihon, 2005, p. 335.

[24] Iogna-Prat, 2016, p. 184.

[25] *Idem*, p. 11.

[26] De Heinemann & Sackur, 1892, p. 583.

[27] *Idem*, p. 579.

[28] *Idem*, p. 584.

[29] Migne, 1884b.

[30] *Idem*, 1853a.

[31] Bourgin, 1907, p. 213.

[32] Migne, 1855a.

[33] Penna, 2022, pp. 67-71.

[34] Thompson, 2005, p. 3.

[35] Rosa, 2018, p. 71.

[36] Grundmann, 2005, p. 8 (grifos do autor).

[37] *Idem*, p. 13.

[38] Agamben, 2014, p. 98.

[39] *Idem*, p. 99.

[40] Grundmann, 2005, p. 69.

[41] *Idem*, p. 74.

[42] Chenu, 1957, p. 255.

[43] *Idem*, p. 255.

[44] *Idem*, p. 254.

[45] *Idem*, p. 255.

[46] Grundmann, 2005, p. 74.

2

AS PALAVRAS E AS COISAS

2.1 *Urbs* e *Civitas*: a distinção fundamental

Isidoro de Sevilha (560-636) é o famoso autor das *Etimologias*, uma coleção de livros tão notável que já foi chamada de "manual para toda a Idade Média",[1] sendo o texto mais influente, depois da Bíblia, durante mais de mil anos.[2] Nessa biblioteca portátil de 20 livros, o bispo sevilhano adequou aos usos cristãos de seu tempo as referências greco-latinas no campo das artes liberais, do direito, da política, história, religião e demais tópicas apreciadas pelos autores antigos. De particular interesse para nós é o livro XV, intitulado *Sobre os edifícios e campos* [*De aedificiis et agris*], especialmente reservado a discutir a origem das cidades e os componentes do espaço urbano – as estruturas políticas, religiosas, econômicas, militares e domésticas –, encerrando com uma apresentação do entorno campesino dependente dos centros citadinos.

O livro XV das *Etimologias* é de especial interesse para uma investigação como a nossa: nele, Isidoro condensa os argumentos que os autores antigos consideravam fundamentais para a caracterização das cidades e, ao mesmo tempo, exibe a perspectiva de um bispo que experimentou muito de perto uma mudança de época: entre os séculos V e VI, o Ocidente latino, sem perder de vista o legado romano,[3] foi assumindo contornos sociopolíticos diferentes, materializados em uma governança romano-germânica e em outra forma de conceber e vivenciar as cidades, muito mais dependente das estruturas eclesiais e da teologia cristã (cf. Cap. 3). Isidoro, portanto, representa uma ponte entre o período anterior, fortemente regido pelas práticas políticas romanas, e a nova cultura pós--romana, resultado da negociação havida entre uma população autóctone, cada vez mais católica, e as lideranças germânicas que assumiram o controle das novas unidades políticas, os chamados reinos bárbaros. Além disso, o fato de as *Etimologias* serem muito menos uma pesquisa lexical e semântica, e muito mais uma coleção de matérias ético-religiosas, torna o texto isidoriano uma evidência de como os autores cristãos adaptaram o acervo conceitual e letrado do mundo antigo para a cultura eclesiástica. Vejamos, então, os principais vocábulos da realidade urbana que aparecem nas *Etimologias*:

Cidade [*civitas*] é um conjunto de pessoas unidas por um vínculo de sociedade [*societatis*]; seu nome deriva de cidadãos [*civibus*], isto é, os moradores [*incolae*] de uma urbe [*urbs*] [porque ela pode abarcar e deliberar sobre a vida de muitos]. Ora, uma urbe é formada por seus próprios muros; a cidade, ao contrário, recebe seu nome dos habitantes [*habitatores*], não das pedras [*saxa*]. E existem três tipos de sociedades: as famílias, as urbes e as nações. O nome *urbs* deriva ou de orbe, pois as antigas cidades [*civitates*] eram construídas de acordo com o formato de um círculo [*orbis*], ou da parte do arado que se chama urbo [*urbum*], com o qual se assinalava o local em que os muros seriam erguidos.[4]

Numa obra de etimologia, mais importa a origem das palavras do que seus significados semânticos, embora seja possível deduzi-los do trecho que acabamos de ler. Fiel à língua latina, Isidoro considera o fenômeno urbano desde duas perspectivas: a social e a arquitetônica. Em português, há apenas um vocábulo para nomear ambos os aspectos que, em latim, possuem nomes próprios: dizemos cidade tanto para a comunidade de cidadãos (*civitas*) quanto para o espaço físico delimitado pelos muros dentro dos quais habitam os cidadãos (*urbs*). *Civitas* é uma comunidade politicamente organizada, isto é, detentora de direitos e de instrumentos de governo que abarcam "a vida de muitos"; *urbs* é o conjunto arquitetônico constituído pelos muros e por diversos edifícios que, na sequência, Isidoro irá enumerar e definir. *Civitas* evoca os habitantes e, por conseguinte, a política, enquanto *urbs* nomeia as edificações: *civitas non saxa, sed habitatores vocantur* (o termo cidade designa os habitantes, não as pedras).

A cidade apresentada por Isidoro é a cidade romana; não fossem alguns vagos elementos mencionados bem após essa primeira definição, mal se poderia dizer que seu autor é um cristão ibérico, cuja terra já era governada por monarcas de origem bárbara, que só havia bem pouco tinham abraçado a fé católica, assumida oficialmente pelo Império dos romanos desde 391. Entre esse passado ilustre e o seu presente, Isidoro não enxerga nem decadência, nem cisão; as transformações que, no caso das cidades, implicaram, por exemplo, a gradativa substituição dos templos pelas igrejas, ou o abandono dos teatros e circos, não são descritas como rupturas, e sim como continuidades de uma cultura que se foi tornando cristã sem deixar de ser romana:

Os antigos [*veteres*] chamavam de *delubra* aos templos que dispunham de fontes onde as pessoas se lavavam antes de entrar; donde o nome *delubra* deriva de lavar [*diluere*]. Esses templos são, hoje, os santuários [isto é, as igrejas] com fontes sagradas [batistérios], nas quais os fiéis regenerados se purificam: e é de bom presságio que elas sejam chamadas de *delubra*, pois servem para a purificação dos pecados.[5]

Logo na sequência, Isidoro acrescenta: "no princípio [*prius*] as casas dos reis eram chamadas de basílicas, de quem herdam o nome; ora, *basileus* significa 'rei', e basílica é a habitação do rei. Hoje, por sua vez, chamamos de basílicas os templos divinos (isto é, as igrejas), pois ali são oferecidos o culto e os sacrifícios a Deus, que é o rei de todos".[6] Templos purificatórios transformados em batistérios; basílicas régias convertidas em igrejas; abandonam-se os velhos deuses sem que a função social da ablução seja abandonada e sem perder de vista que a basílica continua sendo a moradia de um soberano. Essa tradução negociada que a civilização cristã operou desde o início de sua história obviamente encontra em Isidoro um exemplo magistral.

Se isso valia para santuários e prédios públicos, mais ainda para a historiografia antiga: foi nela que Isidoro de Sevilha encontrou a base principal para a sua argumentação: a *Eneida*, de Virgílio (m. 19 a.C.), as

Origens, de Catão, o Velho (m. 149 a.C.), são suas fontes para explicar a derivação de *urbs*, que tanto pode vir de *orbis* (círculo) quanto de *urbum* (o cabo do arado); as cidades dos antigos eram construídas em forma circular, definida pelo arado que marcava o lugar em que os operários iriam cavar o fosso dentro do qual a muralha iria se erguer. No próximo capítulo (2.1), iremos detalhar melhor o motivo da circularidade das cidades; por ora, ressaltemos que o arado (*aratro* em latim) traduz muito da mentalidade romana – e também cristã – em relação ao mito civilizador que ronda o fenômeno urbano: *urbs aratro conditur, aratro vertitur*, isto é, a urbe é fundada pelo arado e, pelo arado, destruída.[7]

Como o bispo enfatiza, o uso do arado inaugura o processo de construção de uma urbe, assumindo um papel tanto simbólico – a circularidade da forma – quanto estrutural, pois o traçado dos muros é feito por ele. Nesse contexto discursivo, o arado serve para explicitar o domínio humano sobre o espaço natural: ele torna agricultáveis e habitáveis as áreas selváticas e agrestes, transforma o ermo num campo de cultivo e propicia o abastecimento da povoação urbana que transformou o espaço natural segundo as suas necessidades. Em sentido contrário, no entanto, o arado também expressa a força destruidora ou demolidora que pode se voltar contra a cidade, quando esta é vencida por um exército inimigo. Isidoro recupera, aqui, um verso da *Ode XVI* (do Livro I), de Horácio (século I a.C.), em que o poeta declama "os funestos efeitos da cólera", a qual nada refreia. Entre as linhas 16-21, Horácio toma o exemplo de Tiestes, irmão de Atreu, pai de Agamenon e Menelau, heróis da Guerra de Troia; numa disputa pelo poder político de Creta, Tiestes e Atreu enveredam para a violência, a traição e a ignomínia, a ponto de Atreu servir a Tiestes, num macabro banquete, a carne de seus próprios filhos. Diante disso, o que sobrou a Tiestes a não ser a mais profunda ira? Eis o trecho citado por Isidoro: "Foi a cólera que lançou Tiestes num abismo de calamidades, que arrasou cidades florescentes e fez passar por cima das muralhas o arado do arrogante vencedor".

A gravidade do gesto acentua-se quando recordamos o que Isidoro dissera: *urbs ipsa moenia sunt* (uma urbe é formada por seus próprios muros). Em outras palavras, o arado que traceja os muros que fazem uma cidade pode apagar seus rastros para sempre. Certamente que a escalada da violência, que marcou a história das províncias romanas ocidentais e que obrigou a construção de muralhas em praticamente todos os núcleos urbanos, desde a época de Aureliano (270-275), contribuiu para realçar a importância defensiva dos muros. Entretanto, Isidoro trabalha a partir da etimologia, isto é, da história das palavras e de seus usos em contextos diferentes; parece-me que o acento dado aos muros não tem a ver com o contexto belicoso do século V, mas com a historiografia das cidades a que Isidoro recorre; também nos gregos se pode encontrar a relação entre cidade e muros, como na *História da Guerra do Peloponeso* (II, 15), de Tucídides (século V a.C.); ao falar de como Teseu submeteu as aldeias ao redor de Atenas ao governo da cidade (*pólis*/πόλις), Tucídides recorda que Atenas, no início de sua história, resumia-se à sua acrópole, isto é, à cidadela fortificada que fica no monte.

Os muros, portanto, são emblemas da urbe e, como tal, não podem faltar na figuração das cidades: no conjunto iconográfico do arco absidal da Basílica de Santa Maria Maggiore, em Roma (século V), as figuras de Jerusalém e Belém são representadas com altas muralhas, ornadas de pedras preciosas, modelo que se repete no arco absidal da Basílica de San Lorenzo Fuori le Mura, do século VI; no século VIII, o *Apocalipse de Trier* (cf. Figura 1) representa a Babilônia como uma cidade cercada de muros e torres, enquanto o *Evangeliário de Santa Aure* (cf. Figura 3), do século IX, nas páginas iniciais de cada Evangelho, reproduz o respectivo evangelista dentro de uma grande urbe amuralhada, suspensa no céu. Além dos muros e das portas, uma urbe compreende diversos espaços que Isidoro chama de edifícios e espaços públicos, como as avenidas e praças, os fóruns, a cúria, o ginásio, os pórticos, o teatro etc.[8]

Toda urbe, por sua vez, é habitada por um conjunto de pessoas vivendo em sociedade (*vinculo societatis adunata*), e é nesse sentido que a urbe se torna cidade. Isidoro explica que o nome *civitas* deriva de *cives*, isto é, os *cidadãos* que habitam uma *urbs* e, nela, possuem direitos políticos; aqueles que moram numa cidade, porém, não gozam de direitos, como os estrangeiros e escravos, esses são denominados *incolae* ou *habitatores*, nunca *cives*, pois *morar* na cidade não garante a cidadania. O cidadão (*civis*) é o habitante fixo com plenos direitos políticos, a comunidade política ali reunida (*adunata*) confere uma dimensão superior ao agrupamento urbano, ressaltando-se mais a sua natureza política do que a econômica e, ao mesmo tempo, a história de sua fundação: para Isidoro, *civitas* só se aplica à cidade cujos fundadores são nativos; quando uma cidade é fundada por estrangeiros ou dominadores externos, tem-se uma *colônia*, não uma *civitas*.

A esse sentido, acrescenta-se outro. No mundo romano, *civitas* designava um território mais ou menos extenso em que uma *urbs* (grande e forte o suficiente) funcionava como capital de um poder regional que se impunha sobre outras urbes, aldeias e campos: tratava-se de uma jurisdição exercida pelos poderes públicos sobre o território que, assim considerado, também se chamava de *civitas*. Consoante a esse sistema, decorre a instituição do município (*municipium*), que, na linguagem romana, significa a cidade que foi conquistada pelo Império, e à qual Roma concedeu o direito de cidadania para os seus habitantes, um privilégio bastante vantajoso, pois garantia o direito a pleitear e exercer cargos públicos e magistraturas civis, em Roma, inclusive no Senado. A palavra "município" é formada de duas palavras latinas: *muni*, que vem de *munus/muneris* – que quer dizer dever, obrigação, missão recebida –, e *cipium*, forma sincopada do verbo *capio/capere*, que significa tomar, pegar e receber. Município é a cidade que recebeu um direito provindo de algum poder superior – Isidoro acrescenta que município é aquela cidade que recebeu do príncipe um ofício maior ou menor; no entanto, a função política do *municipium* é menor do que a da *civitas*, já que as causas judiciárias mais importantes, e aquelas que são reservadas ao príncipe, só poderiam ser tratadas e resolvidas nos tribunais das *civitates*.

Em Isidoro, as marcas do passado romano expressam-se mais precisamente nas próprias cidades: além da definição consoante ao vocabulário latino, ele as descreve segundo os componentes específicos das *civitates* romanas, a começar pelas estruturas defensivas – as torres (*turres*), as ameias das muralhas (*propugnacula*), os contramuros(*promurale*) e os portões (*porta*); depois, os espaços abertos, como a praça (*platea*) e os pequenos pátios (*quintana*); em seguida, os canais de esgoto (*cloaca*), os pórticos (*imbolus*), sob os quais as pessoas podiam caminhar, o fórum (*forus*) para a resolução dos litígios, a cúria (*curia*) para os senadores, o pretório (*praetorium*) para o governante municipal, o ginásio (*gymnasium*), a cidadela ou fortaleza (*arx*) – que ofereceria proteção em caso de guerra –, o estádio para corridas de cavalos (*circus*), o teatro (*theatrum*), o anfiteatro (*amphitheatrum*); vemos também os banhos públicos e as termas, o mercado, os açougues, as tabernas, os postos fiscais, a prisão.

Esses espaços ou estruturas caracterizavam as cidades romanas, mesmo que seja difícil de imaginar que todas elas contivessem todos os elementos topográficos e urbanísticos citados – por exemplo, Isidoro menciona o labirinto (*labyrinthus*) e o farol (*farum*), que certamente só existiam em bem poucas cidades. É provável que esses pontos públicos das urbes romanas já não fossem utilizados pelas populações ibéricas do tempo de Isidoro (seria um pouco inverossímil que espaços como as termas, o circo ou o teatro seguissem em funcionamento em cidades já cristianizadas, como a Sevilha de Isidoro); desse modo, pode-se aventar a hipótese de que o bispo evocava esses lugares como forma de dar referências antigas para as definições que propunha, o que sustentaria, por exemplo, o recurso às obras de Heródoto, Virgílio e Horácio.

Entre os edifícios que compõem a *urbs*, ou entre os direitos políticos que fazem a *civitas*, Isidoro, mesmo sendo bispo, não incluiu os espaços religiosos nem considerou a comunidade eclesial; ele também deixou de fora de sua análise etimológica a monumentalidade dos templos pagãos, as estátuas e os altares que povoavam as cidades romanas e que, em sua época e região, já estavam provavelmente em certa decadência. Não que Isidoro ignore o fato de que a religião faz a cidade, como daqui a pouco veremos (cf. Cap. 3); a meu ver, os motivos para essa eloquente ausência são, pelo menos, dois: o primeiro, ao desconsiderar os monumentos e os ritos religiosos (pagãos e/ou cristãos), Isidoro buscava um meio de não ter de citar os templos pagãos; além disso, ele encontrava uma saída para não equiparar a função dos templos (pagãos) e das igrejas (cristãs), pois, para ele, eram coisas muito diferentes. Para entendermos o que se passa, precisamos estabelecer uma distinção fundamental entre igreja e templo.

Num certo sentido, igreja e templo são igualmente edifícios religiosos; porém, o conteúdo *religioso* que ambos representam não é equivalente. *Grosso modo*, um templo é, sobretudo, morada dos deuses tutelares (ou do deus tutelar) da cidade ou do próprio templo; é também um tributo ou uma oferenda que a comunidade de devotos, ou um devoto particular, constrói para agradar-lhes e torná-los mais favoráveis; em suma, templo é o lugar dos sacrifícios – geralmente cruentos – que os sacerdotes imolam, em nome dos devotos ou da comunidade política. Por isso, um templo não é necessariamente uma sala pensada para comportar uma assembleia celebrante – aliás, nessa cultura religiosa não existe a ideia de uma "assembleia celebrante"; ao contrário, um templo é um recinto arquitetonicamente pensado para a execução de funções sacrificiais – que podiam acontecer sem a presença de espectadores –, para a demarcação topográfica da presença dos deuses na cidade e para comportar as dependências do grupo sacerdotal que ali reside e dali sobrevive.

Uma igreja pouco tem a ver com isso. Primeiramente, uma igreja é uma casa (ou uma sala) que abriga uma comunidade celebrante, isto é, o conjunto dos fiéis que se reúnem não só para as oferendas votivas (intermitentes), como no templo, mas, sobretudo, para a celebração comunitária (e semanal) dos mistérios da vida terrena de Jesus Cristo. Em segundo lugar, é um espaço capaz de servir também para o ensinamento catequético e para as pregações, o que torna a sua arquitetura mais parecida com a fisionomia de uma escola do que com a de um templo greco-romano. Em terceiro lugar, uma igreja é o ponto de encontro e de referência de uma comunidade inteira – não apenas dos devotos dos *santos* tutelares –, que, aos poucos, foi ocupando os espaços ao redor, construindo casas e organizando um bairro a partir desse centro irradiador.

Por isso, a implantação de igrejas no traçado urbano respeitava melhor a acessibilidade do lugar do que a sua monumentalidade topográfica (templos eram feitos para serem vistos por quem estava de fora, pois era um sinal altaneiro – geralmente no topo de colinas – que marcava a assistência dos deuses). A ênfase na comunidade, que fixa o conceito de igreja (do latim *ecclesia*), torna-o algo mais político do que religioso. E assim foi. Após a liberdade de culto e a restituição dos bens eclesiásticos, promovidas pelo imperador Constantino (m. 337), os cristãos preferiram usar as basílicas romanas – fundamentalmente prédios públicos e cívicos – a usar os antigos templos, sinais de deuses imanentes pouco compatíveis com a transcendência do Deus cristão. No capítulo terceiro teremos ocasião de discutir melhor a construção de igrejas e o uso do modelo basilical romano; por ora, cabe destacar que somente com lentidão é que a teologia eclesiástica assimilou, para suas igrejas, a sacralidade antes reservada para os fiéis batizados.

O curioso é que Isidoro, mesmo conhecendo o sentido político inerente à definição de igreja, não o menciona ao falar de cidades. Não assinala também o fato de que, no século VII, diversos centros urbanos já eram governados por bispos cristãos que, na falta de magistrados civis ou impelidos pelos próprios magistrados, exerciam o poder político e judiciário (cf. Cap. 3). Isidoro mantém-se no nível de compreensão romana tradicional em que *civitas a civibus dicitur, non tecta*, isto é, a cidade recebe seu nome dos cidadãos, não de seus prédios. As *Etimologias* foram escritas numa época em que a península Ibérica de Isidoro já era governada pelos chefes visigóticos, cujo exército, assentado na terra, mesclou-se à elite romana e formou uma comunidade política bastante original e que deu condições de continuidade para a cultura romana. Estamos num período recuado em que ainda podemos observar o desejo de associar o presente (visigótico) ao passado (romano) – os visigodos procuravam passar a impressão de que eram politicamente tão romanos quanto os romanos: o *Breviário de Alarico* é uma compilação de leis romanas em voga no reino visigodo de Toulouse e que se chamava originalmente *Lex romana visigothorum* (A lei romana dos visigodos), promulgada por Alarico II (m. 507) no ano de 506. Alguns historiadores sustentam que esse código é o mais importante realizado num reino romano-germânico e que expressa o direito romano num período pós-clássico.

Comparemos, agora, esse retrato isidoriano da cidade com a ilustração da Babilônia, que consta do *Apocalipse de Trier*. Esse testemunho visual dialoga e, de certa forma, complementa o panorama apresentado por Isidoro de Sevilha e nos permite ver como a ideia de cidade, forjada desde a Antiguidade Tardia, continuou a repercutir pelo Ocidente medieval. O manuscrito que contém o texto do Apocalipse de São João e suas respectivas ilustrações foi, provavelmente, produzido no primeiro quarto do século IX e a oeste das terras carolíngias, embora não se tenha certeza do local exato de produção da obra – alguns críticos enxergam semelhanças estilísticas entre ela e os textos oriundos do *scriptorium* monástico de Tours.[9] Esse manuscrito, hoje guardado na Biblioteca Municipal de Trier, Alemanha (*Stadtbibliothek Trier*), sob a cota Ms. 31, registra um dos ciclos pictóricos mais antigos e completos do último livro do Novo Testamento – são 74 imagens de página inteira divididas por 61 seções textuais. De especial interesse para este estudo é a miniatura do fólio 56r, que ilustra o anúncio da queda da Babilônia, segundo o capítulo 18 do Apocalipse de São João (cf. Figura 1).

Figura 1: *Apocalipse de Trier* (Ms. 31 fol. 56r) – século IX. Stadtbibliothek und Stadtarchiv Trier. Fonte: http://dfg-viewer.de/en/show/cache.off?tx_dlf%5Bpage%5D=115&tx_dlf%5Bdouble%5D=0&tx_dlf%5Bid%5D= http%3A%2F%2Fzimks68.uni-trier.de%2Fstmatthias%2FT0031%2FT0031-digitalisat.xml&cHash=611cff8142529787f862c347de67faa4. Acesso em 8/4/2024.

    A iluminura da queda da Babilônia divide-se em dois campos visuais: no alto, vemos as águas do firmamento, conforme o relato bíblico de Gênesis, e um anjo de grande tamanho que desce do céu e aponta sua mão direita para a cidade sobre a qual voa; abaixo, vê-se a imagem de uma cidade entre figuras humanas: do lado direito, nota-se um homem jovem, de túnica comprida e nimbo ao redor da cabeça que segura um rolo nas mãos – trata-se do evangelista São João, suposto autor do livro (em forma de rolo) do Apocalipse, que aparece em praticamente todos os quadros do manuscrito; do lado esquerdo, há um grupo de homens que vestem túnicas curtas e clâmides à moda romana e que parecem caminhar para fora da cidade.

O conjunto pictórico acompanha a divisão textual 47, que corresponde aos primeiros três versículos do capítulo 18 do livro do Apocalipse:

E depois disso, vi descer do céu outro anjo com grande poder, e a terra foi iluminada por sua glória. E bradou com voz forte: caiu, caiu a grande Babilônia, ela se tornou morada dos demônios e guarda de todos os espíritos imundos e de todas as aves imundas. Pois da ira de sua fornicação, beberam todas as nações e reis da terra que com ela fornicaram, e os mercadores da terra tornaram-se ricos de suas delícias (Ap 18, 1-3).

A compreensão do que seja a grande Babilônia, no Apocalipse, nos levaria longe demais. Aqui basta dizer que a Babilônia, que ora aparece na forma de uma cidade, foi descrita, no capítulo 17, como uma mulher sedutora e prostituta que seduzia os reis da terra, o que certamente evoca uma leitura alegórica de um sistema político e religioso, que fascinava os demais governantes e os atraía para, depois, corromper. Tratar-se-ia do Império Romano? Talvez sim, mas, aqui, o texto bíblico não é o mais importante, e sim a representação imagética de uma cidade que igualmente seduz e encanta, mas que também perverte quem por ela se apaixona.

Que a grande Babilônia seja uma cidade, confirma-o o versículo 10, em que se lê: "ai, ai daquela grande cidade (*civitas*) de Babilônia, aquela cidade forte (*civitas fortis*)". E, por ser uma cidade forte, o iluminador precisou representá-la como uma fortaleza, uma cidade amuralhada rodeada por seis torres, cuja disposição – três na parte da frente, no plano inferior, e três no plano superior – dá a impressão de se tratar de uma urbe circular, como a descrita por Isidoro. As torres são encimadas por cúpulas de formatos diferentes, tendo cada uma aberturas que lembram postos de vigia, e as portas não são visíveis. Reconhecemos nessa ilustração o caráter defensivo que marcava a situação das urbes tardoantigas. Se os críticos tiverem razão, e o *Apocalipse de Trier* for uma cópia praticamente exata do chamado *Evan-*

gelho de Santo Agostinho (Cambridge, Corpus Christi College MS. 286), um manuscrito italiano do século VI, teremos, então, o mesmo contexto belicoso que marcava o tempo de Isidoro de Sevilha,[10] e que pode ter sido determinante para a imagem da cidade como uma fortaleza.

Chama muito a atenção o edifício que aparece ao centro do conjunto arquitetônico da cidade: um imponente e grande monumento de telhado vermelho, cujas colunas, capitéis e frontão demonstram tratar--se de um templo – uma marca urbana que Isidoro preferiu relativizar. Dentro do templo, percebe-se a presença de três figuras aladas, semelhantes a pequenos *putti*. Quem seriam esses seres parecidos com anjos? O texto do Apocalipse declara que Babilônia havia se tornado "morada de demônios", mas não menciona os templos e muito menos os ídolos dos templos. A ideia de pintar os demônios como *putti* ou ídolos, e, portanto, associá-los ao templo pagão, pode ter vindo do versículo 23, no qual se lê, segundo a versão da *Vulgata*: "e a luz da candeia não mais luzirá em ti e a voz do esposo e da esposa não será mais ouvida em teu meio, pois os teus mercadores eram os príncipes da terra; porque todas as nações foram enganadas por teus sortilégios" (*quia in veneficiis tuis erraverunt omnes gentes*).

Os sortilégios ou encantamentos aqui evocados referem-se, provavelmente, aos augúrios que os antigos romanos iam buscar nos templos, com os sacerdotes, que, por sua vez, consultavam os deuses ou outras entidades naturais; os cristãos, desde longa data, costumavam associar os deuses romanos aos demônios, e os augúrios, à ação demoníaca. O bispo Cesário de Arles (m. 543), no sermão *De christiano nomine cum operibus non christianis* (Sobre quem é cristão de nome, mas não age como cristão), adverte seus fiéis do risco de manterem os antigos costumes pagãos após a recepção do batismo. Com relação à doença, ele lembra que o cristão deve recorrer, antes de tudo, aos sacramentos da Igreja e evitar os ritos gentílicos que, ao que parece, seguiam ainda em prática no sul da Gália:

Observem, irmãos, como aqueles que buscam a Igreja em momentos de enfermidade obtêm a cura para o corpo e alcançam o perdão dos pecados. Se é possível encontrar esses dois benefícios na Igreja, por que algumas pessoas desventuradas ameaçam prejudicar a si mesmas ao recorrer a encantadores [*praecantatores*], fontes [*fontes*], árvores [*arbores*] e práticas diabólicas, como amuletos [*characteres*] e arúspices [*aruspices*], videntes ou adivinhos [*divinos vel sortilegos*]?[11]

Décadas mais tarde na região da Galécia, outro bispo, chamado Martinho de Braga (m. 579), recorreu a uma argumentação semelhante, no *De correctione rusticorum*. No capítulo VII, o religioso afirma que o diabo e seus ministros, os demônios, após terem sido rejeitados do céu, começaram a enganar os homens afastados de Deus, na terra; eles passaram a se apresentar a eles sob diversos disfarces e em diversos lugares, como os altos montes e as florestas frondosas – argumentação que demoniza os rituais mágicos e os lugares sagrados da religião tradicional. Além disso, Martinho claramente associa os próprios deuses romanos aos demônios, que se mostravam ora como Júpiter – um mago incestuoso que teve filhos com sua irmã Juno –, ora como Marte ou Mercúrio ou ainda sob o aspecto de qualquer dos deuses do panteão romano. Esses argumentos, que não eram novos nem exclusivos a um grupo cristão minoritário, podem ter oferecido ao iluminador do *Apocalipse de Trier* a inspiração para interpretar a "morada dos demônios" como um templo pagão e, assim, associar os templos à constituição das cidades antigas.

A caracterização arquitetônica da iluminura nos faz pensar que estamos diante de uma *urbs*, feita de pedras e casas; porém, o texto bíblico a chama de *civitas*. E, como vimos, *civitas* é povo. Na ilustração, o povo é representado do lado externo da cidade, curiosamente composto apenas de homens que olham fixos para uma mesma direção e caminham em marcha. Reparem que os homens que deixam a cidade estão vestidos com túnica curta, clâmide sobreposta e um calçado que vai dos pés aos joelhos. Se comparamos esse vestuário com o que o evangelista São João usa, na figura ao lado, vemos que são roupas diferentes. James Snyder observa que, no *Apocalipse de Trier*, os "servos de Deus", e demais santos e anjos, vestem sempre túnicas longas; os homens comuns – pecadores, mercadores e camponeses – vestem túnicas curtas com clâmide, e os soldados vestem uniformes inspirados na vestimenta militar romana – cinturão de couro, clâmide sobre uma túnica curta e portam armas.[12] Como essa disposição figurativa se repete por todo o manuscrito, podemos afirmar que a indumentária dos cidadãos da Babilônia corresponde à dos homens comuns que, no contexto bíblico, são os pecadores seduzidos pela grande cidade repleta de abominações.

Que sejam os homens a serem representados como exclusivos cidadãos o confirma a prática política romana, que reservava as assembleias cívicas apenas aos do sexo masculino. O problema é saber por que esses homens foram representados do lado de fora, em gesto de abandonar a cidade; afinal, se o motivo era caracterizar uma *civitas*, seu povo deveria convergir para a cidade e não divergir dela. Pode ser que o iluminador quisesse ressaltar que Babilônia, "morada de demônios", já não era mais capaz de ser uma verdadeira cidade, isto é, morada de homens-cidadãos, pois seu direito e sua justiça não mais funcionavam segundo uma ordem política (convergente), mas diabólica (divergente). Seja como for, a ilustração define a cidade a partir de seus marcos arquitetônicos públicos e religiosos, em consonância com a comunidade política que lhe habita e lhe dá sentido. Acrescente-se a isso o valor simbólico das muralhas e torres que, desde o século IV, vão compor o quadro definidor das cidades, como era, antes, das fortalezas e dos acampamentos militares. Em outras palavras, ocorre, aqui, o que Isidoro já definia como *oppidum*, isto é, o núcleo urbano destinado a dar proteção a uma comunidade que não conseguiria sobreviver naquele entorno sem a defensibilidade de seus muros.

Em síntese, o modelo isidoriano de cidade, com alguns reforços adicionais, seguia ainda importante para a expressão urbana no século IX. Especial destaque deve ser dado para a continuidade – simbólica, mais do que efetiva – do significado político dos espaços e estruturas das cidades romanas. Parece que os homens do Ocidente medieval enxergavam as suas cidades em sintonia com o passado romano, ainda que, na prática, esses lugares já fossem bastante diferentes em sua função social e atividade política e econômica. Em pleno século X, que, para muitos historiadores, desde Henri Pirenne, foi uma época de dissolução do pouco que sobrou do mundo antigo e início dos tempos feudais, o bispo de Verona, Ratério (m. 974), fez desenhar a sua cidade, panoramicamente, com os prédios e lugares que considerava emblemáticos para a urbe. Na *Iconographia Rateriana*, também chamada de *Civitas Veronensis Depicta*, o bispo mandou pintar, entre as igrejas urbanas e o palácio governamental, de época ostrogótica, o anfiteatro, o *horreum* (armazém) e a *Porta dei Leoni*, marcas do período romano de Verona. Ao redor da iconografia, lê-se uma inscrição versificada, composta pelo próprio bispo, com o fito de homenagear a sua sede episcopal:

Ó Grande Verona, salve! Que tu vivas pelos séculos sem fim, e os povos celebrem pelo mundo o teu nome. Nobre, eminente, memorável, grande é o teatro construído para te fazer bela, ó sagrada Verona. Do alto da colina o castelo contempla a cidade, que Dédalo construiu com arte e com obscuras vias. [*Magna Verona, vale! Valeas per secula semper et celebrent gentes nomen in orbe tuum. Nobile, praecipuum, memorabile, grande theatrum, ad decus exstructum, sacra Verona, tuum. De summo montis castrum prospectat in urbem, Dedalea factum arte viisque tetris*].[13]

Nessa obra, figuram, simultâneos, os elementos da *urbs* romana e, agora, *christiana*. Ratério é bispo de uma *cidade cristã*, mas que, apesar das novas igrejas em sua paisagem, não se esquece da época em que Dédalo, o arquiteto mitológico, construía labirintos (*viis tetris*) e embelezava os espaços públicos. Esse passado, como vimos, seguia forte na imaginação dos clérigos latinos, e os motivos para isso iam além de uma simples afirmação do *status* social que reivindicavam; por isso, não podemos descartar as implicações desse passado na hora de iniciarmos um estudo sobre as cidades que os clérigos habitavam. No capítulo 3, teremos ocasião de notar como isso repercutia na maneira como os historiógrafos e cronistas narravam a história de suas cidades, e se importavam com o passado de seus fundadores.

2.2 *Urbs Ecclesia*: a convergência fundamental

Segundo o testemunho de Lucas, nos Atos dos Apóstolos, "em Antioquia os discípulos foram, pela primeira vez, chamados de cristãos" (At 11, 26), e foi também ali que surgiu o termo "cristianismo" (χριστιανισμός), como conta Inácio de Antioquia (m. 108), em sua Epístola aos Romanos (3, 3). Fundada no século IV a.C., por Selêuco I Nicator, *Antioquia junto ao rio Orontes* (Αντιόχεια η επι Ορόντου/*Antiochia ad Orontem*) foi conquistada pelo Império Romano, em 63 a.C., passando a integrar o conjunto das cidades mais proeminentes do Oriente, tornando-se a capital da província da Síria; como outras antigas urbes da região, Antioquia foi submetida a um processo de integração à cultura greco-romana, que resultou numa ampla alteração de seu urbanismo e sua arquitetura, bem como dos modos de gestão e organização política. Quando ali se estabeleceram os primeiros discípulos de Jesus de Nazaré, que os judeus chamavam simplesmente de *nazarenos*, Antioquia exibia uma cultura urbana compatível com os princípios romanos já evidentes nas grandes cidades do Mediterrâneo,[14] dispondo de templos dedicados aos deuses do Império, fórum de estilo romano, ruas adornadas de estátuas, uma ampla avenida colunada, aquedutos, circo (ou hipódromo), teatros e até mesmo um panteão, o segundo maior, depois daquele de Roma.

Desde seus inícios, a comunidade cristã de Antioquia acolheu eminentes autoridades da Igreja-mãe de Jerusalém, como Barnabé, Paulo e, depois, Pedro, sem esquecer o evangelista Lucas, que é filho da terra. Antioquia abrigou o primeiro núcleo organizado de difusão missionária da história cristã: foi provavelmente nessa Igreja que os mais antigos textos litúrgicos e disciplinares foram escritos, a exemplo da *Didaqué*; ali ocorreu a adaptação da teologia judaico-cristã, que resultou, por um lado, na acolhida de pagãos helenizados na comunidade eclesial e, por outro, na separação religiosa entre judeus e cristãos, fazendo da comunidade de Antioquia a primeira "Igreja dos gentios"; foi lá que o bispo Inácio (m. 108) deu ao governo episcopal a sua forma acabada e, desde então, passou a ser adotado pelas demais igrejas do Oriente e do Ocidente, consolidando-se universalmente em fins do século II. Tanta grandeza urbana e honra eclesiástica fizeram da Igreja de Antioquia a terceira cátedra episcopal mais importante, após Roma e Alexandria, e, tal como essas duas igrejas, também a de Antioquia foi palco de ardorosos debates teológicos, renhidas lutas dogmáticas e diversos cismas.

Eusébio de Cesareia (m. 339) relata um desses conturbados momentos, quando o bispo antioqueno Paulo de Samósata (m. 275) foi deposto por uma junta de bispos da região que não toleravam que ele vivesse como um abastado príncipe – transportado em liteiras, protegido por um corpo de seguranças pessoais e assentando-se sobre um estrado, que mais lembrava o de um magistrado político que de um bispo cristão. Esse quadro negativo, não nos iludamos, é uma peça retórica de detração, que visava adensar a crítica dos bispos siríacos a esse colega que, com o cargo episcopal, acumulava também o posto de assessor da rainha Zenóbia de Palmira (m. 274), pelo qual era muito bem remunerado.[15]

Estamos acostumados a imaginar que o enriquecimento da Igreja começou no tempo do imperador Constantino I (306-337), acusado por certas correntes teológicas de contaminar a simplicidade do Evangelho.

O fato é que, muito antes de Constantino, já no século II, os bispos eram personalidades que ultrapassavam os limites da função religiosa-ritual: os fiéis também esperavam que seus bispos lhes prestassem serviços bastante materiais, como a distribuição de alimentos, assistência jurídica gratuita, garantia de pagamento de dívidas, resolução de conflitos, guarda fiduciária de bens pessoais e, inclusive, empréstimo de dinheiro,[16] o que certamente contribuía para que bispos, como Paulo de Samósata, contratassem guarda-costas pessoais.

Comparando a situação da Igreja de Antioquia com as de Roma e de Alexandria, sobre as quais o mesmo Eusébio oferece muito mais informações, pode-se dizer que o poder e/ou a riqueza das Igrejas estavam atrelados ao próprio estatuto sociopolítico das cidades em que estavam implantadas, bem como à situação econômica de seus membros. Antioquia, como vimos, não era uma aldeia perdida num rincão qualquer; ao contrário, exibia social e eclesialmente as marcas de seu brilhante passado e os efeitos de um presente bastante opulento, sobretudo no século IV, a julgar pelo testemunho de dois antioquenos ilustres e próximos, Libânio (m.c. 393) e João Crisóstomo (m. 407).

Libânio era nada mais nada menos do que o mais prestigiado professor de retórica da Síria, e sua escola atraía para Antioquia alunos das mais diferentes partes do império. Embora tenha exercido grande parte de seu ofício de orador durante os governos de imperadores cristãos, como Constâncio II (337-361) e Teodósio I (379-395), e de Antioquia ser um centro propulsor do cristianismo, Libânio viveu e morreu como pagão. Sua escola foi frequentada por diversos cristãos abastados, como o próprio João Crisóstomo, aluno preferido de Libânio, como conta o historiador Sozomeno (m.c. 450): quando Libânio estava à beira da morte, seus amigos tentaram saber quem ele gostaria que o sucedesse na direção da escola de Antioquia; a resposta foi imediata: "eu queria que fosse João, se os cristãos não o tivessem roubado de nós".[17]

Em 356, Libânio participou dos jogos olímpicos, celebrados na cidade, e na ocasião pronunciou um discurso em louvor de Antioquia (o chamado *Antiochikós* ou Discurso 11); após elogiar o bom clima, a fertilidade do solo, a privilegiada posição geográfica e o comércio, ele destacou o que, para ele, eram as maiores virtudes de sua cidade: a preservação das tradições greco-romanas, o funcionamento das instituições políticas do império e o respeito pelos antigos deuses, sejam os deuses persas, sejam os helênicos:

Os deuses amaram este lugar desde o princípio. O supremo deus dos Persas, sob cuja proteção eles combatem, e cujo nome, em língua persa, é Mitra, pairou sobre Cambises [rei dos persas], durante o sonho e, dirigindo-se a ele, disse para ele deixar o lugar e não prosseguir com a expedição ao Egito. Ele predisse também que ali surgiria uma cidade, que foi fundada pelos Macedônios. Cambises ficou muito grato ao deus e, em algum lugar próximo ao templo de Ártemis, ele erigiu um templo para o seu irmão. E assim nosso distrito recebeu o deus dos Persas como um amado habitante e um oráculo do futuro. A atitude de Cambises em relação à profecia não foi influenciada, de maneira alguma, pela inveja, como sempre ocorre.[18]

Os jogos olímpicos de Antioquia eram bastante célebres no império, duravam semanas e envolviam a população citadina, que muito se beneficiava pela afluência de tantos visitantes, que ali precisariam comer, beber e dormir. Seria muito difícil que os cristãos antioquenos, por mais convictos que fossem, não estivessem envolvidos nessas celebrações, que, sem dúvida, evocavam os deuses pagãos, mas que também possuíam sólidas bases cívicas e históricas na cultura urbana local. Tanto é verdade que João Crisóstomo, posteriormente, irá aplicar todo o seu talento de orador para desestimular os seus fiéis a se manterem afastados de tais eventos, sem grande resultado, como sempre ocorre. Nesse momento, Antioquia estava vivendo o auge de seu esplendor e notoriedade dentro do mundo romano, e seria praticamente impossível manter os antioquenos cristãos alheios a toda essa euforia.

Foi em uma Antioquia buliçosa que se destacou o ex-aluno cristão de Libânio, João, apelidado de *Crisóstomo* ("boca de ouro") devido ao seu talento oratório, uma habilidade que contrastava com seu porte franzino e corpo enfermiço. João nascera por volta de 347, e seu pai era militar de alta patente, portanto, membro da aristocracia local; após a carreira escolar que lhe deu a fama, João trocou a tribuna do orador e um futuro militar pelo saio tosco e desconfortável dos eremitas, em 375, e passou a habitar entre as montanhas vizinhas a Antioquia, onde havia outros muitos ascetas cristãos. Sua saúde, que já era frágil, ficou ainda mais comprometida pelas rígidas abstinências que praticava e pela dureza do modo de vida monástico-eremítico: não surpreende que ele se viu obrigado a deixar o ermo e voltar para a cidade, em cuja Igreja ele começou a servir como diácono, em 381, e depois presbítero, em 386. Sua comunidade eclesial soube aproveitar do talento oratório e da boa formação escolar de João, como se nota pela autorização de pregar que recebeu, tão logo foi ordenado presbítero, contornando, assim, o costume de reservar a pregação pública apenas para os bispos.

No ano de 388, o presbítero João dirigiu ao povo de Antioquia uma homilia que ficou conhecida como *Segunda Homilia sobre o título dos Atos dos Apóstolos* – não confundir com as 55 homilias *Sobre os Atos*, que datam dos anos 400-401, ou seja, quando João já era o bispo-patriarca de Constantinopla.

A *Segunda Homilia sobre o título dos Atos* começa assim:

Após um longo intervalo, retornamos para a *nossa mãe, para essa igreja* desejada e apreciada por todos, *nossa mãe e mãe de todas as demais igrejas*. É mãe não só porque é a mais antiga no tempo, mas também porque foi construída pelas mãos dos apóstolos: justamente por defender o nome de Cristo, ela foi demolida várias vezes; porém, a força de Cristo novamente a colocou de pé. As mãos dos apóstolos não foram as únicas que a fundaram; edificou-a também um decreto do próprio Senhor dos apóstolos, e essa edificação ocorreu de um modo novo e inusitado. Ele não a construiu amontoando madeirames e pedras; não cavou fossos ao seu redor ou fincou escoras externas, nem mesmo precisou de usar andaimes; apenas pronunciou duas simples palavras que lhe serviram de muros, de andaimes, de fossas e de tudo quanto é necessário para construir. E que palavras são essas que contêm tanta força? Sobre esta pedra construirei a minha Igreja, e as portas dos infernos não prevalecerão contra ela.[19]

A população cristã de Antioquia chamava essa Igreja onde João pregava de *Igreja Velha* (em grego, *Palaia*), ou ainda de *Igreja Apostólica*, pois, como ele mesmo recorda, a tradição antioquena fazia a construção desse templo retroceder à época em que os apóstolos Pedro e Paulo moraram na cidade, o que, obviamente, não encontra respaldo na arqueologia.[20] Se havia uma Igreja velha, deveria haver uma nova, e naquele tempo a comunidade cristã carecia de lugares maiores para se reunir, e mais centrais também, já que a *Palaia* ficava nas proximidades do monte, na área mais externa e periférica da cidade. João ressalta, para além da antiguidade daquela casa de oração, o fato de ter sido construída em tempos apostólicos e, como a Igreja de Jerusalém primitiva havia sido destruída, aquela Igreja em Antioquia assumira o seu lugar, como nova morada de Pedro, a pedra que Cristo elegera para alicerce de uma comunidade universal e espiritual. Sem dúvida, é esse o sentido predominante do sermão: andaimes, madeiras e pedras, ali, são figuras ou alegorias mobilizadas para ensinar uma verdade para ele incontestável: a Igreja é feita de gente unida pela fé.

Mas a *Palaia*, como mãe das mães e como a cátedra de Pedro, primeiro bispo do mundo, até podia santificar Antioquia e torná-la a capital dos cristãos; no entanto, João não podia ignorar que aquela cidade não tinha rival em todo o Oriente sírio, e, se os primeiros missionários acorreram para lá, muito provavelmente se devia ao fato de um ponto estratégico para a missão, um centro que, se bem usado, irradiar a mensagem para todas as províncias, quiçá, todas as cidades. Era a *Palaia* que se notabilizava com Antioquia: a *ecclesia* carecia de uma *urbs* que lhe desse uma plataforma de organização, instituições, benfeitores ricos, um fórum suficientemente grande para o público que se esperava converter. E, por falar em conversão, não nos esqueçamos, Antioquia era amada dos deuses, e muito se devia fazer para que o Deus cristão também lhe amasse; Pedro, depois de Barnabé e Paulo, ali erguera a voz em favor dessa mãe-igreja, a quem João, o *boca de ouro*, comparara a uma torre inexpugnável.

E da mesma forma que uma torre construída com blocos de diamante e mais trancada do que com ferro, mesmo quando os inimigos a atingem por todos os lados, eles não conseguem abrir uma brecha em sua estrutura [assim a Igreja,] como se fora uma torre elevada e pesadamente fortificada e estabelecida na metade do orbe da terra, quando os helenos a golpeavam por todos os lados, por um lado a tornaram ainda mais firme e, por outro, eles morreram, depois de terem esgotado e quebrantado suas forças.[21]

A imagem da torre-Igreja elevada, fortificada e colocada no centro do orbe evoca a figura bíblica do Templo, como em Isaías 2, 2: "Acontecerá, nos dias que hão de vir, que o monte da Casa do Senhor será estabelecido acima dos montes, e se elevará sobre as colinas, e para ele afluirão todas as nações". O monte do Templo, Sião, designa a cidade de Jerusalém, tornada a cidade de Davi, o rei messiânico, figura de Cristo. As "nações" indicam os *goyim*, os não judeus ou pagãos que, nos tempos messiânicos, reconhecerão o Deus da Bíblia e se submeterão a ele. Em Crisóstomo, tais são os helenos que, de perseguidores do messias e de seu povo, se transformarão em discípulos. A figura da *Igreja-torre* associa-se a outra, também de Isaías: "Naquele dia se entoará este cântico na terra de Judá: 'Temos uma cidade forte para nossa salvação, Deus a guarneceu de muros e antemuro'" (Is

26, 1). Disso resulta, portanto, outro par Igreja-cidade forte, *ecclesia-urbs*, uma imagem que desde então se tornou recorrente e entrou para o mundo cristão latino pela exegese de Jerônimo de Stridon (m. 420) ou Estridão, na Dalmácia, mais conhecido como São Jerônimo: tal como Crisóstomo, ele passou boa parte de sua vida como eremita, e inclusive conviveu com os ascetas da região de Antioquia; conhecia, assim, a tradição exegética antioquena e, em grande medida, foi dela um entusiasta.

Após uma longa temporada entre os eremitas sírios, Jerônimo foi chamado a Roma, para trabalhar ao lado do papa Dâmaso (m. 384). Jerônimo gozava de fama como tradutor e exegeta das Escrituras e foi incumbido pelo bispo de Roma de ajudá-lo a organizar um concílio ecumênico previsto para o ano de 382 naquela cidade. Porém, mesmo após essa data, o monge seguiu residindo na urbe, assessorando o bispo nos assuntos bíblicos e servindo como instrutor espiritual das matronas cristãs da elite romana, como Paula e sua filha Eustóquia. Foi para essa última que o eremita dálmata dedicou um longo estudo sobre o livro do Profeta Isaías (*Commentaria in Isaiam*), em 410. Quanto à diferença entre os nomes Sião e Jerusalém, ele afirma:

No início, o Senhor falava para Sião, isto é, para a sua *Ecclesia*, e dizia-lhe: "Eis que estão aí os teus filhos, que te doei para a minha fé" (Is 41, 27). Significa, pois, os Apóstolos, que pregaram o Evangelho em todo o orbe. Sião e Jerusalém são nomes que diferem, mas designam uma só *urbs*, isto é, uma só *Ecclesia*.[22]

E quatro anos depois, nos *Commentaria in Ezechielem*, de 414, Jerônimo atribui sentido cristão para as medidas e formas arquitetônicas de Jerusalém, informadas pelo Profeta (Ez 48, 30-35), e chega a esta conclusão:

E é preciso que o perímetro de uma tal cidade meça dezoito mil canas, sob cujo número, no Salmo 18, se descrevem a lei natural e a lei evangélica, colunas sobre as quais está construída a Igreja (*ecclesia*), isto é, a *urbs* do Salvador. Ademais, o nome da cidade já não é, como antes, "*Hierosolyma*", que se interpreta "visão da paz", porém, "*Adonai sam*", que vertido para o latim fica "*Dominus ibidem*", porque nunca ele irá se afastar dela, tal como outrora se afastou do primeiro povo, pois disse a seus discípulos: "Levantai-vos! Vamo-nos daqui!" (Jo 14, 31), e aos judeus: "vossa casa ficará deserta" (Lc 13, 35); assim [a Igreja] terá a posse eterna, e ele mesmo será a sua propriedade, quando prometeu a seus discípulos: "Eis que estou convosco todos os dias, até o fim dos tempos" (Mt 28, 20).[23]

"*Urbs* do Salvador" é justamente a expressão que consta em Is 26, 1 ("*urbs fortitudinis nostrae Sion Salvator, ponetur in ea murus et antemurale*", "a cidade de nossa fortaleza é Sião, o Salvador a guarneceu de muro e antemuro"), a qual fornece ao tema da Sião-Igreja seu aspecto propriamente urbano, de defensibilidade contra os ataques dos reis pagãos, e seu aspecto messiânico, por representar a casa do Salvador com seu povo, no trecho de *In Ezechielem*. É o texto bíblico e a sua contínua exegese que proporcionaram as principais imagens e interpretações para o mundo urbano e eclesiástico durante toda a Idade Média, seja no Oriente ou no Ocidente. E Jerônimo, que retoma a associação *urbs-ecclesia* em outras obras suas (como em *In Jeremiam* e *In Zachariam*), sempre analisando o Antigo Testamento, foi particularmente caro à cultura eclesial ocidental, sobretudo à arte de comentar e glosar o texto bíblico.

O prestígio de São Jerônimo aparece retumbante num exemplar ilustrado da Bíblia, produzido entre 845 e 851, no *scriptorium* da Abadia de Saint-Martin de Tours, cujo abade era o conde Viviano (Saint-Martin era uma das muitas abadias que, à época carolíngia, eram dirigidas por abades-leigos, indicados pelos monarcas); a *Biblia* do conde Viviano (*Bible de Vivien, dite Première Bible de Charles le Chauve*) (BnF ms. Lat. 1) traz o texto da Vulgata de Jerônimo, corrigida por Alcuíno, e no fólio 3v os iluminadores retrataram o próprio santo, em três cenas de sua vida: na primeira, no alto da página, Jerônimo deixa Roma e faz uma viagem para Jerusalém, a fim de adquirir exemplares antigos da Bíblia hebraica; na cena central, o santo, voltado para Paula, Eustóquia e outras companheiras, que o auxiliam na transcrição dos fólios, conversa com elas sobre a tradução da Bíblia (é bastante impressionante o papel das mulheres na vida de Jerônimo; porém, mais impressionante é a leitura proposta pelo iluminador/escriba de Saint-Martin de Tours, que as coloca como parceiras do santo na discussão da própria tradução do livro mais fundamental da comunidade eclesial e de toda a religião cristã); na cena inferior, Jerônimo, sentado entre duas arcas repletas de cópias da Bíblia, que sua comunidade produziu, envia seus monges para distribuí-las. Em suma, a *Bíblia de Viviano* é um testemunho do quanto os clérigos e aristocratas carolíngios apreciavam a obra de Jerônimo, e de como os monges de Saint-Martin sentiam-se seus continuadores.

Figura 2: Bíblia de Metz também conhecida como Bíblia de Viviano ou de Carlos, o Calvo, Bible de Charles le Chauve, Bibliothèque Nationale de France, Département des Manuscrits, Ms. Lat. 1, fol. 3v.
Fonte: https://gallica.bnf.fr/ark:/12148/btv1b8455903b/f14.item. Acesso em 8/4/2024.

Durante todo o período medieval, a *Bíblia de Viviano* ficou sob o uso do capítulo da Catedral de Metz, daí seu nome mais popular, *Bíblia de Metz*, pois o rei Carlos, o Calvo (m. 877), a confiou aos cônegos, logo após recebê-la como oferta de Saint-Martin (a cena da dedicação ao rei encontra-se ilustrada no fólio 423r). Sem embargo, se o retrato entronizado de Carlos, o Calvo, fecha o volume, é a figura de Carlos Magno que o inaugura. O projeto editorial decerto visava acentuar a autoridade dos carolíngios e a sua continuidade ininterrupta até o seu neto, Carlos II (ou o Calvo), então reinante na Francia Occidentalis. A mensagem política foi, de fato, percebida ao longo do tempo, pois no século XIII, quando um anônimo frade franciscano, discípulo de Roger Bacon, citou o volume, ele o mencionou como *Biblia Karoli* e ainda *Biblia Karoli Metensis*.

E mais, o projeto artístico pretendia também associar a memória e a autoridade dos carolíngios à realeza bíblica e à memória do rei Davi: no fólio de dedicatória (1v), entre as duas colunas que dispõem os versos da dedicatória (*Ad Karolum Calvum*), em letras capitais douradas sobre fundo púrpura, veem-se dois medalhões com efígies (quase idênticas); no primeiro, no alto, a de Davi, com a inscrição DAVID REX IMP[ERATOR], e abaixo a de Carlos, KAROLUS REX FRANCO[RUM]. Uma rápida observação, porém: os medalhões foram pintados no exíguo espaço entre as colunas do texto dedicatório; intencionalmente ou não, o iluminador/ escriba posicionou os desenhos de modo que as palavras mais próximas do medalhão de Davi, por exemplo, fossem: "*Pacificus Salomon*", e de Carlos: "*a patre descendens natus*". Salomão é filho e sucessor de Davi, mas ele consta no poema como autor do livro da *Sabedoria*, a que os versos fazem referência; no caso do medalhão de Carlos, a referência são os quatro evangelistas, que ensinam com base na autoridade de Cristo, que desce ou descende do pai, que é Deus. A ideia da sucessão e da descendência é demasiada evidente para ser um mero acaso, já que a organização da iconografia aponta para o fato de que *Karolus Rex*, pela fé, é sucessor de *David Rex Imperator*. No entanto, é na autoridade das Escrituras que se assenta a autoridade deles: no caso de Carlos, o poema o considera um zeloso guardião da Palavra sagrada, e seu reino o responsável para que ela atinja o orbe.

Não foram os carolíngios que inventaram essa mística descendência davídica; desde os primeiros textos a falarem dos francos do século V, percebe-se que eles não se entendiam como uma etnia específica, mas como uma comunidade moral, que partilhava valores guerreiros e que, por isso, formava um povo em armas.[24] A cultura guerreira trazida dos tempos da fusão dos francos com a romanidade católica encontrou respaldo na cultura cristã da Alta Idade Média, segundo a qual o Antigo Testamento, sobretudo o messianismo davídico ali descrito, funcionava como um *tipo* da Igreja, comunidade universal vocacionada a substituir o antigo Israel: a leitura tipológica de Jerônimo, que toma Sião e Jerusalém como figuras da Igreja, encontra aqui uma bela expansão. Pois, o que era o Povo de Deus, segundo os teólogos francos, senão a *ecclesia* dos fiéis "que tinham os louvores de Deus em sua boca e espadas de dois gumes em suas mãos, a fim de executar a vindita contra as nações" [*exaltationes Dei in gutture eorum et gladii ancipites in manibus eorum ad faciendam vindictam in nationibus*] (Salmo 149, 6-7)?

A citação do salmo, aqui, não é aleatória. Os elementos visuais da *Bíblia de Viviano* parecem indicar que Carlos, ademais de ser direto sucessor de Davi, como rei e como imperador (*"Rex Imperator"*, diz a inscrição davídica), era também sucessor dos carismas de Davi. No 215v aparece uma figuração do rei Davi em página inteira: ele é retratado envolto por um manto púrpura, que cobre seus ombros, costas e sexo, a cabeça coroada, um saltério nas mãos e uma legenda que diz: DAVID REX ET PROP[HETA]. Para os teólogos do século IX, não havia dúvidas de que o reino dos francos, uma verdadeira cristandade, assumira o papel tipológico da *Sion/Ecclesia* e tornara-se ele mesmo o Novo Israel, um povo messiânico conduzido por um rei davídico, para quem os salmos eram mais do que cantos, eram profecias de um povo eleito. Um povo que deveria conquistar o mundo para Deus, ou, como diz o Salmo 149, 7: *ad faciendam vindictam in nationibus* (para executar a vingança contra as nações).

Considerando *nações* os povos inimigos, isto é, os pagãos ou os muçulmanos, a cristandade franca criou uma cultura comum, que ajudou a enfraquecer, e às vezes a apagar, as marcas étnicas que caracterizavam, e até dividiam, os povos latinos e germânicos, desde o século V. Mesmo as diversas línguas locais nunca se tornaram barreiras efetivas para que uma unidade supraétnica, estabelecida pela religião e pela militância guerreira, se afirmasse e englobasse os diversos espaços sociais e políticos. Assim os bispos, abades e condes, como os principais articuladores locais do governo do Povo Cristão,[25] uniam-se aos guerreiros para a santa *vindicta* ou o triunfo do reino do filho de Davi, Jesus, cujos evangelistas são citados logo ao lado da efígie do *Rex Karolus*, no fólio 1v da *Bíblia de Viviano*. Na ilustração do fólio 423r, o semicírculo dos bispos e abades aparece defronte ao semicírculo dos aristocratas, tendo Carlos, o Calvo, no centro: seu trono, sobre nuvens e entre cortinas celestiais, está misticamente representado, enquanto os bispos, homens consagrados a Deus, pisam o verde musgo do chão.

Para compreendermos como a relação *urbs-ecclesia*, estabelecida pelos padres da Igreja, como João Crisóstomo e Jerônimo, repercutiu na exegese da Idade Média dentro da cristandade franca, vamos nos concentrar agora na iconografia do fólio 27v da *Bíblia de Viviano*.

Essa ilustração de página inteira marca a passagem do livro de Gênesis para o de Êxodo, e é a única pintura de todo esse livro. Podemos, então, considerá-la como uma espécie de emblema-resumo para toda a narração da travessia de Israel pelo deserto do Sinai, desde o Egito até à terra prometida. Tenhamos presente que os programas iconográficos inseridos em manuscritos bíblicos, como argumenta Daniel Russo, conferem à imagem um papel importante: "em primeiro lugar, um reflexo da Palavra divina, uma espécie de eco sonoro capturado para ser visto, depois uma demonstração do poder dos signos divinos e, finalmente, uma retransmissão do texto escrito e sua valorização pelos únicos artifícios de sua própria composição".[26] Além disso, o processo de exposição das Escrituras segue tradições exegéticas bem consolidadas, como a leitura tipológica, que muitas vezes não se prende estritamente à análise literal do texto sagrado. Assim, enquanto os iluminadores acompanham de perto a letra do copista, eles desenvolvem o significado interior da Palavra, eles a explicam.[27] A ilustração se alinha a toda a atividade exegética e, na *Bíblia de Viviano*, o resultado é sempre muito intrigante e criativo.

O fólio 27v traz dois registros ligados ao capítulo 19 de Êxodo: no quadro superior, vemos Moisés sobre o monte Sinai, que "fumegava inteiro, pois o Senhor havia descido sobre ele, em meio ao fogo. A fumaça subia como de uma fornalha, e todo o monte tremia violentamente" (Ex 19,18). Todos esses elementos comparecem na ilustração, a qual, além de Moisés, mostra um jovem militar como espectador (vamos falar nisso a seguir). Vê-se também uma mão divina rompendo o céu e entregando ao vidente um objeto de pequenas dimensões, e que representa a lei. O quadro inferior é muito mais complexo do ponto de vista iconográfico. Ali misturam-se figuras e motivos de todo ausentes no texto que se quer ilustrar, leituras simbólicas próprias e uma análise eclesiológica muito refinada. Teremos de prestar especial atenção a esse segundo registro.

Figura 3: Bíblia de Metz também conhecida como Bíblia de Viviano ou de Carlos, o Calvo, Bible de Charles le Chauve, Bibliothèque Nationale de France, Département des Manuscrits, Ms. Lat. 1, fol. 27v.
Fonte: https://gallica.bnf.fr/ark:/12148/btv1b8455903b/f62.item. Acesso em 8/4/2024.

Mas, antes, é imprescindível observar a inscrição que divide a cena superior da inferior: trata-se de uma nova estrofe do poema *Ad Karolum Calvum*, iniciado no prefácio, na qual podemos ler o seguinte: *Suscipit legem Moyses corusca / Regis e dextra superi, sed infra / Iam docet Christi populum repletus / Nectare sancto* (Moisés recebe a lei da brilhante mão direita do rei celestial; porém, abaixo, ele a ensina ao povo de Cristo repleto do néctar santo). O poema é o guia para decodificarmos a imagem e já nos prepara para uma mudança decisiva: a cena superior retrata a *traditio legis* sobre o monte, tal como se pode ler na *Sacra Pagina*; no entanto, e a adversativa *"sed"* não nos deixa hesitar, o escriba/iluminador prepara uma inversão decisiva para a cena inferior: não mais o retrato literal, e, sim, o retrato tipológico: Ex 19, 21 reza: "Então, o Senhor disse a Moisés: 'Desce e adverte o povo'" (o texto da *Vulgata* diz: *"dixit ad eum descende et contestare populum"*). *Populus*, aqui, corresponde aos *filii Israhel* (os filhos de Israel), de Ex 20,21, não ao *populus Christi*; porém, o artista já estava habituado com as lições de Jerônimo, repetidas literalmente por Isidoro de Sevilha, nas *Etimologias*:

Dá-se o nome de Sião para a Igreja por conta da peregrinação do tempo presente, porque, a partir da distância que essa peregrinação impõe, ela consegue observar a promessa das coisas celestiais; e, por essa razão, se lhe dá o nome Sião, porque significa "observação" [*speculatio*]. E se lhe chama Jerusalém de acordo com a futura paz da pátria, pois Jerusalém se interpreta "visão de paz".[28]

Podemos, então, concluir que, se o *populus Christi* assume o lugar dos *filii Israhel*, a *Lex Christi* engloba e aperfeiçoa a *Lex Moysen*. Ora, é isso que está estampado nas páginas do livro que Moisés apresenta ao Povo: *"Diliges Dominum Deum tuum ex toto corde tuo"* (Dt 6,5), mandamento do Deuteronômio, que Jesus retoma e acrescenta, nos Evangelhos (Mc 12,30.33; Lc 10,27; Jo 14,21). E, se o iluminador interpreta o Êxodo pelo Deuteronômio, demos-lhe a escusa, pois esse último livro é citado pelos Evangelhos muito mais frequentemente do que o primeiro, e essa preferência de certa forma passou para a cultura eclesial.

Ex 19,7 diz: "Moisés veio e convocou os anciãos do povo. Expôs diante deles todas as palavras que o Senhor havia ordenado. O povo inteiro respondeu a uma só voz: 'Poremos em prática tudo o que o Senhor falou'". *Convocar os anciãos* traduz literalmente o latim da *Vulgata*, que traz *"convocatis maioribus natu"*, e esse verbo *"convoco"* (de *vocare*) está na raiz da palavra "igreja", como lemos nas *Etimologias*: "Igreja [*ecclesia*] é palavra grega, que, em latim, se traduz por 'convocação' [*convocatio*], porque convoca todos para si".[29] Isidoro é bastante preciso: o texto da *Septuaginta* usa *ekalesen* (ἐκάλεσεν), cuja raiz é o verbo *kaléo* (καλέω) – chamar, convocar, convidar –, que por sua vez é raiz de *kletésetai hagía* (κληθήσεται ἁγία), de Ex 12,16: "santa convocação"; em Dt 4,10, temos: "Convoca-me o povo. Eu lhes farei ouvir minhas palavras", cujo verbo grego é *ekklesíason* (ἐκκλησίασον), e seu substantivo é *ekklesía*, donde a transliteração latina *ecclēsia*.

Mas o Êxodo na versão da *Septuaginta*, quando quer indicar a reunião propriamente dita ou a ação de reunir pessoas, utiliza o verbo *synago* (συναγω) e o substantivo *synagogé* (συναγωγή), em latim transliterado como *synagoga*. Portanto, temos dois vocábulos de significado parecido, mas que, fora da Bíblia, levam a coisas diferentes, a *Igreja* dos cristãos e a *Sinagoga* dos judeus. Isidoro de Sevilha dedicou o primeiro capítulo do livro VIII (*De ecclesia et sectis*) para estabelecer a diferença:

Igreja [*ecclesia*] é palavra grega, que, em latim, se traduz por "convocação" [*convocatio*], porque convoca todos para si [...]. Sinagoga, em grego, significa "congregação", e o povo dos judeus [*Iudaeorum populus*] tornou esse vocábulo seu nome próprio. E, assim, a palavra sinagoga costuma ser empregada exclusivamente para designá-los, embora também se possa dizer *"ecclesia"*. Em contrapartida, os apóstolos jamais usaram o termo sinagoga; ao contrário, usaram sempre Igreja, seja para discernir uma coisa da outra, seja porque existe uma diferença entre congregação, donde *sinagoga*, e convocação, donde *igreja*: o ato de congregar-se aplica-se até às ovelhas, e damos a isso o nome de "rebanhos" [*greges*]; quanto a convocar, isso é próprio de humanos, pois para isso há que se fazer uso da inteligência.[30]

Então, o iluminador, que já interpreta os *filii Israhel* como *populus Christi*, interpreta também *convocatio* como *ecclesia*, a que ele conhece, feita de pedras, não aquela assembleia de homens que acudiram ao chamamento de Moisés por força de uma montanha incandescente. Na estampa, a gente observa isso no uso da planta basilical que dá forma à igreja. Mais uma vez, vamos às *Etimologias*. Isidoro afirma que,

[...] no princípio, as habitações dos reis eram chamadas basílicas, donde vem o seu nome, pois "basileu" (βασιλεύς) significa rei, e basílicas, casas régias. Porém, agora [isto é, nos *christiana tempora*], o nome basílica se reserva para os templos divinos [*divina templa*], pois ali o rei de todos, que é Deus, recebe a adoração e os sacrifícios que lhe são oferecidos.[31]

O templo cristão, portanto, é uma basílica, e o iluminador precisava traduzir e ao mesmo tempo explicar, em imagens, o que se declara em Ex 19,6: "e vós sereis para mim um reino de sacerdotes e uma nação santa". Sacerdócio, templo, povo.

Ex 19,7, como vimos, menciona os anciãos como um grupo de dirigentes e imediatamente acrescenta o restante do povo. Dentro da basílica, o artista pintou cerca de 22 homens, excetuados o personagem régio, Moisés, e um soldado do lado de fora. *Nação santa* é todo o povo, mas, para assinalar os anciãos, o artista colocou adornos em forma de tiaras na cabeça de 11 deles (cf. Figura 3); são adereços simples em comparação com a coroa de florões, envergada pelo homem barbudo e grisalho, que encabeça a assembleia do reino. A coroa faz supor um rei, o que se coaduna bem com a etimologia de basílica; no entanto, seus trajes fazem lembrar vestes sacerdotais: comparando a Figura 3 com a Figura 2, onde São Jerônimo, apesar de presbítero, aparece vestido de alva, dalmática e casula (só os bispos vestiam essas três peças ao mesmo tempo), parece-me que o ancião coroado é igualmente um bispo, isto é, chefe de uma *ecclesia* local, mas que, no caso, corresponde a um *populus*-nação santa. Faz sentido um rei-bispo.

O mesmo livro de Êxodo, em 19,22, esclarece que o *povo* dispunha de sacerdotes ("Também os sacerdotes, que se aproximam do Senhor, devem santificar-se, para que o Senhor não irrompa contra eles"). Mas, no fólio 27v, o único personagem que se assemelha a um sacerdote, a meu juízo, é mesmo o ancião coroado. Além das roupas, a figura apresenta gestos de mãos que podem ter relação com o universo da dogmática. Com a mão direita, e usando um longo dedo indicador, o rei-bispo aponta para si mesmo (talvez para indicar que ele é, ou deve ser, o primeiro a quem cabe obedecer o mandamento inscrito no livro de Moisés); já com os dedos da mão esquerda, ele faz um gesto que evoca a antiga forma de traçar o sinal da cruz: juntam--se o polegar, o indicador e o médio para representar a Santíssima Trindade, enquanto os dois últimos dedos, dobrados, indicam que Jesus Cristo, Deus e Homem, encarnou-se no seio de Maria, simbolizado pela palma da mão:

ou seja, o gesto sintetiza o credo calcedoniano, adotado pelas Igrejas do Ocidente latino, cuja unidade, a despeito da força de coesão que o papado exerce nesse momento, era materialmente mais visível no imperador cristão Carlos, o Magno, mas, certamente, o Calvo não pensava de outra maneira.

Ora, quando Moisés desceu do monte, Israel não tinha rei, e iria demorar muitos séculos para tê-lo, não sem algum pesar da parte de Deus. Ademais, Ex 19 registra rigorosamente o pacto da aliança entre um Deus e um povo-nação (em hebraico, *"am"*, em grego, *"laós"*) que fora liberto das mãos de um tirânico faraó, que havia escravizado Israel durante séculos. Em Ex 19, a monarquia política (ou terrena) não é algo que inspire confiança; ao contrário, ressente a tirania. Em contrapartida, há um Deus libertador, comandante e legislador; ele, então, é o que melhor se compara a um rei. Sucede que a eclesiologia explicitada pela *Bíblia de Viviano* elabora a monarquia em outra chave. Ao passo que, no quadro superior do fólio 27v (cf. Figura 2), vê-se uma mão divina entregar a lei, logo abaixo há um rei-bispo. No fólio 215v, já citado, o magnífico rei Davi exibe uma coroa igualmente assinalada por florões, se bem que mais sofisticada, e a página é aberta por um dístico do poema *Ad Karolum Calvum: Psalmificus David resplendet et ordo peritus / eius opus canere musica ab arte bene* (O salmífico Davi brilha com todo esplendor e a ordem dos cantores dedica a sua perícia a cantar a sua obra); o rei Davi, mestre de canto e de oração, pisa em nuvens, ladeado pelos outros salmistas e por dois soldados, cujos trajes remetem àquele espectador da Figura 2.

Os versos do *Ad Karolum Calvum* reaparecem no fólio 329r, dessa vez, apenas as estrofes, sem desenhos. Logo nas primeiras linhas podemos ler: *Exulta, laetare satis, rex inclite David, / egregii voti compos ubique tui. / Carle, decus regni, fax cosmi, gloria cleri, Eclesiae fautor militiaeque decor* (Exulta, ó ínclito rei Davi, e alegra-te completamente, / teus mais altos desejos se realizaram em todos os lugares. Ó Carlos, beleza do reino, luz do cosmos, glória do clero, protetor da Igreja e decoro do exército). A coroa que Davi utiliza é praticamente idêntica à que Carlos, o Calvo, endossa, no fólio 423r. De novo, Davi e Carlos, o Calvo, lado a lado; no prólogo, era Davi e Carlo Magno. Resta ainda esse rei eclesiástico do fólio 27v. Ele não tem nem o rosto de Davi, jovem e esbelto, nem o do rei Carlos, que exibe gravidade, mas não senilidade. Esse rei é um emblema. Ex 19 faz os exegetas suporem a Igreja, enquanto o iluminador a traduz como uma comunidade política, sem deixar de ser uma assembleia santa: não há mulheres ou crianças; nessa *sacra convocatio* só comparecem homens, *fideles regis*. É a vassalidade como cultura e instituição, invenção carolíngia e que cimentou a autoridade desses antigos prefeitos do palácio.[32] A fidelidade (*fidelitas*) que os reis carolíngios exigiam de todos os cavaleiros do reino é a estrutura de toda a *ecclesia*, pois a *fides* (a fé) é a virtude que move o homem a aderir à *convocatio*. Igreja e Reino, *ecclesia et regnum*, se interpenetram e remontam a uma fonte comum, a *Sacra Pagina*. O poema *Ad Karolum Calvum*, desde o início, louvava os hagiógrafos da Bíblia e as façanhas da realeza carolíngia, particularmente de Carlos, o Calvo; na cena paradigmática da teofania do Sinai (cf. Figura 2), quando só Moisés contempla o esplendor divino, ali está um soldado carolíngio observando a cena. No nascedouro da *ecclesia* como *reino de sacerdotes* já está a estirpe da raça franca, e, se *povo de Cristo* (*populus Christi*), que é o reino de Carlos, não é propriamente uma *urbs*, ela, porém, ao ser uma *ecclesia*, evoca toda a sua força.

2.3 O cristão e a cidade

Como acabamos de ver, o monge-biblista Jerônimo chegou em Roma em 382, a convite do papa Dâmaso (m. 384). Sua tarefa, na cidade, era ajudar a preparar um novo concílio ecumênico que deveria dirimir as dificuldades que ainda restavam desde o concílio de Constantinopla, celebrado no ano anterior. Porém, Dâmaso tinha mais planos para aquele monge, já famoso tradutor e exegeta: Jerônimo seria seu assistente para assuntos bíblicos e, para começar, o monge deveria fazer uma revisão da tradução latina dos quatro evangelhos gregos.

Não era a primeira vez que Jerônimo visitava Roma; a grande urbe era antiga conhecida sua, pois, quando jovem, ali passara os anos escolares, tal como geralmente acontecia com os cidadãos romanos de língua latina e que viviam nas províncias ocidentais. Inclusive, foi em Roma que ele recebeu o batismo, nos tempos do papa Libério (352-366). Além de Roma, Jerônimo conheceu de perto outras importantes cidades do Império Romano, como Aquileia, no norte da Itália, capital da sua província natal, Trier (ou Tréveris), nas Gálias, então capital da parte ocidental do império, Antioquia, na Síria, e a majestosa Constantinopla, fundada, em 330, pelo imperador Constantino. Inclusive foi nessa última cidade que o monge experimentou a vida da mais buliçosa das capitais do império, e sentiu na pele a efervescência da cultura urbana romana.

Mas Jerônimo não era um grande entusiasta das cidades; a bem da verdade, gostava muito pouco. Suas cartas e seus livros até dão mostras de admiração por aquilo que a civilização romana produziu, em termos de filosofia, poesia e arte em geral, mas para por aí. Jerônimo, apesar de sua cultura letrada e de seu preparo oratório, quando optou pela fé em Cristo, julgou que o melhor caminho para si fosse o monasticismo, um estilo de vida cristão que era ainda bastante recente; e, para ele, o modelo perfeito de monge era Antão do Egito (m. 365), um completo eremita. Foi em Trier que Jerônimo tomou conhecimento da *Vida de Santo Antão do Egito*, um livro escrito pelo bispo de Alexandria, Atanásio (m.*c.* 373) e que se hospedara naquela cidade, quando de seu exílio, entre os anos de 335-337. De Trier, Jerônimo desceu para Aquileia, já decidido a fazer-se monge, e entrou para o círculo de discípulos do bispo Valeriano, o qual reunia um seleto grupo de clérigos bastante fervorosos, um "coro de bem--aventurados", diria Jerônimo, por volta de 370. A estada em Aquileia foi decisiva para que Jerônimo amadurecesse a ideia do monasticismo. Assim, em 373, acompanhado por alguns amigos, ele deixou a cidade rumo à Síria, com a resoluta determinação de embrenhar-se no deserto.

A Heliodoro, um de seus companheiros de Aquileia, Jerônimo pedia: "interpreta o vocábulo monge, ele é o teu nome; o que fazes entre a multidão, tu que és um solitário?".[33] Essa pergunta, na verdade, era uma ácida repreensão. Jerônimo mal conseguia expressar sua tristeza e indignação pelo fato de Heliodoro ter desistido do deserto e ter voltado para Aquileia, onde continuou a ser monge, porém, em um estilo urbano. Aliás, em Aquileia, o movimento monástico estava completamente adaptado à cidade, como já acontecia com os mosteiros que Agostinho de Hipona (354-430) fundara no norte africano, e cujos monges-clérigos manteve junto de si, quando foi eleito bispo. Jerônimo, no entanto, pensava diferente; para ele, o estado perfeito é o do monge solitário, pois a solidão exigia maior coragem e favorecia uma penitência mais acerba. No fundo, não era o simples "estar no deserto" que fazia o monge, mas o esforço físico e psicológico que ele tinha de sustentar durante as lutas contra os vícios da natureza. Daí que Jerônimo, ao ver seu amigo retroceder, perguntava-lhe:

"o que fazes na casa paterna, soldado delicado? Onde está a trincheira, onde o fosso, onde o inverno passado nas barracas?".[34]

Nesse ponto, o deserto assume as características de uma caserna militar, e o monge, ares de um soldado. Nisso ele pensava tal e qual João Crisóstomo, de que falamos na parte anterior, e que tentou habituar-se ao deserto dos arredores de Antioquia, justo para onde Jerônimo migrou.[35] No deserto-caserna, o monge-soldado se preparava para a luta brutal. Ele era um soldado no campo de batalha, um guerreiro na linha de frente. E o que mais se poderia esperar de um soldado que trocava a caserna pela cidade, senão que ele se acostumasse facilmente à vida delicada e perdesse a sua disposição e destreza física? Nessa comparação, mais convinha ao monge a couraça do soldado do que a túnica do citadino, melhor seria portar o capacete militar do que as delicadas boinas de linho. Ainda uma vez, predomina, na *Carta a Heliodoro*, o contraste entre uma cidade que amolece e uma caserna que enrijece: o monge não podia se acostumar à cidade, sob o risco de perder sua capacidade de lutar corporal e espiritualmente.

Nessa carta, descortina-se uma lógica que se tornava cada dia mais frequente entre os pregadores e escritores eclesiásticos do século V: a perfeição da vida cristã possuía correlação com a ascese de um soldado. Como um soldado, o cristão se colocava a serviço de uma causa maior do que sua própria ambição pessoal, abraçava uma rotina de privações e exercícios físicos (traduzidos também em exercícios espirituais) como forma de manter o corpo preparado para os combates; como um soldado ideal, o cristão precisava ficar satisfeito com o pouco comer e beber, moderar igualmente os prazeres do sexo ou deles se abster por completo, tal como se esperava de uma tropa estacionada no *castrum*, isto é, no acampamento de fronteira, estrategicamente posicionado para a proteção do território e para o ataque dos inimigos.

Cristãos, como Jerônimo e João Crisóstomo, aproveitavam o que, para eles, parecia ser a boa fama da disciplina militar para tirar uma lição para a comunidade eclesial: na vida de santidade, o cristão mais deveria se assemelhar a um *militar* do que a um *civil*. Jerônimo, ironizando as alegações de seu amigo desertor, jogava na cara dele um dos possíveis argumentos que deveriam ocorrer aos cristãos não vocacionados ao monasticismo: "mas como? Por um acaso deixam de ser cristãos aqueles que vivem na cidade? (*Quid ergo? quicumque in civitate sunt, Christiani non sunt?*).[36] E Jerônimo atalha: "para ti não vale o mesmo que para os demais; [...] tu prometeste ser perfeito". Sim, seria lícito que um cristão *mediano* residisse em cidades, não, porém, um *atleta*. Os prazeres da cidade seduzem até os santos; e aquele que espera ser santo necessita de contínuo exercício, disciplina e atenção. Até o Apóstolo Paulo havia se encantado com a imagem do soldado (cf. Ef 6, 13-17); Clemente de Roma (m.*c.* 100) chegou a propor que a Igreja tomasse a hierarquia e a disciplina do exército como parâmetro para a ordem eclesial.[37] No século III, conforme mais e mais soldados romanos foram assumindo a fé cristã, os escritores eclesiásticos reduplicaram seu entusiasmo para com a disciplina militar; afinal, se o soldado já era um bom exemplo para a Igreja, ele que se engajava nas causas do império de César, o que pensar de um soldado cristão, que aliava o serviço ao Estado à fidelidade a Cristo?

Um bom exemplo disso nós encontramos na narrativa que cerca o trágico desfecho da chamada Legião Tebana, que, como o nome diz, era constituída por soldados oriundos de Tebas, no Alto Egito, sob o comando do general Maurício (m. 287). Formada por adeptos da religião cristã, essa legião participava das operações militares dirigidas pelo imperador Maximiano (m. 305) contra um grupo de rebeldes, chamados à época de *bacaudae* (bagaudas), na região de Agauno, nos Alpes da atual Suíça. Como Maximiano ordenara que os soldados, antes da batalha derradeira, oferecessem cada qual um sacrifício propiciatório, os membros da Legião Tebana se recusaram terminantemente e, por essa razão, foram executados. As mais antigas menções cristãs ao martírio de Maurício, Exupério, Cândido e seus companheiros descendem de um relato conhecido como *Martyrologium Hieronimianum* (provavelmente composto entre 340- -350, posterior, portanto, à morte de Jerônimo); mas há ainda a *Passio Agaunensium Martyrum* (Paixão dos Mártires de Agauno), de autoria do bispo Euquério de Lyon (m. 450), que nos oferece um relato bastante mais completo do evento.

Deixemos de lado o tema martirial e fixemos o olhar no modo positivo com que o bispo Euquério aprecia a presença de cristãos entre os soldados. O fato já não era nada chocante naqueles dias. Arqueólogos israelenses descobriram, há alguns anos, restos de uma *domus ecclesiae* (uma casa de oração cristã), em Megiddo, no norte da Palestina, que se localizava ao lado de um *castrum* militar romano – a Sexta Legião Ferrata – e que era frequentada e patrocinada por soldados.[38] Hoje já se sabe o quanto a difusão do cristianismo (como também do maniqueísmo) contou com o fato de os acampamentos militares serem itinerantes e os soldados, tão suscetíveis a essas religiões orientais. Seja como for, Euquério de Lyon só via motivos para elogiar os soldados da Legião Tebana, pois "eram homens vigorosos nas coisas da guerra, notáveis na coragem [*virtute nobiles*] e ainda mais notáveis na fé [*nobiliores fide*]; eles lutavam, com bravura, pelo imperador e, com devoção, por Cristo [*erga imperatorem fortitudine, erga Christum devotione certabant*]".[39]

Encontramos aqui algumas similaridades que serão preciosas para a posteridade da vida eclesial e para as próprias cidades do mundo latino da Idade Média: força física (*virtus*), de um guerreiro, correspondente à fé (*fides*) de um cristão; o engajamento na causa do Estado como propedêutico ao engajamento na causa de Cristo; e devotamento como luta: os soldados de Cristo lutam por Cristo (*pugnant pro Christo*). Maurício de Tebas, sem saber e sem o desejar, realizava o sonho de Jerônimo e de João Crisóstomo, dois dos maiores padres da Igreja: enquanto estes se tornaram monges para ser soldados de Cristo, aqueles, soldados de césar, agiram como monges de Cristo. Se Maurício nunca foi verdadeiro monge, como Jerônimo nunca foi verdadeiro soldado, Martinho de Tours (m. 397) foi as duas coisas, e, quando renunciou ao exército para abraçar a Cristo, mais não fez do que levar a *militia* para dentro da *ecclesia*. Sua hagiografia, obra de Sulpício Severo, tornou-se, para um *best-seller* do Ocidente, a obra-mestra para monges, clérigos e leigos, e talvez o mais forte paradigma para as condutas eclesiais de todo o primeiro milênio.

E Severo nos conta como Martinho, que integrava as tropas mobilizadas para atacar os bárbaros que invadiram as Gálias, renunciou ao exército para viver como cristão e como eremita; no dia anterior ao combate mais importante, ele se acercou do césar e lhe disse: "Até esse momento eu militei sob as tuas ordens; permita-me agora militar por Deus. Receba o teu donativo aquele que está disposto a combater por ti; quanto a mim, eu sou soldado de Cristo, não mais me é lícito combater".[40] Trocou ele a couraça pelo burel, a caserna pelas cavernas, e a espada pelas palavras: revezava entre eremitismo e pregação e, com isso, rodou cidades e províncias, enfrentou hereges, curou doentes e, diz Severo, até ressuscitou mortos, sempre andando como um pobre e ascético homem do deserto, e assim chegou ele à *civitas* de Tours, no noroeste das Gálias. A sede episcopal estava vacante, e "um tal Rústico, um dos cidadãos, simulando que sua esposa estava doente, foi até o ermo onde Martinho morava, e de joelhos lhe suplicava até que o santo saiu da cela".

Assim, as turbas de cidadãos se colocaram ao longo do caminho e o conduziram sob escolta até à cidade. Incrivelmente uma imensa multidão, não apenas daquela povoação fortificada, mas também das urbes vizinhas havia se reunido para proceder à votação [para bispo]. Todas aquelas pessoas tinham uma só vontade, um só desejo, um só sentimento: Martinho era o mais digno de receber o episcopado; afortunada seria a Igreja de ter um tal bispo. Um pequeno grupo, entretanto, junto com alguns bispos que haviam comparecido para a posse do novo bispo, opunham-se de modo ímpio, afirmando que ele era uma figura desprezível, e que alguém de aspecto tão miserável, tão mal-vestido e mal-arrumado era indigno de ser bispo.[41]

Um bispo pobre, ascético e virtuoso era exatamente o que aqueles devotos procuravam, e os opositores tiveram de amargar o fato de que o povo preferiu Martinho, e ele se tornou bispo de Tours em 371. E, para surpresa da maioria, aquele que trocara a milícia do século pela milícia do espírito, mesmo sendo bispo, isto é, o chefe religioso de uma cidade, continuou a se comportar como um eremita, um homem do deserto; Severo não esconde que o sucesso de Martinho, na cidade, dependeu exatamente da *virtus*, da força que lhe irrompia do corpo desde que se tornara *miles Christi*. Assim, de modelo para os homens do deserto, Martinho passou a ser também modelo para os homens da cidade, principalmente para os bispos, seus representantes.

A vida nas cidades havia mudado muito desde que Juliano presidira ao império do Ocidente, e não só devido à chegada dos bárbaros, com seu cristianismo herético ou sua virulência tribal. A cúria urbana, isto é, a assembleia deliberativa e gestora, já não funcionava como antes, e, por falta de quem se preocupasse com o cuidado pelo espaço urbano, muitos bispos haviam se encarregado ou se viram obrigados a assumir a tarefa. Com relação ao modo episcopal de governar cidades, teremos ocasião de discutir esse tema. Gostaria de ressaltar, agora, outra coisa.

Chris Wickham afirma que, desde os inícios do século V, ocorreu uma informalização da política urbana, sobretudo quando as cúrias deixaram de ser relevantes e os cidadãos mais ricos, antes muito ativos, afastaram-se.[42] A esse quadro podem-se somar as precárias condições defensivas dessas cidades em período de grande instabilidade e guerras contínuas: muitas cidades ocidentais, reduzidas populacionalmente, construíram espessas muralhas para se proteger e não tinham mais esperança alguma de que pudessem obter ajuda da *respublica Romanorum*, incapaz de conter a violência e repelir os inimigos externos. A informalidade política e a necessidade de autodefesa, em um contexto de fragilidade social constante, resultaram em modificações significativas na vivência da cidadania nas urbes ocidentais da Alta Idade Média, e a militarização da cultura espiritual cristã, incentivada pelos bispos-monges, Martinho e depois Euquério, teve muito a ver com isso.

Uma cidade amuralhada é índice de outra maneira de encarar o urbano e a vida que ali acontece, além de implicar uso de recursos escassos em atividade dispendiosa, impactando no investimento em outras áreas da vida comum. Foi assim que, em muitas cidades, os edifícios do período romano foram simplesmente desmontados para reutilizarem suas pedras; antigos templos e teatros simplesmente desapareceram ou viraram outra coisa nessa reciclagem geral. Em outras localidades, como em Arles, na zona marítima mediterrânea da Gália, a população, reduzida ao extremo, simplesmente se apinhou no interior do antigo anfiteatro, cujas paredes serviram de muros para a minúscula nova cidade. Tours, a sede episcopal de Martinho, seguiu o caminho semelhante a Arles, de seus antigos 30 a 40 hectares, reduziu-se a 8-9 durante o século VI.

Se, como sustentava Jerônimo, depois Martinho, ser cristão era ser *miles* (soldado), porém, de Cristo, o que pensar de cristãos como aqueles que elegeram Martinho? Severo, no século IV, ainda os chamava *cives*, isto é, cidadãos; afinal, eram eleitores de bispo, pastor de uma *civitas*. Mas qual o peso dessa cidadania numa cidade reduzida ao mínimo e numa cultura religiosa que interpreta a perfeição moral a partir de um modelo militar? Num poema tardio, do século VIII, que relata a campanha militar do rei Liutprando contra os sarracenos da Provença, lemos o seguinte: "os cidadãos [*cives*], com vigorosa resistência, apresentavam-se para o combate",[43] praticamente sacramentando uma tendência, que caracterizaria o viver das cidades desde então: a existência das milícias urbanas, pelas quais o lutar pela defesa da cidade se aliou ao lutar pela proteção da fé, do bispo, da *ecclesia* urbana. A devoção de São Maurício não seria esquecida, assim como a *Carta a Heliodoro*, de Jerônimo, se tornaria um clássico da espiritualidade cristã ocidental: o *civis christianus*, que já não se entendia mais como parte de um império de cidades,[44] enxergava a sua *ecclesia* como lugar de sua cidadania, mas esta, ao longo de boa parte da Idade Média, não era mais do que um dever religioso-militar de fazer parte do exército citadino.

Notas

[1] Curtius, 1995, p. 44.

[2] Barney *et al.*, 2006, p. 3.

[3] Wickham, 2019.

[4] San Isidoro, 2004, p. 1.058.

[5] *Idem*, p. 1.070.

[6] *Idem*, p. 1.072.

[7] *Idem*, p. 1.058.

[8] *Idem*, p. 1.060.

[9] Snyder, 1964, pp. 147-148.

[10] Klein, 1992, p. 176.

[11] Césaire, 1971, p. 422.

[12] Snyder, 1964, p. 150.

[13] Petoletti, 2012, pp. 37-38.

[14] Sartre, 2008; Harvey, 2008.

[15] Eusébio de Cesareia, 2000, p. 384.

[16] Chadwick, 2001, p. 136.

[17] Sozomen, 1855, p. 362.

[18] *Apud* Norman, 2000, pp. 18-19.

[19] Migne, 1862 (grifos meus).

[20] Shepardson, 2014, p. 20.

[21] Migne, 1862.

[22] *Idem*, 1863.

[23] *Idem*.

[24] Le Jan, 2011.

[25] Brown, 1999, pp. 291-312.

[26] Russo, 2002, p. 236.

[27] *Idem*, pp. 239-240.

[28] Barney *et al.*, 2006, p. 173.

[29] *Idem, ibidem.*

[30] *Idem, ibidem.*

[31] *Idem*, p. 310.

[32] Barthélemy, 2010, p. 103.

[33] San Jerónimo, 2013, p. 62.

[34] *Idem*, p. 58.

[35] Baur, 1959, p. 108.

[36] San Jerónimo, 2013, p. 62.

[37] Clément de Rome, 1971, pp. 161-163.

[38] Adams, 2008.

[39] Wotke, 1894, p. 166.

[40] Bastiaensen & Smit, 2007, pp. 14-15.

[41] *Idem*, p. 26.

[42] Wickham, 2019, p. 65.

[43] Bordone, 2002, pp. 89-90.

[44] Wickham, 2019, p. 64.

3

AS CIDADES E SEUS FUNDADORES

É bastante sintomático que os cronistas, historiadores e hagiógrafos medievais latinos, quando querem discorrer sobre a cidade e a vida urbana, empreguem um vocabulário antigo, de origem romana. Na grande maioria dos casos – como em Assis, Pádua, Florença e Gênova – isso decorre do fato de que tais cidades "medievais" foram, na verdade, fundadas em tempos remotos, quando o Império dos romanos governava a península italiana e o mar Mediterrâneo. Mesmo a cristianização de tais cidades, ocorrida entre os séculos IV e V, não apagou de todo a marca romana de seu passado, pois as comunidades cristãs ocidentais, em que pese seu distanciamento da mentalidade imanentista do império (que discutiremos a seguir), já eram expressões bastante sincréticas da cultura letrada dos romanos convencionais. A transposição e adaptação das referências antigas para o ambiente cristão latino medieval contaram com o esforço de autores como São Jerônimo, Ambrósio de Milão, Agostinho de Hipona, Leão Magno e Isidoro de Sevilha, cujas obras serviram de pontes entre a filosofia da Antiguidade greco-romana e aquela dos *Tempora Christiana*, isto é, a nova era do cristianismo.[1]

Neste capítulo, nosso objeto de estudo será o significado histórico da fundação da cidade, tema caro, e, diria, até imprescindível, à cultura letrada romana, cuja política se valia de uma específica leitura do passado que ressaltava as origens como fonte de autoridade e chancela do poder. Esse apreço pela fundação foi incorporado pelo pensamento cristão, a princípio numa lógica teológica, mas, depois, também, eclesial e política, de modo que seu sentido antigo (romano) encontrou guarida na posteridade cristã, em tempos medievais, não sem sofrer sérias transformações em seu conceito. Enuncia-se, assim, a premissa de que o entendimento dito cristão medieval da semântica citadina romana não decorre apenas de uma suposta continuidade linguística (o latim), mas de uma intencional atualização conceitual, institucional, social e religiosa de um *modus operandi* romano--pagão que, longe de ameaçar a construção de uma sociedade cristã, no Ocidente latino, foi talvez o seu maior aliado.

3.1 O conceito romano de fundação

É muito conhecida a tradição narrativa que remete as origens de Roma a Eneias de Troia e aos gêmeos Rômulo e Remo. Apesar de serem *estórias* ancestrais, reportando-se a um passado de séculos, boa parte desse material foi recolhida e, de certa forma, retrabalhada, nos períodos finais da República (século I a.C.), por autores como Marco Túlio Cícero e, depois, principalmente na época augustana, por autores como Virgílio, Tito Lívio, Dionísio de Halicarnasso e Plutarco. As variantes textuais são diversas, bem como as interpretações feitas por cada autor. Não é o caso de nos remetermos a cada uma delas separadamente, mas basta, por ora, um olhar de conjunto que nos permita entender que, por entre mitologias ricas em detalhes, expressa-se uma importante apreciação pelo ato fundador de Roma, que, de diferentes maneiras, pretende ressaltar a grandeza de sua república e seu posterior império, assim como a sua qualidade sagrada (a que convém discutir) e a perfeição de seu regime político.

Tito Lívio (m. 17), nos *Ab urbe condita libri* (literalmente, "Os livros desde a fundação da cidade"), recolhe diversas informações sobre esses momentos iniciais de Roma. Apresento-as em forma sintética para

AS CIDADES E SEUS FUNDADORES

facilitar a compreensão do leitor. Tudo começa quando, na cidade italiana de Alba Longa, fundada por Eneias de Troia, 400 anos antes, Amúlio Sílvio, irmão mais novo do rei Númitor, tentou dar um golpe e tomar para si o título régio: executou os filhos homens do rei e consagrou a filha, Rea Sílvia, como sacerdotisa vestal – o ato de consagração colocava pessoas, lugares e objetos sob a proteção do Estado, com duras sanções a quem os tocasse, o que tornava as vestais mulheres celibatárias, por exemplo.

Lívio é da opinião de que esses trágicos acontecimentos, de algum modo, já assinalavam a glória da futura Roma e de seu império quando os deuses decidiram intervir. Rea Sílvia, apesar de consagrada, veio a conceber e deu à luz os gêmeos Rômulo e Remo, que ela considerava, por crença ou por astúcia, serem filhos do deus Marte.[2] Ao saber disso, Amúlio decretou que as crianças deveriam perecer nas águas do Tibre; porém, em vez de morrerem, os meninos foram divinamente preservados às margens do rio, onde foram socorridos por uma loba sedenta que ouvira o choro deles. Essa loba os alimentou com seu leite e os lambeu com carinho. Encontrou--os um homem da confiança de Amúlio, chamado Fáustulo, que levou os meninos para os cuidados de sua esposa Larência.

Lívio, que procurava separar fábulas (*fabulae*) de histórias (*res gestae*), descreve as peripécias dos gêmeos durante seu crescimento, até que, já jovens, foram emboscados por bandidos que capturaram Remo, levaram-no a Amúlio e atribuíram-lhe os crimes que praticaram nas terras de Númitor; assim, Amúlio enviou Remo a Númitor, que o manteve sob custódia. Ao mesmo tempo em que Fáustulo, preocupado com a sorte do refém, contava a Rômulo toda a história de seu passado, Númitor deu-se conta de que Remo não era um jovem comum; ao saber que tinha um irmão gêmeo, lembrou-se da sorte de seus netos e reconheceu, em Remo, o seu descendente. Desse modo, Númitor, Rômulo e Remo uniram esforços para derrotar o usurpador Amúlio; o governo, então, voltou para seu legítimo rei, e Alba Longa teve a paz restabelecida.

Tendo feito isso, os gêmeos, nas palavras de Lívio, começaram a desejar (*cupido cepit*) a fundação de uma cidade (*urbis condendae*) lá, no mesmo lugar em que, um dia, foram abandonados e achados pela loba.[3] A decisão de construir uma cidade, no entanto, semeou a discórdia entre os irmãos, que não se acertavam quanto a quem seria seu governante. A disputa entre os dois dividiu a população que a eles se juntou, população essa formada por albanos e latinos: uns deram apoio a Rômulo, outros a Remo. Os deuses tutelares foram consultados, por meio de áugures (*auguriis*), a fim de que manifestassem a sua vontade quanto à questão. O fato é que, durante uma revolta, Rômulo matou seu irmão, enfurecido por este haver invadido o monte Palatino, onde aquele construíra as muralhas de sua fortaleza. Assim, Rômulo tornou-se o único fundador da cidade que recebeu, como de costume, o seu nome, passando a chamar-se Roma (*condita urbs conditoris nomine appellata*).

Quando tomadas em seu conjunto, as narrativas de fundação de Roma nos permitem vislumbrar três aspectos que unificam os relatos apesar das diferenças, como já apontava Arnaldo Momigliano:[4] em primeiro lugar, os diferentes mitos de fundação descrevem as origens de uma *cidade*, não de uma tribo ou uma nação, isto é, grupos identificados a partir de uma ancestralidade comum e nativa ao solo (vale repetir que, de acordo com Lívio, a população primeva de Roma era oriunda da fusão de dois povos distintos, os albanos e os latinos; já na variante virgiliana da *Eneida*, a fusão ocorreu entre troianos e latinos); em segundo lugar, todos os relatos sobre a fundação de Roma destacam que Eneias e Rômulo possuíam ancestrais divinos (Eneias filho de Vênus e Rômulo filho de Marte); por fim, os mitos concordam que Eneias e Rômulo foram chefes de grupos de migrantes abertos a acolher estrangeiros, o que reforça a ideia de que Roma ultrapassa, desde a origem, a condição tribal/nacional, afirmando-se como um projeto político diferente.

Esses três aspectos podem ser somados a outro, já discutido por Hannah Arendt,[5] e que diz respeito ao que ela chamava de "caráter sagrado da fundação" de Roma: para Arendt, a sacralidade do ato fundador evidenciava-se na obrigatoriedade de sua contínua recordação pelas futuras gerações e na interdição de equiparar o significado fundacional de Roma às fundações de outras cidades ou colônias que, no limite, passariam a ser meras expressões de um único, decisivo, obrigatório e irrepetível ato fundador... de Roma! Essa observação, de fato, encontra-se respaldada em fontes documentais da cultura romana republicana, sobretudo em Cícero; porém, a dimensão sacra atribuída pelos romanos ao ato fundador não se restringe apenas a um consenso geral da eminência desse ato em relação a todos os demais, mas também, e, talvez, sobretudo, ao papel dos deuses na fundação, como destacado por Momigliano.

Acabamos de ver como isso acontece no relato de Tito Lívio: Rômulo e Remo, antes de Roma existir, altercavam-se para afirmar, cada qual, a sua precedência sobre a futura cidade:

Dado que eram gêmeos, não adiantava fazer a escolha baseada no respeito à idade; assim, para que os deuses que tinham a tutela sobre esses lugares mostrassem por augúrios que nome deveria ser dado à nova cidade e, uma vez fundada, quem teria poder sobre ela, Rômulo tomou o Palatino e Remo, o Aventino para observarem o augúrio pelo movimento dos pássaros.[6]

O vocabulário latino empregado contém termos técnicos que eram muito evidentes para os leitores antigos, porém demasiado obscuros para nós que, de certa forma, compartilhamos uma compreensão *cristianizante* do universo dito religioso; o *augúrio* era uma forma ritual de observação da natureza – no caso, o movimento dos pássaros – por meio do qual os áugures podiam inferir a mensagem que os deuses transmitiam quanto à melhor decisão a ser tomada: isso dá a ideia de que os deuses agiam no mundo físico e a partir do mundo físico, mais precisamente sobre uma parte dele, parte esta *separada* para a devida observação – em latim, Lívio emprega o vocábulo *templum*, isto é, a área delimitada no ar para a leitura do movimento dos pássaros como um augúrio (*ad inaugurandum*) que se entende como uma mensagem cifrada. Com o tempo, esse tipo de leitura e de comunicação divino-humana tornou-se um rito recorrente em praticamente todos os momentos públicos da cultura romana, favorecendo, inclusive, a ampliação do sentido de inauguração (*in+auguratio*) como ato solene de início de um evento ou de uso de um edifício público em que os áugures eram chamados para ofertar sacrifícios.

Assim, o caráter sagrado da fundação decorre, primeiramente, de um *rito* específico, repetido de geração em geração, que conclama a participação especial dos deuses por meio de objetos, espaços e pessoas *reservados* para a comunicação divina. Além desse, a tradição romana considera ainda um segundo aspecto de sacralidade fundacional, que encontramos, por exemplo, no *De lingua latina*, de Marco Terêncio Varrão (m. 27 a.C.):

No Lácio, fundavam-se muitas cidades de acordo com o rito etrusco que consistia no seguinte: um par de bovinos, sendo um touro [do lado de fora] e uma vaca do lado de dentro, atrelados a um arado, cavavam um sulco circular a fim de que [as cidades] fossem munidas de fosso e muralha (faziam isso quando, segundo a religião [*religionis causa*], era o dia mais auspicioso). À terra escavada, chamavam fossa, e à terra que do lado de dentro se amontoava, chamavam muro. Quando o círculo [*orbis*] estava feito, começava a cidade [*urbis*]; e, porque o [círculo] ficava para fora do muro, era chamado pomério [*postmoerium*] e marcava os limites dos auspícios urbanos. Existem marcos de pomério ao redor de Aricia e de Roma. Por essa razão as localidades que eram, no começo, circunvaladas com arado chamavam-se *urbes*, devido à forma do círculo [*orbis*].[7]

Como Varrão faz notar, a fundação de uma cidade começa por uma incisão no espaço, uma delimitação precisa – que faz lembrar a ideia de *templum* – que separa o lado de dentro do lado de fora; as expressões não deixam dúvidas de que, para ele, trata-se de um ordenamento *religioso* que define a fórmula ritual: o dia propício, os instrumentos adequados e o significado contido no gesto; todos esses aspectos atestam que o ato fundacional é sagrado e, nesse sentido, inaugural, isto é, um gesto dotado de valor especial e, mais do que isso, portador de *poder* – Hannah Arendt preferiria falar em *autoridade*, palavra oriunda de *auctoritas*, que remete a comunidade a seu *auctor*, isto é, a seu fundador e primeiro governante.

Dado que a terminologia religiosa latina, de certa forma, foi incorporada pela cultura cristã, que lhe mudou a semântica primigênia, é preciso que tomemos muito cuidado para não *cristianizarmos* o entendimento desses ritos. Vocábulos como sagrado (*sacrum*), religioso (*religiosus*) e santo (*sanctus*), para além de serem palavras ligadas ao âmbito da cultura ritual romana, eram também termos jurídicos definidos por tratados de jurisprudência, como as *Institutas* do jurisconsulto Gaio (século II d.C.); no comentário *De rerum divisione* (Sobre a divisão das coisas), encontramos as seguintes definições:

§ 2. A divisão mais geral das coisas compreende duas categorias, isto é, as coisas que são de direito divino e as que são de direito humano. § 3. As coisas que são de direito divino são coisas sagradas [*res sacrae*] e religiosas [*religiosae*]. § 4. Sagradas são as coisas consagradas aos deuses superiores [*diis superis*]; religiosas são as que foram dedicadas aos [deuses] Manes. § 5. Porém, considera-se sagrado apenas aquilo que foi consagrado pela autoridade [*ex auctoritate*] do povo romano, mediante uma lei ou senátus-consulto especial. § 6. Por sua vez, algo se torna religioso quando, por nossa vontade, alguém sepulta um morto em seu próprio terreno, cujo funeral lhe incumbe. [...] § 8. Também as coisas santas, como as muralhas e os portões [de cidades], de certo modo, pertencem ao direito divino.[8]

Como recorda Michel Lauwers, n'*O nascimento do cemitério*,[9] essas três categorias referem-se aos espaços/coisas invioláveis e inalienáveis que o direito divino subtrai da propriedade dos simples indivíduos e coloca-os no âmbito do público mesmo quando, como no caso das sepulturas, tais espaços ainda continuem privados. Nota-se ainda a gradação descendente dos significados jurídicos das três categorias do direito divino: acima de todas, estão *as coisas sagradas* que possuem sentido mais forte, tanto porque são reservadas aos deuses superiores quanto porque o ato de consagração depende exclusivamente da autoridade do povo romano, sendo, portanto, um gesto político amplo e vinculante; *as coisas religiosas* podem ser privadas e não dependem de uma decisão pública – forçoso notar que sua existência decorre de um sepultamento; *as coisas santas* só pertencem ao direito divino de uma certa forma, e, nessa categoria, Gaio enquadra as muralhas e os portões das cidades, enquanto lugares que não são e não podem ser privados. Em todos os sentidos, destaca-se a imperiosa presença do componente político, marcado por definições jurídicas, que, mesmo que não esgotem ou anulem os usos não jurídicos desses espaços ou coisas – penso aqui nas devoções domésticas e individuais –, dão a elas um significado muito mais extenso e que vai além do religioso, como estamos acostumados a pensar.

Na cultura romana, *sagrado*, *religioso* e *santo* não têm a conotação *cristianizante* que se atribuiu ao termo, pois não remetem, em primeiro lugar, a algo transcendental ou espiritual; ao contrário, são coisas intrinsecamente imanentes e com significado também imanente: no bojo de tais categorias, encontra-se o rito que ordena as fórmulas estabelecidas por um costume comunitário ancestral que, no presente, atualiza o gesto primeiro, fundador, *inaugural*. Como ressalta Varrão, o rito de fundação de Roma conformou-se à tradição existente (o rito etrusco) que explicitava, pela delimitação ritualística, que a cidade era uma entidade sagrada.

Pelo exemplo de Lívio, entendemos que o sagrado está posto no cerne da vida material, política e, diria, profana, oferecendo a ela seu suporte; é, em primeiro lugar, algo reservado ou delimitado (*templum*) para a comunicação entre mortais e imortais, de modo que se pode dizer que contemplar (*con* + *templum*) é um ato de procura pelo conhecimento. Gaio nos faz entender que sagrado é uma forma de lidar com as coisas que não são privadas, estabelecendo sanções e evidenciando a existência de um *poder público* englobante. Assim, sagrado não exclui o profano, antes o dota de sentido comunitário, político, e ilumina, por assim dizer, a vida ordinária.

Que os romanos mais céticos, como Cícero e até mesmo Tito Lívio, tenham sustentado a participação dos deuses no ato fundador só demonstra a força social dessa convicção. Mesmo que eles tenham decantado as narrativas mitológicas, retendo delas apenas sua orientação exemplar e moral,[10] não enfraquece a premissa de que fundar uma cidade, sendo Roma o supremo arquétipo, é o ato mais elevado que os homens livres seriam capazes de levar a cabo. Cícero, no *De re publica*, escreve: "ora, não há coisa alguma mais propícia para que a virtude humana aceda ao nume dos deuses do que fundar novas cidades ou conservar as já fundadas".[11] No livro sexto do *De re publica*, intitulado Sonho de Cipião (*Somnium Scipionis*), ele insiste:

Mas, para que tu sejas, Africano, mais operoso em defender a república, tenhas presente o seguinte: todos os que conservarem, ajudarem e aumentarem a pátria, com certeza, terão um lugar definido no céu, onde poderão gozar eternamente da presença dos bem-aventurados; ora, nessa terra, não existe nada mais aceitável ao deus principal que rege a todo este mundo do que as assembleias e deliberações de homens reunidos pelo direito, a que chamamos cidades [*civitates*]; seus governantes e protetores [*conservatores*], tendo partido daqui [isto é, o céu], para cá voltam depois.[12]

É bem verdade que Cícero, no *De re publica*, reverbera as premissas de seu estoicismo, segundo as quais as obras humanas – sobretudo as políticas – devem corresponder à ordem do cosmos, e, que, desse ponto de vista, a evocação dos deuses não tem muito a ver com qualquer intervenção deles na história, particularmente na fundação da cidade. No entanto, o ato de construí-la, em si mesmo, constitui um rito mágico ou sacramental[13] que transforma e eleva o sentido da ação de construir.

Rigorosamente falando, não haveria momento em que a cidade não fosse sagrada, e, ao mesmo tempo, fundá-la possibilitaria a sacralização (ou a deificação?) dos seus construtores. Note-se que é impossível separar os sentidos (sagrado/profano) e os agentes (homens/deuses) na consideração da fundação das cidades, particularmente de Roma. Segundo essa concepção, os ritos e os espaços são sagrados, na medida em que participam dessa fonte sacralizadora da cidade; a dimensão *religiosa* torna-se, portanto, naturalmente *cívica*, pois seus ritos evocam a memória dos fundadores e o próprio evento fundador; e, quanto mais próximo à origem, mais autoridade (e mais poder) se adquire. Por isso, o Estado romano considerava os *patres patriae*, isto é, os mais velhos (*seniores*) como os mais importantes (*maiores*), porque sua origem estava mais próxima da origem da fundação, o que ajudou a dar à velhice (ou senectude) um lugar destacado e ativo. Os mais velhos, por meio dos ritos, dos mitos e do seu exemplo, transmitiam aos jovens (*minores*) a tradição (*traditio*) dos pais, preservando a força mística da fundação.

Dessa maneira, o modo de vida dos fundadores e de seus sucessores torna-se a régua ou o fio de prumo das condutas dos filhos da pátria; aliás, o projeto liviano de escrever a história a partir da fundação de Roma lança mão dessa proposta moral de oferecer exemplos políticos para a ação dos cidadãos no presente,[14] o que foi decisivo para que Lívio preferisse acentuar, em sua narrativa, os feitos de homens particulares em vez de falar de instituições. Em outras palavras, a autoridade (*auctoritas*) se torna exemplo (*exemplum*), o que não deve ser entendido apenas no sentido ético ou mimético em relação ao passado: o exemplo dos maiores se reveste de autoridade, na medida em que conecta o presente ao passado *sagrado* e faz a história irmanar o ontem e o hoje: a cidade é o eixo dessa relação que Cícero, inclusive, associava ao significado romano de religião (*religio*), uma religião "sem teologia nem Igreja".[15]

Olhemos mais alguns exemplos, desta vez priorizando a relação homens-deuses. Se Cícero pode ser tomado como emblema da convicção romana de que fundar cidades é um ato de deificação, no limite, de imitação dos imortais, é porque estes se comprazem com as cidades e possuem especial afeto pela *res publica*: diferentemente do Deus monoteísta, transcendente, absoluto, imaterial, criador de todas as coisas e, por isso, infinitamente superior a elas, os deuses romanos, como, de resto, os deuses das religiões politeístas antigas, não estavam acima do mundo: eram imortais sem serem absolutos e, com os homens, dividiam o espaço do mundo que não criaram. Isso significa que a grandeza do cosmo, dotado de forças próprias, ultrapassava o tamanho dos deuses, que, portanto, não o controlavam, embora pudessem exercer certa influência sobre alguns elementos cósmicos particulares. Sendo uma das realidades do cosmo, ao lado dos homens e animais, os deuses, tanto quanto os homens, interessavam-se pela política, pois ali, de fato, encontravam o seu lugar de atuação mais privilegiado. Num papiro do século II d.C., pode-se ler uma máxima bastante elucidativa dessa característica dos deuses greco-romanos: "O que é um deus?" (τί θεός), "é o exercício do poder" (τό χρατουν); "o que é um rei?" (τί βασιλεύς), "é igual a um deus" (ισόθεος).[16]

Lívio falava em "deuses tutelares do lugar", e Dio de Prusa (m.*c.* 115) a eles se dirigia, orando: "Por isso, rezo a Dionísio, primeiro *ancestral desta cidade* [*i.e.* Niceia], Hércules, *fundador deste povoado*, Zeus Polieus, Atena, Afrodite, Philia, Homonoia, Nêmesis e aos outros deuses".[17] Os imortais manifestam seu poder e sua benevolência ali onde os homens livres lançam suas raízes e, com o patrocínio deles, edificam cidades. Uma crença comum sustentava que as deidades, de certa forma, compartilhavam o espaço urbano com seus moradores mortais, o que fazia das cidades romanas lugares de deuses e de homens. Quando Dionísio de Halicarnasso, nas *Antiguidades Romanas*, quis elogiar as qualidades de Rômulo como grande governante, ressaltou suas iniciativas no campo religioso:

Ele cuidou de estimular todas essas coisas a começar pelo culto dos deuses e dos gênios. Edificou templos, sagrados recintos e altares, definiu a produção de estátuas, determinou as representações e os símbolos dos deuses, apontando seus poderes e os dons beneficentes com que cobriram a humanidade, estabeleceu os festivais que deveriam ser celebrados em honra de cada deus ou gênio, os sacrifícios pelos quais os homens podiam agradá-los, os dias sagrados, os cultos festivos, os dias de descanso e todas as coisas desse tipo.[18]

O que se nota é que a coabitação de mortais e imortais, reforçada pelos inúmeros rituais que homenageavam as divindades urbanas, tornava a religião romana uma religião cívica (ou política, na acepção grega), uma vez que a cidade era o lugar privilegiado da amizade entre homens e deuses. Dessa crença origina-se o sentido de *religião* como *religação* entre uns e outros, sendo que essa *religação* se efetiva na cidade romana. Deuses e homens! A ideia de fundação de Roma manifestava essa *religação* por meio de seus rituais e auspícios e conferia sentido à fundação das demais cidades dentro do Império Romano, como vemos no trecho de Varrão:

[...] e assim todas as nossas colônias denominam-se *urbes* [cidades] nos documentos antigos, pois foram fundadas como Roma; e desse modo colônias e cidades são fundadas, porque foram construídas do lado de dentro do pomério.[19]

Se Roma seguiu o rito etrusco, Varrão afirma que suas colônias seguiam o rito da fundação de Roma, como se esse rito tivesse absorvido aquele outro, mais antigo. Assim, a criação de novas cidades e colônias constituía uma *atualização* do rito fundador da primeira de todas elas. Fundar uma colônia *ut Roma* (do mesmo modo que Roma) conferia ao gesto uma força simbólica de integração e, ao mesmo tempo, transmitia a jurisdição de governo de seus chefes e de seus deuses.[20] Como vimos, o trecho varroniano não disfarça que, pelo menos no caso romano, o rito religioso condiciona e redimensiona o ato político primordial (fundar uma *pólis*), o que, simultaneamente, confere à própria religião um significado político que a torna uma "religião de lugar", como define Eric Orlin.[21]

Para isso, o Estado romano precisou encontrar maneiras muito plásticas e persuasivas de perpetuar os mitos fundacionais e, ao mesmo tempo, torná-los politicamente eficazes: a primeira maneira, diria, foi a celebração litúrgica da memória das origens por meio de ritos que são: 1) comunitariamente ordenados (pois o rito existia para a segurança da cidade, não do fiel), 2) civicamente celebrados (pois as festas rememoravam o passado da cidade) e 3) politicamente exercidos (por funcionários sacerdotais dependentes do erário). O segundo modo de reforço da memória fundacional acontecia quando Roma, em decorrência da expansão imperial, instaurava colônias: em vez de simplesmente encarar a criação da colônia como o início de uma nova entidade política submissa, preferia-se entendê-la como uma reatualização da imperiosa fundação de Roma.

3.2 Agostinho de Hipona e a cristificação do conceito de fundação

Santo Agostinho (m. 430), em *A Cidade de Deus* (Livro XXII, vi), tomou a peito a difícil missão de comentar e de repensar a estrutura narrativa do mito fundacional de Roma. É interessante notar que Agostinho assume a discussão da fundação de Roma e da divinização de Rômulo a partir do diálogo *Da república*, de Cícero, autor que interpretava os mitos com certo ceticismo e que, nesse caso, calhava muito bem com a crítica que Agostinho pretendia propor.

Cícero considerava que as fábulas sobre a divinização de homens eram próprias de povos muito antigos e incultos, isto é, anteriores à invenção da filosofia; Roma, ao contrário, havia sido fundada quando, na Grécia, os filósofos já colocavam em dúvida as lendas de homens que se tornaram deuses. Então, por que o Império ainda venerava Rômulo como deus? Para Cícero, isso se devia à antiguidade do relato e à autoridade dos pais da pátria, que mantiveram a tradição desde o início até o presente: tratava-se de uma atitude política, como vimos. Ao senado (ou à assembleia cívica) competia deliberar pela construção de templos e estátuas, e dedicá-los aos deuses e heróis; Cícero recordou justamente isso ao inserir, na boca de Cipião, a lembrança de que fora um campesino, Próculo Júlio, quem disse ter visto uma aparição de Rômulo, morto havia tantos anos, sobre a colina do Quirinal, que lhe pedia levar ao senado a demanda da construção de um templo em sua homenagem justamente naquele lugar. A assembleia, que reivindicava a prerrogativa de divinizar aqueles que, por uma razão ou outra, ela mesma considerava digna das honras de seus altares, acatou o pedido de Próculo e passou a venerar a deidade de Rômulo (*De re publica*, lib. II, 20).

Sendo um ato político, a divinização de Rômulo, segundo Agostinho, não era questão de crença, mas de obediência à tradição que se transmitia desde a fundação da república; tanto é que, nas colônias, o império impunha a mesma aceitação que, igualmente, era acatada não por crença em Rômulo como deus, mas por medo dos romanos como império. Acerca desses romanos, Agostinho diz que veneravam Rômulo "não por amor ao erro, mas por erro de seu amor", isto é, pelo fato de instituírem a Cidade como máxima fonte de autoridade e, portanto, objeto primário de amor: porque os romanos amam a sua cidade, elevaram o seu fundador à qualidade de deus.

A essa explicação pagã, Agostinho rebate com a consagrada tese da *Cidade de Deus*, fundada por Cristo. Essa cidade mística, já peregrina na terra, porém, ainda oculta e destinada ao futuro escatológico, foi fundada por um deus em-si-mesmo (o Deus cristão), que preexistia à cidade ou a qualquer outra realidade e que, por isso, não poderia, jamais, ter se tornado deus por um ato político. Ao contrário, porque a divindade de Cristo foi professada por um povo específico é que a *Cidade de Deus* se tornou uma verdadeira cidade. Antípoda de Roma, a Cidade de Deus é uma cidade porque ama a Deus, e não fabrica um deus porque ama a cidade.

Uma compreensão superficial da tese agostiniana pode nos levar facilmente a assumir que o pensamento cristão desvaloriza o político ou, para dizer o mínimo, desloca o seu sentido primeiro para uma posição de subalternidade em relação a Deus ou à fé. É um fato que, desde Jesus Cristo, os cristãos não admitem que os regimes políticos, quaisquer que sejam, assumam o posto de entidades absolutas e que sejam garantidoras da plena realização humana. Mas isso não significa uma necessária desvalorização do político: acontece, na verdade e curiosamente, a secularização do político, pois se assume que a natureza do político é histórica e temporal e se orienta para o arranjo da vida no tempo, sem compromisso com forças extraterrenas ou sobrenaturais.

Agostinho abraça o mito fundacional de Roma e o atualiza no mito fundacional da Cidade de Deus; todavia, ele inverte o seu significado. A cidade, por melhor que seja, não tem poder para criar deuses nem para instaurar instâncias absolutas que, por exemplo, possam definir o bem ou o mal por ato político. Assim é que Cristo, diferentemente de Rômulo, primeiro mostrou-se divino através de milagres e sinais extraordinários, que autenticavam a sua divindade, e só depois se mostrou como fundador da Cidade de Deus; portanto, Agostinho considera que Cristo não é um fundador que virou Deus, mas é um Deus que se *revelou* fundador.

A divindade de Rômulo teria sido a consequência da fundação da cidade de Roma, e, por viverem em Roma, os cidadãos fizeram um ato de fé (*fides*) em sua divindade. Com Cristo aconteceu o contrário: a divindade dele é que provocou a fundação da Cidade celeste, porque a *fides* cristã é consequência da revelação divina: por ser Deus, os cristãos creem; no caso romano é o contrário: porque os romanos creem, Rômulo é deus. Agostinho escreve: "A primeira [cidade], por amor a Rômulo, acreditou-o deus; a segunda [cidade], porque Cristo era Deus, amou-o".[22] Rômulo é adorado como deus por força da lei. Cristo, ao contrário, é adorado como Deus mesmo quando a lei o proíbe e mesmo sob tortura, como demonstram os episódios de perseguição cristã movidos pelo Império, entre os séculos II e IV. O que se assiste é a reinterpretação, mais do que a rejeição, de toda a máquina de sentido romana acerca das origens da cidade e dos vínculos da sociabilidade humana. A antiga autoridade é reconsiderada para ressaltar melhor a sublimidade do dogma cristão. Assim, Rômulo foi fundador não como deus, mas como homem, e isso leva Agostinho a sustentar, à luz da teologia cristã, que a fundação da cidade é um ato de homens e, em realidade, de homens pecadores. Vamos ver qual o resultado dessa inversão de perspectiva através da pena de Isidoro de Sevilha, cuja obra, ao lado daquela de Agostinho, viria a constituir o *vade mecum* dos eruditos latinos dos séculos posteriores.

3.3 Isidoro de Sevilha: a urbe de pedra e a cidade de homens

No segundo capítulo, acompanhamos o modo como Isidoro de Sevilha descrevia as cidades e como as distinguia entre *urbs* e *civitas*; vimos igualmente o quanto o passado romano da cidade fundamentava a sua compreensão, no presente, quando a península Ibérica era governada pelos monarcas visigóticos. Isidoro valorizava não só as instituições e os monumentos antigos da cidade, mas recuperava também, no Livro XV das *Etimologias*, a sua tradição histórica, o valor social da fundação das cidades e o lugar político de seus fundadores. Ele apresentou a origem das cidades, bíblicas e gentílicas, como uma espécie de prólogo ao Livro XV, uma forma de dar sentido aos temas urbanos que desenvolveu depois, e que já discutimos no capítulo anterior. Isidoro reconhecia o quanto era difícil atribuir, para cada cidade, um fundador; muitos são os relatos, diversas as informações. Mesmo Roma, a cidade por antonomásia, conhece, segundo os antigos, vários fundadores: para uns, são os troianos, para outros, o rei Evandro ou ainda Rômulo.[23] Se a vetustez dos eventos pode levar os historiadores e comentadores à confusão, não significa que se deva evitar a pesquisa; antes, é necessário acercar-se do problema com maior cuidado: "convém, pois, que exponhamos em poucas palavras a origem de algumas cidades reputada como segura pela Sagrada Escritura e pelas histórias dos gentios".[24]

Por que Isidoro inicia sua apresentação das cidades dissertando sobre os fundadores? Por que precisa expor a *origem segura* das cidades?

A resposta depende de duas premissas basilares: em primeiro lugar, o pensamento isidoriano coaduna-se à escrita da história ao modo romano, para o qual o conceito de fundação é extremamente importante; em segundo lugar, Isidoro é um bispo católico e, como tal, acreditava que era possível deduzir o fim de um ser pela observação de seu começo, como na semente a árvore inteira está contida – acreditava que, no pensamento divino, a história é sempre simultaneidade, e, desse ponto de vista, saber a origem da cidade é uma forma de antecipar seu fim, isto é, conhecer a sua natureza e a sua vocação.

Como vimos, Isidoro assenta sua investigação em autores gentios, como Salústio e Virgílio, e em textos bíblicos, como o livro de Gênesis e o livro de Reis; ele parece querer olhar para as duas tradições narrativas de uma única perspectiva, aquela de um cristão romano do século VII que entende a sua fé a partir da cultura romana, em que foi criado, e segundo a premissa, já defendida por Justino de Roma (m. 165) e Basílio Magno (m. 379), de que a verdade do cristianismo não é incompatível com o helenismo antigo, desde que se saiba distinguir mito de revelação.[25] Sendo os relatos gentios testemunhos de uma única história universal regida pela providência, eles podem ser catalogados nos interstícios da narrativa bíblica, explicitando e reforçando o já evocado conúbio de helenismo e cristianismo.

Assim, Isidoro retrocede ao que seria a primeira cidade e ao primeiro fundador, conforme lhe informa o livro de Gênesis: a primeira cidade é Enoque, e seu criador é Caim, filho de Adão, que matou seu irmão Abel por inveja. Tendo um fratricida por fundador, a saga citadina inicia-se sob a égide da Queda, da desobediência e do pecado, aspectos morais que, para os cristãos, definiriam a insuficiência da obra humana, mesmo quando ordenada ao bem supremo. Todas as cidades têm fundadores porque a cidade é sempre fruto do esforço humano na esperança de superar as agruras da natureza. A questão é saber por que um autor cristão reproduziu, no elenco dos fundadores de cidades, também os deuses e heróis antigos, aparentemente contrariando a premissa fundamental do monoteísmo judaico-cristão: de fato, Isidoro remete a Dionísio, deus do vinho, que, na Índia, teria fundado a cidade de Nysa; Medo, filho de Medeia, fundador de Média; Perseu, fundador de Persépolis, a capital do reino da Pérsia, que herdou o nome de seu ancestral.

Não é o caso de entrarmos na longa e controversa discussão sobre os níveis de leitura que os seguidores de Cristo fizeram do vasto material mitológico grego que tinham à disposição, difuso não só nos livros, mas nos monumentos urbanos, encenações teatrais, festas cívicas e elementos decorativos domésticos. Um cristão aristocrata poderia expressar sua condição social conservando ou mandando fazer, no interior de sua *villa*, afrescos e mosaicos com temáticas claramente mitológicas sem que aquilo fosse, para ele, algo a mais do que ostentação de riqueza e requinte.[26] Para outros, como São Jerônimo (m. 420), o patrimônio letrado antigo constituía uma espécie de arca do tesouro de onde ele tirava boa parte de seu arsenal argumentativo em defesa da fé da Igreja.

Sem ir muito longe, gostaria de ressaltar o que, para muitos, já é uma obviedade, mas que, entretanto, ainda não foi suficientemente assimilada: como afirmava Ulrich Eigler,[27] em relação à Antiguidade, paganismo (*sic*) e cristianismo eram "duas religiões divididas por uma língua comum", o que significa que os elementos que separavam esses dois mundos eram proporcionais aos elementos que os aproximavam, mas não ao mesmo tempo nem no mesmo lugar. No caso da escrita da história, é forçoso repetir, os cristãos tiveram por mestres os grandes nomes da historiografia helênica e latina porque, nesse âmbito, "falavam a mesma língua", isto é, entendiam a historiografia ora como parte daquilo que chamavam retórica, ou seja, um exercício oratório dotado de regras explícitas, ora como coletânea de exemplos que poderiam iluminar as condutas.[28]

Em Isidoro de Sevilha, os deuses e heróis, fundadores de cidades, não aparecem como presenças ou hipóstases, como as pessoas da Trindade cristã, mas como evocação de um passado compreendido em chave romana; isso não deve causar surpresa se levarmos em conta que Isidoro pertencia a uma família hispano-romana aristocrática e que teve uma educação aos moldes clássicos. Além disso, como também adverte Hannah Arendt,[29] o conceito romano de fundação e sua relação com a autoridade havia penetrado profundamente o cristianismo. A Igreja, como instituição, preservou esse acervo de ideias romano e fez com que o sentido político da *auctoritas* romana subsistisse por séculos. Ao eleger o evento-Cristo (morte e ressurreição) como verdadeiro evento fundador, o cristianismo primitivo reproduzia de certa maneira a história romana e fazia da tradição a sua força propulsora.

Tomar a vida, morte e ressurreição de Cristo como evento fundador provocou a assimilação da lógica romana: quanto mais próximo à vida terrena de Cristo, maior a autoridade do discípulo de Cristo. Os apóstolos, portanto, foram associados aos pais fundadores porque foram testemunhas oculares da ressurreição. Paulo de Tarso, que não pertencera ao grupo dos Doze, se autodenominou apóstolo e foi assim reconhecido pelos Doze após afirmar ter visto o ressuscitado no caminho de Damasco. A tradição se torna, então, imperiosa no cristianismo: o mesmo Paulo, na Epístola aos Coríntios (11, 23-24), relatava: "o que eu recebi do Senhor foi isso que vos transmiti: na noite em que foi entregue, o Senhor Jesus tomou o pão e, depois de dar graças, partiu-o e disse: 'Isto é o meu corpo que é dado por vós. Fazei isto em minha memória'". Percebe-se, no trecho, aquilo que Mommsen chamava de tríade romana, evocada por Arendt: autoridade, tradição e religião (na qualidade de culto). Na carta paulina, intui-se a *autoridade* quando o apóstolo escreve: "o que eu recebi do Senhor"; a *tradição* decorre de "foi isso que vos transmiti", e o culto ou *religião* verifica-se no relato da instituição da eucaristia, momento sacrificial decisivo na vida de Cristo e da humanidade, já que, daí a pouco – Paulo referia-se à Última Ceia –, o sacrifício incruento tornar-se-ia cruento, pela crucifixão e morte de Cristo.

A dimensão romana de religião verifica-se nesse modo de expressão comunitária do cristianismo antigo, pois também ele procurava continuamente ligar o presente da comunidade ao passado fundador (isto é, os atos históricos da vida de Cristo). Ao modo romano, o calendário litúrgico cristão, observado desde o século II, permite-nos observar como os discípulos reatualizavam os eventos de seu fundador em rituais comunitários anualmente repetidos, irmanando as gerações na força mística que percorria a história até à volta do Cristo, na parusia. A partir da ideia de tradição e de sucessão apostólica, os bispos afirmaram-se como autoridades eclesiais, detentores da jurisdição espiritual por serem verdadeiros sacerdotes do culto definitivo. A tríade romana, portanto, foi incorporada à disciplina cristã e, daí, chegou muito forte aos tempos de Isidoro.

Após tratar do sentido romano de fundação, em que predomina a noção de cidade como urbe, isto é, como um lugar circunvalado e amuralhado de acordo com o costume ancestral, Isidoro logo passa a considerar o aspecto humano da cidade, grafado, em latim, pelo vocábulo *civitas*. A discussão aparece na segunda parte do livro XV, das *Etimologias*, e, segundo creio, é nela que o bispo sevilhano procurará distanciar-se de qualquer risco de sincretismo religioso entre paganismo romano e cristianismo, pois o sentido de fundação será aplicado não ao levantar-se de muros, mas ao agrupar-se de pessoas: "Cidade [*civitas*] é uma multidão de homens reunida pelo vínculo de sociedade, seu nome deriva de cidadãos, isto é, os próprios habitantes de seus muros".[30]

O "vínculo de sociedade" (*societatis vinculo*), na opinião do bispo sevilhano, é o elemento que distingue um grupo qualquer de humanos da comunidade politicamente ordenada; Isidoro assinala a diferença de um e outra pela expressão: *civitas non saxa, sed habitatores* (a cidade não é suas pedras, mas seus moradores). Por pedras, claro está, o bispo refere-se ao termo *urbs* e ao aspecto físico e defensivo do espaço urbano. Como *comunidade de homens*, a cidade (*civitas*) tem um fundador que, munido de autoridade e poder, é capaz de providenciar aos seus associados o espaço e as condições da vida comum que garantem uma situação mais propícia para o desenvolvimento da própria comunidade.

A mútua dependência que Isidoro estabelece entre *cidade* e *cidadão* reforça a ideia já partilhada por pensadores como Marco Túlio Cícero (m. 43 a.C.) de que a cidade humaniza o homem, na medida em que, nela, o homem exerce a sua liberdade criativa, com a qual é capaz de reger o próprio destino por meio da ação. No vocabulário ciceroniano, por exemplo, a ação é um fazer propriamente político, isto é, citadino; a liberdade é a possibilidade de fundar o novo, de instaurar uma vida que tenha fundamento no direito, ou seja, na deliberação, no debate, na política. Por isso, ação é diferente de trabalho: a vida política é vida ativa, mas não necessariamente laborativa. O cidadão *atua* para fundar e manter a *civitas* e o faz por meio da ação política. O trabalho, ao contrário, é o mero uso produtivo das mãos. O trabalho precisa da mediação da matéria, enquanto a ação depende da razão (*ratio/logos*) e da liberdade como ação política.

A evocação isidoriana dos fundadores, geralmente como reis, comandantes e/ou grupos de homens fortes e bravos, denota ainda que a cidade faz o homem livre e só o homem livre faz a *civitas*. Por isso, a cidade não deve ser passageira ou perecível; se assim fosse, o ser humano não teria estabilidade alguma e poderia perder exatamente aquele componente que lhe diferencia dos demais seres animados, o que seria inconcebível. Como já afirmavam autores estoicos, como Cícero e Sêneca (m. 65 d.C.), os indivíduos podem desaparecer, mas a espécie permanece; a construção da cidade garantiria a continuidade até mesmo para os indivíduos, na medida em que ela, se dotada de governo perfeito, perpetuasse a ação de homens reais, particulares, individuais, pois não é a espécie que edifica a cidade, mas os indivíduos imbuídos de vontade e decisão.

Com isso, chegamos a um ponto em que o pensamento cristão se afasta da concepção romana de fundação: os romanos procuravam tanto a perpetuidade coletiva de suas instituições quanto a perpetuidade individual, por meio da ação política e da sua rememoração contínua em estátuas, monumentos e inscrições públicas: na cultura romana, cidade e memória estão bastante imbricadas. É bem verdade que os cristãos, de certa forma, praticavam esse entendimento romano, mas o traduziam numa chave diferente, destituindo, da ideia de fundação, a sacralidade imanente e o panteão romano. Os discípulos de Cristo não podiam professar que eram as instituições que deveriam ser perpétuas, mas, antes, a alma humana. No entanto, como já se percebe por alguns textos do Novo Testamento, como a Primeira Epístola de Pedro, a Epístola aos Hebreus e o Apocalipse de João, a vida eterna é comparada a uma cidade, uma cidade celestial, cujo fundador é Jesus Cristo.

Na literatura neotestamentária, a cidade futura, escatológica, que Cristo preparou para os eleitos, não é menos *política* por ser eterna. Portanto, o pensamento cristão, que secularizou as cidades, de certa forma politizou também o reino dos céus. Do meu ponto de vista, em vez de vermos na oposição fundacional de duas cidades entremeadas, segundo Agostinho, um certo desprezo ou desinteresse pela cidade empírica ou histórica, como defende Richard Sennett,[31] percebo, antes, a proposição de novas bases para a política e uma profissão de fé na utilidade da cidade como realidade fundamental e irrenunciável. Prova disso talvez seja o fato de que o movimento cristão, desde suas origens, foi um movimento prioritariamente urbano a ponto de não encontrarmos traços consistentes, no Novo Testamento, de implantação de comunidades cristãs na zona rural.

Seja pelo desejo de fazer um proselitismo mais eficiente,[32] seja por razões ainda não identificadas, os antigos cristãos elegeram as cidades, e pode-se dizer que as amaram. E mais do que isso, eles identificavam, na condição humana, um fundamento político que, sem deixar de ser histórico, abria-se para um horizonte escatológico. Porque a cidade importa, eles declaravam-se responsáveis pela sua *verdadeira* edificação, no tempo e no espaço, um exercício que tinha como fim a cidade futura celestial. Por outras vias, os autores cristãos chegaram à sacralidade da cidade, defendida pelos mitos fundadores, mas sem confundir a sua natureza: a cidade não é sagrada porque feita por homens deificados, mas porque transformada pela fé naquele que fez o mundo e ordenou todas as coisas pela justiça e pelo direito.

3.4 Iacopo de Varagine, a cidade de Gênova e a autoridade da fundação

No século XIII, Gênova encabeçava um império comercial marítimo tão grande que Geo Pistarino intitulou a cidade de "a capital do Mediterrâneo";[33] ele mesmo recorda o testemunho do monge bizantino Manuel Holobolos (m.*c*. 1310), para quem Gênova é uma

[...] cidade famosa, mãe de outras cidades. Os colonos provenientes de lá se esparramam no Oriente e no Ocidente. São hábeis na navegação e gozam de grande experiência na guerra naval. Cavaleiros expertos, possuem grande perícia na arte da defesa por terra. São homens do mar, por isso, conhecem bem o mercado.[34]

De fato, o império genovês dominava entrepostos comerciais desde o norte da África até à periferia de Constantinopla, chegando, depois, ao mar Negro, onde foram fundadas as colônias da Crimeia.

Curiosamente, um presente tão rico e poderoso ocultava um passado bastante modesto; construída nas encostas dos Alpes e dos Apeninos, que caem abruptamente no mar, Gênova não dispunha de áreas suficientes para cultivo em larga escala, o que a obrigava a importar trigo, carnes salgadas e queijo. Desprovida de indústrias, exceção feita à construção naval, a cidade podia contar com uma pequena produção de vinho, além de castanhas, ervas e azeite, ingredientes do famoso molho *pesto*, que, segundo David Abulafia, é antes testemunho de pobreza do que de riqueza.[35] A saída para esse contexto de sobrevivência econômica foi a exploração dos mares e a prática do comércio. A geografia acidentada e a economia mercantil lançaram os genoveses para longe de sua terra e acabaram por definir um sistema político baseado e dependente das agremiações comerciais de onde provinham não só o pessoal da administração pública e do conselho cívico, mas também a cultura política e a forma de governo.

Foi assim que, em 1099, veio à luz a Compagna Communis, uma organização política surgida de um pacto federativo entre todas as *compagnie* do território citadino e que, desde então, governaria a cidade através de seis cônsules com mandato de três anos. O sistema de governo coincidia com a prática da administração privada das companhias, que nada mais eram do que consórcios de famílias nobres e artesanais distribuídas segundo a topografia urbana (associações de bairro e de vizinhança). Geo Pistarino chega a dizer que o regime político de Gênova tinha mais a ver com uma companhia comercial do que com um Estado comunal.[36]

O surgimento da Compagna Communis marca de maneira emblemática o período áureo da cidade, tanto que seu primeiro cronista, Caffaro di Rustico de Caschifellone (m.*c.* 1164), escolheu esse acontecimento como ponto de partida de seus *Annales Ianuenses* (Os Anais de Gênova). Vale ressaltar que, em 1152, o texto de Caffaro foi adotado pelo governo urbano como crônica oficial da cidade, e novos acréscimos foram feitos por cronistas continuadores até o ano de 1293. Sem dúvida, a data de fundação da Compagna Communis marcava o ano primeiro da nova história de Gênova, mas estava longe de ser o início da história da cidade, cujo passado retrocedia ao período pré-romano, algo em torno do século V a.C. Para Caffaro, os seis primeiros cônsules, que ele nomeia logo no primeiro capítulo de seus *Annales*, representam os pais dessa nova história, e seu papel deve ser avaliado à luz da valorização cronística do sistema republicano e da independência da cidade em relação aos poderes imperiais romano-germânicos – tenhamos em mente que, entre os séculos VIII e XI, a cidade viveu sob o controle do império ocidental, uma situação que amiúde limitava demais os ímpetos expansionistas de Gênova, principalmente se os compararmos aos de sua rival, Veneza.

Malgrado a posição de crônica oficial, os *Annales Ianuenses* não constituíram a única versão da história da cidade; logo em 1295, o então arcebispo Iacopo de Varagine (m. 1298) iniciou a redação de outra crônica sobre Gênova, a que deu o título de *Chronica civitatis Ianuensis* (Crônica da cidade de Gênova) e que entregou pronta no ano de sua morte. Iacopo não era apenas o arcebispo da "capital do Mediterrâneo", mas pertencia igualmente à Ordem dos Frades Pregadores (ou dominicanos), que, desde meados do século XIII, se notabilizava tanto pelos êxitos teológicos nas universidades – particularmente Paris e Bolonha – quanto pela produção de livros de história, ofício em que se destacaram frades como Vicente de Beauvais (m. 1264), Geraldo de Frachet (m. 1271), Martinho de Opava (também chamado de Martin de Troppau), falecido em 1278, e Bernardo Gui (m. 1331). Os dominicanos associaram a prática historiográfica aos seus projetos de pregação e de intervenção no espaço urbano. Alguns críticos, como Hervé Martin,[37] julgam que essa finalidade pastoral da escrita dominicana da história comprometia o rigor analítico da historiografia que os frades produziam, tornando-a menos precisa do ponto de vista de descrição factual e mais preocupada com a edificação moral. Não creio ser esse o momento de entrarmos no debate sobre o método historiográfico dos autores medievais; faço constar apenas que a historiografia dominicana, sendo adequada aos objetivos pastorais da Ordem, foi acolhida pelos demais historiadores do período, que a citam (sobretudo o *Speculum Historiale* de Vicente de Beauvais) e são, de algum modo, influenciados por ela.

Em relação aos *Annales Ianuenses*, Iacopo de Varagine (ou Varazze, na nomenclatura atual) demarcou sua posição de frade e de arcebispo: como frade, ele lançou um olhar teológico para a história da cidade, fazendo-a coincidir com a história do mundo desde a perspectiva da criação e da providência. É assim que o início da narrativa retrocede aos tempos adâmicos e à discórdia primordial entre Caim e Abel; como arcebispo, ele preferiu associar a pujança e grandeza de Gênova ao desenvolvimento eclesiástico na cidade e não à evolução política, que culminava, como vimos, na adoção do governo da Compagna Communis. Desse modo, é a elevação da Sé diocesana à condição de Sé metropolitana (arcebispado) que marcava o ponto áureo da história genovesa, e, por isso, em vez de haver um elenco de cônsules ou magistrados, o cronista preferiu listar os bispos e arcebispos, entre os quais ele próprio se incluía, não sem fazer de si uma boa apreciação.

Mas o motivo principal de recuperarmos essa crônica, aqui, é o lugar privilegiado que seu autor confere ao conceito de fundação da cidade, que, obviamente, ele busca na tradição romana, mas reelabora a partir da tradição bíblica. Assim, não é só de Gênova e de suas origens que ele fala, mas das cidades de modo genérico, deduzindo daí um esquema explicativo que poderá, depois, ser aplicado ao caso particular da sua cidade arquiepiscopal. No capítulo primeiro da primeira parte da *Crônica*, que trata justamente da fundação das cidades, no plural, Iacopo recupera os argumentos agostinianos e, principalmente, isidorianos, e é como ele que espero encerrar este capítulo.

Assim iniciou o frade pregador:

Deus, que criou todas as coisas a partir do nada, constrói a cada dia novas cidades pelo ministério dos homens e, depois de construídas, as guarda pelo ministério dos espíritos supernos. Pois Deus protege a cada pessoa pelo ministério dos anjos e defende as cidades e demais lugares por meio do ministério dos arcanjos. [...] De fato, toda cidade tem dois construtores: um principal, que em verdade é o próprio Deus, e outro secundário, isto é, algum homem terreno.[38]

Curiosamente, Iacopo de Varagine inicia sua narrativa divergindo de Agostinho e Isidoro; em ambos os autores, a fundação das cidades é obra de homens, mas em Iacopo, primeiramente, é obra de Deus. A princípio, o frade dominicano relaciona a construção de cidades ao ato criador de Deus, sem evocar, ainda, a causa do pecado ou a depravada condição da moral humana. Os homens são cofundadores, colaboradores de um Deus criador, que erige cidades como lugar primário da humanidade criada impecável, à imagem e semelhança de seu Deus. Considerar que a cidade é criação de Deus é, de certo modo, forçar a exegese do texto bíblico, pois, literalmente falando, Deus teria criado o mundo como um *jardim*, isto é, algo como um exuberante espaço natural em que animais selvagens e mansos conviviam com os humanos entre árvores frutíferas e hortaliças.

Todavia, o que para nós parece contraditório talvez não o fosse para os estudiosos dos tempos medievais. A Biblioteca da Universidade de Gante, na Bélgica, abriga hoje o chamado *Liber Floridus* (O Livro das Flores ou Livro Florido),[39] que era uma enciclopédia compilada pelo cônego Lambert de Saint-Omer (m. 1120). Nos fólios 51-52, que apresentam "os reinos que são irrigados pelos rios do paraíso", o iluminador representou o paraíso terrenal de Adão e Eva ao modo de uma cidade amuralhada (veremos o sentido disso daqui a pouco). A imagem ocupa todo o fólio 52: acompanhando o círculo dos muros, diversas construções urbanas se avolumam – prédios, torres e cúpulas, tendo algo como uma igreja ao centro da parte superior da figuração; no meio da imagem e dentro dos muros vê-se uma grande árvore de copas amplas e grosso tronco (a árvore da vida ou a árvore do conhecimento do bem e do mal?). Não bastasse a referência à árvore ao centro para indicar o paraíso, o escriba inseriu, acima do desenho, a seguinte legenda *PA RA DY SUS* (paraíso). Iacopo de Varazze não estava sozinho ao considerar que, mesmo o paraíso primitivo, dado por Deus como primeira casa para Adão e Eva, era mais parecido com uma cidade do que com um jardim.

É difícil de afirmar o que teria passado pela cabeça do cronista quando escreveu que "Deus construiu as cidades". Como teólogo dominicano, talvez estivesse preocupado em tomar distância das afirmações dos pregadores ditos cátaros (numerosos no norte italiano e no Languedoc), para os quais o mundo material, por ser imperfeito e corruptível, teria necessariamente origem num deus mau ou num princípio espiritual negativo. Talvez entendesse que defender a bondade essencial das cidades era um modo de dar esperanças concretas às populações para as quais pregava; afinal, todo pregador dominicano pretendia fazer com que a vida urbana se tornasse moralmente melhor.

Seja como for, Iacopo vincula os homens e os anjos ao ato divino de construir e de proteger cidades. Os "homens" aqui apreciados não estão ainda naquela condição de queda e de pecado, como, depois, será dito, a partir, naturalmente, da passagem do fratricídio de Caim. Se temos em conta que o Deus cristão é trindade, isto é, comunhão de pessoas distintas numa comum divindade, podemos notar que a cidade desponta em íntima relação com três tipos de sociedade: a *divina* (porque o Deus cristão é trino em pessoas), a *angélica* (porque os anjos são seres racionais politicamente ordenados) e a *humana* (como demonstra a diversidade dos sexos e a sua própria vocação citadina). Embora separadas pelo tempo, essas três sociedades destinam-se a um mesmo futuro escatológico, a que Agostinho chamava de *Cidade de Deus*. Em Iacopo, parece-me, evidencia-se o quanto o pensamento teológico cristão amparava-se em bases neoplatônicas, pelas quais a multiplicidade das coisas partia do Uno para retornar, no fim, à unidade primordial.

O neoplatonismo entrou para o pensamento teológico ocidental pela influência, sobretudo, do *Corpus Areopagiticum*, um conjunto de obras atribuídas a Pseudo-Dionísio Areopagita (*Da Hierarquia Celeste*,

Da Hierarquia Eclesiástica, entre outras): esse autor foi uma das principais autoridades do pensamento teológico ocidental e influenciou de modo muito direto a teologia dos frades mendicantes, como os dominicanos e franciscanos, no século XIII. Iacopo demonstra que a ação providente de Deus continua na história mediante intermediários que são seus ministros: os homens (que constroem cidades) e os anjos (que as protegem).

A associação entre homens e anjos, como critério de formação de uma sociedade de paz, era bastante comum entre os teólogos latinos, como demonstra o tratado *Sobre o bem da paz* (*De bono pacis*), do Mestre Rufino, docente da Universidade de Bolonha, em 1150. No capítulo XI do primeiro livro, Rufino discute "a paz dos anjos com os homens" afirmando que: "a paz dos anjos com os homens, isto é, entre os anjos e os homens, consiste na codesejada concórdia de deveres semelhantes na obediência ao serviço divino e na aceitação das mesmas leis na pátria celeste, como se fossem leis de uma *cidade*.[40] Em 1222, o cronista Tomás de Spalato anotou uma pregação de São Francisco de Assis, em Bolonha, durante uma guerra civil, que tinha por tema justamente "os anjos, os homens e os demônios"; com esse sermão, Francisco exortou a população beligerante ao pacto de paz que, de fato, veio a ser selado pelos chefes das facções da cidade tocados pelo argumento do pregador.

Mas por que Iacopo, para explicar o surgimento das cidades, evoca Deus, os anjos e os homens? Uma primeira resposta pode ser esta: porque essas três categorias de seres organizam-se em comunidades. Uma resposta melhor depende de outra pergunta: o que há em comum entre essas três comunidades? Na comunidade trinitária existe igualdade, apesar das diferenças intrínsecas; na comunidade angélica, existe hierarquia, porém inexiste qualquer inveja ou disputa; a comunidade humana, em tese, deveria funcionar como a angélica, porém, a desobediência original dos homens implicou a inveja e a violência. Tanto é que Iacopo, modificando um pouco a exegese dos Santos Padres, distingue dois momentos na história humana: o tempo antes do dilúvio e o tempo após o dilúvio – em São Basílio de Cesareia e em Santo Agostinho, por exemplo, os dois momentos identificam-se com o antes e o depois da desobediência (do pecado) de Adão e Eva. A escolha pela marcação temporal do dilúvio bíblico pode justificar-se por aquilo que ele significou, isto é, por ser o momento da recriação do mundo e do estabelecimento da aliança entre Deus e os homens, apesar de pecadores:

[...] o primeiro homem que construiu a cidade antes do dilúvio foi Caim, filho de Adão, que erigiu uma cidade e a chamou Enoque, nome de seu filho, como se pode ler no Gênesis [cf. Gn 4, 17]. [...] Em verdade, Caim ajuntava riquezas roubando os homens e ensinava seus filhos a roubar. O próprio Caim matou seu irmão por inveja, de cuja morte se lê que o pai Adão chorou por cem anos. E porque Caim era odioso aos olhos de todos, já que havia maliciosamente assassinado o irmão e porque praticava assaltos, para estar em segurança, construiu uma cidade e a rodeou de muros.[41]

Como Iacopo partira do fato de que Deus é o primeiro construtor de cidades, ele tem dificuldade para explicar como é que o primeiro homem a fundar uma cidade seja um fratricida e ladrão. Como pregador, o cronista retira sentido até dos pontos mais obscuros: a cidade de Caim é uma deturpação da cidade dos anjos – Caim é ladrão, pois toma para si, movido pelo desejo da inveja, o que não lhe pertence, e a rapina é a prova mais contundente da falta de ordem e, portanto, de paz; faltando a ordem, vem o assassinato. Uma vida sem ordem origina uma sociedade igualmente desordenada, donde, para Iacopo, a origem da violência e a necessidade de proteção.

No caso da cidade construída por um homicida, a marca de sua desordem se torna visível na necessidade de haver muralhas; a evocação dos muros é um bom indício do sentido moral que o cronista-pregador pretendeu conferir à sua exegese-sermão, pois já de longa data as muralhas representavam, por metonímia, a cidade em sua inteireza. Quem contempla, por exemplo, as iluminuras dos quatro evangelistas, no *Evangeliário de Sainte Aure*, do século IX,[42] pode verificar que, para indicar as cidades para as quais ou a partir das quais os evangelhos foram escritos, o iluminador precisou apenas desenhar as muralhas tendo o evangelista em seu interior e, para ressaltar que aquelas cidades não eram quaisquer cidades, dispôs os muros em octógono, símbolo da eternidade da *Cidade de Deus*.

Quanto às cidades terrenas, como Gênova, os muros são emblemas de sua falsa segurança e de sua culpa original. Todavia, Iacopo ainda aposta na bondade da cidade, pois crê na ação da providência divina. Sendo Deus a causa principal e universal da existência de tudo, aos homens terrenos compete a colaboração na condição de intermediários. Salva-se a bondade fundamental da cidade e garante-se que mesmo o homem pecador não deixa de ser receptáculo da graça que tudo governa.

Figura 4: São João evangelista dentro da cidade, *Evangelia Quattuor – Evangeliaire dit de Sainte Aure* (século IX). Gallica/BnF MS1171 folio 164v.
Fonte: https://gallica.bnf.fr/ark:/12148/btv1b55000807v/f336.image. Acesso em 8/4/2024.

Depois do dilúvio, o fundador da cidade foi Nemroth, sobrinho-neto de Noé.

Ele era um gigante, já que sua altura media cem cúbitos, como está escrito na *Historia Scolastica*. Nemroth, logo depois do dilúvio, começou a querer dominar sobre os homens. Ensinava aos filhos a não adorarem a Deus, mas a venerar o fogo, afirmando que a felicidade do homem não provém de Deus, mas que o homem pode conquistá-la com a própria capacidade.[43]

A cidade de Nemroth chama-se Babilônia e apresenta-se bem pior do que a de Caim; esse último era pervertido, mas, pelo menos, sua cidade fora construída para proteger. Babilônia, ao contrário, foi feita para dominar, tanto os corpos, pela força de seu poder, quanto as mentes, pelo ensinamento que incutia, um ensinamento, claro está, que contrariava a natureza original das coisas e, por conseguinte, o direito natural, pois tudo havia sido criado para o louvor de Deus. Porém, Nemroth negava o próprio Deus e colocava em seu lugar a adoração de uma natureza sem Deus. Babilônia é a cidade pervertida em grau máximo; não à toa, Santo Agostinho a tornou antípoda da Cidade de Deus, a Jerusalém Celeste. No debate teológico cristão, a ideia de direito natural ganhou destaque quando se tratou de responder aos detratores pagãos que acusavam os cristãos de serem inimigos do Estado romano e, no limite, inimigos de toda política.

O argumento derivava do fato de que os cristãos se negavam a obedecer às leis romanas naquilo que elas tinham de iníquo para eles, fundamentalmente, no quesito adoração das divindades pátrias e no reconhecimento, ainda que só da boca para fora, da divindade dos imperadores – toda a história dos mártires dos séculos II e III depende dessa premissa. Ora, como os próprios autores pagãos admitiam, cabia ao senado romano e às cúrias municipais promover a deificação de certos homens através do voto dos membros da assembleia. O caso de Aristeias do Proconeso era bastante conhecido na época de Orígenes (m. 253):[44] a cidade de Metaponto, na Itália, decidira venerá-lo como deus após uma sua miraculosa aparição e a confirmação do oráculo de Apolo. Iacopo menciona um caso semelhante: entre os fundadores de Gênova, enumera Jano (ou Giano), "rei dos Epirotos, que veio a Roma, e, depois de sua morte, os romanos o elevaram à categoria de deus [*deificaverunt*] e o veneraram como a um deus".[45]

Em situações como a de Aristeias e de Jano, estava em jogo o poder decisório da assembleia parlamentar em matéria divina. Orígenes e Iacopo não admitem que qualquer parlamento político possa decretar, como ato público, que um ser limitado e mortal seja elevado à categoria de um ser ilimitado e imortal. Dito de outro modo, uma assembleia pode *reconhecer* e *promover* o culto à divindade de um ser, desde que a divindade seja intrínseca a esse ser, mas não pode, em hipótese alguma, conferir a divindade para ninguém. Ao parlamento político cabe admitir a verdade das coisas, mas não cabe decretar a verdade em descompasso com a natureza das coisas. Na teologia cristã, a política não pode tudo; ela pode dizer o verdadeiro, mas não pode inventar a verdade. A política pode promover a justiça, mas não pode transformar um ato intrinsecamente mau em um ato justo através do voto. A ética e a moral são consideradas fundamentos da política, mas estão acima dela; portanto, a vontade dos parlamentares ou dos governantes, assim como a vontade geral de um povo, não tem o poder de alterar a verdade das coisas, da qual derivam a ética e a moral.

Com isso voltamos ao início da *Crônica de Gênova* e entendemos por que Deus se apresenta como o criador das cidades através da colaboração dos homens. O fundamento da cidade é a justiça que transcende os homens, uma justiça que está inscrita no ser das coisas, cabendo aos homens apenas compreendê-la e aplicá-la, e não a criar segundo seu arbítrio e sua vontade. Deus conferiu a cada criatura um modo de ser conveniente; aos humanos reservou a vida sociável, a vida urbana porque, como animal racional, mais se aproxima dos anjos, que mais se aproximam de Deus.

Um contemporâneo de Iacopo, também ele um frade mendicante, Gilberto de Tournai (m. 1284), igualmente considerava a sociabilidade humana à luz da angelologia e da teologia mística areopagítica: no seu *Tratado sobre a Paz* (*De Pace*), Gilberto afirma que Deus é uma comunidade de pessoas na qual não há *dissensio* (dissensão), apenas *distinctio* (distinção); os anjos, por sua vez, formam uma comunidade consensual, ordenada hierarquicamente e equilibrada na diversidade de suas funções. Por analogia, as cidades humanas, apesar de marcadas pelos defeitos inerentes à condição depravada dos homens, têm diante de si dois modelos (*tipos*) e a mesma vocação. Para Iacopo, como dominicano, não é fugindo da cidade que se encontra o antídoto do pecado, mas é transformando as cidades no jardim do Éden. Todo amor e também todo ódio que os homens do período medieval demonstraram pelas cidades derivam desse mito bíblico fundador que Agostinho ilustrou tão bem: "dois amores fundaram, pois, duas cidades, a saber: o amor-próprio, levado ao desprezo de Deus, a terrena; o amor a Deus, levado ao desprezo de si próprio, a celestial".[46]

Notas

1. Markus, 1997, p. 93.
2. Livius, 1871, p. 74.
3. *Idem*, p. 79.
4. Momigliano, 2008, p. 58.
5. Arendt, 2005, p. 162.
6. Livius, 1871, p. 80.
7. Varro, 1833, pp. 55-56.
8. Lambert Mears, 2004, pp. 48-49.
9. Lauwers, 2015, pp. 116-117.
10. Stem, 2007.
11. Cicero, 1928, p. 28.
12. *Idem*, pp. 264-266.
13. O termo "sacramental" parece-me muito apropriado, pois, não só tem uma origem eminentemente romana (*sacramentum*), como também remete a um ato cívico dotado de sentido religioso, como o juramento (cf. Prodi, 2005, p. 26). A literatura cristã latina, procurando traduzir o termo grego *mysterion* (que se refere a conhecimentos reservados aos iniciados), vai empregar o vocábulo *sacramentum*, para o qual, ao fim, dará um sentido mais jurídico e, nesse caso, mais cívico.
14. Stem, 2007, p. 435.
15. Veyne, 1989, p. 202.
16. Bilabel, 1925, p. 339.
17. *Apud* Van Andringa, 2007, p. 85 (grifos meus).
18. Dionysius, 1960, p. 363.
19. Varro, 1833, p. 56.
20. Van Andringa, 2007, p. 89.
21. Orlin, 2007, p. 58.
22. Santo Agostinho, 2001, p. 538.
23. San Isidoro, 2004, p. 1.044.
24. *Idem, ibidem*.
25. Jaeger, 1998, p. 31; Rahner, 1971, p. 25.
26. Duarte, 2022, pp. 94-96.

[27] Eigler, 2001, p. 187.

[28] Momigliano, 2004, p. 38; Miatello, 2015, p. 120.

[29] Arendt, 2005, p. 171.

[30] San Isidoro, 2004, p. 1.058.

[31] Sennett, 2003, p. 115.

[32] Stark, 2006, p. 3.

[33] Pistarino, 1993.

[34] *Apud* Pistarino, 1993, p. 3.

[35] Abulafia, 2014, p. 294.

[36] Pistarino, 1993, p. 107.

[37] Martin, 2007.

[38] Guidetti, 1995, p. 340.

[39] Ghent, Universiteits Bibliotheek Gent, Ms. BHSL.HS.0092.

[40] Mestre Rufino, 1998, p. 85 (grifos meus).

[41] Guidetti, 1995, p. 341.

[42] Paris, Bibliothèque Nationale de France, Ms latin 1117.

[43] Guidetti, 1995, p. 341.

[44] Orígenes, 2004, pp. 224-228.

[45] Guidetti, 1995, p. 342.

[46] Santo Agostinho, 2001, p. 169.

4

A CIDADE EPISCOPAL

Na mesma *Crônica da cidade de Gênova*, Iacopo de Varagine declarava que, "propriamente falando, não se pode chamar de cidade [*civitas*] a não ser aquela que foi ornada com a honra episcopal".[1] A afirmação do cronista, que, de resto, sendo bispo, tirava todo o proveito da situação, deve ser entendida para além da intenção do autor, pois se encontra presente em diversos outros autores e, inclusive, figura em textos jurídicos, como, por exemplo, no *Tractatus super constitutione Qui sunt rebelles*, de Bartolo de Sassoferrato (m. 1357):

De acordo com o nosso uso, chama-se *civitas* aquela que tem um bispo; todavia, antes que existissem os bispos, já havia cidades. E à cidade compete o poder de eleger por si mesma os defensores do direito comum, que possuem jurisdição [...] e dado que, segundo os cânones, os bispos devem ser ordenados naqueles lugares em que são oficiais. Por esse motivo, teve início o costume segundo o qual o lugar que dispõe de um bispo seja uma *civitas*... todavia, mesmo sem bispo, pode haver uma *civitas* desde que tenha os referidos oficiais e a jurisdição.[2]

Enquanto Iacopo vincula as cidades aos bispos e enfatiza o quanto estas devem a eles, Bartolo, ao contrário, ressalta que o bispo não faz a *civitas*, ainda que, como afirma, o uso italiano preserve a correlação entre umas e outros. Em Bartolo, é a *civitas* quem torna o bispo uma espécie de servidor público, que o elege para servi-la na condição de defensor do "direito comum". Sendo uma decisão política, a investidura episcopal, na cidade, obedece às tradições locais e aos mecanismos institucionais particulares de cada urbe; por isso, o alcance político e cívico do poder episcopal podia variar de cidade para cidade, sem que isso impedisse de vermos que, na grande maioria dos casos urbanos, após o século V, são os epíscopos e seu pessoal que seguiram mantendo em funcionamento a quase completa cultura cívica que os núcleos urbanos ocidentais elaboraram desde a época de governo romano. O bispo, então, exerce funções política e jurídica; o fato de ser pastor da igreja urbana o gabarita a servir a própria cidade como ministro do interesse citadino – é nesse sentido que os bispos urbanos são *oficiais* em suas cidades e, como oficiais, tornaram-se também seus governantes, mesmo quando, por questões locais, esse poder era partilhado com outros agentes, sejam eles civis (uma assembleia de magistrados) ou militares (um conde).

A crônica de Iacopo confirma que o bispo seguia ocupando um lugar político e jurídico relevante mesmo no centro de uma república marítima, como Gênova, que havia talhado seu próprio regime de governo comunal em detrimento do poder monárquico e, inclusive, episcopal. Assim escreve: "Embora, pela vontade de Deus ou com a sua permissão, tenhamos sido retirados da solidão do claustro e levados ao *palácio público*, não devemos, todavia, nos dedicar sempre aos *atos públicos* nem continuamente nos intrometer nas *causas judiciais* [...]".[3] Se o bispo ocupa, na cidade, o palácio público ou, pelo menos, se o seu palácio pode ser chamado, com razão, de público – ainda que não seja o único – e se o bispo ocupa-se com atos públicos e causas judiciais, estamos diante de um sistema político em que o episcopado compõe a governança das cidades. Seria isso, como diz Bartolo, um costume apenas italiano? Ou podemos identificar esse fenômeno em outras urbes e em outros períodos da história medieval? Antes de entendermos como funcionava o sistema da *cidade episcopal*, precisamos ter uma ideia de como os bispos, chefes de igrejas urbanas, tornaram-se referências para o governo da própria cidade. Um processo lento que contou também com a difícil situação do Ocidente durante a fundação dos reinos romano-germânicos, como a Gália franca, a Itália ostrogótica e, depois, lombarda, e a península Ibérica visigótica.

4.1 Os bispos, a elite urbana e a construção da cidade cristã

4.1.1 Quem pode ser bispo?

Sidônio Apolinário era um aristocrata galo-romano, nascido em Lyon, em 430, filho e neto de ilustres prefeitos do Pretório das Gálias. Além de herdar uma aprimorada educação política, Apolinário também aprendeu as belas-letras e especializou-se em poesia e oratória, o que lhe valeu ainda maior visibilidade, inclusive, para fora de sua Gália natal. Em 470, após desenvolver alguns encargos políticos, como o de prefeito de Roma, em 468, Sidônio Apolinário foi eleito bispo de Clermont. A passagem de um cargo administrativo e civil, como o de prefeito, para aquele religioso de bispo não era nada estranha, nem no século V nem no século XV; ao contrário, soava como algo normal e até desejável. Isso porque cabia ao bispo um papel de gestão – patrimonial, comunitária, jurídica e religiosa – que muito importava para as sociedades urbanas, sobretudo na conjuntura da Alta Idade Média, quando os novos poderes romano-germânicos assumiram o controle das antigas províncias romanas e facultaram que as sedes episcopais urbanas se tornassem parte da administração política corrente.[4] Mas o que o bispo tinha a oferecer às cidades em termos administrativos e políticos? O próprio Sidônio Apolinário pode nos dar uma resposta.

Um ano após a sua eleição para a Sé de Clermont, surgiu uma disputa na igreja de Bourges acerca da eleição de um novo bispo para suceder a Eulódio, recém-falecido. O caso era importante, pois Bourges era a metrópole da Aquitânia e ocupava um posto de destaque na região, cuja população ainda era majoritariamente galo-romana. A comunidade católica estava dividida entre vários candidatos, e a instabilidade poderia retardar a escolha e, com isso, expor a cidade a maiores riscos, em especial porque, ainda naquele momento, os visigodos – que eram cristãos arianistas – tinham interesse no controle político e religioso da área. Assim, urgia definir um novo bispo para arregimentar forças contra os inimigos internos e externos, e Sidônio, como orador renomado e experiente na diplomacia, foi chamado para emitir um parecer sobre qual candidato seria o mais adequado para assumir o cargo de bispo metropolitano de Bourges.

Reunido o povo na catedral da cidade, Sidônio proferiu um discurso pelo qual esquadrinhou os deveres de um bispo, seu perfil moral, seu currículo intelectual e religioso e, por fim, emitiu o seu juízo sobre quem era o melhor candidato. Ao fim de sua arenga, ele declarou o seguinte:

O homem que julgo mais adequado [para ser o vosso bispo] é aquele cuja carreira vou agora descrever brevemente. Este é Simplício, homem bendito, que até o presente momento pertence à vossa ordem [ele era presbítero], mas que daqui a pouco será da nossa [a ordem do episcopado], se Deus consentir por meio de vós [o voto dos presbíteros]; ele corresponde tão bem aos dois partidos, na sua conduta e na sua profissão, *que a república pode encontrar nele algo para admirar e a Igreja, algo para amar.*[5]

Na opinião de Sidônio, o bispo tinha que nascer em família digna, isto é, aristocrática, e Simplício, de fato, descendia de uma família de bispos e de magistrados – reparem na dualidade civil-religiosa que revestia o exercício de cargos públicos. Ademais, o bispo tinha que ter boa posição política, como Simplício, que ocupava lugar eminente entre os cidadãos *ilustres* – título dado para os homens da elite influentes na sociedade cívica; depois, o bispo não podia ter tido segundas núpcias, conforme as regras canônicas, argumento que tirava de cena os rivais de Simplício, isto é, Euquério e Paníquio.

Além disso, o candidato a bispo tinha que ter idade adequada, ou seja, não ser muito jovem nem velho em demasia; tinha que ter cultura erudita, sendo letrado e adestrado na arte oratória; tinha que ter dado mostras públicas de benemerência (*humanitas requirenda est*) pelos cidadãos, clérigos, peregrinos, os pequenos e os grandes; o candidato tinha que ter prestado serviços públicos à cidade, como, por exemplo, ter servido como representante citadino perante as cortes régias ou outras cidades – esperava-se que ele tivesse feito algo de especial pela sua cidade, como, por exemplo, gastar de seu próprio bolso para o bem da Igreja, como fizera Simplício, que, durante a juventude, construíra um oratório para uso da população urbana: esse procedimento aponta para a persistência, em âmbito municipal pós-romano, do hábito romano da munificência ou do *evergetismo*, como se costuma denominar atualmente[6] e que veremos, mais de perto, na sequência.

Obviamente que Sidônio acrescentava a essa lista de exigências todas as demais virtudes cristãs, como, por exemplo, a modéstia e a humildade, conforme demonstrava Simplício, que "não fazia o menor esforço para obter o episcopado, mas, sim, para merecê-lo",[7] um recurso de modéstia que caía bem durante um processo eleitoral que, como vimos, ainda dependia do voto. E como Sidônio, oriundo de Clermont, podia conhecer assim tão profundamente a um cidadão de Bourges? Ele mesmo o declara:

Conheci os habitantes de Bourges antes de conhecer a cidade de Bourges. Ficamos sabendo de muitas coisas através da opinião das pessoas, pois a natureza não impõe limites tão estreitos como a pátria. Por conseguinte, se não devemos julgar o estado de uma cidade [*urbs*] pela circunferência de seus muros, mas pela dignidade [*claritas*] de seus cidadãos, não posso apenas conhecer quem vós sois, mas também onde estais.[8]

Além de reafirmar a dupla natureza da cidade (*urbs* e *civitas*), Sidônio enaltece a comunidade política constituída, como diz, pela dignidade de seus cidadãos. Na fala de Sidônio Apolinário, as cidades do século V, em que pesem as diferentes situações políticas da Gália, ainda seguiam como centros de vida política e como palcos de mobilização social e de notabilização da elite, mesmo que apenas de uma pequena elite. Nelas, ainda habitavam cidadãos que se preocupavam com o seu lugar na estreita camada dos *clarissimi*, isto é, os homens beneméritos que faziam da lida urbana a sua forma de manter o *status* e procurar a promoção social.

Importa frisar que o bispo emergia da elite de uma *civitas*; como membro dos *clarissimi*, ele entra para as fileiras da igreja já gabaritado para as tarefas políticas – debates, alianças públicas e serviço comum. Na perspectiva de Sidônio, a república (ou o Estado) e a igreja compartilhariam um espaço social convergente, em que ninguém enxergava mais diferença alguma entre ser cristão e ser cidadão. Pode ser que houvesse ainda pagãos na Aquitânia, mas esses já não ocupavam mais os postos relevantes de outrora. Peter Brown,[9] justamente, aponta para essa mudança que começara ainda no século IV, quando "o cristianismo estava longe de ser um movimento 'popular' [...] e longe de ser uma igreja das classes baixas", pois assumira, no Ocidente, um papel político relevante.

O testemunho de Sidônio fornece fundamentos à afirmação de Brown: as elites tradicionais haviam tomado, para si, os melhores postos nas comunidades cristãs, haviam passado para a igreja levando para dentro dela seu estatuto social anterior, reproduzindo, eclesiasticamente, as condições sociais e políticas de antes, isto é, dos tempos em que praticavam a religião tradicional. Isso significa, como constatamos a partir do discurso de Sidônio, que a função episcopal se apresentava, em seu tempo, como parte constituinte do chamado *cursus honorum* – o plano de carreira das elites romanas. Antes de ser eleito bispo, Simplício ocupara praticamente todos os cargos públicos, inclusive na carreira militar (Sidônio afirma que Simplício também fora *miles*, ou soldado) e exercera a sua *nobilitas* (notoriedade ou nobreza) até mesmo como patrocinador de obras públicas; enfim, dele se pode afirmar o que os historiadores afirmaram do bispo Audoíno de Rouen (m. 684): "Audoíno não era importante porque era bispo, mas tornou-se bispo porque era importante".[10]

As informações que colhemos do discurso de Apolinário podem ser avaliadas por outro testemunho histórico da Gália do século VI. No capítulo 31 do livro X, dos *Dez livros das Histórias* (*Decem Libri Historiarum*), o bispo Gregório de Tours (m. 595) inseriu uma lista biográfica (*recapitulatio de episcopis turonicis*) de seus antecessores no episcopado, a começar de seu primeiro bispo, Gaciano (*Catianus*, em latim, e *Gatien*, em francês), que teria assumido a Sé de Tours no primeiro ano do imperador Décio, isto é, em 249, indo até o século VI e ao próprio autor das *Histórias*. Todos os bispos listados por Gregório, com exceção de Injurioso (15º bispo), pertenciam à elite aristocrática – eram homens ricos que possuíam, inclusive, propriedades dentro e fora do território da *civitas*, e alguns gozavam do estatuto senatorial romano, como era o caso de Gregório. O bispo Injurioso não era aristocrata, mas também não era servo: Gregório diz que seu antecessor era um *civis Turonicus*, isto é, "um cidadão de Tours oriundo de estratos inferiores do povo [*populi*], se bem que nascido livre [*ingenuus*]" – o detalhe é muito significativo: como homem de governo, um bispo não podia advir da servidão, tanto quanto um escravo romano não podia se tornar um magistrado, pois lhe faltava a *cidadania*, o direito de atuar na *civitas*.

Para seus colegas no episcopado, Gregório reserva o mesmo título já usado por Apolinário, o de *clarissimi*, e os coloca como os personagens mais eminentes da cidade. Traçar listas de bispos era um procedimento muito comum na Idade Média – Gregório o faz no século VI, enquanto Iacopo o faz no século XIII, passando por João de Salisbury, no século XII. As listas de governantes – imperadores, reis, cônsules, bispos – visavam à exaltação política. O bispo, nesse caso, equiparava-se a um governante dentro de sua cidade, e Gregório procura respaldar a figura episcopal a partir das relações de poder municipais. Além disso, enumerar os bispos destacando suas principais obras públicas – construção de igrejas e basílicas – pode ser entendido como um exercício de adulação da cidade, como iremos encontrar, no século XIII milanês, na obra do orador Bonvesin de la Riva (m.*c.* 1313). Gregório procurava, em primeiro lugar, afirmar a superioridade de sua igreja diante das igrejas das cidades vizinhas; em segundo lugar, afirmar que ele descendia de uma fileira de bispos verdadeiramente invejáveis, fileira essa que se orgulhava de ter como terceiro bispo o santo mais conhecido e influente do medievo ocidental: São Martinho de Tours (m. 397).

A lista de sucessão episcopal também faz pensar que Gregório estivesse associando a grandeza de Tours à grandeza e santidade de seus bispos, uma espécie de simbiose entre *cidade* e *episcopado*, como vimos em Bartolo de Sassoferrato, se bem que por razões diferentes. Gregório construiu a memória de seus antecessores destacando apenas as suas qualidades – ele se cala sobre os vícios episcopais – e relacionou essa memória ao próprio desenvolvimento da cidade. Nesse sentido, também construía uma memória para a cidade de Tours – ele inseriu a cidade no movimento providencial de salvação, que é a própria história da Igreja, tendo os bispos como seus ministros.

4.1.2 Remodelando a cidade antiga

No catálogo dos bispos de Tours (*Recapitulatio de episcopis turonicis*), chama muito a atenção o fato de que, com exceção do lendário Gaciano, todos os bispos da cidade – até mesmo o próprio autor do texto, Gregório – estiveram diretamente envolvidos com a construção de igrejas, basílicas e santuários, dentro ou fora das muralhas urbanas, isto é, na zona externa compreendida pela *civitas* galo-romana, que se chamava *Caesarodonum* até fins do século III. Gregório justifica que Gaciano não foi um bispo construtor simplesmente porque viveu durante uma época terrivelmente anticristã, como o império de Décio (249-251), e numa cidade ainda pagã. Por essa razão, o primeiro bispo via-se obrigado a celebrar suas missas para os poucos cristãos da cidade em galerias subterrâneas (*cryta*) e em esconderijos (*latibula*) que, provavelmente, estavam ligados ao cemitério, que Gregório diz pertencer aos cristãos e onde o próprio Gaciano foi, primeiramente, sepultado. A área cemiterial desse período ficava fora do núcleo de povoação e acompanhava as estradas de acesso à cidade; no século III, *Caesarodunum* dispunha de, pelos menos, dois cemitérios localizados nas áreas contíguas às vias principais da cidade: o primeiro junto ao *decumanus* (avenida que vai de leste a oeste) e o segundo junto ao *cardo maximus* (de norte a sul).[11]

Gregório afirma ainda que a cidade era povoada por uma "multidão de pagãos dedicados à idolatria" (*multitudo paganorum in idolatriis dedita*), expressão pejorativa que pretendia enquadrar os homens e mulheres galo-romanos, que organizavam o seu espaço urbano de acordo com a cultura citadina própria do Império Romano ocidental; os vestígios arqueológicos encontrados ali nos permitem saber que a cidade contava com um grande anfiteatro, com termas, um fórum ladeado por uma basílica, um templo e um *praetorium* (palácio) que hospedava o governador da província, que residia em Rouen. Como se pode notar, todos estes eram espaços tradicionais de convivência e sociabilidade nas *urbes* romanas,[12] e esse cenário só veio a mudar quando *Caesarodunum* sofreu a incursão de soldados germânicos, por volta de 275. Os invasores destruíram completamente as antigas edificações cívicas, incluída boa parte da zona residencial, e provocaram o colapso da pujança econômica regional e de sua lógica urbanística tradicional.

Os efeitos da tragédia começaram a ser minimizados somente depois que os coimperadores Diocleciano (284-305) e Maximiano (286--305) conseguiram restabelecer certa ordem na Gália, mas, mesmo assim, o processo de restauro da cidade foi completamente condicionado pelas difíceis circunstâncias materiais e políticas que se seguiram. A antiga *Caesarodunum*, que chegou a medir 30 hectares no período de maior crescimento, cedeu espaço para uma urbe completamente diferente, reduzida a 9 hectares.[13] Isso porque a população sobrevivente, por razões decerto defensivas, preferiu circunscrever o novo traçado urbano ao quadrilátero do antigo centro monumental cívico, ao redor do qual se ergueu uma muralha com as pedras dos edifícios demolidos; na área mais próxima, às margens do rio Loire, e mais elevada, graças a uma colina, construiu-se uma fortaleza de vigia: esse novo traçado, em termos técnicos, permite pensar que a antiga *urbs* de *Caesarodunum* havia se tornado, então, um *castrum*, isto é, um núcleo meramente defensível.

A restrição abrupta do espaço, os efeitos certamente duradouros do trauma causado pela incursão e o pânico de novas invasões afetaram o plano de reconstrução do lugar. A população da, agora, *urbs Turonica* procurou organizar seus espaços conviviais e institucionais; porém, nota-se que já não se seguia a antiga cultura urbana, pois nem todos os edifícios e espaços tradicionais foram recuperados (como o fórum e o anfiteatro) e novos espaços surgiram, como a prisão, já que a cidade passou a abrigar permanentemente o governador romano da província.[14] Nessa cidade reduzida à sua área fortificada (*castrum*), operou-se o que Carlos Machado chamou de "valorização seletiva" ou "restauro seletivo",[15] e que aponta para o seguinte fato: apesar de continuar a existir num mesmo terreno e de manter algumas características mais antigas, uma cidade pode mudar globalmente a sua forma de ser, agregando novos elementos materiais e desenvolvendo uma nova cultura. É aqui que, creio, insere-se a participação do bispo Litório e seu projeto de construção de igrejas, no que foi seguido por seus sucessores.

Para entendermos isso, devemos voltar ao texto das *Histórias*. Ao mencionar o episcopado de Gaciano – anterior à destruição de *Caesarodunum* –, Gregório se recorda da multidão de pagãos; ao nomear Litório – primeiro epíscopo após a reconstrução do lugar –, afirma que a primeira igreja da nova *urbs* fora erguida "porque já havia ali muitos cristãos". A referência aos pagãos e aos cristãos não é apenas uma marcação cronológica: Gregório posiciona os bispos de Tours na linha de frente do combate ao que chamava de idolatria e, por conta disso, ele os representa como libertadores da cidade, sendo São Martinho (o terceiro bispo) seu mais perfeito exemplo. Porém, o combate à idolatria começara antes, no episcopado de Litório, que presidiu a pequena comunidade eclesial durante o governo de Constante I (m. 350), filho e sucessor de Constantino I, a quem seguiu na profissão de fé e na promoção da Igreja cristã na estrutura do império. Na nova *urbs Turonica*, os ventos começavam a mudar, e isso implicou mais transformações no traçado urbano, na estruturação política e na organização social. Estejamos atentos ao fato de que o enfrentamento do paganismo não é só uma questão religiosa, do mesmo modo que uma religião não se ocupa apenas do culto ou da esfera espiritual. O remodelamento de Tours contou com uma nova proposta político-religiosa e com novos agentes sociais, embora pertencentes a um grupo ainda minoritário. A esse processo de transformação político-religiosa da cidade irei chamar de cristianização.

4.1.3 Cristianizar as cidades e edificar a república cristã

O termo "cristianização" não é novo. Enquanto verbo (*christianizare*), já era empregado no *Epitome Vitae*, de São Félix, bispo de Dunwich (m. 647), no qual se lê: "O cristianíssimo [rei] Sigeberto [dos anglo-orientais] sucedeu a seu irmão Erpwaldo e *cristianizou* as demais pessoas [de seu reino], com a ajuda do bispo Félix, que, oriundo da Burgúndia, fora enviado a pregar pelo bispo Honório [de Cantuária]".[16] A hagiografia de São Félix autoriza a pensar que *cristianizar* significa combater o paganismo – que, aliás, é mencionado no *Epitome Vitae* –, mas também inclui pregar a fé cristã, converter os gentios, bem como afervorar a prática religiosa dos cristãos relaxados. Reparem que, no *Epitome*, cristianizar aparece ligado tanto à ação do rei Sigeberto quanto à do bispo Félix, representantes do poder político e religioso respectivamente, o que mostra que a cristianização depende da imbricação do religioso no político e vice-versa, porém, num sentido social muito mais forte.

Diferentemente de "evangelização", que pode expressar a ideia de propagação oral e missionária da doutrina cristã e o consequente acatamento individual dos convertidos, a cristianização é mais do que doutrinação ou missionação, é transformação do quadro material da vida social e política. Cristianizar é mais do que converter para a fé, é construir uma sociedade à luz da fé, construir, inclusive, em sentido literal: o *Epitome Vitae* de São Félix de Dunwich, por exemplo, entende o verbo cristianizar como um processo de construção de igrejas, escolas, mosteiros, bem como de modificação de calendários, de espaços públicos e de costumes; em outras palavras, cristianizar liga-se à alteração de espaços, à modificação de paisagens e à construção de um novo modo de vida compatível com os novos espaços e paisagens. Para a Gália franca da época do rei Childeberto I (511-558), cristianizar significava, entre outras coisas, destruir as estátuas de deuses e os templos pagãos das cidades e dos campos,[17] o que certamente nos faz pensar em quanto essa prática implicou um remodelamento urbano,

A CIDADE EPISCOPAL

sobretudo do antigo centro cívico, geralmente bastante ornamentado com os emblemas da cultura tradicional ainda pagã.

Gregório informa que a primitiva igreja (*senior ecclesia*), erguida nos tempos de Litório, ficava *infra urbem Turonicam*, o que significa que ela se localizava dentro da cinta amuralhada, doravante os limites da urbe. Essa especificação também encontra respaldo na arqueologia, pois junto das fundações do templo, depois dedicado a São Gaciano e elevado à condição de igreja principal (*ecclesia prima*), foram encontrados os restos da antiga muralha construída após a incursão de 275. A igreja localizava-se no ângulo sudoeste do quadrilátero, uma área pouco construída e pouco habitada, enquanto o *castrum*, que concentrava a maior parte das novas edificações da *urbs*, ficava do outro lado, no ângulo noroeste. A existência de áreas livres dentro do circuito dos muros, a princípio, tinha função estratégica de defesa da população que, não conseguindo estabelecer residência dentro dos muros e ocupando os espaços abertos da antiga *Caesarodunum*, ali podia refugiar-se em caso de perigo.[18]

No entanto, com o desenvolvimento da instituição episcopal, o perímetro sudoeste foi sendo preenchido pelas construções eclesiais que não se restringiram à zona *intra muros* e incluíram a região do *suburbium*, onde o mesmo Litório adaptou a casa de um certo senador para ser uma basílica cristã. A *ecclesia prima* ou *ecclesia senior* era a principal, a sede urbana do poder episcopal que presidia a todos os demais santuários cristãos dentro ou fora da urbe: o título "catedral" é ainda impróprio para esse período – ao querer designar a sede do bispo, os textos alto-medievais contentam-se em grafar simplesmente *ecclesia* ou, como aqui se vê, *ecclesia senior* ou *ecclesia prima*, e, por volta do século X, e sobretudo no XI, encontra-se também a expressão *ecclesia mater* ou *matrix* (igreja mãe/matriz). A basílica de Litório era também um tipo de igreja; porém, não sendo uma construção intramuros e sendo projetada como sepultura do bispo, Gregório lhe reserva o título de basílica, a fim de distinguir a *ecclesia* que funciona como centro religioso da *civitas* e das demais dependências de culto que gravitam ao seu redor. Notem que Litório, em período tão recuado de tempo e antes mesmo da completa cristianização da cidade, já concebia seu cargo como algo elevado e de sentido público, pois fez erguer, ainda em vida, o seu monumento funerário, marcando, no traçado urbano e na história citadina, o seu lugar e a sua presença mesmo após a sua morte.

O bispo Litório foi o iniciador da munificência episcopal em Tours, mas seu sucessor, São Martinho, o superou em demasia. Gregório, que foi o responsável pela reconstrução e ampliação da catedral após o incêndio de 558, anota minuciosamente as interferências de Martinho no tecido urbano e suburbano: edificou uma basílica no *vicus* (aldeia) de Marmoutier, que ficava do outro lado do rio Loire, onde também construiu um mosteiro. Nos povoados adjacentes, Martinho ergueu outras tantas igrejas, destruiu templos pagãos e batizou os gentios. O bispo seguinte, chamado Brício, prosseguiu o ímpeto construtor com a mesma intensidade e ampliou os lugares eclesiais no perímetro externo da urbe, enquanto o bispo seguinte, Eustáquio, o fez também na parte interna, edificando mais uma igreja *intra muros*, onde guardou as relíquias dos santos Gervásio e Protásio. Perpétuo, bispo sucessor e parente de Eustáquio, pôs abaixo a basílica sepulcral de São Martinho, erguida por Brício, e, no lugar, levantou outra, "muito mais ampla e admiravelmente construída", como observa Gregório. O mesmo Perpétuo empreendeu outras basílicas, dentro e fora de Tours, no que foi imitado por Volusiano, que ergueu a basílica de São João em Marmoutier, e por Omácio, que reformou a basílica dos Santos Gervásio e Protásio e começou a edificar, igualmente dentro dos muros, a basílica de Santa Maria, obra que só foi concluída no episcopado de Injurioso, que também construiu a basílica de São Germano.

Como podemos perceber, Gregório condiciona a ação episcopal, em Tours, à engenharia monumental dos prelados que, num período de cerca de 250 anos, transformaram o já então velho *castrum* turonense numa *civitas* episcopal bastante célebre; é certo que esse resultado não teria sido tão grande sem a mobilização político-religiosa do culto de São Martinho, que se tornou uma espécie de patrono do reino franco, o que fez de Tours a meta de peregrinações durante séculos desde então – falaremos sobre as festas citadinas posteriormente. Importa considerar que o processo de cristianização do espaço implica mudanças que ultrapassam o quadro religioso, ou melhor, que explicitam o quanto o religioso não é uma instância à parte, mas fundamental, da convivência social e da organização política – a ritualidade litúrgica, a organização de um calendário próprio e a construção de lugares de celebração coletiva ajudam a criar e a fixar a comunidade e, portanto, a instaurar o político. Dito assim, talvez fique mais fácil de entender por que os bispos se interessavam tanto pela edificação de igrejas, basílicas e mosteiros dentro de suas cidades. Na acepção própria do termo "igreja" e no uso específico que se pode fazer desse tipo de sítio topográfico já se articulam elementos sagrados e profanos que não podem ser dissociados em nossa análise. Em outras palavras, é preciso olhar para o sentido comunitário de uma igreja para conseguirmos entender como a fábrica eclesial funciona também como uma fábrica do social.

4.2 Construir igrejas e edificar cidades

Nos tempos de Gregório de Tours (século VI) ou de Salimbene de Parma (século XIII), a palavra "igreja" já havia incorporado dois sentidos distintos: o de congregação ou assembleia dos cristãos (*Ecclesia*) e o de edifício de culto, que abrigava esses mesmos fiéis (*ecclesia*). O processo de aproximação dos dois sentidos foi lento, confuso e restringiu-se, particularmente, ao Ocidente latino,[19] o que nos coloca diante de uma cultura eclesial diferenciada e adaptada a uma experiência de vida política da qual não se separava jamais. Acompanhar a história da monumentalização das igrejas nas sociedades ocidentais nos levaria muito longe do propósito deste livro; por ora, quero apenas ressaltar como a implantação de igrejas na paisagem das cidades foi um processo amplo, que ajudou a criar outra consciência do urbano e uma forma diferente de organização do espaço e da vida social dentro dele. Oportunamente, irei discutir os usos comunitários e cívicos desses lugares litúrgicos; agora, porém, vou restringir-me a explicar por que as igrejas se tornaram emblemas da própria cidade, tendo ainda em mente o relato de Gregório de Tours, mas agregando outros testemunhos e outros momentos históricos.

Pelo que vimos no capítulo anterior, as igrejas passaram a ser os monumentos públicos mais visíveis, nas cidades ocidentais, após a cristianização operada pela aliança entre poderes políticos e clericais, um desenvolvimento histórico difícil de delimitar, mas que, a depender da região, começou no século IV e se estendeu até o fim do século VI ou meados do seguinte; no século VIII, período de forte ingerência da eclesiologia carolíngia, a monumentalização das igrejas aliou-se a um maior esforço de organização das comunidades eclesiais, em nível aldeão e citadino, que provocou a transformação das paróquias e de seu sistema de gestão da vida comunitária. Uma tão grande capilarização das paróquias, acompanhada de investimento arquitetônico tão vultoso, não teria passado sem confrontos entre os setores eclesiais incomodados com o novo rumo das coisas.

Em trabalhos recentes, Dominique Iogna-Prat demonstrou que, entre os séculos IX e XII, o episcopado foi constrangido a dar alguma resposta para os questionamentos que chegavam da parte de movimentos eclesiais, que os próprios bispos classificavam como heréticos, já que duvidavam ou negavam que as Igrejas detivessem o monopólio dos bens espirituais: o resultado desse debate foi uma eclesiologia que ressaltou ainda mais a monumentalização dos espaços litúrgicos.[20] O pomo da discórdia entre os bispos e os movimentos eclesiais contestatários residia na questão da localização do sagrado na comunidade cristã: os movimentos tendiam a sustentar a premissa tradicional de que as pessoas batizadas é que eram sagradas, verdadeiros templos do Espírito Santo, enquanto as igrejas seriam apenas *edifícios funcionais* de culto; já os bispos, por sua vez, desenvolveram uma nova premissa, segundo a qual os edifícios eclesiásticos (igrejas, mosteiros, capelas, oratórios, basílicas, ermidas etc.) tornavam-se lugares singulares da presença divina; portanto, eram lugares sagrados, graças aos ritos de santificação do espaço, os quais muito se aproximavam da ritualidade batismal, que consagrava os fiéis.

A análise empreendida por Iogna-Prat consegue demonstrar que a comunidade cristã nunca foi um bloco homogêneo, e que forças internas podiam barrar mudanças estéticas ou institucionais quando percebiam que tais mudanças provocavam um rearranjo da identidade comunitária, ainda que fossem sutis. O debate eclesiológico que implicou, sobretudo, as igrejas do Império carolíngio, nos séculos XI-XII, e que polarizou duas realidades eclesiais – a comunidade eclesial e a instituição clerical – insere--se, portanto, numa longa disputa que marcou a própria história da Igreja, e cujas origens já são visíveis nas *Cartas Paulinas* e nos primeiros escritos patrísticos: o mais antigo tratado heresiológico (*Adversus Haereses*), escrito por Santo Ireneu de Lyon, no século II, já demonstra que, por parte dos sete bispos, a institucionalização da Igreja e a afirmação de instâncias de controle da autenticidade de sua mensagem serviam de garantia de que a comunidade nunca iria perder a própria identidade eclesial. Não obstante, tenhamos presente que, quando um bispo precisava escrever um tratado – e, no caso de Ireneu, foi um longo tratado – para refutar o que ele considerava ser uma doutrina falsa, ou heresias, de modo geral, era porque os argumentos dos grupos contestatários gozavam de boa aceitação por parte dos fiéis e, justamente por essa razão, representavam uma via eclesiológica alternativa.

Por outro lado, Iogna-Prat[21] privilegia, nesse debate, a voz do clero, vale dizer, as formulações que os ministros eclesiásticos propuseram com o fito de explicitar o mistério teológico da Igreja-comunidade (Igreja com "i" maiúsculo) e que terminou por resultar na elaboração de uma "eclesiologia do lugar de culto", a igreja-edifício, com "i" minúsculo, de resto, conectada à história social:

Tanto mais que não se trata de uma simples questão de doutrina, que se resume a explicar por que os cristãos se congregam em um edifício de pedra, a igreja, designada pelo mesmo nome que a comunidade dos fiéis, a Igreja. A Igreja, em sua realização material (a igreja e os bens eclesiásticos), convida a nos interrogar mais globalmente sobre a relação dos homens com o espaço, ou seja, sobre o lugar das estruturas eclesiais na fixação e o controle das populações em uma época em que os termos "Igreja" e "sociedade" são coextensivos, sobre a ancoragem dos poderes em uma terra considerada como "santa" ou "sagrada", em suma, sobre o papel da Igreja na origem das grandes formas de enquadramento (igreja, cemitério, paróquia, reino cristão, cristandade) e a gênese da noção de território.[22]

A proposta é totalmente sedutora, e os resultados apresentados na monumental obra, *La Maison Dieu*, dão conta de convencer até os mais céticos de que a eclesiologia do lugar de culto engendra uma sociologia do espaço eclesial. Pessoalmente, prefiro dar mais importância à voz dos leigos que à voz dos clérigos. Mesmo quando, em um assunto como esse, os testemunhos históricos diretamente produzidos por leigos são mais escassos, devemos ouvir os clérigos, porém, sabendo que precisamos identificar aquilo que compartilhavam com os leigos. O extenso acervo documental denominado *"chartae dotis"* (escrituras de alocação de recursos) pertencente ao bispado de Lucca, na Itália, permite observar, em primeiro lugar, que os séculos VIII e IX foram períodos de intensa atividade na fundação e construção de edifícios eclesiásticos, resultando em um notável incremento imobiliário que redefiniu a paisagem urbana e rural da região episcopal. Em segundo lugar, as *chartae dotis* consentem avaliar o quanto os fiéis leigos foram especialmente engajados nesse processo, muitos dos quais, além de doar os recursos para a edificação e o funcionamento dos prédios sacros, ofereciam a si mesmos para o serviço da igreja, em cujas dependências passavam a viver, em muitos casos com os clérigos que ali oficiavam o culto divino.[23]

Em uma *charta dotis* de 29 de dezembro de 759, lê-se:

Seja sabido por todos que eu, Gregório, filho do finado Maurício, para remédio de minha alma, mandei construir uma igreja em meu território [*in proprio territurio meo*], para louvor e o nome de São Donato, no local chamado Asulari; e por esta escritura de dotação, ofereço a mim mesmo a Deus e a ti, ó igreja de São Donato [*ecclesia S. Donati*], junto com todos os meus bens, seja a casa onde habito como seu terreno e jardim, sejam as demais casas e construções, também minhas as terras de minha vinha, móveis e imóveis, tudo e todas as coisas ofereço a Deus e a ti, referida igreja, a quem constituo como herdeira de tudo o que tenho, exceto duas porçõezinhas de terra, sobre essas eu reservo poder.[24]

Luigi Nanni, não sem alguma liberdade analítica, julga esse tipo de autodoação a uma igreja o prenúncio da instituição cisterciense dos conversos, isto é, leigos adscritos a um mosteiro para trabalhos braçais, muito comum a partir do século XII; no entanto, ele tem razão ao notar que esses fundadores de igrejas que se consagram a Deus não deixam de ser leigos, vale dizer, não se tornam religiosos, muito embora, residindo, agora, em solo sagrado, sejam vistos por todos na comunidade como oblatos, penitentes, pessoas cuja vida soa como exemplo de fidelidade e de piedade. Mesmo que o novo edifício sacro seja levantado *in territurio proprio*, a população lá se reúne e lá celebra a fé partilhada por toda a comunidade, como podemos ler noutra *charta* de Lucca (de 768), a qual, aliás, mostra-nos um leigo e um presbítero, pai e filho, agindo juntos:

Aliperto, filho do finado Asfridi, habitante do *vicus* Septiniana, [...] junto com meu filho, Rotperto, presbítero, construímos, desde os alicerces, essa igreja [*ecclesiam*] dentro de nossa propriedade, para a honra de Deus e de São Frediano, a qual foi consagrada pelo reverendo bispo pisano e por seus sacerdotes, e na presença de toda a congregação do povo nós nos oferecemos, com todos os nossos bens, móveis e imóveis a essa mesma *ecclesia* para sempre. E o bispo de Pisa consagrou essa igreja com a autorização do beatíssimo senhor Peredeo, por graça de Deus, bispo da diocese de Lucca.[25]

A CIDADE EPISCOPAL

Entre 700 e 884, a diocese de Lucca abrigou 66 novos edifícios, dos quais, 24 ficavam na zona urbana; entre os fundadores mencionados nas *chartae*, é possível identificar até 89 leigos, entre homens e mulheres (às vezes irmãos, às vezes casais). Se estendermos o cômputo até o século XI, a cifra de igrejas sobe para 77, considerando a cidade e seu subúrbio.[26] Mattia Vitti, em estudo mais recente, e com base em documentação mais ampla, avalia que o período auge do construtivismo eclesiástico foi o século VIII, com 43 novas igrejas (24 dentro dos muros e 17 nos subúrbios), seguido pelo século IX, com 14 (10 dentro dos muros), o século X, com apenas 4, e o século XI, com 10, das quais 9 dentro dos muros. O autor, então, conclui que Lucca era o assentamento principal e a cidade dominante, nesse período. Isso é evidenciado tanto pela expansão de edifícios quanto pelo crescimento de sua população. Ademais, o grande número de igrejas localizadas fora das muralhas, desde o século VIII, reforça a ideia de uma expansão populacional para além do perímetro urbano, durante o período lombardo, como sugerido por evidências arqueológicas.[27]

Os templos são majoritariamente identificados com o termo *ecclesia* (confirmando as observações de Dominique Iogna-Prat); no entanto, é possível também encontrar nove edifícios designados como *ecclesia et monasterium*, um *ecclesia et xenodochium*, três *monasterium* e dois *oratorium*. Luigi Nanni, refere, ainda, termos como *basilica* e *oracula*, e nota que seu uso é bem mais raro. Chamam atenção as nove ocorrências de *ecclesia et monasterium*, o que nos poderia levar a pensar que houve, na diocese, um número elevado de comunidades monásticas, mas tal não era o caso. Para esclarecer, Nanni cita a opinião de Muratori, segundo o qual a documentação de Lucca não menciona monges ou abades ou vida regular.[28] Se, por um lado, em tais documentos a palavra *monasterium* pode simplesmente indicar a moradia anexa dos ministros, e eventualmente dos fundadores residentes, por outro, não há como negar a influência monástica sobre a vida eclesial de Lucca, provavelmente sendo a causa tanto para os leigos que se doam às igrejas quanto para os clérigos que ali servem, os quais as *chartae dotis* obriga ao ofício noturno, ao modo monástico. E conclui Nanni:

Tudo isso revela um ambiente intimamente atravessado pelo espírito monástico: um ambiente no qual, para a mentalidade comum, igreja, mosteiro e asilo, vida eclesiástica e vida monástica, clérigo e monge formavam um "quid unum". Não há surpresa alguma, pois, que, em tal estado de coisas, a igreja fosse considerada uma espécie de mosteiro, ou que não houvesse uma nítida distinção entre uma coisa e outra. Atualmente, isso causa surpresa; no século VIII, talvez, surpreendente seria o contrário.[29]

E não só a confusão entre *ecclesia* e *monasterium*, mas principalmente entre clérigo e leigo e entre devoção clerical e devoção laica. As *chartae dotis*, de Lucca, permitem-nos notar que presbíteros e leigos compartilham o mesmo ímpeto empreendedor e o mesmo furor espiritual, e em geral os presbíteros, eventualmente também os diáconos, são aparentados dos mesmos leigos que como eles doam e se doam para as suas igrejas. Algumas dessas igrejas, de fato, poderiam exibir, digamos, um caráter privado, já que seus fundadores afirmavam conservar o *ius gubernandi* (alguns outros estabeleceram que esse direito passaria para um presbítero ou o bispo, após a sua morte); porém, nessas e em todas as demais *chartae*, o que predominava era um compromisso indistinto de clérigos e leigos por uma vida dirigida pelo valor religioso da comunidade. Nanni não faz essa observação, mas, para mim, é bastante provável que o título *monasterium* fosse acrescentado a *ecclesia* justamente para reforçar a ideia de que aquele prédio sacro passaria a abrigar uma *comunidade* de devotos, ou seja, pretendia-se que a fundação fosse além de um edifício erigido como um ex-voto ou monumento devocional, e se tornasse lugar de uma comunidade local; por óbvio isso já estava expresso na acepção de *ecclesia*, mas, na medida em que a monumentalização da igreja (com "i" minúsculo) ganhou a dimensão que ganhou, a ideia de que a comunidade também era sagrada[30] poderia ter ficado menos nítida para aquelas pessoas.

Se tais edifícios eclesiásticos representassem apenas uma marca na paisagem urbana, vale dizer, um investimento imobiliário com fins devocionais, ou fossem lugares privados de devoção familiar, os fundadores e doadores não teriam sido tão enfáticos ao determinar, nas *chartae dotis*, que aquelas *ecclesiae* oferecessem e garantissem "o ofício divino e os lucernários, dia e noite, e as missas solenes".[31] Logo mais, teremos ocasião de discutir, com mais detalhes, o papel comunitário e social da liturgia, analisando a execução dos ritos e o envolvimento dos leigos; todavia, convém não deixar passar despercebidas as informações aqui constantes: *ofícios diurnos e noturnos* exigiam a entoação de hinos, salmos e leituras, a qual supõe a presença e o serviço de, no mínimo, uma pequena equipe celebrante, que entoa hinos e os salmos; o ofício do *lucernário*, por exemplo, costumava ser o momento devocional dos trabalhadores, quando se reuniam na igreja mais próxima para salmodiarem em agradecimento pelo fim daquela jornada; a *missa solene*, então, aponta para os dias festivos, de suspensão do trabalho cotidiano, e sua celebração era muito mais elaborada, pois era preciso haver, no mínimo, o serviço de quatro clérigos, sem contar os acólitos, cantores e salmistas e a participação da assembleia. Não que a igreja catedral ou as basílicas tradicionais da cidade não bastassem para a afluência dos fiéis; é que os leigos se sentiam igualmente incluídos na missão de serem Igreja, e de construírem igrejas locais para o incremento da fé, da comunidade eclesial e, por conseguinte, da comunidade citadina.

O comunitarismo promovido pelos novos edifícios eclesiásticos fica também ressaltado, nas *chartae dotis*, por outro tipo de serviço, o da caridade. Os fundadores tomam para si e para as suas igrejas o encargo de prestar assistência material aos moradores, e as cartas de fundação incumbem os futuros herdeiros (leigos ou clérigos) da tarefa de manterem a distribuição da caridade, razão pela qual tinham de saber gerir bem o patrimônio adscrito àquela igreja. Assim, as escrituras mencionam o dever de albergar os viajantes, dar alimentos a eles, aos pobres, viúvas, órfãos e a outros tipos de pessoas necessitadas; mais de dez *chartae* registram a quantidade de refeições a serem servidas, os dias da semana em que a *mensa* eclesiástica estaria à disposição e quem poderia acercar-se dela devidamente. Em Lucca, havia para isso lugares especialmente designados, os *xenodochia* (casas de abrigo), e os especialistas identificaram, para o século VIII, pelo menos seis: San Silvestro in Placule, San Michele in Cipriano (chamado também de San Micheletto), Santi Secondo, Gaudenzio e Colombano, Santi Gemignano, Paolo e Andrea e San Vitale.[32] Portanto, pode-se entender que as propriedades doadas, além de assegurar a conservação do edifício sacro e o sustento de seus ministros, produziam rendas que se converteriam igualmente em recursos para os membros mais vulneráveis da comunidade, impactando positivamente na capacidade de a cidade lidar com seus desníveis econômicos.

Que fique claro; Lucca não era um deserto quando essas novas igrejas começaram a ser erguidas entre os séculos VIII e IX, alterando bastante a paisagem citadina e campesina da *urbs*, sede de um bispado importante. Os edifícios recentes, na verdade, contrastavam com diversos outros muito mais antigos e célebres, como a basílica da primitiva catedral de Santa Reparata, ou a nova catedral, construída pelo bispo São Frediano (m. 588) e dedicada a São Martinho (*San Martino in Episcopio*), ou ainda as quatro basílicas que se estendiam ao longo da cerca murada da cidade: essas vetustas construções distribuíam-se pela topografia, respeitando a lógica local de alternar áreas de intensa construção civil e áreas de cultivo intramuros, o que criava espaços abertos e ajardinados em meio aos quarteirões apinhados de imóveis de pedra e madeira: as oficinas artesanais, o comércio e os serviços econômicos se concentravam e distribuíam por quarteirões específicos, dentro ou nas imediações do muro, e as basílicas tinham ligação direta com os portões da *urbs* e com as áreas de manufatura e do comércio na cidade.[33]

A catedral dava o tom para toda a orquestração imobiliária no interior da zona mais antiga da cidade, que recuava às épocas romanas: sucessivos bispos mantiveram políticas de contínua intervenção no campo da construção civil, por exemplo, impondo normas para o processo de edificação e gestão imobiliária, obrigando os proprietários a construir e a reformar os prédios segundo um certo padrão de qualidade, salubridade e estética e, de certa forma, interferindo na economia dos imóveis na zona central da *urbs*. Os documentos de dotação também nos permitem ver que o incremento eclesiástico acompanhava ou era acompanhado de outro, o da construção secular ou civil, com intensa edificação de casas de moradia e trabalho; os textos, obviamente, fazem referência apenas àquelas casas envolvidas com a dotação de igrejas, e, nesse sentido, qualquer cifra que se possa sacar deles é, provavelmente, muito menor do que a realidade. Para o século VIII, Mattia Viti individua 37 casas, das quais 20 dentro dos muros, 15 fora e 2 sem localização; para o século IX, contam-se 51 casas: 25 dentro, 24 fora e 2 junto às portas.[34] Em Lucca ocorreu o mesmo que se passava em outras importantes cidades episcopais da Itália: a atenção que os bispos prestavam à urbanística local acabou por rearranjar os espaços e a reformatar as edificações citadinas.

Os bispos, afirma Maureen C. Miller,[35] alteraram o rosto das cidades desde o início do século, quando reivindicaram para si os papéis de líderes carismáticos, senhores temporais, símbolos de unidade e defensores dos destinos espirituais e cívicos. As primeiras iniciativas imobiliárias que iriam provocar um efeito cascata sobre o antigo traçado citadino, alterando-o significativamente, foram as ampliações das catedrais, que começam a se tornar monumentos impressionantes, rivalizando com toda essa constelação de novas igrejas que já aflorava, desde o século VIII, e a construção dos palácios episcopais no núcleo das cidades, muitas vezes, demolindo outros edifícios e rasgando blocos de casas inteiros. Em cidades como Roma, Milão, Ravenna, Verona e Lucca, lugares ligados às políticas monárquicas de governo, os primeiros prédios históricos a sofrer com a nova era episcopal foram os palácios ducais, condais e régios, demolidos pela população – às vezes, assim que se soube da morte desses nobres –, e a sua eventual reconstrução nos subúrbios: a área murada da *civitas* passou a ser zona livre de senhores externos, e, por sua catedral e pelo palácio de seu bispo, a população atestava que era uma cidade livre.

Os exemplos tirados da documentação de Lucca não devem nos fazer pensar que se tratasse de uma característica local demais, algo que não encontrasse similaridades em outras cidades ou regiões do mundo cristão latino. Ao contrário, tomei esse caso específico porque ali os arquivos episcopais conservaram um bom número de cartas de dotação, posteriormente editadas, e que nos permitiram chegar a esses pontos principais: primeiro, os leigos e leigas estavam profundamente imbricados com a construção monumental de igrejas; por esse empreendimento, buscavam testemunhar a sua fé e ampliar a quantidade de lugares onde o serviço litúrgico e caritativo fosse acessível aos habitantes locais; não se colocavam contra o bispo, muito menos contra os presbíteros ou diáconos, com os quais muitas vezes partilhavam o ônus pela edificação e manutenção desses espaços. Segundo, o processo construtivo que multiplicou as igrejas locais foi seguido por uma mais extensa ampliação dos imóveis civis, e por uma remodelação do traçado urbano, a partir da nova catedral e palácio episcopal. Terceiro, o fato de os sucessivos bispos terem assumido certo protagonismo nessa empreitada urbanística, e de terem chamado para si prerrogativas cívicas, reforçou a consciência comunitária dos habitantes que, em suas catedrais e em seus bispos, vislumbravam a liberdade de suas cidades contra poderes monárquicos ou senhoriais: portanto, não é a Igreja contra a cidade, ou os clérigos contra os leigos, mas uma Igreja local que se reinventa como cidade, construindo igrejas como lugares decisivos de cultura citadina e de serviço comunitário.

Na paisagem urbana da Alta Idade Média, as igrejas-monumentos, como novos edifícios eclesiásticos, substituíram os antigos fóruns, teatros e anfiteatros, das cidades antigas, porque conseguiam ser, para elas, espaços comunitários de convivência. Precisamos aqui ir além de uma ideia de igreja que exclui o profano; não exclui, reordena em função de uma comunidade que não se entende como profana, ainda que alguns papas e teólogos dos séculos XI e XII nos tenham passado a impressão contrária. Dentro de uma igreja há certamente o santuário, onde só os clérigos pisavam, e que foi gradativamente sendo separado da nave central, onde os leigos rezavam. Acontece que o espaço litúrgico de uma igreja não esgota a sua monumentalidade nem a sua funcionalidade. Igrejas são locais multifuncionais, em todo o nosso período, e a liturgia, que jamais esgota o sentido religioso, era apenas uma de suas funções (seria preciso lembrar que o trabalho era pensado como ato religioso, embora não litúrgico?).

Numa basílica ou num oratório as pessoas rezavam e celebravam, porém ali igualmente faziam assembleias deliberativas, votações, julgamentos judiciais, acordos extrajudiciais e uma série de outras atividades que consideraríamos profanas. Pois bem, uma igreja situada num quarteirão de sapateiros ou de alfaiates funciona como igreja dessa categoria profissional, e a economia produtiva do trabalho passava por ela tanto quanto passavam as orações e a fé. A igreja servia de refeitório e de dormitório, *mensa* e *xenodochium*, e, ao redor dela, aconteciam feiras, campeonatos e outras atividades de lazer. Como espaços de convívio de comunidades locais, as igrejas pertenciam a todos, e, portanto, o clero estava longe de deter a prerrogativa exclusiva de construção, ornamentação e conservação dos edifícios sacros. O papa Calisto II (m. 1124), em 1123, bem que tentou limitar o ímpeto dos leigos, determinando que ninguém poderia construir um *monasterium* ou *ecclesia*, dentro do bispado de Lucca, sem a anuência de seu bispo,[36] e, ao fazê-lo, a bula papal confirmava o quanto os leigos da cidade eram produtivos no campo da edilícia eclesiástica, e certamente projetaram sobre ela muito de sua própria piedade.

A conexão entre a população local e sua igreja – *sua* no sentido forte da palavra – podia ser tão profunda que, não raro, serviu para provocar mudanças políticas de grande impacto, como a implantação do governo comunal, a partir do século XI, seja em Flandres ou no norte da França ou no centro-norte da Itália. Teremos ocasião de discutir esse aspecto. Agora, precisamos apenas frisar, à luz do caso de Lucca, que a maior oferta de igrejas correspondia a um aumento das associações eclesiais, de caráter profissional, sociedades juramentadas que, a partir de suas igrejas próprias, e tendo a catedral, muitas vezes, como aliada, assumiram o controle da situação política e proclamaram sua autonomia em relação a senhores locais (em alguns casos, até contra os bispos) e organizaram um autogoverno a partir da experiência cultivada no âmbito das igrejas, e não raro por causa dela e em seu nome. Em casos assim, o sagrado eclesial não se limita à autoridade dos clérigos (que também era política) e, na medida em que instaurava comunidades, não era uma força oposta ao mundo profano. O sagrado se apresentava, antes, como resultado de uma orquestração comunitária, cuja finalidade visava a uma melhor gestão da coisa pública, e esta, muitas vezes, materializava-se melhor no caráter comunitário fomentado ao redor das comunidades eclesiais: é nesse sentido que a eclesialização das cidades resultou numa emancipação da política cívica.

É possível argumentar que estou reduzindo o sagrado a um mero assunto político; no entanto, na minha perspectiva, essa não é a questão em jogo. A intenção é evitar uma armadilha criada por certos setores da teologia cristã, os quais, ao retratar a Igreja institucional como um simples artefato controlado por clérigos, reduzem o sagrado ao clerical, e excluem dele os leigos. Todo o investimento que os leigos e leigas fizeram para colocar mais igrejas à disposição de suas cidades também não pode se reduzir a um provável desejo de obter salvação depois da morte. Uma coisa não exclui a outra, mas é preciso ressaltar o que era óbvio para eles, porém não para nós. Quando uma comunidade eclesial – bispo, clérigos e leigos – *edifica* igrejas, ela interfere no tecido predial da cidade tanto quanto em seu tecido social, pois *cidades* e *igrejas* são espaços preenchidos pelas mesmas pessoas. É o que dizia o cônego Absalão de Springiersbach (m.*c.* 1196), quando explicava o significado de *gratia plena*, na prece da *Ave Maria*:

[...] a plenitude [*plenitudo*] é adequada quando preenche [o espaço] de acordo com a congruência da coisa, como quando se diz: uma cidade [*civitas*] ou igreja [*ecclesia*] é considerada cheia de pessoas, não porque não haja espaço vago lá, mas porque as pessoas que estão presentes preenchem o lugar de acordo com a congruência.[37]

Os leigos, certamente, não ocupam os mesmos espaços na igreja e na cidade, mas é *congruente* com a vocação batismal, que faz o leigo, que estes atuem na cidade como membros da Igreja, como é congruente que os leigos ocupem lugar na Igreja como *cives* (cidadãos); nada mais justo, porque, para Absalão, como para os demais teólogos de seu tempo, *ecclesia dicitur civitas*: a comunidade era a linha que unia uma e outra, e as pessoas os pontos que preenchiam a ambas.

4.2.1 Os mortos e a delimitação da comunidade eclesial

Como veremos, as primeiras igrejas-monumentos implantadas no tecido urbano tardoantigo ou alto-medieval localizavam-se distantes dos centros cívicos (a acrópole ou o fórum) e eram dispostas ao longo das estradas. Esse costume tinha uma explicação: apesar de a Igreja-instituição entender-se como uma comunidade de pessoas viventes, e de seus membros viverem dentro das cidades, seus primeiros edifícios ficavam na zona cemiterial urbana, e os cemitérios, naquela época, situavam-se fora do perímetro amuralhado, acompanhando as estradas de acesso à cidade. Com isso, já dá para deduzir que os mortos e o cuidado devido aos mortos desempenhavam um papel identitário capital para as comunidades cristãs e, ao mesmo tempo, um papel comunitário, como espero demonstrar.

Portanto, quando aproximamos a *ecclesia* cristã e a *civitas* romana, temos de ter presente essa primeira diferenciação: nas *civitates* romanas, por determinação da Lei das Doze Tábuas,[38] os mortos deveriam ser sepultados fora do perímetro urbano, preferencialmente junto às vias públicas, e em cemitérios de superfície, a fim de que os vivos que passassem por ali, ao sair de sua cidade e ao voltar para ela, ao ver os monumentos fúnebres se recordassem de seus ancestrais que lhes deram aquela pátria. No entanto, o apreço social pelos mortos, demonstrado pela cultura romana tradicional, mantinha-os à distância, circunscritos a outro tipo de cidade, a cidade dos mortos, justamente chamada de necrópole. No caso cristão, acontece o contrário.

A arqueologia tem demonstrado que a implantação das igrejas em zona cemiterial começou muito cedo, ainda no século III, e que tão logo a comunidade cristã tornou-se numericamente maior e socialmente mais influente, em fins do século IV, essas zonas externas foram sendo gradativamente incorporadas, durante o século V, ao traçado urbano. Com a afirmação dos reinos romano-germânicos e a consolidação da governança episcopal sobre as *civitates*, durante o século VI, surgiram novas igrejas (ou basílicas) dentro das cidades e, geralmente, sobre os antigos sítios de ocupação cívica tradicional graças à transferência ou transladação das relíquias dos mortos especiais (os mártires e os santos) custodiadas nas igrejas cemiteriais, já integradas ao tecido urbano, porém na periferia. Como se pode constatar, o cuidado cristão pelos mortos associado ao crescimento de sua influência sobre as cidades foi um dos fatores decisivos para a descaracterização urbanística da cidade romana ocidental e para o surgimento de uma nova caracterização topográfica e cultural.

Para entendermos como os mortos engendram a igreja dos vivos e como a igreja transforma a cidade, examinemos um caso particular. Localizada no ponto mais extremo de navegabilidade do rio Guadiana, no sudoeste da província romana da Lusitânia (península Ibérica), a *civitas* de Myrtilis (ou Iulia Myrtilis, hoje Mértola) se destacava pela mineração de cobre, prata e ouro, que, além de enriquecerem a região, poderiam ser facilmente escoados para o mar Mediterrâneo graças à sua rica hidrografia navegável. É assim que ali se formou desde os tempos da república romana, senão antes, um entreposto comercial que ligava o mar à capital da província, a cidade de Pax Iulia (atual Beja), e atraía fenícios, gregos, hebreus e latinos de diversas partes do Império, como o norte da África. É provável que os primeiros cristãos que chegaram a Myrtilis em data incerta, mas não antes do século II, tenham sido comerciantes orientais e/ou norte-africanos.

Em finais do século III, à semelhança do que ocorrera em Caesarodunum (Tours), Myrtilis também sofreu alterações urbanísticas relevantes, como demonstram as pistas arqueológicas, segundo as quais se pode datar como daquele século a muralha que cercava a urbe – embora a implementação de muros pelas cidades ocidentais tardoantigas tenha decorrido do clima de instabilidade militar, também se verificam motivos estéticos e políticos, de modo que o urbanismo desse período incorporou as muralhas entre os emblemas das cidades. No caso de Myrtilis, como nota o arqueólogo Virgílio Lopes,[39] a construção dos muros esteve associada a um programa edilício cristão que também interferiu na topografia *intra muros*, uma vez que, entre os séculos V-VI, o antigo centro cívico romano, delimitado pelo recorte geográfico da acrópole, foi transformado num centro cristão: as edificações eclesiais foram construídas sobre o que teria sido o fórum romano e comportava um batistério monumental, com salas adjacentes ligadas por um deambulatório, um compartimento em forma de basílica (provavelmente para uso eucarístico) e uma galeria porticada.[40] O que se passava com Mértola pode ser comparado ao que ocorreu em Tours: parte da população, agora identificada com o culto cristão, assumiu certa capacidade de decisão política (ou os políticos assumiram a fé cristã?) e associaram a defesa da cidade a um programa maior de transformação morfológica do núcleo de povoação.

Em Mértola, os arqueólogos identificaram pelo menos três necrópoles, na parte norte da cidade, junto às principais vias de acesso terrestre: a mais antiga delas, localizada na via que ligava Myrtilis a Pax Iulia (Beja), data de fins do século I e inícios do II; a segunda necrópole é muito maior e foi utilizada entre os séculos I e V; a terceira é uma necrópole de incineração que contém igualmente restos do período tardoantigo.[41] Apesar de serem sítios cemiteriais anteriores à cristianização da cidade, em todos eles foi possível identificar traços que remetem a um uso eclesiástico e, em dois desses casos, à própria edificação de igrejas com plantas basilicais. Exemplo disso é a chamada basílica paleocristã de Rossio do Carmo, datada do século V.

Como se pode notar pela planta das estruturas da basílica de Rossio do Carmo, o edifício basilical paleocristão foi construído sobre as sepulturas, e seu cemitério seguiu em uso daí em diante.

Também dá para ver pela planta que a basílica era dotada de dupla abside, aspecto que pode ter por origem o modelo basilical norte--africano, que, segundo os arqueólogos, influenciou a arquitetura das igrejas de Mértola. Virgílio Lopes[42] explica que, para esse período, era comum erguer a abside sobre o chamado *martyrium* (ou *memoria*), isto é, sobre os restos de membros da comunidade que morreram pela fé e que, por isso, eram celebrados como seus patronos e heróis. Ainda segundo Lopes, regras litúrgicas – que ele não aponta – impediam que o altar da celebração do sacrifício eucarístico ficasse na mesma abside dos mártires, motivo que teria provocado a edificação de uma segunda abside nesse tipo de basílica. Seja como for, o que deve ser destacado, nesse momento, é a conexão entre três realidades eclesiais: os vivos (que constroem as igrejas sobre as sepulturas), os mártires (como defuntos heroicos da comunidade) e os defuntos comuns que eram sepultados *ad martyres* justamente por se acreditar que a proximidade física desses heróis da fé propiciava o *somnium pacis* aos falecidos do lugar.

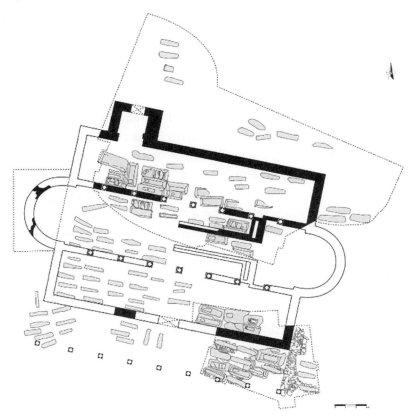

Figura 5: Planta das estruturas da basílica do Rossio do Carmo.
Fonte: *Mértola e o seu território na Antiguidade Tardia (séculos IV-VIII)*. Tese de Doutorado em Patrimonio Histórico y Natural, Investigación, protección, difusión y didáctica. Huelva: Universidad de Huelva, 2013, p. 523.

O enterramento de fiéis no interior das basílicas cemiteriais parece ter seguido em prática, mesmo quando normas eclesiásticas (II Concílio de Braga de 572) tentaram impedir o costume e restringi-lo às proximidades das igrejas, não dentro delas. Porém, normas semelhantes – como o cânon 25 do Concílio de Epaone de 517 – exigiam que relíquias de santos fossem depositadas em oratórios campesinos e igrejas urbanas apenas se fosse possível assegurar a presença de, ao menos, um clérigo que pudesse oficiar a liturgia junto aos santos restos. Apesar de tais normativas, a associação entre a igreja-monumento e os corpos, sejam os dos santos ou dos fiéis defuntos, prosseguiu seu curso. Agora, precisamos entender por que as igrejas foram primordialmente erguidas sobre os cemitérios e por que, quando já erguidas dentro das urbes, era preciso transladar os restos mortais de mártires e santos para dentro delas. O primeiro passo é resgatar o sentido teológico desse gesto.

O Novo Testamento nos oferece duas chaves de leitura decisivas para a elaboração desse sentido teológico. Em primeiro lugar, ali se encontra a noção de que a *Ecclesia* é, acima de tudo, uma assembleia de pessoas santificadas – São Paulo, inclusive, chamava os cristãos de "os santos"; em segundo lugar, afirma-se também que o verdadeiro templo de Deus era os corpos dos fiéis, consagrados pelas águas do batismo e habitados pelo Espírito Santo. Ambas as referências indicam que a corporeidade, tanto a de Cristo-homem quanto a dos homens comuns, é uma dimensão irrenunciável da fé, e é o apreço por ela que vai atuar nesse âmbito mortuário. Ora, em virtude do batismo, que consagra os indivíduos e que funda a comunidade, os corpos consagrados dos fiéis defuntos não podiam ser desprezados pelos fiéis viventes, mas antes tutelados por eles, pois os vivos, que vigiavam, e os mortos, que dormiam (a ideia de morte como sono é, aqui, fundamental), aguardavam todos pela ressurreição do último dia e, nesse sentido, constituíam uma mesma comunidade.

Essa apreciação pelos mortos se tornou ainda mais forte quando alguns fiéis começaram a morrer pela fé, tornando-se mártires. Seus corpos adormecidos por uma morte sangrenta assemelhavam-nos ao protótipo de todo martírio, Cristo, e é na qualidade de representantes do Cristo--mártir que seus restos exigiam uma atenção comunitária ainda maior. O mártir – e, depois, o santo não mártir – desempenhava, nesse contexto, um papel não só mediador,[43] mas também mnemônico, pois a presença dessas relíquias – chamadas, em latim, de *memoriae sanctorum* – recordava aos fiéis ali reunidos que a fé é um engajamento comunitário que liga o presente ao passado, os fiéis de hoje aos fiéis de ontem, e a comunidade de pecadores à comunidade dos santos. Voltamos a alguns dos aspectos da cultura jurídica da Roma Antiga presentes nas *Institutas* de Gaio, que discutimos no capítulo 2, e, à luz dessa larga tradição, pode-se dizer que a igreja-monumento é sagrada porque foi, primeiramente, consagrada a Deus, mas porque foi erguida por um povo que queria expressar a sua devoção e a sua consciência comunitária. E é também religiosa porque é um tipo de sepultura feita para honrar os ancestrais e os patronos, um testemunho monumental que proclama o senso de autoridade e a santidade da fundação.

Ademais, o fato de os prédios de culto serem também sepulturas martiriais ou santorais conferia à noção de igreja-monumento um significado místico ou teológico que, uma vez reconhecido, podia ser decisivo para a nova conjuntura de governança episcopal. Ora, desde os tempos do apóstolo Paulo, os cristãos acreditavam que a Igreja (no sentido de assembleia) era a extensão visível do corpo místico de Cristo e que os mártires eram os que mais se aproximavam desse modelo; portanto, seus corpos visíveis testemunhavam a sua fé na ressurreição e, nesse caso, eram sinais eloquentes da presença de Cristo na comunidade que se congregava ao seu redor.

Essa convicção pode ter facilitado a aproximação de sentido entre a igreja-assembleia e a igreja-monumento e dado origem a uma compreensão teológica que associava a presença *mística* de Cristo à presença *corpórea* do mártir (como testemunha) e que encontrava na assembleia cristã, reunida ao seu redor, uma clara expressão histórica e ao mesmo tempo espiritual. É por essas e outras razões que o altar da eucaristia era construído sobre as ou nas proximidades das *memoriae sanctorum* (também chamadas de *loculla*) – o exemplo contrário da basílica de Mértola me parece ser uma exceção; o gesto associava o corpo de Cristo (a eucaristia) ao corpo do mártir, e isso servia para reforçar a ideia de que o sacrifício de Cristo tinha um sentido místico que era atualizado na história da comunidade que abrigava os espólios de um mártir e que se reunia em redor de sua fé testemunhada.

Na igreja-monumento, a corporeidade, mais do que a espiritualidade, demarca três aspectos fundamentais da noção cristã de religião: o primeiro aspecto ressalta o lugar eminente das relações sociais, pois a igreja apresenta-se como uma assembleia que se identifica com a cidade; o segundo destaca a historicidade da crença, haja vista que os mártires são pessoas reais, são os antigos habitantes do lugar que derramaram seu sangue pela fé; o terceiro aspecto diz respeito ao fato de que, em termos cristãos, a transcendência afirma-se pela imanência, o que torna a experiência espiritual da fé um exercício comunitário – e não meramente individual – de transformação do mundo e da sociedade. A associação teológica entre o corpo sacramental de Cristo (a eucaristia) e o corpo místico de Cristo (a igreja enquanto assembleia de fiéis) aparece forte no pensamento dos padres da Igreja, particularmente em Santo Agostinho, no sermão 272, pronunciado entre 404 e 411:

Aquilo que vedes sobre o altar de Deus [...] é o pão e o cálice: isto vos asseguram os vossos próprios olhos. Ao invés, segundo a fé que se deve formar em vós, o pão é o corpo de Cristo, o cálice é o sangue de Cristo. [...] Se quereis compreender [o mistério] do corpo de Cristo, escutai o Apóstolo que disse aos fiéis: Vós sois o corpo de Cristo e seus membros (1Cor 12, 27). Se vós, portanto, sois o corpo e os membros de Cristo, sobre a mesa do Senhor está posto o mistério que sois vós: recebei o mistério que sois vós. Àquilo que sois, respondei: Amém, e respondendo o subscreveis. Diz-se a ti de fato: "O corpo de Cristo", e tu responds, "Amém". Sê membro do corpo de Cristo, a fim de que seja autêntico o teu Amém.[44]

Embora, nesse trecho, esteja ausente a menção às relíquias, Agostinho sustenta a integração entre o corpo eucarístico de Cristo, visível sobre o altar, e o corpo místico da assembleia reunida pela fé, o que, mais uma vez, aproxima o sacramento eucarístico da Igreja como sacramento – aquilo que é a assembleia é participação naquilo que é Cristo. A projeção dessa teologia sacramental para o âmbito das cidades aconteceu, em termos históricos, quando as igrejas, de fato, assumiram a posição de monumentalidade predominante na paisagem urbana ocidental, sobretudo a partir do século VI. Isso não significa apenas a substituição de uma religião por outra ou a troca de santuários tradicionais por santuários cristãos, mas a invenção de uma cultura urbana diferenciada que, apesar de romana em seus aspectos materiais, operava numa chave transcendental ou mística. Thierry Dutour denomina essa nova organização urbana de "cidade episcopal",[45] no que ele tem razão. E para que tenha sido possível esse novo arranjo – que o autor não restringe à teologia, como faço aqui – a cidade latina precisava ter se tornado uma *cidade cristã*, isto é, uma cidade que se entende como comunidade constituída ao redor da sacramentalidade que tentamos descrever.

É bem verdade que a munificência eclesiástica, exemplificada pelos casos de Tours e Mértola, preservava um certo resquício do significado romano tradicional. No entanto, o bispo Gregório, ao desempenhar seu papel como historiador cristão, situa o conceito de salvação no centro da história, uma ação universal de Cristo como salvador, sem dúvida, mas que se comunica, ao longo do tempo, por meio da ação litúrgico-sacramental que a Igreja universal efetua no interior de cada igreja-monumento onde os sacramentos são celebrados. Ao contrário do que acreditavam os antigos filósofos pré-cristãos, a república não é capaz de fazer os homens desfrutarem da verdadeira felicidade, porque eles foram (e estão) corrompidos por um defeito antissocial, o pecado; e, para superar esse estado deplorável, os cristãos acreditavam que era preciso *transcender* a república dos pecadores e construir uma *res publica* cristã, uma comunidade sacramental, cujo nome é Reino de Deus ou *Ecclesia* – Elredo de Rievaulx (m. 1167) afirmara: "a Igreja pode ser entendida como Reino de Deus, na qual os gentios foram admitidos à graça dos patriarcas".[46] A república cristã substituiu os pecadores pelos santos, e os deuses, pelo Cristo; conservou-se o regime político romano, mas trocou-se a sua natureza imanente por uma transcendente, e a sua finalidade terrena por uma celestial.

A *Ecclesia*, como corpo místico, é ainda uma *res publica*, porém com uma natureza tão diferente que, nela, os santos já falecidos e os fiéis vivientes estão todos simultaneamente congregados em Cristo. Todos participam de uma mesma vida mística, testemunham uma única lei (a lei da caridade) e desejam um único bem, a salvação (*salus*). A igreja-monumento apresenta-se como figura da *Ecclesia*, que se distende como *societas christiana*, vale dizer, a completa superação da *res publica paganorum*. A meu ver, aqui está uma das chaves de leitura que explica por que os bispos de Tours são grandes construtores de igrejas: ao lado dos motivos romanos da munificência, reivindicada pelos *clarissimi*, Gregório evoca essa teologia sacramental da cidade, que reverbera em tantos outros autores e momentos. No *Liber Floridus*, de Lamberto de Saint-Omer, composto em 1121, encontramos uma imagem que sintetiza todo esse percurso.

No fólio 260, à direita de quem olha, vemos uma miniatura de página inteira, que contém a imagem de Santo Audomar (ou Santo Omer, falecido em *c.* 670), bispo da cidade de Thérouanne, no extremo norte da Nêustria (atual França); seu nome vem inscrito na legenda acima do desenho: *Sanctus Audomarus gloriosus morinorum episcopus* (Santo Audomar glorioso bispo dos *Morini*). *Morini* (morinos) era o nome que os romanos deram à população de Tarwanna ou Tervanna (hoje Thérouanne) quando esta foi conquistada, nos tempos de Júlio César (m. 44 a.C.). Foram os romanos que tornaram a povoação uma cidade, dando-lhe o título de *civitas morinorum*, e foi ali que Audomar fundou, em 637, o primeiro bispado, fundindo a *civitas* romana com a cristã. Audomar, aristocrata de nascimento, provinha do mosteiro de Luxeuil, fundado em 590, por São Columbano, e que se destacava como centro propulsor de expansão da fé cristã sobre os territórios ainda pagãos da Nêustria franca.

Figura 6: *Liber Floridus* de Lamberto de Saint-Omer (1120), Ghent University Library MS 92 fl. 259-260.
Fonte: https://lib.ugent.be/viewer/archive.ugent.be%3A018970A2-B1E8-11DF-A2E0-A70579F64438#?c=&m=&s=&cv=279&xywh=-2096%2C0%2C15500%2C9179. Acesso em 8/4/2024.

Foi na qualidade de cristianizador (no caso, recristianizador, pois os morinos, já cristãos, haviam retrocedido à religião tradicional) que Audomar foi enviado a Thérouanne, e foi a partir dessa premissa que ele construiu, em Sithiu (hoje Saint-Omer), o mosteiro de São Pedro, depois denominado Abadia de Saint-Bertin. Próximo daquele lugar, ele também construiu, em 649, a Igreja de Santa Maria, uma igreja colegiada, isto é, que ficava sob os cuidados de cônegos que prestavam serviços religiosos para a população local. É essa a igreja que vemos representada, na iluminura paralela, no fólio 259, à esquerda (cf. Figura 5), em que se pode ler: *Ecclesia Sithiu sanctae Mariae* (Igreja de Sithiu dedicada à Santa Maria); logo abaixo, os dizeres *Audomarus episcopus*, que registra o nome do fundador da igreja, mas que também designa o santo, cujo corpo repousa no relicário sobre o altar – foi vontade do próprio Audomar que essa igreja se tornasse a sua sepultura, bem como o cemitério para os monges de Saint-Bertin, a partir do ano 663.

Na época em que o *Liber Floridus* foi compilado, isto é, 1121, a Colegiada de Santa Maria era uma importante igreja urbana, uma paróquia central para a urbe, que, no século XVI, acabou sendo promovida à sede da diocese de Thérouanne, transferida para Saint-Omer nos tempos de Carlos V, passando a ser, então, uma catedral, título que exibe atualmente. Que essa igreja tenha sido associada à origem do próprio núcleo urbano, testemunha-o a sua disposição arquitetônica, como demonstra a iluminura, em que são visíveis três torres e dois pináculos, cuja disposição gráfica aproxima as formas da igreja às formas de uma cidade. Dentro do templo, e sob a luz de uma imponente lâmpada sacra, encontra-se o relicário de Santo Audomar, unido ao altar, que também recebe uma inscrição latina (*altare*), ornado com toalhas e ladeado por quatro castiçais. Toda a ilustração serve para ornamentar o frontispício que toma a metade inferior do fólio, o qual traz informações históricas sobre a construção da igreja de Santa Maria (os nomes de reis, papas e dados cronológicos do santo fundador).

A associação entre cidade, igreja, altar e relicário segue, aqui, os pressupostos já presentes em Gregório de Tours, e que nos permitem aventar a hipótese de que a cidade da Alta Idade Média tende a apresentar--se como uma igreja-monumento, isto é, um santuário formado pelo corpo redentor de Cristo (a eucaristia), pelos corpos redimidos dos santos (os relicários) e os corpos dos homens pecadores (que se reúnem na igreja). A presença corpórea e miraculosa do santo fundador na igreja de Santa Maria operou o desenvolvimento da urbe ao seu redor e, com isso, consolidou a comunidade cristã, formada pela população leiga e pelos diversos grupos clericais, como os monges de Saint-Bertin, os cônegos da colegiada ou os padres seculares do lugar.

Essa íntima relação entre cidade-bispo-mártires encontra um testemunho eloquente num poema do século IX, de autoria anônima, dedicado à cidade episcopal de Verona, dito *Versus de Verona* (composto entre 796 e 805). O poema segue o estilo encomiástico de outras composições dessa natureza e manifesta uma assumida conotação cívica, pois Verona aparece como um bem excelso, reconhecido e admirado pelas outras cidades da Itália e do mundo: a cidade cortada pelo rio Adige era, para o poeta, uma impressionante demonstração de beleza monumental; suas muralhas e torres, a antiguidade de sua fundação e a riqueza de sua gente, tudo ali era belo e superior: "não há língua capaz de expressar o formato desta urbe:/ ela brilha por dentro, resplende por fora, envolvida em luz;/ ali a moeda de bronze dourada é metal comum".[47]

Após reconhecer as dádivas arquitetônicas da urbe, o poeta passa a elencar e exaltar seus primeiros bispos, começando por Euprepo e, depois, Dimidriano, Simplício, Próculo, Saturnino, Lucílio e Gricino, até chegar ao grande e inigualável Zeno, de quem a matriz herdou o nome e a cidade, a completa cristianização (estrofes 14-15). Como vimos no capítulo 2, os bispos transformam a *urbs* em *civitas*, lógica que se afirma e se expande nos *Versus de Verona*, pois ali os bispos são os artífices, sobretudo, de uma *civitas christiana*: "o oitavo pastor e confessor foi Zeno, ínclito mártir:/ o qual, pela sua pregação, conduziu Verona ao batismo".[48] Como o poema articula-se entre dois tempos, o período pagão da história de Verona e o período cristão, a cristianização do espaço veronense representa seu ponto alto, o início de uma era de maior esplendor, explicitada pelo seu batismo. Os bispos é que tiraram a cidade da idolatria e a colocaram no culto ao verdadeiro Deus; livraram-na do mal e franquearam-lhe as portas da vida feliz. Nos *Versos*, os bispos herdam todo o seu carisma operativo dos mártires, apóstolos, confessores, doutores e profetas, e eles transmitem esse carisma, essa força mística, para a sua cidade, como se lê, na estrofe 19: "Ó, feliz de ti, Verona, rica e gloriosa. /Tu és cercada de protetores santíssimos, /que te defendem e expulsam o inimigo malvadíssimo".[49]

Os protetores mencionados pelo poeta correspondem, na verdade, às basílicas que cercam a cidade e conferem a ela o formato de uma *Civitas Christiana*. Cada uma dessas igrejas-monumento abriga os restos dos *sanctissimi custodes* (santíssimos protetores), começando pela basílica suburbana de Santo Estêvão, que foi a primeira *ecclesia* matriz de Verona antes de o título ser transferido para a atual basílica-catedral de São Zeno. A partir da *prima ecclesia*, o poeta enumera as demais igrejas obedecendo à divisão geográfica da urbe (norte, sul, oriente e ocidente), e o esquema de distribuição geográfica das igrejas-basílicas corresponde à lógica já encontrada nas *Histórias*, de Gregório de Tours.

Se repararmos bem, conseguiremos entender um detalhe da cultura religiosa daquela época, que já é bastante ignorada, mesmo pelos clérigos de hoje: a partir da *ecclesia principalis*, circunscreve-se um novo centro urbano – veremos como isso acontece no próximo subcapítulo; essa *ecclesia* era o lugar da celebração semanal da eucaristia, a única igreja que, até o século X, podia dispor de batistério dentro da cidade, o que significa que ela era verdadeiramente o centro reprodutor de cristãos e o núcleo sacramental por excelência, pois apenas ali é que se podia celebrar a paixão, morte e ressurreição de Cristo – a Páscoa, festa máxima do ano litúrgico. Para ela deveriam acorrer todos os presbíteros que serviam nas igrejas vizinhas pelo menos uma vez ao ano, a fim de receber do bispo os santos óleos que seriam utilizados nas celebrações sacramentais das igrejas periféricas e suburbanas. A partir da igreja principal, exclusiva em tantos momentos de reunião comunitária, formava-se um mapa de igrejas que gravitavam ao seu redor. Esse mapa não era somente simbólico e abstrato, pois as liturgias latinas eram liturgias *estacionais*, o que significa que, de acordo com o calendário litúrgico, as missas começavam em uma igreja e terminavam em outra, com uma procissão campal como um ritual privilegiado. Portanto, a população marchava, coesa, compacta e devotamente, cantando e rezando, em uníssono, de uma igreja a outra, circulando a urbe e, com isso, demarcava as rotas que teciam a cidade e identificavam o seu povo, um povo pastoreado pelo bispo, seu senhor.[50]

Os *Versos de Verona* fazem referência a santos que foram martirizados em outras cidades, e Verona os recebe como relíquias, isto é, memórias milagreiras de suplícios ocorridos fora dali. Esse fato, além de não afetar em nada a devoção com que a igreja local acolhe os sagrados espólios, permite que os veronenses os distribuam pelo mapa da cidade, dotando de força taumatúrgica cada um de seus pontos principais. Forma-se, assim, uma rede de basílicas, que as procissões materializam transformando o traçado urbano um fato eclesial: nos *Versos de Verona*, os mártires são as igrejas, e as igrejas configuram a cidade toda inteira, um ser vivo batizado, consagrado e destinado a uma vida de eterna glória.

No século XIII, o papel cívico dos mártires permaneceu praticamente inalterado. Bonvesin de la Riva (m. 1314), gramático e orador de Milão, compôs o *De Magnalibus Mediolani* ("As maravilhas de Milão") para exaltar a sua amada cidade, em 1288. Nesse panegírico urbano, escrito após a criação das comunas, encontramos, de fato, uma expressiva defesa de ideias republicanas e cívicas. No entanto, é enfatizado que o leigo patriótico baseava a liberdade civil, que sustentava o regime político de Milão, no fato de a cidade abrigar relíquias de santos:

Aqui alguém dirá: "cuidado, pois muitos males sucedem sob a aparência de bens. Este livro fortuitamente pode vir a cair nas mãos de algum tirano estrangeiro que, vindo a conhecer as maravilhas de Milão, ficará tão inebriado de amor por ela a ponto de, com perspicácia e má intenção, procurar um modo de subjugá-la à sua própria dominação". A isto eu respondo: É tão grande a liberdade natural dessa cidade e tão abundante a proteção dos corpos dos santos que nenhuma dominação de tirania estrangeira, como se tornou patente em nossos tempos, poderá subsistir a não ser com o assentimento de seus cidadãos, e não presuma algum tirano preparar para si uma sede para seu domínio nesse lugar.[51]

No capítulo sobre a força e resistência de Milão, o *magister* Bonvesin retoma o assunto em tons igualmente devotos: "Ó Milão! Ó cidade ilustre! Purpurada pelo sangue sacratíssimo dos santos mártires. Tu, como um leão, mereces sozinha, entre todas as cidades da Lombardia, a glória da força dos bravos".[52] O que é curioso, no *De magnalibus Mediolani*, não é tanto a persistência da crença de que os corpos de santos funcionam como guardiães da comunidade civil, mas o fato de que Milão, na verdade, não possuía tantos corpos santos assim.

Sabemos que, no século IV, o bispo Ambrósio teve dificuldades de defender a autoridade e a autonomia de sua Igreja, porque a urbe não dispunha de relíquias de mártires, muito embora corresse uma história de que, ali, os irmãos Gervásio e Protásio tinham sofrido o martírio, no século II; como seus corpos nunca haviam sido localizados, esses santos não puderam receber culto algum. Ambrósio, ansioso por defender sua Igreja, e conhecendo os rumores sobre os irmãos martirizados, teve uma visão e, por ela, descobriu o local em que eles estavam enterrados; o bispo, então, organizou uma solene procissão de transladação das relíquias para uma igreja que mandou construir. Desde o momento da descoberta, e durante toda a transladação, verificaram-se tantos milagres, que a fama do episódio se alastrou por todo o Império. A imperatriz Justina, que pretendia destronar Ambrósio, com o propósito de passar a sé de Milão para um bispo arianista, viu-se neutralizada em seus intentos: a população acreditava que a descoberta das relíquias fora um mérito de Ambrósio, cuja posição de legítimo bispo católico foi, assim, ratificada.

A descoberta de Ambrósio veio tão bem a calhar, que podemos suspeitar de sua veracidade. No entanto, é forçoso reconhecer que, autênticos ou falsificados, os corpos dos mártires foram decisivos para a definição não só da Igreja católica de Milão, adiante da rival Igreja arianista, mas da autoridade episcopal de Ambrósio, atacado por uma imperatriz que o contestava. Com a descoberta, o bispo contribuiu também para que cidade de Milão, elevada à categoria de capital do Império Romano do Ocidente, pudesse equiparar ainda mais a sua condição àquela da mais ilustre das capitais imperiais, Roma, que ostentava, em seu interior, as sepulturas dos apóstolos Pedro e Paulo. Com Gervásio e Protásio, Milão passou a dispor de dois emblemas, que apelavam para a memória dos dois apóstolos, mas também dos dois irmãos fundadores de Roma, Rômulo e Remo. Era um recurso simbólico impressionantemente forte, e o bispo conhecia bem toda essa mitológica tradição.

Portanto, o panegírico de Bonvesin de la Riva precisa ser lido sob a lógica da história singular de Milão e à luz da importância eclesial e cívica dos mártires. Na opinião do autor, foram os mártires que deram à cidade a capacidade de seguir ostentando a sua grandeza e a sua autonomia em relação a Roma, mesmo quando ela deixou de ser a capital imperial, em 386. Essa tradição, aliada ao passado de capital imperial, justificava que Milão reivindicasse o título de "segunda sede", privilégio que os sacro--imperadores germânicos reconheciam oficialmente e, por isso, concediam ao arcebispo de Milão vários privilégios: o título de conde, o direito de ser eleitor imperial, figurar como principal acompanhante do imperador quando da coroação e seu representante, na Itália, quando o monarca estivesse ausente do Regnum Italicum.

Definidas por uma rede bem capilarizada de igrejas-monumento, as cidades cristãs reelaboraram a tradição política romana e trouxeram para o espaço eclesial o que antes ocorria nas cúrias, no fórum e nas basílicas civis. A lógica corporal-martirial, que presidiu a transformação do espaço urbano, foi também responsável por remeter o presente ao passado considerado fundador ou refundador, e por multiplicar os núcleos de participação na vida urbana. É por isso que a cristianização das cidades não pode ser interpretada em termos de perda de uma lógica política e de assunção de uma lógica religiosa. Insisto no argumento já apresentado: as cidades romanas tradicionais (não cristãs) eram igualmente entendidas como santuários, vale dizer, como núcleos sagrados em que os deuses e os heróis pátrios eram celebrados pelo grupo dos poderosos e pela população comum; portanto, conceber a cidade romana tradicional como essencialmente *política*, e a cidade cristã, que a sucedeu, como essencialmente *religiosa* é uma operação reducionista, que prejudica o conhecimento da cultura urbana, não só de um passado mais recuado, mas igualmente de seu presente.

Nas últimas décadas, diversos autores vêm acentuando o papel positivo das comunidades religiosas na organização dos espaços urbanos e das políticas públicas: Joel Kotkin,[53] por exemplo, considera que as religiões não são apenas produtos de cidades, mas, sobretudo, são produtoras de cidades; José Casanova[54] percebe a "reemergência global da religião como força política e cultural no domínio público, mesmo dentro do ocidente secularizado",[55] o que coloca em xeque as teses sociológicas que preconizavam o fim das religiões nas sociedades do século XX, industrializadas e superpovoadas.[56]

Mesmo com essa nova abordagem epistemológica em relação à interligação do religioso e do político, ainda existe um certo preconceito quando se trata de avaliar os impactos da cristianização das cidades ocidentais entre os séculos V e VII; isso porque o cristianismo ora é visto como uma religião indiferente para com as cidades ou pouco interessada nelas,[57] ora como um obstáculo à continuação da cultura urbana clássica.[58] Richard Sennett, em particular, maximiza a oposição entre o que chamou de *inner life* (a vida interior, segundo ele, própria do cristianismo) e a *outer life* ou *public life* (a vida exterior ou pública, que seria própria da cidade clássica), uma dicotomização, sem dúvida, exagerada e anacrônica, pelo menos em relação ao período medieval.

Como procurei demonstrar, os bispos da Alta Idade Média não agiam apenas sob a lógica da *inner life*, pois eles, desde muito cedo, preocuparam-se com a criação, o uso e a preservação dos espaços públicos urbanos – ao menos daqueles que correspondiam à cultura romano--cristã predominante – e com isso lançavam mão de um procedimento clássico de munificência pública. Apesar das modificações do sentido político, explícitas na associação de igrejas e basílicas, não se pode negar que os bispos reivindicavam para si uma *auctoritas civilis*, oriunda de um passado ancestral não cristão, que a história e teologia cristãs souberam reelaborar, exaltando, mais do que desprezando, as cidades: como dito, a transcendência proposta pela fé de Cristo elevou o sentido de cidade ao patamar da eternidade e, simultaneamente, afirmou que as cidades temporais eram o resultado de um ato de liberdade política, garantida por um Deus que edifica cidades porque as ama.

4.3 O governo citadino dos bispos (séculos V a X)

Não é sem razão que até hoje a sede administrativa dos bispos, numa diocese, chama-se "cúria". Nas cidades da Antiguidade Tardia, a *curia*, em latim, designava o conselho municipal formado pelos *clarissimi* das cidades romanas; o conselho desempenhava, a princípio, um papel deliberativo e governativo, ao que, depois, acrescentou-se a arrecadação de impostos. O modo como o Império Romano, a partir dos tempos de Diocleciano (284-305), organizava a administração em âmbito ocidental prejudicou o tradicional funcionamento das cúrias, pois as carreiras políticas individuais tornaram-se menos dependentes da posição política nas *civitates*. Destituídas de sua tradicional função deliberativa, e oneradas com o risco da fiscalização em tempos de crise, as cúrias foram gradativamente perdendo força, e seu lugar foi sendo ocupado por novas mediações e mediadores que já não dependiam mais da comunidade citadina, pois se ligavam diretamente à corte imperial e aos centros regionais.

Quando da substituição do poder político romano por monarquias romano-germânicas, entre os séculos V e VI, as cúrias pouco conseguiam interferir no jogo político e, com exceção, talvez, da Itália, foram praticamente abandonadas no Ocidente.[59] No entanto, isso não significa que os bispos assumiram, imediatamente, o papel de governantes das cidades no lugar das antigas cúrias; antes que esse processo de cristianização se espalhasse amplamente, outros atores políticos, como os *principales*, que eram homens poderosos ligados à corte imperial, exerceram certo controle sobre as cidades.[60] Nas palavras de Chris Wickham, o resultado dessas alterações no governo municipal foi, em primeiro lugar, a informalização do processo político citadino e, em segundo, a sua maior diversificação, porque, desde então, cada cidade podia estruturar o governo a seu modo e empregar os agentes que decidisse, contrariando o que acontecia no tempo do pleno funcionamento das cúrias.[61] Objetivamente falando, torna-se difícil, senão impossível, querer deduzir um sistema que englobe e explique as diferentes realidades urbanas que podiam, inclusive, diferenciar a sua política local como consequência de seu tamanho maior ou menor. Daí que, em termos políticos, o governo citadino dos bispos não ocorria em todos os lugares e em todas as épocas. Numa única região, ainda que pequena, cidades vizinhas podiam divergir entre ter um bispo como chefe político e ter, ao lado do bispo, uma magistratura militar, como um conde, que geralmente representava um poder superior, como o do rei.

A habilitação dos bispos para a administração pública decorria, como vimos, do fato de que tais homens, muito antes de serem bispos, já pertenciam ao núcleo político das *civitates* e, a seu modo, assumiam responsabilidades em âmbito civil e/ou militar. Acrescentem-se ainda as disposições jurídicas imperiais, sistematizadas na época de Justiniano (527-565), que investiam os bispos de funções judiciais e administrativas, encarregando-os da defesa municipal, da distribuição da anona e de outros trabalhos públicos. Essa incumbência decorria, antes de tudo, da longeva tradição, no interno das comunidades eclesiais, de os bispos serem os provedores materiais dos membros menos abastados da comunidade e os árbitros dos conflitos entre os fiéis, inclusive no âmbito doméstico. Os bispos eram responsáveis pela manutenção e pela subsistência das viúvas e das virgens consagradas, as quais, a depender do caso, podiam viver em comunidades reservadas para elas, sob a autoridade episcopal; o bispo deveria não só protegê-las, como também responder juridicamente pelo seu patrimônio e representá-las junto às autoridades públicas.

O bispo também dirigia diversas outras instituições de atendimento social, como casas para os órfãos, hospitais, hospedarias e casas de acolhida para prostitutas convertidas. Isso tudo só era possível, mesmo antes da promoção da Igreja ao estatuto de religião oficial do Império, porque o patrimônio eclesiástico formava um fundo de amparo às necessidades dos fiéis. A *Ecclesia* de Roma, por exemplo, possuía propriedades agrícolas no sul da Itália, onde eram cultivados cereais para sustentar os cristãos pobres da cidade de Roma: nos períodos de pestes e de catástrofes naturais, os bispos podiam aplicar os rendimentos eclesiásticos para socorrer as necessidades dos membros, à revelia das políticas estatais, o que significava que a Igreja operava como "miniestado",[62] pois ela supria demandas comumente a cargo do Império.

A experiência gestora dos bispos, que já durava mais de quatro séculos, obviamente não passou despercebida das autoridades políticas. Associá-los à administração das *civitates*, justo quando as *curiae* deixavam de funcionar à moda antiga, foi uma saída compatível com o momento político e uma estratégia governamental eficiente, pois a boa fama de gestores dos bens destinados à assistência material gabaritava os bispos a responder, em nível citadino, ao concreto problema da justiça social. Eles eram mão de obra qualificada, acessível e socialmente adaptada aos momentos de vulnerabilidade econômica coletiva, maximizando a gestão política da cidade e não esvaziando suas estruturas. O episcopado, nesse sentido, foi a instituição mais durável e mais sólida da vida urbana na Alta Idade Média: os bispos foram os principais defensores da integridade física e política das cidades entre os séculos V e VII; foram os protetores das cidades e negociadores diplomáticos, quando das invasões e guerras civis; exerciam sua autoridade também sobre o campo, já que o conceito ampliado de *civitas* como território cuja capital é a cidade episcopal determina que o bispo cuide das igrejas nos *pagi* (nos campos) e nos *vici* (aldeias). É assim que os reinos romano-germânicos, mesmo quando arianistas, como os ostrogodos, visigodos e burgúndios, mantiveram o estatuto político dos bispos e de suas *civitates*.

4.3.1 Os bispos na Gália franca

Para a Gália franca, as cidades episcopais se tornaram, inclusive, importantes núcleos auxiliares do governo régio merovíngio. Desde a chegada de Clóvis ao poder (481-511), bispos como Remígio de Reims (m. 533) dispuseram-se a ajudar a consolidar um reino católico em meio às demais dominações políticas de fé arianista; para tanto, o apoio das cidades foi muito relevante, e nenhum merovíngio poderia desprezar a ajuda episcopal – monarcas como Chilperico I (561-584) procuraram controlar os bispos, mas nunca pretenderam eliminá-los ou neutralizá-

-los.[63] É claro que, na pena de um historiador como Gregório de Tours, a atuação de Chilperico, seu inimigo pessoal, soava ofensiva, e, por isso, ele a combatia através de suas *Histórias*. É o que ocorre, por exemplo, no livro VI, dos *Decem Libri Historiarum*: Gregório relata o assassinato do rei Chilperico, a quem chama de novo Nero e novo Herodes, e o qualifica de inimigo da Igreja. Ao querer caracterizar o lado perverso de Chilperico, o bispo-historiador atribui ao rei uma série de acusações de que teria agido sempre contra os pobres, contra as igrejas e contra os bispos de seu reino:

[...] quando o rei se encontrava a sós, os bispos das igrejas eram o principal alvo de suas pilhérias e piadas: ele dizia que aquele era inconsequente, aquele outro, orgulhoso, aquele lá, falador, o outro, luxurioso; e dizia: aquele ali é cheio de vaidade, o outro, pleno de arrogância, dizia isso porque, para ele, nada era mais odioso do que a Igreja. Ele dizia sempre: eis porque nosso fisco é pobre, que nossas riquezas são transferidas para as igrejas; ninguém reina a não ser os bispos; nossa dignidade perece, e é transferida para os bispos das cidades.[64]

Colocada na boca de um rival político, a expressão *soli episcopi regnant* (apenas os bispos reinam) não pode ser considerada uma descrição factual, e sim um ataque verbal a um rei que queria agir segundo um costume político de independência em relação à hierarquia da Igreja. O mesmo se diga da afirmação régia: *ecce pauper remansit fiscus noster* (eis porque nosso fisco é pobre). Precisamos lembrar que, até esse momento, a unidade de arrecadação fiscal, na Gália franca, era a *civitas*, o que logicamente implicava certa intromissão dos bispos no processo arrecadatório, e que esse quadro só veio a mudar no fim do século VII, quando a unidade fiscal se descolou das cidades e ligou-se ao *pagus*, que é um distrito aldeão e não citadino. Assim, tanto a acusação de Gregório, para quem Chilperico era um novo Nero – imperador que incriminou os cristãos pelo incêndio de Roma –, quanto a de Chilperico, para quem os bispos eram sequestradores do fisco público, manifestam, por um lado, que os bispos, já bastante influentes no governo municipal, queriam aumentar ainda mais seu raio de ação e, por outro lado, que alguns reis, como Chilperico, queriam mantê-los sob um certo controle superior, o que só prova que os bispos eram efetivamente figuras políticas de destaque.

Em *A realeza Cristã*, Marcelo Cândido da Silva aponta que a Burgúndia (hoje Borgonha), durante o governo de Gontrão (561-592), é a área merovíngia sob maior influência do poder municipal dos bispos. O motivo para isso tem a ver com as transformações políticas em curso durante os conflitos entre Gontrão e Chilperico, os quais, segundo Cândido da Silva, representavam duas tendências políticas antagônicas: a primeira, adotada por Chilperico, procurava imitar o Império Romano e o modelo régio constantiniano, o que significava colocar o monarca acima das *civitates* e de seus bispos; a segunda tendência, defendida por Gontrão, tomava distância do modelo imperial e, por isso, tinha de afirmar uma política régia própria, que não poderia abrir mão do apoio das *civitates* e, sobretudo, de seus grandes representantes, os bispos. A necessidade premente do apoio dos bispos para garantir a governabilidade levou Gontrão a fazer o que Silva chamou de "revolução burgúndia".[65]

Esses acontecimentos reforçam o que já destacamos: no reino dos francos, os bispos eram prioritariamente os representantes das cidades que compunham o reino, além de serem conselheiros privilegiados dos reis; se levarmos em conta o edito de Gontrão,[66] vemos que os bispos também gozavam da mesma condição dos *iudices* (juízes) e dos demais alto-funcionários do reino. Nos documentos burgúndios da época de Gontrão, aparecem expressões que atestam que os bispos se ocupavam das "causas públicas" (*pro causis publicis*), das necessidades dos pobres (*pro necessitatibus pauperum*)[67] e que começaram também "a legislar sobre temas que eram até então o monopólio da autoridade real",[68] um reforço talvez exagerado do poder episcopal, que, logo a seguir, teve de ser moderado graças à presença dos condes, representantes da monarquia, dentro das cidades.

A chegada dos condes às cidades foi uma estratégia de contenção do poder dos bispos, nem sempre bem-sucedida e duradoura; tanto na Gália franca como na Itália, procurou-se estabelecer, nas *civitates*, o funcionamento do poder militar condal ao lado do poder civil-religioso episcopal: enquanto o conde representava a monarquia, os bispos representavam a cidade e a sua aristocracia – notem que não representavam a *Igreja*, no sentido meramente religioso do termo. Surge daqui outra alteração na topografia urbana dos séculos VI-VII, na Gália ou na Itália, pois a presença dos condes *intra muros* exigiu a construção de palácios públicos (*palatia publica*, também chamados *curtis*), que contrastavam com o complexo monumental episcopal – ao referir-se à Itália alto-medieval, Chris Wickham afirma que o palácio público e a catedral foram os sucessores diretos do fórum romano.[69]

Porém, no interior das cidades, o binômio conde-bispo não teria longa duração; um exemplo precoce de como os condes, aos poucos, iriam deixar novamente as cidades para os bispos pode ser encontrado na história da *civitas* de Pádua: em 602, quando o rei lombardo Agilulfo destruiu a urbe, o bispo continuou a residir dentro dos muros, enquanto o conde, por sua vez, mudou sua sede para Monselice, a 44 quilômetros de distância. O conde não perdeu sua autoridade político-militar sobre a região inteira, muito embora, desde então, sua principal zona de influência tenha deixado de ser a sede episcopal, cujo ocupante não parou de crescer econômica e politicamente, o que fez do bispado paduano um dos maiores proprietários de terras da região. Ali o bispo nunca assumiu as prerrogativas condais, apesar do poderio fundiário acumulado e da rede de dependentes formada pelos senhores de castelos. Em outras áreas, como o bispado de Liège, em 985, os bispos conseguiram agregar privilégios e títulos condais, às vezes até principescos, tornando-se senhores não só da *ecclesia*, e de suas propriedades fundiárias, mas também da inteira *civitas*, enquanto espaço público isento de poder superior.[70]

Sendo ou não o senhor exclusivo da cidade, o bispo ocupava o topo da hierarquia do poder na maior parte dos centros urbanos italianos antes da criação das comunas. Até o século XI, os palácios episcopais – também chamados de *domus episcopatus* – eram amiúde o único edifício de poder político em uma cidade, embora, em outros lugares, a situação possa ter sido diferente, como em Milão, onde se identifica a existência de um *asemblatorio*, isto é, uma sala de reunião cívica, em frente à catedral, conforme relata o primeiro testamento do bispo Ansperto, de 879.[71] Mesmo quando não eram condes, os bispos não se ocupavam exclusivamente de questões eclesiásticas ou espirituais, como podemos pensar, pois exerciam um significativo poder temporal, maiormente na área jurídica e patrimonial. Detentor de terras e imóveis, dentro e fora do circuito dos muros, o bispo era também árbitro das disputas que envolviam a propriedade, o usufruto e os rendimentos fundiários de sua cidade e de seu território. Como escreve Maureen Miller,[72] além de ser uma autoridade pública, o bispo responsabilizava-se por tarefas como cobrança de dívidas, implantação e gerência de pedágios, controle dos impostos, manutenção de muralhas, fortalezas e praças, serviços de vigilância urbana e uma série de outros direitos que reivindicava.

4.3.2 OS bispos na Itália alto-medieval

Um eloquente episódio da ação pública dos bispos alto-medievais encontra-se no quarto livro dos *Diálogos* de São Gregório Magno, quando se menciona o martírio de Santo Herculano de Perúgia, ocorrido entre final de 548 ou início de 549:

Há pouco tempo Flórido, bispo de vida venerável, nos relatou um milagre muito digno de memória, dizendo: "Herculano, homem santíssimo, que me educou, era bispo da cidade de Perúgia; ele havia sido elevado da vida monástica à graça da ordem sacerdotal. No tempo do pérfido rei Tótila, o exército dos godos cercou aquela cidade por sete anos contínuos; dela fugiram muitos cidadãos que não podiam suportar o perigo da fome. O sétimo ano nem havia chegado ao fim, e o exército dos godos invadiu a cidade sitiada. Então o conde, que comandava o exército, enviou um mensageiro ao rei Tótila perguntando o que deveria ser feito do bispo e do povo da cidade. O rei prescreveu o seguinte: 'Arranca, primeiro, uma tira do couro do bispo, desde a cabeça até aos pés; depois, decepa a cabeça dele. E destrua, com a espada, o povo que ali estiver'. Então, o conde, tendo conduzido o homem venerável, o bispo Herculano, sobre a muralha da cidade [*urbs*], arrancou-lhe a cabeça e cortou sua pele, estando ele já morto, desde o vértice da cabeça até seus pés, de modo a que se notasse que uma tira de couro havia sido subtraída de seu corpo, e, depois disso, o corpo dele foi jogado fora dos muros [*extra murum*]. Então, algumas pessoas, compungidas de piedade humanitária, puseram a cabeça junto ao pescoço, e levaram o corpo do bispo e o corpo de um menino, que encontraram naquele local, para a sepultura, junto da muralha. E assim, depois de 40 dias daquele homicídio, o rei Tótila ordenou que os cidadãos [*cives*] daquela cidade, onde quer que houvessem se dispersado, retornassem para ela sem nenhum temor; esses, que antes fugiram da fome, tendo aceitado o direito de viver, retornaram à cidade. Porém, lembrando-se de como havia sido a vida de seu bispo, procuraram o local em que seu corpo fora sepultado, a fim de transladá-lo, como se lhe devia pela honra, à igreja do bem-aventurado Pedro Apóstolo. Quando localizaram o sepulcro, retirada a terra, notaram que o corpo do menino, que há 40 dias fora sepultado com ele, estava cheio de vermes e totalmente carcomido, enquanto o corpo do bispo estava como se tivesse sido sepultado naquele mesmo dia e, o que é ainda mais digno de veneração e admiração, a cabeça dele havia sido unida ao corpo, como se nunca fora decapitada, e também viram que não havia nenhum traço de couro arrancado. Assim, virando-o de costas, procuraram algum sinal ou outra marca que pudesse mostrar a incisão, mas perceberam que o corpo estava todo saudável e intacto, como se nunca tivesse sofrido nenhum corte".[73]

Perúgia, na Úmbria italiana, foi assediada pelo rei Tótila (m. 552), entre os anos 545 e 548, portanto, durante três anos, não sete, como relata Gregório, citando o bispo Flórido. Os anos do episcopado de Herculano coincidiram com as guerras que o imperador Justiniano I (527-565) promovia, por diversas regiões do Mediterrâneo, com o fito de restaurar o domínio imperial sobre as antigas áreas romanas. Segundo o historiador grego Procópio de Cesareia (490-562), autor da *História das Guerras*, Justiniano enfrentava os ostrogodos, os visigodos, os vândalos e outros povos porque eram, em primeiro lugar, bárbaros e, em segundo, porque eram cristãos arianistas, razão que confere um aspecto de guerra religiosa aos empreendimentos de Justiniano.[74] Na pena de autores católicos, como Gregório, certamente a divergência dogmática com os arianistas dificultava a interação entre as populações de ambos os lados, como vimos anteriormente, e esta pode ser a razão pela qual o rei Tótila é chamado de *pérfido* por Flórido; *pérfido* era adjetivo muito comum na linguagem eclesiástica para descrever hereges, pois, etimologicamente, perfídia também indica uma transgressão da fé: a partícula *per* tem sentido de *ir além*, *ultrapassar* ou *transgredir*, e o vocábulo *fides* significa *confiança*, mas também *fé*: os ostrogodos eram pérfidos porque hereges e, como tais, traidores da ortodoxia cristã, defendida pela autoridade imperial representada por Justiniano.

As campanhas que Tótila moveu, na Itália, para desbaratar as pretensões do imperador, foram ora sangrentas, ora articuladas com gestos diplomáticos e conciliadores. No caso de Perúgia, nota-se um misto de ambas as posturas, dado que, apesar do assassinato de Herculano, na qualidade de bispo – representante da cidade e, no caso, da ortodoxia cristã imperial –, a população não sofreu outros males além daqueles causados por um demorado cerco, ainda que a ordem de extermínio tenha sido dada. Numa narrativa hagiográfica, como o quarto livro dos *Diálogos*, claramente arquitetada para homenagear os antigos bispos da Itália, não devemos esperar uma crônica factual comprometida com uma noção moderna de história: Tótila possivelmente não executou os perdedores peruginos porque não o interessava. O recado estava dado: os ostrogodos ainda eram fortes, que soubessem disso os prováveis apoiadores de um império, então ainda mais estrangeiro – porque grego – do que os ostrogodos, e cujo chefe morava muito longe, enquanto ele, Tótila, estava ali ao lado.

A CIDADE EPISCOPAL

Nas representações iconográficas de Santo Herculano de Perúgia, produzidas durante o período medieval, como a *Tavola di Sant'Ercolano*, da Galleria Nazionale dell'Umbria (século XIV), Herculano é retratado endossando vestes litúrgicas pontificais e segurando, em suas mãos, um quadro que miniaturiza a cidade, da qual ele se tornou o patrono, conforme descrito no relato gregoriano. Esse relato atribui a ele a intervenção que levou à retirada das tropas ostrogóticas e ao retorno da população que havia fugido. O bispo, durante sua vida, lutou para manter a resistência da cidade diante de uma invasão injusta. Após sua morte, ele continua a afugentar seus inimigos; antes ele congregava uma inteira população dentro dos muros; agora, como mártir, recolhe as pessoas que haviam se dispersado atemorizadas pelos campos vizinhos.

Gregório imortaliza o testemunho de Flórido, discípulo de Herculano: foi sobre o muro da *urbs* que o bispo entregou sua vida, na exata marcação que delimita uma cidade e que estabelece seus fundamentos, como vimos no capítulo 3.1; seu corpo foi jogado fora dos muros, literalmente destituído de sua *civitas*, onde tinha direito ao reconhecimento político e à veneração devota. Se o senso de humanidade levou os passantes a depositarem seus espólios numa cova, foi, mais uma vez, junto aos muros que ele encontrou o primeiro repouso e, desde esse lugar de proteção, ele milagrosamente – como sugere o relato hagiográfico – conseguiu que o pérfido Tótila devolvesse à cidade o direito de viver (*uiuendi licentia accepta*). Retornada a paz com o martírio do bispo, os peruginos recordaram-se de Herculano, recordaram-se, como informa Gregório, de como havia vivido o bispo deles (*uitae eorum episcopus fuerat memores*), e saíram para procurar seu corpo: uma cidade à procura de seu bispo, que justamente morrera para manter viva a sua cidade. Há uma relação de vasos comunicantes nessa cena. E dali de fora, o espaço da não cidade, os cidadãos, que recuperaram a duras penas a liberdade, conduziram, com honras, o seu pastor para a sua catedral, a casa de todos, a Igreja de São Pedro Apóstolo. Ali, de onde governou o *populus Dei*, haverá de seguir tutelando o seu rebanho, com mãos firmes, como retrata a *Tavola di Sant'Ercolano*.

Para além dos relatos de bispos santos, sempre lisonjeiros, os documentos conservados nos arquivos episcopais podem nos ajudar a conhecer melhor o governo citadino dos bispos. Quanto a isso, os arquivos do bispado de Lucca, na Toscana, representa um dos acervos mais completos para períodos recuados, como os séculos VII-X. Um simples levantamento documental para os anos 801-900 apresenta 105 *chartulae* (atas ou escrituras); desse total, 42 são registros de decisões diretamente ligadas aos bispos, que podem ser agrupadas da seguinte forma: 1) registros de ordenações clericais e nomeação e posse de ministros para as igrejas da diocese (19 *chartulae*); 2) concessões de propriedade/uso de bens imobiliários, sobretudo igrejas e mosteiros (14); 3) registros de ações judiciais ocorridas no tribunal episcopal e que envolveram disputas por bens imobiliários e rendas (6); e 4) permuta de bens (3). Como se pode notar, os bispos governam *in spiritualibus* (no âmbito espiritual), principalmente, gerindo a distribuição e a assistência de clérigos no atendimento pastoral e na cura das almas; porém, também governam *in temporalibus*, isto é, nas coisas temporais que envolvem diretamente a sua cidade. Tomemos um único exemplo do exercício dessa segunda forma de governo que é, aqui, o que mais nos interessa.

Em 892, Gherardo, bispo da *Ecclesia Lucana* (bispado de Lucca, na Toscana), acatou, em seu tribunal, a petição de um de seus padres, que incriminava um colega de se apropriar dos dízimos que, segundo o acusador, os habitantes de oito aldeias vizinhas deveriam pagar à sua igreja e não à igreja do outro padre. O acusador chamava-se Aidiprando, reitor da *Ecclesia Sancti Macharii* (Igreja de São Macário), na aldeia de San Macario in Monte (a 8 quilômetros de Lucca); o acusado, André, era o reitor da *Ecclesia Sancti Martini* (Igreja de São Martinho), na aldeia de Arliano (a 10 quilômetros de Lucca); essas duas igrejas não eram simples igrejas, mas *plebes baptismales*, e seus padres ostentavam o título de arciprestes.

Plebs baptismalis (ou simplesmente plebe) era o título dado às igrejas de aldeia que gozavam do direito de possuir um batistério para a população local e de seu entorno, o que significa que nem todos os sacramentos eram conferidos em todas as igrejas. Essa disposição restritiva respeitava, em primeiro lugar, a autoridade da cidade sobre as aldeias e, em segundo lugar, a autoridade dos bispos sobre o clero da cidade e do campo. Ora, o batismo – sobre o qual ainda voltaremos a tratar – era entendido como o início da vida pública do fiel na Igreja, e, graças à associação de sentido entre *ecclesia* e *civitas*, o batismo marcava também a inserção do fiel na vida citadina: restringir o batismo à cidade forçava as aldeias a reconhecerem que elas não eram plenamente unidades políticas, e que dependiam, inclusive no âmbito sacramental, de suas cidades.

Por outro lado, os bispos também se encontravam fortalecidos, uma vez que, por direito próprio, somente a catedral podia dispor de um batistério. Isso significava que todos os outros batistérios da diocese eram concessões feitas pelos bispos, usadas como um dispositivo político, pois sua distribuição geralmente dependia de motivos pessoais e circunstanciais: por exemplo, a Igreja de Arliano era muito mais antiga do que a de San Macario; inclusive, Arliano é mencionada como uma das 28 igrejas fundadas pelo bispo e mártir São Frediano, no século VI, enquanto não há registros sobre San Macario na mesma época. O fato de a última igreja receber a concessão plebana antes da prestigiosa Arliano é provavelmente uma questão mais política do que logística.

Por ser uma igreja privilegiada entre as demais da região, a plebe conferia a seu reitor um título especial, o de *arcipreste* (arquipresbítero), que o colocava numa posição prestigiosa entre os presbíteros do entorno. Em tese, o arcipreste não tinha poderes hierárquicos ligados ao título; porém, sua posição distinta acabava colocando-o socialmente à frente, e, não raras vezes, os próprios bispos investiam seus arciprestes de maiores responsabilidades e vantagens. Ao mesmo tempo, as plebes costumavam existir naquelas aldeias ou vilarejos mais populosos, e que serviam de ponto de referência para as demais aldeias da região; elas não eram cidades, no sentido político-administrativo do termo, mas exerciam um papel de cabeça de área para a população da região.[75] Assim, uma plebe atraía para si todas as famílias de um dado território, que procuravam o batismo, mesmo que existisse um edifício eclesiástico ao lado de casa; a plebe, consequentemente, auferia maiores somas de dinheiro, porque, além das taxas normalmente devidas à igreja local, as plebes também recolhiam taxas das demais comunidades eclesiais que não eram plebes batismais. O arcipreste, portanto, também era um presbítero economicamente mais bem colocado entre o clero local, motivo suficiente para haver frequentes disputas entre eles.

Quando Aidiprando apresentou sua queixa no tribunal episcopal, alegava ser vítima de grande injustiça: seu colega André estava recolhendo as ofertas e os dízimos (*offertas et decimas*) em uma área que dizia pertencer à sua jurisdição plebana, cujos habitantes "tinham o costume" (*qui aberunt* [*sic*] *consuetudo*) de pagá-los à plebe de San Macario in Monte. Diante da grave acusação, coube ao bispo instalar o tribunal para a arbitragem, que ocorreu na *Domus episcopatus* (o palácio do bispo), em outubro de 892 – o dia exato não foi registrado. O bispo apresenta-se como o presidente da sessão e é assessorado por um notário, no caso, o arcipreste Leão, e por um inquiridor, o presbítero Eripaldo, que, além de dirigir perguntas às partes e às testemunhas, também preside o corpo de jurados que emite o veredicto no final da audiência. Os jurados dividem-se em dois grupos: cinco presbíteros (contando Eripaldo) e seis ou mais leigos (o notário, ao mencionar seis homens, acrescenta *"et reliquis"* [e os restantes], que faz supor que havia mais leigos no júri).

Após ouvir a denúncia de Aidiprando, o arcipreste André tomou a palavra e rebateu às acusações: "Na verdade, não fiz injustiça alguma contra ti. Sim, eu recolhi as ofertas e os dízimos dos preditos homens dos lugares supramencionados, porém agi assim porque eles tinham o costume de os entregar à Igreja batismal de São Martinho, situada em Arliano".[76] Após a declaração, o inquiridor Eripaldo perguntou se André dispunha de homens de boa-fé que conhecessem a sua causa e pudessem jurar sobre os evangelhos em favor daquilo que acabara de afirmar. Ao dizer que sim, as testemunhas foram trazidas, em número de três, devidamente nomeadas. Todas elas declararam a mesma coisa: "sei que os homens das referidas localidades, durante 40 anos, tiveram o costume de entregar as ofertas e os dízimos para a Igreja batismal de São Martinho, situada no referido lugar de Arliano, onde este André, presbítero e custódio, é também o reitor".[77] Feitas as declarações e recolhidos os juramentos, Eripaldo apresentou ao bispo a decisão do júri: o direito sobre os dízimos de Stabianno, Itriano, Colugna, Viniole, Farnita, Oliveto e Formentale pertenciam ao arcipreste André e à sua igreja plebana; quanto ao arcipreste Aidiprando, ele deveria manter-se distante do direito que não mais pertencia à sua igreja. Segue a ata assinada pelas autoridades presentes.

O pleito movido pelo reitor de San Macario in Monte nos dá a chance de observarmos o funcionamento institucional de uma igreja episcopal: o bispo era a ponta de uma pirâmide bem estruturada em vários níveis jurisdicionais. Por trás de cada igreja batismal, vemos dois arciprestes e podemos deduzir um grupo bem maior de presbíteros à frente de igrejas não batismais, que mantinham com tais arciprestes uma relação de complementariedade, mas, também, de dependência. Ao redor de cada edifício eclesiástico, uma aldeia com muitos habitantes que, como se pode captar da peça judicial de Gherardo, reconhecem-se vinculados à sua igreja local e, ao mesmo tempo, ao seu batistério, de quem aceitam a taxa.

O testemunho dos habitantes de Arliano sobre o pagamento do dízimo nos faz enxergar uma territorialização escalonada que, começando numa pequena igreja aldeã, passa para uma área maior, presidida pela plebe batismal, e atinge a *civitas* episcopal. A vinculação das populações a esses núcleos,[78] bem longe de significar uma desejada fixação da mão de obra a ser explorada por senhores locais, criou as condições para que uma cultura do face a face engendrasse uma vida comunitária paroquializada; a vantagem dessas pequenas comunidades eclesiais era dotar uma aldeia de um espaço de discussão e deliberação que, não raras vezes, servia de freio à vontade dominadora dos senhores locais. A vida nessas aldeias transcorria na lentidão das gerações; conheciam-se cara a cara, conheciam seus presbíteros, respeitavam o direito consuetudinário e sabiam que suas aldeias eram parte de um circuito maior, que incluía a cidade, seu bispo, seu tribunal e seus notários.

Que o bispo tenha que se preocupar com uma querela de padres interessados em dízimos não deve nos desviar do que importa: a *Ecclesia* citadina era a instância maior de resolução de conflitos dentro e fora de seus muros. O bispo era o árbitro de seus padres, de seus leigos, de seus lugares de culto e podia, inclusive, lidar com pelejas outras, que diziam menos respeito ao bem das almas e muito mais ao bem dos corpos. Destaco a participação dos leigos no processo judicial que envolvia arciprestes e presbíteros. Que papel tiveram esses leigos ali? O registro pouco revela. No entanto, a presença silenciosa deles torna-se eloquente se pensarmos que foram eles, junto com os presbíteros do júri, que decidiram qual reitor tinha razão. Quem eram esses homens? A ata apenas registra seus nomes, sem anotar o nome de seus pais, como fora feito para as três testemunhas: essa omissão pode sinalizar que a identidade deles era conhecida da população urbana e que eles, talvez, até fizessem parte permanente do tribunal episcopal, quiçá pertencessem ao que algumas cidades chamavam de *curia vassallorum*, isto é, o grupo de homens ligados ao bispo na gestão da coisa pública.[79]

Em muitas cidades episcopais, o movimento comunal, que proclamou a independência da urbe perante os poderes externos e, às vezes, internos – do bispo e do conde –, contou bastante com a participação dessa cúria, formada pelos terratenentes da cidade, homens da elite, como o bispo, e que tinham o interesse de seguir com a cultura cívica de seus ancestrais. O bispo não governava sozinho, e não governava só com os padres. Uma cidade cristã não é uma cidade de padres, mas de cidadãos – e mesmo de padres cidadãos –, que, graças à capilaridade de suas comunidades eclesiais e à vasta possibilidade de participação nelas, constroem a urbe e, ao mesmo tempo, procuram salvar as suas almas.

Notas

[1] Guidetti, 1995, p. 436.

[2] *Apud* Quaglioni, 1993, pp. 63-64.

[3] Guidetti, 1995, p. 337 (grifos meus).

[4] Silva, 2008, pp. 122-126.

[5] Grégoire & Collombet, 1836, pp. 202-204 (grifos meus).

[6] Veyne, 2015, pp. 149-150.

[7] Grégoire & Collombet, 1836, p. 208.

[8] *Idem, ibidem.*

[9] Brown, 1992, p. 76.

[10] *Apud* Moore, 2011, p. 10.

[11] Petri, 1983, pp. 340-341.

[12] Boussard, 1948, p. 316; Petri, 1983, p. 343.

[13] Petri, 1983, pp. 343-344.

[14] *Idem*, p. 345.

[15] Machado, 2015, p. 101.

[16] Bollandus, 1865, p. 780 (grifos meus).

[17] Boretius, 1883, pp. 2-3.

[18] Petri, 1983, p. 346.

[19] Iogna-Prat, 2013, p. 18.

[20] *Idem*, 2013; 2016.

[21] *Idem*, 2006, pp. 20-21.

[22] *Idem*, 2006, p. 18.

[23] Nanni, 1948, pp. 24-25.

[24] *Idem*, p. 26.

[25] *Idem, ibidem.*

[26] Viti, 2020, p. 32.

[27] *Idem*, p. 33.

[28] Nanni, 1948, p. 11.

[29] *Idem*, p. 13.

[30] Markus, 1994, p. 258.

[31] *Apud* Nanni, 1948, p. 30.

[32] Viti, 2020, p. 33.

[33] *Idem*, p. 28.

[34] *Idem*, p. 34.

[35] Miller, 2000, p. 140.

[36] Nanni, 1948, p. 22.

[37] Migne, 1855b.

[38] Lopes, 2009, p. 32.

[39] *Idem*, 2013, p. 111.

[40] *Idem*, p. 174.

[41] *Idem*, 2009, p. 32.

[42] *Idem*, 2013, p. 524.

[43] Iogna-Prat, 2013, p. 16.

[44] Migne, 1865b.

[45] Dutour, 2005, p. 182.

[46] Migne, 1855c.

[47] Simeoni, 1919, p. 6.

[48] *Idem*, pp. 8-9.

[49] *Idem*, p. 10.

[50] Wataghin *et al.*, 1996, p. 21.

[51] Bonvesin, 1974, p. 24.

[52] *Idem*, p. 120.

[53] Kotkin, 2012.

[54] Casanova, 1994.

[55] *Apud* Vilaça, 2017, p. 16.

[56] Sheldrake, 2014.

[57] Kotkin, 2012.

[58] Sennett, 2003.

[59] Wickham, 2008, p. 848.

[60] Machado, 2015, p. 102.

[61] Wickham, 2008, pp. 850-851.

[62] Johnson, 2001, p. 92.

[63] Silva, 2008, p. 231 e ss.

[64] Krusch & Levison, 2020, p. 320.

[65] Silva, 2008, p. 247.

[66] *Idem*, p. 248.

[67] *Idem*, p. 256.

[68] *Idem*, p. 257.

[69] Wickham, 1981, p. 83.

[70] Tabacco, 1987, p. 4.

[71] Wickham, 1981, p. 83.

[72] Miller, 2003, p. 182.

[73] Gregorio Magno, 2006, pp. 48-50.

[74] Boy, 2010.

[75] Tabbaco, 1996, p. 97.

[76] Bertini, 1836, p. 63.

[77] *Idem*, p. 64.

[78] Lauwers, 2015, p. 61.

[79] Jones, 2004, p. 143.

5

ECCLESIA MATRIX OU *DOMUS CIVITATIS*: AS MÚLTIPLAS FUNÇÕES DA IGREJA URBANA

Miguel Sobrino, no volumoso livro que dedicou às "biografias desconhecidas dos grandes templos de Espanha", publicado em 2009, reconhece que as catedrais (ao menos as europeias) são, até hoje, "os emblemas mais reconhecíveis de nossas cidades" e, ao mesmo tempo, são um "símbolo cidadão". Admira-se o autor por ver que tais marcos gigantescos na paisagem urbana seguem pouco compreendidos pela população atual, que, segundo ele, ignora "duas questões fundamentais: 'o que é' realmente uma catedral e 'qual era a função' (ou, mais precisamente, as múltiplas funções) para a qual foi construída".[1] Seu livro de mais de 800 páginas destina-se a oferecer algumas respostas às duas questões que levanta, e podemos começar por estas: a igreja catedral, isto é, a igreja em que o bispo tem a sua cátedra, a sua cadeira pastoral, é mais do que um templo, e suas funções ultrapassam o âmbito do culto e da liturgia, ainda que o culto litúrgico tenha ali o seu espaço mais privilegiado.

Sendo a cabeça de uma rede bastante vasta de igrejas, pequenas e médias – a catedral deveria ser invariavelmente a maior –, a igreja do bispo define o espaço do seu pastoreio, de sua autoridade civil, do direito de auferir taxas, serviços e rendas, de exarar documentos e acompanhar a aplicação da justiça; nesse sentido, a catedral é um espaço de governo. Grande o suficiente para acolher toda a população citadina, inclusive demasiado resistente para servir de fortaleza, a catedral é a casa da cidade. Sua nave central e suas galerias laterais permitem que o povo por ali deambule, encontre-se, converse. Nas igrejas medievais não havia bancos para o povo se assentar; os fiéis permaneciam de pé ou de joelhos, de acordo com os momentos propícios, e, graças a isso, podia-se andar pela igreja e admirar-se de sua altura e beleza. As capelas laterais, encravadas no deambulatório, eram pequenas igrejas dentro da grande igreja, construídas, geralmente, por famílias locais, quase sempre as mais poderosas, e por irmandades e associações pias que, suprindo a falta de recursos individuais ou familiares, facultavam que também os menos abastados tivessem ali dentro, na casa de todos, um lugar para chamar de seu. Comerciantes podiam fechar negócios ali dentro; não raras vezes, ali se reunia o conselho municipal. Nos seus pórticos, juízes declaravam as sentenças e, amiúde, diante dos átrios catedralícios, o algoz desferia o golpe fatal sobre aquele que fora sentenciado à morte.

Após o declínio do Império Romano, a maioria das cidades ocidentais viu-se reduzida ao tamanho modesto de seu antigo centro cívico, agora cercado pelas muralhas construídas nos séculos IV-V. Nessas circunstâncias, era altamente provável que a diminuta população, composta de cerca de 5 mil a 7 mil pessoas em alguns casos, ou um pouco mais, não tivesse recursos para construir outro edifício de grande beleza arquitetônica além de sua própria *catedral* nas cidades episcopais ou *igreja matriz* nas cidades sem bispos. Não é o dinheiro do bispo ou do pároco que a constrói, nem o dinheiro dos dízimos. A catedral ou matriz é erguida pelo suor de todos os moradores. E construir catedrais, ao contrário do que poderia parecer, era uma importante promessa de melhoria econômica, pois um canteiro de obras tão grande atraía muita gente, seja para lavrar e carregar pedras, seja para preparar a comida dos pedreiros, para cortar a lenha para os andaimes, para carregar a água para os operários e oferecer-lhes repouso após o labor.

Quarenta anos ou mais de investimento, e a catedral gerava riqueza. Uma riqueza que começou antes como partilha, inclusive, da pobreza, pois até mesmo pequenos povoados, habitados por gente mais campesina que urbana, como na Itália, queriam ter suas próprias catedrais e estavam dispostos a gastar até o que não tinham. Patrick Boucheron afirma que a catedral explica a cidade, cria-a e conserva-a, no que tem razão.[2] Em suas paredes a cidade se expressa, registra sua história, o passado de seus ancestrais, bem como o ideal de uma cidade perfeita e duradoura. Uma catedral era feita também para provocar a inveja da cidade vizinha e, particularmente, para atrair os campesinos das aldeias que, ao passar pela cidade, teriam onde visitar e algo de que se orgulhar. Como afirma Miguel Sobrino, a catedral tornou-se a "praça coberta da cidade medieval",[3] a sucedânea do fórum e das antigas basílicas cívicas, lugares de encontro e de exibição para uma cultura urbana que adorava pautar-se pelo ver e ser visto.

5.1 A Mãe Igreja

O Museu Nacional do Bardo, em Túnis, guarda uma lastra tumular de mármore, datada de inícios do século V e originária de Tabarka, na Tunísia. A lastra conserva um mosaico feito para honrar a memória de uma mulher, chamada Valentia, cristã norte-africana que foi sepultada na igreja dos Mártires de sua cidade.

Figura 7: Lastra tumular de Tabarka (século V), Museu do Bardo (Túnis).
Fonte: https://commons.wikimedia.org/w/index.php?title=File:Basilica_cristiana_proveniente_da_pietra_tombale_di_Tabarka_conservata_al_Bardo_di_Tunisi.jpg&oldid=246765892. Acesso em 8/4/2024.

Como podemos observar na imagem, a lastra contém a figuração de uma basílica, cujos traços e perspectiva nos permitem distinguir as partes constituintes de um templo paleocristão: a abside, o presbitério escalonado, o átrio de entrada, as naves formadas por colunas, as janelas do clerestório, o piso revestido de mosaicos, um altar adornado com três castiçais e um teto de telhas sobrepostas. Esses detalhes, impressionantemente relevantes para a história da arquitetura sacra norte-africana, atestam, na verdade, a fé que Valentia tinha na vida após a morte – demonstrada na expressão *Valentia in pace* (Valentia está em paz) – e, ao mesmo tempo, a fé de que a Igreja era também a sua mãe, a "Mãe Igreja" (*Mater Ecclesia*), como é possível ler na lápide.

Considerando que o epitáfio de Valentia foi encontrado em um túmulo norte-africano, não seria surpreendente que guardasse relação com a eclesiologia de Cipriano de Cartago. Em 251, Cipriano tornou público seu tratado mais famoso, no qual defendia a unidade da Igreja católica (*De Catholicae Ecclesiae Unitate*). É muito possível que o epitáfio de Valentia tenha sido influenciado pelas ideias de Cipriano e reflita essa perspectiva eclesial. O bispo Cipriano sustentava ardorosamente que a paternidade de Deus só poderia ser experimentada eficazmente pelos fiéis a partir da maternidade da Igreja, de modo que, para ele, seria impossível chamar a Deus de pai quem não tivesse a Igreja por mãe. O cristianismo no norte da África nunca foi um movimento pacífico; tensionados por posições teológicas discordantes e por entendimentos morais pouco homogêneos, os cristãos africanos viam-se frequentemente divididos em igrejas cismáticas que, como ocorreu no tempo do bispo Donato (*c.* 270-*c.* 355), podiam chegar à violência verbal e à agressão física. A declaração de Cipriano, portanto, precisa ser lida nesse contexto de igrejas separadas e rivais, e no desejo, evidentemente unilateral, de defender aquela da qual era bispo: "[a Igreja] desenvolve seus ramos por toda a terra, com grande fecundidade; ela derrama ao longe seus rios, com toda liberalidade, e no entanto é uma na cabeça, uma pela origem; uma mãe imensamente fecunda. Nascemos todos de seu ventre, somos nutridos com seu leite e animados por seu espírito".[4]

Embora carente de fundamento bíblico, a premissa ciprianista da "Mãe Igreja" era bem-vista e bastante compreensível para os fiéis leigos das igrejas africanas e, a julgar pelo epitáfio de Valentia, deveria tocar a sensibilidade espiritual dos simples cristãos. A Mãe Igreja não era uma mera ideia abstrata ou um simples conceito teológico, pois a profusão de detalhes arquitetônicos evidenciada pela lápide nos leva a relacioná-la à materialidade física da igreja na qual Valentia estava sepultada. Ao mesmo tempo, o epitáfio transcende a monumentalidade arquitetônica e a possível frieza de suas pedras e colunas; para Valentia, como para Cipriano, a Igreja é mãe, tem carne e osso, e tem espírito e afeto. Aquela mãe poderia ser uma metáfora da própria comunidade que acolheu Valentia, ou da comunidade espiritual formada por todos os cristãos, cuja fé a defunta professava; talvez ainda representasse a figuração da vida após a morte, na qual os cristãos, depois de uma vida na Igreja da terra, rejubilam, então, na Igreja do céu. Esses três sentidos não são excludentes ou exclusivos. Todos indicam a mesma concepção de que a Igreja, como mãe, constitui uma família e estabelece um quadro de convivência que supõe as paredes de pedra e que exige a gestão da vida comunitária.

Cinco séculos mais tarde, no sul da Itália, encontramos outra figuração da Mãe Igreja, registrada no pergaminho do hino *Exultet*, produzido pela Abadia de Montecassino, e que data do século XI.

Trata-se de um manuscrito em forma de rolo que contém a letra e as notações musicais do canto litúrgico que proclamava a ressurreição de Cristo, motivo suficiente para que o suporte textual fosse meticulosamente adornado e ilustrado com figuras artísticas que solenizavam a sua função litúrgica. Os rolos de *Exultet* executados pelos monges de Montecassino estão entre os melhores exemplares desse tipo de material, e suas características gráficas e figurativas são uma preciosa ajuda para entender como as comunidades eclesiais do sul da Itália celebravam a Páscoa e como manifestavam a sua fé no mistério da ressurreição de Cristo.[5]

A execução do hino do *Exultet* é um dos momentos mais solenes da Vigília do Sábado Santo; após a bênção do fogo novo, que acontece do lado externo do templo, o bispo acendia o círio pascal, símbolo do Cristo ressuscitado, e o diácono o levava para dentro da igreja, presidindo uma procissão que marchava na penumbra, iluminada apenas pela luz daquela imensa vela de cera de abelha. Ao chegar ao presbitério, o diácono depositava o círio em um pedestal, situado no centro do altar, tomava a bênção do bispo e se dirigia para o lugar indicado para entoar o hino que deveria romper com as trevas da noite e saudar a chegada da luz divina, simbolizada no círio. Composto de um prefácio invitatório e de uma narrativa da história da salvação, o *Exultet* era um convite ao louvor e à exultação que o diácono dirigia aos anjos, à terra e à Igreja, que era então chamada de "Mãe Igreja", como na África: "Alegre-se também a mãe Igreja, adornada com os fulgores de tão grande luz, e ressoe este templo com as altas vozes do povo" (*Laetetur et mater Ecclesia, tanti luminis adornata fulgoribus et magnis populorum vocibus, haec aula resultet*).

Figura 8: *Barberini Exultet Roll*, Abadia de Montecassino (1020-1050), Biblioteca Apostólica Vaticana (Ms Barb. Lat. 592, fol. 001r).
Fonte: https://digi.vatlib.it/view/MSS_Barb.lat.592. Acesso em 8/4/2024.

Ao compor a arquitetura do templo, o ilustrador parece ter querido criar um efeito duplo: ao mesmo tempo que reproduz o que aparenta ser a fachada da igreja, vista desde o lado de fora, dá-lhe também os traços de uma abside e até de um baldaquino, que, em muitos templos, costumavam encimar o altar, e só podiam ser vistos por quem estava dentro do edifício. Seja como for, o estilo basilical está bem construído: o edifício tem três naves, sustentadas por quatro colunas que terminam em capitéis coríntios;

as duas estruturas que ladeiam o frontão da igreja lembram dois clerestórios, que captam a luz externa. Na nave central, o revestimento vermelho da abóbada soleniza o que seria a área do santuário, já que o altar não está representado, ao contrário do que ocorreu no mosaico do Bardo.

No entanto, as distinções entre as duas representações não se limitam a isso. No mosaico *Mater Ecclesia*, do Museu Nacional do Bardo (cf. Figura 7), a legenda leva o leitor a associar a ideia de mãe à imagem da basílica; no exemplar Barberini, do Vaticano (cf. Figura 8), a associação é feita com a mulher que ocupa simultaneamente o centro da cena e a nave principal da igreja. A mulher encontra-se vestida como uma imperatriz bizantina: ela porta um *himation* (espécie de túnica pesada e mais longa), que toca seus pés, coberto por uma *dalmatica* presa à cintura por um *loros* (a faixa); seus braços abertos exibem duas *epimanichia* (peças que cobrem os punhos e que servem para prender as mangas do *himation*). Por cima de toda a vestimenta, a mulher traja um *homoforion* (espécie de escapulário), que lhe pende dos ombros e desce, como faixa, até às franjas da dalmática. A disposição de tal vestuário parece-me apontar duas possibilidades de sentido que, no fundo, são complementares: de fato, há uma associação com as roupas imperiais, sobretudo femininas, e, nesse caso, a Mãe Igreja confunde-se com a noção de Estado ou de comunidade política constituída pelos fiéis – até o século X, o sul da Itália mantinha uma forte conexão com as tradições bizantinas, tanto em termos políticos quanto em relação à liturgia e cultura em geral. Isso sugere que a equivalência entre a afiliação eclesiástica e imperial se tornou uma expressão da cultura política bizantina, que buscava unificar e colocar sob o poder do Estado a comunidade religiosa e a responsabilidade pelas igrejas.

Ao mesmo tempo, as vestes usadas pela Mãe Igreja apresentam uma notável semelhança com os paramentos sacros endossados pelos bispos. Enquanto todos os clérigos das ordens maiores (diáconos e presbíteros) usam os *epimanichia*, os presbíteros também vestem a túnica. Porém, apenas os bispos usam todas essas vestes juntas e são os únicos autorizados a endossar o *homoforion*, que é sem dúvida o seu principal distintivo – inclusive, nas tradições ortodoxas e bizantinas, "estar sob o *homoforion* de tal bispo" significa que se está sob a sua jurisdição e obediência. Apesar de não ser possível estabelecer qual dos dois sentidos seja aquele que o ilustrador preferia, julgo que a associação Mãe Igreja-bispo seja a mais evidente e eloquente. Foi para uso de igrejas episcopais que a Abadia de Montecassino produziu os rolos de *Exultet* e os demais sacramentários e lecionários que exportava. Adicionalmente, a solenidade da Vigília Pascal, nas cidades com um bispo, exigia que fosse o próprio bispo o celebrante, auxiliado pelo diácono, subdiácono, pelos leitores e acólitos.[6] Outra indicação é que a "Mãe Igreja" mencionada no *Exultet* é aquela cujos filhos celebram com alegria naquele templo e naquela noite sagrada. Isso sugere que se trata não do Estado político, mas da comunidade de fiéis congregada no seio de sua Mãe.

A mulher estende os braços, e suas mãos tocam as vigas da nave central, mas de maneira suave, apenas para mostrar que aquilo que ela representa como mulher também se manifesta como um templo. A legenda em latim que se sobrepõe à sua cabeça deixa sua identidade clara: a inscrição diz *Mater Ecclesia*, com a palavra *Ecclesia* sendo abreviada, representada por uma cruz em vez das letras L-E-S. O corpo da mulher está posicionado exatamente onde, em uma disposição convencional do espaço sagrado, a mesa do altar seria colocada; a figura mística da mulher se revela como altar, como o ponto mais sagrado do Templo, o *Santo dos Santos*, seguindo a tradição do Antigo Testamento; a presença de duas lâmpadas ao seu lado denota a grandeza da posição que ela ocupa.

A mulher episcopalizada e sacramentalizada parece pontificar, ela mesma, a sagrada liturgia; seus braços abertos servem de ponte entre o *populus* que está sob a sua mão direita e o *clerus* à sua esquerda; observe que ambos os grupos ocupam as naves laterais e são iluminados por apenas uma lâmpada cada um, em contraste com a *Mater Ecclesia*, que é iluminada por duas lâmpadas. O clero não detém uma sacralidade superior à do povo e não ocupa uma posição elevada, mas está ao lado do povo. Uma vez que a igreja é o local onde ocorre a celebração do sacramento, e essa celebração é realizada por meio de um *ordo*, ou seja, um código escrito e aprovado para uso litúrgico, o clero está posicionado à direita, pois é responsável pela execução do *ordo*, em benefício do povo presente. Dessa forma, a sacralidade pertence a toda a comunidade e não apenas a alguns de seus membros. Ao examinar o manuscrito do *Exultet* de Montecassino, não consigo encontrar evidências de clericalismo ou de subordinacionismo ritual, elementos que viriam a caracterizar a experiência eclesial nos tempos modernos, durante as reformas tridentinas.

Consideremos, agora, a disposição figurativa do clero e do povo para, ao fim, conseguirmos retirar uma interpretação de conjunto que nos auxilie na hora de compreender o uso social da catedral nas cidades latinas. Comecemos pelo lado direito, onde o clero está reunido. São muitos os clérigos ali representados; todos exibem tonsuras na cabeça e, com exceção do primeiro homem, aparentam ser jovens: são certamente os clérigos de ordens menores (ostiários, exorcistas, leitores, acólitos e subdiáconos) que, numa missa solene pontifical, desempenham diversas funções litúrgicas e ajudam a dar ainda maior exuberância aos ritos sagrados. À frente do grupo dos jovens tonsurados, um homem mais velho, aparentemente de barba, segura um livro nas mãos, protegendo sua capa revestida de gemas e adornos com o que parece ser sua casula – dá para notar que é uma peça distinta da túnica azulada que lhe chega aos pés. Logo atrás de seu ombro direito, distingue-se outro clérigo que porta um livro adornado, um jovem de túnica vermelha.

Se o *ordo* litúrgico exige que o diácono, que canta o evangelho nas missas solenes, porte o evangeliário durante a procissão, é muito curioso, para não dizer estranho, que o clérigo que está à frente também carregue um livro. Mesmo se fosse um presbítero – que na ausência do bispo pode celebrar a vigília pascal –, não é ele quem transportaria ou seguraria o livro que contém as orações, no caso, o próprio missal. É preciso admitir que, em figurações como essa, o propósito não é representar a realidade tal como é, mas transpor, para o campo visual, o espírito que anima a realidade; concomitantemente, temos que saber que, nesse caso, os objetos colocados nas mãos do clero, bem como suas vestimentas e outros adereços, pretendem expressar a diferença entre esse corpo eclesiástico e aquele outro, que está ao lado e que, como veremos, não se configura pelo uso do livro, mas pelo uso da palavra falada.

Por essa razão, creio que o fato de o celebrante segurar o livro que, como vimos, não é o evangeliário, mas o missal, indica que a função do celebrante, sobretudo do bispo, é performar o rito segundo as prescrições da Igreja, prescrições muito antigas e seguidas pelas comunidades eclesiais que se definem pela adoção de ritos específicos de igrejas específicas – no caso do rolo do *Exultet* Barberini, a tradição da Igreja romana observada no sul da Itália. Em outras palavras, o livro não aparece como um símbolo de poder de um grupo que detém certo monopólio da leitura – se isso fosse verdade, não só o clero estaria dentro desse grupo –, mas como um objeto que contém as regras do rito que conecta aquela comunidade local às comunidades locais que se identificam com aquele mesmo rito e que, por isso, formam uma mesma Igreja. O leitor precisa ter presente que, na definição do que seja uma Igreja juridicamente constituída e formada por uma comunhão mais ou menos grande de igrejas locais, o uso de um rito próprio a todas elas é talvez o seu principal elemento: é claro que isso não é tão simples, pois igrejas autônomas podem compartilhar um mesmo rito; porém, quando isso ocorre, e não há impedimento canônico, o clero de ambas as igrejas autônomas pode concelebrar, o que significa que sua autonomia jurídica respeita a tradição litúrgica específica.

O fato é que, pela observância de um rito normatizado e seguido por uma comunhão de igrejas, o bispo não era o senhor da liturgia, mas o seu servidor. Ele nada inventava, apenas atualizava, *in loco*, a experiência orante da comunhão eclesial da qual fazia parte. Por conseguinte, o missal não era símbolo do poder do escrito sobre o oral, mas o suporte pelo qual a voz daquela comunidade local entrava em sintonia com voz da Igreja universal; símbolo de comunhão intereclesial, o missal era também emblema da conexão entre o passado – o tempo da criação do rito – e o presente de sua execução atualizadora, conexão entre a Igreja de ontem e a de hoje, que abria aos fiéis a perspectiva da duração e da continuidade. Daí que missais e evangeliários recebiam, por dentro e por fora, tantos adornos: eles eram preciosos porque eram livros religiosos, obviamente, mas igualmente preciosos porque continham os mecanismos pelos quais aquela comunidade se afirmava enquanto tal, o motivo de suas festas e os momentos de sua convivência. Nesse sentido, o missal desempenhava um papel relevante na instauração de uma sociedade leiga que não deixava de ser sagrada; as funções sagradas no templo, exercidas pelo clero, não esgotam a natureza santificada do pertencimento à Igreja.

É assim, dentro da Igreja, que encontramos os leigos do rolo de *Exultet* Barberini. Estão à esquerda da *Mater Ecclesia*, e se, como vimos, aos clérigos competia a *performance* do rito escrito, aos leigos cabia a *performance* do rito oral: não se apresentam como espectadores, mas como atores de um teatro sagrado que não existiria sem eles. Há uma correlação importante entre o bispo (ou o presbítero), do lado direito, e o homem idoso que preside o grupo dos leigos, do lado esquerdo. Ambos parecem representar a autoridade de seus respectivos grupos: o bispo, pela força do sacramento da ordem no grau do episcopado, o leigo em virtude de sua idade e da respeitabilidade entre os companheiros de comunidade: ele podia ser o governante local? Talvez o senhor da cidade? Não é possível afirmar nada com relação à sua posição social. O fato é que ele tem os braços abertos como quem fala em público, e seus olhos denunciam que ele argumenta diretamente com a Mãe Igreja. É tentador imaginar que esse leigo ancião possa se dirigir diretamente à Igreja sem a mediação institucional do bispo. Porém, a cena nos mostra a simultaneidade dos momentos, e os leigos estão dentro de uma figuração celebrativa em que o bispo é o pontífice. Todavia, isso não rebaixa os leigos, que seguem autorizados a ter, com a Mãe Igreja, uma relação própria e direta.

Dos braços abertos do ancião é que se deduz o aspecto vocal da participação leiga. Do mesmo modo que não dá para afirmar que os clérigos, pelo fato de portarem livros, detinham o poder da leitura, não dá para dizer que os leigos eram analfabetos só porque, na cena, não há livros entre eles. O missal, ali, é emblema do rito que compete aos clérigos; por conseguinte, a ausência do missal entre os leigos não pode ser vista como ausência de livros, no sentido ordinário. Não dispor de um missal pode significar, entre outras coisas, que o papel dos leigos não é oficiar ritos, mas trazer, pela voz da prece, os problemas, desafios e fracassos da vida secular para dentro do rito. Os olhos do ancião postos na Mãe Igreja e seus braços estendidos me levam a pensar que, enquanto o clero performa um rito pautado no escrito, os leigos rezam a sua vida a partir de sua voz. Não há competição, mas complementaridade. O rito da Igreja insere os fiéis no mistério de Cristo ressuscitado, enquanto a prece espontânea dos fiéis aproxima o mistério divino da vida ordinária; assim, do mesmo modo que não há clericalismo no *Exultet* Barberini, também não há laicismo, porque os leigos rezam em nome próprio, assenhoram-se da oração e expressam-se diante da comunidade como sujeitos e não como sujeitados.

Logo atrás do ancião, vemos rostos femininos – obviamente ausentes do lado clerical –, e uma mulher, mais à frente, segura uma criança ao colo. Poderíamos pensar que se trata de uma mãe, cujo pai é o ancião que dialoga com a Mãe Igreja, sentido que, sem dúvida, não descarto, já que a instituição familiar é fundamental para a existência da comunidade cristã. Porém, alguns elementos nos fazem alargar essa interpretação: o primeiro deles é o contexto litúrgico definido pelo canto do *Exultet*, que só era executado na Vigília Pascal, quando também ocorria o batismo das crianças. Então, a presença da criança no colo de uma mulher pode indicar a celebração do batismo em vez de indicar uma família. Caso isso se confirme, o quadro proporciona maiores condições de interpretarmos a associação entre Igreja e Batistério, que já encontramos ao considerar a basílica paleocristã de Mértola, mas, agora, relacionando o batismo com a construção de uma comunidade local, para além do aspecto religioso.

No capítulo 9, voltaremos ao tema do batismo e da vida cívica; porém, aqui, preciso ressaltar que, sendo uma figuração da liturgia batismal, a presença da criança no colo de uma mulher nos ajuda a entender que a reprodução da comunidade eclesial não acontece, necessariamente, pelo nascimento, mas pelo sacramento. E o que é ainda mais surpreendente: sendo o batismo um sacramento ligado à principal Vigília do ciclo litúrgico, e sendo uma solenidade que obrigava a participação coletiva da cidade ou da paróquia – veremos isso no capítulo 9 –, o nascimento ritual do batismo deixava de ser um evento familiar para se tornar um acontecimento comunitário, assistido por todos, o que lhe confere, inclusive, um significado político. Feita de pedras e de homens, a Igreja metaforiza a própria cidade cristã; como Mãe, ela engendra filhos pelo sacramento, cuja fonte encerra dentro de si, filhos que serão os habitantes e os coconstrutores de cidades e da vida social. Durante os séculos da Idade Média, os leigos nunca deixaram de chamar para si a responsabilidade pela santificação da vida civil, e o esforço que fizeram para manter-se ligados à catedral demonstra exatamente como a sua devoção encontrava lastro no solo da cidade, devoção a Deus e amor à comunidade da cidade, a verdadeira pátria.

5.2 *Domus ecclesiae*: a casa comum da cidade

Ao compararmos o mosaico do Museu Nacional do Bardo com o rolo do *Exultet* Barberini da Biblioteca Apostólica Vaticana, podemos observar que a representação da Mãe Igreja conectava a materialidade arquitetônica da igreja-monumento, em forma basilical, à comunhão espiritual formada pelos fiéis. Estes reconheciam uma mesma "mãe" (a Igreja-

-comunidade), à qual se unia a imagem do "pai", o bispo. O intercâmbio de sentido entre a figuração da *Mater Ecclesia* e o edifício da *ecclesia matrix* reflete-se, por exemplo, no uso antiquíssimo – que identificamos nos relatos de Gregório de Tours – de chamar a igreja principal da cidade de *ecclesia senior* ou *ecclesia prima*; em alguns lugares, o título *ecclesia senior* podia ser substituído ou alternado por *ecclesia prisca* (igreja antiga): repare que esses títulos atribuídos à igreja principal ressaltam a idade ou a antiguidade do edifício e marcam que esta foi a primeira comunidade eclesial da cidade.

A cultura latina pré-cristã atribuía um acentuado valor político à ancianidade das pessoas e das instituições; ter um longo passado e gozar do testemunho do tempo conferiam a famílias, indivíduos, cargos públicos e instituições a *dignitas*, isto é, o mérito, a consideração e, principalmente, a autoridade que distinguia os simples cidadãos daqueles que poderiam exercer o poder e participar da vida política. Na cultura cristã, o apreço pela antiguidade encontrou consonância com a noção de sucessão apostólica, já defendida por Clemente de Roma (século I), Hegesipo e Ireneu de Lyon (século II), Tertuliano de Cartago (século III) e Eusébio de Cesareia (século IV); o princípio da sucessão apostólica afirmava que as raízes Igreja-comunidade remontavam aos apóstolos, que, equiparados aos fundadores de Roma, detinham a autoridade de governar e transmitiam essa mesma autoridade aos seus sucessores, que eram aprovados por toda a assembleia. Essa noção representava uma adaptação cristã do pressuposto romano. Assim, a *dignitas* inerente ao exercício de cargos públicos, no contexto político, transferiu-se de maneira natural para o contexto eclesial, a ponto de os Santos Padres, muito antes da conversão de Constantino ou da promulgação do Edito de Tessalônica (380), já associarem a Igreja- -comunidade à ideia de uma república, embora espiritual, tendo a república romana como uma referência concreta.

Essa aproximação Igreja-república, bastante marcada em Clemente de Roma, Tertuliano e Eusébio de Cesareia, implicou necessariamente uma apropriação eclesial do sentido político e cívico das instituições citadinas, o que tornava as igrejas-monumentos expressões de uma mesma *dignitas* contida na Igreja-comunidade. Reforço aqui o que já vimos anteriormente, ao tratar das razões que levaram os cristãos a importar o modelo arquitetônico da basílica cívica, em vez de seguir o modelo do templo religioso: para os cristãos, o rito religioso não é exclusividade de sacerdotes-peritos, que executam suas funções em templos reservados e sem a presença dos adoradores. O rito religioso, em sentido cristão, é eminentemente público e comunitário, celebrado conjuntamente pelo *ordo* clerical e pelo *ordo* laical, cuja presença, assistência e participação são condições imprescindíveis para a reta execução do rito. Na compreensão eclesial tardoantiga e medieval, a liturgia é oração *pública* de toda a Igreja que habita uma *cidade*, e a comunidade laical é uma *comunidade celebrante*.[7]

Na legislação episcopal de Teodulfo de Orléans (m. 821), fica bem evidente o sentido público da liturgia eclesial e, sobretudo, das igrejas matrizes. No capítulo 45 da *Primeira Capitular*, lê-se:

Advirta-se o povo de que não se deve comer antes de terminar o ofício público [*publicum officium*], e que todos se reúnam na santa mãe igreja pública [*publicam sanctam matrem ecclesiam*] para ouvir a missa solene e a pregação; e que os sacerdotes de modo algum celebrem missas nos oratórios, a não ser antes da hora segunda, para que o povo não se ausente das solenidades públicas [*a publicis sollemnibus*]. Porém, como já afirmamos, que tanto os sacerdotes que moram no perímetro da cidade [*in circuitu urbis*] ou dentro dela [*in eadem urbe*] quanto o povo devem se reunir todos para a pública celebração das missas [*ad publicam missarum celebrationem*].[8]

A nomenclatura usada pela legislação distingue dois espaços de culto: de um lado, *a santa mãe igreja pública* e, de outro, *os oratórios*. Como já vimos, as cidades podiam ter dezenas e até centenas de lugares de culto, como Milão e Roma, mas nem todos eles recebiam o epíteto de *igreja*. Embora seja possível que outros usos terminológicos tenham existido, não encontrei nenhum texto que empregasse o termo "igreja" para um templo que não tivesse função pública, e, por público, entende-se o que é próprio de toda a população local. Um oratório, liturgicamente falando, abriga os mesmos ritos, reveste-se de idêntica sacralidade e permite a celebração dos mesmos sacramentos que se realizam na igreja. Em termos sacramentais, igreja e oratório são idênticos. O que os distingue, portanto, não é o sagrado, mas o político. A igreja-edifício é, sim, um *lugar de culto*, porém, é mais do que isso, é o *lugar de todos*. O oratório, ao contrário, é lugar de poucos: sejam os habitantes de um bairro, dentro ou fora da cidade, sejam os monges de um mosteiro ou ermida, ou ainda os membros de uma corporação profissional ou de uma irmandade piedosa: essas pessoas podem até pertencer à cidade, mas não representam toda a cidade. Enquanto esses oratórios não forem elevados à categoria de paróquias urbanas, cujo processo começa, mais ou menos por toda a cristandade, pelos inícios do século XI, a cidade tem apenas uma paróquia, tendo por sede a sua *santa mãe igreja pública*: se ali presidir um bispo, temos uma catedral; se presidir um pároco ou reitor, temos uma igreja matriz.

Repare que Teodulfo conclama os sacerdotes (no plural), tanto os que habitam no entorno da cidade quanto os que residem dentro dela, a se congregarem na catedral-matriz para as missas solenes. Esses sacerdotes evidentemente são os ministros dos tais oratórios dispersos pelo circuito urbano, e era lá que eles celebravam as missas; que fique claro, a legislação não proíbe a celebração de missas nos oratórios, apenas determina que elas não concorram com o horário da missa solene da matriz. Não à toa, menciona-se a "hora segunda" (oito horas da manhã) como horário máximo da celebração no oratório, pois as missas solenes ocorriam, por costume, à hora nona (nove horas).

Uma norma canônica é forçosamente um texto que lida com aspectos práticos, e, tanto ontem como hoje, certas práticas litúrgicas são mais duras e exigentes do que outras. A comunhão eucarística, por exemplo, exigia que o fiel guardasse jejum desde a meia-noite da véspera até à hora da missa. Ficar em jejum até às nove horas seria mais penoso do que jejuar até às oito, o que tornaria mais interessante ir à missa do oratório, mais cedo, e poder comer antes que a fome apertasse. Além disso, missa solene é, necessariamente, uma missa mais demorada, podendo durar horas, e terminar já bem perto da hora quinta (onze horas). Daí que o texto canônico ressalta, sem margem a dúvidas: "advirta-se o povo de que não se deve comer antes de terminar o ofício *público*", isto é, aquele da matriz, que começa mais tarde e demora mais para acabar: o interesse público, mais uma vez, custa mais caro, e exige o sacrifício – nesse caso bem real – do interesse privado.

Além disso, *missa solene*, antes da reforma litúrgica de Paulo VI, em 1971, era uma celebração que mobilizava um número considerável de ministros, a começar pelo bispo ou pelo presbítero, na função de oficiantes, um diácono, um subdiácono, um cerimoniário, quatro ou cinco acólitos e diversos cantores. Já a *missa rezada*, própria dos oratórios e dos dias feriais, precisa apenas do presbítero, com a assistência de, pelo menos, um acólito que, nesse caso, serve ao altar e representa o povo, que pode estar ausente. No próximo capítulo, irei discutir com mais detalhes a relação de liturgia e cidade. Por ora, ressalto apenas o seguinte: a missa solene envolve toda a Igreja-comunidade, povo e clero. É, portanto, *a missa da cidade*, donde a obrigação de que até os presbíteros da redondeza larguem seus afazeres e acorram à igreja matriz, para, com todo o povo, celebrar a solenidade que convém apenas à igreja pública, não aos oratórios.

Com isso entendemos o quanto o lugar de reunião da congregação cristã importa para a autocompreensão que a comunidade urbana formula para si mesma. Essa autocompreensão passa, como acabamos de ver, pelo aspecto público que a população local atribui à sua igreja; porém, passa igualmente pela *dignitas* conferida pela antiguidade ou pela primazia desse edifício. A igreja matriz costumava ser a primeira igreja construída na cidade ou, quando, por qualquer razão, uma nova igreja vinha a substituir a anterior, o novo templo assumia a mesma função de primeira igreja da urbe, onde a fé teve seu início, e é isso que confere todo o seu valor. Por se associar à ideia de início da fé e à ideia de mãe, a igreja matriz era a única a dispor de batistério, em cujas águas nascem cristãos, filhos da Igreja e filhos de sua cidade.

Mas há ainda outro componente nessa autocompreensão, que precisa ser aqui ressaltado. Trata-se, na verdade, de uma figura muito antiga que, ao mesmo tempo, explicita o mistério teológico da Igreja-comunidade, confere prestígio à igreja-edifício e ressalta a sua funcionalidade política: a Mãe Igreja era também chamada de *domus*, isto é, casa, casa de Deus, obviamente, mas também casa dos filhos da Igreja, uma *domus ecclesiae*. O abade de Saint-Benoît-sur-Loire, Abão (Abbo) de Fleury (m. 1004), em seu *Apologeticus*, assim se expressava:

> Por essa razão, cada casa [*domus*] dotada de altar, onde o povo se reúne para suplicar a Deus, merece o nome de igreja [*ecclesia*], digna de veneração e de suma honra entre todos os povos, porque nela renascemos da água e do Espírito Santo (Jo 3, 5), nela celebramos os divinos mistérios, e nela fazemos a confissão dos pecados e recebemos a sua remissão.[9]

De princípio, podemos pensar que a distinção entre igreja pública e oratório desaparece na mentalidade de Abão, o que não é verdade. O destaque dado ao batistério impediria de seguirmos nessa direção, já que, até o fim da Idade Média, o direito de batizar era exclusivo das igrejas públicas (matrizes e catedrais), o que também valia para a confissão dos pecados – tanto é verdade que, no cânon 21 (*Omnis utriusque sexus*), do IV Concílio de Latão (1215), os fiéis são instados a confessar seus pecados ao seu sacerdote próprio (*proprio sacerdote*), o que só faz sentido quando se tem em mente as paróquias, não os oratórios. Ademais, o abade reforça a ideia de que é o *povo* que celebra, e que toda a celebração litúrgica é comunitária. Daí que a escolha de seus termos não é aleatória ou desprovida de intenção: ele chama a igreja-edifício de *domus*, não de *templum*.

Templo tem conotação imediatamente religiosa, enquanto casa (*domus*) não tem; por isso, o abade precisou destacar que a *casa*, que corresponde à igreja-edifício, é dotada de altar, pois a palavra "*domus*" não supõe a existência de altares. O templo é reservado aos sacerdotes, a casa é habitação de todos os que se reconhecem parte dela. Quando Abão aproxima o sentido de *domus* àquele de *ecclesia*, ele reforça a importância do espaço físico em que a fé é celebrada, compartilhada e transmitida. Ao mesmo tempo, ele salienta o aspecto de pertencimento contido na ideia de casa (*domus*) na cultura latina: ligados ao *paterfamilias*, senhor da casa, a esposa, os filhos menores e não emancipados e todos os dependentes sentiam-se vinculados a ela, eram parte daquele patrimônio.

Abão de Fleury, similarmente ao que faziam os padres tardoantigos, adaptou para o uso eclesial o sentido político dos termos latinos que usava. Numa concepção romana tradicional, a casa é o núcleo de referência, residência e poder de uma mesma família, irmanada por laços sanguíneos.[10] O sentido cristão é outro: a *domus* que constitui a igreja é o lugar em que pessoas de diferentes famílias e linhagens formam uma família *espiritual* pelo batismo, uma família batismal e mística, como destaca o abade. E que o leitor esteja atento: a expressão *domus ecclesiae* (a casa da igreja) tinha um passado bastante remoto; sob a forma *domestica ecclesia*, já aparece na Epístola aos Romanos (16, 5), e evoca o tempo em que os discípulos de Jesus, destituídos de proteção legal, reuniam-se em espaços particulares, como as casas de famílias socialmente bem colocadas. Além disso, o costume da casa tradicional romana (*domus romana*) parece ter servido de base para a organização das primeiras igrejas cristãs, como se depreende das Epístolas a Timóteo e a Tito, em que o papel do *paterfamilias* orientou o ministério dos epíscopos, que deveriam manter a comunidade eclesial na obediência e na ordem, a exemplo do pai que submetia sua esposa e seus filhos às leis da casa.[11]

Esse passado doméstico da Igreja-comunidade marcaria inexoravelmente a história e os usos da igreja-edifício. Como lembra Kim Bowes, as comunidades eclesiais, durante o século III, começaram a enfatizar os aspectos comunitários de suas atividades e a diminuir – ou a separar-se dos – aspectos domésticos implícitos no uso logístico das casas privadas de seus benfeitores.[12] Essa separação, segundo ela, foi o que levou os cristãos a passarem a usar outros espaços para o seu culto, distintos das casas dos benfeitores, embora ainda arquitetonicamente inspirados no modelo doméstico, como atesta o caso da *domus ecclesiae* de Dura Europos, na Síria. O motivo para essa troca da casa privada para uma casa comunitária – isto é, uma casa que já não era o lar de uma família benfeitora – pode estar ligado, por exemplo, ao aumento significativo no número de membros da igreja, que já não ficariam bem acomodados nas salas de jantar das antigas *domus*, ou ainda simplesmente ao desenvolvimento de uma compreensão teológica ou ritual da *ecclesia* que não mais se coadunava com a referência à casa privada. Bowes nota com razão que o momento em que ocorre essa passagem do espaço privado para o comunitário coincide com a ampla afirmação do monoepiscopado, ou episcopado monárquico – ou seja, o surgimento de um bispo único, como descrito nas Cartas de Inácio de Antioquia (m. 108), à frente de uma comunidade eclesial exclusiva de uma cidade e, portanto, não mais plurinucleada, como antes, no tempo das igrejas domésticas, quando ainda podia haver diversas comunidades por cidade.

O que Bowes não menciona, e a meu juízo é algo fundamental, é que a consolidação do monoepiscopado, no século III, esteve profundamente ligada ao espinhoso problema teológico trazido à tona pelos pregadores gnósticos, muito abundantes desde o século II, senão antes. Em linhas muito gerais, os gnósticos tinham dificuldades para aceitar a encarnação do Filho de Deus, o que tornaria Jesus apenas um homem aparente; também não admitiam que o Antigo Testamento contivesse a revelação de um Deus bom e compatível com a pregação de Cristo, e duvidavam de que a materialidade e a própria corporeidade humana fossem algo bom e criado por Deus. Por fim, não aceitavam que a morte de Cristo na cruz havia sido um sacrifício necessário para a salvação da humanidade.

Como se nota, o movimento gnóstico negava inteiramente o conteúdo doutrinal desenvolvido pelos apóstolos Paulo e João, bem como destoava da interpretação contida em todos os três Evangelhos sinóticos.

O combate a essas ideias, filosoficamente tão sedutoras, foi a força propulsora que fez o episcopado monárquico assumir o papel de única instância gestora das comunidades, pondo fim à plêiade de ministérios carismáticos que dirigiam as igrejas domésticas, desde os tempos apostólicos. Paulo e João, em suas Epístolas, recomendavam a vigilância constante, porque, segundo eles, os "inimigos da cruz", ou os "anticristos", disfarçavam-se e viviam entre os verdadeiros cristãos, infiltrados em suas assembleias. A necessidade de vigiar o rebanho, de investigar as ideias que circulavam entre os irmãos, de controlar o que se pensava e se falava sobre Jesus Cristo, e de extirpar o joio da má pregação, fez com que o episcopado monárquico se tornasse a solução institucional mais viável, e, a meu juízo, foi esse o argumento mais decisivo para a troca da igreja doméstica pela *domus ecclesiae*, no século III.

Concordo com Kim Bowes que não se tratou de apagar as marcas da domesticidade da igreja-edifício – pois, em pleno século XI ela ainda é forte –, mas de proteger a comunidade da influência dos patronos, cuja doutrina podia conter raízes do gnosticismo. Repare que esse debate teológico pouco tem a ver com a apologia da fé cristã contra as acusações dos gentios ou pagãos, que sabiam bem a diferença entre um templo e uma igreja. O problema do gnosticismo, ao contrário, foi uma questão interna, uma disputa entre irmãos, e, portanto, a associação de "igreja" e "casa" passou ao largo de qualquer equiparação com o "templo" ou com qualquer espaço, público ou privado, de culto religioso. E isso, aqui, é fundamental para nós.

Augustin Thompson, referindo-se à Itália, escreve o seguinte: "a *citade* era uma entidade sagrada unitária. O bispo era o seu pastor; sua catedral era a sua igreja paroquial: a 'casa' (*duomo*) da cidade".[13] A designação da catedral como *duomo*, isto é, a casa da cidade, é bastante tradicional na língua italiana, como atestam os antigos dicionários históricos e eclesiásticos de Gaetano Moroni (1802-1883) e Nicolò Tommaseo (1802--1874), que constatam esse uso já no século XII. Para Moroni, por exemplo, a base semântica para essa equivalência localiza-se na Sagrada Escritura, que nomeia o Templo de Jerusalém de *domus Dei* e de *domus orationis* (casa de Deus e casa de oração).[14] Essa referência não deve ser descartada; porém, não creio que seja ela a mais determinante. Como demonstra a investigação de Kim Bowes, para o período tardoantigo do cristianismo, e o que aqui discutimos, para o período medieval, o lugar da celebração ritual dos mistérios da fé era, ou deveria ser, expressão da *vida em comum* e da *organização da vida comunitária*, o que fazia dele algo muito mais do que um espaço sacro para finalidades exclusivamente litúrgicas.

É graças a isso que a igreja matriz (ou a catedral) encampava uma série bem grande de atividades sociais, econômicas e políticas, dificilmente redutíveis a uma mera significação cúltica. Como vimos no capítulo 4, o papel gestor do bispo, desde a Antiguidade Tardia, o encarregava de demandas materiais bastante prosaicas, para as quais ele deveria, em união com seus assistentes diretos, fornecer resposta e socorro. Responsável pelo devido uso do dinheiro comum de sua Igreja, o bispo estava à frente de uma bem consistente empresa de assistência social. Por isso, as catedrais-matrizes, além de templos, eram centros de prestação de serviço: no complexo catedralício, é frequente encontrar várias dependências comuns, como albergaria, hospital, refeitório comunitário, escola para as crianças do coro, até mesmo salas de banho, como as que Miguel Sobrino identifica na documentação episcopal de Léon, na península Ibérica.[15] Nem todas as catedrais eram ricas o suficiente para atender a tantas demandas, mas o pressuposto de que a *ecclesia matrix* é um centro de assistência nunca se perdeu de todo. A partir do século XI, os bispos aproveitaram algumas iniciativas leigas de caridade e socorro, e outras muitas obras foram surgindo ao redor da catedral, como orfanatos, oficinas, lojas subvencionadas por irmandades, que vendiam alimento sem lucro, a fim de atender aos mais pobres – falaremos das irmandades no capítulo 8 e sobre as iniciativas de benemerência no capítulo 10.

O atendimento social à população urbana, aliado ao fato de o bispado ser também um centro de governo citadino, tornava a área da catedral um verdadeiro bairro eclesiástico. Teremos, daqui a pouco, ocasião de falar dos cônegos que, com o bispo, administravam as obras assistenciais: tais clérigos, por força de seu trabalho, habitavam nos arredores da catedral, onde também tinham o seu cemitério, a sala de reunião (chamada de capítulo ou sala capitular) e o coro para a oração litúrgica, que podia ficar dentro da catedral, sobre o presbitério, ou numa capela contígua (o chamado coro dos cônegos). Se somarmos ainda que toda catedral continha o palácio episcopal com suas muitas dependências – como a sala de audiências, o refeitório, a capela privada, os arquivos diocesanos e demais espaços de governo –, bem como as dependências dos serviçais e, inclusive, uma cadeia, já que o bispo tem poder de encarceramento, podemos notar que o complexo catedralício ocupava, realmente, uma grande área da cidade – nas cidades episcopais pequenas, como Barga, na Toscana, e Gúbio, na Úmbria, a zona da catedral constituía o conjunto predial mais consistente e, certamente, o mais sofisticado de toda a urbe.

O cronista Salimbene de Adam (m.*c*. 1290), da cidade de Parma, oferece um vívido testemunho do funcionamento social da catedral. Filho de uma família socialmente bem-posicionada, orgulhava-se de ter crescido numa casa que era simplesmente vizinha dos dois pontos eclesiais mais importantes da cidade: o batistério de Parma, que tanto adorava, e o do novo palácio episcopal, inaugurado quando ainda era uma criança. Iremos examinar algumas passagens da *Crônica* salimbeniana em que a catedral de Parma aparece como fábrica do social; porém, gostaria de começar por um episódio que aconteceu na vizinha cidade de Reggio, em 1211, quando o bispo Nicolau, da família dos Maltraversi de Pádua, tomou posse da cátedra episcopal, no dia 1º de junho.

Nicolau tornou-se bispo e imediatamente decidiu construir um novo palácio, que deveria ser ainda maior que o anterior. Em data que Salimbene não precisa, esse mesmo prelado convidou os frades Menores franciscanos, de quem gostava muito, para irem habitar as dependências do complexo catedralício, provavelmente na área residencial dos cônegos, pois o cronista anota que estes, por devoção para com os frades, estavam dispostos a se mudar para as capelas da cidade, a fim de deixar espaço livre para os religiosos de São Francisco. O fato é que os frades recusaram o convite para habitar na *Ecclesia Matrix* (como Salimbene chama a catedral), porque, na opinião do cronista, eles eram humildes, e não poderiam ocupar um sítio tão emitente.

Nesse meio-tempo, e por razões desconhecidas, o celeireiro do bispo (*canavarius*), isto é, o encarregado de gerir as despensas da catedral, acusou os frades de tomarem para si os pães doados que, segundo disposição do próprio bispo, deveriam servir para o atendimento dos pobres. O prelado, diante de tal acusação, chamou o celeireiro à sua presença, repreendeu-o com dureza, mandou-o encarcerar – o que confirma que, também em Reggio, havia um calabouço episcopal – e manteve-o sob dieta de pão e água. Salimbene aprova todas essas medidas, e acrescenta esse juízo:

Infelizes os homens que, após terem sido exaltados e honrados nas cortes dos grandes, tornam-se avaros; mostram-se como bons protetores e conservadores dos bens de seus senhores para melhor roubar dos pobres e dos homens justos, a fim de gastar, depois, com suas prostitutas; e às vezes acontece em alguns lugares que as esposas dos senhores e as filhas dos servos, dos celeireiros e dos gastaldos, se tornam amantes daquele que nada pode ter das coisas da casa, a não ser o que recebem de tais senhores.[16]

Como se percebe, Salimbene ficou furioso com o celeireiro. Certamente, este fizera uma acusação grave e que precisava de provas; verdade ou mentira – e Salimbene crê que tudo foi uma grande impostura –, os impropérios do cronista também podem ser lidos como outras tantas calúnias, afinal, ele sugeria que o celeireiro era não só corrupto, como corruptor, coisas para as quais ele não apresenta prova alguma. Independentemente desse contexto, o que dá para captar é que a posição de celeireiro interessava a muitos citadinos, que, desse jeito, tinham acesso privilegiado aos recursos da catedral, e podiam usar esse prestígio para vantagem pessoal com terceiros. Além disso, verifica-se que a despensa episcopal acumulava doações que, estatutariamente, estavam vinculadas aos pobres, mas que também compunham um patrimônio administrado pela equipe do bispado, inclusive, através de reinvestimento em outras atividades que poderiam vir a engrossar os rendimentos. Tenhamos em mente que, como gerentes de um dinheiro comunitário, os bispos tinham flexibilidade de aplicação e geralmente contavam com o olhar complacente de seu povo, que, no fundo, também se beneficiava quando o bispo resolvia fazer concessões a juros ou empreender edificações pela cidade.

A *Crônica* de Salimbene contém diversos exemplos de como os bispos investiam em construção de catedrais e palácios. O cronista recorda que seu pai, Guido di Adamo, era amigo do bispo de Parma, Grazia de Fiorenza (m. 1236), que mandara refazer o palácio do bispado, e que ambos conversavam da janela de suas casas, tão próximas estavam. Conhecido como grande empreendedor, o bispo Grazia também decidiu estender a construção de palácios eclesiásticos pelo território da diocese, o que lhe valeu boa fama e tornou-o querido da população: "os habitantes de Parma estimavam-lhe como a um bom bispo porque não dissipava os bens da Igreja; ao contrário, os conservava e multiplicava".[17]

Numerosas eram as cidades, dentro e fora da Itália, que se tornaram verdadeiros canteiros de obras durante os séculos XII e XIII; na Itália, além dos prédios eclesiais – e o século XIII é um tempo de novas catedrais e novos palácios diocesanos –, surgiram também os palácios comunais, que, juntos, foram responsáveis por um verdadeiro *boom* imobiliário citadino, atraindo investimentos, trabalhadores para as obras, prestadores de serviço, banqueiros, prestamistas e toda sorte de pessoas que procuravam se beneficiar da construção civil. Gastar dinheiro com obra pública, como demonstra Salimbene, não era desperdiçar, mas bem investir ou reinvestir, e cabia ao bispo gastar dinheiro com o que dignificava a cidade, isto é, com edificações prediais e com iniciativas de assistência social. Todavia, nem sempre os bispos empreendedores saíam com boa fama, como Grazia.

Salimbene dá notícias de outro epíscopo de Parma, chamado Obizzo (da família Sanvitale) (m. 1303), que, em contraste com Grazia, era conhecido por ser extravagante, desperdiçador, fanfarrão e adepto de banquetes. Esse comportamento lhe rendeu alguns inimigos que o acusaram de má administração diante do papa Urbano IV: seus detratores afirmavam que ele era pouco íntegro na administração dos bens (o cronista o chama de *baratator*), e que obtinha lucro ilícito de seu ofício público. Salimbene não duvida de que o bispo fizera realmente concessões ilícitas de terras e de bens do bispado em benefício de alguns estelionatários; no entanto, Obizzo conseguiu recuperar os bens concedidos ilicitamente e aplicou-os no restauro do palácio episcopal. Para o cronista, isso serviu para reabilitar o prelado e para remediar uma má fama que Salimbene faz questão de detalhar caso a caso.

É certo que Salimbene é conhecido por pesar a mão quando se trata de criticar as pessoas por quem não nutre total afeto; mas, apesar dos exageros, sua narrativa é imprescindível para captarmos o lado mais cotidiano das relações sociais dos poderosos leigos e eclesiásticos. No caso de Obizzo, o relato salimbeniano é breve, e a intenção era apenas caracterizar a biografia desse bispo, que pertencia à família Sanvitale, distinta dinastia de Parma, e da qual o cronista elenca os principais membros. Na pena de um frade minorita franciscano, ser esbanjador de dinheiro e frequentador de banquetes desautorizava qualquer homem a ser um bom bispo. Porém, Obizzo de Sanvitale foi um epíscopo muito ativo em Parma, um político nato, que soube escapar das acusações e ainda entrar para a história como um perito conhecedor do direito civil e canônico. Enquanto bispo--construtor, foi ele quem deu o arremate final ao imponente batistério, que fazia a alegria de Salimbene, em 1284, e quem, dez anos depois, inaugurou um novo campanário para o *Duomo* de Parma. Como perito em leis, promulgou os estatutos eclesiásticos da cidade e, como versado cavaleiro e bispo guerreiro, presidiu tropas contra os inimigos da cidade. Portanto, as anotações de Salimbene inserem-se num contexto de oposição política a um bispo que não se restringia à sua função sacerdotal e que exercia – ou, em tempos de comuna autogovernada, pretendia continuar a exercer – as antigas prerrogativas políticas que os bispos desfrutavam desde o século V.

E, durante esse tempo todo, a ideia de que a igreja episcopal era uma mãe nutrícia e acolhedora não deixou de ser uma realidade a embalar o carreirismo de alguns clérigos e leigos, e a dar esperança de apoio material à população carente. Sintetizando a própria noção de urbanidade, o complexo episcopal tornou-se símbolo de uma cidade que atravessava os séculos e que, assim, feito uma cidade santa, poderia chegar até o fim do mundo. O cronista florentino Giovanni Villani (m. 1348), que de clerical não tinha nada, atesta-o plenamente quando olha para o passado de Florença e percebe que, nos tempos das invasões bárbaras, quando sua cidade amada fora destruída por Tótila (m. 552), apenas o *Duomo* havia ficado de pé.

Recorda ainda Villani que esta *"casa sive domo"* era o edifício construído sobre o antigo templo de Marte, feito para celebrar a vitória dos antigos florentinos sobre os fiesolanos. Assim, mesmo antes da cristianização da cidade, e da despaganização do templo, a *domus civitatis* aparecia como emblema de vitória e de continuidade da comunidade política. Transformado em igreja batismal, depois em catedral, o *Duomo* de Florença é invocado, por Villani, como a Igreja de São João Batista, e ele curiosamente omite que essa igreja estava a ser inteiramente reconstruída sob o título de Santa Maria dei Fiori – a igreja de San Giovanni passaria a ser o batistério octogonal que está defronte à nova catedral. Penso que isso não é sem motivo: o que ficou de pé quando da destruição de Tótila foi a igreja batismal, justamente dedicada a São João Batista. Villani, portanto, não separa os espaços litúrgicos que, no começo, eram unidos. A fonte batismal é o seio da Mãe Igreja, que gestou os novos florentinos cristãos e, ao mesmo tempo, recuperou Florença dos escombros. Não o templo de Marte, mas a Mãe Igreja deu aos florentinos as condições de se recuperarem. Daí que o cronista proclama sua fé na imperecibilidade da Igreja que, no fundo, é sua própria cidade: "E, em verdade, nunca [o *Duomo*] foi destruído e não o será jamais, a não ser no dia do juízo; e assim encontra-se escrito no esmalte do dito *Duomo*".[18]

5.3 Os cônegos da catedral

Sendo a catedral a igreja-mãe da diocese e a igreja principal da cidade, nada mais justo que ela tenha recebido muito mais atenção por parte dos fiéis e do clero, que, para ela, dedicaram o melhor de seus esforços a fim de embelezá-la e engrandecê-la. O bispo, como pontífice, celebrava ali os sacramentos; em primeiro lugar, o batismo e a eucaristia, que eram os acontecimentos maiores da vida comunitária eclesial. Para tanto, contava – e cada vez mais precisou contar – com a participação de uma equipe de ministros que, a seu lado e a seu serviço, tornavam as celebrações mais solenes e, portanto, mais compatíveis com a posição eminente que a catedral ocupava na qualidade de igreja maior e de referência de boa liturgia para toda a diocese.

Os ministros que ajudavam o bispo a celebrar os sacramentos com a máxima solenidade não eram todos presbíteros; ao contrário, a minoria o era. Entre eles encontramos, sobretudo, cantores, leitores e acólitos; seu número precisava ser grande, pois, a depender do tamanho do templo, era preciso uma quantidade maior de cantores, e, a depender da festa litúrgica, seria necessário mais do que um leitor. Os acólitos também eram numerosos: eles serviam o altar, portando os mais diversos objetos previstos no ritual, e assessoravam o bispo e seus principais auxiliares com toda a movimentação durante o culto; eles agiam como serviçais durante um banquete de gala, sua função era garantir que, no momento exato, nada faltasse e que tudo fosse feito com elegância, discrição e decoro.

Além destes, o bispo era diretamente auxiliado pelo subdiácono, que cantava a epístola, e pelo diácono, que cantava o evangelho; ambos ficavam ao lado do bispo, no decurso de toda a cerimônia, mas, principalmente, auxiliavam-no durante os ritos eucarísticos, muito complexos e detalhistas. Para assegurar que a liturgia fosse bem celebrada, o bispo podia contar ainda com os serviços de um ou mais mestres de cerimônia, especialistas do culto, que silenciosamente dirigiam os servidores do altar, e garantiam que o próprio bispo não se atrapalhasse com tantos ritos e fórmulas. Enfim, uma missa pontifical era um grande espetáculo de fé: músicos, cantores, leitores e todos os ministros do altar, sincronizados, faziam de tudo para que a beleza do rito correspondesse mais à dignidade de Deus e expressasse melhor a devoção da comunidade celebrante. Se toda liturgia supõe beleza e decoro, a liturgia da catedral o exige com ainda maior premência.

Deveres tão veneráveis executados em tão santo local, como a *maioris ecclesia*, acabaram notabilizando tais ministros, que, pouco a pouco, adquiriram uma posição privilegiada entre os demais clérigos da diocese. Como os ritos litúrgicos, na catedral, eram muito exigentes e sofisticados, seus clérigos eram selecionados dentre os mais hábeis da diocese e, por causa disso, eles eram condecorados com títulos eminentes, como o de *cônegos*. A palavra "cônego" (em latim, *canonicus*) deriva de *canon*, que, de acordo com o *Lexicon Mediae Latinitatis*, de Niermeyer, tem três acepções principais: 1) regra gramatical; 2) métrica musical; 3) pagamento periódico. Adaptando esses sentidos à realidade do clero catedralício, podemos dizer que o cônego é um clérigo associado ao trabalho litúrgico da catedral que, por força de sua função, domina as regras rituais, tem habilidade no canto e recebe uma renda pelos serviços prestados.

Em termos mais específicos, os cônegos eram os clérigos que o bispo inscreveu no número – muitas vezes estabelecido por lei – dos servidores da catedral e, por conta disso, foram associados ao bispo, tanto no trato litúrgico quanto nos deveres pastorais. Eles recebiam o título de cônegos justamente para que ficasse mais nítida a sua relação direta com o bispo, e com a catedral, e se tornassem, também eles, referência para o clero e os fiéis diocesanos. Por exercer seu ministério nas dependências do complexo episcopal, a comunidade formada pelos cônegos recebeu o nome de cabido, do latim *capitulum*, termo que designa também a função de auxiliares de governo diocesano que eles foram assumindo, ao longo dos séculos. Embora, historicamente, encontremos colégios canonicais desde o século VIII, espalhados por praticamente toda a cristandade latina, os séculos X-XI representaram uma verdadeira era dos cônegos, que, desde então, também foram associados a algumas igrejas campesinas, com direito batismal – chamadas, então, de igrejas colegiadas –, e assumiram, em alguns lugares, uma forma de vida claustral, pelo que ficaram conhecidos como *cônegos regulares* diocesanos.

Neste momento, iremos nos concentrar apenas nos cônegos da catedral, pois foram eles os grandes articuladores da vida eclesial das *civitates* e tiveram papel proeminente na construção social da cidade cristã. Comecemos com um documento da Igreja de Lucca, de 1048, assinado pelo bispo João, o qual estabelece que os cônegos da catedral deveriam viver em comunidade estável. O texto nos ajudará a entender melhor quem eram esses clérigos e o que eles faziam.

Em nome de nosso Senhor Jesus Cristo. No ano de sua encarnação de 1048, no oitavo dia das calendas de maio, primeira indicção. Considerando que as palavras dos Santos Padres, que ordenam que todos vivam de maneira piedosa e santa, sobretudo os sacerdotes, aos quais o povo de Deus foi confiado, para que, com o exemplo deles, seja estimulado a melhorar, Eu, João, bispo da santa Igreja de Lucca, junto com meus clérigos e fiéis, Gáudio, presbítero e cantor, Leão e Raniero, sacerdotes, e também Lamberto, diácono [lacuna no texto] e ordenamos nessa nossa Igreja e Bispado de São Martinho, com a ação de Deus, vivam canônica e regularmente, segundo a conveniência apresentada, obedientes e portando a reta fé. E não afrontem a mim ou a meus sucessores por motivos iníquos. A eles entregamos e concedemos um pedaço de terra do nosso Bispado, que fica contíguo ao muro da dita Igreja, com a casa e todos os edifícios e todas as pessoas que ali entram e saem e com tudo o que lhe pertence.[19]

Por estarem diretamente ligados ao serviço da catedral, os cônegos também costumavam ser chamados de *clerici maioris ecclesiae* (clérigos da igreja maior) ou de *canonici de sede episcopali* (cônegos da sede episcopal).[20] O decreto do bispo João menciona o nome de quatro cônegos, uma comunidade ainda bem pequena, mas que consta de um cantor e de um diácono, além de três presbíteros – podemos supor que a comunidade fosse maior, pois a lacuna no texto pode ter apagado o nome de mais alguém. O primeiro trabalho desses cônegos é abrilhantar as liturgias da catedral. E, mais do que isso, eles também formavam outros clérigos para desempenhar as mesmas funções em outras igrejas, como acontecia em Rimini, onde o cabido, desde o século XI, possuía uma *Scola Ostiariorum* e uma *Scola Cantorum* ligadas à catedral.[21] Pela leitura do *De Miraculis S. Mariae Laudunensis* (Os milagres de Santa Maria de Laon), hagiografia escrita em meados do século XII, sabemos que alguns cônegos possuíam *litterarum scientia* (o conhecimento literário) e *modulatione canendi et peritia* (a habilidade e a técnica do canto) e que, por isso, eram "a honra da Igreja de Laon".[22]

Esses dados indicam, por um lado, que os cônegos tinham boa formação escolar e, por outro lado, que eles podiam trabalhar como professores nas cidades: na documentação capitular, muitos cônegos são chamados de *magister*, como ocorre na Igreja de Braga, em Portugal,[23] na qual o título designava um dos cargos fixos do cabido, o de mestre-escola, que compunha o número das dignidades, após o deão (decano ou prepósito) e o chantre (ou mestre de canto). Nos registros internos dos cabidos diocesanos italianos ou ibéricos, constata-se que muitos cônegos, como em Braga, haviam passado por universidades, seja em Bolonha ou Pádua, aonde foram para estudar direito canônico e até direito civil – aliás, os cônegos interessavam-se muito pelo estudo do direito.[24] No cabido da Sé de Braga, para o século XIII, é possível conhecer a lista de livros de propriedade de alguns cônegos, como o mestre-escola Pedro Moniz, a quem se supõe estudante e professor em Bolonha;[25] entre seus livros constam o *Digesto* e as *Instituta*, de Justiniano, o *Decretum*, de Graciano, e as *Decretales*, de Gregório IX, obras de direito civil e eclesiástico, respectivamente.[26]

Ao exigir que os cônegos vivessem em comunidade, o bispo de Lucca obviamente sabia que estava impondo a eles a sua própria autoridade e que, de certa forma, os manteria sob controle, até porque a residência deles costumava ficar dentro do complexo catedralício. Em Rimini, as residências canonicais são chamadas, na documentação de 1086, de *palacia canonicorum* (no plural) e localizavam-se junto aos muros, próximas à catedral e ao palácio do bispo. Falconieri aventa a hipótese de que se tratasse de um verdadeiro bairro de cônegos, pois se encontravam ali fornos comunitários e um moinho, bem como havia vigilância particular a cargo da cidade.[27] O uso do termo *palácio* para se referir aos cônegos pode ter sido uma particularidade da prática em Rimini, inclusive chegando a chamá--los de "cardeais". No entanto, isso indica a posição privilegiada da carreira canônica na igreja local, estando diretamente associada ao papel do bispo como gestor urbano e administrador.

Os cônegos eram clérigos *seculares*, o que quer dizer que eles não precisavam fazer voto de pobreza quando se tornavam cônegos e, mais do que isso, podiam manter o patrimônio pessoal e familiar quando entravam para a comunidade canonical. O privilégio de manter a riqueza patrimonial pode estar relacionado com o fato de a maioria dos cônegos pertencer às mais ricas famílias citadinas, geralmente aquelas que habitavam no entorno do *Duomo*. A entrada para a carreira canonical era um meio de misturar ainda mais fortemente as relações sociais das famílias aristocráticas com a lógica patrimonial da igreja diocesana e de associá-las, de algum modo, à gestão da própria igreja local, corroborando a tese de que a igreja é mais do que um poder sobre a cidade, é um espaço de poder para a cidade.

Porém, os cônegos também podiam receber bens coletivamente. No documento do bispo João de Lucca, vemos que os cônegos ganharam um patrimônio do bispado, contendo bens imobiliários, fundiários e recursos humanos. O motivo parece ter sido compensar os membros do colégio por qualquer restrição econômica advinda da vida em comum, que o bispo lhes impunha. Também era um modo de dar liberdade e autonomia à comunidade para cuidar de sua própria sobrevivência material.[28] Em ato de doação similar, assinado pelo bispo Sigifredo de Orvieto, em 1029, encontramos que o patrimônio transmitido pelo bispado ao cabido diocesano correspondia a igrejas e prédios:

> Sigifredo, bispo orvietano, concedeu aos seus cônegos, isto é, à igreja de San Costanzo, muitas igrejas e prédios, e a plebe de San Giovanni Battista no Valle Cava – que está dentro dos limites [da diocese de Orvieto] segundo documento público, e que é reclamada e utilizada pelo bispo de Sovana – mais os bens que estão a duas milhas dela. [O bispo] o fez com o conselho e o consenso de muitos clérigos e do conde, que mandou escrever e lavrar [este ato].[29]

Pode parecer estranho que igrejas se tornem bens transmitidos por doação. Porém, isso era uma prática comum, seja entre os membros do clero, seja entre os leigos. O que estava em jogo não era a administração ou o uso religioso do edifício de culto, obviamente sempre confiado a ministros ordenados, mas a gestão das rendas eclesiásticas atreladas ao território de tais igrejas. Como vimos anteriormente, a população local vinculava-se à sua comunidade eclesial, e era ali que se recolhiam os tributos correspondentes à filiação à comunidade. Portanto, receber doações de igrejas indicava liberdade para gerir as suas rendas, obter lucro e, dessa forma, reinvestir a riqueza na economia local. É por isso que os cônegos, já no século XI, eram contados entre os mais ricos proprietários da cidade; em alguns lugares, como Orvieto e Florença, o patrimônio canônico coletivo podia, inclusive, igualar ou quase igualar o dos bispos, o que lhes dava um poder social bastante grande, sobretudo, porque eles arrendavam esses bens, inclusive as igrejas, para pessoas locais interessadas, que se tornavam, assim, locatárias e dependentes do cabido.[30]

A lógica que presidia a essas transações tinha mais a ver com os equilíbrios sociais das famílias locais, cujo patrimônio era fundamental para entrar no jogo político, do que com o interesse de enriquecimento monetário. Os cônegos não procuravam ficar mais ricos, pois já o eram suficientemente. Esperavam aumentar a sua inserção nas redes de controle da cidade, que, certamente, não estavam à disposição do clero somente porque a população frequentava a igreja. Então, aquilo que nasceu como uma necessidade prática de assegurar o sustento de uma comunidade especializada no culto divino tornou-se uma engrenagem política fundamental, inclusive servindo, depois, para abalar a autoridade de certos bispos, como veremos.

Se juntarmos as informações do texto de João de Lucca e de Sigifredo de Orvieto, conseguimos perceber que os cônegos, ainda que bons administradores patrimoniais, atuavam também à frente de muitas igrejas, dentro e fora da zona murada das cidades. O atendimento pastoral era também uma das prerrogativas canonicais; por isso é que permaneciam no estado de clérigos seculares, isto é, totalmente disponíveis para o trabalho espiritual com a população. Às vezes, esse trabalho incluía a realização de obras arquitetônicas e reformas prediais. Em 1112, em Laon, no norte da França, os cônegos assumiram a responsabilidade de arrecadar dinheiro para a reconstrução da catedral, incendiada durante a revolta que destituiu o bispo e instaurou a comuna. Os cônegos sabiam bem que, mesmo com um governo autônomo, a cidade não era muita coisa sem a sua catedral, e que, naquele trágico caso do assassinato de um bispo, os cônegos precisavam manter a comunidade eclesial em funcionamento de um modo ainda maior e melhor, como lemos no *De Miraculis S. Mariae Laudunensis* (Os Milagres de Santa Maria de Laon):

A maior parte do templo de Nossa Senhora foi reparada graças às ofertas dos fiéis que foram recolhidas ao redor da França, durante o outono e o inverno. Na quaresma seguinte, como ainda faltava muito para terminar, e o dinheiro para a obra diminuía aos poucos, alguns homens sábios nos consultaram para que, novamente, fossem eleitos alguns cônegos, que são a honra da Igreja de Laon, graças ao conhecimento literário e à perícia na modulação do canto, para levar o féretro de Nossa Senhora e as relíquias dos santos até à Inglaterra [para arrecadar mais doações].[31]

O *De Miraculis*, do cônego Hermann, é um texto especialmente dedicado a exaltar a Igreja de Laon, ou melhor, a exaltar os prodígios que a Virgem Maria realizava na Igreja da cidade. Escrito para responder a um crime político cometido contra o bispo, o *De Miraculis* ressaltava também o papel dos cônegos na reconstrução do templo e na reanimação da comunidade afetada por um golpe; a estratégia implementada, como se nota pelo trecho citado, foi divulgar para todo o norte da França e mais além, na Inglaterra, os milagres que a Mãe de Cristo operava naquela cidade, mediante o serviço de seus cônegos. Estes executavam um trabalho que não era necessariamente evangelizador, porém se tornava incontornável para a reprodução da comunidade eclesial local, e o faziam, mesmo sem o bispo, não porque não concordassem com ele, mas porque estavam associados ao ofício episcopal.

Essa é a razão pela qual eles assumiram o governo diocesano durante a vacância da sede. Todo cabido contava com um prepósito ou decano, isto é, um superior comunitário, eleito pelos membros capitulares, para representar o cabido diante da Igreja diocesana e para responder por ela em momentos de ausência do bispo. A julgar pelo *Decreto de Graciano*, os cônegos também eram os principais eleitores dos bispos, ainda que no *caput* do capítulo 35, da distinção 63, o canonista adicione também a participação dos religiosos claustrais da diocese: "que os cônegos da catedral não elejam um bispo sem a participação dos homens religiosos" (*Absque religiosorum uirorum consilio canonici maioris ecclesiae episcopum non eligant*).

O processo eleitoral episcopal tornou-se muito mais problemático a partir do século XII, porque estava em curso, por diversas razões, uma mudança eclesial relevante: a fim de impedir que os papas e os bispos diocesanos fossem impostos por vontade monocrática de reis e imperadores, o direito eclesiástico começou a restringir a participação dos leigos na eleição. Veremos que os leigos ainda elegiam seus párocos e vigários, mas vetava-se a eles o voto para o cargo de bispo. O direito tentou preservar uma representação mais ampla do corpo eclesial, assegurando que os religiosos claustrais tivessem voz, mas o *caput* do capítulo 35 ainda mantém o colégio dos cônegos como eleitores naturais do bispo.[32] O cabido era a instituição responsável por garantir a lisura e a legitimidade da eleição e por assegurar uma transição tranquila, principalmente, quando o bispo eleito pelo clero, ou nomeado pelo papa ou pelo imperador, não era um cidadão local e não conhecia as tradições e os costumes locais: cabia aos cônegos o papel de defesa da identidade eclesial do lugar, o que às vezes colocava os bispos estrangeiros diante do patriotismo (exagerado) de alguns cônegos.

Filhos das mais influentes famílias urbanas e funcionários da igreja mais prestigiosa, os cônegos estavam no núcleo de todas as tensões políticas da cidade. Como proprietários, eram concorrentes dos demais senhores locais, inclusive do bispo, e podiam, como qualquer senhor, elaborar as redes de patronato que, em momentos de crise política, podiam colocar os cônegos como um superpoder dentro da cidade. Isso era um problema ainda mais considerável quando o bispo, por alguma razão, tinha projetos que desagradavam aos cônegos, que, em tais situações, podiam se tornar uma pedra no sapato. Acompanhemos mais um episódio da vida eclesial citadina, desta vez, em Florença.

Em 1259, o prepósito do cabido da catedral florentina, chamado Pagano degli Adimari, apresentou ao bispo João dei Mangiadori uma apelação formal contra o que se pode chamar de abusos que o prelado teria cometido no exercício de sua função; o prepósito elenca os abusos, e, por meio deles, podemos ter uma impressão mais vívida de como funcionava a igreja urbana para além das aparências de harmonia e solidariedade. A primeira arbitrariedade apontada por Pagano diz respeito à complicada decisão do governo florentino de taxar os bens eclesiásticos; de fato, em 1251, quando o governo dito popular assumiu o controle da comuna, decretou-se que todos os estabelecimentos eclesiais, seculares ou regulares, deveriam pagar imposto sobre seus bens imobiliários. O bispado foi taxado em 30 mil libras, enquanto o cabido em 28 mil – o que nos dá uma boa ideia do quanto o cabido podia ser uma instituição rica, e um bom concorrente econômico para o próprio bispado, que, em tese, representava a comunhão de toda a igreja citadina. João, que havia tomado posse como bispo em 1250, não protestou.

Os motivos do silêncio, e até do consentimento do prelado, como a apelação deixa entrever, podem ser explicados pela conjuntura política da Itália e da Igreja, na década de 1250: a península tornara-se campo de disputa entre dois poderes com pretensões universais, o papado e o império germânico. As cidades italianas, sobretudo as que haviam adotado o governo comunal, foram forçadas a escolher um dos lados e, com isso, dividiram-se em partidos opostos, ora apoiando o papa, ora o imperador, origem das divisões entre guelfos e gibelinos. Florença assumira a posição guelfa, de apoio ao papado, enquanto Siena, Pistoia, Pisa e Arezzo formavam uma liga gibelina, defendendo as posições imperiais na Itália. João fora nomeado bispo de Florença pelo próprio papa Inocêncio IV, a fim de garantir, por meio dele, que a cidade guelfa continuasse a apoiar o papa em suas investidas contra os representantes imperiais, sobretudo no sul da Itália.

O bispo João servia, então, de mediador entre a cidade e o papado e procurava fazer com que Florença também desse suporte material para os combates armados que o papado movia contra as forças imperiais. Esses combates demandavam tropas, e tropas custam muito dinheiro. Assim, João imaginava que, se concordasse com a taxação dos bens eclesiásticos, movida pela comuna, poderia atrair ainda mais apoio dos governantes para a causa guelfa, o que veio mesmo a ocorrer, já que houve envio de tropas e de dinheiro para a campanha militar contra Manfredo da Sicília (m. 1266), filho do imperador Frederico II (m. 1250), aliás, com a contribuição do cabido florentino. Pelo que a petição deixa perceber, o problema que cônegos levantavam dizia respeito ao fato de que, mesmo quando a comuna, oito anos depois, relaxou a cobrança do imposto, o bispo se dirigiu à assembleia pública para pedir que a cobrança seguisse sendo feita. O texto assim reza: "pois, vós [isto é, o bispo] não aprovastes nem confirmastes o referido relaxamento, mas mandastes que [as autoridades civis] procedessem com a taxação de acordo[33] com a antiga medida imposta, causando um prejuízo enorme e danos ao dito cabido florentino". Os cônegos se sentiam lesados pelo seu próprio bispo!

Talvez por conta do escândalo da situação, o preposto tenha colocado a reclamação de cunho fiscal em primeiro lugar, no texto. Porém, Pagano pensa que as demais medidas tomadas pelo bispo eram igualmente graves e onerosas, e contrariavam os costumes da Igreja florentina. No exercício de sua função, o prepósito precisava defender os direitos do colégio canonical, e, já que o fazia dentro das formalidades jurídicas, podemos supor que suas alegações fossem minimamente respaldadas na realidade eclesial da cidade, pois contavam com a declaração de testemunhas e compunham um processo escrito que foi aceito pelos árbitros.

Ao acompanharmos a apelação de Pagano degli Adimari contra João dei Mangiadori, esperamos entender quais os limites institucionais do bispo e do cabido para, depois, percebermos os arranjos que deveriam ser feitos para o bom funcionamento da comunidade e para o bem das almas. Os argumentos de Pagano não podiam, sob risco de nulidade processual, ser desprovidos de fundamento jurídico, tendo por base a legislação da Igreja florentina; por isso, o texto da denúncia é aqui bastante eloquente:

Vós, também, ofendestes o [cabido florentino] quando excomungastes um cônego de sua Igreja sem o consenso dos ditos prepósito e cabido, o que vós não podeis fazer. Vós alienastes bens do bispado sem o consenso do prepósito e do cabido. Confirmastes plebanos e priores sem o consenso e a representação do prepósito e do cabido. Promulgastes interditos e excomunhões gerais sem levar em conta o prepósito e o cabido.[34]

Como se vê, o bispo podia agir a contragosto do cabido catedralício, muito embora tais atos contrariassem a norma eclesiástica e pudessem ser evocados como *gravamina*, como injustiças contra aqueles que deveriam consentir nas decisões episcopais. A apelação é precisa no uso dos termos: ao cabido compete o *consenso* ou o *consentimento*, o que não implica que este tenha poder de aprovar ou de vetar alguma decisão do bispo, pois ele é plenipotenciário em sua sede. No entanto, vê-se que os cônegos alegam direitos constituídos no costume local, que asseguram um certo controle das decisões episcopais: ao terem o direito de assentir ou consentir, os cônegos formam um colégio consultivo que apresenta, diante do bispo, os impedimentos ou os obstáculos para que a decisão seja implementada. Em outras palavras, o cabido atua como uma representação mais ampla que manifesta as vontades, se não da comunidade eclesial globalmente considerada, ao menos daqueles que, no complexo episcopal, têm o direito à opinião.

Por outro lado, forçoso admitir que, sendo o cabido uma instituição dotada de personalidade jurídica própria e de patrimônio considerável, não seria estratégico para o bispo deixar de ouvir os cônegos e de atendê--los. Além de todos os eventuais dissabores econômicos que os cônegos podiam causar ao bispo, ainda persistia a pressão política que eles faziam nos seus aliados, leigos poderosos ou eclesiásticos, que ocasionalmente podiam também colocar-se como outras tantas barreiras ao pleno exercício do poder político do bispo.

Não confundamos as coisas: quando um bispo excomunga ou interdita uma pessoa ou grupo social, ele toma uma decisão política, embora a autoridade que ele reivindica seja de matriz religiosa ou eclesial. Excomungar não é só negar os sacramentos ou a sepultura em cemitério cristão, é isolar da comunidade citadina, pois comerciantes não poderiam mais vender para um excomungado, e os dependentes deste estariam isentos da obediência e até do pagamento de taxas relativas à dependência. O ato de excomunhão, dentro de uma cidade cristã, significava a anulação (ou a suspensão) dos direitos políticos, algo muito próximo da condenação de exílio, que pertencia à alçada do governo civil. Para aquelas pessoas, a excomunhão ou o exílio parecia pior do que a pena de morte, já que a pena de morte os tirava da vida, mas a excomunhão ou o exílio os fazia viver como mortos-vivos. E os bispos costumavam usar o expediente da excomunhão ou da interdição – que é uma pena mais branda – para resolver suas demandas políticas, por exemplo, neutralizando ou tirando de cena opositores mais difíceis de lidar. Por isso, a reivindicação do cabido de consentir com a decisão de excomungar era muito mais do que um privilégio canônico, era um recurso adicional de defesa que a comunidade podia ter a seu favor contra possíveis desmandos de seus bispos menos generosos.

Portanto, os cônegos também faziam política, e defendiam a comunidade quando exigiam o direito de opinar diante dos bispos. Podemos captar algo desse jogo de oposição na maneira pouco fraterna com que o bispo florentino tratou o seu cabido catedralício. O prepósito afirmou, em seu texto, que João tentou colocá-lo contra as autoridades civis e, por meio de calúnias, dizia que ele, Pagano, havia desmoralizado a inteira cidade de Florença diante da Cúria romana. É tentador pensar que, nesse caso, o preposto podia ter razão; afinal, João tinha muitos amigos na Cúria que podiam, eventualmente, confirmar a calúnia que inventara: "Difamastes o referido prepósito diante do *Podestà*, do Capitão e dos Anciãos do Povo florentino, afirmando que ele difamara o *Podestà*, o Capitão, os Anciãos e toda a cidade diante do Papa, Cardeais e toda a Cúria".[35]

Para lá da calúnia, parece que o bispo também se empenhou em acionar os mecanismos legítimos de seu poder para barrar a oposição do cabido: "Espoliastes o prepósito e o cabido de todas as honras, jurisdições pessoais, regalias, ordenações e costumes e tudo o que pertence a honra, utilidade e bom estado do cabido florentino". Retirar a jurisdição e as honras poderia implicar o desmoronamento de todo o sistema eclesial-político-imobiliário em que a igreja citadina se assentava; era um golpe terrível, que exigia reparação, até porque o cabido, como vimos, existia por direito próprio, e não podia ser simplesmente extinto por vontade monocrática do bispo, ainda que tivesse justos motivos para o fazer. Portanto, a intensidade com que João lutava contra seus cônegos era proporcional à oposição que deles recebia.

O que se supõe é que esses cônegos obstaculizavam demais o governo de um bispo filo-papal, cujo intuito talvez fosse trabalhar mais para fora, junto à cúria romana, do que para dentro, na Igreja florentina. A capacidade de articulação dos cônegos para impedir os desmandos episcopais devia ser tão grande que o bispo tentou, segundo a acusação, colocar as autoridades civis contra os cônegos que se sentiam, mais do que o bispo, que era estrangeiro – João nascera em San Miniato –, os representantes das famílias citadinas dentro do núcleo gerador da fábrica sacramental da cidade. Se João jogou sujo ou não, o processo movido por Pagano, pelo menos, mostra-nos que a comunidade local tinha como se defender de abusos cometidos por quem deveria protegê-la.

Pelo que se viu até aqui, a Igreja citadina estava longe de ser uma entidade unificada. Obviamente que, do ponto de vista do discurso eclesial e da eclesiologia, a unidade era um valor que deveria se tornar realidade. No entanto, a Igreja citadina, como, de resto, a inteira Igreja diocesana (porque o território da diocese vai além do território da cidade-sede), se caracterizava, na prática, por estar dividida em polos eclesiais em certa concorrência: o bispado podia concorrer com os mosteiros; o bispo, com os cônegos; os cônegos, com os párocos; os párocos, com os frades mendicantes etc. A partir do século XI, e sobretudo no XII, os bispos de cidades como

Piacenza, Lucca e Ferrara, só para citar alguns exemplos, começaram a reivindicar uma supremacia sobre todos os núcleos eclesiásticos de sua diocese, exceto sobre aqueles que, por privilégio papal, estavam isentos de responder ao bispado; isso fica nítido na insistência com que os bispos tentaram concentrar o batismo na catedral, negando o direito de algumas igrejas intramuros de performar esse sacramento, ainda que lhes fosse anteriormente permitido.

Ora, se os bispos insistiam tanto em afirmar que eram os cabeças de sua Igreja, isso pode significar que tal prerrogativa de *caput* nem sempre era uma evidência na prática. Os cônegos se encaixam nessa perspectiva: pertencem à catedral como uma equipe celebrante e como um colégio consultivo e deliberativo, porém, sua instituição e seu patrimônio, sendo distintos daquele do bispo, fazem deles sérios concorrentes. O argumento aqui pode ser paradoxal, mas me parece verossímil: não é possível sustentar que a Igreja pretendia a dominação total (ou geral) da comunidade cristã, simplesmente porque a própria Igreja não pensava com uma única cabeça, e não tinha um único projeto ou pensamento social. Os cônegos e os bispos tendiam a divergir tanto ou mais do que divergiam os bispos dos abades.[36]

Essa diferença entre bispos e cônegos fica ainda maior quando se leva em conta o fato de que, embora os cônegos sejam sempre membros da comunidade local, representantes das famílias bem assentadas na sociedade citadina, os bispos podem vir de fora, cidadãos de outras localidades e membros de famílias sem nenhuma relação com a política local. Tais bispos, não raras vezes, traziam na cabeça outros modelos de Igreja e outros parâmetros de governo episcopal que, certamente, implicavam o desagrado dos naturais, e, com isso, os cônegos tornavam-se a força de defesa de uma eclesiologia local tradicional contra as inovações ou os estrangeirismos. Fica claro, portanto, que a Igreja diocesana tinha mecanismos de blindagem contra os abusos – ainda que bons e justos – de seus bispos, que podiam ser verdadeiros pastores, mas nunca totais proprietários de suas igrejas, a não ser do ponto de vista imobiliário. A comunidade cristã dispunha de mecanismos de neutralização e de oposição aos abusos. Portanto, os cônegos interessavam muito aos leigos e com eles sempre estabeleceram relações sociais as mais diversas, solidificando a comunhão da igreja local.

5.4 As escolas eclesiais e a educação na cidade

Em 526, Cesário, bispo metropolita de Arles, na costa mediterrânea do que hoje é a França, presidiu a uma reunião de bispos de sua província eclesiástica que devia tratar de questões disciplinares relativas ao clero; 11 bispos participaram da assembleia sinodal, que ocorreu na pequena localidade (*vicus*) de Vaison (hoje Vaison-la-Romaine), a cerca de 100 quilômetros de Arles. Logo no prólogo da ata sinodal, os padres conciliares sinalizam que o encontro foi uma oportunidade para estreitar os laços entre os presidentes das igrejas locais, e, verificando-se que não havia conflitos ou problemas sérios na vida eclesial da província, decidiram, então, promulgar umas poucas normas *ad aedificationem ecclesiarum* (para a instrução das igrejas). Logo no primeiro cânon, encontramos a seguinte informação:

Julgou-se oportuno que todos os presbíteros instalados nas paróquias, conforme a prática que sabemos observada em toda a Itália, acolham, em suas próprias casas, a jovens leitores [*lectores*]; por isso convém que estes não sejam casados, e que os presbíteros se apliquem, como bons pais, a educá-los [*erudire*], nutrindo-os espiritualmente, de modo que eles aprendam de cor os salmos, dediquem-se às divinas leituras e se eduquem na lei do Senhor, a fim de que eles possam preparar dignos sucessores e ao mesmo tempo receber os prêmios eternos do Senhor. Tão logo eles alcancem a idade perfeita [*aetatem perfectam*], se algum deles, por causa da fraqueza da carne, quiser se casar, não se lhes negue esse direito.[37]

A referência à Itália é significativa, porque a região de Arles, a Provença, desde 508, fazia parte do reino ostrogótico da Itália, e os reis de Ravenna eram notáveis apreciadores da cultura letrada latino-romana, como testemunha a qualidade da escrita de Cassiodoro, senador cristão, depois monge, que esteve por muitos anos a serviço da corte. Apesar da troca de governantes, o fim da autoridade romana não desestabilizou o ensino formal na Provença, e Cesário é um exemplo vivo disso: antes de ser o metropolitano, ele fora amigo de Firmino, natural de Arles, que era um afamado orador, correspondente de Sidônio Apolinário (m. 489) e próximo a Enódio de Pavia (m. 521), um verdadeiro círculo de letrados ao redor do qual orbitavam alunos. Foi Firmino quem designou Juliano Pomério, *magister* de uma escola privada na cidade, para ser o preceptor de Cesário, quando este era ainda um jovem monge em Lérins. Ao longo do século VI, *magistri* e *oratores* que, antes, trabalhavam em escolas oficiais ou privadas das cidades centro-meridionais da Gália começaram a se empregar em bispados e mosteiros, onde ainda havia gente interessada em *grammatica*, em *carmina* (poemas) e *litterae* (letras). O interesse não era só uma questão de gosto pessoal ou de vontade individual.[38]

Como o cânon 1 de Vaison sugere, a liturgia eclesial precisa de leitores. Todo o culto oficial cristão obriga o uso de livros, como obriga que alguns textos sejam explicados ao povo. O cânon 2, por exemplo, concede autorização para que os presbíteros façam discursos homiléticos (antes reservados a bispos) e determina que, em casos de impossibilidades justas: "os diáconos recitem as homilias dos santos padres, pois, se os diáconos são considerados dignos de ler o que Cristo falou nos Evangelhos, por que seriam julgados indignos de recitar publicamente os comentários dos santos padres?".[39] Em dois cânones já podemos notar que a liturgia cristã, mesmo aquela rotineira, carecia de, no mínimo, três ministros que soubessem ler/ recitar para o povo. Em Arles, Avignon e Lyon, cujos bispos compareceram ao sínodo, ainda era possível encontrar professores privados para cumprir a tarefa de formar leitores da igreja, mas, em Vaison, um *vicus*, ou em Gap, Digne ou Embrun, será que era possível? A solução, como se observa no cânon 1, foi delegar a tarefa para os próprios presbíteros.

Há muitos trabalhos relativos ao sistema escolar, a programas de ensino e práticas pedagógicas durante a Idade Média; e é um lugar--comum em todos eles sinalizar a característica eclesial do sistema escolar, bem como a "estreiteza desse programa de estudos",[40] o qual, antes do século XI, ainda não previa os conteúdos ditos profanos, excetuando-se a gramática. Minha intenção aqui não é resumir nem criticar os principais estudos na área, apesar de lamentar que haja tão poucos que consigam distinguir o caráter eclesiástico da escola, durante a Alta Idade Média, de sua finalidade eclesial: os autores tendem a tomar ensino eclesiástico como uma forma de educação controlada por uma instituição clericalizada e definida por critérios religiosos, que desestimulariam, assim, o universo das coisas profanas; não creio que esse seja o melhor caminho. Se os cânones do Sínodo de Vaison puderem representar um indicativo da predisposição da escola e da pedagogia até, pelo menos, o século XI, quando, de fato, despontarão outros métodos, currículos e finalidades para as escolas (ainda eclesiais), não se trata de restringir o profano, mas de priorizar o litúrgico: as igrejas locais não queriam preencher a lacuna deixada por escolas seculares que desapareceram, mas evitar que seus ministros, que deveriam trabalhar *ad aedificationem ecclesiarum* (para a instrução das igrejas), privassem-se do mínimo que se esperava de um leitor litúrgico e de um orador e intérprete de texto sagrado. A *ecclesiastica schola* (a escola da igreja) formava quadros para a comunidade eclesial, e todo o resto vinha como consequência. É preciso recuperar o sentido comunitário – mais do que supervalorizar o religioso – dessa operação, que, ao fim e ao cabo, significou a preservação de alguma escolaridade durante mais de cinco séculos.

Também não me compete discorrer sobre a complexa história da instituição escolar ou sobre a sua evolução institucional no tempo. Como dito, meu ponto de partida é o dado indicado pelo concílio de Vaison: a *vida eclesial*, por força de sua *natureza litúrgica*, exige a escolarização, e como, desde o século V, as comunidades se multiplicaram pelo Ocidente, e nem toda *civitas* ou *vicus* dispunha de escola ou de preceptores, foi a própria comunidade, nomeadamente aqueles que nela eram *litterati*, que se incubiu do imperioso dever de ensinar. O cânon 1, por exemplo, quando estabelece que o jovem destinado às letras, ademais de ser solteiro, deveria se mudar para a casa do *presbyter*, menciona imediatamente que esse seria o procedimento a ser adotado *in parrociis* (nas paróquias), as quais, no século VI, correspondiam a pequenas povoações aldeãs, geralmente distantes dos centros maiores, onde alguns bispos também já começavam a organizar suas próprias escolas, mais bem fornidas do que as das aldeias, para formar os futuros ministros letrados da Igreja.

A dificuldade para entendermos como e onde o ensino acontecia fica ainda maior, dada a escassez e a descontinuidade da documentação. Jacques Verger[41] estima que eram muito raras as cidades episcopais que, durante a Alta Idade Média, podiam contar com algo parecido com uma escola formal; acabaram sendo os mosteiros os principais garantidores de ensino eclesial contínuo e minimamente consistente durante anos. Afinal, o mosteiro reunia uma comunidade estável de homens ou de mulheres, que entregaram um dote ao entrar para o claustro, como tinha propriedades agrícolas bem geridas, além de carecer ainda mais de leitores e de cantores para a contínua salmodia. Portanto, não raras vezes, os bispos citadinos enviaram seus futuros ministros para os mosteiros, a fim de receberem ali a instrução que lhes faltava alhures. Mas esse não era o caso da sé metropolitana de Arles, onde Cesário, seu bispo, encarregava-se de sustentar uma escola, na *domus ecclesiae*.[42]

A ata sinodal do II Concílio de Toledo (527), no cânon 1, também menciona a *domus ecclesiae*, isto é, a residência dos bispos citadinos, como lugar propício para a *eruditio* (a educação) daqueles que, desde a infância, foram encaminhados para o ministério pastoral.[43] Por se tratar de um cânon que deposita sobre o bispo a responsabilidade pela garantia e pelo acompanhamento da formação clerical, aponta-se a necessidade de haver um *praepositus*, isto é, um encarregado de estudos, para exercer as funções propriamente professorais; todo esse processo, por mais simplificado que possa nos parecer, devia custar tanto esforço de todos os envolvidos, além do tempo e do dinheiro, que o cânon seguinte proíbe que aqueles que receberam *tali educatione* (uma tal educação), premidos por uma qualquer necessidade, migrem para outra Igreja, "porque é muito duro que alguém arrebate e se aproprie daquele que outro resgatou do pensamento rural [*rurali sensu*] e da descompostura da infância".[44] É a velha briga desde os tempos de Paulo: que um não queira colher onde não semeou, ainda mais cooptando os trabalhadores alheios.

A igreja urbana tinha condições materiais de contar com *praepositus*, e a *domus ecclesiae* certamente podia se dar ao luxo de possuir alguns volumes que formariam uma biblioteca mínima; porém, essa não era a realidade das povoações rurais na península Ibérica, como também não o era na Provença: em terras hispânicas, os sínodos continuam a apontar os *presbyteri* como responsáveis pela instrução dos clérigos que desempenhariam os ofícios litúrgicos, como o canto e a leitura pública. O Concílio de Mérida, de 666, ordenava que os presbíteros providenciassem tudo o que fosse necessário para a boa ordem da comunidade e para celebrar "os ofícios de louvor a Deus onipotente"; assim, a eles incumbia escolher e preparar os jovens servos da propriedade paroquial, dando-lhes moradia, alimentação e vestuário, uma despesa que nem todas as paróquias podiam fazer. Seja como for, é sempre a liturgia que preside a vida de uma comunidade eclesial; é ela que demanda os serviços e ministros; para ela se direcionam os bens materiais, o investimento, os esforços. Nesse contexto, a formação escolar é menos uma carreira específica e mais uma relação intraeclesial de serviço à comunidade.

Formar para o culto divino. Isso faz com que a voz, recitada ou cantada, estivesse no centro da educação eclesial: a voz cantada para a salmodia, donde as aulas de canto, a métrica e os rudimentos da matemática; a voz recitada para a proclamação dos santos livros, para as homilias e exortações, daí as aulas de gramática e os primeiros resgates da oratória latina clássica. A *Admonitio Generalis* (Admoestação Geral), de 789, em vista da qualidade do serviço litúrgico, manda as igrejas do reino Franco corrigir a grafia dos livros dos Salmos, as notas estenográficas, o canto sacro, o cômputo, a gramática e os livros religiosos: "pois costuma acontecer que aqueles que desejam rezar bem a Deus o fazem de uma forma ruim devido à falta de correção dos livros". Todo cuidado era pouco: "Se for preciso copiar os Evangelhos, o Saltério ou o Missal, que a transcrição seja feita cuidadosamente por homens com experiência".[45] Correção e beleza. Busca-se o belo, a harmonia da voz e dos gestos, a devida compostura do corpo; ele é um templo individual que se conecta a outros corpos-templos que, juntos, formam a Igreja no ritmo da coreografia litúrgica. A escola da *ecclesia* não difere, portanto, do espaço litúrgico e da natureza comunitária da religião cristã.

Mas algo novo começava a despontar desse processo de correção dos livros sacros; a *Admoestação Geral*, que é um documento emanado da corte do rei Carlos Magno, ordena que bispos e abades assumam o ônus da criação de escolas. O esquema geral anterior pouco se altera; no entanto, aumenta o interesse político pela escola, a qual deixa de ser assunto exclusivo desse ou daquele bispo mais amante das letras, ou existir apenas nessa ou naquela província, ao sabor de iniciativas voluntariosas. Surge uma orientação coletiva para o cuidado da escola, de seu público, seus profissionais, seus métodos e suas demandas. Novas exigências fatalmente acarretaram a urgência de haver gente mais especializada para o ensino, pois muitos dos pobres presbíteros paroquiais, antes tão indispensáveis na formação de quadros clericais, mal sabiam ler, e tantos outros, como denuncia o relatório tardio, do bispo Ratério de Verona, de 966, nem mesmo conheciam o *Symbolum Fidei* (a oração "Creio em Deus Pai") de cor.

Rabano Mauro, antigo abade de Fulda e, depois, arcebispo de Mainz (Magúncia), publicou, em 819, um instrumento que se mostraria decisivo para o futuro das escolas, o *De institutione clericorum* (Sobre a formação dos clérigos): esse texto costuma ser citado a partir do terceiro livro, que versa sobre o processo educacional, mas não se pode esquecer que os dois primeiros tratam de liturgia e de sacramentos, e, para o autor, esses temas constituem o fim para o qual tende a educação clerical:

A educação eclesiástica deve qualificar para o sagrado ofício da ordem santíssima dos clérigos. Convém que aqueles que foram colocados no cume assumam a direção da vida da Igreja, adquiram a plenitude do conhecimento e se esforcem para alcançar a retidão da vida e a perfeição da educação. Não lhes é permitido ignorar nada daquilo que é instrutivo para a sua própria formação e para a formação daqueles que lhes foram confiados, ou seja, a ciência das sagradas Escrituras, a pura verdade das histórias, os modos figurados das locuções, o significado das coisas místicas, as vantagens de todas as disciplinas, a integridade da vida que se manifesta no bom comportamento, a elegância no fazer sermões, a agudeza na exposição das doutrinas, as diferentes medicinas contra os diversos tipos de doenças [espirituais]. Qualquer um que ignorar essas coisas não tem condições nem de cuidar de si mesmo, que dirá dos outros.[46]

O canto cedeu lugar para a exegese e para a sermonística, mas a ligação com a prática litúrgica ainda é evidente. Por outro lado, a ciência das sagradas escrituras contribuiu para melhorar os métodos e até as estruturas escolares, pois ela exigia que seus peritos manejassem vários comentários patrísticos e usassem aparatos filológicos, onomásticos e interpretativos de grande complexidade, disponíveis, quase sempre, apenas em boas bibliotecas. De qualquer forma, a aquisição da ciência exegética visava, acima de tudo, à capacitação de bons oradores e de bons dirigentes eclesiásticos, uma tarefa que Rabano Mauro vinculava também à "integridade da vida que se manifesta no bom comportamento", o que significa que o comunicador eclesial, se quiser ser um terapeuta das almas, precisa de ser um homem interiormente saudável. Aparece, então, o governo das almas como tarefa decisiva do clérigo, um serviço obviamente coletivo (*ad omnes*), já que, sem ele, a qualidade moral da comunidade se comprometeria, mas um serviço também prestado *singulatim*, ou seja, a cada um individualmente. É o trabalho que se ampliava segundo a enorme extensão do *populus christianus* e que se tornava mais profundo e mais agudo porque governar almas exigia conhecer as teorias sobre a alma, as terapias contra as doenças espirituais, enfim, toda a ética das virtudes sem excluir a arte poética, oratória e musical que o *officium divinum* demandava. Tamanha transformação dos intentos levou à adaptação do sistema educacional como um todo, e as escolas passaram a ser também uma academia para o serviço político.

Isso fica bem visível, por exemplo, nos diálogos que formam a *Disputatio de rhetorica et virtutibus* (Disputa sobre a retórica e as virtudes), de Alcuíno de York (m. 804), cuja ênfase na obtenção dos "costumes civis" [*civiles mores*] a leva a tratar de oratória (o bem falar) e de virtudes (o bem viver) a fim de agir civilmente: "todo o propósito da sua arte [a oratória] versa sobre questões civis" [*totam eius artis vim in civilibus versari quaestionibus*]. Nos diálogos, o rei Carlos Magno é encorajado a adquirir os rudimentos dessa arte para governar com mais eficácia. Essa arte não se limitava às fontes bíblicas, antes, ao *De oratore* (Sobre o orador), de Cícero. Pode-se dizer que Alcuíno adaptou para Carlos Magno a figura do orador que Cícero havia proposto para seus contemporâneos[47] e recuperou uma ideia do *De inventione* que teria largo sucesso nas visões civilistas da Idade Média, como veremos, a de que os homens são sociáveis por convenção, não por natureza.

Na *Disputatio de rhetorica* (Disputa sobre a retórica), a oratória é uma arte propedêutica a uma arte ainda mais excelente, a arte de governar, e esse governo, entendido em chave civil, tanto faz pensar na comunidade política quanto na eclesial. E assim, no período pós-carolíngio (ou otoniano), as escolas-catedrais (que, ao se multiplicar, suplantaram as escolas palatinas) começaram também a preparar indistintamente profissionais para a carreira burocrática das cortes e para a carreira eclesiástica das cúrias episcopais. A Escola de Colônia, por exemplo, formou Dietrich de Metz (m. 984), que veio a se tornar bispo; Sigeberto de Gembloux escreveu a biografia dele (a *Vita Deoderici*), em 1050, e usou estas palavras:

E porque um dia ele viria a militar civilmente nos castros da milícia celeste [*in castris coelestis militiae civiliter militaturus*], ele se exercitou diuturnamente, sob a orientação do senhor [*domni*] Bruno, no ginásio da santa Igreja de Colônia, a fim de aprender as artes liberais, e foi provado louvavelmente pela diuturna dedicação [aos estudos]. [...] Tudo o que ele fez em prol da nossa república [*nostre rei publice*].[48]

Sigeberto nos deixa atônitos: "milícia" nos faz pensar em militar; ele, no entanto, refere-se ao trabalho de Dietrich na Igreja e, para indicá-la, usa o termo "civil", sem mencionar o modo como entende a expressão

ECCLESIA MATRIX OU DOMUS CIVITATIS: AS MÚLTIPLAS FUNÇÕES DA IGREJA URBANA

nostra res publica. O mundo das escolas-catedrais é evidentemente um mundo urbano; os *magistri*, homens que circulavam nas mais diversas esferas do poder, em cidades, condados e reinos, não só gozavam de renome, como é o caso de Bruno de Colônia, como também o conhecimento que detinham recuperava textualidades e comportamentos antigos, entre os quais, o sentido de coisa civil. Um autor lombardo, Alfano (m. 1085), depois bispo de Salerno, assim escreveu em sua *Vita et Passio S. Christinae* (Vida e Martírio de Santa Cristina):

A gloriosíssima virgem Cristina, nascida na patrícia *gens Aniciorum*, foi educada [*edocta*] na infância conforme os argumentos dos antigos filósofos, treinada nos modos de discursar, habituada aos versos dos poetas, e todos os companheiros viam que ela sabia disputar sutilmente, agir civilmente e brincar com a métrica.[49]

A palavra "civil" aparece, no trecho, como parte de um conjunto de habilidades escolares, cujo fundamento é a filosofia, a oratória e a poesia (a metrificação), as artes liberais, no dizer de Sigeberto, as quais capacitam o indivíduo a agir no interior de uma comunidade. Assim, Dietrich, que estudava para servir melhor à Igreja, como bispo, é descrito como alguém que também se esforçava para adquirir os *civiles mores*, já que seu *officium* era igualmente civil: dá para notar que, no trecho da *Vita Deoderici*, Sigeberto, quando quis designar a formação do futuro bispo, evitou usar expressões eclesiásticas, como "ele aprendeu as Escrituras sagradas" ou "dedicou-se à ciência da fé"; ao contrário, na mentalidade dos *magistri scholares*, fazia mais sentido dizer "ele aprendeu as artes liberais a fim de servir civilmente" a sua comunidade: o trabalho de um bispo era evidentemente um trabalho civil, pois a *utilitas ecclesiae* (o interesse da igreja), mais não era do que *utilitas rei publicae* (o interesse da coisa pública), aí incluída a comunidade urbana.

C. Stephen Jaeger, na monumental obra *A inveja dos anjos. As escolas catedrais e os ideais sociais na Europa Medieval (950-1200)*,[50] observa o quanto a linguagem das escolas, ao recuperar os textos oratórios e filosóficos antigos, também resgatou o lugar eminente que a *vita activa*, ou seja, o serviço público, havia ocupado entre os filósofos latinos. O valor desses indivíduos era medido pela ilustração, dedicação aos estudos e familiaridade com a *sapientia philosophorum* (a sabedoria dos filósofos). E, a favor de sua tese, Jaeger cita a carta que um clérigo da cidade de Worms enviou a seu bispo, Azecho, pleiteando uma vaga de trabalho na cúria e, com isso, deixando evidente que a "administração pública" era também "uma forma de filosofia":

Prevendo a necessidade de investir-te [isto é, o bispo Azecho] governador de nossa república [*nostre rei publice*], a Divina Providência instalou-te no cume do cuidado pastoral, para que agora tu pudesses traduzir em atos de administração pública [*in actum publice administrationis*] aquilo que aprendeste nos teus estudos privados [*inter secreta otia*]. A mestra de todas as virtudes [a filosofia] fez de ti a sua morada, para que em tudo tu a pudesses seguir passo a passo.[51]

Não apenas o bispo de Worms era apresentado como *governador da coisa pública* identificada com a cidade, mas também os *scholares* reivindicavam um posto na administração. Por conseguinte, a escola passou a ser vista como um ginásio onde se ensinava a servir ao governo municipal. Em outras palavras, as escolas-catedrais formavam homens públicos. Como recorda Jaeger,[52] Manegoldo de Lautenbach (m. 1103), no *Liber contra Wolfelmum* (Livro contra Wolfelmo), definia os *scholares* como "retores da Igreja e governadores da divina república", isto é, homens de vida ativa, dedicados ao trato civil, não ao monástico, uma classificação que, em alguns casos, implicava críticas da parte de outros agentes sociais, como Pedro Comestor (m. 1178).

No seu *Sermo IX ad claustrales* (Sermão IX para os monges), ele diferenciava os contemplativos dos ativos da seguinte maneira:

De fato, são dois os ramos da contemplação, isto é, a leitura e a oração, pelas quais toda a meditação contemplativa se resume. Desse modo, há os que se dedicam mais à oração e insistem menos na leitura, e esses são os claustrais. Há outros que leem o tempo todo, mas raramente rezam, e esses são os escolares.[53]

A monja Hildegarda de Bingen, por sua vez, também tinha suas reservas em relação a esses *scholares* que valorizavam mais a vida ativa do que a contemplativa. Na *Explanatio Symboli* (A exposição do Símbolo), ela confronta os estudantes dizendo: "vós sois como a lua e as estrelas para aqueles que vos escutam falar da doutrina; no entanto, quando ruminais as Escrituras para eles, vós procurais mais a honra e as riquezas do mundo secular do que a Deus".[54] Hildegarda viveu precisamente um momento de significativa metamorfose no sistema educacional. Tanto a quantidade de alunos quanto a adoção de novos métodos pedagógicos e investigativos estavam em plena transformação, relegando os métodos tradicionais, apreciados por Hildegarda, ao esquecimento. Nessa era de ascensão da dialética e da invasão dos *magistri* dialéticos nas cidades, esses inúmeros estudantes (*scholares*), que João de Salisbury ironicamente dizia que queriam se tornar filósofos da noite para o dia (cf. *Metalogicon* I.3), estavam em evidência. A dialética não apenas lançou dúvidas sobre o ensino ético-moral consagrado, baseado nos antigos *auctores*, mas também desconfiava de experiências místicas, como as de Hildegarda.

Em várias ocasiões, a abadessa Hildegarda reconhece que nunca frequentara a escola de artes liberais, onde os cônegos da Catedral de Colônia ofertavam suas aulas para os futuros servidores da *res publica* cristã, e admite, portanto, que a sua formação monástica tinha lá suas diferenças de base em relação às escolas urbanas, sobretudo, no que se refere ao papel da dialética. A abadessa havia passado por Colônia, em algum momento entre 1161-1163, e, na ocasião, ela dirigiu aos cônegos um duro sermão, pelo qual lhes lembrava alguns dos principais deveres que, a seu ver, eram incontornáveis para os *magistri scholarum*:

Vós [cônegos] deveis ser como os ângulos de sustentação da Igreja, através do ensino das Escrituras, que foram compostas pelo fogo do Espírito Santo, apoiando-a como os ângulos que sustentam os limites da terra. Porém, vós vos rebaixais e não amparais a Igreja; ao contrário, vós vos escondeis na caverna dos vossos próprios desejos. E premidos pelo tédio causado por vossas riquezas, avarezas e outras vãs ocupações, vós não ensinais adequadamente a vossos subordinados, nem mesmo permitis que eles busquem sua instrução. Mas vós dizeis, "não podemos fazer tudo". Vós, porém, deveis impregná-los dos preceitos da lei e, assim, contê-los, para que nenhum deles, em sua fraqueza (como se fosse sua medula), faça o que quiser, assim como a terra é impregnada e contida pela umidade e força vital, para que não se transforme em cinzas. No entanto, por vossa causa, eles são dispersos como cinzas e sempre fazem o que desejam.[55]

A dureza com que Hildegarda se dirige aos *magistri* de Colônia nos dá a chance de vislumbrar como a sociedade monástica, até então a mais bem preparada intelectualmente, reagia ao surgimento dessa classe de *litterati* de vida ativa; é provável que a descrição das vaidades e preocupações mundanas atribuídas aos cônegos tenha algum fundamento, uma vez que o decano, Mestre Filipe, não retrucou as palavras da abadessa na carta que lhe foi dirigida. Pelo contrário, ele solicitou que ela as colocasse por escrito, a fim de que pudessem preservar tão importante sermão. Hildegarda não estava assustada com a "vida ativa" dos cônegos; sua questão era outra: "[...] toda a sabedoria que vós procurais encontrar tão arduamente nas Escrituras e na instrução foi engolida pelo poço de vosso próprio desejo [...]. Vós não cercais [o povo] com as Escrituras, como as águas correntes que cercam completamente o abismo".[56]

O problema da escola urbana (ou escola-catedral) é que os mestres e estudantes podiam simplesmente valer-se da ciência, não da ética ou da moral pessoal, para impor a autoridade de seu ofício, e, desse modo, em vez de melhorar a comunidade, as pessoas ficariam reféns de vaidades acadêmicas. Retornamos, assim, ao ponto de partida: Hildegarda imagina a escola como um *studium* onde os operários são preparados para o serviço eclesial, uma tarefa ainda mais necessária diante da missão desafiadora de demover os injustos de sua injustiça e erradicar toda ilegalidade. Ela luta contra a vaidade dos mestres que transformaram a escola urbana em uma instituição acadêmica independente da comunidade eclesial e, na opinião dela, expuseram essa comunidade ao risco de não ter mais quem a oriente, apenas quem a domine.

No entanto, a coragem de Hildegarda foi frustrada. Aqueles não eram mais os tempos em que o pessoal monástico ainda impunha sua visão de mundo sobre as mentes sem contestação. A escola urbana, que por muito tempo educava futuros padres, transformou-se em uma fábrica de agentes públicos civis, onde a dialética, ou seja, a arte de debater argumentos, substituiu a leitura orante das Escrituras e a cantilena interminável das salmodias. Não é que a fé tenha se tornado irrelevante para a cidade, ou que a comunidade eclesial simplesmente tenha sucumbido diante do prestígio das artes políticas e científicas. É que a escola-catedral, uma oficina de educação civil sustentada pela *domus ecclesiae*, beneficiou-se de toda a transformação ocorrida no âmbito da filosofia, como, por exemplo, o acesso às traduções latinas das obras de filósofos gregos, como Aristóteles, cujos livros estavam disponíveis em árabe.

À medida que a dialética se tornava um método de investigação e ensino mais predominante, o caráter contemplativo da tradicional educação eclesial ia perdendo destaque. Os cônegos da catedral, verdadeiros *magistri* da educação civil, permaneceram como agentes da Igreja urbana, mas as causas da cidade, agora defendidas pela dialética, exigiam novos métodos, não necessariamente novos atores. Ao fim e ao cabo, a escola-catedral cedeu seu lugar de prestígio para as universidades, as novas soberanas dos grandes centros urbanos. Mas a universidade é filha da *ecclesia* urbana e, portanto, ela permaneceu à frente na produção do saber, mesmo que a ciência, em todos os seus sentidos, tenha se tornado, com a pastoral, a justificativa para os estudos e para a própria escola.

Notas

[1] Sobrino, 2009, p. 32.

[2] Boucheron, 2003.

[3] Sobrino, 2009, p. 36.

[4] Cipriano, 2016, p. 134.

[5] Kelly, 1996.

[6] *Idem*, p. 9.

[7] Testini *et al.*, 1989, p. 170.

[8] Brommer, 1984, pp. 141-142.

[9] Migne, 1853b.

[10] Veyne, 1989, p. 100.

[11] Stegemann & Stegemann, 2004, pp. 314-316.

[12] Bowes, 2008, p. 50.

[13] Thompson, 2005, p. 18.

[14] Moroni, 1843, p. 297.

[15] Sobrino, 2009, pp. 32-33.

[16] Bernini, 1942, p. 37.

[17] *Idem*, p. 96.

[18] Porta, 2000, p. 75.

[19] Bertini, 1836, pp. 102-103.

[20] Friedberg, 1959, col. 246-247.

[21] Falconieri, 2011, p. 86.

[22] Migne, 1853c.

[23] Da Costa, 2002, p. 41.

24 Quilici, 1969, p. 281.

25 Da Costa, 2002, p. 43.

26 *Idem*, p. 48.

27 Falconieri, 2011, p. 86.

28 Silvestri, 2015, p. 135.

29 *Apud* Ribeiro, 2019, p. 47.

30 Falconieri, 2011, p. 71.

31 Migne, 1853c.

32 Ronzani, 1986, p. 102.

33 Lami, 1758, p. 1.660.

34 *Idem, ibidem*.

35 *Idem, ibidem*.

36 Cf. Falconieri, 2011, p. 84.

37 Gaudemet & Basdevant, 1989, pp. 188-190.

38 Riché, 1962, pp. 69-73.

39 Gaudemet & Basdevant, 1989, p. 190.

40 Verger, 2001, p. 38.

41 *Idem*, p. 37.

42 Riché, 1962, p. 167.

43 Vives, 1963, p. 42.

44 *Idem*, p. 43.

45 Boretius, 1883, p. 60.

46 Migne, 1853c.

47 Cf. Jaeger, 2019, p. 31.

48 Migne, 1854.

49 *Idem*, 147, col. 1.269.

50 Jaeger, 2019.

51 *Apud* Jaeger, 2019, p. 105.

52 *Idem*, p. 206.

53 Migne, 1854.

54 *Apud* Stover, 2014, p. 114.

55 *Apud* Baird, 2006, p. 111.

56 *Idem*, p. 112.

6

ANTIGAS E NOVAS CIDADES, RENOVADAS REALIDADES ECLESIAIS

Anteriormente, quando tratamos dos *Versus de Verona* (de fins do século VIII), tivemos ocasião de perceber que a *urbs christiana* é povoada de mártires, cujos túmulos, em muitos casos, conferiram um formato novo para o traçado citadino antigo; esses santos, que sacrificaram suas vidas em nome da preservação da fé, começaram a ser percebidos como *cidadãos celestiais* que, a partir da Cidade de Deus, a Nova Jerusalém, intercedem constantemente em favor de sua comunidade terrena. O poeta nos conta que as sepulturas dos mártires estavam distribuídas por toda a Verona, de norte a sul, de leste a oeste, sacralizando e notabilizando o inteiro perímetro citadino. E como sabemos, sobre as relíquias dos mártires, os cristãos construíram basílicas, para, dentro delas, celebrar os ofícios litúrgicos, sobretudo a eucaristia: dessa forma é que Verona comportava as igrejas de San Stefano, de Santa Anastasia, dos Doze Apóstolos, de Santa Helena, de Santa Maria Antica, de San Giovanni in Valle, San Niccolò in Arena, e algumas outras na área urbana mais antiga. Encabeçando todas essas igrejas estava a catedral, consagrada a Santa Maria com o título de Santa Maria Matricolare, um local exclusivo para a administração do batismo na cidade.

No capítulo 4, já tivemos ocasião de observar a função cívica dos mártires urbanos e de suas igrejas. Neste momento, o que iremos discutir é, em primeiro lugar, o funcionamento das pequenas comunidades cristãs, que se organizavam ao redor dos vários templos urbanos, como pequenas células de um corpo maior, e iremos prestar atenção a dois tipos de relações: o primeiro é a relação que se forma entre a sociedade de bairro e o seu espaço sagrado, fenômeno que origina a comunidade eclesial; o segundo, a relação entre essa pequena comunidade e a vida urbana mais ampla, o que abrange a consciência cívica e as formas de organizar a cidade em vista do bem comum. Após compreendermos o papel das igrejas urbanas, passaremos a estudar o movimento que tem sido chamado de *paroquialização*, iniciado no século XI, e que transformou as pequenas comunidades eclesiais de bairro em paróquias urbanas, isto é, em territórios dotados de direito próprio – o *ius parochiale* –, um empreendimento extremamente importante, seja para a vida urbana, seja para a vida cristã, e que nasceu de um empenho coletivo de leigos e leigas. Discutiremos ainda como a liturgia gera consciência cívica e fomenta práticas sociais e políticas orientadas para a salvaguarda do coletivo e do público.

6.1 Celebrar a fé, compartilhar a cidade

No *Livro da maravilhosa história dos reis de Al-Andaluz e do Magreb* (ca. 1312), Ibn Idhari de Marrakech coletou relatos históricos que, de outra forma, teriam se perdido, narrando a conquista islâmica da península Ibérica, iniciada em 711. A marcha das tropas árabe-berberes foi tão bem-sucedida, que, em menos de 50 anos, quase toda a antiga Hispania Christiana havia sido integrada ao domínio do Islã. Em 716, os novos governantes muçulmanos escolheram Córdova, no sul da península, para ser a capital do território a que deram o nome de Al-Andaluz, vale dizer, *as terras ocidentais do Islã*, e, desde então, a fisionomia cristã da velha urbe visigótica começou a se transformar, ganhando contornos de uma *madīnat* islâmica, cada vez mais desenvolvida, a Madīnat Qurṭuba (cidade de Córdova em árabe). Citando historiadores antigos, assim Ibn Idhari descreve o que se passou na cidade:

Razi faz o seguinte relato, como se o tivesse colhido do jurista Muhammad ibn 'Isa: os muçulmanos, tão logo conquistaram Al-Andaluz, tiraram argumento do que fizeram Abu Ubayda ibn al-Jarrah e Khalid ibn al-Walid, com a permissão do Príncipe dos crentes, Omar ibn al-Khattab, acerca do compartilhamento das igrejas cristãs, localizadas nas terras que celebraram um pacto de rendição – assim aconteceu, por exemplo, com a igreja de Damasco e com outras ainda. Dessa forma, os muçulmanos combinaram com os bárbaros de Córdova de ocupar a metade de sua grande igreja, que se situava no interior da cidade; naquela metade, eles edificaram a sua mesquita principal, deixando a outra metade para os cristãos, já que suas outras igrejas foram destruídas.[1]

Ora, o direito islâmico da época distinguia as populações que se rendiam pacificamente (*ṣuḥl*, a capitulação) daquelas que ofereciam resistência armada (*'anwatan*, o uso da força). Quando havia rendição pacífica, os conquistadores celebravam um pacto com os habitantes locais, mediante o qual eles ficavam autorizados a conservar suas propriedades, entre elas, as suas igrejas, e podiam, a depender de cada caso, gozar de várias outras concessões. Porém, quando a população resistia, as propriedades, incluindo as eclesiásticas, eram confiscadas como butim de guerra. Os antigos residentes, sendo cristãos ou judeus, entravam para o estatuto jurídico da *dhimma*, a proteção legal assegurada pelo Alcorão aos *Povos do Livro*; esse direito proibia os muçulmanos de tomar ou danificar os edifícios de culto dos *dhimmis* e autorizava-os a manter e conservar os templos, desde que pagassem uma taxa correspondente (a *yizya*). Qualquer nova edificação religiosa dependia de permissões especiais, dadas caso a caso e sob condições muito variáveis.[2]

Mais grave era a situação das cidades que resistiram. A perda das propriedades e de todos os direitos, aliada à incômoda situação da *dhimma*, levou muitos habitantes a abandonar suas cidades e a procurar asilo nas áreas não dominadas pelo Islã. Foi assim que muitos foram parar no norte da península, na região montanhosa da Cantábria, onde se formara, em 739, um reino asturiano governado por Afonso I, dito o Católico, que movia uma política anti-islâmica aguerrida e promissora.[3] Foi entre os asturianos que os migrantes cristãos do sul vieram a conhecer e, depois, a pactuar com uma perspectiva eclesial diferente, de influência franco-carolíngia, a qual entendia a cristandade como um espaço livre de muçulmanos, propunha a guerra santa como testemunho de fé e enxergava os muçulmanos como agentes do anticristo.[4]

Ibn Idhari fala que a conquista de Córdova implicou a partilha do complexo episcopal entre cristãos e muçulmanos, um indicativo de que a população local se rendeu de modo pacífico; mas, nesse caso, o que justificaria a destruição das outras igrejas? O cronista Al-Maqqari, descrevendo os mesmos acontecimentos, acrescenta que a devastação foi imediata e atingiu todos os templos, internos e externos aos muros.[5] Uma fonte cristã do ano 961, chamada *Calendário de Córdova*, pode nos ajudar a entender esse funesto acontecimento. O calendário, que funcionava também como uma espécie de martirológio-santoral para a comunidade cristã, sob domínio islâmico, reporta que a festa de Santo Acisclo, um mártir cordovês, era celebrada em 18 de novembro numa igreja localizada no subúrbio da cidade: "neste dia é a festa de Acisclo, para os cristãos, executado por Dion, prefeito de Córdova; sua sepultura fica na igreja dos encarcerados, assim chamada por causa dos soldados que aí se refugiaram".[6] Tudo indica que os soldados locais que tentaram resistir à conquista de Córdova não eram muito numerosos; contudo, ao oferecerem resistência, os habitantes perderam as garantias do direito islâmico.

Os soldados rebeldes, todos eles provenientes da aristocracia visigótica, tiveram suas propriedades confiscadas, resultando na obrigação de suas famílias de se retirarem da região sudoeste, onde suas propriedades estavam localizadas e foram ocupadas pelos conquistadores. Cristãos e judeus trasladaram-se então para os arrabaldes da cidade murada, bairros satélites que se tornaram bastante povoados, já que a população não muçulmana era muito maior do que a muçulmana. Quanto aos edifícios de culto, eles não foram apenas tomados, mas destruídos, como afirma Al--Maqqari, ao narrar o mesmo episódio mencionado por Ibn Idhari: após a partilha do complexo episcopal de São Vicente (a catedral), a metade que "permaneceu com os cristãos [tornou-se] o único lugar de adoração que se lhes permitia, uma vez que todas as demais igrejas, dentro e fora da cidade, foram derrubadas de imediato".[7]

Monumentos destruídos, populações deslocadas, novos residentes instalados: Córdova, mesmo conservando uma grande população cristã, já não era mais uma cidade cristã. Os muçulmanos começaram a redesenhar a cidade para que correspondesse ao novo regime. Aos cristãos não restava muito além de se adaptar à realidade e inventar um novo modo de viver na cidade. A começar pelo estatuto político-social que lhes foi atribuído. Ora, os muçulmanos de Al-Andaluz davam diversos nomes aos seus súditos cristãos: *dymmiyūn* (pessoas protegidas), *muāhadūn* (pessoas sob o pacto), *rūm* (romanos) e *ăjam* (não falantes de árabes ou estrangeiros), nomes de conotação política e social; apenas a designação *nasārā/nasrānī* (nazareno/ nazarenos) comportava inequivocamente uma conotação religiosa, e designava, sem sombra de dúvidas, os crentes em Cristo, os que pertenciam às comunidades eclesiais de Al-Andaluz.[8]

Como outros cronistas, Ibn Idhari atribui os méritos do desenvolvimento urbanístico de Córdova à dinastia califal siro-omíada, que para lá migrou, desde que Abd al-Rahman ibn Muawiya (731-788) escapou do massacre que destronou a sua família. Em 785, Abd al-Rahman, na qualidade de emir dos crentes e querendo dar aos muçulmanos uma mesquita digna de uma capital, negociou com os cristãos de Córdova a compra da catedral da cidade; além da indenização concedida, o emir permitiu que os *nasrānī* transformassem a Basílica dos Três Santos (Basilica Sanctorum Trium) em nova catedral, e reedificassem todos os templos que, estando do lado externo das muralhas, foram danificados durante as escaramuças da conquista.[9] No século IX, o presbítero Eulógio (m. 859) menciona ainda outras reformas e ampliações de basílicas, que, somadas às primeiras, fazem supor que os cristãos cordoveses, sob dominação islâmica, não entraram propriamente numa fase de retração numérica, e muito menos econômica, pois reformar prédios sempre foi atividade custosa e que requer certa estabilidade financeira.

Os herdeiros de Abd al-Rahman não deixaram por menos e se esforçaram para transformar Córdova em uma cidade digna de verdadeiros califas; nesse mister, destacou-se Abd al-Rahman III, dito Al-Nasir. No ano de 929, ele arrematou o projeto de ampliação e ornamentação da mesquita principal, como nos conta Ibn Idhari:

Mas a mesquita foi se tornando pequena conforme o número de muçulmanos aumentava, em Al-Andaluz, e à medida que Córdova se desenvolvia, desde que os emires árabes ali se instalaram: eles precisavam acrescentar as galerias, porém o espaço era exíguo. Quando Abd al-Rahman ibn Muawiya chegou a Al-Andaluz, e se estabeleceu em Córdova, ele tomou para si o assunto da ampliação e da consolidação dos edifícios da mesquita. Mandou chamar os bárbaros da cidade, e pediu que lhe vendessem a porção da igreja que ainda detinham; para compensar-lhes, e para cumprir o pacto que haviam celebrado, ele ofereceu-lhes uma soma bastante elevada, e permitiu que fossem reconstruídas aquelas igrejas que, ficando na parte externa de Córdova, foram derrubadas quando aconteceu a conquista.[10]

Na perspectiva dos conquistadores, todo o processo de violência justificou-se pela resistência armada da população local à conquista, não de um ódio à fé dos conquistados. Esses últimos provavelmente teriam outra opinião sobre os acontecimentos de dois séculos atrás. Eulógio de Córdova, ao lado de outros 40 companheiros cristãos, os chamados "mártires de Córdoba", iriam justamente constatar, pagando com a própria vida, que a liberdade religiosa, em Al-Andaluz, tinha um custo muitas vezes elevado. Por outro lado, o próprio Eulógio, em seus escritos, oferece mais de uma indicação de que os *naṣrānī* souberam, a partir das condições de que dispunham, adaptar-se e inculturar-se, desenvolvendo uma convivência que traduziu antigos valores a novas situações, um resultado que redesenhou a cidade de Córdova e a vida em suas igrejas cristãs.

Quando o abade germânico João de Gorze visitou a cidade, em 953-954, constatou que os cristãos de Al-Andaluz, de fato, *misturavam-se* com os muçulmanos pelas ruas, adotavam suas vestimentas e reproduziam seus hábitos; ele ficou especialmente perplexo ao saber que os *naṣrānī*, tal como faziam os infiéis, abstinham-se de consumir carne de porco e praticavam a circuncisão.[11] Eles, de fato, comunicavam-se em uma língua românica, porém, a maioria dos cristãos, se não todos, também sabia árabe, o que lhe permitia desfrutar de seus livros. E, aliás, os livros estavam abundantemente presentes por toda parte, graças ao generoso patrocínio dos emires andaluzes às artes e ciências, à aquisição de livros e à garantia de acesso a eles.

A fascinação que os cristãos demonstraram pelos livros árabes foi tão grande, que esteve no centro de uma das maiores controvérsias que tumultuaram a vida da comunidade eclesial de Córdova, no século IX: muitos *naṣrānī*, sobretudo os que tinham uma maior erudição latina e teológica, como Eulógio, não aceitavam, sem críticas, a proximidade entre os fiéis e a literatura dos infiéis. Isso aconteceu um século antes da visita de João de Gorze, quando os mestres e os estudantes, ligados à escola eclesial de São Zoilo, no subúrbio de Córdova, resolveram denunciar publicamente a condição, para eles, desfavorável dos cristãos que viviam sob a dominação islâmica. O assunto é intrincado e, ademais, pouco nos ajuda, neste momento. Importa observar, todavia, que quando homens, como Eulógio e Paulo Álvaro (*c*. 800-861), ambos formados em São Zoilo, reprovavam seus irmãos de fé, por se deixarem seduzir pelos poemas e romances árabes, eles confirmam as impressões do abade João sobre a inculturação dos *naṣrānī*. Para eles, essa inculturação até poderia parecer absurda; contudo, não para um bispo *nasārā*, como Rabi ibn Zayd al-Usquf (*c*. 908-980), também conhecido por seu nome de batismo, Recemundus (ou Recemundo, em português).

Rabi era um cordovês experto em filosofia, ciências naturais e matemática, que trabalhava para a corte califal justamente quando o abade João de Gorze residia em Córdova e, como funcionário da corte, ele foi encarregado de representar o califa Abd al-Rahman III (891-961) numa viagem diplomática que se dirigiu à corte do imperador germânico Oto I, em 955, quando do retorno do abade João. Também fazia parte de sua tarefa encontrar-se com as lideranças episcopais da Igreja franca, e, nessa condição, o então leigo Rabi foi ordenado bispo, tornando-se titular da Sé de Eliberri (Granada). Ele desempenhou outras missões diplomáticas, inclusive, junto à corte bizantina, em Constantinopla, de onde trouxe luxuosos adereços para adornar a nova residência califal de Abd al-Rahamn, em Madinat al-Zahra (nas imediações de Córdoba).

O bispo Rabi ibn Zayd é o provável autor de um almanaque árabe, que ficou conhecido como *Calendário de Córdova*, escrito em 961; pelo menos é o que informou Gerardo de Cremona, o tradutor latino do século XII, cuja cópia é a mais antiga que foi descoberta. Os acadêmicos ainda debatem a real autoria da obra, mas ninguém duvida que o calendário tenha sido preparado por um *nasārā* cordovês do século X, ligado à corte califal. Esse calendário, dedicado ao califa al-Hakam II (961-976), apresenta-se como um tratado árabe de *anwā*, um gênero literário muito apreciado no Islã, que mescla conhecimentos de astronomia, meteorologia, agronomia e higiene, distribuídos segundo a contagem matemática do tempo com base em um calendário lunar.

O que desperta curiosidade e é extremamente relevante para nós é que o bispo Rabi, nesse livro prático com uma finalidade técnica clara, incluiu também as datas em que a comunidade eclesial de Córdova celebrava seus santos, especialmente os santos mártires cordoveses, tanto aqueles do período romano como os do recente período árabe. Os dados hagiográficos e litúrgicos foram depois organizados numa edição à parte, que ficou conhecida como o *Santoral Hispano-moçárabe*, tornando-se uma referência incontornável para estudos sobre liturgia ibérica medieval. Os motivos que levaram o bispo a incluir informações litúrgicas cristãs num almanaque astronômico e agrícola, e dirigido a uma corte islâmica, são ainda discutidos. Todavia, parece fora de dúvida que, para seu autor, um *nasārā* cordovês, isso não era um problema; afinal, muçulmanos e cristãos compartilhavam um mesmo espaço urbano, sem grandes fronteiras, e, nesse sentido, o calendário poderia ser útil para uns e para outros, ainda que por razões diferentes.

Essa obra evidencia a presença de um pressuposto de convivência e interculturalidade que merece destaque, e Rabi não estava sozinho nesse trabalho de inculturação. Naquele mesmo período, também se destacou o *nasārā* Ishāq ibn Balashq (cujo nome de batismo era Velasco): em sua edição dos evangelhos em língua árabe, realizada em 946, percebe-se o esforço de um tradutor que queria, ao mesmo tempo, transladar o texto latino para o árabe e encontrar, a partir da tradição corânica, o vocabulário mais adequado para expressar a sacralidade do livro cristão. Richard Hitchcock cita o caso do versículo que abre o Evangelho segundo São Mateus, "*Liber generationis Iesu Christi*" ("Livro da origem de Jesus Cristo" (Mt 1, 1), em que "livro" foi traduzido por *muṣḥaf*, um termo que significa muito mais do que livro, dado que, com ele, se designavam os textos sagrados, como o Alcorão;[12] e já que Ishāq buscava equiparar, do ponto de vista do símbolo, o Alcorão aos Evangelhos, ele incluiu, no início do capítulo primeiro de São Mateus, a fórmula *bismillah* ("Em nome de Deus"), que abre as suras corânicas.

A leitura do *Calendário de Córdova* nos permite acompanhar, simultaneamente, o ciclo anual das celebrações litúrgicas e a história eclesial de Córdova e da península Ibérica. Liturgia e história, passado distante e passado recente misturam-se numa narrativa que instrui tanto o cristão, que venera seu santo, quanto o muçulmano, que, vivendo em Córdova, precisa conhecer sua história. Tal é o que ocorre, por exemplo, quando o *Calendário* refere a festa de Santo Acisclo, mártir cordovês do ano 303:

Neste dia [18 de novembro] é a festa de Acisclo, para os cristãos, executado por Dion, prefeito de Córdova; sua sepultura fica na igreja dos encarcerados, assim chamada por causa dos soldados que aí se refugiaram. Sua festa é celebrada na igreja onde se fabricam pergaminhos, em Córdova, e no mosteiro de Armilat.[13]

Rabi ibn Zayd coloca em perspectiva três tempos históricos: o distante tempo da Córdova romana, que executou Acisclo por se opor à religião imposta pelo império; o tempo intermediário da Córdova islâmica, que aprisionou os combatentes visigodos do século VIII na antiga igreja de Acisclo; e o presente momento em que a celebração ocorria em duas igrejas: no mosteiro de Armilat e na igreja de Santo Acisclo, onde, então, uma oficina de fabricação de pergaminhos estava em funcionamento. E desse modo, o *Calendário* vai descortinando uma vida eclesial muito intensa, ainda que os cristãos de Córdova tenham sido instados a construir as suas igrejas fora da antiga cerca murada: a nova catedral ou Basilica Sanctorum Trium, por exemplo, estava localizada no Vicus Turris, provavelmente nos arrabaldes da cidade.

Essas mudanças foram resultado das dinâmicas de assentamento trazidas pela conquista islâmica, na qual as elites muçulmanas adquiriram imóveis nas regiões centrais, enquanto os cristãos e judeus se deslocaram para outras áreas, dentro ou fora das muralhas. Assim sendo, a localização da nova catedral não implica que a comunidade cristã tivesse sido "despejada" da urbe. Pelo contrário, indica que a igreja foi construída no centro do bairro onde os *naṣrānī* passaram a habitar, formando uma localidade própria, uma *civitas* cristã dentro de uma *madīnat* islâmica. Essa localização periférica da catedral, aliás, não era incomum nem mesmo em regiões como a Itália, onde, antes do século XI, era frequente encontrar catedrais nos arredores, especialmente quando abrigavam relíquias valiosas de mártires locais, como no caso da igreja Trium Sanctorum. Nessas novas áreas de habitação cristã, a liturgia eclesiástica podia ser celebrada com a mesma pompa de antes: a igreja de São Cipriano, mencionada por Ibn Zayd nos dias 14 de setembro e 9 de dezembro, contava com uma equipe bem treinada de clérigos e cantores que realizavam missas solenes. No século

IX, essa igreja passou a abrigar também uma comunidade de monjas em um mosteiro adjacente.

Uma das festividades santorais mais prestigiadas, de acordo com o *Calendário de Córdova*, é a celebração dos *Sete Varões Apostólicos*, que incluem Torquato, Tesifonte, Indalécio, Segundo, Eufrásio, Cecílio e Hesíquio (ou Isicio, como variação). Segundo a tradição hagiográfica ibérica, que era bem conhecida por Ibn Zayd, acredita-se que esses santos foram enviados para evangelizar a Hispânia, alguns dizem por São Pedro e São Paulo, enquanto outros, como Ibn Zayd, atribuem essa missão a São Tiago Maior. Espalhados por várias regiões da península, esses homens são considerados pioneiros do cristianismo na Ibéria, embora a veracidade dessas informações seja incerta. Em Córdoba, essa festividade durava, na realidade, uma semana inteira, iniciando em 27 de abril e estendendo-se até 3 de maio, sendo a maior celebração da cidade.

A adaptação dos *naṣrānī* foi, na realidade, uma condição essencial para sua sobrevivência, e eles souberam aproveitar amplamente as liberdades concedidas. E Ibn Zayd não desperdiçou a oportunidade que o seu calendário lhe proporcionava para mostrar, por meio de texto destinado à leitura dos muçulmanos, que o passado de Córdova tinha raízes cristãs: se o poderoso imperador Diocleciano não conseguiu fazer com que os santos irmãos Acisclo e Vitória renegassem sua fé, também os califas de Al-Andaluz não teriam êxito nessa tentativa. Suas igrejas, por conseguinte, representam marcos históricos de uma contínua resistência, mesmo em meio a uma evidente convivência. No calendário de Ibn Zayd, no dia 10 de julho, é mencionada a Basilica Sancti Christophori Martyris, situada na margem oposta do rio Guadalquivir, ao sul de Córdova. Tratava-se de uma igreja-mosteiro que abrigava os restos mortais dos cordoveses que perderam suas vidas durante as operações de conquista da cidade.[14] Assim como a igreja dos encarcerados, essa basílica se tornou um local importante para o panteão cívico-eclesiástico que a Igreja de Córdova foi estabelecendo ao longo dos séculos de convivência.

É evidente que o calendário de Ibn Zayd, mesmo sendo produzido por um colaborador do califa, registra como verdadeiro martírio as mortes dos rebeldes cristãos da época de Eulógio e Paulo Álvaro, conhecidos como os "mártires voluntários". A celebração desses mártires no século IX gerava controvérsia nas igrejas da península Ibérica. No entanto, parece que no século X nem o califa nem a população muçulmana se incomodavam mais com esse fato. Dessa forma, São Perfecto era celebrado em 30 de abril, Santo Esperaindeo em 7 de maio, Santos Adulfo e João em 27 de setembro, Santo Emílio em 15 de setembro, e o próprio Paulo Álvaro, ou melhor, Santo Álvaro de Córdova, em 7 de novembro.

Eulógio nos oferece uma boa imagem das celebrações organizadas nas igrejas e nos mosteiros dos arrabaldes de Córdova. Escreve ele no seu *Memoriale sanctorum*: "Se alguém, passando casualmente por ali, nos dias das festas dos mártires, viesse a escutar o canto que de lá ressoava, cantos executados pelos clérigos que salmodiavam, não haveria dúvida alguma de que tal pessoa prorromperia em lágrimas, tocada pela alegria do desejo celeste".[15] No *Liber Apologeticum*, de 857, Eulógio se queixa da perda daquela solenidade que deveria caracterizar as celebrações litúrgicas: "já o cantor não entoa seus cantos em público; a voz do salmista não ecoa mais no coro; sobre o púlpito, o leitor não proclama mais nada; o levita (diácono) não evangeliza o povo, e o sacerdote já não adentra o altar". Embora o tom seja negativo, o lamento expresso nos faz refletir sobre o quanto a liturgia era considerada essencial para a identidade cristã e cordovesa da população, na visão desse leigo. Ele percebia a comunidade cristã como sendo perseguida e valorizava ainda mais a importância da liturgia enquanto um pilar fundamental da identidade de seu grupo.

Como lembra Meredith Fluke, "a liturgia é o aspecto mais público da prática religiosa".[16] A autora interpreta o termo "público" nessa frase como algo visível e ostensível, e nisso ela está correta: celebrar é mostrar, exibir para os outros, e demonstrar coletivamente a razão daquilo que se acredita dentro e a partir de uma comunidade. Não tenho a intenção de adentrar no debate teológico, no qual a liturgia cristã, mesmo quando celebrada individualmente (por um sacerdote) ou em segredo, constitui um ato público da Igreja, devido à sua realidade *mística* como corpo visível de Cristo. O propósito deste livro, ao contrário, é enfatizar o aspecto *imanente* das ações eclesiais, observando-as em sua exposição performativa, em sua interação com o mundo e em sua capacidade comunicativa e criativa. É por meio desses elementos que a noção de *público* se apresenta em outro sentido, o sentido político.

Etimologicamente, liturgia deriva de *leitourgia*, vocábulo grego formado de *laos*, com o sentido de povo, e *ergon*, que significa obra, resultando que liturgia é "obra do povo" ou "obra pública". Aristóteles, na *Ética a Nicômaco*, menciona a liturgia como um dos deveres do *magnânimo*, isto é, o cidadão rico, que, justamente por ser rico, está entre aqueles que podem despender grandes somas com obras públicas, entre as quais o filósofo grego cita o patrocínio de festivais cívicos, como as apresentações teatrais e corais (*coregia*), a manutenção das despesas do culto aos deuses (*arquiteoria*) – que demanda oferendas, objetos cúlticos preciosos e vítimas sacrificiais adequadas –, a presidência de atividades esportivas (*gimnasiarquia*) e o financiamento de navios de guerra (*trierarquia*). Liturgia, portanto, é um conjunto de iniciativas onerosas que tem por finalidade o patrocínio de momentos de congraçamento comunitário ou de proteção da própria cidade. O magnânimo recebe esse título, obviamente, porque faz grandes doações; porém, a grandeza não deriva apenas da quantia doada, mas do fato de que tal montante é ofertado em prol da cidade. Paul Veyne sintetiza isso muito bem: "a magnificência é a variedade de liberalidade que diz respeito aos dons à coletividade: o magnânimo, ele próprio, é um tipo social: um rico notável".[17]

No instigante capítulo "Liturgia e Política", do livro *Opus Dei: arqueologia do ofício*, Giorgio Agamben observa que o *significado político* de liturgia, que comportava prestação de serviço de "interesse comum" e, no dizer de Veyne, visando "bens coletivos",[18] continuou a ser uma atividade *profana* para as primeiras comunidades cristãs, como demonstram as ocorrências de *leitourgia*, nas Epístolas de São Paulo, em que liturgia se refere a "prestação pela comunidade", sobretudo em forma de doação de dinheiro.[19] Todavia, essa concepção logo sofreu uma mudança, quando, na Epístola aos Hebreus – texto que se considerava paulino durante a Antiguidade e a Idade Média –, o autor eclesiástico aplicou à ação messiânica de Jesus o sentido que a bíblia *Septuaginta* reservava à liturgia, isto é, um serviço *sacerdotal* e *cultual* de um Povo Santo (*laos hagios*). Opera--se, portanto, uma ressignificação semântica, de cunho sacralizante, que terá longa fortuna na história das comunidades eclesiais, mas que, em termos estritamente históricos, não resultou na sacerdotalização completa da liturgia cristã, como demonstram os exemplos aqui arrolados.

Liturgia mexe com a divisão do tempo, com a distensão do trabalho, com a organização da vida ordinária, individual e comunitária, com o significado coletivo atribuído ao tempo; mexe com corpos, coloca corpos em movimento, em sincronia e em harmonia; liturgia coloca numa mesma velocidade vivencial os que vivem em situações diferentes, pois, na liturgia, o tempo do monge não difere mais do tempo do mercador ou do artesão ou do agricultor. Liturgia implica música, e música implica cantores, instrumentistas, profissionais. Implica enfeites, ornamentação. Liturgia envolve um investimento que, dependendo da ocasião, pode representar um peso financeiro. Assim, as comunidades eclesiais desenvolviam suas liturgias de forma comunitária, a fim de compartilhar os custos envolvidos. Elas não eram apenas comunitárias porque eram abertas a todos, mas também porque eram resultado do envolvimento de todos os membros. Uma liturgia grandiosa pode durar várias horas, e o tempo decorrido implica que as pessoas fiquem com fome. Portanto, a liturgia solene muitas vezes envolve a presença de barracas de comida nos adros e praças. Liturgia e economia estão sempre interligadas. O ato de rezar também está relacionado a comer e se vestir adequadamente.

Na vida urbana, podemos observar que a celebração da liturgia vai além do espaço interno do santuário e se estende ao espaço da cidade, incluindo seus diversos santuários e suas vias de acesso. Essas vias conduzem tanto às atividades sagradas quanto às profanas, como a realização da missa ou a realização de feiras. É comum que as feiras sejam organizadas de acordo com os horários da missa. Embora o espaço da liturgia seja a igreja-edifício, existem certas celebrações que exigem deslocamento de um edifício para outro e, portanto, a utilização de vários edifícios cultuais espalhados pela cidade. A liturgia é intrinsecamente caracterizada pelo movimento (corpos que se levantam, sentam-se, ajoelham), e também pode envolver movimento externo (pessoas que caminham juntas de uma igreja para outra).

Conforme mencionado anteriormente, a antiga liturgia romana, em particular, era caracterizada por ser uma liturgia estacional. Isso significa que o espaço da celebração ia além do santuário, e a cidade – que nunca é totalmente profana – se tornava uma extensão da igreja. Era uma igreja-cidade, que, ao se mover de um lado para outro, traçava rotas sagradas nas vias do comércio e da vida cotidiana. No entanto, não é necessário que uma cidade siga uma liturgia estacional para que haja movimento ou para que sua liturgia seja caracterizada como "uma liturgia do movimento", como expressou Victor Saxer.[20] Em Córdova, na península Ibérica, encontramos exemplos concretos de que celebrar a fé é percorrer a cidade, incorporá-la à liturgia, santificá-la e transformar sua semântica.

Ao analisarmos um texto como o *Santoral Hispano*, de Rabi ibn Zayd, fica evidente que a liturgia está intrinsecamente ligada ao espaço. Cada festa litúrgica era celebrada em uma igreja diferente. Era um movimento constante de pessoas de um lugar para outro. Com base apenas no santoral, não é possível afirmar que a liturgia hispânica era estacional, como a liturgia romana. No entanto, mesmo que não seja estacional, isso não impede que os efeitos de sacralização ocorram no circuito. Seja estacional ou não, a liturgia em Córdova pressupunha que a comunidade cristã da cidade – enfatizo, a cidade – se reunisse em cada festividade em uma igreja dentro do perímetro citadino, e nada impede que em cada festa da cidade seja o seu bispo a celebrar a missa. Dessa forma, a cada ano, não apenas o bispo percorria liturgicamente sua cidade, mas também os demais cristãos faziam o mesmo.

É a cidade que é apropriada por um povo unido – ou pelo menos que aspira a sê-lo. Os *nasrani*, por exemplo, já celebravam a festa dos santos locais muito antes do domínio muçulmano; os santuários nos quais os mártires estavam sepultados já eram os centros da comunidade eclesial e, por consequência, da comunidade urbana. Ao celebrarem esses santos e ocuparem suas igrejas nos dias específicos, os cristãos estavam, de fato, reafirmando sua apropriação do espaço e reivindicando que, apesar de o governante não ser cristão, eles ainda estavam presentes e a cidade também lhes pertencia. Talvez tenham ousado acreditar que a cidade pertencesse mais aos cristãos do que aos muçulmanos, visto que os *mártires* cordoveses sacrificaram suas vidas como um ato de resistência ao novo poder. E seus nomes foram incluídos naquele calendário como parte da história da capital de um califado, simbolizando a contínua presença e influência cristã na cidade.

6.2 Os senhorios territoriais (séculos X-XII)

Se, entre os séculos VI e VII, os bispos foram os grandes construtores de igrejas e principais gestores da vida comunitária, o período subsequente, entre 741-840, ampliou ainda mais o protagonismo episcopal, envolvendo os bispos mais diretamente nas dinâmicas sociopolíticas da cristandade, então dirigida pela dinastia carolíngia, sobretudo, durante os reinados de Carlos Magno (m. 814) e seu sucessor, Luís, o Piedoso (m. 840). Ambos se valeram das redes formadas pelas cidades episcopais e, principalmente, pelos concílios regionais, que se somaram às estruturas próprias do governo régio, e que reforçaram a ideia geral de que o reino franco e, depois, todo o império cristão correspondiam ao Povo de Deus, como se descreve no Antigo Testamento.

Estudos recentes têm demonstrado o quanto a teologia política formulada pelos grandes bispos francos, que reuniam os maiores letrados do período, transformou a compreensão do que era ser rei e do que significava governar; ao mesmo tempo, essa teologia absorveu os fundamentos da cultura régia carolíngia, compartilhados com toda a aristocracia guerreira franca, de onde saíam os bispos, amalgamando-se ao sistema de cristandade como um todo.[21] Como observamos ao comentar o fólio 27v, da *Bíblia de Viviano* (cf. Figura 2), o império carolíngio compreendia-se como uma *ecclesia*, na qual o rei, "com seus bispos, era o fiador da salvação de seu *populus christianus*, e responsável por seus pecados diante de Deus",[22] atitude que se reforçava e se reproduzia justamente nas catedrais urbanas e nas abadias rurais, onde os bispos e os abades trabalhavam como agentes dessa política religiosa.

Contudo, a estabilidade e a extensão territorial desse império--ecclesia começaram a sofrer duros golpes a partir de meados do século IX, seja em razão de crises dinásticas no seio dos grupos familiares carolíngios, seja em decorrência de uma longa temporada de invasões de inimigos externos, como os árabes (pelo sul), os normandos (pelo norte) e os húngaros (pelo leste), que mostraram a debilidade das forças defensivas da cristandade e suscitaram a reação de atores políticos regionais, como os condes, duques e marqueses. Novos problemas, novas estratégias de solução. À integração geográfica de um vasto território, que pretendia ser um espaço livre de muçulmanos e de pagãos, somaram-se novas forças sociais e políticas, não mais diretamente dirigidas pelos sucessores de Carlos Magno, muito embora a sua ideologia governamental tenha mantido ainda o seu lugar de destaque. Apoiados por uma cavalaria de base (os *milites*), que emergira da cultura vassálica carolíngia, os duques e condes assumiram a responsabilidade pela defesa do Povo de Deus, porém, cada qual dentro de sua particular zona de influência.

Não se tratou de uma simples mudança de escala geográfica, do imperial para o regional, mas de uma verdadeira "remodelação de todo o ocidente europeu", para usar a expressão de Chris Wickham.[23] Wickham está entre aqueles historiadores mais recentes que não acreditam que o fim do império carolíngio provocou o desaparecimento da ordem sociopolítica e o início de uma anarquia generalizada; no entanto, ele também discorda da visão oposta, isto é, a que sustenta uma continuidade evidente das instituições públicas e, principalmente, da noção de poder público, que haviam predominado entre os séculos VI e IX. Sem ser um convicto defensor da "mutação feudal" – expressão que se tornou emblemática para os que defendem um ano 1000 marcado pelo surgimento da anarquia –, Wickham aponta para a existência de uma "diferença fundamental entre a esfera da política pública, da Alta Idade Média, e a política mais personalizada, de menor escala e assentada no exercício do senhorio", que marcaria os cinco séculos seguintes. Independentemente do alcance explicativo das teorias formuladas, é certo que os cavaleiros (*milites*) se tornaram os grandes protagonistas políticos, impactando os destinos das comunidades locais, ainda que a proporção cronológica e geográfica desse impacto tenha sido diferenciada – Wickham distingue a parte oriental da cristandade, onde as instituições públicas carolíngias persistiram por mais tempo, da parte ocidental, em que as transformações estruturais foram mais precoces e severas, motivadas por uma maior desintegração territorial. Foi sobretudo na área ocidental que os senhores regionais, condes, duques e cavaleiros forjaram outra lógica de governo para as comunidades locais e eclesiais, e a que se pode chamar de "senhorio territorial"[24] ou "senhorio local"[25] ou ainda "senhorio castral".[26]

De fato, os dados arqueológicos demonstram que, entre 950-1150, o Ocidente conheceu um movimento insólito de construção de castelos, que se multiplicaram por toda parte: eles eram fortalezas militares, edificadas em pontos estratégicos, dentro de pequenos territórios, para fins de vigilância e de controle regional. Essas custosas fortificações até podiam ser patrocinadas por vários aristocratas ao mesmo tempo, mas a própria existência de um castelo denotava a dominação senhorial sobre aquela pequena área no seu entorno. Assim, o aparecimento das fortalezas castrais, no século X, bem como a sua expansão geográfica, no século XI, estão relacionados com a nova situação sociopolítica do Ocidente, que levou as aristocracias a rearranjarem as suas forças internas, ampliando suas bases de sustentação pela absorção de elites cada vez mais locais. Todavia, isso não explica tudo. Uma remodelação social tão ampla e profunda jamais teria alcançado esse nível se, ao lado das forças políticas, não houvesse as forças econômicas.

Com base em dados igualmente arqueológicos, diversos estudos asseguram que, a partir do século X, o Ocidente conheceu um progressivo aumento populacional, que, com poucas oscilações, estendeu-se até o século XIV, quando a pandemia de 1348 matou um terço da população europeia. As razões e a extensão efetiva desse crescimento são ainda debatidas pela historiografia, seja porque os dados demográficos, para a Idade Média, nunca são muito precisos, seja pela falta de documentos seriais que permitam uma comparação segura entre regiões e grupos societários, numa duração temporal considerável. Todavia, os especialistas admitem que, por volta do ano 1000, o número da população europeia, excetuando-se a Rússia, oscilava entre 35 milhões e 45 milhões, enquanto no século IX essa cifra não passava de 22 milhões a 27 milhões.[27] Também se percebe um aumento da produtividade agrária, que acarretou uma oferta mais abundante de alimentos, a preços mais acessíveis; com isso, as populações do campo e da cidade tiveram mais condições de se alimentar melhor e de ter mais qualidade de vida e de saúde,[28] favorecendo maior longevidade e menores índices de mortalidade infantil.

Mais uma vez, a arqueologia tem sido fundamental para explicar que os castelos surgiram principalmente devido às condições econômicas do ano 1000, em vez de serem resultado de um contexto de guerras ou invasões: os vestígios materiais mais antigos de castelos datam do século X, e as invasões estrangeiras e suas reações locais ocorreram no século IX.[29] Além disso, sinais de implantação castral foram localizados em zonas campesinas pouco povoadas e distantes das áreas preferenciais dos confrontos, e suas primeiras estruturas, erguidas em madeira sobre colina ou aterro, demonstram que seu propósito não era a defensibilidade contra inimigos externos. Esses indícios, portanto, descartam a tese de que a castelização teria sido uma resposta para a derrocada do sistema político carolíngio, que, fragmentando-se em condados e principados autônomos, deixara as populações à mercê dos violentos cavaleiros vassálicos; ao contrário, os castelos parecem ter sido muito mais uma resposta para as alterações econômicas, que demandavam mais terras para cultivo e mais mão de obra para a produção agrícola: essa teria sido a razão por que os castelos foram implantados em zonas pouco povoadas e consequentemente pouco ou nada aproveitadas para a agricultura em larga escala. Os senhores de castelo, pertencentes ao grupo social dos *milites*, esforçaram-se, pois, para atrair os trabalhadores necessários para essas zonas, e isso provocou um abalo nas estruturas do sistema fundiário anterior, conhecido como o *grande domínio*,[30] e que era muito forte até o século IX.[31]

Interessada em presidir a nova política de terras, que se fazia necessária, a cavalaria vassálica usou do expediente dos castelos para acelerar as transformações das relações de trabalho: em troca de acesso à terra, segurança jurídica e condições produtivas, os camponeses tornavam--se ainda mais dependentes dos senhores, que mesclaram o próprio poder de senhores da terra com a autoridade de representantes do poder público. Para tanto, os senhores tomaram algumas precauções: em primeiro lugar, definiram uma territorialidade diferente, que não mais coincidia com as demarcações rurais antigas, e colocaram os castelos como centros dessas novas zonas; depois, interferiram no modo de produção rural, estabeleceram outras lógicas para as propriedades agrárias e limitaram a autonomia dos campesinos livres a fim de ampliar o espectro da servidão camponesa; por fim, procuraram regular as práticas jurídicas de transmissão de terras, que eram a base da dominação sobre os homens.[32]

Para as populações civis em geral, o castelo foi ficando cada vez mais identificado com a sede de um poder senhorial local, cuja força se fazia sentir, com maior veemência, nas relações de trabalho campesino, mas era também evidente nas relações sociais mais amplas, aí incluídas as religiosas e as jurídicas. Todo castelo definia, pela sua própria localização central e imponência arquitetônica, um território dentro do qual e a partir do qual a vida social (campesina e citadina) acontecia segundo marcos, senão novos, ao menos bastante renovados, pois a situação econômica do século XI propiciou uma proliferação de novos senhores e, consequentemente, de novos servos e dependentes. No *Testamento de Rogério, o Velho* (c. 1002), conde de Carcassone, no Languedoc, encontramos algumas informações que podem nos ajudar a entender o emaranhado sociopolítico em que um castelo estava envolvido:

> Eu, Rogério, conde, faço o meu testamento, pelo qual divido os bens entre meus filhos, Raimundo e Bernardo. Para meu filho Raimundo, oferto a cidade [*civitas*] de Carcassone, com o território carcassonense, exceto as suas abadias, que oferto para meu filho Pedro [...]. E ao mesmo filho Raimundo, oferto o castelo de Redae [Rennes-le-Château], com a parte de seu *comitatus* [território do castelo] que me pertence, exceto a parte que tenho em suas abadias, à qual eu oferto ao meu filho Pedro, e exceto o alódio que eu obtive em feudo, dentro do *comitatus* de Redae, que eu oferto ao Senhor Deus e a seus santos, para a salvação de minha alma. [...] E o castelo que se chama Sexago [Saissac], com a sua castelania [*castlania*], com suas vigárias [*vigarias*], que pertencem ao castelo, e com os seus alódios, que meu pai, Arnaldo, ali possuía pelo próprio castelo, [que tudo isso] permaneça com Raimundo, excetuadas as abadias, que eu ofereço ao meu filho Pedro.[33]

As repetidas menções às abadias localizadas nos territórios condais possuem uma justificativa política muito precisa. Desde que Rogério assumira o ofício de conde de Carcassone, por volta de 950, ele aderiu ao movimento de reforma monástica do Languedoc, cujas bases espirituais remontavam a Bento de Aniane (m. 821), e que tornavam os mosteiros peças-chave do controle territorial local, ao lado dos castelos públicos, controlados pelos condes. Em outras palavras, a fundação de novos mosteiros ou a reforma das antigas abadias fazia parte da dinâmica do poder condal, dentro de seu território; todavia, nos casos em que esses mesmos condes patrocinavam fundações monásticas em outras áreas, seu poder podia desbordar para esses locais, contribuindo para a sua expansão extraterritorial. Como resultado, os aristocratas mobilizavam as suas redes de apoio local para barrar o avanço de condes ou senhores externos através de lutas armadas muitas vezes demoradas e desgastantes. Foram essas guerras aristocráticas locais que redesenharam o mapa das comunidades rurais no século X. Rogério, o Velho, por exemplo, aumentou o raio de sua influência para muito além do território de Carcassone, como demonstram os dois castelos mencionados no trecho citado, Redae (a atual Rennes-le-Châteaux) e Sexago (atual Saissac), que ficavam fora de seu condado.

Como podemos perceber, os castelos participavam de duas lógicas de repartição de bens: a primeira é patrimonial, na qual os castelos compõem bens físicos transmitidos em herança dentro de uma linhagem específica; a segunda lógica é territorial, pela qual um castelo concentrava ao redor de si uma zona (a castelania) sobre a qual exercia uma autoridade pública recebida dos antigos *pagi* (condados) carolíngios e que, ao longo dos séculos, foi-se reproduzindo dentro das famílias condais, cuja genealogia amparava as reivindicações por direitos políticos.

Com o aparecimento dos castelos, a classe guerreira local se tornou ainda mais poderosa, engaiolando o campesinato;[34] todavia, a sua ação social estava longe de ser disruptiva. Os castelos não foram trincheiras de uma guerra endêmica, como certos cronistas monásticos, muito preocupados com as suas propriedades, quiseram convencer seus leitores, nem os cavaleiros foram agentes de um terrorismo senhorial contra camponeses indefesos. Ao contrário, os castelos funcionavam como estruturas materiais pelas quais o trabalho produtivo na terra era remanejado; os senhores dirigiam os novos arranjos de propriedade fundiária, criavam mecanismos judiciais para amenizar o confronto de interesses discordantes entre vários senhores locais, regulavam a transmissão de patrimônios, arrecadavam legitimamente os impostos e estruturavam os novos agrupamentos campesinos, oriundos do crescimento populacional.

Essa função ordenadora dos senhores de castelo, de resto muito similar ao que já ocorria nos tempos carolíngios,[35] obviamente, não deve encobrir o lado conflituoso envolvido em toda relação de forças dentro da aristocracia, ou entre esta e a população campesina, como demonstra esse contrato entre dois aristocratas do Languedoc (sul da atual França), de cerca de 1060-1065:

A partir deste momento, Frotério, filho de Ermendructe, ajudará Isarn, filho de Rangarde, com os castelos, os homens, a terra e o bem que ele hoje possui e vier a possuir no futuro, com o conselho de Frotério. Ele irá ajudá-lo a tê-los e a mantê-los, [combatendo] os homens contra os quais Isarn convocar Frotério a combater, por força do juramento, bem como [combatendo] os inimigos contra os quais Isarn convocar Frotério, por meio de uma convocação regular, desde que Isarn não cometa nenhuma afronta contra Frotério. E se Isarn cometer alguma afronta contra Frotério, este não buscará vingança até que faça um chamamento a Isarn, por si mesmo ou por um mensageiro. E se Isarn não se esquivar da convocação, e se este se apressar a fazer uma reparação ou se a fez durante os dois meses que se seguem à publicação do chamamento, Frotério aceitará a reparação ou perdoará. E doravante, ele irá cumprir o que foi dito neste juramento de acordo com o que sabe e conhece, e, no prazo de dois meses, Frotério não fará vingança.[36]

Frotério foi bispo da cidade de Albi, entre 1062-1083, enquanto Isarn era o visconde de Lautrec, de 1038 até pelo menos 1065, quando cessam as informações sobre ele. O documento celebra um compromisso de não agressão e de ajuda mútua entre dois senhores, um leigo e um eclesiástico, que compartilhavam o domínio sobre os castelos, as terras, as aldeias com seus habitantes e demais bens associados ao *senhorio* que Isarn exercia dentro do *viscondado* de Lautrec. O nome viscondado (vice--condado) não deve nos induzir a engano. Enquanto o condado tinha, de fato, origem pública, e o conde exercia legitimamente uma autoridade política, o viscondado era, na verdade, um *benefício* ou *feudo* (os carolíngios diriam uma *honra*) que um conde concedia aos que lhe prestavam juramento vassálico e tornavam-se seus *viscondes*. O visconde, por força do juramento, comprometia-se a dar suporte militar ao conde, a não competir com ele nas matérias de seu interesse, a não o atacar e, principalmente, a não o trair. O conde, por sua vez, assumia o mesmo compromisso. Esse tipo de relação pessoal baseada no juramento, como vimos, tem origem carolíngia, e podia ser celebrada entre os membros dos vários níveis da aristocracia, aqui, por coincidência, celebrou-se entre um visconde e um bispo, tal como antes havia sido feito entre um conde, ou outro grande senhor, e o visconde de Lautrec, ou qualquer outro.

Isso é o que os historiadores chamam de sistema feudo-vassálico, e que era o alicerce da definição de sociedade senhorial. Nesse sistema, há claramente uma confusão entre o que corresponde ao cargo público e o que é devido ao poder privado de um rico proprietário de terras e homem de armas, motivo que levou alguns historiadores a falar em "desaparecimento do Estado" e "anarquia feudal". Acordos como esse eram bem frequentes, seja no Languedoc ou em outras regiões, e marcavam uma relação de cossenhoria sobre um domínio castelão,[37] ou seja, um território definido pela jurisdição de um senhor de castelo. Isarn não alienou o seu bem de raiz (a propriedade), mas compartilhou o direito ao usufruto das rendas auferidas de seu *senhorio*, em troca da ajuda militar de Frotério, sempre que este fosse convocado a defender seu parceiro.

As rendas de um senhorio costumavam incluir vários tipos de direitos de arrecadação: a porcentagem devida aos lucros obtidos pelos campesinos produtores, dentro da área do senhorio; os impostos sobre a terra e os bens, pois o senhorio era também um espaço público, dotado, portanto, de direitos públicos (no caso de Lautrec fica fácil de entender, pois era um viscondado, isto é, uma parcela de antiga circunscrição política derivada dos condados carolíngios); os dízimos que a população das comunidades eclesiais, localizadas no espaço castelão, deveriam pagar à sua igreja (esse direito começou a ser fortemente confrontado justamente no momento em que Frotério e Isarn assinaram o seu acordo); e as taxas relativas aos serviços públicos prestados pelo senhorio, como a proteção armada, o funcionamento dos tribunais e a manutenção das vias públicas. Tudo somado, não era pouco dinheiro.

A nossa dificuldade de entender esse tipo de relação social decorre do fato de que, para nós, propriedade privada e entidades públicas são coisas completamente separadas, jurídica e legislativamente (um prefeito pode ser o maior dono de terras do município, mas os bens da cidade não compõem jamais o patrimônio do prefeito). Os senhorios (castelos ou castelanias) eram, evidentemente, legatários de antigos poderes públicos, atribuídos à aristocracia terratenente, desde a fundação dos reinos romano-germânicos, no distante século V; contudo, o espaço da autoridade pública dos grandes proprietários tendia a corresponder aos limites geográficos em que suas propriedades se localizavam, tornando inevitável a mistura dos direitos anexos ao patrimônio fundiário (as rendas) e os direitos anexos à função pública que os senhores exerciam (os impostos, taxas e dízimos). Daí que as relações entre os grandes proprietários, as relações entre estes e os pequenos proprietários, bem como com os campesinos sem propriedade (os simples locatários) envolviam sempre uma dimensão pública e privada.[38]

Nem precisamos de muita imaginação para perceber que a manutenção do equilíbrio entre interesses (e direitos) tão díspares era algo muito delicado e exigia um dispêndio de forças (e de dinheiro) considerável. Era isso o que obrigava a celebração de laços de cooperação entre senhores, como este entre Frotério e Isarn, que além de delimitarem o espaço do exercício do senhorio, criava um clima de solidariedade entre os grupos envolvidos e, principalmente, criava critérios para a contenção da violência e para a resolução de conflitos.

Entre Isarn e Frotério, a solidariedade era clara: com a cossenhoria, Isarn passava a contar com o conselho de Frotário, o que incluía o apoio de sua rede pessoal de alianças para ampliar os domínios de Lautrec, o que obviamente interessava a Frotério; mas, sobretudo, Isarn se beneficiava do apoio militar que o bispo podia garantir em caso de conflito com senhores vizinhos, algo que acontecia com muita frequência. Nesse laço social, a solidariedade é uma ponta, o equilíbrio da força é outra: o acordo de Isarn e Frotério limita as chances de agravo entre eles e, se houver agravo, limita a violência, através de procedimentos judiciais (o ato formal de convocação e o prazo de espera de dois meses), que, claramente, visam retardar as vinganças e demonstram que, no espaço castelão, procura-se a permanência da ordem, não a vingança ou a dominação gratuita.

Todavia, o acordo entre Isarn e Frotério nos apresenta também uma realidade bem mais ampla do que aquela das relações intersenhoriais. O texto evidencia que o cossenhorio de Lautrec implicava a autoridade sobre pessoas e sobre suas aldeias, além de direitos sobre bens, possessões, serviços e lucros. É provável que houvesse proprietários livres na castelania de Lautrec; contudo, seria muito difícil que esses tais pudessem prescindir de algum tipo de vínculo com os senhores, os quais, como se nota, eram mais do que meros proprietários, eram os fiadores da ordem pública, seja no âmbito civil, seja no religioso. É preciso não perder de vista, portanto, que o surgimento das castelanias implicou uma nova ancoragem do poder, uma diferente repartição de *pessoas* no espaço, e outra lógica de distribuição de *espaço* entre as pessoas.

Esse processo provocou uma transformação bastante acentuada do *habitat* aldeão, fazendo com que grande parte das populações campesinas deixasse as antigas aldeias, dispersas e pouco estáveis, e se congregasse numa conformação de povoamento diferente, conhecido como *castrum*, em latim (castro, em português), e que apresentou todos os traços de um "urbanismo rural" bastante elaborado.[39] Nos capítulos anteriores, vimos que *castrum* era, primitivamente, um acampamento militar romano; na Alta Idade Média, dava-se também o nome de *castrum* à área fortificada de uma *urbs*, como no caso de Verona, ou à zona do complexo catedralício, quando este se localizava fora das muralhas da cidade ou na sua periferia.

Mas, a partir do ano 1000, o nome *castrum* começou a designar também esses núcleos populacionais dependentes dos senhores de castelo, e que surgiram da reorganização dos espaços rurais antes dependentes dos grandes domínios (ou *curtes*, na documentação italiana). Não se deve confundir, portanto, a pequena aldeia rural, dos tempos carolíngios, com essa nova realidade castral, muito mais elaborada, em termos populacionais, políticos e arquitetônicos, e que, em alguns casos, só não recebeu o título de cidade (*civitas*) porque não era sede de um bispado.

Para compreendermos como os castros podiam, com alguma facilidade, resultar em comunidades urbanas bem desenvolvidas, vamos examinar uma das muitas iluminuras que compõem o *Livro de Armas*, que o duque Carlos I de Bourbon (m. 1456) encomendou a Guillaume Revel, nos inícios do século XV. Como todo livro de armas (ou armorial), o manuscrito iluminado de Revel contém os brasões das famílias senhoriais que habitavam dentro da zona de influência do duque, a qual abrangia os ducados de Bourbon e Auvergne e o condado de Forez, no centro-sul da atual França. Na execução dessa obra, os ilustradores que trabalharam com Revel foram muito além do que se poderia esperar de um álbum de símbolos heráldicos, pois acrescentaram, em diversos fólios, representações, bem detalhadas e de bom tamanho, de vários castelos, cidades e castros que, no século XV, reconheciam a autoridade dos duques de Bourbon.[40]

A imagem que vamos analisar encontra-se no fólio 437, e retrata uma cidade da região de Forez, chamada Montbrison.

Uma grande legenda, escrita em língua romance, resume bem toda a cena: *La ville et chatiau de Monbrison en la compte de Fores* (A cidade e o castelo de Montbrison que fica no condado de Forez). Os detalhes iconográficos produzem um efeito visual que nos leva a imaginar uma cidade desenvolvida; aliás, o uso do termo *ville* (cidade), e não *village* (aldeia), reforça esse efeito, pois amplifica o sentido do urbano, diluindo suas marcas campesinas, que, contudo, persistem na imagem. Tenhamos presente que o *Livro de Armas* foi preparado para ser um documento que ratificava as jurisdições e os direitos de um duque, direitos que se sobrepunham a jurisdições de outros senhores poderosos, de modo que as informações ali constantes – legendas, brasões e miniaturas – deveriam corresponder minimamente ao que os contemporâneos admitiam como certo e comprovado. Em outras palavras, é possível assumir que as miniaturas correspondiam a um perfil verossímil das cidades que representavam. Entretanto, um armorial também era confeccionado com o fito de ressaltar a eminência política de seu comitente, um senhor que disputava com outros aristocratas o espaço do poder, e isso precisa ser levado em conta.

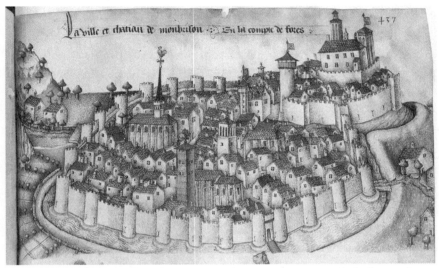

Figura 9: *La ville et chatiau de Monbrison em la compte de Fores*, A cidade de Montbrison (Vale do Loire – França), Armorial dedié par le Hérault Guillaume Revel au roi Charles VII (1401-1500), Bibliothèque Nationale de France (Ms Français 22297, fol. 437).
Fonte: https://gallica.bnf.fr/ark:/12148/btv1b8470455b/f447.item. Acesso em 8/4/2024.

Ora, os signos que comparecem nas iluminuras foram certamente selecionados entre os elementos visuais que constituíam o rico repertório de representações que os aristocratas socialmente compartilhavam, e que eram compatíveis com os modos *aristocráticos* de representar uma cidade; portanto, essas iluminuras ajudavam a produzir uma *imagem política* da cidade e criavam uma *representação política dessa mesma imagem*.[41] A miniatura de Montbrison, dessa forma, corresponde à sua condição de capital do condado de Forez e, ao mesmo tempo, exalta o papel dos duques de Bourbon na reconstrução urbanística do burgo, que fora bastante afetado pelas danosas consequências da Guerra dos Cem Anos: em 1359, ou seja, um século antes da confecção do armorial, Montbrison havia sido devastada pelos exércitos ingleses, comandados por *Sir* Robert Knolles

(m. 1407), que puseram fim a mais de dois séculos de crescimento econômico e populacional.[42] A reestruturação da cidade foi lenta e desigual, tomando mais de 50 anos, quando os Bourbon assumiram o controle do condado e dirigiram as obras de acabamento da parte urbana; por exemplo, as muralhas do castro que podemos observar na miniatura só foram terminadas por volta de 1437, ou seja, poucos anos antes de Guillaume Revel iniciar a composição do armorial.

A imagem de Montbrison é apresentada como a somatória de seu núcleo urbano (a *ville*) e de seu castelo (o *chatiau*), um detalhe crucial para a produção da *imagem política* que o armorial pretendia construir. O conjunto imagético, por sua vez, encontra-se dividido entre a elevação da colina do castelo e a planície, em que corre o ribeirão Vizézy, cujas águas preenchem o fosso das muralhas, que cercam tanto a *ville* quanto o *chatiau*, uma obra que, de tão custosa, contou com investimentos dos Bourbon, dos moradores locais e das igrejas, sobretudo a Colegiada de Nossa Senhora da Esperança (de que a pouco falaremos), cujos cônegos assumiram responsabilidades nos reparos dos muros e demais edificações públicas, como mostra a súplica que dirigiram ao duque de Bourbon, em 1442:

Devido às devastações causadas pelas guerras e por outras calamidades que se abateram, o decano da referida igreja e seu cabido encontram-se desprovidos de condições para a conservação do mencionado lugar [o burgo], para terminar e consolidar as muralhas, para cavar os fossos e edificar as obras de defesa, de despender grandes somas de dinheiro, e, além disso, o campanário desmoronou completamente, levando consigo os sinos devido a um incêndio acidental.[43]

Os iluminadores desenharam uma pequena cidade, apinhada de casas, entre as quais se destacam três grandes igrejas, que dominam a parte urbana, mais populosa, enquanto o castelo tem seu próprio bairro, em que ele mesmo é a maior marca topográfica. São sinais iconográficos relevantes, como é relevante o fato de o lado externo do castro vir retratado com algumas casas alinhadas com as portas principais da cidade, como burgos adjacentes, que lindavam com a cidade e com seus campos, meticulosamente cultivados entre a baixada e os montes tão característicos da paisagem natural do Forez. A realidade factual mistura-se, portanto, com signos da representação política: Montbrison era exibida como castro senhorial que, sendo tão bem gerido, resultou numa cidade esmerada, uma bela cidade, a qual demarcava topograficamente o projeto político que se queria exibir.

Tratando-se de um projeto senhorial de política, a Montbrison do fólio 437 obedecia aos cânones visuais que presidiam esse tipo de composição. Em âmbito português, encontramos o *Livro das Fortalezas*, que o rei Dom Manuel I (m. 1521) encomendou ao escudeiro Duarte de Armas (m.*c.* 1516): o propósito era militarmente mais estratégico, pois retratava os castelos da fronteira portuguesa com Castela. Porém, a exibição da arquitetura das fortalezas e de seus burgos seguia o padrão iconográfico que encontramos no armorial de Revel: tanto aqui como lá, o que vemos é a demarcação topográfica dos edifícios em que se assentavam os domínios nobiliárquicos ou régios, e, para tanto, destacavam-se os elementos morfológicos que compunham a imagem idealizada dos centros urbanos. Como se tratava de *urbes* senhoriais, sua morfologia era aquela dos castros. E o que vemos? Um complexo amuralhado, composto de casas acomodadas ao redor de alguma igreja, abastecido por um rio e dominado por um castelo altaneiro: uma fortaleza *urbanomorfa*, que afirma a superioridade social e política de uma aristocracia cavaleiresca e terratenente.

Esta era justamente a situação de Montbrison: um núcleo urbano que servia de plataforma política e sede governativa para os condes de Forez, cuja história recua aos tempos de Carlos, o Calvo (m. 877), que elevou a região à qualidade de condado, o Condado de Forez (Pagus Forensis). A palavra Montbrison deriva de "monsbriso", que mistura um vocábulo latino, *mons*, significando *monte*, e *briso*, de origem celta, cujo sentido é *quebrado*: Montbrison, monte quebrado ou fraturado, corresponde bem à situação do morro que marca sua paisagem. As notícias históricas mais seguras datam de 870, quando faleceu um corepíscopo de Lyon (corepíscopo era um título eclesiástico concedido a um presbítero ao qual o bispo delegava poderes episcopais, porém, exercidos apenas em área extra-urbana), chamado Aubrin (*Aubricus*, em latim), que era natural daquela região.

No necrológio do corepíscopo, venerado como santo, registraram--se algumas de suas doações piedosas feitas *apud Montembrisonem*, isto é, em Montbrison, mais propriamente nas vinhas de Cruce e de Rubrea Terra, nomes que correspondem a povoados, em cujas encostas os agricultores cultivavam uvas e produziam vinhos; Montbrison provavelmente era outra dessas localidades geograficamente mal localizadas e socialmente mal definidas. Sabe-se que havia uma pequena igreja entre esses povoados, dedicada a Santa Maria Madalena (Église de la Madeleine), e que era frequentada por vinhateiros; esse templo ficava junto ao chamado *Caminho do Forez*, uma estrada que ligava toda a região e que tornava Montbrison uma estação de viajantes (inclusive, na época das cruzadas ela irá se beneficiar desse afluxo) e um entreposto comercial regional.

Esse contexto geográfico e econômico parece que não foi determinante para a alavancagem de Montbrison, pois a localidade seguiu sendo uma aldeia dispersa até que, por volta de 1095, os senhores da região levantaram um castelo, no alto da colina basáltica, chamada de Morro do Calvário, e passaram a dominar a área, política e economicamente. No entanto, o castelo, provavelmente construído pelo senhor Artaud II (m.*c.* 1010), ficava um tanto distante do primeiro núcleo aldeão, definido pela igreja da Madalena, e isso foi determinante para que os habitantes das aldeias vizinhas trocassem a área mais baixa, mais espalhada e mais aberta à estrada pela zona contígua aos muros do castelo, no sopé do morro, zona esta que contou com o patrocínio militar e econômico do senhor regional. Os documentos não informam as razões que favoreceram a troca de *habitat*; todavia, como discutimos anteriormente, as mudanças sociais provocadas pela ascensão dos senhores de castelo tiveram, certamente, muito a ver com isso. Em 1095, já se sabe que o castelo contava com uma igreja própria, São Pedro (Église de Saint-Pierre), como também um hospital, que o conde Guilherme mandou erguer para socorro de pobres e peregrinos, antes de ele mesmo partir para a cruzada, em 1096 (como descendente de Artaud II, Guilherme pertencia a uma família de aristocratas e cavaleiros que, desde cedo, assumiram os ideais da reforma da Igreja, pregados pelos monges de Cluny, como daqui a pouco iremos observar).[44]

O castelo (em latim, *castellum*) é o diminutivo da palavra *castrum*, e isso ajuda a entender que um castro, isto é, um burgo fortificado e submetido a um poder senhorial, é muito mais do que o seu castelo, que, no mais das vezes, era o lugar onde os senhores mantinham suas dependências domésticas e administrativas. Independentemente de haver um castelo interno ou não, o que caracterizava um castro era a zona urbana, que também costumava ser cercada por muros; a finalidade dos muros era a de demarcar o espaço castral, diferenciando-o do entorno campesino, que ainda podia ser povoado pelas formas antigas e abertas de aldeamento.

Os muros concentravam a população e favoreciam a sua organização, de acordo com uma política de povoamento que, a depender das regiões, era definida nas *Atas de fundação*, nas chamadas *Cartas de Franquia* ou *Cartas de Povoamento*, ou nos *Costumes*, definidos pelas assembleias senhoriais. Esses documentos ocupavam-se de dar a conhecer a existência jurídica e a estabilidade política dos castros, como também estabeleciam os critérios de divisão do terreno a ser habitado, o tamanho dos lotes, a distribuição entre as famílias e as regras de gestão do espaço castral.

Como uma urbe fortificada, o castro podia ter áreas habitacionais mais ou menos reservadas para categorias sociais específicas, como os cavaleiros, que tendiam a se concentrar num bairro específico, como quando acontecia de haver um castelo interno, ao redor do qual os cavaleiros do séquito senhorial construíam suas casas e constituíam um bairro próprio para a elite militar (a *militia* urbana). A depender dos ofícios artesanais ali existentes, o castro também se dividia segundo as lógicas profissionais, agrupando as famílias dos diversos artesãos e trabalhadores em zonas específicas. De modo muito similar ao que ocorria nas cidades, as casas castrais costumavam dispor de dois pisos sobrepostos, em que as lojas e oficinas ficavam ao rés da rua, enquanto a parte residencial da família ficava no andar superior (na Itália, esse tipo de construção era conhecido como *casa porticata*). A distribuição dos terrenos, a localização dos diversos ofícios e os traçados das vias obedeciam aos termos definidos na ata fundacional do *castrum*, na qual é possível identificar a sua existência, ou então pela autoridade senhorial, com seus agregados, os cavaleiros (*milites*); por essa razão, os castros, mais do que as cidades, apresentavam características físicas e sociais muito afeitas às lógicas senhoriais e cavaleirescas.

Como atestam os exemplos de castros da região do Lácio italiano, estudados por Pierre Toubert,[45] os núcleos urbanos fortificados, que também podiam ser chamados de burgos,[46] ordenavam-se topograficamente segundo um esquema bipartido, isto é, com dois centros urbanos claramente distintos, aquele ao redor da fortaleza (o castelo senhorial) e aquele em torno à igreja castral (a paróquia), não impedindo que cada castro tivesse outras tantas igrejas como sedes de comunidades eclesiais de bairro, se bem que desprovidas de direitos paroquiais. Independentemente de haver ou não um esquema bipartido (castelo/igreja paroquial), importa aqui ter a noção de que o Ocidente latino, a partir do século X, entrou numa rota acelerada de construções de castelos e de expansão do sistema castral, cujas povoações se tornaram a forma decisiva do *habitat* urbano até o século XIII, senão depois, ainda que as cidades episcopais nunca tenham deixado de existir, e que tenham sido os lugares prioritários de implantação de comunas, como depois veremos. Por essa razão, não podemos deixar de considerar os castros numa investigação da vida comunitária eclesial e de sua contribuição para o aprofundamento da consciência do bem comum.

6.3 As igrejas castrais e a nova organização da comunidade eclesial

Por volta de 1062, o abade do Mosteiro de São Martinho de Marmoutier acolheu na comunidade monástica um presbítero, que desejava fazer-se monge; seu nome era Bernardo, e ele era oriundo do *Valle Guidonis*. Não sendo muito rico, ele ofereceu ao mosteiro a única riqueza que possuía, isto é, a terça parte de uma igreja, que se localizava próxima à sua terra, numa *villa* chamada *Avenarias*; sobre essa igreja, Bernardo possuía direitos perpétuos, adquiridos dez anos antes, quando os comprou da mão de outro presbítero, de nome Gauscelino. O redator da ata de doação, talvez para impedir que futuras questões jurídicas pudessem pôr em risco a transferência dessa propriedade para o mosteiro, retrocedeu no tempo, e recompôs a linha dos antigos possessores dessa igreja.

Houve um certo cavaleiro, de nome Yvo, que morava no referido Valle Guidonis, em cuja jurisdição, desde os tempos de seu avô e bisavô, ficava aquela igreja, que, ameaçada pela velhice, mal se mantinha de pé. Diante disso, e sob inspiração divina, pareceu-lhe bem reedificá-la e renová-la e, de acordo com suas possibilidades, ampliá-la e ornamentá-la. Ele a reedificou e a renovou, conforme havia proposto, e a fez dedicar à honra da bem-aventurada sempre Virgem Maria. E ordenou que o sacerdote que ali fosse servir deveria reter, perpetuamente, a terça parte de todos os dízimos e [taxas sobre] as sepulturas. Todas as côngruas de missas do ano inteiro, seja nos dias festivos ou feriais, exceto nas sete festas, isto é, o Natal do Senhor, a Páscoa, as Rogações, a Assunção de Santa Maria, sua Natividade e Purificação, e Todos os Santos. Acrescentou também [a esse direito], conforme suas possibilidades, a tenência de Aimonis e a tenência de Rivuli Orgiaci, na região de Septem Fontanas. E acrescentou o serviço [*servitium*] sobre o manso de terra próximo ao Valle Guidonis, o qual o supramencionado presbítero Gauscelino detinha como feudo [*fevum*]. Além disso, concedeu os costumes das duas tenências e do manso de terra que tinha nelas, o [direito de] lavrar nos bosques e no campo, o [direito de] *ban* para os que quisessem edificar ou construir e, caso possuísse um moinho, [o direito de] fazê-lo operar. Todas essas coisas que Yvo dividira, o presbítero Gauscelino comprou pelo valor de três libras de denários, os quais ele vendeu a Bernardo, quando este ainda vestia hábito clerical, e Yvo já havia falecido, com o consentimento de Guarino, filho de Yvo, e de seus tios [segue a lista de nomes].[47]

Como podemos observar, igrejas podiam pertencer a clérigos e a leigos, às vezes, aos dois simultaneamente, e, devido a isso, os limites das jurisdições e dos direitos de clérigos e de senhores laicais nem sempre eram claros e de fácil manejo, ocasionando disputas e contestações. A igreja de Valle Guidonis fazia parte do patrimônio ancestral da família de um cavaleiro chamado Yvo. O texto não informa se, antes de sua decisão de reformar e ampliar a igreja, esta dispunha de um presbítero, que ali celebrasse os sacramentos, mas é provável que sim; de todo modo, é esse documento que nos permite perceber que Yvo dotou os futuros presbíteros de sua igreja de rendas suficientes para que tocassem, eles mesmos, a própria vida, talvez sem depender mais das retribuições senhoriais.

O texto documental é muito meticuloso ao explicitar os direitos do presbítero, que, como se percebe, aparecem como concessões feitas pelo cavaleiro, na qualidade de senhor local, com base naquilo que era o direito da igreja de Valle Guidonis, qual seja, a cobrança do dízimo e da taxa pelo uso do cemitério, bem como o recebimento das côngruas relativas às missas celebradas no templo. Yvo concedeu, perpetuamente ao presbítero de sua igreja, a participação em um terço dos dízimos e das taxas do cemitério, porém, foi mais generoso com as côngruas, deixando para o padre o montante total, excetuadas as sete solenidades, as principais do calendário litúrgico, cujas espórtulas certamente ficariam com o cavaleiro, na qualidade de senhor daquela igreja. O presbítero era um ministro, não um senhor, e o senhor era um leigo, cujo patrimônio pessoal misturava-se com os bens e serviços da própria igreja que ficava dentro de seus domínios.

O documento acrescenta ainda outros direitos transmitidos ao presbítero; direitos, digamos, não eclesiais, sobre propriedades e serviços adscritos ao patrimônio de Yvo, como as tenências, que eram benefícios fundiários recebidos de algum senhor superior mediante prestação de juramento vassálico, como vimos no contrato entre Frotério e Isarn, celebrado contemporaneamente a essa doação. Nesse sentido, o presbítero, por força dessa relação feudo-vassálica, tornava-se representante do poder senhorial, reservado ao cavaleiro, e isso nos faz ver que a igreja do Valle Guidonis devia servir como sede da autoridade senhorial, que era política e territorial, secular e eclesiástica simultaneamente. Note-se, ademais, a completa ausência do bispo ou de algum seu representante. Yvo, como senhor daquela igreja, tinha todas as condições de dotar o seu ministro de autoridade eclesiástica, política e social, pois não estava, ao que parece, usurpando o direito episcopal, de resto, claramente definido apenas na cidade.

Até aquele momento, as igrejas rurais podiam ser construídas e administradas por senhores leigos (inclusive por mulheres leigas) e por outros eclesiásticos, além do bispo, como os abades e abadessas, os quais gozavam de direitos sobre as igrejas e seus clérigos, que ficavam dentro de seus domínios: na historiografia, esse arranjo costuma receber o nome de *igrejas próprias* ou *igrejas privadas*,[48] e o documento de Marmoutier parece atestar justamente o início das transformações que poriam fim a esse sistema. Não é que os bispos não tivessem autoridade sobre as comunidades eclesiais campesinas; eles tinham, porém ela era exercida através de diversas mediações, que impediam o controle direto, quase autocrático, do bispo sobre a integridade de seu território; para entender isso, é preciso não projetar nesse passado a organização eclesiástica moderna, de base tridentina, que submete ao bispo todos os recônditos de sua diocese.

Nesse período, o espaço diocesano era descontínuo, formado por algumas áreas diretamente sob controle episcopal, e que eram partes de sua propriedade – na Itália, essas áreas se chamavam de *mensa episcopalis*[49] – e algumas áreas sobre as quais o bispo exercia apenas uma jurisdição espiritual-pastoral: essas últimas eram propriedades de outros entes eclesiásticos, como as abadias, geralmente isentas da tutela episcopal, em cujos territórios os abades (ou outros senhores) fundavam paróquias, que ficavam adscritas ao patrimônio monástico (ou senhorial). Quando isso ocorria, os senhores proprietários, laicais ou eclesiásticos, é que nomeavam os clérigos para as igrejas de seus senhorios e reservavam ao bispo o direito pastoral de confirmar a nomeação, embora os clérigos continuassem submetidos diretamente aos senhores, e não aos bispos. Mas porque o bispo era o único que exercia o verdadeiro pontificado no território, que era a sua igreja, mesmo os clérigos dos senhorios precisavam reconhecer superioridade episcopal em matéria sacramental, por exemplo, pagando-lhe taxas específicas e, sobretudo, solicitando ao bispo a concessão dos óleos consagrados, que seriam usados para a celebração dos sacramentos nas igrejas e capelas.

Como disse, a ata de doação que o presbítero Bernardo fez ao mosteiro de Marmoutier parece conter sinais de uma mudança de paradigma em curso, mudança que a dita abadia estava interessada em defender. Desde 1050, diversas congregações monásticas, como essa, tomaram a peito a renovação dos procedimentos administrativos de seus patrimônios fundiários, incluindo as igrejas e seus direitos, bem como a renovação da observância da regra beneditina e da vida litúrgica. Uma vez que os patrimônios monásticos costumavam misturar-se com direitos senhoriais e prerrogativas episcopais, qualquer alteração nos costumes de gestão desses bens abalava os acordos tradicionais e poderia impedir uma real mudança. Por esse motivo, diversas abadias procuraram privilégios papais ou a simples arbitragem pontifícia contra as contestações levantadas por bispos ou outros abades ou ainda por ricos senhores leigos regionais. É assim que muitos mosteiros foram contribuindo para que a Sé romana fosse ampliando a sua penetração nas áreas exteriores à Itália e consolidando uma rede de sustentação da autoridade papal. A abadia de Marmoutier era uma dessas bases.

O documento é suficientemente explícito em informar que o cavaleiro Yvo, apesar de leigo, procedeu à reforma, ampliação e ornamentação do templo movido por "inspiração divina" e por viva piedade, e que cuidou, inclusive, de consagrar a nova igreja ao culto da Virgem Maria. O texto, de fato, reconhece o direito de Yvo sobre a sua *igreja privada*, porém, ao mesmo tempo, descreve-o como um piedoso, não um ganancioso, e evita reduzi-lo ao papel de um autoritário usurpador de direitos eclesiásticos. É preciso reforçar esse detalhe porque, desde o século XI, a posse laical de igrejas e o direito laical de indicar ministros eclesiásticos começaram a ser fortemente criticados por papas como Gregório VII e por monges, seus apoiadores, que defendiam a chamada liberdade da Igreja (*libertas ecclesiae*). Não é o caso de revisitarmos todos os meandros disso que ficou conhecido como a querela das investiduras, cujo debate culminou na *Concordata de Worms*, celebrada entre o papa Calisto II e o imperador Henrique V, em 1122.

Basta recordar que o mote *"libertas ecclesiae"* abrigava propostas muito díspares de reforma da Igreja, que iam desde uma completa proibição de leigos de exercerem funções eclesiásticas a um simples controle dos abusos daí decorrentes, como parece ser o caso descrito no documento de doação do presbítero Bernardo: os monges de Marmoutier esquivam-se de negar os direitos eclesiásticos de Yvo, preferindo elogiar a sua piedade e dedicação às causas da Igreja.

É preciso inserir a diatribe entre o poder secular e o poder espiritual na lógica social do século XI, que favorecia um grande desenvolvimento econômico, como vimos na seção anterior. A multiplicação de senhorios territoriais, com seus castros e castelos, provocou a reorganização geográfica do Ocidente latino e suscitou o aparecimento de *urbes castrais* e, com elas, a oportunidade para que centenas de novas igrejas fossem construídas numa escala tão espantosa, que o monge Raul Glaber (m. 1047), testemunha dos eventos, viu nisso um sinal eloquente de que "o mundo sacudia de si mesmo a velhice, revestindo-se de um cândido manto de igrejas".[50] Essas novas fundações eclesiais do ano 1000 deixaram explícito, por um lado, que o sistema eclesiasticopastoral, assentado na cidade episcopal, seria incapaz de responder às demandas de uma sociedade rural muito mais povoada, populosa e dinâmica e, por outro lado, que o regime de igrejas privadas também não poderia atender a essas mesmas demandas.

O surgimento das igrejas castrais causou o abalo das antigas estruturas das igrejas campesinas, pois rompeu a tradicional malha das igrejas batismais (cf. Cap. 4.3), desmembrou seu território, reagrupou as famílias ao redor de novas comunidades eclesiais, forçou a adaptação do clero tradicional a uma realidade inaudita, em muitos casos tirou o protagonismo dos bispos e colocou em cena outros atores clericais, como os cônegos regulares e, principalmente, os monges. Raul Glaber, por exemplo, era membro de um dos mosteiros que mais se engajaram nessa rearticulação da administração eclesial, a abadia de Saint-Bénigne de Dijon, na Borgonha, presidida por um abade reformador muito ativo, Guilherme de Volpiano (m. 1031), próximo de Odilo, abade de Cluny (m. 1049), outro ardoroso reformador. Ao afirmar que, a partir do ano 1003, houve uma proliferação de igrejas, Raul Glaber pode não estar apenas relatando um fato, de forma isenta, mas reforçando um juízo de valor ligado à causa monástica, que ele compartilhava, e segundo a qual o "torpor da Igreja" –

entendida como comunidade universal de fiéis presidida pelo papa – tinha origem na interferência dos senhores leigos na administração eclesiástica, principalmente os senhores de castelo.[51]

É assim que dois fenômenos, aparentemente distintos, começaram por caminhar *pari passu*: de um lado, a necessária reorganização da administração eclesial, decorrente da nova realidade dos castros urbanos (que culminou na paroquialização das igrejas castrais e, depois, citadinas); de outro lado, um movimento mais global de reforma da Igreja (também conhecida como reforma papal ou ainda reforma gregoriana), que alterou completamente os modos de administrar e, sobretudo, de conceber a comunidade eclesial, um movimento que acabou por estabelecer um corte rígido entre o conjunto dos leigos, os filhos da Igreja (*filii ecclesiae*), e o corpo dos clérigos, administradores exclusivos do sagrado. Apesar de certa variação regional, a cronologia de ambos os fenômenos é bastante coincidente, bem como o são os agentes históricos: entre 980-1180, os monges, cônegos e papas – em certos casos, alguns bispos – uniram forças para divulgar os pressupostos da reforma e para construir novas igrejas.

Em linhas gerais, o movimento reformista pretendia impor o celibato obrigatório para o clero secular, o confinamento claustral dos cônegos, o fim da investidura leiga de bispos e abades e a proibição aos leigos de dispor de poder sobre os bens eclesiásticos. Como se pode notar, o que estava em curso, entre os séculos XI e XII, não era bem uma *reforma*, mas uma inovação radical da Igreja – aliás, Raul Glaber, adepto da reforma, usou justamente a expressão *inovação* quando falou do manto das igrejas (*de innovatione basilicarum in toto orbe*), no capítulo IV, do III livro de seus *Cinco Livros de Histórias* (*Historiarum Libri Quinque*). E como inovações costumam chocar os que estão satisfeitos com a situação atual, a dita reforma não passaria sem sérios questionamentos.

Como tenho demonstrado ao longo deste livro, a cultura eclesial antiga não havia nunca conhecido um corte tão evidente entre clérigos e leigos, nem entre sagrado e profano, nem entre papado e episcopado. A própria possibilidade de leigos deterem o controle de comunidades eclesiais e dos bens eclesiásticos é indício suficiente para afirmarmos que, até 1049, data da eleição do papa Leão IX (m. 1054), considerado o primeiro papa reformista, o clericato não se impunha uniformemente como um poder, porque era visto como um serviço eclesial, pelo menos dentro das comunidades locais. Outro indício é que os bispos, até o início do movimento reformador, estavam em comunhão com o papa de Roma, mas não eram seus súditos, não se subalternizavam nem eram vulneráveis aos caprichos da cúria romana. A reforma significou uma inovação no exercício do múnus episcopal, que, aos poucos, foi se tornando cada vez mais um ofício de representação da autoridade papal dentro do espaço diocesano.

Não quero entrar aqui no longo e cansativo debate sobre a reforma da Igreja dos séculos XI-XII, mas devemos reconhecer que esse movimento reformista impactou de tal modo a cultura cristã (e política), no Ocidente, que talvez tenha sido o episódio mais decisivo de toda a Idade Média. A ideologia da reforma misturou-se tanto com a opinião comum sobre a história desse período que, hoje, estamos mais inclinados a concordar que os Patarinos de Milão, os Valdenses de Lyon, ou os *bons cristãos* (apelidados de cátaros), do Languedoc ou da Lombardia, foram de fato *hereges*, e não *católicos* inconformados com a nova eclesiologia pontificiocêntrica ou com a nova teologia do exclusivismo sagrado do clero. Se estes foram, de fato, condenados como hereges, muitos outros católicos – leigos em sua maioria – conseguiram responder à inovação, sem dar combate a ela, porém, filtrando-a e adaptando-a à sua própria espiritualidade; seguiram fortes em sua preponderância nas comunidades eclesiais, mas para isso tiveram de criar mecanismos novos, que, fatalmente, despertariam a desconfiança dos clérigos. Veremos esse outro movimento no capítulo 8, especialmente dedicado aos filhos da Igreja e às várias modalidades de seu envolvimento na comunidade eclesial.

Voltemos à questão das igrejas castrais. Não foi apenas Raul Glaber que mencionou o empreendimento construtivo de novos templos ou a ampliação e o embelezamento dos antigos; outro monge, chamado Helgaud de Fleury (m. 1050-1051), em sua obra *Vida do rei Roberto*, descreveu, com muitos pormenores, como Roberto II (m. 1031) e sua mãe, a rainha Adelaide (m.*c.* 1004), dedicaram-se a diversas obras de remodelação e ampliação de mosteiros e igrejas na região de Orléans, bem como patrocinaram a edificação de outros tantos novos edifícios eclesiais. Os indícios arquitetônicos e arqueológicos apontam para uma febre construtiva que foi muito além da zona rural e implicou uma remodelação bastante completa dos edifícios sacros, inclusive em cidades ilustres, como Orléans, na qual, no século XI, diversos prédios eclesiásticos foram reformados, como as igrejas de Saint-Hilaire, Notre-Dame-de-Bonne-Nouvelle, Notre-Dames-des-Forges, Saint-Vincent et Saint-Paul.[52] E, tal como Raul Glaber, Helgaud não deixou de destacar os esforços dos monges, nesse empreendimento, incluindo o seu abade e ele mesmo entre os responsáveis por diversas construções eclesiais.

Se os castelos foram uma resposta à situação de crescimento populacional, não estranha que a multiplicação das igrejas derive do mesmo motivo. Diante desse quadro, devemos ser cautelosos, e não concluir imediatamente que esse arranjo eclesiástico-senhorial, apenas porque reservava ao bispo um espaço diferente do de outras épocas e outros lugares, tenha sido, por força das circunstâncias, algo ruim para a qualidade da vida espiritual dos cristãos leigos. Cuidemos de sopesar as já velhas teses de Augustin Fliche (1884-1951), o qual, em 1924, formulou o conceito de *Reforma Gregoriana*, que teria sido a resposta papal a uma conjuntura bastante degradada da vida eclesial no século XI; contra essa conjuntura, papas, como Gregório VII (m. 1085), teriam se insurgido com grande força para libertar a pobre Igreja das garras de príncipes gananciosos e mesquinhos que, ao praticar o mal costume da investidura eclesiástica, conspurcavam o solo sagrado da fé.

Fortemente inspirado por teorias políticas de inícios do século XX, que relacionavam "Estado forte" à "ordem moral", Fliche interpretava o século XI, época da ascensão política dos senhores de castelo, como o fundo de um poço de desordem, repleto de anarquia e dissolução causadas pela ausência de um imperador, que pudesse manter as rédeas da sociedade sob controle.[53] O papado, então, teria sido a alternativa ao descalabro, e sua principal iniciativa foi combater a anarquia feudal, cujos beneficiários, os senhores de castelo, assenhoreavam-se dos bispados, paróquias e mosteiros: Fliche julgava a questão das investiduras eclesiásticas como indício de decadência moral e de fraqueza da Igreja; conscientemente ou não, ele, que era um leigo católico, e que defendia o papado diante do cenário europeu adverso à Igreja católica, acabou por usar a História para afirmar pressupostos clericais medievais que, nem de longe, eram unânimes ou antigos, entre os quais, a premissa de que os leigos eram completamente ineptos para a condução dos assuntos da Igreja. Fliche claramente endossou a posição dos monges de Cluny, de Cister e de Camáldoli, que, de fato, criticavam a ingerência senhorial na obtenção das ordens sagradas, mas fizeram isso porque visavam chamar para si – sobretudo para os seus institutos monásticos – o controle do critério de qualidade da vida espiritual; para conseguirem alcançar tamanho intento, os monges reformadores instauraram um fosso entre a vida no *século* e a vida no *claustro*, depreciando uma, exaltando a outra, e quiseram enquadrar os clérigos, ainda que *seculares*, à disciplina dos mosteiros.[54]

Como lembra Dominique Barthélemy,[55] boa parte dos esforços coletivos pela melhoria da vida espiritual e por uma mais primorosa organização eclesial já havia começado no período carolíngio, durante o reinado de Luís o Piedoso (m. 840); ademais, os movimentos contra a simonia e a favor do celibato clerical antecederam qualquer iniciativa pontifícia, e não foram respostas a um quadro geral de degradação do clero nem das comunidades laicas. Desde 1018, no espaço franco, os bispos se reuniam em concílios regionais para deliberar sobre a paz e sobre a reforma dos costumes e das instituições eclesiais. Em níveis diferentes, as diversas partes da cristandade latina, desde os inícios do século XI, foram elaborando medidas para responder, não a uma anarquia feudal, ou a uma generalizada violência cavaleiresca, mas a esse contexto de crescimento populacional, que forçava urgentemente o planejamento de novas medidas para garantir o atendimento espiritual.

Por isso, não podemos descartar a possibilidade de que esses senhores leigos, ao defender seus direitos sobre as igrejas, estivessem, muitos deles, verdadeiramente comprometidos com a sua comunidade de fé, como o cavaleiro Yvo ou o conde Guilherme de Montbrison. Que os monges reformistas, insatisfeitos, tenham retratado os senhores como tiranos rapaces, ávidos por se enriquecer com os bens da Igreja, é próprio da cultura eclesial da diatribe, isto é, do confronto de ideias que, não raro, chegava à detração caluniosa do oponente. Esses monges, não nos esqueçamos, pertenciam geralmente aos mosteiros mais ricos e poderosos de toda a cristandade e, sob a escusa de purificar a Igreja da ingerência senhorial, queriam, de fato, controlar os senhores e decidir o que era certo ou errado em matéria eclesiástica. Isso não era coisa nova. Desde as épocas de Santo Antão do Egito (m. 356) é que os monges costumavam ser ácidos em relação à moral do clero secular e dos leigos, e as grandes abadias reformadas do século XI, como Cister, queriam justamente voltar às origens do monasticismo.

Se, portanto, não podemos esperar neutralidade dos escritos monásticos do século XI, que polemizam os costumes de um clero supostamente não reformado, não devemos, por isso, substituir um retrato distorcido por um idealizado. Por mais que os senhores pudessem ter a intenção de garantir um bom atendimento pastoral em suas igrejas, as dinâmicas políticas e econômicas dos senhorios sobrepunham-se às lógicas eclesiais. A mesma classe senhorial que, em diversas situações, encarregou-se de multiplicar as igrejas, em outras manteve limitado o número de clérigos, simplesmente porque a manutenção material deles dependia do erário senhorial; os senhores, de fato, promoveram associações devocionais leigas, mas, também, restringiram as suas atividades sociais, que, não raras vezes, contrastavam com a vontade política dos donos da terra.

Nas cidades episcopais a situação não era muito diferente: até o século X, os bispos e, depois, os cônegos da catedral, reproduziam a mesma lógica senhorial, mantendo limitados os espaços de culto e o número de ministros, administrando-os de acordo com critérios mais patrimoniais do que pastorais, como vimos na doação do bispo Sigifredo aos cônegos de Orvieto, em 1029 (cf. Cap. 5.3). Com o crescimento da população e a pressão dos leigos, os bispos se viram forçados a encontrar novas estratégias para o atendimento pastoral, entre elas, a proliferação de igrejas urbanas e suburbanas, submetidas diretamente ao controle episcopal.[56] Por isso, em vez de antagonizarmos os senhores e os bispos ou o clero secular e os monges ou ainda os leigos e os clérigos, depreciando uns e valorizando outros, precisamos olhar para as experiências concretas, que, em muitos casos, permitem-nos avaliações mais realistas dos procedimentos de adaptação das comunidades eclesiais ao seu entorno político e social. Essa adaptação, sem significar, como queriam os monges, o completo afastamento dos senhores, contou, de resto, como uma nova dinâmica eclesial, extremamente comunitarista, chamada paróquia, e que precisamos conhecer agora.

6.4 A paróquia e os centros urbanos

No material levantado por Luigi Nanni para o estudo da história das paróquias no território de Lucca, na Toscana (Itália), entre os séculos VIII e XIII, encontram-se elementos comprobatórios do incremento das paróquias a partir do século XI. Nanni analisou cerca de 200 cartas anteriores ao ano 1000, que mencionam a igreja de São Frediano e São Vicente de Lucca;[57] em nenhuma delas, a referida igreja é chamada de *plebs baptismalis*, expressão técnica dificilmente ausente em documentos da chancelaria episcopal das dioceses italianas. Passado o ano 1000, a mesma igreja é reconhecida, em documento de 24 de novembro de 1016, como *Ecclesia S. Frediani et S. Vincentii, et S. Iohannis Baptiste quod est plebem baptismale* (Igreja de São Frediano e São Vicente e São João Batista que é plebe batismal) – nessa época havia o costume de dedicar todas as igrejas batismais, mesmo aquelas que já tinham outros santos titulares, a São João Batista, motivo pelo qual a Igreja de São Frediano e São Vicente recebeu um terceiro patrono. Com isso, essa igreja intramuros tornou-se o segundo templo a dispor de fonte batismal e a ter o direito de organizar, ao seu redor, uma comunidade eclesial própria, embora dependente do bispado.

Operou-se então uma alteração do direito eclesiástico, que antes vetava a possibilidade de haver mais do que uma fonte batismal por cidade, com exceção de Roma e Alexandria,[58] e passou-se a considerar como "território eclesiástico" não os limites definidos pelo uso político (uma cidade, um castelo ou uma aldeia), mas o espaço contíguo a uma igreja (dentro ou fora de uma cidade), desde que o número da população justificasse o desmembramento do território de uma paróquia anterior (uma catedral urbana ou uma plebe rural). É assim que aparece no compêndio canônico, conhecido como *Summa Aurea*, publicado em 1253 pelo cardeal de Hóstia, Henrique de Susa (m. 1271): "o que é uma paróquia? É o lugar em que vive um povo ligado a uma igreja, circunscrito por fronteiras definidas; e é considerada paróquia na medida em que se estende o direito espiritual da igreja; e não pode haver num mesmo território várias igrejas batismais".[59]

Como se nota, a fundação de uma nova paróquia (ou plebe), dentro de uma cidade, significa que o território urbano, antes servido por uma única igreja paroquial, será parcelado, e que a nova paróquia exercerá o *direito espiritual*, isto é, o cuidado pastoral (*cura animarum*) nos limites daquela parcela; constitui-se, assim, um novo espaço eclesial, dentro do qual o pároco poderá exercer uma jurisdição efetiva e, por conta disso, recolher os dízimos e emolumentos, cuja obrigatoriedade os Concílios de Latrão (1123 e 1139), o *Decretum* de Graciano (*c.* 1140), as *Decretales* de Gregório IX (1234) e a *Summa Aurea*, do Hostiensis, não deixam de ressaltar.[60] O Hostiensis arremata: "conforme o direito comum, deve-se entregar [os dízimos] à igreja paroquial, ou batismal, isto é, àquela em que os ofertantes ouvem as palavras divinas e recebem os sacramentos".[61]

O desmembramento das antigas plebes batismais e a configuração de novas realidades eclesiais foram processos bastante difíceis, seja pelas questões canônicas envolvidas, seja porque as paróquias fundadas em urbes castrais ou cidades episcopais respondiam aos dramas causados pela elaboração dos próprios senhorios territoriais e pelo crescimento populacional. Tanto quanto os senhorios castrais, em relação à política, as novas paróquias convulsionaram as tradicionais organizações eclesiásticas, baseadas ora no modelo das igrejas próprias, ora no modelo dos bispados. E, como ocorre em toda convulsão social, conflitos são inevitáveis. Aliás, os primeiros textos que nos permitem saber quando as novas paróquias começaram a surgir dentro do território das antigas plebes batismais são todos documentos de resolução de conflitos. Conflitos entre leigos e clérigos, entre clérigos e clérigos, entre leigos e leigos. As paróquias urbanas emergem do conflito, ou melhor, de acordos que solucionam conflitos. Seu reconhecimento é o término de um período mais ou menos longo de negociação entre as autoridades e a população local, período no qual a mentalidade eclesial tradicional viu-se constrangida a se adaptar e a tentar responder adequadamente aos novos desafios que a história apresenta.

Os conflitos intereclesiais assentavam-se prioritariamente sobre duas colunas, ou seja, a divisão do território e a cura pastoral. É preciso nunca perder de vista que *paróquia* é um termo historicamente tardio, que veio a designar uma organização populacional eclesial mais antiga (a plebe), a qual, em algumas regiões, como a península Ibérica, recebia também o nome de *vicinia* (a ligação com o termo *vicus*, aldeia, é autoevidente). A *vicinia* era o espaço em que uma dada população organizava a sua convivência, tendo uma igreja como sede dessa organização social: a natureza religiosa do templo reforçava os vínculos sociais da população ali congregada. Como vizinhos (*vicini*), os habitantes congregados num dado templo reconheciam-se filhos da Igreja (*filii ecclesiae*), comprometidos com a sua comunidade local. Instaurar uma nova *vicinia* dentro de um corpo que se acreditava, até então, unitário foi um acontecimento necessário, mas que não se efetivou sem conflitos. Em alguns casos, o conflito vinha das antigas paróquias, que não admitiam perder parte de seu território e sua população; em outros, vinha dos grupos populacionais insatisfeitos com o atendimento pastoral de suas plebes, e reivindicavam o direito de organizar uma nova paróquia, mais adaptada às suas necessidades.

Voltemos à cidade castral de Montbrison, na Borgonha francesa. Entre os séculos XI e XII, essa urbe do condado de Forez passou do antigo sistema das plebes batismais para o novo sistema paroquial, um movimento totalmente conectado ao desenvolvimento urbanístico e populacional e à dinâmica da vida espiritual dos leigos e leigas. Pode ser um bom exemplo para acompanharmos, mais de perto, o processo de implantação e multiplicação de paróquias nos centros urbanos, e com isso entendermos como essas comunidades religiosas interagiram com o espaço físico e o tecido político das cidades.

Apesar de ser a capital do condado, desde 1173, Montbrison não tinha um bispo e, portanto, também não dispunha de uma catedral; a bem dizer, durante o século XII, as capelas que já existiam na localidade eram comunidades eclesiais dependentes de um mosteiro, o Priorado de Santa Cruz, que ficava na vizinha cidade de Savigneux, e o prior, naquele momento, não tinha vontade alguma de conceder às igrejas de Montbrison a independência canônica. Esse tipo de situação era muito comum na região da Borgonha: ali, as casas monásticas dependentes da grande Abadia de Cluny, na condição de priorados, serviam de sedes para as plebes batismais das populações campesinas, que se concentravam ao redor de igrejas, que se iam construindo num território mais ou menos vasto, dando origem a outros povoados. Tais igrejas dependentes do priorado eram, de fato, centros de culto, porém, não tinham jurisdição própria, uma vez que os priores, gozando de prerrogativas quase episcopais, mantinham essas igrejas sob a sua responsabilidade patrimonial e pastoral.[62]

As mudanças econômicas que levaram Montbrison a se desenvolver como cidade, desde finais do século XII e durante todo o século XIII, chocaram-se com os interesses do Priorado de Savigneux, que, muito a contragosto, admitiu que algumas igrejas do castro passassem a ser chamadas de paróquias, contudo, sem dispor de fonte batismal; na prática, o prior continuou a agir como o verdadeiro pároco – ou arcipreste – das igrejas de Montbrison, muito embora, no século XII, a cidade já exigisse um atendimento espiritual mais diversificado. Retomemos a iluminura do Armorial de Guillaume Revel (cf. Figura 9), sobretudo a sua bipartição interna, ou seja, a zona do castelo e a zona urbana. Pela ilustração, identificamos igrejas apenas na zona urbana, que conheceu uma fase de grande expansão durante o século XIII, inclusive, recebendo habitantes do entorno rural.

Na zona do castelo, localizava-se uma igreja dedicada à Virgem Santa Maria (Église Sainte-Marie), mencionada num documento de 1090, e que provavelmente recebeu o título de paróquia no século XII. Contígua ao templo, funcionava uma enfermaria e casa de hospitalidade, fundada pelo conde Guilherme III, por volta de 1095. Na mesma zona do castelo, existia ainda outra igreja, dedicada a São Pedro (Église Saint-Pierre), cuja história remonta, pelo menos, a 1194, quando foi mencionada pela primeira vez; funcionando, a princípio, como uma capela, ela pode ter sido elevada à condição de paróquia nos inícios do século XIII, pois documentos eclesiásticos de 1225 já a designam como Ecclesia S. Petri Montis Brisonis.

Na iluminura, aparecem três edifícios eclesiásticos: à esquerda, vê--se uma igreja com torre enflechada, encimada por um galo, correspondendo ao Convento dos Frades Menores (Couvent des Cordeliers): os frades haviam chegado à cidade em 1219, porém, a construção conventual só foi concluída em 1282;[63] na parte de baixo da imagem, vê-se a Colegiada de Nossa Senhora da Esperança (Collègiale Notre-Dame d'Esperance), construída em 1223, pelo conde Guido IV (m. 1241), e erigida canonicamente, em 1226, pelo arcebispo de Lyon. À direita da colegiada, é possível identificar a Igreja de Santo André (Église Saint-André), que gozava de título paroquial desde 1201. Quais foram os motivos que conduziram o artista a priorizar esses três edifícios de culto, deixando as paróquias mais antigas de lado?

Em 1223, a Igreja de Santa Maria perdeu o título de paróquia para a Colegiada de Nossa Senhora, que, graças ao patrocínio dos condes de Forez e à comunidade de cônegos nela instalados, foi ganhando a monumentalidade e a centralidade de uma verdadeira matriz, uma catedral sem bispo, na qual a família condal exibia a sua condição de patrona da Igreja e sacralizava a sua linhagem. O hospital da Igreja de Santa Maria, um dos mais antigos do reino da França, já havia sido igualmente trasladado para a margem direita do Vizézy, em 1217, onde foi erguida a Igreja de Sant'Ana (Église Sainte-Anne); desde essa data, o hospital seguiu operando até o ano de 1975 (um fato raríssimo para uma instituição local). A velha igreja de São Pedro teve seu uso descontinuado em 1258, e outro templo, construído agora na zona urbana, acabou se tornando a nova sede da antiga paróquia.[64] Novos templos e novas paróquias denunciavam a nova fase de um antigo castro cavaleiresco, que, no século XIII, foi se tornando cada vez maior e mais mercantil à medida que mercadores e artesãos foram se instalando e conquistando direitos.

A expansão da área urbana tomou a direção do vale do Vizézy, onde passava a estrada principal do Forez, e onde as feiras podiam acontecer com condições muito mais favoráveis. Ao passo que os mercadores e artesãos foram se instalando na área, as igrejas foram sendo construídas e, conforme se organizavam social e politicamente, surgiam as novas paróquias. A fundação das paróquias era uma resposta para o crescimento urbano, na mesma medida em que as paróquias criavam oportunidades para a organização dos novos bairros. Os monges de Savigneux, que já não eram contentes com as antigas paróquias, fizeram de tudo para obstaculizar a criação de novas, e isso explica por que a Igreja de Santa Maria perdeu o título para a Colegiada de Nossa Senhora: se não era possível obter uma nova paróquia, que ao menos um antigo título passasse para um novo templo, erguido justamente numa área superpovoada. A transferência do hospital seguiu a mesma lógica: não faria sentido manter a principal instituição de saúde no alto do monte, num bairro pouco povoado e dominado por cavaleiros. Ninguém duvidaria de que o futuro de Montbrison passaria mais pelos novos bairros burgueses do vale do que pela zona alta do castelo.

Os burgueses residentes na parte nova de Montbrison consolidaram a sua posição na cidade articulando-se a partir do espaço que suas igrejas criavam. Isso é evidente no esforço de elevar essas igrejas à condição de paróquias, como a Igreja de Santo André, ao redor da qual se concentrava a maior parte das famílias mercantis. Todavia, não devemos pensar que o dinamismo econômico de Montbrison resultou de uma luta entre sua burguesia comercial e a aristocracia cavaleiresca. Bem ao contrário, os senhores locais, a começar pelos condes, não só participaram do incremento econômico da cidade, investindo no comércio, como criaram as condições para que os mercadores ali se estabelecessem. O conde Guido IV, no mesmo ano em que deu início à construção da monumental Colegiada de Nossa Senhora, isto é, 1223, concedeu aos burgueses uma carta de franquia, com direito de comuna. Em Montbrison, como em tantas outras urbes castrais da Itália ou da França, o movimento comunal nasceu do desenvolvimento paroquial, e isso porque, como procurei demonstrar nas seções anteriores, paróquias são comunidades eclesiais organizadas em vista de direitos, que, sendo religiosos na sua origem e nos seus fins, são sociais e políticos nos seus meios. Bem longe de significar a sujeição de leigos a clérigos, o sistema paroquial, que se afirma justamente no período do triunfo das urbes castrais, favoreceu a articulação dos leigos e a retomada de consciência de sua vocação cristã e comunitária.

Com base no exemplo de Montbrison e nas informações obtidas em Raul Glaber, podemos chegar a algumas conclusões preliminares: as comunidades eclesiais, sejam capelas ou paróquias, são partes integrantes de um tecido social muito mais amplo. Sendo assim, elas compartilham os momentos favoráveis e desfavoráveis de seus tempos e locais de implantação, pois refletem a dinâmica da sociedade e, portanto, não estão isentas de sua história. Da mesma forma, como locais de organização comunitária de pessoas envolvidas em trabalho, produção, luta e defesa, as comunidades eclesiais têm o potencial de impulsionar movimentos sociais, articular as ideias que orientam ações e propor novas políticas que podem promover transformações ou, ao contrário, impedir ou retardar seu progresso.

A transformação das capelas urbanas em paróquias, como vimos em Montbrison, não foi um movimento natural ou uma estratégia meramente espiritual: o que vimos é que 1) as paróquias surgiram do esforço conjunto dos habitantes locais, em parceria com os senhores castelões, para forçar os antigos senhores eclesiásticos – os cônegos de Savigneux – a conceder independência jurídica às igrejas da urbe; 2) essa concessão só foi conquistada porque, por um lado, a situação econômica e o desenvolvimento urbano deram à cidade melhores condições de negociar ou de pressionar o priorado e, por outro lado, porque havia uma demanda populacional por atendimento pastoral que dificilmente seria atendida pelo tradicional enquadramento eclesiástico; 3) antes mesmo de conseguirem a independência jurídica e os plenos direitos de paróquia, as igrejas de Montbrison, ou seja, as comunidades ali reunidas, já conduziam as suas vidas como paróquias e, graças à edificação de novos templos e da transformação dos novos bairros, já promoviam o crescimento da própria cidade, bem como as mudanças em seu regime político, com a invenção do regime comunal. Na cidade de Orvieto (Itália central) sucedeu o mesmo: o sistema paroquial que ali se implantou desde o século XI esteve diretamente ligado ao aparecimento da comuna como regime político:

> [...] a paróquia foi uma invenção comunal [e] o aparecimento do conceito [de paróquia] esteve diretamente ligado ao surgimento do regime e teve o seu emprego ligado não às autoridades, instituições ou magistraturas eclesiásticas, mas àquelas laicas: os consulados, potentados e capitanatos.[65]

As consequências sociais e políticas da relação paróquia-comuna serão exploradas no capítulo 8; por ora, gostaria de ressaltar, a partir do caso de Montbrison, que, em se tratando de paróquias (com ou sem os plenos direitos), os leigos, não os clérigos, tiveram a primazia na organização de seus espaços de fé e de sua militância social. Os estudos de Maureen Miller[66] e Susan Reynolds[67] já demonstraram, há mais de 20 anos, que o laicado foi tão ou mais responsável por fomentar as transformações pastorais que se operaram após o ano 1000. Dentro ou fora da academia, estamos acostumados a pensar que os leigos eram, sempre, meros receptores de sacramentos ou uma massa passiva manipulada pelos clérigos, únicos sujeitos eclesiais conscientes de seu papel. Porém, esse quadro, além de exagerado, é errôneo. Basta olharmos para o quanto os clérigos foram influenciados pela cultura cavaleiresca, forjada por leigos, para termos uma ideia do quanto esses últimos, sendo a maioria da Igreja, foram também agentes e sujeitos eclesiais que podiam, por inúmeros meios, escapar de qualquer dominação clerical que não coincidisse com seus ideais de religião e de fé. Obviamente que os cronistas monásticos e episcopais, ao notarem o aumento da influência leiga no espaço clerical, sentiram-se ameaçados e reagiram, principalmente descrevendo aquelas lideranças leigas mais ácidas contra os clérigos como se fossem hereges; todavia, o juízo clerical não fazia mais do que confirmar que o laicado tinha consciência de sua eclesialidade, e não renunciava a trazê-la para a prática cotidiana.

Construindo igrejas com ou sem o consentimento dos bispos, abades ou priores, os leigos (protegidos ou não por senhores terratenentes) organizaram suas comunidades eclesiais, que funcionavam, nas palavras de Reynolds, como "comunidades de interesse e de responsabilidade".[68] Em Montbrison, vimos que os leigos, ao forçar os monges a conceder o direito de paróquia, não estavam rompendo com a hierarquia eclesiástica;

ao contrário, queriam que suas Igrejas gozassem dos direitos que a Igreja diocesana reservava para as outras comunidades eclesiais. Daí que as paróquias, mesmo resultando de uma pressão leiga sobre as autoridades clericais, significam a procura leiga por se conformar às estruturas tradicionais da Igreja.

Sem dúvida que a fundação de uma paróquia supunha a existência de um templo, de ministros ordenados, de um território e de jurisdição canônica sobre a população adscrita a esse território, como explicavam os canonistas do século XIII; mas reduzir a paróquia ao direito canônico é enfatizar as instituições e a burocracia, não as pessoas. Meu ponto de partida, como aquele de Susan Reynolds, são as pessoas e, mais particularmente, as pessoas leigas. Paróquia é uma comunidade na qual os habitantes "atuam juntos",[69] porque se reconhecem próximos e relacionados. É nesse sentido de *atuação conjunta* que Reynolds interpreta a paróquia como um lugar em que os aspectos religioso e profano se misturam o tempo todo, pois o fiel leigo, sendo batizado, é consagrado, mas não sendo ordenado, dedica--se forçosamente à vida secular, em todos os seus aspectos. Através da comunidade paroquial, e motivados por seus pressupostos, os leigos atuam em seus espaços de vida cotidiana e profissional, conferindo um sentido eclesial a suas ações seculares. Para entendermos como isso acontecia, na prática, vamos olhar para a interseção de comunidades paroquiais com os bairros urbanos, aos quais estão conectadas.

6.5 A paróquia urbana e a afirmação do senso de comunidade

Apesar de serem novas as realidades sociais e eclesiais que se afirmaram a partir do século XI, o vocabulário que as designava seguiu sendo bastante tradicional, conforme aos usos e costumes implantados em cada região da cristandade. Essa é uma das dificuldades que os historiadores encontram na hora de explicar para o público contemporâneo a diferença, por exemplo, entre uma plebe batismal e uma paróquia, ou entre esta e uma colação ou freguesia. Pesquisadores eruditos, como Torquato de Sousa Soares, Pierre David e Miguel de Oliveira, partindo de exemplos portugueses, demonstraram que o emprego da terminologia *paróquia* ou *colação* respeitava as práticas usuais de cada grupo social – por exemplo, os clérigos usavam mais o termo *paróquia*, enquanto os leigos preferiam *colação* – porém, isso podia variar conforme os tempos e os lugares.

Collatio deriva do verbo latino *confero*, que significa levar para junto, reunir, unir, recolher, congregar, avizinhar, ações que, como vimos, são próprias das comunidades eclesiais, independentemente de suas morfologias. Ao lado desse sentido comunitário, *confero* também indica conferir (por exemplo, uma honra, um título, um bem) e, nesse caso, expressa a segunda característica que apreciamos na realidade paroquial, isto é, o pagamento dos direitos paroquiais (dízimos, ofertas, esmolas, espórtulas etc.) e a concessão desses direitos ao ministro devidamente gabaritado. Citando Torquato de Sousa Soares, Miguel de Oliveira acredita que *collatio*, desde o século X, indicava a "comunidade paroquial" que, no caso ibérico, mantinha afinidades, senão identidade, com o *concilium*, isto é, a assembleia de habitantes de uma povoação, um castro ou uma cidade. "As expressões '*coram collatione*' de S. João, Santa Comba, S. Lourenço, Santa Maria... indicariam uma comunidade de vizinhos, distinta de outras, com personalidade para intervir em actos jurídicos",[70] daí que Pierre David acredita que *collatio*, mais do que uma realidade canônica, designa antes "o bairro, a zona habitada que fica à volta de uma igreja, paroquial ou não".[71]

Referindo-se à região das Astúrias, na atual Espanha, Juan de la Peña Solar, escreve:

Fica claro, portanto, que o conceito de paróquia, freguesia ou colação, durante a Idade Média, tem um sentido muito mais amplo e polivalente, que é consequência de sua tradicional função de integração vicinal, e que faz com que ela seja uma verdadeira entidade local primária, prefiguradora do concelho plenamente organizado, e dotada de uma personalidade jurídico-pública específica que opera, com certas doses de autonomia, dentro da entidade municipal, quando esta é pluriparoquial, e inclusive à margem dela, no círculo estrito de interesses privativos da coletividade de fregueses.[72]

Os historiadores estão longe de chegar a um acordo sobre o que teria surgido primeiro, o bairro urbano ou a paróquia (ou colação) do bairro, assim como divergem acerca do alcance da consciência citadina desenvolvida pelas igrejas urbanas. Para Pierre Toubert, que estudou as castelanias do Lácio italiano, os bairros são uma novidade que surgiu lentamente, ao longo do século XI, quando, ao lado do *castellum* senhorial, construiu-se um burgo, como vimos no exemplo de Montbrison. No século XII, o burgo, bastante aumentado populacionalmente, começou a se repartir em outras tantas zonas, e, a princípio, essa repartição interna não teve direta relação com a distribuição dos templos eclesiásticos ou com uma prévia função política:

No século XII, as *regiones* não estavam ainda marcadas por alguma das funções "políticas" que, na sequência, se desenvolveram na vida comunal. Igualmente não parece que elas deveram alguma coisa aos quadros religiosos mais antigos. Muitas delas herdavam o nome de uma localidade ou de uma característica natural. O vínculo entre um bairro e uma igreja ou oratório nos parece que foi bastante ocasional. A análise topográfica não revela nem mesmo um caso em que o nascimento de uma região urbana tenha acontecido a partir de uma circunscrição religiosa preexistente. O simples fato de que uma igreja ou capela constituísse um cômodo ponto de referência é suficiente para explicar a importância assumida pelos edifícios religiosos na criação dos nomes de muitas circunscrições urbanas.[73]

Para Toubert, foi a própria instauração do regime comunal, o qual retirou do bispo ou do senhor laical o comando político citadino, que promoveu a repartição de bairros, justamente porque a vida política da comuna supunha a participação do *populus*, que, então, organizava-se em áreas específicas da urbe. A alteração urbanística respeitava, portanto, as transformações no campo político – o surgimento do regime comunal –, as quais, como vimos, dependeram imensamente do aparecimento das paróquias urbanas. Toubert, que diminuíra o papel dos templos eclesiásticos na formação dos bairros, reconhece, por outro lado, que "[a] nova geografia paroquial, que então se implantou, teve a ver com isso e contribuiu para reforçá-lo".[74] Templos podem ser monumentos importantes para a consciência cívica, mas paróquias não são monumentos, são comunidades estruturadas para organizar a vida individual e social, segundo lógicas comunitárias ancoradas no espaço físico.

Ángela Muñoz considera que as paróquias eram "agentes territorializadores" e "elementos mediadores da vida cidadã",[75] operando, no interior das urbes, uma "semantização religiosa do espaço"[76] a qual, de acordo com o estudo das paróquias de Madri, na Espanha, dava corpo à própria cidade naquilo que ela tinha de estrutura social e arquitetônica. Paul Hohenberg e Lynn Lees[77] também concordam que as subdivisões urbanas respeitaram o raio de influência da paróquia, em cujo território os bairros se formaram e se beneficiaram tanto do templo quanto das associações paroquiais, as confrarias. Essa característica, a meu ver, constitui a principal diferença entre a paróquia urbana e a plebe rural: a paróquia insiste em ser uma organização de bairro, a qual, sem romper com o corpo da cidade, confere voz pública e força comunitária aos grupos sociais ou de vizinhança, que não só constroem um templo para chamar de seu, mas também lutam para ter o direito de paróquia. Na plebe rural operava-se uma lógica centrípeta, que procurava homogeneizar conjuntos aldeãos heterogêneos; na paróquia urbana, ao contrário, as forças eram centrífugas, aproximando os vizinhos para que estes se afirmassem diante dos diferentes.

Na territorialização urbana operada pela paróquia, criavam-se laços de solidariedade entre seus habitantes, os quais, a depender do tempo e do lugar, podiam setorizar e separar classes sociais específicas, possibilitando que estas forjassem uma identidade comunitária pautada por seus interesses de classe e finalidades profissionais que, no fundo, efetuava uma organização social, econômica e política no âmbito da própria paróquia. Katherine French,[78] ancorada em estudos sobre as cidades de Bath e Wells, no sul da Inglaterra, também destaca o compromisso das paróquias urbanas com as identidades comunitárias distintas que compõem as cidades, sejam elas profissionais ou sociais: em Montbrison, vimos paróquias de aristocratas (Igreja de São Pedro), paróquias de artesãos e comerciantes (Igreja de Santo André) e paróquia de vinicultores (Igreja de Santa Maria Madalena). Os grupos profissionais interagiam com as paróquias, em cuja vizinhança organizavam suas guildas; estas recebiam de suas paróquias uma maior coesão e publicidade e, em troca, imprimiam, na paróquia, a sua identidade social específica.

As paróquias citadinas criaram as oportunidades sociais e profissionais para que a comunidade de bairro construísse uma consciência comunitária que, sem deixar de ter pontos negativos – como o *bairrismo* ou o *paroquialismo* –, possibilitou o desenvolvimento de políticas concretas de convivência e de colaboração com o restante da cidade. Podemos dizer que esse é um legado das plebes batismais que as novas paróquias urbanas não abandonaram: apesar de serem comunidades locais específicas, as paróquias ainda se sentiam parte integrante do corpo eclesial liderado pela igreja matriz (a catedral), que, vale ressaltar, se confundia com a própria comunidade urbana. Assim, as paróquias ajudaram a fomentar políticas de bairro pautadas pela noção de bem comum e, em muitíssimos casos, promoveram ações sociais de transferência de renda e de socorro humanitário. No capítulo 10, exploraremos com mais detalhes a dinâmica eclesial, com implicações políticas, do que os cristãos do período medieval denominavam "caridade". No entanto, é importante ressaltar desde já que as paróquias, por meio de práticas como a liturgia, procissões, festas, funerais, irmandades, guildas e outras organizações que lhe são características, desempenharam um papel fundamental na promoção de "um sentimento de pertença, um senso de comunidade", como afirmou Katherine French.[79]

Muito mais do que um templo, isto é, uma marca sagrada numa paisagem profana, a igreja paroquial servia de espaço de convivência, discussão pública e ação política para a população que ali se congregava; essa população, o "povo da paróquia", apropriava-se desse espaço a seu favor: nas dependências da *sua* igreja, a população elaborava as estratégias de organização social que considerava mais eficientes; ali reuniam-se as assembleias; ali definia-se um conjunto de direitos e jurisdições, válidos para seu povo e seu clero, o que tornava a igreja paroquial um lugar de reivindicação e de mobilização social. Em 1214, quando a cidade de Perúgia, na Itália, enfrentava um grave conflito civil, os habitantes foram instados a tomar providências a partir das regiões paroquiais da comuna, cujas igrejas passaram a funcionar como "postos fiscais, como lugar de deliberação e votação, como arquivo de registro da população, pelo qual se podia distinguir o estatuto social de seus membros [...] e o índice de riqueza de cada qual".[80]

Dentro das regiões paroquiais, os indivíduos tinham voz, e essa voz podia ser socialmente reconhecida como expressão de um sujeito dotado de direitos. Sem ignorar que a prática podia ficar aquém do ideal, Katherine French reconhece que "os membros da paróquia compartilhavam objetivos e valores de vida comunitária, que eles continuamente articulavam em palavras e ações. Além disso, organizações e lideranças leigas trabalhavam arduamente para promover a mentalidade compartilhada de fraternidade".[81]

Em nível jurídico, é incrível como a boa ou má fama que um paroquiano gozava, no seu bairro, condicionava o resultado de um processo judicial movido contra ele; através do componente social da *fama pública*, a população da paróquia conseguia interferir nos processos judiciais, já que, como demonstra Massimo Vallerani,[82] as possibilidades de um indivíduo imputado salvar-se de um processo dependiam do grau de integração que ele mantinha com a sua paróquia: quanto maior fosse essa integração, maiores as chances de esse indivíduo receber apoio em suas querelas judiciais. A gênese da fama pública, em âmbito paroquial, começou bem cedo, nos concílios eclesiásticos dos séculos X-XI, os quais exigiam que os próprios paroquianos controlassem a frequência com que seus vizinhos iam ao sacramento da confissão: esse sacramento, apesar de secreto na enunciação dos pecados, era público na sua realização, pois o confessionário deveria ser visível na nave da igreja. Assim, a paróquia funcionava como um órgão de controle comunitário sobre as práticas individuais, principalmente aquelas relativas aos comportamentos considerados moralmente negativos.[83]

Voz pública e *fama pública* funcionavam igualmente bem nas paróquias do território português, pelo menos é o que se nota pelas atas das chamadas *Inquirições Gerais*, promovidas pelo rei Dom Afonso II (1211-1223); em 1220, o monarca ordenou que comissões especialmente formadas por seus representantes percorressem o território do reino para, em primeiro lugar, fazer um levantamento minucioso de todas as possessões e todos os direitos que o rei dispunha em cada região e, em segundo lugar, verificar se os súditos, que tinham permissão para explorar essas possessões, estavam agindo conforme o estabelecido. Uma tarefa investigativa como essa não era fácil: os agentes da monarquia precisavam chegar até as pessoas para colher seu depoimento. A solução logística para o empreendimento foi tomar como referência os territórios paroquiais e transformar as sedes paroquiais em sede das inquirições: desse modo, as paróquias tornavam-se, politicamente falando, unidades populacionais do próprio reino.

Liderados por seus párocos, os paroquianos compareciam diante dos inquiridores, prestavam um juramento e declaravam quais bens o rei possuía no território daquela paróquia e informavam aos inquiridores se o monarca exercia ou não o direito de padroado sobre aquela igreja paroquial: como explica Miguel de Oliveira, o regime de padroado veio para substituir o *regime de igreja própria*, e, por ele, os antigos proprietários de igrejas passaram a ser considerados seus patronos (ou padroeiros): "embora os padroeiros não pudessem negociar propriamente com os templos nem dispor livremente dos rendimentos, podiam aposentar-se nas igrejas e onerá-las com vários encargos".[84]

Os registros que chegaram até nós, datados aproximadamente de 1290, seguiam um protocolo padrão:[85] primeiramente, localizava-se a paróquia em que a inquirição ocorreu, por exemplo, *Parrochia Sancti Christofori de Auençam* (região de Guimarães), depois, apontava-se quem era o pároco (ex.: "*Gomez Garcia prelatus*") e, em seguida, listavam-se os nomes dos leigos que prestaram testemunho (ex.: "*Martinus Menendiz. Petrus Grilo. Petrus Iohannis laici iurati*"). As testemunhas juramentadas eram interpeladas sobre os direitos patrimoniais do rei, os chamados *realengos*, também deveriam informar quais foros e dádivas pertenciam ao Estado, a quem cabia o padroado eclesiástico e, por fim, listar os bens eclesiásticos que cada paróquia e ordem religiosa possuía. Os registros indicam que, de cada paróquia, compareciam um número variável de depoentes, de 8 a 11 leigos, às vezes mais, às vezes menos, a depender da situação de cada localidade: nos casos em que o número de jurados era menor do que o de hábito, como em Sancto Pelagio de Moos ou em Sancto Mamete de Thomidi, os notários tomaram o cuidado de anotar "*non sunt ibi plures iurati*" ("ali não havia muitos jurados"),[86] reforçando a ideia de que a inquirição deveria, em tese pelo menos, abranger o maior número possível de pessoas que estivessem em condições de jurar.

Maria Filomena Coelho afirma que as inquirições funcionavam como um grande ritual político ou "espetáculo público";[87] de um lado, há o espetáculo desenvolvido pelos assessores régios, que, investidos de autoridade pública, exibem-se no interior daquela pequena comunidade local, tornando públicas a sua posição social e sua posição política; nesse espetáculo tomam parte também as próprias autoridades locais, a começar pelos párocos, que, estando à frente da assembleia de vizinhos, reativam os vínculos sociais com os demais presentes e exibem publicamente o próprio poder. Todavia, há o outro lado, aquele da própria assembleia que comparece perante a sua paróquia e que, pelo juramento prestado, torna-se portadora da palavra que poderia vir a aumentar ou a diminuir o patrimônio régio e a extensão do poder monárquico. Os paroquianos juramentados investiam-se de uma autoridade simbólica de grande apelo social: seu testemunho baseava-se no conhecimento que tinham dos bens e dos direitos, seus e do rei, porém, esse conhecimento, no âmbito paroquial, era chancelado pela *fé pública* da assembleia paroquial, a qual os escutava e dava seu assentimento.

Se as inquirições de 1220 podem ser interpretadas como grandes espetáculos, então, as paróquias foram os palcos privilegiados de tal encenação política e, nisso, não há muito o que estranhar, dado que a paróquia era, por força de sua natureza eclesial, o lugar dos rituais coletivos, a casa dos sacramentos e das representações sagradas, na forma da liturgia cristã, a uma só vez anamnese e atualização. Se a inquirição procurava estabelecer a verdade sobre os limites dos bens e direitos do reino, era a paróquia que emprestava voz a essa verdade, construída pública, social e comunitariamente: afinal, não seria fácil mentir publicamente dentro de uma pequena comunidade de vizinhos, que compartilhavam uma cultura do face a face que impedia praticamente toda forma de anonimato. Assim, ao lado do rei, que se apresentava como uma entidade soberana, os representantes das paróquias também emergiam transformados da experiência inquisitória. Eles deixavam claro perante todo o reino, mesmo que limitado àquela paróquia, que não eram simples peões manipulados. Como uma miniatura de um estado temporal, a paróquia personificava os atributos de toda a cristandade da qual surgia: uma vida em dois tempos, dois amores em constante tensão.

6.6 Fundar paróquias para conquistar a terra (Lisboa, 1147)

Em 21 de outubro de 1147, os católicos conquistaram a cidade de Lisboa, uma vitória que simbolizou o avanço do cristianismo pela Ibéria, empurrando os senhores muçulmanos cada vez mais para o sul, a partir de onde dominaram Al-Andaluz desde 711. Na ocasião, a cidade se chamava, em árabe, *Lušbūna* e abrigava um grande contingente de cristãos do antigo rito ibérico (também chamado de *rito hispânico* ou *rito moçárabe*), dirigidos por um bispo, aliás, politicamente muito ativo, e por um conjunto presbiteral que, de tão bem formado, foi, depois, incorporado ao novo clero católico-romano que assumiu a diocese. Um dos primeiros atos do rei Dom

Afonso Henriques (m. 1185), em Lisboa, foi reorganizar a sua rede paroquial, um gesto que marcava a completa conquista cristã da urbe islâmica e a reorganização populacional e política que essa conquista acarretava.

No século XII, a cidade organizava-se a partir da delimitação da chamada Cerca Velha ou Cerca Moura, muralhas que abrangiam duas áreas urbanas específicas, a alcáçova, no cume do morro, e a medina, abaixo, ao nível do rio Tejo. A alcáçova concentrava as residências da elite política, militar e religiosa, bem como os principais edifícios administrativos e militares; era, por isso mesmo, uma zona privilegiada da cidade, separada da parte comum (a *medina*) por uma cinta murada, que a tornava ainda mais protegida em relação ao resto da urbe islâmica, além de contar, no topo da colina, com um castelo que deu nome ao morro (futuramente chamado de Castelo de São Jorge). A parte baixa abrangia a zona urbana propriamente dita; era ali que se localizavam as residências da população ordinária, bem como as lojas e oficinas, os mercados, os banhos públicos, diversas mesquitas e escolas.

A área compreendida pela Cerca Velha tinha 15 hectares; porém, como nota o cruzado inglês, que redigiu a narrativa sobre a *Conquista de Lisboa* de 1147 (*De Expugnatione Lyxbonensi*), a cidade dispunha de subúrbios bem desenvolvidos, contíguos aos muros e bordejando o mar. O cruzado inglês estimava que a cidade abrigava 154 mil homens, sem contar as mulheres e crianças, mas os arqueólogos pensam que esse índice não devia ultrapassar os 25 mil habitantes,[88] a maior parte certamente professava o cristianismo moçárabe:[89] o cruzado inglês, por exemplo, notou, estarrecido, que *Lušbūna* era tão populosa justamente porque ali "não havia nenhum rito religioso [oficial] e cada um podia seguir a lei [religiosa] que quisesse";[90] em outras palavras, cristãos e muçulmanos compartilhavam o espaço urbano.

Os arqueólogos encontraram vestígios de, pelo menos, cinco núcleos de ocupação moçárabe, em Lisboa, chamados de *moçarabias* ou *almoraçavias* (na designação lusitana), cada qual com a sua igreja. O principal deles ficava na parte ocidental do Morro do Castelo, do lado externo das muralhas, em torno da igreja de Santa Maria de Alcami, que era a catedral da comunidade moçárabe; a extensão de seu território chegava às áreas lindeiras com as igrejas de Santa Justa e Rufina e a de São Mamede. A segunda moçarabia localizava-se na área em que foi construída, no século

X, a Mesquita Alfama, no centro da medina. A terceira ficava do lado norte do Morro do Castelo, na área da igreja de Santa Cruz, descendo para o subúrbio abaixo, junto ao rio. A quarta e a quinta ficavam fora do circuito urbano propriamente dito, nas zonas independentes em que se achavam os mosteiros de Chelas (a oriente) e de Santos (a ocidente).[91] Três eram as paróquias que ficavam dentro da Cerca Velha: Santa Cruz do Castelo, São Mamede e a então catedral; um dado interessante, pois pode indicar que os moçárabes lisboetas não haviam sido necessariamente empurrados para fora da cidade islâmica, como inimigos, e podiam habitar em seu interior, lado a lado com a população muçulmana.

Não é aqui o lugar de recontarmos todas as peripécias que rondam a fascinante história dessa comunidade cristã, que conviveu com os muçulmanos durante quase 500 anos e que serviu de ponte para uma impressionante cultura de tolerância em plena Idade Média ibérica. Precisamos apenas entender o que estava em jogo quando os exércitos nortenhos – portugueses e cruzados – chegaram à cidade e a anexaram ao reino português, que, àquela altura, não era mais do que um extremo istmo de uma cristandade guerreira e anti-islâmica, sustentada por papas e por reis cruzados. Na pena de um soldado inglês, os moçárabes que povoavam Lisboa longe estavam de ser bons cristãos, muito embora ele mesmo tenha notado a profunda devoção que nutriam para com o Sinal da Cruz e a Virgem Maria.[92] Equiparando-os aos verdadeiros mouros, isto é, muçulmanos norte-africanos, o cruzado inglês não entendeu que aqueles homens, que imploravam a misericórdia divina diante dos conquistadores da cidade, em 1147, eram, na verdade, cristãos como ele, se bem que arabizados na linguagem, na roupa e nos costumes alimentares.[93]

O autor do *De expugnatione* não esconde o fato de que a comunidade cristã moçárabe de Lisboa era dirigida por um bispo, que, aliás, aparece bem descrito como um interlocutor entre as chefias lusitano-cruzadistas e aquelas islâmicas, durante as tratativas prévias à vitória afonsina; de um lado, estavam o arcebispo de Braga e o bispo do Porto, como representantes da monarquia portuguesa; do outro, o alcaide de Lisboa, isto é, o governante muçulmano, e o bispo que, embora não designado como moçárabe (ou com qualquer outro apelativo que o distinguisse), representava uma substantiva parcela da população local. Com a sua mediação, esse bispo esperava impedir, senão a conquista, ao menos um grande massacre. Portanto, o bispo moçárabe, à frente de uma comunidade numerosa e, possivelmente rica, devia contar com renome político e com a respeitabilidade da classe dirigente, até porque, segundo os termos legais, vigentes nas cidades de Al-Andaluz, os bispos moçárabes, eleitos pelos cristãos hispânicos, precisavam ter a sua eleição confirmada pelas autoridades islâmicas,[94] o que supõe, naturalmente, certa adequação entre o perfil do escolhido e aquele esperado pelos governadores.

Todavia, o cruzado inglês também relata que esse mesmo bispo moçárabe foi barbaramente assassinado quando os exércitos cruzados tomaram a cidade, em 25 de outubro de 1147. O autor atribui a culpa pela morte aos cruzados vindos de Flandres e de Colônia (Alemanha), os quais, no seu entender, desrespeitaram os acordos firmados com Dom Afonso Henriques, que previam a preservação da integridade física dos conquistados e de seus respectivos bens. De fato, o escritor cruzado não concorda com a decapitação do bispo; porém, o motivo que se deduz do seu desagrado não tem a ver com a morte criminosa de um legítimo pastor de uma igreja autêntica (a Igreja de rito moçárabe), mas do descumprimento de acordos militares. O cruzado não demonstra nenhuma comoção pelo infortúnio do bispo ou daqueles cristãos que ele nem sequer reconhece como tais. Assim, quando narra a transformação da mesquita central (a Mesquita Alfama) em igreja-catedral de um bispado restaurado, ele não enxerga a igreja moçárabe como continuadora da fé cristã em Lisboa, uma escolha difícil de se entender tendo em conta que os papas João X, em 924, e Alexandre II, em 1064, já haviam reconhecido a ortodoxia dos moçárabes andaluzinos.[95]

Para perceber o que se passava nesse intrincado momento histórico, precisamos nos lembrar que a condição de moçárabe implicava, de um lado, a liberdade de culto, assegurada pelo governo islâmico, e, de outro, o reconhecimento da legitimidade do governo e o acatamento de sua autoridade. Para os cruzados, reconhecer a legitimidade dos muçulmanos era impensável e inadmissível; portanto, se os cristãos moçárabes assim reconheciam, eles se tornaram inimigos, dado que eram súditos de um Estado inimigo. Os moçárabes, por sua vez, não enxergavam os cruzados como aliados, mas como conquistadores, que desmobilizavam as redes e alianças que, durante séculos, garantiam a estabilidade da comunidade cristã hispânica e asseguravam os direitos privados e econômicos dos indivíduos e suas famílias.

No processo de conquista católico-romana de Al-Andaluz, os moçárabes costumavam se negar a colaborar com os conquistadores – vistos como estrangeiros –, pois temiam que a mudança de senhorio pudesse pôr termo a uma realidade bem-sucedida, que já durava mais de 400 anos. Por isso, a fundação de novos bispados e novas paróquias tinha o duplo propósito de facilitar a conquista católico-romana dos espaços islâmicos e de encontrar uma solução para o problema das moçarabias.[96]

Assim que os cruzados conquistaram Lisboa, Dom Afonso Henriques erigiu duas paróquias, São Vicente e Santa Maria dos Mártires, que ficavam fora da Muralha Moura (ou Cerca Velha). Na parte interna da alcáçova, a fundação de paróquias significou também a transformação de mesquitas em igrejas, como aconteceu com Santa Cruz do Castelo e Santa Maria Maior (que se tornou a catedral), na área da medina. Em 1191, acrescentaram-se as paróquias de Santa Maria Madalena, São Bartolomeu, São Martinho, São Jorge e São Pedro da Alfama.[97]

Em sua *Historia Ecclesiastica da Igreja de Lisboa*, D. Rodrigo da Cunha nos oferece o seguinte relato, que esclarece melhor os termos dessa situação:

Nosso bispo D. Gilberto [de Hastings, primeiro bispo católico-romano entre 1147-1166] escolheu ficar com a igreja de Santa Maria dos Mártires, sepultura dos cavaleiros ingleses, mortos pela mesma causa e ocasião [da conquista de Lisboa], pela comodidade de ficar mais perto da cidade, e mais fácil para os novos cristãos, que tinham entrado para povoá-la, ouvirem e assistirem aos ofícios divinos.[98]

Como se depreende do texto, a paróquia fora erigida como núcleo de uma nova população de cristãos – oriunda de outras paragens – que se transferira para Lisboa aquando de sua conquista. Como recém--chegados, os novos cristãos, diferentemente dos antigos (os moçárabes), precisavam encontrar os próprios meios de reproduzir, ali, os mecanismos de sociabilidade que lhes permitiam iniciar uma nova vida naquela cidade que era ainda tão profundamente islâmica e moçárabe, e um desses meios era substituir o rito moçárabe pelo rito romano, o qual expressava a própria espiritualidade antimuçulmana dos cruzados. Não à toa, D. Gilberto, segundo o testemunho de Rodrigo da Cunha, mandou vir, para a Paróquia de Santa Maria dos Mártires, os cônegos regulares da Ordem

Premonstratense, fundada na França duas décadas antes, como parte do movimento de expansão da cristandade latina e de reforma da vida religiosa na perspectiva do enfrentamento do Islã.

Se a paróquia de Santa Maria dos Mártires servia de base para o assentamento de estrangeiros, a fundação de São Vicente de Fora visava a outros propósitos, o de assimilar os moçárabes lisboetas ao novo regime católico português. De fato, a área contígua à Cerca Moura, onde fica o monte em que a nova paróquia fora construída, era densamente habitada por moçárabes, donde a ideia de escolher por padroeiro o diácono São Vicente, que era o principal santo da Igreja hispânica, martirizado em Valência, em 304; seu santuário, localizado no Cabo de S. Vicente (Algarve), seguiu sendo um grande centro de peregrinação cristã, mesmo durante os séculos de dominação islâmica. Foi de lá que Afonso Henriques mandou buscar suas relíquias, depositando-as na nova igreja paroquial da Lisboa católica romana. De uma só feita, o rei agradava os moçárabes, trazendo para junto deles o santo tão querido, e incorporava o mártir hispânico ao santoral português; ao mesmo tempo, ele integrava o passado hispano-visigótico ao presente católico e procurava absorver a antiga comunidade moçárabe na nova comunidade romano-papal de Lisboa. Mas a boa-vontade régia parece ter terminado ali.

O ato de criação da Paróquia de São Vicente de Fora deu-se concomitantemente à sua entrega aos cônegos regulares de Santo Agostinho, que ergueram um mosteiro contíguo à igreja. Tal como procediam os premonstratenses de Santa Maria dos Mártires, os cônegos de São Vicente de Fora trabalhavam para a romanização litúrgico-doutrinal dos moçárabes. Assim, ainda que o santo mártir hispânico tenha sido assimilado pelo novo regime, os costumes moçárabes foram gradativamente suplantados. Joaquim Lavajo descreve os difíceis momentos da troca impositiva de rito litúrgico no processo da conquista cristã de Al-Andaluz;[99] sendo a liturgia hispânica o rito praticado desde os tempos visigóticos, ela era particularmente expressão da religiosidade ibérica e, por isso, muito mais adaptada à realidade local. No entanto, os reinos que surgiram da conquista (ou reconquista) cristã – como Portugal e Castela – pretendiam-se mais *católicos* – no sentido de universal – do que *ibéricos* e, dessa forma, precisavam de referências externas que os ligassem melhor à influência da cristandade latina, construída pelo império franco-carolíngio e pelo papado romano. Como se vê, liturgia implica, sempre, relações sociais e práticas políticas, pois toda liturgia é um modo simbólico e coletivo de elaborar comunitariamente a própria identidade de um grupo, e, por conseguinte, toda mudança litúrgica não consentida pode ser entendida como um ato de violência.

Os moçárabes ardorosamente defendiam o seu rito hispano-visigótico, enquanto os católicos conquistadores do norte procuravam impor o rito romano, que fizeram seu: ambos os ritos eram emblemas de eclesialidades profundas, que se ajustavam a programas políticos diferentes, e que naquele período entraram em choque. Dom Afonso Henriques, por exemplo, conseguiu que o papa Alexandre III, em 1179, reconhecesse-o como rei de Portugal, graças à subserviente posição que assumiu diante do papado romano, o qual, através da empresa cruzadista, da imposição do direito eclesiástico e da reforma litúrgica, esperava assegurar, para o papado, o controle de todas as igrejas ocidentais. Liquidar o rito moçárabe tornou-se uma necessidade de dominação política e religiosa, pois se tratava de inaugurar novos tempos, completamente distintos do sincretismo entre fiéis e infiéis: o projeto cruzadista é sempre embalado por uma espiritualidade apocalíptica, e, como sabemos pelo Apocalipse de São João, os discípulos de Cristo não poderiam condescender com os costumes dos súditos do anticristo.

Nas *Atas das Inquirições Gerais de Dom Afonso II*, de 1220, encontramos uma seção intitulada "*De possessionibus Ordinum*", que contém uma lista minuciosa das propriedades de cada ordem religiosa instalada na cidade de Lisboa, desde que a cidade fora conquistada por Dom Afonso Henriques, em 1147; o documento começa pela Ordem dos frades Hospitalários, os quais dispunham de um conjunto "de casas, com capela própria", na Collatio Sancti Jacobi; possuíam ainda "uma tenda" na Collatio Sancti Thome, e uma porção de outros bens, como vinhas, adegas e pomares, espalhados pelo entorno da cidade. Os frades da Ordem templária também eram proprietários de numerosos imóveis e móveis, a começar pelas "casas *cum suo currale*, e outras duas casas", localizadas na Collatio Sancti Jacobi. Seguem-se os bens dos Frades da Santa Cruz (*fratres sancte crucis*) e dos Frades de Alcobaça (*fratres Alcubacie*). Chamo atenção para o que se descreve acerca do patrimônio do Mosteiro de São Vicente de Fora:

Estas são as propriedades do Mosteiro de São Vicente, que ele tem e possui em Lisboa e em seu termo. Em primeiro lugar, o próprio sítio em que o mosteiro está localizado, com a sua Paróquia [*Parrochia sua*], como foi estabelecido desde o princípio; na Parrochia Sancti Petri, eles têm alguns lagares de óleo; na Parrochia Sancte Marie, outros lagares de óleo; na Parrochea Sancte Marie Magdalene, uma botega; na Parrochia Sancti Nicholai, a *medietatem unius potetece*; na Parrochia Sancti Juliani, uma casa [*domum*].[100]

Depois, o documento passa a listar os bens da Ordem de Calatrava (*fratres de Calatraua*), dos Frades de Oia (*Fratres de Oia*), os Frades *de Balneo*, os Frades da Milícia de São Tiago (*fratres milicie sancti Jacobi*); todos esses religiosos possuíam bens móveis e imóveis pela cidade de Lisboa, Sintra e Torres Vedras, distribuídos por *colações* e *paróquias*, indicação clara e segura de quão elaborada era a rede paroquial lisboeta no século XIII. E não nos esqueçamos de que esses frades, cavaleiros ou monges, eram religiosos alinhados com os projetos conquistadores de Afonso Henriques, eram cruzadistas e entusiasmados com as propostas dos concílios de Latrão, sobretudo aquele de 1179 (o terceiro) e o de 1215 (o quarto concílio de Latrão).

Como tivemos ocasião de notar, as inquirições são documentos que tentam rastrear e identificar as propriedades e os direitos régios disseminados pelo reino e que se misturavam aos bens de outros sujeitos ou instituições. O elenco minucioso das posses imobiliárias das ordens religiosas era um meio de destacar o que pertencia ao direito régio e que, por conseguinte, estava isento do direito episcopal, como podemos encontrar no decreto do papa Adriano IV, de 15 de junho de 1159, que pôs fim à disputa entre o novo bispo de Lisboa, Gilberto de Hastings, e os cavaleiros templários: como explica Leandro Rust, os bens dos templários, hospitalários e demais frades cavaleiros foram reconhecidos como bens protegidos pela autoridade papal e, portanto, isentos da jurisdição episcopal.[101] Sem negar o direito do bispo de governar o patrimônio de sua igreja, o papa estimulava o trabalho das ordens militares, que operavam uma missão de conquista religiosa para a Igreja romana.

As paróquias de Lisboa, sejam aquelas sob a jurisdição do bispo, sejam as jurisdicionadas pelos priores militares e monásticos, participavam de um mesmo projeto de conquista da terra, de reorganização populacional, de refundação da cidade, de inculturação a um novo regime político-

-religioso e, claro, de estabelecimento de uma nova consciência católica e portuguesa que o reino cruzado de Afonso Henriques acreditava ter inaugurado. A história das paróquias faz parte da história do poder político, mas isso não é dizer tudo: como organizações territoriais de uma comunidade local, elas são espaços de elaboração de sociabilidades, não só de imposição de vontades superiores ou estranhas. Por muito tempo os historiadores da paróquia acentuaram o que cabe ao poder político; é hora de vermos as pessoas comuns, e seus mecanismos de negociação com os poderes. A paróquia é lugar de negociação horizontal e vertical. Se templários e bispos disputavam as paróquias, é porque, sem elas, seria impossível pensar a comunidade de fé, ainda que a documentação, preocupada com direitos e jurisdições, tenha registrado as propriedades e os direitos, isso porque religiosidade é também construção do direito.

Notas

[1]   Fagnan, 1904, p. 378.

[2]   Cerrato, 2018, p. 55.

[3]   Rucquoi, 1995, p. 133.

[4]   Miatello, 2017a.

[5]   *Apud* Cerrato, 2018, p. 56.

[6]   Dozy, 1873, p. 106.

[7]   *Apud* Cerrato, 2018, p. 56.

[8]   Cf. Peñarroja, 1993, p. 53; Hitchcock, 2008, p. 3.

[9]   Gómez-Moreno, 1919, p. 3.

[10]   Fagnan, 1904, pp. 378-379.

[11]   Cf. Simonet, 1903, p. 609.

[12]   Hitchcock, 2008, p. 50.

[13]   Dozy, 1873, p. 106.

[14]   Simonet, 1903, p. 329.

[15]   Migne, 1852.

[16]   Fluke, 2012, p. 76.

[17]   Veyne, 2015, p. 28.

[18]   *Idem*, p. 27.

[19]   Agamben, 2013, p. 17.

[20] Saxer, 1989, p. 917.

[21] Moore, 2011, p. 21.

[22] De Jong, 2003, p. 1.246.

[23] Wickham, 2016, p. 99.

[24] Silva, 2019, p. 56.

[25] Wickham, 2016, 99.

[26] Morsel, 2008, 125.

[27] Dutour, 2005, p. 109; Rigby, 2010, p. 393.

[28] Blockmans, 2011, p. 16.

[29] Cf. Morsel, 2008, pp. 108-115.

[30] Sobreira, 2015, p. 108.

[31] Toubert, 1980, p. 92.

[32] Morsel, 2008, pp. 108-115; Mazel, 2010, pp. 172-173.

[33] Cros-Mayrevieille, 1846, pp. 42-43.

[34] Wickham, 2019, pp. 711-739.

[35] Cf. Silva, 2019, p. 56.

[36] *Apud* Débax, 1997, p. 473.

[37] Mazel, 2010, p. 173; Carpentier, 1986, p. 97.

[38] Mazel, 2010, p. 173.

[39] Toubert, 1980, p. 93.

[40] Laffont, 2011, n. 1.

[41] Hansen, 2010.

[42] Cf. Mathevot, 2016, n. 1.

[43] *Idem, ibidem.*

[44] Latta, 1994, p. 7.

[45] Toubert, 1980.

[46] Cf. Morsel, 2008, p. 120.

[47] Laurain, 1911, pp. 342-345.

[48] Nunes, 2013.

[49] Ribeiro, 2019, p. 29.

[50] Torres Prieto, 2004, p. 154.

[51] Cf. Almeida, 2010; Morsel, 2008, p. 109; Duby, 1992, p. 175.

[52] Cf. David, 2014.

[53] Rust & Silva, 2009, p. 137.

[54] Cf. Mazel, 2010, p. 235.

[55] Barthélemy, 2010, pp. 291-292.

[56] Miller, 1993, p. 2.

[57] Nanni, 1948, p. 63.

[58] *Idem, ibidem.*

[59] Henrique de Susa, 1574, col. 1.080.

[60] Cf. Mattoso, 2001, p. 375.

[61] Henrique de Susa, 1574, col. 1.085.

[62] Cf. Mathévot, 2011.

[63] Cf. Jouneau *et al.*, 2017, p. 91.

[64] Poisson, 2017, p. 70.

[65] Ribeiro, 2019, p. 184.

[66] Miller, 1993.

[67] Reynolds, 1997.

[68] *Idem*, p. 92.

[69] *Idem*, p. 97.

[70] Oliveira, 1950, p. 120.

[71] *Apud* Oliveira, 1950, p. 119.

[72] De la Peña Solar, 1993, p. 105.

[73] Toubert, 1980, p. 215.

[74] *Idem, ibidem.*

[75] Muñoz, 2002, pp. 65-66.

[76] *Idem*, p. 82.

[77] Hohenberg & Lees, 1992, p. 54.

[78] French, 2001.

[79] *Idem*, p. 22.

[80] Miatello, 2013, p. 198.

[81] French, 2001, p. 22.

[82] Vallerani, 2007, p. 104.

[83] Lauwers, 2005.

[84] Oliveira, 1950, p. 140.

[85] Cf. Andrade *et al.*, 2008, p. 1.

[86] *Idem*, p. 28; p. 30.

[87] Coelho, 2010, p. 44.

[88] Torres, 1995, p. 431.

[89] *Idem*, p. 432; Da Silva, 2010, p. 81.

[90] Nascimento, 2001, p. 78.

[91] Fernandes, 2003, p. 1233; Matos, 2015, p. 7.

[92] Nascimento, 2001, p. 143.

[93] Torres, 1997, p. 368.

[94] Lavajo, 2000, p. 97.

[95] Cf. Torres, 1997, p. 367.

[96] Branco, 1998, p. 57.

[97] Da Silva, 2010, p. 203.

[98] Da Cunha, 1642, p. 74.

[99] Lavajo, 2000, p. 100.

[100] Andrade *et al.*, 2008, pp. 11-12.

[101] Rust, 2019.

7

AS COMUNIDADES ECLESIAIS E AS COMUNAS (SÉCULOS XI-XV)

7.1 As cidades e o regime comunal na visão dos historiadores modernos

As comunas tornaram-se objeto de estudos sistemáticos nos inícios do século XIX, momento em que os historiadores ainda procuravam explicar as colossais transformações sociopolíticas causadas pela Revolução Francesa, que colocou fim ao absolutismo monárquico e abriu caminho para a implantação do regime republicano. Um desses estudiosos da revolução de 1789 foi François Guizot (1787-1874). Em maio de 1828, esse professor de História Moderna ministrou a *Sétima Lição* de seu curso de "História Geral da Civilização na Europa", que começava com a queda do Império Romano e estendia-se até à Revolução Francesa; a sétima lição foi reservada para o estudo da história das comunas do século XII. Eis como o professor introduziu o tema das comunas medievais:

Entremos em uma comuna, vejamos o que ali se passa: a cena muda; estamos em uma espécie de praça-forte defendida por burgueses armados; esses burgueses se tributam, elegem seus magistrados, julgam, punem, se reúnem para deliberar sobre seus negócios; todos participam das assembleias; eles mesmos tomam a decisão de fazer a guerra contra seu senhor; eles possuem uma milícia. Em suma, eles se autogovernam; eles são soberanos.[1]

Esse não tinha sido o primeiro exercício de imaginação que Guizot propusera ao seu público. Momentos antes, ele havia convidado seus ouvintes a imaginar que, de repente, um burguês do século XII aparece em plena agitação revolucionária de 1789, justo quando explodia "a terrível regeneração da França". Será que esse burguês medieval, caso soubesse ler, entenderia as mensagens estampadas naqueles panfletos tão populares que circulavam de mão em mão e mobilizavam tanta gente? O que será que ele pensaria da frase de M. Sieyes: "o terceiro estado é a nação francesa, excetuados a nobreza e o clero"? Na opinião de Guizot, o burguês medieval não faria ideia do significado da expressão "nação francesa", pois para ele, diferentemente do que experimentavam os cidadãos do século XVIII, a comuna era a sua *nação*, e, nela, os burgueses eram *soberanos*.

Como se nota, François Guizot explicava que a comuna era um regime político oriundo de uma revolta burguesa contra o poder de seus senhores, que sustentavam o regime feudal, abençoado pela Igreja. *Comuna* era a comunidade formada por aquelas pessoas que heroicamente romperam os laços da servidão, emanciparam-se politicamente, projetaram a sua voz no espaço do poder, exigiram governar em nome próprio: voz, voto, armas... poder. A comuna de Guizot era a porta da liberdade, um passo adiante da tirania dos poderosos que subjugavam os pequenos e os silenciavam. Comuna era autogoverno, era assembleia, decisão coletiva. Aquele burguesinho saído de um longínquo século XII, que não sabia o que significava nação francesa, sabia bem o que queria dizer *liberdade*! E era isso que Guizot pretendia: lembrar a seus compatriotas que a revolução de 11 de julho, justamente chamada de "A Revolução", era filha e herdeira direta daquela outra revolução, digamos, mais silenciosa e calma, ocorrida em época medieval. E assim arremata o entusiasmado professor:

Esta nação francesa tão altiva, tão ambiciosa, que eleva tão alto suas pretensões, que proclama tão claramente a sua soberania, que pretende não apenas se regenerar e governar a si mesma, mas governar e regenerar o mundo, *descende incontestavelmente dessas comunas que se revoltaram no século XII*, bastante obscuramente, mas com muita coragem, com o único fito de escapar, em alguns cantos do território, à obscura tirania de alguns senhores.[2]

Obscura tirania de alguns senhores. Guizot não foi apenas um historiador, foi também um político, um homem de Estado que se engajara no governo pós-revolucionário francês. O fim do Antigo Regime inaugurava uma nova era para o povo da França e, partindo dali, para o mundo inteiro. O historiador cede a palavra ao político para que este professe a sua fé na marcha libertadora da história. E parece que essa profissão de fé na política era a nova religião dos estudiosos franceses, e seu catecismo formava outros historiadores, como Achille Luchaire (1846-1908). Entre 1888-1889, Luchaire dedicou um curso inteiro ao tema das comunas, na Sorbonne de Paris, e as aulas foram publicadas em livro já no ano seguinte. Tal como Guizot, o medievalista também não escondia suas profundas convicções acerca do movimento comunal e seu total acatamento aos seus valores:

Salvo por raras exceções, o povo urbano e rural não teve história antes do início do século XII. Foi então que os atos de franquia, as concessões de liberdades, as cartas de comuna tornaram-se bem numerosas a ponto de forçar a atenção das classes privilegiadas e de ensinar-lhes que o estrato inferior da sociedade, surgindo das profundezas da servidão, demandava seu lugar ao sol, ousava mesmo aspirar à existência política. Porém, se o povo somente entrou em cena após a Igreja e a nobreza, ele recuperou rapidamente o tempo perdido. Os séculos XII e XIII assistiram à formação desse movimento maravilhoso de emancipação que concedeu a liberdade aos servos, criou as burguesias privilegiadas e as comunas independentes, fez brotar do solo as cidades novas e as bastidas, liberou as corporações de mercadores e de artesãos, em uma palavra, colocou pela primeira vez, ao lado da realeza, da feudalidade e da Igreja, uma quarta força social, destinada a absorver um dia as outras três.[3]

Um povo em marcha contra a Igreja, a monarquia e a aristocracia; tal teria sido o significado da comuna, essa invenção de servos, artesãos e mercadores. Uma luta pela liberdade, pela inclusão política dos excluídos da história, a comuna teria feito nascer novas cidades e pequenos burgos que, na França, trouxeram tanta riqueza e prosperidade. E um povo que se organiza pela força do trabalho e pela livre participação nas esferas do poder e da política dispensa os títulos nobiliárquicos ou eclesiásticos e pode, ademais, torná-los obsoletos, como ocorreu com a revolução de 1789. Em Guizot, os burgueses criaram um Estado dentro do Estado antes de tomarem-no todo para si, criando a cidadania da liberdade; em Luchaire, eles lutam para caber num Estado que não os considerava e, de tanto fazerem pressão e solaparem os entraves da monarquia, do clero e da nobreza, eles absorveram as forças desses grupos e impuseram a sua agenda. Seja por um caminho ou por outro, comuna é o passado de um futuro revolucionário, que rompeu com uma ordem elitista. Em suma, é um problema político.

Todavia, esse paradigma político logo seria substituído por um paradigma econômico, sem, contudo, perder as características de uma visão romântica da história. Henri Pirenne (1862-1935), mesmo não sendo francês, e sim belga, e mesmo evitando o teleologismo de Guizot e Luchaire, interpretava as comunas como momento fundador de uma nova racionalidade econômica. Suas ideias sobre o movimento comunal foram sistematizadas, em 1925, no ensaio, primeiramente publicado em inglês, *Medieval Cities. Their origins and the revival of trade* (As cidades medievais. Suas origens e a retomada do comércio), pela editora da Universidade de Princeton. É nessa obra que Pirenne propôs as teses que, até hoje, embalam o sonho de uma cidade burguesa, liberal, laica, autônoma e, sobretudo, não feudal, porque mercantil e economicamente monetarizada.

A ideia é bastante sedutora: com o fim do Império Romano, as cidades ocidentais teriam desaparecido ou deixaram de ser verdadeiras cidades, pois se viram reduzidas a um papel meramente religioso, capitaneado pelos bispos de cada cidade. Para piorar, a conquista árabe-islâmica do Mediterrâneo, no século VII, teria posto termo ao comércio de longa distância, impedindo os núcleos urbanos de abastecerem os mercados ocidentais com especiarias, tecidos e produtos de luxo trazidos do Oriente. Incapazes de produzir a própria riqueza e de manter as redes comerciais em funcionamento, as cidades foram esvaziadas e perderam qualquer importância econômica; logo, deixaram de ser cidades e retrocederam à condição de meros povoados encerrados em si mesmos. Como afirma Pirenne:

[...] pode-se concluir, pois, sem medo de errar, que o período que começa com a época carolíngia não conheceu cidades, nem no sentido social, nem no sentido econômico, nem no sentido jurídico dessa palavra. As cidades-episcopais [*cités*, na versão francesa de 1927] e os burgos não foram mais do que fortalezas e sedes da administração. Seus habitantes não possuíam nem direito especial, nem instituições próprias, e seu gênero de existência em nada os distinguia do resto da sociedade.[4]

A esse quadro pessimista da época carolíngia, Pirenne contrasta com um quadro altamente otimista do ano 1000; o comércio a longa distância retornou ao Mediterrâneo, graças, sobretudo, às cidades marítimas italianas (Gênova, Veneza, Pisa). Se voltou a haver comércio, as condições prévias para existir cidades também deveriam reaparecer, e foi isso o que aconteceu prioritariamente na Itália e em Flandres. Os comerciantes ambulantes, animados então pelo dinamismo de um novo mercado, foram fundando burgos junto às portas das antigas cidades- -episcopais e dos castelos e imprimindo um rosto novo a esses velhos centros através do *ius mercatorum*, o direito dos mercadores, o que deu origem à primeira forma de organização verdadeiramente urbana na Idade Média, a *comuna*. Henri Pirenne, portanto, considera que a burguesia fundou a comuna, e que a comuna era um sistema econômico, que minou as bases dos poderes feudais, que, obviamente, não poderiam gostar do avanço do comércio.

É preciso insistir: as cidades de Pirenne são centros de mercado e, como tal, são comunas; elas nascem nos entroncamentos dos rios navegáveis e das estradas, que voltaram a se encher de gente e de bens, que se deslocavam de uma feira a outra, preenchendo os espaços vazios e inertes com a riqueza do dinheiro. E cidades economicamente desenvolvidas crescem, porque atraem os desocupados ou os oprimidos pelos senhores do campo, agregam culturas diversas, gestando uma cultura urbana claramente distinta da cultura rural. Para Pirenne, a cidade é fundamentalmente oposta ao campo; por isso é que ele nega a condição de cidade aos núcleos urbanos do período carolíngio: como ele informa, naquele momento as cidades eram meros apêndices do poder campesino – e senhorial – exercido por condes, chefes da terra, ou pelos bispos, seus representantes.

Hoje, poucos especialistas em história econômica medieval aceitam as teses de Pirenne sem inúmeras ressalvas. Alain Derville, por exemplo, afirma que "ninguém mais aparentemente acredita nas caravanas de mercadores nômades, nem em seu direito", muito embora ainda haja quem negue, apesar das evidências, que "os primeiros burgueses foram campesinos desenraizados que utilizaram o direito comum".[5] Desde que Philip Jones, em 1974, publicou o ensaio *La storia economica dalla caduta dell'Impero romano al secolo XIV* (A história econômica da queda do Império Romano ao século XIV), os historiadores, como Alain Derville, consideram as teses de Pirenne acerca da burguesia urbana um mito historiográfico, justamente porque quase todos os casos concretos de comunas demonstram que os burgueses, de que falava Pirenne, mesmo com a proclamação da comuna, não controlavam a economia e o poder urbanos; ao contrário, eles o dividiam com o patriciado local, que sempre se interessou pelo comércio e foi seu primeiro patrocinador.

Mas, se não foram os burgueses os únicos responsáveis pela invenção das comunas, e se os aristocratas locais, membros da milícia urbana, também praticavam comércio, poderíamos afirmar que o regime comunal surgiu de acordos entre uns e outros? E, em caso afirmativo, a comuna teria resultado de uma revolução contra o governo eclesiástico, em si, ou contra um ou outro bispo mais ou menos autocrático ou tirânico? Afinal, é contra a Igreja que as comunas se insurgiram? Para respondermos a essas questões, iremos, em primeiro lugar, discutir o significado da palavra "comuna", cuja etimologia é reveladora do projeto que ela nomeia, e depois vamos também conhecer as formas jurídicas que emanciparam a comunidade e que fundaram a comuna. Por fim, prestaremos atenção às estruturas mais usuais com que os governos comunais agiam e qual o significado de exercício político, procurando entender a ideia de cidadão e cidadania.

7.2 Os pressupostos eclesiais da fundação das comunas

No século X, a cidade de Noyon (na Picardia francesa) era um bom exemplo de cidade episcopal cuja lógica estudamos no capítulo 4: ali, o bispo exercia, de pleno direito, o governo municipal e era o senhor inconteste da cidade; para os assuntos temporais, ele era secundado por um representante, o castelão, cargo derivado da autoridade episcopal e que se ocupava da administração civil.[6] Acompanhando a tendência geral, que descrevemos no capítulo 6, Noyon se desenvolveu bastante durante o século XI, seja do ponto de vista populacional, seja do religioso. Os edifícios eclesiásticos (igrejas e mosteiros) se multiplicaram, e muitas comunidades eclesiais (várias paróquias e o importante cabido de Notre-Dame) foram fundadas nesse período.

Entre 1068 e 1098, quem governou a cidade foi o bispo Ratbod II. Dele é a autoria da *Vida de São Medardo*, o primeiro bispo de Noyon (falecido no século VI), e da *Vida de Santa Godeberta*, que, no século VII, fundou o mosteiro feminino mais célebre da urbe. Ao revisitar o passado de Noyon para homenagear seus santos patronos, Ratbod registrou algumas informações que nos auxiliam a compreender tanto a história da cidade quanto sua situação política e econômica de fins do século XI. Na *Vida de São Medardo*, por exemplo, encontramos a seguinte descrição:

[Noyon] é uma terra fértil e agradável, toda coberta de vinhedos e de pomares, e com plantações de trigo muito produtivas. Ali se formam homens guerreiros, e, para os ofícios eclesiásticos, indivíduos de ambos os sexos generosamente servem a Deus. Cercada de florestas e de pântanos, a região tem maravilhosos recursos naturais para resistir às incursões. A cidade propriamente dita de Noyon se localiza entre dois pequenos riachos: a oriente fica La Gouelle, e a ocidente, La Marguerite, cujas águas são recolhidas por um terceiro riacho, La Verse; esses ribeirões confluem para o rio Oise, que passa perto das muralhas da cidade. Por todos os lados se erguem pomares verdejantes; pradarias e pastagens dão à planície um aspecto encantador. Essa terra aprazível é cheia de atrativos para seus habitantes. Ademais, ela é tão bem fortificada por rochedos, regatos, colinas e vales estreitos, a oriente e a ocidente, que um punhado de homens não teria dificuldade alguma em defendê-la de uma invasão movida por numerosos inimigos.[7]

É o retrato de uma cidade rica cuja economia se movimentava por atividades campesinas e não tanto pelo artesanato ou comércio, como ocorria em muitas outras cidades setentrionais do recém-fundado reino francês (aliás, tem-se por certo que o primeiro rei da França, Hugo Capeto, foi consagrado na Catedral de Noyon, em 987). De particular interesse é a notícia de que "ali se formam homens guerreiros, e, para os ofícios eclesiásticos, indivíduos de ambos os sexos generosamente servem a Deus": o aumento da importância política da cavalaria de base é bastante evidente em quase todas as áreas da cristandade latina, desde fins do século X, e principalmente durante o século XI, e essa transformação social veio acompanhada por um movimento correspondente no campo eclesiástico, em especial pela reforma da vida monástica e dos institutos clericais. Abel Lefranc informa que Noyon dispunha de sete prestigiosas casas monásticas, entre as quais se destacava a Abadia de Sainte-Godeberthe, que, como sabemos, era um mosteiro feminino.[8] Em 1064, o bispo Baudoíno, antecessor de Ratbod, fundou a Abadia de Saint-Barthélemy, uma comunidade de cônegos regulares que observava a *Regra de Santo Agostinho*.

A fundação dessa comunidade de cônegos mostra-nos o alcance e a profundidade do movimento de reforma eclesial no século XI, que foi muito inspirado pelos ideais de vida comunitária apostólica descritos pelos Atos dos Apóstolos (At 4, 32-33): a *vita communis*, de fato, tornou--se a referência espiritual primária e a estratégia de disciplinamento do clero mais bem-sucedida, pois se acreditava que os ministros eclesiásticos, ao viverem juntos, teriam melhores condições de cumprir sua função de santificar o povo de Deus através do ministério presbiteral. É sob a influência desse paradigma apostólico da vida comum que surgiram centenas de comunidades de cônegos regrantes, como os da Abadia de Saint-Barthélemy de Noyon.

Para que tenhamos uma imagem mais nítida desse caleidoscópio da vida religiosa medieval, talvez seja oportuno recorrer ao *Liber Sancti Jacobi*, de meados do século XII, no qual encontramos uma boa definição de cônego regular, em contraste com os demais clérigos seculares e os monges claustrais. O *Liber* transcreve o que teria sido uma conversa entre Carlos Magno e Aigolando, um emir muçulmano; este, observando diversos grupos de religiosos cristãos, fica sem perceber a diferença entre eles, uma vez que vestiam roupas diferentes. O rei, então, assim explica:

[...] aqueles que vês revestidos de manto de uma só cor são os bispos e os sacerdotes de nossa religião, os quais nos ensinam os preceitos da fé, nos absolvem dos pecados e nos concedem a bênção do Senhor. Os que vês vestindo hábitos negros são ainda mais santos que os primeiros, e são monges e seus abades, os quais não cessam de rezar por nós diante da majestade divina. Os que vês revestidos de hábito branco são chamados de cônegos regulares, estes abraçam o melhor modo de vida dos santos, e igualmente intercedem por nós e cantam as missas matinais e as horas canônicas.[9]

Ainda teremos ocasião de discutir a contribuição dos cônegos regulares (ou regrantes) para a espiritualidade leiga (cf. Cap. 8); digamos rapidamente que a observação colocada na boca de Carlos Magno, de que os regrantes "abraçam o melhor modo de vida dos santos", justifica-se em face do paradigma apostólico, que homens como Santo Eusébio de Vercelli, São Zenão de Verona, Santo Ambrósio e, o mais célebre, Santo Agostinho adaptaram para a vida dos clérigos (celebrantes de missas e horas canônicas); habitando sob o mesmo teto e observando uma disciplina regular, esses clérigos dedicavam o melhor de seus esforços para a igreja urbana e para a população da cidade. Decididos a santificar as cidades, esses religiosos foram grandemente responsáveis pela elaboração de posturas eclesiásticas e meios de comunicação religiosa mais compatíveis com as novas realidades urbanas que se apresentaram entre os séculos XI e XII; os frades mendicantes surgiram posteriormente, no século XIII, e em geral não fizeram mais do que seguir a intuição apostólica redescoberta pelos cônegos, conferindo-lhe uma intensidade e um alcance ainda maiores.

Deixemos, por ora, esse aspecto crucial da vida eclesial de Noyon para observarmos outro, não menos relevante. A *Vida de São Medardo* nos fornece uma pista indispensável para entendermos a história do movimento comunal e sua relação com a igreja urbana. Não que Ratbod tenha narrado o surgimento da comuna, em Noyon; ao contrário, a documentação preservada só nos autoriza a datar o início da comuna apenas para o ano de 1108, quando o bispo já havia falecido. Sua hagiografia, portanto, é um indício indireto, e isso por duas razões: a primeira é que o período em que Ratbod escrevia a *Vida* é exatamente o mesmo em que as revoluções comunais aconteciam nas cidades episcopais próximas a Noyon, a começar por Saint-Quentin, Beauvais, Amiens, Cambrai, Huy, Mans e tantas outras. Seria impossível que o bispo não tivesse algum conhecimento do que se passava nas dioceses de seus colegas da Picardia. A segunda razão é que o aparecimento das comunas nessas cidades episcopais estava diretamente associado à insatisfação de uma grande parcela da população local com as condições de vida muito desfavoráveis que a atingiam. E motivos para insatisfações não faltavam.

A ascensão da milícia urbana, com a multiplicação dos castelos e seus senhorios territoriais, tornou ainda mais evidente o peso da autoridade nobiliárquica e militar sobre os destinos das cidades, mesmo que elas fossem majoritariamente habitadas por comerciantes, artesãos, pequenos agricultores e profissionais liberais. Para além do problema político, havia um problema social: como vimos, o aumento populacional, que fomentou o crescimento urbano, encontrava nas muralhas das cidades um de seus piores inimigos. Uma cidade amuralhada podia ser bastante segura, uma verdadeira fortaleza, como pensava Ratbod em relação a Noyon, mas ela mostrava-se incapaz de se adaptar a um contingente populacional que, no curso de três ou quatro gerações, praticamente triplicou de tamanho. Diante da escassez de espaço físico para acomodar tanta gente, as áreas verdes e desocupadas foram sendo tragadas pela construção civil: praças diminuíram de tamanho, ruas foram estreitadas, casas antigas ganharam segundos e terceiros pisos, edifícios antes construídos seguindo o comprimento das vias foram substituídos pelo formato perpendicular do prédio em relação à rua, com fachadas estreitas para maximizar o uso do terreno, enfim, fez-se todo tipo de manobra para aproveitar o pouco espaço intramuros.[10] O resultado é que, entre os séculos XI e XII, foi ficando cada vez mais difícil garantir segurança e salubridade para uma população que não parava de crescer.

Para piorar, o confinamento de um número cada vez maior de habitantes resultou em especulação imobiliária, gentrificação, alta nos preços dos aluguéis, precarização das moradias, superlotação de casas e toda sorte de problemas sanitários que tornavam ainda mais evidente a discrepância entre as residências dos aristocratas e as precárias habitações da população comum. Os cavaleiros, membros da *militia* urbana e descendentes das famílias mais antigas de cada cidade, somavam-se aos clérigos seculares, também eles nascidos em famílias aristocráticas e cavaleirescas, como principais proprietários imobiliários: os cônegos da catedral (não confundir com os cônegos regulares, que tinham voto de pobreza) costumavam ser os maiores proprietários de imóveis no centro das cidades e, muitas vezes, rivalizavam com o próprio bispo, como acontecia em Noyon ou em Orvieto. Essa concentração imobiliária nas mãos do patriciado, acompanhada por uma exploração que podia ser exorbitante, ajudou a despertar o horror dos habitantes não aristocratas, aqueles que os textos de época, em latim, davam o nome de *burgenses*: o sentido literal de *burgensis* (no singular) é o de "morador de burgos", muito embora o termo indicasse também qualquer habitante da cidade que não pertencesse ao patriciado urbano ou à milícia citadina, e que fosse um comerciante, artesão, pequeno agricultor ou profissional liberal.

Se, de fato, Noyon estava repleta de "guerreiros e servidores de Deus", como escreveu Ratbod, podemos inferir que a *militia* urbana, aliada à elite clerical, impunha à cidade uma dominação de classe que tendia não só a excluir os *burgenses* dos canais decisórios, mas provavelmente a dificultar que eles tivessem condições de enfrentar os problemas de ordem econômica e sanitária criados pela situação da vida urbana em finais do século XI. Noyon podia ser uma cidade de economia campesina, e seus *burgenses* podiam ser menos organizados, aguerridos ou barulhentos em comparação com seus colegas de cidades mercantis; porém, o fato de também ali, em 1108, uma comuna ter sido instaurada mostra que a dominação da *militia* já não estava imune aos questionamentos da maior parte da população, que os *burgenses* haviam começado a tomar ciência de sua própria força social, para além da força econômica e produtiva, e os tradicionais arranjos políticos tinham que ser revistos e atualizados.

Com a morte de Ratbod II, em 1098, a sucessão episcopal sofreu sérios distúrbios: apesar de ter sido eleito de acordo com as normas vigentes, o novo bispo, chamado Baudry, não conseguiu tomar posse imediata de seu cargo. As razões não são nada claras. O que se pode dizer a respeito depende do conteúdo de uma carta que o decano do Cabido da Catedral enviou para o bispo de Arras, Lamberto, solicitando que esse prelado tomasse a causa do eleito e ajudasse a pôr termo a uma situação descrita com as cores de uma tragédia anunciada: "nossa Igreja, com a morte de nosso pastor, [...] foi lançada ao risco de um grande naufrágio, oprimida por muitas ondas de perseguições a ponto de quase não conseguir chegar ao porto da consolação".[11] Que perseguições são essas? Por que Baudry não conseguiu assumir o cargo, mesmo tendo sido eleito, como declara o decano, "com a deliberação e aprovação unânimes do clero e do povo"?

Para muitos escritores eclesiásticos desse período, qualquer atentado à autoridade do bispo, ainda que se tratasse de seu papel de governante político, seria um atentado contra a própria Igreja, de quem o bispo é o esposo. Aliás, o decano dos cônegos usou literalmente a expressão "nossa Igreja ficou viúva". E não consta que as "ondas turbulentas" que se abatiam sobre a Igreja de Noyon, durante o período de sede vacante, fossem problemas de ordem religiosa ou teológica; e, se não eram de ordem religiosa, podemos pensar que tenham sido de ordem política. Por falta de dados mais precisos, que pudessem decifrar o sentido das "ondas turbulentas", podemos pensar que, em Noyon, os *burgenses* estivessem pressionando o bispado e a *militia*, e exigindo melhores condições políticas, como estava ocorrendo em praticamente todas as cidades episcopais daquela região, com uma veemência ainda mais clamorosa. Seja como for, o bispo Baudry entrou para a história como aquele que concedeu a Noyon o direito de ter uma comuna, conforme o teor do documento por ele exarado em 1108:

Baudry, pela graça de Deus, bispo de Noyon, a todos os que perseveram e avançam sempre mais na fé. Caríssimos irmãos, aprendemos, pelo exemplo e pelas palavras dos Santos Padres, que todas as coisas boas devem ser confiadas ao escrito a fim de evitar que elas sejam esquecidas no futuro. Saibam, pois, todos os cristãos, presentes e vindouros, que, pelo conselho dos clérigos [*clericorum*] e cavaleiros [*militum*], bem como dos populares [*burgensium*], eu permiti que uma comuna [*communionem*] fosse constituída em Noyon, e a fiz confirmar por juramento, mediante a autoridade pontifícia e sujeito ao anátema; eu consegui que o senhor rei Luís outorgasse esta (comuna) e a aprovasse com o selo real. Que ninguém se atreva a destruir ou corromper esta instituição, feita por mim, jurada por grande número de pessoas e outorgada pelo rei, como se acaba de dizer; eu os advirto da parte de Deus e da minha, e os proíbo pela autoridade pontifícia. Aquele que transgredir e violar a presente lei será excomungado; e aquele que, ao contrário, a conservar fielmente, viverá para sempre ao lado dos habitantes da casa do Senhor.[12]

Baudry, que era sobrinho do bispo Ratbod, pertencia à nobreza municipal de Noyon: seu pai, Evrardo, exercia funções de castelão em Tournai, cidade belga, mas que pertencia à jurisdição do bispo de Noyon até 1146. Desde cedo, Baudry entrou para a vida clerical, tendo sido admitido no cabido diocesano, na qualidade de cônego secular, e depois apontado para o prestigioso cargo de arcediago da diocese: ora, o Cabido da Catedral, desde o século X, era a instância eclesiástica mais poderosa de Noyon, atrás apenas do bispado, obviamente; como se tratava de uma cidade episcopal, o cabido diocesano era, como vimos no exemplo de Lucca (cf. Cap. 5.3), um poder econômico e político destacado, disputando diretamente com os bispos a influência política sobre a cidade (a propósito, nós só conhecemos o texto da *Carta de Comuna*, de 1108, graças a uma cópia de 1181, que os cônegos mandaram inserir nos cartulários do cabido, o que significa que eles tinham toda a intenção de preservar a documentação urbana). Por sua vez, o arcediago (*archidiaconus*) correspondia ao que hodiernamente se chama de vigário episcopal, isto é, um representante direto do bispo nas visitas pastorais ou durante as ausências do bispo, em razão de viagem ou doença; ele concentrava responsabilidades administrativas e, inclusive, podia assumir o governo diocesano durante os períodos de sede vacante.

Tendo passado pelo tirocínio dos cargos eclesiásticos de maior significado político, Baudry exibia experiência suficiente para assumir o governo municipal, e, a julgar pelo conteúdo de seu decreto, percebemos que ele também soube lidar com as adversidades que minavam as bases do governo episcopal e cuja solução foi encontrada na fundação de uma comuna com a consequente concessão de direitos políticos e participação no governo aos *burgenses*.

"Eu permiti que uma comuna fosse constituída em Noyon". Em latim, a palavra é *communio*. Charlton Lewis e Charles Short, em *A Latin Dictionary*, informam que esse termo é recorrente em Cícero, porém, raro em outros autores;[13] no tratado sobre *As Leis* (Livro I, 7.23), Cícero, por exemplo, sustenta que a lei da reta razão une os humanos aos deuses, e diz: "[...] *inter quos porro est communio legis, inter eos communio iuris est; quibus autem haec sunt inter eos communia, et civitatis eiusdem habendi sunt*" ("entre aqueles em que há comunhão de lei, existe também comunhão de direito; assim aqueles que partilham entre si coisas comuns devem ser reconhecidos como membros de uma mesma cidade").[14] Na tradução de Clinton Walker Keyes, temos: "além disso, aqueles que compartilham a Lei devem também compartilhar a Justiça; e aqueles que compartilham essas coisas devem ser vistos como membros da mesma comunidade".[15]

Nos *Comentários aos Salmos* (57, 15), Santo Agostinho adaptou a acepção marcadamente civil do vocábulo *communio* para um uso eclesiástico, como se lê: "*Imperatores communionis nostrae leges adversus omnes haereticos dederunt: eos utique appellant haereticos, qui non sunt communionis eorum*" ("Os imperadores da nossa comunhão publicaram leis contra todos os hereges: e por hereges, eles denominam aqueles que estão fora da comunhão com eles").[16] No debate entre católicos e donatistas, *communio* refere a união ou associação estabelecida pelos bispos católicos, e que era reconhecida por lei imperial como expressão da Igreja do Estado, o que tornava os donatistas hereges perante a lei.

Segundo Charles Petit-Dutaillis, cujo volume sobre as comunas francesas é um dos mais empolgantes, *communio* é justamente expressão de uma associação, isto é, de um grupo organizado em vista de defender e gerir interesses coletivos; o historiador recorda ainda que, em latim, há outro substantivo, *commune*, usado por Cícero com "o sentido de povo que tem interesses comuns".[17] E mesmo a passagem do latim para a língua vernácula conservou o significado antigo, como se vê na variante *commuigne*, do século XII, a qual, na opinião do autor, manteve a ideia de "coletividade de habitantes que se apresentam diante de um senhor".[18] Para a nossa finalidade, importa reter que o vocábulo *comuna*, antes de qualquer outra acepção, remete à associação, organização de grupo, formação de uma coletividade que procura defender direitos, e que tem interesses coletivos: a ideia de que comuna é um "governo livre" não seria, portanto, fundamental.[19]

Por outro lado, Petit-Dutaillis reconhece que a etimologia não explica tudo e recomenda que se preste atenção no significado que é atribuído a *communio* em cada documento de concessão de direitos comunais e se interrogue: o que esse bispo, rei ou senhor quer dizer quando fala em *communio*? Na *Carta* de Baudry, por exemplo, são recuperados e fundidos num único conceito os sentidos civil e eclesiástico do termo *communio*: trata-se de uma associação de habitantes que, então, reconhece-se por um documento oficial, revestido de autoridade legal (a do bispo, a do papa e a do rei de França). Baudry reconhece que os *burgenses* têm o direito de formar uma associação, à qual ele confere licença de compartilhar responsabilidades de governo em prol do comum, isto é, da inteira comunidade urbana de Noyon. Nesse caso particular, a *comuna* não exclui a autoridade do bispo, que segue respeitado como vértice da cidade; porém, ela passa a assumir jurisdição civil sobre o território urbano em tudo aquilo que não infringe a jurisdição eclesiástica, que o bispo, obviamente, não poderia transferir.

Não muito longe de Noyon, a cidade de Laon, em 1111, passou por uma conspiração, articulada por cônegos e aristocratas, e que acabou por resultar na fundação de uma comuna. Quem detalhou essa contenda foi o abade do vizinho mosteiro de Nogent-sous-Coucy, chamado Guiberto (m. 1124), autor de uma autobiografia conhecida como *Monodiae* ou *De vita sua*. Esse abade-historiador é famoso por detestar o movimento comunal e por tê-lo descrito com cores carregadas de negatividade: "*Communio autem novum ac pessimum nomen*" (comuna, palavra nova e detestável).[20] Na minha perspectiva, em situações como essas, um testemunho desfavorável se torna ainda mais intrigante para a História. Isso ocorre porque, ao se opor a algo que não o agrada, o comunicador revela aspectos tangíveis e intangíveis do jogo político que, de outra forma, seriam perdidos ou ocultados em uma descrição entusiasmada ou elogiosa. Vamos examinar como Guiberto se expressa:

Ora, *communio* é uma palavra nova e detestável usada para indicar o seguinte: todos os *capite censi* passariam a pagar aos seus senhores apenas uma vez ao ano, e se cometessem algo contra o direito, pagariam uma taxa como compensação legal; todas as demais taxas que se costumam exigir dos servos seriam completamente anuladas.[21]

Na terminologia jurídico-fiscal dos senhorios, *capite censi* literalmente se referia a um tributo pago por cabeça, isto é, por indivíduo; no costume feudal, esse imposto era exigido daqueles que não gozavam de plena liberdade pessoal, sendo, portanto, submetidos a algum tipo de servidão – mais estrita ou mais aberta dependendo dos diversos contratos e situações. Guiberto afirma que os clérigos e os aristocratas de Laon aproveitaram a ausência do bispo Gauderico, que viajara para a Inglaterra, para oferecer aos *capite censi* a oportunidade de trocarem o serviço braçal compulsório nas terras senhoriais por uma taxa pecuniária anual e de substituir castigos físicos por pagamento de multa compensatória. Os *capite censi*, a quem Guiberto também chama de povo (*populus*), perceberam que, mais do que uma redução de maus-tratos, era-lhes oferecida a chance de pagar menos tributos e, com isso, poupar dinheiro, com o qual poderiam bancar seu resgate, tornando-se assim completamente livres. Ao deplorar a invenção da comuna, Guiberto não lamenta pela simples emancipação dos servos, mas pelo fato de que os clérigos e os cavaleiros agiram contra o direito e sem o consentimento do governante legítimo, o bispo, e, para piorar, exigiram que os servos, antes de receberem os benefícios prometidos, pagassem a eles uma soma volumosa. Em outras palavras, a comuna parecia-lhes uma conspiração somada à corrupção. E o abade demonstrava que não estava disposto a compactuar com aquilo.

Prova disso é que ele descreveu o episódio com todas as marcas de seu repúdio: "o povo entregou dinheiro suficiente para entupir a garganta de muitos avarentos gananciosos [o que incluía os clérigos]. Ao ver uma chuva tão grande de dinheiro, [os senhores] ficaram mais calmos, e assumiram firme compromisso, mediante juramento, de que iriam cumprir o estabelecido".[22] A comuna, então, aparece como o compromisso firmado por clérigos, cavaleiros-senhores e o povo de que as marcas mais infamantes da servidão – o trabalho compulsório e o castigo físico – seriam monetarizadas, e que a médio prazo a própria servidão poderia ser extinta, caso os servos pagassem por seu resgate. Em Laon, *comuna* significava *liberdade* para os servos e compromisso entre o clero (*clerus*), os aristocratas (*proceres*) e o povo (*populus*); era na verdade uma conjuração, isto é, uma sociedade de juramento coletivo com vistas à ajuda mútua (*mutui adjutorii conjuratione*).[23] Esse significado fortalece a conclusão de Charles Petit-Dutaillis: "o que dizer senão que o elemento suficiente para constituir a comuna era o juramento que liga os habitantes e que o senhor reconhece?".[24]

Na área belga, onde se localiza Saint-Omer, que é a cidade flamenga mais bem documentada desse período, o juramento coletivo (*conjuratio*) dos *burgenses* e a libertação da servidão também são cruciais para que se possa identificar o funcionamento do sistema comunal. Em 1127, a carta de franquia liberava do pagamento de taxas servis a todos os residentes "*intramuros*", enquanto a carta de 1168 assegurava que os servos que haviam adquirido o estatuto de *burgensis* não podiam mais ser reduzidos à servidão por seus senhores.[25] Em Saint-Omer, os *burgenses* conseguiram organizar-se politicamente através da instituição da *conjuratio*, isto é, da associação decorrente do juramento coletivo, que funcionava então como um dispositivo de união e fortalecimento comunitário dos citadinos.

O juramento era um modo de engendrar "uma fraternidade artificial mais poderosa do que os laços de sangue".[26] Pelo juramento, o *burgensis* se torna um *frater* (irmão), e a *conjuratio* (ou comuna), uma *fraternitas*, uma confraria. A ideia era garantir que os citadinos não armados, isto é, não cavaleirescos, tivessem condições de reagir social e juridicamente a injustiças, injúrias e prejuízos que recebiam, acionando a associação dos conjurados para tomar a defesa dos interesses de cada um de seus confrades.

A defesa de direitos individuais e coletivos pode ter sido a causa do movimento, mas o resultado foi o fortalecimento da consciência de pertença ao grupo conjurado, o qual se apresentou como uma espécie de *pessoa moral* (em breve, chamada de *pessoa jurídica*, graças à contribuição dos canonistas e teólogos),[27] capaz de direitos civis e políticos: Alain Derville, inclusive, demonstra que a *conjuratio* de Saint-Omer acabou por reivindicar direitos que antes eram caracteristicamente senhoriais ou feudais, como receber as homenagens cavaleirescas, conceder feudos, exercer a justiça banal e dispor de selo público. Mas, ali, a comuna não significou uma revolução antissenhorial ou ainda antiaristocrática, dado que o escabino, isto é, o magistrado público que se encarregava da administração urbana, agia mais em nome do conde regional do que em nome da comuna, sendo representante do senhor dentro da cidade: "os escabinos urbanos [...] não foram instituídos 'sob demanda e sob a pressão dos burgueses' (como afirmava H. Pirenne), pois esses escabinos não eram de forma alguma os representantes da burguesia nem os administradores da comunidade, ao menos não antes do século XIII".[28] Nesse sentido é que Alain Derville afirma que as cidades flamengas não eram comunas, e sim que tinham comunas,[29] como as fraternidades juramentadas, as associações de mercadores e a confraria de Saint-Omer, de que trataremos no próximo subcapítulo.

Em se tratando da área italiana, o testemunho do monge-arcebispo Otto de Freising (1114-1158), tio do imperador Frederico I Barbarossa, é bastante valioso. No livro que escreveu sobre os feitos do imperador seu sobrinho (*Gesta Friderici I Imperatoris*), Otto inseriu notícias das campanhas militares que Frederico promoveu na Itália, contra as cidades que relutavam em admitir a sua autoridade direta. No capítulo XIII do Livro II, Otto observou que "os costumes do povo da Itália" resultavam da inculturação da população lombarda às tradições latinas, principalmente em matéria de governo de cidades, e, o que é o mais importante, que os lombardos

[...] apreciam a liberdade de tal maneira que, para escapar aos excessos do poder, preferem ser governados pelo arbítrio de cônsules mais do que de comandantes [*imperantium*]. Eles [os citadinos] se dividem em três ordens, isto é, os capitães, os vavassores e o povo [*plebs*]; para reprimir os exageros da soberba, eles elegem os cônsules não de uma só ordem, mas um de cada, e para que o desejo de dominar não tome conta de ninguém, eles trocam [os cônsules] anualmente.[30]

Para um aristocrata de nível imperial, como Otto, o assunto sobre comunas autogovernadas oscilava entre o ridículo e a transgressão. Ele, no entanto, evitou um tom meramente polêmico e preferiu introduzir a discussão sobre as comunas italianas do século XII no cerne de um debate filosófico-teológico sobre o poder e sobre as condições históricas da política, que ele foi buscar no *De Civitate Dei*, de Santo Agostinho; para além de ser um historiador de corte, Otto era também um brilhante leitor de Santo Agostinho, pelo menos é o que transparece a sua outra grande obra, a *Chronica sive Historia de Duabus Civitatibus* (A Crônica ou História das duas cidades), na qual ele elaborou uma história universal, que começa com a criação do mundo e se encerra nos tempos do reinado de seu sobrinho. Daí a sua observação de que as comunas surgiram para evitar os "excessos do poder", que o "arbítrio dos cônsules" era uma tentativa de controlar "o desejo de dominar" (*libido dominandi*), expressões muito caras à teologia política de Santo Agostinho.

Além disso, Otto, como defensor do Sacro Império Romano, não admite que simples cidades, ainda que fundadas pelos antigos romanos, decidam conferir, à revelia do domínio legítimo e universal do império, poderes de governo a homens destituídos de autoridade competente; essa é a razão pela qual ele contrasta *cônsules* com *comandantes*. O nome "cônsul" até poderia vir de época romana, e ter sido uma magistratura legítima durante o tempo do Império Romano, porém, para Otto, as cidades italianas estavam invertendo completamente a juridicidade romana: não podendo se autogovernar, as cidades não poderiam instaurar governadores; seus cônsules eram, portanto, ilegítimos.

Os juristas italianos, por seu turno, pensavam justamente o contrário: não acreditavam ser necessária a chancela de um império que, mesmo se chamando romano, era, na verdade, germânico. Boncompagno de Signa (m. 1243), referindo-se às campanhas militares de Frederico Barbarossa contra as cidades da Itália, afirmava: "sou da opinião de que a Itália não pode se tornar tributária de ninguém, a menos que a malícia ou o rancor dos italianos tenham causado isso; nas leis [*in legibus*] está escrito que a Itália não é uma província, mas senhora das províncias [*domina provinciarum*]".[31] Essa convicção, que não era exclusiva de Boncompagno, sedimentava a sensação geral de que o imperador não passava de um intruso ou de um estrangeiro na Itália: e Boncompagno, apelando para a história antiga de Roma, recorda a Frederico que Júlio César venceu os germanos, e que "todo homem rico deveria conhecer muito bem a si mesmo a fim de não despencar das alturas, como Nabucodonosor"[32] e sua estátua de ouro, um belo recado ao imperador germânico.

Mas, para além da teoria ou teologia política, Otto de Freising também descreve as linhas gerais do sistema comunal do norte italiano: tudo começa com uma associação de três setores específicos, a aristocracia militar (os capitães), os vassalos do bispo (os vavassores) e o povo (*plebs*). Distintos no nível de riqueza particular e, talvez, na influência política, os capitães e os vavassores representavam um poder terratenente, pois eram todos grandes proprietários fundiários e senhores de castelo; na Itália, era muito comum que os senhores preferissem habitar as cidades, e, para demarcar sua posição senhorial dentro da urbe, eles mandavam erguer altas torres em suas casas, que indicavam que a base de sua dominação social era seu castelo no *contado*, isto é, a zona rural. A plebe, nesse caso, representava os homens de negócios, como os comerciantes e os operadores de crédito, bem como os artesãos, isto é, os membros das corporações de ofício; apesar do nome sugestivo, a plebe ou o povo (*populus*) das comunas italianas não contemplava os desocupados, os pobres ou os migrantes.

A massa popular, apesar de plebeia, era rica e sofria de contínuas "tentações aristocráticas",[33] como escreve Alessandro Barbero; em outras palavras, os ricos homens de negócios italianos (membros da *plebs*), em vez de afirmarem os emblemas de sua condição social de nascença, sonhavam com o dia em que seriam chamados de *messere* (senhores): para isso, investiam muito dinheiro na aquisição de terras e aderiam aos exércitos comunais, cujas vitórias no campo de batalha poderiam servir de motivo para a concessão de títulos nobiliárquicos para os combatentes populares.

A observação de Otto de Freising é certeira: o movimento comunal visa à liberdade política de uma cidade em relação aos poderes imperiais, e os bispos eram considerados representantes do império no ato de governar as *civitates*, mas não é uma revolução popular, muito menos uma revolução burguesa. Os elementos aristocráticos e o poder fundiário, que constituem a base do chamado sistema feudal, estão completamente presentes no jogo político comandado por essas assembleias pluripartidárias que elegem os cônsules de cada um dos partidos para que estes presidam, por tempo determinado, o governo municipal. Poder eletivo, rotativo e representativo. Era um grande avanço em comparação com o sistema anterior. E Otto prossegue observando:

Disso resulta que praticamente toda a terra [isto é, o norte da Itália] encontra-se dividida entre as cidades [*civitates*]; cada uma delas exige que seu bispo ali permaneça, e dificilmente se acha, em tão grande território, algum aristocrata [*nobilis*] ou grande homem [*vir magnus*] que não se submeta ao governo [*imperium*] de sua cidade. A partir desse poder de congregar, [as cidades] costumavam considerar como parte de seu condado [*comitatus*] os territórios de cada uma. E para não lhes faltar os meios de manter seus vizinhos sob ameaça constante, elas não desdenham em receber na milícia ou a conceder os graus das dignidades a jovens de condição inferior ou aos artesãos [*opifices*] das mais vis artes mecânicas, a quem os demais povos repelem como uma peste dentre os ofícios mais respeitados e liberais [*liberioribus*]. Por causa disso, elas excedem as demais cidades [*civitates*] do mundo em riqueza e poder. Isso tudo era possível por causa, como foi dito, da operosidade de seus costumes, mas também por causa da ausência constante de príncipes nas terras transalpinas.[34]

Distingamos três características do movimento comunal que podem ser consideradas também como pressupostos de sua ideologia política: 1) a comuna reivindica o *imperium* regional completo: sobre homens (clérigos e leigos), sobre áreas (a cidade e o campo adscrito) e sobre as ordens sociais (aristocratas e populares); 2) em vez de romper com o sistema feudal, a comuna afirma-se como senhora feudal, por exemplo, reclamando para a sua assembleia o direito de investir na ordem da cavalaria a qualquer indivíduo que ela julgue apto para receber essa condição especialíssima, a qual reitera a continuidade do poder militar no centro da vida civil; 3) a liberdade civil que a comuna conquistou por meio de guerras contra o imperador e seus representantes não resulta em uma confraternização geral entre todas as comunas livres do norte italiano. Pelo contrário, cada comuna, especialmente as mais poderosas, reivindicando o *imperium* para si, inicia um processo de expansão territorial regional, que, em última análise, reproduz a lógica senhorial ou monárquica tradicional. Como resultado, surge um conflito de interesses entre as diferentes comunas, o que torna as guerras inevitáveis, intermináveis e ubíquas.

Essa é a razão para que a cavalaria urbana continue a ser uma instituição primária e hegemônica, ainda que os ricos homens de negócios – e até mesmo os mais simplórios artesãos – possam e devam se juntar ao seu contingente armado. Em outras palavras, o que está em jogo é a liberdade para aquela cidade, não para todas. Florença, por exemplo, não perdia a oportunidade de submeter as cidades da Toscana ao seu jugo.

Resumidamente, podemos dizer que as comunas significaram a possibilidade de um governo rotativo, bastante diferente do esquema vitalício da cidade episcopal ou senhorial; em segundo lugar, os novos governantes agiam a partir da autoridade de um colegiado – Otto de Freising menciona três magistrados (ali chamados de cônsules), mas esse número podia variar de caso a caso – indicando a participação representativa dos estratos sociais predominantes na cidade; assim, mesmo que a comuna tenha continuando a ser um arranjo elitista, é inegável que o governo comunal criou a oportunidade para que grupos sociais antes alijados do poder político e do governo, como os *burgenses*, pudessem atuar na cena pública como responsáveis pela *communitas* urbana. Otto assinalava o horror que esses homens comunais compartilhavam em relação a qualquer forma de autocracia, um *costume* – palavra que ele mesmo utiliza – revelador de práticas parlamentares que devolveram o lugar de honra para o discurso de assembleia e, por conseguinte, para os oradores. A palavra pública obviamente não substitui a força das armas, do sangue aristocrático ou do dinheiro, mas abre possibilidades para outros atores sociais e outras metodologias de política; uma delas é o republicanismo, não aquele dos antigos romanos, mas outro, mais jovem, experimentado nas confrarias e corporações de ofício. É o que precisamos conhecer agora.

7.3 O associacionismo urbano entre corporações de ofício e confrarias

Em 1083, o rei germânico Henrique IV (1050-1106), da dinastia dos sálios, entrou na península italiana, em marcha para Roma, com o intuito de reclamar que o papa o coroasse sacro imperador romano, como era seu direito. Naquele momento, quem governava a Igreja católica era Gregório VII, o mesmo papa que, anos antes, o havia excomungado e, depois, para anular a excomunhão, havia exigido que o rei se humilhasse diante dos portões do castelo de Canossa, em 1077. Mas se, naquela ocasião, o monarca havia dado mostras de abatimento, a situação melhorou muito em maio de 1083. Diante da resistência papal em coroá-lo, Henrique colocou Roma sob cerco, demonstrou superioridade bélica atacando a Muralha Leonina, as basílicas de São Pedro e de São Paulo fora dos Muros, bem como diversos outros pontos da urbe. O papa Gregório, acuado, buscou refúgio na fortaleza de Castel Sant'Angelo. Foram meses de confusão e de malfadadas tentativas de negociação. Os cidadãos romanos estavam apreensivos, e a vida ficava cada dia mais difícil. O monarca, então, conseguiu atrair o apoio das famílias renomadas, concedendo-lhes dinheiro e promessas de favores, e, assim, Gregório foi ficando sem patrocínio local e cada vez mais isolado.

Em março de 1084, os poderosos da cidade abriram as portas para Henrique, que, na ocasião, já submetera todo o entorno de Roma; e, já que Gregório se negava a coroá-lo, o rei conseguiu que o Populus Romanus, em 21 de março, proclamasse papa o seu aliado Guiberto, arcebispo de Ravenna, que tomou o nome de Clemente III. E, no domingo de Páscoa de 1º de abril, Clemente coroou Henrique como sagrado imperador. Gregório, mais sozinho do que nunca, agora enfrentava o risco de um papa concorrente e contemplava "o ponto mais baixo do papado gregoriano".[35] A situação era dramática e urgente. Encerrado na fortaleza e abandonado por seu povo, Gregório precisou recorrer a agentes externos à cidade e ao papado. Foi então que entrou em cena um poderoso guerreiro normando, Roberto de Altavila, mais conhecido como *Guiscardo*, isto é, o *astuto*, duque da Apúlia, Calábria e Sicília. Suas tropas, numerosas e bem-dispostas, conseguiram reverter o assédio imperial e afastar Henrique da cidade.

O *Liber Pontificalis*, que é naturalmente tendencioso, informa o seguinte:

Desfeito o cerco, Roberto Guiscardo, aproximando-se de Roma, não foi diretamente a conversar com o senhor Papa, mas permaneceu de fora durante um tempo antes que decidisse tomar a cidade, e, quando entrou, utilizou a

Porta Flamínia. Os romanos, ao saberem que ele havia transposto os muros, principiaram uma guerra, mas nada puderam fazer contra ele. Ao contrário, ele mesmo com seus soldados destruiu toda a área em que ficam as igrejas de São Silvestre e São Lourenço in Lucina, e quase as reduziu inteiramente a pó. Dali partiu para Castel Sant'Angelo, tomou consigo o senhor Papa a fim de conduzi-lo ao Latrão, e começou a depredar e a expoliar todos os romanos e, o que chega a ser vergonhoso só de falar, a violentar as mulheres, e mandou atear fogo nas áreas ao redor do Latrão e do Coliseu.[36]

Alguns desses dados diferem dos dados de outros relatos sobre o mesmo evento; porém, uma coisa parece certa: em maio de 1084, a urbe que se orgulhava do título de *Roma Eterna* parecia à beira do colapso. O papa Gregório, de fato, foi reintroduzido em seu palácio, mas a que custo? Não bastassem os ataques perpetrados por Henrique, a cidade foi incendiada por aqueles que deveriam ser seus libertadores. A urbe estava inteiramente estremecida, o papa dependente de um conde violento, ruas devastadas, edifícios assolados e moradores atônitos. É em meio a esse delicado momento histórico que a cronística urbana, menos preocupada com a história política global do que com os acontecimentos locais, introduz o registro de um gesto – o resgate de um ícone – que poderia passar despercebido não fossem os seus desdobramentos de longo prazo.

Quem nos conta essa história é um antiquário italiano, Giovanni Marangoni (1673-1753), cujo volume sobre a história do Oratório de *San Lorenzo nel Patriarchio Lateranense ad Sancta Sanctorum* (a capela privada dos papas no Palácio do Latrão) contém informações colhidas nos arquivos urbanos que retrocedem ao incêndio de Roma de 1084 e nos dão algumas pistas importantes para entendermos como os habitantes da cidade lidaram com a crise, pelo menos do ponto de vista de seus símbolos e de seu orgulho cívico, e como uma associação profissional de açougueiros se projetou social e politicamente no ambiente urbano, aproveitando-se da crise. Assim expõe Marangoni, citando outro antiquário mais antigo, Pier Leone Casella (1540-1620):

[...] os açougueiros, vendo aquela desolação, tomaram a Sagrada Imagem do Salvador e levaram-na para a igreja de San Giacopo, ao lado do referido anfiteatro [o Coliseu], a fim de conservá-la ali. Não resta dúvida de que durante o pontificado de Alexandre III, que começou cerca de dez anos após aquele incêndio, essa imagem já estava colocada no [oratório de] Sancta Sanctorum: o fato se torna mais provável graças a outro privilégio concedido à mesma Associação dos Açougueiros [Campagnia de' Macellai], qual seja, o de poder anualmente libertar um condenado à morte, como se se tratasse de um prêmio concedido por haverem resgatado a Imagem do Salvador das chamas vorazes. Ora, esses homens, cuja profissão tornava-os vigorosos, fortes e corajosos mais do que todos os demais, prestavam o serviço de guarda-costas da Sagrada Imagem [para evitar os tumultos durante as procissões], tanto na ida para [a basílica de] Santa Maria Maggiore quanto no seu retorno para o Latrão.[37]

O nome mais completo desse ícone mencionado é *Sacratíssima Imagem do Senhor Deus nosso Salvador Jesus Cristo denominada Aquiropita* (em latim, *Sacratissima Imago Domini Dei Salvatoris nostri Jesu Christi, quae Acheropita nuncupatur*), a qual fazia parte do abundante acervo de relíquias tuteladas e veneradas pela comunidade eclesiástica de Roma, sendo um de seus bens devocionais mais preciosos. A estima popular por esse ícone pode ser medida justamente pelo perigo a que os açougueiros se expuseram para salvá-la, seja o perigo do ataque militar, seja o do incêndio criminoso propriamente dito. Não era para menos.

O título de "Aquiropita" (*Acheropita*), "aquilo que não foi pintado por mão humana", remete a uma origem divina ou miraculosa, ainda que, desde tempos alto-medievais, alguns tenham pensado que, na verdade, fora São Lucas Evangelista o seu autor, e que São Pedro Apóstolo ou talvez o imperador Tito a tenha trazido para Roma – a hipótese de Tito deve-se ao fato de ter sido ele o responsável pela destruição de Jerusalém, no ano 70, e pela transferência para Roma dos objetos sagrados que os soldados saquearam do Templo de Salomão. Seja como for, a origem da imagem se misturava com as narrativas mítico-ancestrais da história cristã da urbe romana, e assim ela encontrava forte apelo na memória local, como emblema da eleição divina que sempre pairou sobre a cidade, e da qual os romanos nunca duvidaram.

Quanto a isso, Giovanni Marangoni destaca – com algumas imprecisões históricas – o papel cívico-religioso desempenhado pelo ícone durante o século VIII, conforme podemos ler:

[...] quanto ao seu título de *Acheropita*, e à sua veneração, em Roma, desde o século VIII, Anastasio Bibliotecario nos dá um claro testemunho, narrando como o papa Estêvão III (no ano de 745) [na verdade é Estêvão II, e a data é 752], para impetrar de Deus a ajuda para Igreja que sofria os ataques de Astolfo, o rei dos lombardos, carregou em soleníssima procissão esta Sacra Imagem Aquiropita até a [basílica de] Santa Maria Maggiore, [caminhando] com os pés descalços com todo o clero e o povo.[38]

Anastasio Bibliotecario é, na verdade, o responsável pela compilação biográfica da *Vida do papa Estêvão II*, constante do *Liber Pontificalis*, que acaba de ser citado. Nessa coletânea biográfica, o ataque à cidade e o papel cerimonial do ícone ficam ainda mais nítidos, motivo pelo qual transcrevo o trecho a seguir:

Enquanto isso, o atroz rei dos lombardos, não menos pernicioso do que antes, fervia de raiva e, rugindo como um leão, continuava enviando ameaças pestilentas aos romanos, alegando que todos seriam trucidados por uma única espada, a menos que cumprissem sua ordem e se rendessem ao seu controle. Mais uma vez o santíssimo padre, reunindo toda a assembleia romana, admoestou-os com amor paternal, dizendo essas palavras: "Rogo-vos, filhos caríssimos, que imploremos a clemência do Senhor para os nossos muitos pecados, e ele será nosso auxiliador e em sua misericórdia providencialíssima nos livrará das mãos dos que nos perseguem". Todo o povo obedeceu ao seu conselho salutar e, congregando-se unânimes, todos derramaram lágrimas e suplicaram ao Senhor nosso Deus todo--poderoso. Ora, em um daqueles dias, como de costume, fez-se a procissão com a sacratíssima imagem do Senhor Deus e nosso Salvador Jesus Cristo, chamada de aquiropita, junto com diversos outros sinais sagrados; esta veneranda imagem foi carregada sobre os ombros do próprio santíssimo padre e dos demais sacerdotes, estando ele e todo o povo com os pés descalços e caminhando para a igreja de Santa Maria Mãe de Deus, chamada *ad praesepem* [*i.e.* Basílica de Santa Maria Maggiore]; cinzas foram colocadas sobre as cabeças das pessoas, que clamavam com a máxima aflição a misericórdia do Senhor Deus.[39]

A correlação entre os dois acontecimentos que colocaram o Ícone do Salvador no meio de uma crise social e política é imediata. Mudam-se os atores, não o enredo. Em 752, era o rei dos lombardos quem atacava Roma; em 1084, a investida coube ao rei Henrique IV e, depois, ao conde normando Roberto Guiscardo: em ambos os casos, porém, a imagem aquiropita desempenhou um papel de símbolo da unidade cívica no exato momento em que o papado exibia fraqueza política e governantes seculares se aproveitavam da situação. Se Roberto não pretendia atacar o papa, não foi, contudo, muito condescendente, pois incendiou a cidade e levou o pontífice como uma espécie de refém para a Apúlia, onde este veio a falecer em maio de 1085. Talvez seja por isso que Gregório VII não realizou nenhuma procissão com a sagrada imagem e não tenha sequer conseguido salvaguardá-la. É então que entraram em cena certos trabalhadores (os açougueiros, ou *macellai*, em romanesco), cuja fama pública não era das melhores: açougueiros lidavam com sangue, abate, mau cheiro e instrumentos cortantes que podiam ser também armas potenciais. Em outras palavras, os açougueiros estavam distantes das ocupações profissionais mais prestigiosas da cidade e completamente apartados da classe social dos cavaleiros.

Durante o ataque de 1084, os açougueiros montaram uma milícia armada para defender aquele ícone sagrado que, no passado, salvara Roma do invasor. Reparem bem: defender o ícone, não o papa. O gesto nada tinha de insubordinação ao soberano de Roma, e pode ser interpretado como uma opção dos açougueiros (*macellai*) pela sua cidade, pela sua história e seus símbolos, já que o papa, mais uma vez, dali partia. As recompensas que eles receberam por haver preservado a imagem confirmam a importância do símbolo e exprimem a grandeza do gesto. Os *macellai* ganharam um lugar de honra nas procissões anuais de 15 de agosto, sinal inequívoco de que obtiveram um *status* social bastante superior ao de antes, e ainda conquistaram privilégios de ordem jurídica; afinal, poder libertar um condenado à morte não é pouca coisa, e podemos conjecturar como os açougueiros valeram-se disso para aumentar o poder de barganha no cenário político local. Em suma, valeu o risco, pois salvar o ícone foi um gesto determinante para que os açougueiros se organizassem politicamente e fundassem uma associação profissional representativa, a Compagnia dei Macellai, rebatizada de Universitas dei Macellai, no século XIII, quando também em Roma – por um curto pedaço de tempo – vigorou o regime comunal. Graças ao ícone, a associação conseguiu reposicionar os açougueiros na rígida hierarquia social de uma cidade rigorosamente tradicional como Roma, servindo como uma cunha para abrir novos espaços.

Mas não foram apenas os açougueiros ou os profissionais de ofícios manuais menos reconhecidos que progressivamente ganharam maior relevância na organização das cidades de regime comunal. No início do capítulo, acompanhamos o sinuoso, descontínuo e heterogêneo processo de implantação do sistema de governo comunal nas cidades latinas antes governadas por bispos. Vimos que a comuna possibilitou aos *burgenses* tomar assento junto à mesa das deliberações políticas, com maior ou menor margem de manobra a depender de cada comuna, mas, mesmo assim, de um modo mais determinante e constante do que era possível para eles anteriormente. Esses homens de negócios, que encabeçam a massa da população não aristocrática (o *populus* ou povo ou partido popular), afirmam a sua voz e vontade política graças ao peso econômico que exerciam as suas associações profissionais (sociedades de artes e ofícios, guildas ou hansas), criadas para proteger seus interesses de classe, e que serviram de plataforma para o livre exercício da deliberação coletiva e a gestação de uma linguagem do bem comum.

O caso da Compagnia ou Universitas dei Macellai de Roma já indica como os interesses profissionais se mesclam com o exercício político e a devoção religiosa, formando um conjunto. Vamos agora mobilizar alguns exemplos, compará-los e confrontá-los a fim de produzir uma ideia mais completa do fenômeno e conhecer seus desdobramentos políticos e eclesiais. O cronista florentino Giovanni Villani, ao narrar os acontecimentos de 1289, quando os exércitos de Florença voltaram vitoriosos do cerco a Arezzo, passa-nos uma imagem de como as associações profissionais se integravam à comuna:

E as tropas retornaram a Florença no dia 23 de julho, com grande alegria e triunfo; ao seu encontro acorreram os clérigos, em procissão, os gentis-homens portando suas armas, e o povo [*popolo*] com os emblemas e bandeiras [*gonfaloni*] de cada uma das Artes com a sua companhia; e estenderam sobre a cabeça de *messer* Amerigo de Narbona um pálio de tecido dourado, a modo de dossel, que era carregado por muitos cavaleiros, e fizeram o mesmo com *messer* Ugolino dei Rossi de Parma, que então era o podestade de Florença.[40]

Durante essa imensa operação militar contra Arezzo ocorreu a famosa batalha de Campaldino, em 11 de junho de 1289, na qual o então jovem Dante Alighieri (m. 1321) serviu como cavaleiro *feditore*, isto é, como soldado da linha de frente.[41] Se nos lembrarmos de que Dante, apesar de ser um rico cidadão de Florença, não era um aristocrata, podemos perceber como perdurou aquele sistema descrito por Otto de Freising, segundo o qual "[as cidades] não desdenham em receber na milícia ou a conceder os graus das dignidades a jovens de condição inferior ou aos artesãos [*opifices*] das mais vis artes mecânicas, a quem os demais povos repelem como uma peste dentre os ofícios mais respeitados e liberais [*liberioribus*]".[42] Otto, um clérigo germânico e aristocrata do século XII, via na admissão dos *artesãos* uma afronta à dignidade cavaleiresca, ainda que tenha admitido que isso estimulava a invencibilidade das cidades italianas; já Giovanni Villani, um respeitável membro das *arti maggiori* (as corporações de ofício mais importantes) de Florença, interpretava essa característica com um meio justo de o *popolo* assumir responsabilidades políticas e governativas na comuna.[43]

Além disso, a acolhida que as tropas florentinas receberam apresenta todas as características de um ritual litúrgico e de uma parada cívica; quer dizer, foi uma encenação política da imagem idealizada que a comuna fazia de si mesma e que queria exibir, ainda mais por se tratar de uma vitória contra uma poderosa cidade comunal inimiga. Já acompanhamos, no episódio de Noyon, que os clérigos encabeçavam a coletividade urbana, seguidos pelos aristocratas – e não é ao acaso que Villani os tenha tratado de gentis-homens (*gentili uomini*), uma nomenclatura que reforça mais a noção de antiguidade/ancestralidade do que de poderio militar, pois *gentil* vem de *gens*, isto é, uma linhagem dinástica cuja origem pode remontar aos fundadores da cidade ou, ao menos, aos seus mais antigos cidadãos. O *popolo* aparece somente na terceira posição, e, como se nota, tratava-se de um conjunto heterogêneo de famílias e indivíduos, o qual Villani vincula às *Artes*, nome que os florentinos davam para as corporações de ofício ou associações laborais: em Roma diriam *universitates* ou *compagnie*.

Podemos dizer, então, que os membros do *popolo* eram prioritariamente *homens de negócios*, uma categoria social que incluía artesãos, comerciantes, banqueiros, operadores de crédito, cambistas e outros profissionais liberais cujas rendas e propriedades fundiárias e imobiliárias lhes davam condições e direito de integrar os ambientes de deliberação política e, tal como ocorreu em Florença no tempo de Dante, de montar inclusive um inteiro sistema de governo livre da interferência aristocrática: foi o chamado regime de *popolo* ou regime popular, que começou a se implantar nas comunas centro-setentrionais italianas a partir da década de 1250, como uma saída para a crise antiaristocrática que perturbava as instituições comunais. É preciso insistir: para Villani, o *popolo* emerge das *artes*, isto é, das associações organizadas. Em Florença, elas se dividiam em 7 *Artes Maiores* e em 14 *Artes Menores*, totalizando 21 sociedades: a arte dos *beccai*, por exemplo, agrupava os açougueiros, os pescadores e os proprietários de tavernas e albergues, uma gente trabalhadora que, em Florença, tal como ocorria em Roma, não gozava de reputação muito boa, pelo menos na opinião daqueles indivíduos que os textos designam *magnati* (os magnatas), e que fazem parte da aristocracia local.

Dino Compagni, em sua *Crônica*, anota como os *magnati* florentinos depreciavam os *beccai*, chamando-os de uma "péssima associação de homens pouco produtivos e desordeiros".[44] A circunstância na qual os *beccai* foram retratados como pérfidos e violentos estava profundamente atrelada a uma conjuntura política muito negativa, quando os *magnati* conspiravam para matar Giano della Bella (m. 1306), um dos principais líderes do regime popular que governava Florença, entre 1293-1294. Os *magnati*, não querendo correr os riscos de uma provável guerra civil, caso Giano fosse assassinado, julgaram melhor jogar uns contra os outros e confrontaram Giano della Bella com os *beccai* e, depois, com os membros da *Arte dei Giudici e Notai*, que pertencia às artes maiores. Os detalhes dessa manobra são elucidativos:

Havia entre [os *beccai*] um homem chamado Pecora, grande *beccaio*, protegido pelos Tosinghi, o qual exercia o seu ofício de maneira falsa e nociva para a república; a sua Arte havia tomado providências contra ele, já que a sua malícia não tinha limites: ele ameaçava os reitores e os oficiais, e contava com o suporte de muitos homens armados para as torpezas que praticava.[45]

Se, por um lado, Pecora era um claro exemplo de um péssimo líder *beccaio*, de resto desautorizado pela sua arte, por outro lado, a companhia dos *beccai*, de Florença, aliada às demais artes da cidade, como os *giudici e notai* (juízes e notários), formavam a espinha dorsal do governo da comuna. Não é de hoje que os historiadores tentam delinear os traços societários das associações profissionais que contribuíram para a emergência do *popolo* e para a participação política dos *burgenses*, e os retratos produzidos nem sempre coincidem. John Najemy, por exemplo, entende que o *popolo* foi o resultado das articulações havidas no interior das guildas, enfatizando, assim, uma cultura política antiaristocrática e burguesa.[46] A julgar pelo que vimos em Dino Compagni, Najemy parece ter razão, mas o quadro não fica completo, dado que, ainda que a corporação seja, de fato, crucial para a tomada de consciência política, cidades como Florença não se organizavam como as futuras cidades industriais: se nestas uma mentalidade burguesa rivalizava com uma mentalidade operária ou proletária, nas cidades comunais, a lógica profissional não originava uma mentalidade de classe econômica, pois a sua lógica respaldava-se em outras, mais tradicionais (como as sociedades de armas de estilo cavaleiresco) e mais eclesiais (como as irmandades devocionais e as comunidades paroquiais).

Uma visão alternativa à de John Najemy encontra-se em Enrico Artifoni,[47] para quem as corporações profissionais teriam sido menos decisivas para a emergência do *popolo*, uma vez que os *burgenses* organizavam-se prioritariamente a partir das chamadas *societates populi*, isto é, grupos formados segundo as circunscrições geográficas de uma cidade, a exemplo dos bairros e distritos. Como, no interior de cada bairro, a população precisava providenciar a vigilância da área, os habitantes armados constituíam milícias paramilitares chamadas, em Florença, de *gonfaloni*. Já encontramos esse vocábulo no trecho da *Nuova Cronica* de Giovanni Villani: lá, *gonfalone* referia-se tanto à *bandeira* que cada arte confeccionava como emblema de sua associação quanto ao grupo de cidadãos armados que, sob essa bandeira, defendiam militarmente o distrito. Segundo Artifoni, esses grupos não advogavam, acima de tudo, um interesse econômico, mas um interesse político, empenhando-se para contrapor e contrabalançar os *magnati*, através de seu poderio bélico e também econômico. A necessidade dos *gonfaloni* (ou sociedade de armas) criou oportunidades para o surgimento de diversos fóruns de discussão política e de elaboração de projetos coletivos que representassem os interesses das associações de bairro e reivindicassem seus direitos.

Por essa razão, nesse momento, pouco importa determinar o que surgiu primeiro, se foram as corporações profissionais ou as sociedades de bairro. O que é mais relevante é ressaltar o papel do associacionismo em fomentar espaços e momentos nos quais os problemas econômicos e políticos pudessem ser discutidos de forma colegiada. Embora a maior parte da população, aqueles cuja renda ou ocupação não lhes permitia participar das artes, não tivesse acesso aos ambientes de formulação política, o associacionismo proporcionou uma plataforma para essas discussões. Ademais, tanto as associações de bairros quanto as sociedades profissionais eram entidades representativas de coletividades locais, geralmente mesclando objetivos profanos e sagrados, donde o uso de símbolos, como os *gonfaloni*, ou de rituais, como as procissões, as missas votivas e os banquetes religiosos, antecessores das futuras quermesses. Com a consolidação desses grupos populares, durante o século XIII, surgiu uma legislação escrita, sob a forma de estatutos corporativos, cuja finalidade era regulamentar a natureza, a competência e a finalidade de uma dada associação, bem como os deveres e direitos de seus associados.

O jurista Boncompagno de Signa, no tratado intitulado *Cedrus* (de 1201), cuidou de explicitar a relação entre o regime comunal, o associacionismo urbano e a necessidade de produzir estatutos. Vejamos, primeiro, como ele define *o que é um estatuto geral*, título dado ao terceiro capítulo, para, em seguida, observarmos o que essa documentação legislativa nos ensina:

[...] estatuto é uma certa sequência de palavras redigidas por escrito, na qual está contido como aqueles a quem se aplica o estatuto devem se comportar nos negócios públicos e privados, e qual ou quanta penalidade eles devem receber, caso não observem as coisas que são ordenadas pelo estatuto.[48]

Cedrus é trabalho de um perito em *iuris scientia*, um campo do conhecimento erudito que, no século XIII, vinha assumindo "posição de protagonista no centro da ordem jurídica",[49] e que se tornava cada vez mais crucial para o governo das comunas na Itália. Boncompagno não omite que a lei imperial [*lex imperialis*] é a que melhor se adéqua à formalidade de um estatuto *geral*, pois se aplica *ubique* (em todos os lugares); no entanto, ele explica, em outro de seus textos (*Oliva* 18.22), que os signos universais, como *todo* (*omnis*), *nenhum* (*nullus*) ou *qualquer* (*quicumque*), são modos de restringir o significado de *geral*, como ocorre, por exemplo, com a jurisdição dos bispos, que se sobrepõe a todos, desde que por *todos* se entenda apenas os que estão adscritos ao território de uma diocese. Graças a esse sentido restritivo, podem-se incluir os textos normativos de outras coletividades, como a cidade e as associações, no gênero jurídico de estatuto geral. Como defende Paolo Grossi,[50] império, comunas e associações integravam uma mesma *civilização juridicamente plural*, como entidades produtoras de direito. E uma vez formando uma comunidade organizada, a quem compete a *iurisdictio*, comunas e associações (corporativas ou não corporativas) gozavam evidentemente de legitimidade jurisdicional, com base na ideia de *communitas perfecta*, que Tomás de Aquino expõe na *Summa Theologica* (*Prima Secundae*, q. 90, a. 3, *ad tertium*):

Como uma pessoa faz parte da casa, assim a casa faz parte da cidade: por sua vez, a cidade é uma comunidade perfeita, como se diz no primeiro livro da *Política* [de Aristóteles]. E por essa razão, como o bem de uma pessoa não é o fim último, mas se ordena ao bem comum, assim também o bem de uma casa ordena-se ao bem de uma cidade, que é uma comunidade perfeita.[51]

No plano argumentativo de Boncompagno de Signa estabelece-se essa mesma ideia, sendo que a comunidade perfeita é o império, dentro do qual, como partes, estão unidades menores, como a comuna e a associação:

Pois toda cidade dentro dos confins da Itália elabora estatutos [*statuta*] ou constituições [*constitutiones*], pelos quais o podestade ou os cônsules exercem os negócios públicos e punem os transgressores, não obstante qualquer outra lei que possa parecer contradizer o estatuto, pois eles juraram observar integralmente esses estatutos ou constituições.[52]

Sobre as associações, o jurista de Signa acrescenta:

Formam-se também em muitas partes da Itália associações [*societates*] de jovens, entre as quais algumas recebem o nome [de sociedade] dos falcões, outras [de sociedade] dos leões, outras [de sociedade] da távola redonda. E, assim, diversos nomes designam diversas sociedades. E, apesar de esse costume estar presente em muitas regiões da Itália, ele é mais forte na Toscana, pois dificilmente encontra-se ali alguma cidade [*ciuitate*] em que os jovens não estejam comprometidos com alguma associação pelo vínculo de um juramento. Certamente algumas sociedades desse tipo têm estatutos redigidos por uma mão pública, os quais o vulgo chama de "*breuia*". Donde se diz que: "este tal jurou o nosso breve" ou "aquele ali não jurou o nosso breve".[53]

Ao nomear as *sociedades de jovens* (*societates iuvenum*), Boncompagno dá margem para pensarmos que as *societates populi* tinham algum tipo de precedência sobre as corporações laborais na organização política do *popolo*, o que daria razão à tese de Enrico Artifoni, afinal os nomes "*societas falconum*", "*societas leonum*" e "*societas de tabula rotonda*" parecem pouco ligados ao vocabulário mercantil. Todavia, isso não fecha a questão, pois o jurista não pretendia esgotar os exemplos de associações, mas apenas indicar os casos mais frequentes na Itália e, sobretudo, na Toscana. Como Boncompagno exclui nominalmente os grupos *mantenedores de torres urbanas* (*plures qui tures hedificant*), as *confrarias devocionais* (*christifidelium consortia seu fraternitates*) e os *consórcios de assistência social* (*consortia karitatis*) do rol de associações competentes para produzir estatutos, no sentido próprio da palavra, pode-se pensar que ele considera as *Artes* como casos legítimos de *societates populi*.

Seja como for, o que devemos frisar, nesse momento, é que o associacionismo urbano instigou a premissa postulada pelas comunas italianas, em sua luta contra o Império Romano-Germânico, segundo a qual uma *communio* é uma entidade dotada de *iurisdictio* autônoma;[54] as contestações produzidas por esse postulado (vindas de juristas pró-imperiais ou pró-papais), e toda a peleja jurídica que se travou ao longo de todo o século XIII, contribuíram para desenvolver e consolidar o *ius commune* ou lei municipal.[55] Boncompagno certifica isso ao atentar para a *manus publica* (mão pública) que validava os textos estatutários, e que conferia às sociedades urbanas prerrogativas jurídicas na qualidade de *personae fictae*, isto é, entidades morais ou coletivas conhecidas hoje pelo nome de *pessoa jurídica*.[56]

A expressão *persona ficta* foi uma elaboração de teólogos e canonistas e, a princípio, tinha uma serventia eminentemente eclesial: por ela, os juristas eclesiásticos esperavam distinguir, por meio de uma abstração conceitual, a *Igreja* mística, imaculada em sua essência, da *igreja* temporal, ou congregação de pecadores, cujos defeitos não poderiam manchar a santidade da Igreja mística. Instados a colaborar com a organização material da *igreja temporal* (bispados, paróquias, abadias etc.), os canonistas trouxeram para o debate político mais amplo o conceito teológico de *corpus mysticum*, o corpo imaculado da Igreja, e seu uso facilitou que os juristas civilistas compreendessem a *associação* como um "novo sujeito abstrato"[57], quer dizer, algo muito maior do que a somatória das individualidades físicas, uma entidade dotada de direitos atribuídos à associação enquanto uma abstração jurídica. Os civilistas italianos não perderam a chance de aproveitar uma ferramenta conceitual tão eficaz para a defesa da legitimidade de todo o seu sistema republicano.

O uso civil de um conceito teológico é fundamental para a nossa abordagem, pois explicita o quanto a *cidade* e a *igreja* convergiam, inclusive para a formulação do direito. Uma comprovação desse aspecto encontramos, por exemplo, na expressão *corpus unum*, igualmente teológica e eclesiológica, e que esteve no fundamento da ideia de *communio*, a comuna como instituição civil. No prólogo dos *Estatutos da Guilda de Berwick* (Escócia), de 1284, pode-se ler: "Começam os estatutos da guilda redigidos por decisão dos *burgenses* a fim de que os muitos corpos congregados em um só lugar [*multa corpora uno loco congregata*] alcancem a união, a unidade de vontade e, na relação de uns com os outros, uma dileção constante e sincera". No final do capítulo I, repete-se a proposta: "Mas, tendo uma só cabeça à frente dos muitos membros, um único respeito e, por conseguinte, uma única assembleia [*consilium*] para as boas ações, [formem] uma só sociedade [*una societas*] estável e amiga".[58]

Multa corpora una societas, isto é, uma única sociedade formada de muitos corpos, eis o ideal do associacionismo comunal e do próprio sistema republicano. O vínculo com o Novo Testamento e a teologia é indiscutível. A locução *corpus unum*, derivada do conceito de *corpus mysticum*, abrangia tanto a fraternidade universal dos cristãos (a Igreja universal) quanto a fraternidade local de cidadãos (a cidade local). Como lembrava Max Weber, em sua *Tipologia das Cidades*:

> [...] a cidade plenamente desenvolvida da Antiguidade e da Idade Média era, sobretudo, uma associação constituída como *irmandade*, ou compreendida como tal, à qual, por isso, não costumava faltar o símbolo religioso correspondente – um culto exclusivo da associação dos cidadãos, um deus ou santo da cidade que os protegesse como tais.[59]

A diferença, segundo Weber, é que as cidades comunais da Idade Média ocidental, respeitando os fundamentos cristãos, concebiam a fraternidade cidadã muito mais como produto da universalidade espiritual cristã do que como resultado de vinculações clânicas ou estamentais; na verdade, a irmandade formada pelos cidadãos (cavaleiros ou trabalhadores manuais) colocava fim ao poder do clã e a qualquer desigualdade ritual ou religiosa.[60] Tal como acontecia na admissão à comunidade eclesial, que se realizava pelo rito do batismo mediante solicitação individual livre e espontânea, nas comunas também era o indivíduo quem solicitava, em nome próprio, a admissão à *communio* ou às associações que a compunham, prestando o juramento, que era sempre uma solene declaração de submissão *pessoal* à comunidade política ou corporativa: nos *Estatutos da Hansa de Saint-Omer* (1244), o "confrade" que solicitava a entrada na "confraria da hansa" (*le confrarie de le hanse*) "deve jurar que vai cumprir os direitos da hansa lealmente, do mesmo modo que os anciãos [os dirigentes da associação mercantil] o cumprem".[61]

Congregar trabalhadores de um mesmo ofício ou interesse econômico, por certo, era uma forma eficaz de favorecer a noção de fraternidade, principalmente porque, uma vez celebrado o pacto de ajuda mútua, a associação garantia proteção jurídica e assistência econômica a todos os irmãos sócios que fossem individualmente prejudicados, conforme consta dos *Estatutos da Guilda de Berwick:* "Determinamos também que, se algum dos *burgenses* obstinadamente negligenciar essa nossa confraternidade [*confraternitas*], nenhum dos confrades [*confratrum*] poderá prestar-lhe conselho e ajuda, seja em palavras ou ações, tanto dentro quanto fora do burgo [*burgum*]".[62] Tratava-se de uma barreira artificial para a dissidência na e da comunidade, pois o sócio subversivo via-se potencialmente anulado e constrangido pelo conjunto dos concidadãos.

Por essa razão, as confrarias corporativas extrapolavam as finalidades profissionais e econômicas para incluir as políticas e, não menos importantes, as finalidades religiosas, e isso podia ir bem além de alguns ritos, como funerais e sufrágios pelos confrades falecidos, demonstrando anseios devocionais mais profundos e pessoais. Na cidade normanda de Caen, em 1238, por exemplo, a confraria dos ferreiros obteve com a Ordem dos cônegos de Prémontré direitos de compartilhar os benefícios espirituais garantidos pela comunhão litúrgica com os religiosos da abadia local, uma comunidade religiosa rigorosa, cujos propósitos evangélicos confluíam com as iniciativas de reforma da Igreja desde o século XII. O teor do primitivo documento confrarial de 1238 foi preservado no *Ato de Fraternidade dos Ferreiros de Caen* (Normandia), de 1401, no qual lemos o seguinte:

Em honra de Deus e da Santa Virgem Maria e de todos os santos, os ferreiros de Caen firmaram uma fraternidade [*fraternité*] entre si, e solicitaram com toda a humildade que Roberto, humilde abade de *Ardainne*, e todo o convento do dito lugar, os recebessem como irmãos [*frères*], para participar de suas orações e dos benefícios de sua caridade, tanto dessa abadia quanto de todas as outras da Ordem.[63]

Sem deixarem de ser ferreiros ou pretenderem renunciar ao estado laical, os irmãos ferreiros queriam e obtiveram uma aliança espiritual com uma comunidade de cônegos: com essa aliança, esperava-se que as missas, ofícios litúrgicos e outros sufrágios fossem oferecidos na sua intenção e na de suas esposas, seus filhos e demais parentes, vivos ou defuntos, e, quanto a isso, a Fraternidade dos Ferreiros de Caen em nada se diferenciava de outras associações de mesmo porte. Acontece que algo a mais se enuncia nesse documento, pois os irmãos ferreiros esperavam integrar, de acordo com as suas possibilidades, a comunidade de cônegos, fazendo da igreja conventual a sede da confraria profissional e tomando parte de sua intensa vida litúrgica.

Os ideais de conversão evangélica professados pela fundação da Ordem de Prémontré tornavam-se, portanto, compartilhados pelos leigos da Fraternidade dos Ferreiros, e separar o lado econômico do religioso seria um caminho direto para o erro. Tais homens queriam lucrar mais do que rendimentos financeiros: a teologia da comunhão dos santos baseava-se na ideia de que entre os vivos e os mortos, os santos e os pecadores, e os vivos entre si estabelecia-se um *sacrum commercium*, qual seja, uma comunhão distributiva pela qual o valor incalculável da graça beneficiava a todos os que se acercassem dos tesouros sacramentais celebrados e partilhados pela comunidade urbana, como um todo, ou pelos seus diversos setores. A qualidade eclesial dessas práticas reforça a finalidade política, pois recupera e desenvolve o sentido de comunidade, sem o qual a comuna não faria sentido algum.

Roger Grand e Petit-Dutaillis, na primeira metade do século XX, já chamavam atenção para esse fato, ainda que, para a mentalidade anticlerical da geração deles e, em certa medida, deles próprios, a *qualidade eclesial* das práticas urbanas na Idade Média não fosse ressaltada ou sequer percebida. No entanto, permanece preciosa esta constatação:

[Charles Petit-Dutaillis] teve a delicadeza de demonstrar uma adesão infinitamente preciosa à tese que julgávamos necessário propor sobre a formação espontânea, no interior das aglomerações de habitantes em evolução, entre os séculos IX e XII, de uma multidão de "confrarias", "coletas", "guildas", "hansas" e outras diversas manifestações de agrupamento de interesses e de pessoas, por ocasião e ao redor de "obras" ou de "fábricas" de finalidade coletiva, que foram a inspiração, a escola e amiúde a própria matriz da instituição comunal, sob a ação de uma atmosfera local ou de circunstâncias históricas favoráveis.[64]

Ora, "fábricas" e "obras" eram nomes praticamente sinônimos para designar as organizações de habitantes ocupadas com o levantamento de fundos para a construção e a manutenção de novos edifícios eclesiásticos ou para a assistência social, com ou sem a fiscalização do clero. Seria impossível construir uma nova catedral sem que a comunidade local se preparasse, às vezes com décadas de antecedência, para subvencionar todas as despesas; a fábrica era uma instância coletora, gestora e controladora dos bens privados confiados ao interesse público e, por isso, muito cedo, as pessoas que a integravam aprenderam a lidar com finanças e com investimento social, incluindo a caridade: sendo uma instância participativa, a fábrica da igreja desenvolveu estruturas institucionais que tanto antecederam as corporações profissionais quanto lhes emprestaram ferramentas conceituais e instrumentos gerenciais. As *obras* e as *fábricas* são outras tantas variações do associacionismo urbano, de base eclesial, que foram, no dizer de Roger Grand, "a inspiração, a escola e amiúde a matriz" das práticas cívicas que gestaram o sistema comunal não como revolução, mas adaptação e expansão dos pressupostos das antigas cidades episcopais, baseadas na ideia de segurança, acolhida e convivência.

Na *Nuova Cronica*, Giovanni Villani ressaltou exatamente essas características quando descreveu o funcionamento do grande armazém de grãos da cidade, administrado pela Companhia de Santa Maria de Orsanmichele, de Florença:

E tomou-se a decisão de que cada uma das Artes de Florença tomasse uma pilastra [do edifício do armazém], e nele mandasse fazer a figura do santo pelo qual cada arte prestava reverência; e a cada ano, quando chegava a festa do dito santo, os cônsules da referida arte organizavam, com seus artesãos, uma oferta [de bens] para a Companhia de Santa Maria de Orsanmichele para a distribuição para os pobres de Deus; aquela foi uma bela decisão, muito devota e honorável para toda a cidade.[65]

Como escreve Marie D'Aguanno Ito,

[...] a confraria [de Orsanmichele] era mais do que um grupo de oração, louvor e caridade em honra da imagem da Virgem. Antes, sob a proteção da Virgem e da energia que ela gerava, a confraria, apoiada pela comunidade comunal e comercial, fornecia essencial proteção física e política para o mercado de grãos em face das facções dos *magnate* que se opunham e ameaçavam o mercado, sua vizinhança e sua liderança comunal.[66]

Tudo se entrelaça e se integra: economia, política, religião; a comunidade é a grande constante, organizando-se com os recursos disponíveis e concebendo e desenvolvendo políticas. O sistema sempre foi permeado por contradições, desequilíbrios e conflitos de classe, amiúde prejudicando principalmente os não aristocratas e os pobres. No entanto, as mesmas plataformas sociais de defesa da aristocracia também serviam para que o povo (*populus*, *popolo*, *peuple*, *pueblo* etc.) se unisse em torno do bem comum e trabalhasse para conter políticas agressivas, como é evidenciado pelo caso da Companhia de Santa Maria de Orsanmichele.

7.4 As instituições eclesiais e o governo comunal

Como vimos anteriormente, o monge Guiberto de Nogent, em seu *De vita sua*, revelou-se um ácido crítico do movimento comunal, que era uma coisa detestável, segundo sua opinião; contudo, ele também desferiu muitos ataques contra os bispos da cidade e, por extensão, contra os seus aliados, os cônegos. Assim ele inicia o Livro III: "vamos narrar as tragédias que se abateram sobre os laudunenses; em minha opinião, a primeira coisa a ser dita é que a origem de todos os males reside na perversão dos bispos da cidade",[67] a começar por Adalberão Ascelino (m. 1030). Segundo o historiador, esse pontífice, originário de uma poderosa família da região da Lorena, só foi promovido à Sé de Laon porque lançou mão de todo tipo de artimanha, e, uma vez eleito, manchou "com a mais flagrante iniquidade" os seus esforços de fortalecer a diocese e embelezar suas igrejas.

De fato, Guiberto pensava que Adalberão foi um bispo excessivamente vergonhoso, o iniciador das grandes mazelas da cidade; no entanto, muito pior lhe parecia o seu terceiro sucessor, Gauderico, sobre quem já falamos no início do capítulo, aquele que referendou o juramento comunal dos *burgenses*, após o conluio dos cônegos e cavaleiros de Laon. Gauderico, além de ser natural da Lorena, ou seja, de ser um estrangeiro em Laon, não ostentava títulos eclesiásticos que lhe tornassem um bom candidato e, para piorar, "vivia como um homem de armas" (*sese omnino militariter habuisset*);[68] sua chegada ao episcopado laudunense, portanto, ocorrida em 1106, só foi possível à custa de ações, no mínimo, escusas. Como bispo, Gauderico se portava como uma espécie de déspota mafioso, extorquindo dinheiro de quem podia e ameaçando com tortura quem lhe negava;[69] nem os poderosos que atrapalhavam seus planos estavam imunes aos seus abusos, como aconteceu com um dos principais nobres da cidade, o senhor Geraldo de Quierzy, castelão da Abadia de Saint-Jean, de Laon, brutalmente assassinado, numa emboscada que claramente envolveu o próprio bispo, no ano de 1110.

Guiberto de Nogent situa a fundação da comuna de Laon justamente no meio desse emaranhado de crimes, violências e controvérsias políticas. Como exemplo dos desmandos que ali ocorriam, o historiador monástico afirma:

Quando cavalos [da comitiva régia] eram levados para beber água, de manhã ou de tarde, os cavalariços [do rei de França] eram agredidos, e os cavalos, roubados. Até mesmo os clérigos eram submetidos a esse tipo odioso de tratamento, não sendo poupados nem suas pessoas nem seus bens [...]. E o que dizer dos habitantes comuns [*plebeis*]? Nenhum agricultor podia entrar na cidade [*in urbem*]; qualquer um que se aproximasse sem uma boa caução, para sua segurança, era detido até pagar uma fiança ou então era levado ao tribunal, sob uma falsa acusação, por um motivo qualquer. [...] Coisas como essas aconteceram na cidade. Os poderosos [*primores*] e seus empregados cometiam publicamente furtos e, pior ainda, latrocínios. Ninguém que andasse durante a noite gozava de segurança; só lhe restava ser atacado, sequestrado ou assassinado.[70]

Ainda que a violência fosse, na visão de Guiberto, o sinal claro de uma cidade sem governo, a ganância financeira sugeria-lhe piores considerações. Assim, ele interpretou a partida de Gauderico para a Inglaterra, para onde foi buscar empréstimos com o rei inglês, como indício do quanto esse bispo corrupto era também ganancioso e, não só ele, mas os arcediagos, os cônegos e os aristocratas locais. É preciso ler com cautela o relato guibertino sobre as comunas francesas. Precisar de dinheiro é diferente de ser ganancioso, e um bispo mafioso necessita comprar apoio a todo momento. Seja como for, o dinheiro que os clérigos e os cavaleiros levantaram com a venda do direito de comuna para os *burgenses* foi um bom motivo para que o bispo, de volta a Laon, aceitasse o golpe que sofreu. Guiberto chega a satirizar o fato de que o "tilintar das moedas que os *burgenses* lançavam no cofre da cúria episcopal" acalmou o coração de Gauderico, muito embora essa calma não tenha durado mais do que um ano. O historiador mostra-se indignado com o comportamento do bispo em relação à comuna, entre 1111 e 1112:

Meu Deus! Mesmo recebendo dinheiro do povo, mesmo tendo prestado juramento, quem seria capaz de dizer quantas disputas judiciais seriam movidas a fim de subverter o que haviam jurado, e fazer com que os servos, emancipados do jugo fiscal, voltassem à antiga condição? O bispo e os poderosos nutriam uma implacável inveja dos *burgenses*, e já que, diferentemente do costume normando e inglês, não havia como revogar a liberdade, na França, o pastor, esquecendo-se de sua profissão, deixou-se tomar por uma insaciável ganância. Sempre que algum dos populares era levado a julgamento, quando eles não dependiam da justiça de Deus, mas de sua capacidade de agradar seus juízes, se assim posso dizer, seus recursos eram drenados até o último centavo.[71]

A paciência e o dinheiro dos *burgenses* certamente estavam no limite, e a situação piorou em abril de 1112, quando o bispo tomou medidas drásticas com o fim de anular o contrato de liberdade concedido aos citadinos: ele convidou o rei Luís VI para passar a Semana Santa em Laon, planejando nesse ínterim convencer o governante a devolver a cidade à sua antiga ordem. O historiador acrescenta: "mas os *burgenses*, temendo pela sua ruína, prometeram dar ao rei e a seus aliados 400 libras (se o valor foi maior, não fiquei sabendo). O bispo e os aristocratas, por sua vez, pressionaram o rei e lhe ofereceram 700 libras".[72] A avareza do rei foi tal que ele aceitou a oferta maior e decretou nulos todos os juramentos de comuna prestados pelo bispo, pelos clérigos e cavaleiros e dissolveu a associação de citadinos. Prevendo o que isso poderia acarretar, o rei deixou a cidade durante a noite. E, na manhã seguinte, o pior aconteceu:

Uma vez rompidas as preditas alianças que formavam a comuna, os *burgenses* foram tomados por uma fúria tão grande e por tamanha comoção, que todos os trabalhadores abandonaram suas ocupações: os sapateiros e seleiros fecharam suas oficinas; os lojistas e taberneiros recolheram suas mercadorias, e ninguém esperava que doravante os senhores deixariam de pilhar o que sobrasse.[73]

Os citadinos tinham razão: o bispo e seus aliados imediatamente exigiram que os *burgenses* pagassem a mesma quantia que eles investiram para fundar a comuna; no fundo, esperava-se com isso, como refere Guiberto, despojar o povo de todos os bens que restavam. A situação se tornou insustentável. Os citadinos tramaram o assassinato de Gauderico, e, no domingo da Páscoa, durante a procissão, um dos conjurados começou a gritar, em meio à multidão: "Comuna! Comuna! Comuna!!". Era o primeiro sinal público de uma revolta popular que, em menos de uma semana, ia pôr fim à vida do bispo, não sem antes incendiar a catedral, várias outras igrejas e parte considerável dos imóveis do centro da cidade.

No livro *De Miraculis S. Mariae Laudunensis*, cujo texto estudamos no capítulo 5, esses acontecimentos são assim sumariados:

Pouco tempo após [o assassinato de Geraldo de Quierzy, nobre príncipe e castelão de Laon, dentro da catedral de Santa Maria], com a permissão de Deus e o assédio do diabo, o senhor Gauderico, bispo daquela cidade, foi cruelmente assassinado, durante uma sedição de cidadãos, juntamente com alguns de seus cavaleiros; a referida igreja de Santa Maria, com outras dez igrejas que ficavam próximas, bem como as casas do bispo, dos cônegos e de muitos cidadãos foram devoradas pelo fogo. Os cidadãos, dispersos por toda parte, assistiram à destruição da cidade inteira, de modo que muitos que por ela caminharam, vendo as ruínas e as cinzas, derramavam lágrimas de compaixão e repetiam aquela oportuna lamentação de Jeremias: "quão solitária está a cidade populosa! Tornou-se viúva a primeira entre as nações". Tal como outrora, quando o Senhor permitiu que a cidade de Jerusalém fosse destruída e os filhos de Israel escravizados, e o profeta Jeremias ficou junto dos poucos que ali permaneceram, para consolá-los, assim aconteceu conosco, que fomos expostos a tanta calamidade, Deus misericordiosamente reservou dois sapientíssimos homens, isto é, o referido mestre Anselmo e seu irmão, o mestre Radulfo, os quais consolaram os clérigos e os leigos, e, reanimados pelas palavras das Escrituras, exortaram-lhes a não desfalecer em meio à tribulação.[74]

O tom do relato é lúgubre e compatível com o tamanho do prejuízo urbanístico e social que a cidade sofreu. Para o cônego Hermann, seu autor, a melhor imagem para a comparação é a de Jerusalém destruída e desolada, mas jamais abandonada por Deus; essa imagem bíblica permitia ao cônego associar o presente de Laon ao passado da Cidade Santa, a sua desolação política à degradação da justiça, conforme consta do livro das *Lamentações de Jeremias*, cujo verso de abertura foi diretamente citado. Todas as desgraças que se abateram sobre a Cidade "*domina gentium*" (a senhora das nações) tiveram por causa a corrupção moral, institucional e política; assim também sucedeu a Laon.

Na leitura profética que Hermann realiza, aquele Deus que não poderia se esquecer de sua amada Jerusalém também não iria se afastar de Laon, a cidade da Virgem, e assim toda a sua tragédia adquiria um sentido providencial e transformador: a consolação profética suscitava esperança de tempos melhores. A outra testemunha histórica da insurreição burgense de 1112, o monge Guiberto, não deixou por menos; escreveu ele sobre o incêndio da catedral: "a gloriosíssima igreja foi destruída por mãos miseráveis",[75] muito embora seu relato não tenha pretendido consolar os afligidos ou dar esperança aos sobreviventes, mas apenas demonstrar como poderia ser perigosa para uma sociedade, qualquer que ela fosse, a quebra das hierarquias e da ordem estabelecida. A comuna, na visão desse monge, invertia a ordem natural, base para o ordenamento político, simplesmente porque era uma associação de servos, não de homens livres.

Seja como for, o brado dos *burgenses* de Laon, que lutaram por sua comuna, faz-nos lembrar daquele cenário hipotético criado pelo professor François Guizot, em seu curso de 1828, para fazer seus alunos imaginarem o que era uma comuna medieval (cf. Cap. 7.1). De fato, os citadinos precisaram *inventar a comuna* para se ver livres de exações insuportáveis;

porém, o massacre de bispos e/ou de aristocratas, bem como o incêndio de igrejas, não se tornaram etapas obrigatórias para o surgimento ou o funcionamento das comunas, mesmo aquela de Laon e, principalmente, não tornam o regime comunal um movimento anticlerical ou antirreligioso. Esta, aliás, é a posição já defendida desde 1947, por Charles Petit-Dutaillis. Em muitas comunas – Petit-Dutaillis se refere à França, mas isso é válido para a Itália também –, o envolvimento de bispos e clérigos, sobretudo os cônegos, no movimento de emancipação é evidente, seja para a instauração do regime, seja para o seu funcionamento: por exemplo, muitas comunas facultaram aos bispos continuar a exercer antigas prerrogativas políticas e conservaram direitos jurídicos de igrejas e mosteiros.

As cidades sob regime comunal foram tantas e tais que, obviamente, seria possível elencar diversos casos em que os *burgenses*, de fato, rechaçaram completamente o bispo e os cônegos, e adotaram uma postura anticlerical. Diante disso, deveríamos, então, sopesar os casos favoráveis e desfavoráveis, porque os favoráveis também foram numerosos, talvez ainda mais numerosos. No entanto, a tradição historiográfica do século XIX, notadamente romântica, republicana e secularizada, foi marcante, e sua influência continuou forte por quase todo o século XX. A tese de Petit-Dutaillis segundo a qual não teria existido uma verdadeira oposição entre Igreja e Comuna, por exemplo, despertou desde cedo críticas rigorosas.

Podemos destacar, por exemplo, os comentários ao livro de Petit-Dutaillis, que Ferdinand Lot publicou na *Revue Historique*, em 1949. Discordando de Petit-Dutaillis apenas em relação à sua avaliação positiva do papel do clero no processo de emancipação comunal, Lot afirma que a Igreja foi, na verdade, uma inimiga implacável da comuna – "Igreja e comuna são coisas antinômicas";[76] ele, inclusive, afirma que a Igreja se opunha a qualquer movimento de emancipação urbana, e a justificativa para isso é que "a Igreja se considera um Estado dentro do Estado", e nessa condição o único meio de aceitar a comuna seria pela via de sua subserviência à Igreja: se é inevitável que haja comunas, que elas aceitem a regência eclesiástica, o que, para Lot, seria impossível, pois ele considera que Igreja e Comuna são entidades opostas. Segundo Lot, essa antinomia de princípios estava na base da má vontade com que os bispos cumpriam com as exigências do novo regime comunal; por exemplo, o esforço que faziam para escapar a qualquer empenho financeiro resultante das despesas comunais, como a construção e manutenção de muralhas ou as taxas percebidas em função das guerras e da milícia urbana, taxas essas que os entes eclesiásticos eram obrigados a pagar, como qualquer outro membro da comuna.

Aqui não se trata de tomar posição entre Petit-Dutaillis e Lot, até porque, a meu ver, ambos operam com um conceito de Igreja que a reduz ao clero e às entidades de poder eclesiástico, não com o conceito de comunidade eclesial, que inclui os *burgenses* na qualidade de filhos da Igreja (*filii ecclesiae*). Sobre isso trataremos a seguir. Convém, no entanto, insistir no fato de que a comuna, como associação juramentada de habitantes, representava obviamente uma mutação do tradicional regime de governo urbano episcopal, e precisamos lidar com a realidade conflituosa que decorre de transformações como essa. A tolerância e a intolerância dos bispos em relação à instauração do regime comunal, muitas vezes, eram condicionadas pelo grau de modificação que o trato político e jurídico iria sofrer sob a nova situação. Os bispos estavam dispostos a fazer concessões, desde que fossem preservadas as prerrogativas da sede episcopal, principalmente em matéria de direito. E mesmo os mais obstinados costumavam negociar e, em muitos casos, ceder. Tomemos alguns exemplos documentais.

O artigo 1º das *Consuetudines* de Noyon, aprovadas pelo rei Felipe Augusto, em 1181, distingue o que deveria caber ao bispo e ao seu delegado, o castelão, e o que caberia aos *jurati*, isto é, os administradores da associação de *burgenses* que formavam a comuna. Nesse texto, lê-se:

O bispo e o castelão, em todas as convocações públicas [*commonitiones*] que fizerem, seja para o *bannus* [*pro banno*], seja para a conservação dos fossos ou fortificação da cidade, não têm ali direito de justiça nem poder judicial; porém, de qualquer ordem que sejam aqueles que estão sob sua autoridade ou ministério, recebam deles vinho ou outro pagamento correspondente.[77]

O termo latino *bannus* é polissêmico, e se refere ao direito de comandar, de punir ou de constranger, mas também se refere à convocação para a guerra e/ou ao direito de receber taxas ou exigir pagamento de multas. Isso torna a tradução bastante difícil. No artigo citado, parece-me que *bannus* deva ser interpretado sobretudo a partir do contexto militar em que se insere, assumindo, portanto, a acepção de *convocação para a guerra*; se isso estiver correto, o bispo e o castelão (que representa o bispo) conservaram o exercício de poderes políticos e militares muito relevantes, ainda que lhes tenham sido retirados os direitos de presidir o tribunal. A convocação pública (*commonitio*) apresenta-se como uma instância política decisiva, pois lida com tropas e defesa militar; é em vista dessa responsabilidade, que a todos diz respeito, que o bispo tem o direito de receber a taxa do vinho de qualquer dos habitantes da cidade, não importando se são cavaleiros, clérigos ou *burgenses*. Eis um exemplo de como o novo regime na verdade se acomodou ao antigo.

Edward Coleman, analisando o documento *Breve investiture nomine benefitii*, firmado pela condessa Matilde de Canossa, em 1097, percebeu que, nesse texto, os três oficiais de Cremona que receberam o benefício feudal sobre a ilha Fulkeri das mãos da condessa eram simultaneamente representantes da "Comuna" – e esse documento é o primeiro registro escrito a mencionar a existência do regime comunal na cidade – e de sua "Catedral".[78] Na edição crítica do *Breve*, feito por Valeria Leoni, pode-se ler:

[...] Matilde, filha do finado marquês Bonifácio, estando no *castrum* de Piadena, investiu os homens de Cremona, isto é, Gotefredus de Bellusco, Moricius e Cremoxano Aldoini, [representantes] da Igreja de Santa Maria de Cremona e da comuna da mesma cidade de Cremona [*comunum ipsius Cremone civitatis*], da autoridade sobre o inteiro território [*comitatus*] da ilha Fulkeri, sobre tudo e todos que estão ligados ao distrito da supramencionada condessa como benefício completo.[79]

Nesse texto, os "homens da comuna" são igualmente "homens da igreja", e isso significa que "as duas entidades, para os propósitos da investidura, eram efetivamente intercambiáveis" e, principalmente, que "a cúria [episcopal] era um elo crucial na corrente de continuidade entre a 'pré-comuna' e a comuna".[80] Para Edward Coleman, portanto, não só não houve nenhuma ruptura violenta entre ambos os regimes políticos, como o regime episcopal tradicional forneceu a *expertise* governamental para as novas comunas. Desse modo, bispados e comunas seriam entidades politicamente simultâneas que se adaptaram mutuamente e estabeleceram o que Giovanni Tabacco, sobre quem Coleman se apoia, qualificou como uma "síntese institucional".

Giovanni Tabacco também analisou o documento de investidura da ilha Fulkeri, e, na sua opinião, a convergência entre *igreja* e *comuna* resultou da carência institucional e jurídica que marcou a fundação do regime comunal: sendo uma novidade, o regime necessitava do embasamento político e jurídico que a cúria episcopal havia garantido por mais de dois séculos, exercendo, em cada cidade, o papel de autoridade pública mais evidente e, com isso, mantendo viva a noção de *res publica*, isto é, de bem comum:

> Em termos mais simples, a comuna, que carecia de uma tradição tão antiga, precisava se associar ao bispo em vista de adquirir estatuto jurídico e credibilidade; sem isso, ela poderia ser considerada uma organização ilegal, particularmente aos olhos dos juristas especializados em direito romano, e, portanto, seria incapaz de lidar com figuras de autoridade como Matilde de Canossa ou o imperador.[81]

Edward Coleman, ampliando a perspectiva de Giovanni Tabacco, argumenta que a "esfera eclesiástica" desempenhou um papel crucial não apenas na fundação das comunas, mas também no seu desenvolvimento e sustentação, pelo menos durante o século XII, que é o período cronológico considerado em sua análise. O uso dos espaços eclesiásticos para finalidades comunais, o envolvimento de clérigos nas instâncias burocráticas, a consciência eclesial do bem comum como suporte para a concepção comunal de coisa pública. Coleman, que também recorre aos estudos de Maureen Miller,[82] apresenta vários pontos de interseção entre o bispado e a instituição comunal. Por exemplo, os bispos não deixaram de atuar politicamente como árbitros, especialmente quando os partidos comunais colocavam em risco a estabilidade do regime: Coleman não deixa de notar que essa foi uma saída inteligente, pois, ao considerar os bispos *super partes*, os partidos comunais em disputa evitavam envolver autoridades externas em suas questões internas.[83]

Para descrever o que se passava durante o surgimento das comunas, Elisa Occhipinti tem uma frase lapidar: "foi sob o manto dos bispos que a nova classe governante tomou a sua forma".[84] Contudo, isso não significa que a parceria entre Igreja diocesana e governo comunal foi duradoura ou disseminada por entre as diversas cidades em que o regime foi implantado. Na verdade, essa não é a questão que deve ser ressaltada. Os especialistas[85] têm chamado atenção para o fato de que, em muitos casos, a cidade comunal não emergiu de um movimento que buscava romper com o poder político do bispado ou promover uma separação entre política e religião; ao contrário, os casos de Cremona ou de Piacenza, cidade vizinha que proclamou a comuna pela mesma época, mostram que o novo regime surgiu em resposta às guerras de facções, por um lado, e a vontade dos leigos de terem bispos e cônegos menos envolvidos na corrupção política, por outro.

Em ambas as situações, os bispos e os cônegos estavam metidos até o pescoço nas políticas locais, do mesmo modo que os leigos fundadores da comuna mantinham alianças estratégicas com os bispados e cabidos. Como consequência, é inviável conceber as comunas como um resultado da separação entre política e religião, ou entre regime político e Igreja local. A introdução do regime comunal alterou a atuação do bispo dentro da cidade, mas, ao mesmo tempo, os ideais religiosos que impulsionaram o associacionismo urbano também influenciaram o governo municipal. Portanto, em muitos casos, pode-se interpretar as comunas como um movimento de purificação da própria instituição eclesiástica. Podemos compreender a convergência entre o regime comunal e a comunidade eclesial ao analisar o uso de palavras como "comunidade", "comunhão", "coisa pública" e "bem comum". Essas expressões fazem parte de um amplo vocabulário político que foi extraído da convivência dos diversos atores sociais dentro de suas igrejas locais e nas assembleias cívicas. É o que veremos na sequência.

7.5 Comunidade civil: ética eclesial e consciência comunitária

Guilherme, originário da cidade flamenga de Moerbeke (atual Bélgica), foi um desses frades dominicanos notáveis por sua carreira acadêmica e, particularmente, pela fama como tradutor de obras filosóficas gregas. Seu empenho em oferecer ao público universitário o maior número possível de obras de Aristóteles foi tão grande que coube a ele o mérito de ter trazido a lume um texto aristotélico que passara despercebido durante toda a Idade Média, mesmo para os árabes: a *Política*.[86] Foi em 1260 que o frade, já tradutor experiente, publicou uma edição parcial da *Política*, que continha apenas o livro I até o capítulo 11 do livro II, porque, segundo informou: "eu ainda não encontrei o restante desse trabalho em grego",[87] uma lacuna preenchida rapidamente, já que, em 1265, ele lançou uma nova edição, dessa vez completa, com todos os oito livros do tratado político aristotélico. É provável que uma dessas cópias raras do texto grego que passaram pelas mãos de Guilherme, um manuscrito do século IX, esteja hoje em Viena, na Biblioteca Nacional Austríaca.[88]

Os especialistas oscilam entre admirar e exaltar a contribuição de Guilherme de Moerbeke para a história da filosofia política, com seu volume dos *Aristotelis Politicorum Libri Octo*, um marco sem dúvida formidável, seja pela descoberta de um texto havia tanto tempo ignorado, seja pela tentativa de transpor para um mundo latino e cristão do século XIII – o século das universidades e das comunas – toda a cultura política de um autor helenista e pagão da Antiguidade, seja pelo desafio que assumiu, pois ele "encarou um texto em língua estrangeira que lhe colocava questões nada familiares sobre um estranho conjunto de instituições".[89] De fato, as instituições da *polis* helênica não coincidiam necessariamente com aquilo que os romanos chamavam de *civitas*, e muito menos com as *civitates* do Ocidente medieval. Assim, Guilherme teve um trabalho adicional para trasladar o léxico político aristotélico para um meio político muito diferente, e a saída encontrada foi transliterar ou latinizar os termos políticos mais obscuros e, noutros casos, tomar como parâmetro as equivalências propostas por São Jerônimo, em sua tradução latina do Novo Testamento grego. E essa segunda solução é muito importante para nós.

Ora, a abertura da *Política* começa assim:

Observamos que toda cidade é uma certa forma de comunidade e que toda comunidade é constituída em vista de algum bem. É que, em todas as suas acções, todos os homens visam o que pensam ser o bem. É, então, manifesto que, na medida em que todas as comunidades visam algum bem, a comunidade mais elevada de todas e que engloba todas as outras visará o maior de todos os bens. Esta comunidade é chamada "cidade", aquela que toma a forma de uma comunidade de cidadãos.[90]

Aristóteles entende a cidade (*polis*) como a forma mais elevada de comunidade (*koinōnia*), porque inclui as duas outras formas, a família (*oikos*) e a aldeia (*kome*), e por essa razão, e por ser a cidade autossuficiente (*autarkheia*), enquanto as comunidades menores não o são, o bem da cidade supera o bem de todas elas. O poder da cidade é também de outra natureza, é poder *político*, não paternal ou linhagístico, e seu pressuposto é a igualdade, não a hierarquia, entre os cidadãos. A *polis*, como associação perfeita de iguais, liberta os indivíduos da força (*tirannia*) dos chefes das casas e das aldeias e instaura as condições para a plena realização do homem. Assim, para Aristóteles, a *polis* é mais do que um lugar espacial ou conjunto de casas, é uma "comunidade política" (*koinōnia politikē*) porque formada por uma comunidade de cidadãos (*oi polites*).

De fato, a tradução proposta por Guilherme de Moerbeke segue o termo a termo do original grego, no qual *polis* é traduzido como *civitas* e *koinōnia* é substituído por *communitas*, como pode ser verificado na versão em latim (o leitor pode voltar dois parágrafos para revisar a tradução):

Quoniam omnem civitatem videmus communitatem quadam existentem et omnem communitatem boni alicuius gratia institutam (eius enim quod videtur boni gratia omnia operantur omnes), manifestum quod omnes quidem bonum aliquod coniecturant, maxime autem principalissimi omnium omnium maxime principais et omnes alias circumplectens, haec autem est quae vocatur civitas et communicatio politica.[91]

Contudo, se *civitas* (cidade) traduz *polis*, e Aristóteles equiparava *polis* a *koinōnia politikē*, é curioso que Guilherme tenha evitado traduzir essa última expressão por *communitas civitatis* (a comunidade da cidade) ou *societas civilis* (sociedade civil), como fez mais tarde Leonardo Bruni (m. 1444), em sua tradução da *Política*, edição revisada e mais bem adequada ao latim do que essa do frade dominicano. Traduzia Bruni: "*Est autem haec, illa quae civitas appellatur, et civilis societas*" (Esta é, pois, a comunidade que se chama cidade, e toma a forma de sociedade civil).[92] José Antônio Martins defende que Guilherme de Moerbeke, ao consultar o léxico latino, não se guiava principalmente pela *Vulgata* de São Jerônimo, como sustenta J. Schmidt,[93] mas pelas traduções latinas da *Ética a Nicômaco*, igualmente de Aristóteles, realizadas por Roberto Grosseteste (m. 1253) e Alberto de Colônia (dito Alberto Magno) (m. 1280): acontece que ali *koinōnia politikē* converteu-se em *communitas politica*, e Guilherme escolheu *communicatio politica* – literalmente *comunhão política*. Ora, *communicatio* remete a *communio* (que estudamos no início do capítulo) e, ao mesmo tempo, evoca sentidos teológicos presentes no Novo Testamento e na liturgia eclesial, porque também se denomina *comunhão* o ato de comungar, isto é, de receber na boca a hóstia consagrada, o Corpo sacramental de Cristo.

Koinōnia "é um termo com uma larga trajetória", como escreve David Hernández de la Fuente, "especialmente usado para discutir sobre a comunidade política ideal, que ainda hoje centra o debate no campo das utopias antigas, por seu uso no pitagorismo primitivo e nos primeiros teóricos da política, sobretudo Platão e Aristóteles".[94] Logo na abertura da *Política*, vimos que o filósofo referia a três tipos de *koinōnia*, a família, a aldeia e a cidade: nas três, o compartilhamento de bens é a base para a existência de uma comunidade; a *polis*, comunidade que engloba as outras duas, compartilha, em grau máximo, o bem comum (*koinon* significa comum). Portanto, *koinōnia* adverte para uma *vida comum* ou *vida em comum* e até mesmo para uma *comunidade de vida*, expressões que possuem evidente sentido político, mas que, como vimos nas discussões anteriores, e no próprio fundamento deste livro, carregam igualmente um substrato religioso e ascético, que não remete apenas ao cenobitismo (*koinon bios*) eclesial-cristão, como também para os cenobitismos não cristãos, como aqueles das escolas filosóficas pitagóricas ou neoplatônicas.

Desde um ponto de vista político, *koinōnia* confere à cidade um sentido de "comunidade solidária de homens e mulheres nascidos e radicados na *polis*",[95] e, dentro dela, solidariedade implica igualdade de deveres e direitos e apoio mútuo em todas as necessidades, até mesmo durante a guerra, quando os soldados de um mesmo exército – independentemente das diferenças sociais recíprocas – deveriam lutar unidos para defender o bem comum de sua *polis*, e ao mesmo tempo deveriam proteger a vida de seu compatriota ao lado: "os cidadãos em armas, que formam a falange hoplítica [dentro de uma *koinōnia politikē* como Atenas], lutam para defender o comum (*to koinon*)".[96] O contexto da guerra ordenada para a defesa do bem comum da comunidade política e a disposição de dar a vida por ela dotam o conceito de *koinōnia* de um valor sacrificial que, sem deixar de ser político, é também claramente religioso: nada poderia ser mais heroico do que um cidadão que sacrifica a própria vida em benefício de sua *koinōnia politikē*. Em suma, a comunidade política, que é o núcleo vital de uma *polis*, é incomparavelmente mais excelente do que qualquer outra forma de associação humana, e, por isso, Aristóteles a coloca como meta da própria vida humana, uma vida política por natureza.

Muito se tem debatido se os primeiros autores cristãos, como Paulo de Tarso, que usou a palavra *koinōnia* mais de uma vez, destituíram ou não o conceito aristotélico de sua vigência política, retendo apenas o significado ascético e religioso. De fato, no Novo Testamento, *koinōnia* denota companheirismo entre discípulos cristãos e participação nos bens que a comunidade eclesial colocava à disposição de seus membros (cf. At 2, 42; Gl 2, 9); denota também participação no corpo de Cristo (1Cor 10, 16), comunhão com o Filho de Deus (1Cor 1, 9), convicção compartilhada de sua morte sacrificial. Na Epístola a Tito (1, 4), fala-se em "fé comum" (*koinen pistin*); na Epístola de Judas (versículo 3), aparece "nossa comum salvação" (*koines hemon soterías*); e, em Atos dos Apóstolos (2, 44; 4, 32), diz-se que os discípulos, conservando um só coração e uma só alma, colocavam seus bens em comum (*kai ekhon apanta koiná*):

[...] esta vida em comunidade não se baseia em teoria econômica, socialização legal ou imitação filosófica da natureza, mas expressa o companheirismo amoroso, que renuncia à propriedade (cf. Lc 12, 33) com o objetivo de ajudar os outros (At 2, 45). A frase de Atos ("possuíam tudo ou todas as coisas em comum") é uma expressão helenística.[97]

Para a *ecclesia* de Corinto, Paulo dirige uma questão decisiva: "o cálice da bênção, que abençoamos, não é comunhão (*koinōnia*) com o sangue de Cristo? E o pão que partimos, não é comunhão (*koinōnia*) com o corpo de Cristo?" (1Cor 10, 16). O apóstolo, então, relaciona a liturgia eucarística celebrada pelos discípulos com o culto judaico do templo de Jerusalém (1Cor 10, 18), no qual "oferendas eram sacrificadas" a Deus, e, imediatamente, ele distingue o sacrifício hebraico monoteístico dos sacrifícios idolátricos politeístas. *Koinōnia*, então, torna-se participação no sacrifício de Cristo, que anula os sacrifícios pagãos e supera os do Antigo Israel; além disso, é uma participação que enseja imitação: os discípulos, em *koinōnia* com Cristo, sofrem com ele e, depois, triunfam com ele. Na Primeira Epístola de João, *koinōnia*, associada ao verbo amar (*agape*), constitui a identidade dos seguidores de Cristo, e a prática do amor fraternal, o selo de qualidade do discipulado.

Entretanto, será que essa leitura ascético-teológica da palavra "comunhão" apagou, de fato, a sua primeva semântica política? Nos textos de Lucas (Lc 15, 15; 19, 14; At 21, 39), por exemplo, "cidadão" (*polites*) aparece como "membro de uma cidade ou estado, ou o habitante de um país ou distrito", e cidadania (*politeia*), em At 22, 28, é a "relação pela qual um cidadão pertence a um estado, é a condição do cidadão".[98] Esses mesmos vocábulos são empregados, em passagens como Ef 2, 19 ou Fl 3, 20, para designar a curiosa situação dos cristãos, peregrinos na terra, porém "concidadãos dos santos" e "cidadãos celestiais"; os termos foram, de fato, ressignificados, mas não perderam a sua matriz política: a *ecclesia* dos discípulos, cuja meta é uma cidade ideal, projetada para além da história, não espiritualiza ou despolitiza a política, anulando-a; ao contrário, dá-lhe uma vigência perene, eterna: como já vislumbramos em outras ocasiões, não é a *polis* que cede lugar a um céu espiritual, é esse céu que assume os contornos de uma *polis* verdadeira e definitiva.

Guilherme de Moerbeke era um frade pregador e, por conseguinte, um exegeta bíblico; conhecia a fundo toda essa tradição. Ao mesmo tempo, seu trabalho como tradutor o colocava em cotidiano contato com filósofos gregos não cristãos, e, por mais que Leonardo Bruni tenha censurado Guilherme por sua suposta pouca familiaridade com o léxico cívico dos romanos, não dá para negar que Guilherme conhecia profundamente o vocabulário aristotélico, tanto quanto conhecia o bíblico, e que compartilhava a cultura política das cidades comunais do século XIII: a região de Flandres, onde o frade nasceu, foi um dos primeiros focos do movimento comunal, e nas cidades de Colônia, Viterbo e Orvieto, os citadinos havia pouco tinham travado verdadeiras guerras contra o poder temporal dos bispos e a autoridade senhorial dos nobres e para obter a liberdade civil.

Mais do que alegar que Guilherme de Moerbeke desconhecia o civilismo que Leonardo Bruni representava, deve-se observar que a *Política* de Aristóteles não significava a mesma coisa para eles. James Schmidt sustenta que Guilherme, diferentemente de Bruni, mirava a *Política* não como um "clássico" da Antiguidade, isto é, um livro resgatado das sombras de uma era soturna, quando supostamente as cidades não eram livres nem a eloquência importava.[99] Ao contrário, Guilherme concebia os textos gregos como obras que escritores antigos legaram para leitores recentes, um patrimônio valioso de sabedoria que uma geração deveria passar cuidadosamente para a outra. Para homens como Guilherme, não havia a sensação de ruptura ou de distanciamento entre um pagão, como Aristóteles, ou um cristão, como Paulo, ou mesmo Jerônimo, que transladou o helenismo paulino para o latinismo do papa Dâmaso (m. 384), na *Vulgata*: para os escritores da Idade Média, "a Antiguidade não é nem estrangeira nem 'clássica'. É simplesmente velha – uma parte mais antiga de uma tradição que continuava ininterruptamente".[100]

E tradições *continuam* porque se desenvolvem no tempo e, persistindo, ganham novos sentidos e se transformam. Quando Guilherme, em 1260, traduziu "*polis*" por "*civitas*", a realidade designada por esse nome era algo extremamente heterogêneo: os bispados tentaram manter em funcionamento o sistema antigo, pelo qual as *civitates* correspondiam a territórios administrativos, cuja autoridade judicial e fiscal se impunha sobre a zona urbana e a campesina; com isso, as *civitates* episcopais conservavam, por exemplo, a ideia defendida por Cícero, segundo a qual a cidade era uma sociedade unida pela lei. Porém, novos elementos surgiram e alteraram o aspecto da cidade; o mercado foi um deles, e as associações mercantis, outro. A mesma coisa pode ser dita do termo *communitas*: no século XIII, designava tanto uma cidade quanto uma confraria devocional; podia ser o nome dado a uma companhia profissional ou a um coletivo de monges, ou até mesmo a uma entidade civil de governo urbano, como era o caso das comunas. Seja como for, todas essas formas de associação primavam por uma consciência eclesial e religiosa, donde as procissões, os gonfalones, as liturgias, o zelo pelos mortos, a ajuda mútua entre os associados e, principalmente, a comunhão eucarística – e a própria adoração à eucaristia – estavam no centro da coletividade.

A heterogeneidade dos significados históricos de *civitas* e *communitas*, a meu ver, está na origem das oscilações de Guilherme de Moerbeke, que ora traduz *koinōnia politikē* como *communitas politica*, ora como *communicatio politica*. Não é porque ele foi um padre – e supõe-se que um padre deva sempre "eclesiastizar" o mundo profano –, mas porque ele fazia parte de um mundo político que interpretava o legado antigo-pagão a partir do legado antigo-bíblico-cristão: assim o *bem comum* pôde converter-se em *comunhão* sem perder o senso religioso nem o político. Os autores da *Glossa Ordinaria*, um dos comentários bíblicos mais importantes dos séculos XII-XIII, indagavam a respeito de 1Cor 10, 16: "*communicatio calicis, nonne communicatio scilicet Christi est? Id est nonne facit nos habere quamdam communionem cum via eius?*" (note que o comentador diferencia e, logo em seguida, equipara *communicatio* e *communio*; em português, fica difícil de transmitir a mesma ideia, mas arrisco uma solução, levando em conta que a versão latina de 1Cor 10, 16 equipara *communicatio* a *participatio* (*participatio corporis Chisti*): "a participação no cálice [da eucaristia], não seria participação no Cristo? Em outras palavras, ela não nos faz ter uma certa comunhão com o seu caminho?".[101]

Se nos recordarmos de que, na *Política* aristotélica, *koinōnia politikē* implicava a igualdade entre os cidadãos, e que, para Aristóteles, a *polis* era a única forma comunitária em que a plena igualdade era possível, então, podemos entender melhor por que Guilherme de Moerbeke traduziu a fórmula grega por *communicatio politica*: em seus dias, nem a *civitas* (como cidade episcopal) nem a *communitas* (como comuna livre) eram capazes de garantir a igualdade ideal. Vimos anteriormente que tanto uma quanto a outra eram atravessadas pela dura realidade da luta intestina entre *milites* e *populares* e, em alguns casos, entre os próprios *populares*, divididos em *popolo grasso* e *popolo minuto*; e, outros casos, "cavaleiros do bispado" e "cavaleiros da comuna" mais não representavam do que formas distintas de ser ou não ser cidadão, a depender de cada contexto. Não à toa, Massimo Valerani sustenta a ideia de que as comunas praticaram o que ele chama de "cidadania pragmática", já que, segundo ele, a *cidadania* era um conjunto elástico de direitos e nunca gozou de um *status* jurídico definitivo.[102] Eis, então, um ponto bastante negativo para o termo *communitas*, e talvez seja por essa razão que Guilherme, sem desdenhá-lo, tenha preferido usar *communicatio*.

Ao passo que a comuna não garantia a igualdade de cidadania, o frade, então, voltou-se para a outra realidade onde esse mesmo ideal era professado e compartilhado: *communicatio corporis Chisti* significava comunhão com a pessoa do Filho de Deus, mas também participação em seu corpo místico, a *ecclesia*. Nas palavras do apóstolo, comentadas pela *Glossa*

Ordinaria, todos os batizados nasceram em Cristo e pertencem a Cristo, leigos e clérigos; ao redor do altar, onde o pão e o cálice são abençoados, todos os batizados são iguais: inclusive os clérigos, cujo ministério é hierárquico, recebem, quando comungam, o mesmo sacramento que entregam aos leigos.

E essa compreensão estava longe de ser um apanágio de teólogos – e logo mais iremos retornar a esse ponto; os membros das *communanze*, os *burgenses coniurati*, quando intitulavam a sua associação de *communio*, repercutiam, fora dos quadros do altar, exatamente essa dimensão *pública* da comunhão eclesial. Nem eles nem Guilherme, ou mesmo Tomás de Aquino, cuja opinião vamos conhecer a seguir, opunham Igreja a comuna ou colocavam a primeira acima da segunda. As objeções de Leonardo Bruni à tradução de Guilherme passam exatamente por aqui: quando o frade – e isso é válido também para os *burgenses* do século XIII – considerava a *civitas* ou a *communitas*, era a *communicatio* que ele esperava enxergar: a *communitas* era uma realidade fragmentada, enquanto a *communicatio*, uma união ideal. E, para piorar, *comunhão* pertencia a uma tradição pouco preocupada em distinguir o que era político do que não era, uma tradição mais afeita a priorizar a comunidade, engendrada pela comunhão, do que a cidade, resultado da política. E isso era algo que Bruni estava pouco disposto a admitir.[103]

Tomás de Aquino (m. 1274) foi um dos mais ilustres leitores da tradução de Guilherme de Moerbeke e também manejou muitas vezes o termo *communicatio* para discutir assuntos políticos. No *Comentário às Sentenças* (livro III, distinção 29, questão 1, artigo 6 co.), e tratando sobre o tema da amizade, o teólogo afirma o seguinte:

Existe, pois, uma certa comunhão [*communicatio*] natural, pela qual algumas pessoas compartilham [*communicant*] uma origem natural: a amizade [*amicitia*] entre pai e filho e outros consaguíneos se assenta nessa comunhão. Outra é a comunhão econômica [*communicatio oeconomica*], pela qual as pessoas se relacionam nos afazeres domésticos. Outra ainda é a comunhão política [*communicatio politica*], segundo a qual as pessoas comungam com seus concidadãos [*concives suos*]. A quarta comunhão é divina, segundo a qual todos os homens comungam no corpo uno da Igreja, seja em ato, seja em potência; e esta é a amizade de caridade [*amicitia caritatis*], que se deve ter por todos, até mesmo pelos inimigos.[104]

Tomás de Aquino mantém a distinção aristotélica entre a *koinōnia* da casa ou família (*oikos*), aquela da aldeia (o lugar da produção camponesa) e a da *polis*: para ele, essas *communicationes* profanas são três exemplos que se completam por um quarto tipo, que Aristóteles não menciona, isto é, a *communicatio divina*, resultante da caridade, que é uma virtude teologal e fonte de vida sobrenatural. Se notarmos bem, Tomás não abandona o que Aristóteles pensava sobre a *polis* (a *communicatio* política permanece sendo uma associação mais excelente do que a familiar e a econômica), ele a complementa com a interpretação neotestamentária de *koinōnia*: em outras palavras, considera que a *polis*, sozinha, não dá conta de igualar todos os homens, pois seu vínculo, a *philia*, para Tomás, é um amor social e, portanto, inferior ao amor sobrenatural, a *caritas* ou caridade (*agape*, em grego). Daí que somente *in uno corpore ecclesiae* é que todas as diferenças se acabam, até mesmo aquela que divide amigos de inimigos. Por isso, a *ecclesia* está para a *polis* não como uma religião (ou culto religioso) está para a cidade, e sim como uma *polis* superior está para as inferiores: Tomás aplica argumentação semelhante à de Aristóteles, segundo a qual a *polis* era uma *koinōnia* que englobava todas as outras; aqui a *ecclesia* é que aglutina todas as cidades em uma só *caritas*, e, por conseguinte, a *communicatio* divina se mostra mais excelente do que a política.

Mas não pense que Tomás de Aquino tenha ignorado que a cidade era a forma mais perfeita de comunidade, e a única que proporcionava ao ser humano, "animal naturalmente civil" (*homo est naturaliter animal civile*), realizar a sua natureza mais elementar. Essa afirmação encontra-se no *Comentário aos livros da Política*, produzido a partir da tradução de Guilherme de Moerbeke, no qual também encontramos o seguinte:

Depois que o filósofo [isto é, Aristóteles] determinou que as comunidades [*communitatibus*] se ordenam para a cidade [*ad civitatem*], ele, então, expõe a própria comunidade da cidade [*ipsa communitate civitatis*]. E divide o tema em três partes. [...] Com relação à primeira parte, ele mostra a condição da cidade sob três aspectos: primeiro, apresenta as partes de que é feita a cidade, pois, assim como um bairro/distrito [*vicus*] é formado de muitas casas, assim a cidade é composta de muitos bairros. Quanto ao segundo, diz que a cidade é a comunidade perfeita, e isso ele prova dizendo que, assim como toda comum união [*communicatio*] de pessoas coletivamente se destina para algo necessário à vida, uma comunidade será perfeita [*erit communitas perfecta*] quando estiver ordenada para que a pessoa tenha tudo o que for suficiente para viver: e essa é a comunidade da cidade [*communitas civitatis*]. Pois a razão de uma cidade existir é esta: nela se encontra tudo o que basta para a vida humana, tanto quanto for possível. E por isso ela é composta de muitos bairros: em um, pratica-se a arte fabril, em outro, a arte têxtil, e assim por diante. Donde é evidente que a cidade é uma comunidade perfeita. Em terceiro lugar, [Aristóteles] expõe o fim para o qual a cidade se ordena: originalmente, ela foi criada para o bem viver, isto é, para que as pessoas encontrassem os meios suficientes para a vida; no entanto, graças à sua existência, espera-se que as pessoas não apenas sobrevivam, mas que vivam bem, na medida em que, pelas leis da cidade, a vida das pessoas se ordena para as virtudes.[105]

Nesse trecho, não identifico contradição alguma com o que Tomás havia declarado anteriormente. Aqui, ele está comentando a *Política*, e, nessa obra, Aristóteles, de fato, não tratou de realidades sobrenaturais nem de virtudes teologais. Ao contrário, o filósofo tomou a cidade como o cume mais elevado da perfeição a que os homens poderiam chegar pelo uso de sua razão; na *Política*, a cidade é um produto humano destinado à completa realização humana. Ora, Aristóteles havia dito que o ser humano, desde que atingisse o pleno desenvolvimento, era o melhor dos animais, porém, quando se afastava da lei e da justiça, tornava-se o pior de todos eles. E acrescenta:

A injustiça armada é, efetivamente, a mais perigosa; o homem nasceu com armas que devem servir a sabedoria prática e a virtude, mas que também podem ser usadas para fins absolutamente opostos. É por isso que o homem sem virtude é a criatura mais ímpia e selvagem, e a mais grosseira de todas no que diz respeito aos prazeres do sexo e da alimentação. A justiça é própria da cidade, já que a justiça é a ordem da comunidade de cidadãos e consiste no discernimento do que é justo.[106]

Na versão de Guilherme, a última frase dessa citação ficou assim: "*iustitia autem civile, dike enim civilis communitatis ordo est, dike autem iusti iudicium*"[107] – eis um exemplo de como um tradutor trabalha e das dificuldades que enfrenta: ele traduz *dike* por *iustitia*, mas prefere manter o termo original, razão pela qual Leonardo Bruni dizia que a obra de Guilherme estava repleta de barbarismos. A tradução para o período pode ser essa: "A justiça é algo civil, *dike* é a ordem civil da comunidade, *dike* é, pois, o juízo das pessoas justas". Dito de outro modo, a cidade é o dispositivo pelo qual os seres humanos, por um lado, conseguem impedir que outros seres humanos se tornem cruéis, malignos, brutais e desumanos e que, por outro lado, incentivam outras pessoas a atingirem o seu melhor. O teólogo Tomás concorda com essa opinião completamente: a cidade, para ele, é um *medium* natural para a obtenção da perfeição ética natural.

Vejamos como ele comenta esse mesmo trecho da *Política* segundo a tradução de Guilherme:

[...] pela ordem civil [*ordo civilis*], o homem é conduzido à justiça: isso fica evidente no fato de que os gregos dão o mesmo nome *dike* para a ordem da comunidade civil [*ordo civilis communitatis*] e para o juízo da justiça. Logo, fica patente que aquele que instituiu a cidade guardou os homens de se tornarem péssimos e proporcionou a eles as condições de serem os melhores, segundo a justiça e as virtudes (*In sententia Politicorum*, livro 1, c. 1, n. 33).[108]

O que está em causa, no trecho, é a ordem da vida natural, e a cidade, para Tomás, significava um bem, o maior de todos os bens na ordem natural. Quanto à *ecclesia*, ela lidava com os bens sobrenaturais e, por isso, não comparece aqui. Tomás não precisou dar um sentido eclesial à *Política*, pois a Igreja já havia dado um sentido civil (ou político) às suas comunidades. E, desse ponto de vista, a ordem legal que a cidade instaura é fundamental para os fins sobrenaturais da *ecclesia*; sem a ordem legal, a retidão sucumbe, desaparecem os direitos, cessam as liberdades e os facínoras triunfam. A *caritas* e a *communicatio*, sem a cidade, não passariam de um ideal humano inalcançável. O que podemos dizer, observando os esforços de Guilherme de Moerbeke para traduzir a *Política* e os de Tomás de Aquino, para comentá-la, é que os habitantes das cidades da Idade Média, que eram todos fregueses de comunidades eclesiais, formavam o povo de uma comuna,[109] e que, malgrado a opinião contrária de Leonardo Bruni, eles possuíam uma consciência política tão bem desenvolvida, que aperfeiçoou os mecanismos de defesa de direitos e atualizou o sentido de ser cidadão. Uma cidade comunal podia exibir níveis bastante diferenciados de liberdade civil, mas a *communicatio* que ela materializava por suas instituições conferia, aos seus membros, direitos profissionais, políticos, sociais e individuais que, em conjunto, seria praticamente impossível de haver em outros regimes sociopolíticos desse período.

A *Política*, de Aristóteles, não reapareceu por um acaso e justo nas mãos de um pregador das comunas, e que trabalhava também como tradutor profissional; não foi entre teólogos muçulmanos que esse texto até então esquecido recebeu seus primeiros comentários. Há muita gente que julga que a tradução da *Política* marcou uma virada decisiva para a secularização da política; pode até ser, mas ocorreu a longo prazo: o encontro do texto, sua tradução, as primeiras cópias e as primeiras interpretações que recebeu ocorreram, antes, dentro de uma ambiência eclesial, e por causa das demandas criadas por essa ambiência; em outras palavras, nossos autores leram a *Política* através de lentes eclesiais, que foram decisivas para que a *koinōnia politikē* voltasse a ter sentido concreto dentro de locais igualmente concretos e cada vez mais cheios de sentido. James Schmidt desafiava seus leitores, historiadores das ideias políticas, a enxergar as convenções que presidem cada tradução que a *Política* recebeu, e a não esquecer que os tradutores falam a públicos específicos de lugares e tempos específicos: assim, se a *Política*, durante o século XIII, conseguiu produzir um grande estardalhaço, não foi tanto porque seu conteúdo ameaçava ou demolia as antigas convicções sobre a política, mas porque essas convicções encontraram na *Política* um trampolim para pular mais alto ou mais longe, a depender de como o leitor enxerga.

Analisemos agora como a linguagem política das comunas, independentemente dessa tradução, influenciava os leigos da Igreja. Vamos observar se esses membros seculares da *ecclesia* tinham pensamentos diferentes em relação a seus colegas clericais.

7.6 A linguagem do bem comum e do bom governo

Maurizio Viroli, no volume *Dalla politica alla ragion di Stato*,[110] afirma que a "experiência histórica das comunas livres e a sua luta contra as tiranias foram elementos essenciais para estimular o renascimento" da linguagem da política como "arte da cidade" legada pela Antiguidade greco-latina. Além disso, as cidades comunais ajudaram a dar forma a homens políticos, cujo *status* os definia como *servidores públicos* da comunidade que os elegeu.[111] Podestades, priores e os membros dos muitos tipos e níveis de conselhos, que punham em funcionamento um sistema autocontrolado de governo e gestão pública, esses atores políticos que as comunas inventaram em sua luta pela liberdade tiveram de procurar fundamentos históricos, jurídicos e políticos para sustentar o novo regime, e, embora os estudiosos concordem que essa procura os levou a uma nova cultura política, discordam bastante sobre o seu significado: teria sido uma iniciativa frustrada de trazer de volta uma ideologia cívica substancialmente diferente dos poderes senhoriais ou, ao contrário, uma autêntica descoberta dos ideais da liberdade e da cidadania.[112]

No início deste capítulo, pudemos observar o intenso debate historiográfico em torno das bases republicanas das comunas. Os especialistas discordam amplamente ao apontar as influências fundamentais desse movimento, que geralmente são divididas entre o civilismo romano e a política grega. Um fator importante nesse debate é a tradução para o latim da *Política* de Aristóteles, em 1260, seguida por inúmeros comentários. Essa tradução levou mais de um especialista a supor que, antes desse evento, teria sido impensável que as cidades comunais tivessem desenvolvido uma linguagem política autônoma. Não é necessário retornar a essas disputas acadêmicas complexas e esquivas, pois a premissa subjacente deste livro é que a prática da vida comunitária, mais do que a teoria dos tratados filosóficos sobre a política, deu origem a uma cultura política comunitarista na qual o legado clássico pré-cristão, tanto latino quanto grego, foi incorporado ao debate cristão sobre caridade e bem comum.

Nessa perspectiva, a linguagem política das comunas revela-se menos autônoma e menos inovadora do que normalmente se supõe em relação às elaborações da Alta Idade Média. Isso se deve ao fato de que esses desenvolvimentos também foram moldados para a gestão de regimes de governo e comunidades políticas que se fundamentavam em critérios eclesiais. Dessa forma, a tradição das virtudes políticas de autores romanos, como Salústio, Cícero ou Sêneca, juntamente com o direito romano e o aristotelismo do século XIII, foram integrados a um legado que se apoiava em um pilar biblicopatrístico que jamais foi subestimado nesse período. Conforme afirmado por Viroli (1994, p. 5), "os teóricos do governo comunal do século XIII redefiniram a imagem do homem político ideal e elaboraram a concepção da política como arte de governar a cidade com justiça", fazendo isso com a convicção de que a virtude política defendida pelos pagãos encontrou sua perfeição na virtude do ato político sustentada pelos padres da Igreja com base na vida eclesial.

O exemplo fornecido por Viroli, ou seja, a influência do comentário de Macróbio (m. 430) sobre o *Sonho de Cipião* nos autores políticos das comunas, permite-nos compreender o processo:

> [...] quem governa a cidade deve em primeiro lugar ter as virtudes políticas: prudência, fortaleza, temperança e justiça. Somente as virtudes tornam o governante verdadeiro homem político, apto a reger a cidade, entendida no sentido clássico de *respublica*, ou comunidade de indivíduos que vivem juntos segundo a justiça, sob o governo da lei.[113]

O *Sonho de Cipião* era, de fato, uma obra pré-cristã que comportava referências filosóficas estoicas, muitas das quais tinham semelhanças com convicções e sensibilidades cristãs, como o princípio de que, após a morte, a divindade recompensaria os atos bons dos indivíduos que haviam vivido virtuosamente, concedendo-lhes o céu: ali, o governante virtuoso participaria do governo do universo ao lado do poder divino. Portanto, a virtude política imortalizava a memória dos *rectores* na lembrança dos governados e igualmente era causa da imortalidade da alma num mundo *post-mortem*, duas compreensões familiares à visão patrística sobre o além e as recompensas aos méritos individuais. Outro ponto em comum entre o comentário de Macróbio e o cristianismo era a ideia de que a virtude resultava da contemplação; ora, se levarmos em conta que o comentário ao *Sonho de Cipião* veio à luz justamente quando os escritores monásticos, como Jerônimo de Estridão, Agostinho de Hipona e Paulino de Nola, roubavam a cena nas comunidades eclesiais, podemos perceber por que o tema da contemplação filosófica pagã foi tão bem acolhido por aquilo que Agostinho chamava de *respublica monachorum*, a comunidade de todos os monges.

Gostaria de privilegiar, nessa discussão, o tópico do bem comum e a sua relação com a comunidade política. Sobre isso, Maurizio Viroli lembra que, segundo os autores civilistas da Idade Média, viver politicamente era viver segundo a lei da razão e, portanto, viver na liberdade, isto é, livre da tirania dos vícios, sejam os vícios individuais, sejam aqueles dos governantes. Nesse sentido, a própria cidade seria, em primeiro lugar, um bem comum, porque ela realizaria a natureza dos homens naquilo que eles tinham de diferente dos animais: a razão, a fala e a liberdade. A influência do *De Re Publica*, de Cícero é, aqui, crucial: no princípio da história humana, os homens não nasceram políticos, e sim selvagens; foi preciso que alguns homens sábios, dotados de eloquência, convencessem seus companheiros de que era muito melhor para todos se vivessem juntos; a segurança seria multiplicada, os alimentos, a tranquilidade, o tempo livre resultante da divisão do trabalho, tudo seria mais fácil de obter se eles passassem a viver em comunidade.

A comunidade política era um modo concreto de tornar possível a máxima conservação dos homens particulares.[114] O bem comum aparece como término, como finalidade, do viver politicamente, e, portanto, a vida política apresenta-se como condição *sine qua non* de obtenção do bem comum, que, por se referir a muitos, é um bem superior ao bem privado individual. Em Remigio dei Girolami (m. 1319), por exemplo, a comunidade política é chamada de *pátria*, e ela deve ser amada sobre todos os outros bens, porque, se bem ordenada, ela é a realização do bem comum. Então, as leis, a filosofia política, as instituições de governo aparecem como ferramentas para a obtenção do bem comum. Em Marsílio de Pádua (m. 1342), política é ciência da cidade, isto é, a ciência que produz leis que preservam o bem comum; política é também uma arte (a de viver na cidade), mas também a arte de governar segundo as leis.[115]

E se o bem comum é o valor maior da comunidade, o seu contrário, a apropriação ou a corrupção do bem comum, é o grande escândalo. O cônego e cronista Tolosano da cidade de Faenza (m. 1226) declarava, em seu *Chronicon Faventinum*: "*ubi nummorum perorat pluralitas, ibi Tulliana tuba raucessit*" (onde a profusão das moedas discursa, ali o trombone de Cícero fica rouco), dando a entender, por *moedas*, o suborno e a propina, que corrompiam o sistema político. Cícero, mesmo em uma crônica bem pouco conhecida, é sem sombra de dúvida o mestre da vida política, assentada na comunicação ou no discurso de assembleia como caminho ordinário da vida comum na cidade. Em *Li Livres dou Tresor*, de Brunetto Latini (m. 1294), este é o axioma de base: "Túlio diz que a mais alta ciência de governar a cidade é a retórica, isto é, a ciência do falar; pois, se não fosse a fala, não haveria a cidade, nem algum estabelecimento de justiça nem de companhia humana".[116]

Brunetto Latini, por volta de 1260, traduziu para o vernáculo italiano e comentou o *De Inventione*, de Cícero, num volume que ficou conhecido como *Rettorica*; nessa obra, Brunetto discorre sobre o mítico *vir sapiens* que, segundo Cícero, teria convencido os homens selvagens de que a vida em sociedade era a melhor vida para eles, e como esse *vir sapiens* dividira os trabalhos entre os homens a fim de que cada um pudesse dar a sua contribuição para o bem-estar coletivo. Assim, *sapienzia* e *eloquenzia* constituíam as bases sobre as quais a *civitas* se assentava. Muito bem, se se pode dizer que a *Rettorica*, de Brunetto Latini, conserva o que ele ensinou sobre a *eloquenzia*, seu *Tesouro* (*Li Livres dou Tresor*) conserva o que ele ensinou sobre a *sapienzia*. Aliás, é essa a definição que Brunetto apresenta logo no prólogo: "[...] o corpo deste livro é uma compilação de sapiência, assim como o que é extraído de todos os membros da filosofia, em uma suma, abreviadamente".[117]

O nome *Tesouro* remete à imagem de coisas preciosas guardadas juntas, como um cofre de joias, só que, nesse caso, as joias e pedras preciosas correspondem aos "ditos dos autores [*autours*] que, antes do nosso tempo, trataram de filosofia, cada qual segundo a parte que sabia".[118] A sapiência, aqui, está relacionada com filosofia e, mais propriamente, com a filosofia que ensina a agir, a ética, na expressão de Aristóteles, ou a moral, no vocabulário de Cícero. Parece-me que a proposta do *Tresor* continua a mesma da *Rettorica*: circunscrever um arcabouço de referências que propicie a aquisição da *eloquenzia* e da *sapienzia* que ajude a governar, que forme o "*uomo savio*" (o *rector* governante), de modo que o propósito é declaradamente político. Se tudo é joia, a terceira parte do *Tesouro* é

[...] de ouro fino, isso porque ela contém o ensinamento do discursar de acordo com a doutrina da retórica e [ensina] os senhores a como devem governar as pessoas que lhe são submetidas, especialmente segundo os usos dos italianos; [...] pois, assim como o ouro ultrapassa a todos os demais metais, do mesmo modo a ciência do bem falar e de governar os homens [é a mais nobre] dentre todas as artes do mundo.[119]

A ciência política segue, portanto, duas etapas: 1) saber falar segundo a doutrina da retórica; 2) saber governar segundo os usos dos italianos: dois propósitos que formam o grande objetivo do *Tesouro*; para

Brunetto, ambas as coisas propiciam o crescimento do poder e da segurança do Estado, seja em tempos de paz ou de guerra. No livro II, Brunetto discorre sobre três formas de dominação (*signorie*): a dos reis, a dos bons e a das comunas; essa última, para ele, seria a melhor de todas.[120] Brunetto se refere às comunas governadas por podestade (*podestà*), eleito segundo o critério do bem comum: "[...] e o outro senhorio é aquele que existe na Itália, onde os citadinos [*citain*], os burguenses [*borgois*] e as comunidades das cidades [*communité des viles*] elegem seu podestade [*poesté*] e seu senhor, tal como eles cuidam que será proveitoso para o comum interesse da cidade e de todos os seus súditos".[121]

Estamos, portanto, diante de um manual de governo das cidades, principalmente de comunas livres ou repúblicas, um texto muito próximo ao *Liber de regimine civitatum* (Livro sobre o governo das cidades), de João de Viterbo, de meados do século XIII. Brunetto contrasta a senhoria das cidades italianas à senhoria urbana da França, e a diferença, para ele, é chocante: na França, as cidades estão submetidas a reis e outros príncipes perpétuos, que vendem os prebostados e os bailiados (preboste e bailio são representantes do monarca no governo das cidades) para quem podia pagar mais: dá para sentir aqui o tilintar das moedas que Tolosano de Faenza denunciava como corrupção e prejuízo da política; Brunetto está de acordo que esses tais prebostes e bailios procuram o seu interesse, não o proveito dos burguenses (*borgois*). O regime urbano francês seria, então, baseado na compra de cargos públicos, enquanto na Itália os governantes eram eleitos segundo o interesse comunitário. Para Brunetto, essa é a marca que colocava as comunas acima das monarquias e das oligarquias.

O tema do *interesse comum* retorna logo no capítulo seguinte, quando Brunetto aponta os três pilares de qualquer senhorio: justiça, reverência e amor. Pela justiça, o governante não se desvia nem para a direita nem para a esquerda e respeita os direitos de cada um; pela reverência, os cidadãos e os súditos cumprem o mandato apostólico de honrar os superiores (notar aqui o *apostólico* como sinônimo daquilo que está na lei do Novo Testamento); e o amor deve prevalecer tanto no governante quanto nos governados:

[...] pois os senhores [*sires*] devem amar seus súditos com grande coração e clara fé, e vigiar de dia e de noite pelo proveito comum da cidade e de todos os homens.

Do mesmo modo, [os súditos] devem amar a seu senhor de coração reto e com verdadeira intenção, e dar-lhe conselhos e ajuda para manter seu ofício.[122]

Por essa mesma época, também o frade franciscano Gilberto de Tournai (m. 1284), na *Eruditio Regum et Principum* (A educação dos reis e dos príncipes), defende o princípio de que governantes e governados devem estar unidos pela caridade (*caritas*), uma palavra que ocorre outras 21 vezes nessa mesma obra, sempre ligada a *affectus*, como sentimento e emoção. Na lógica da caridade recíproca que deve marcar a relação entre governantes e governados, podemos identificar os traços daquilo que Michel Foucault chamava de "governo pastoral";[123] ele não trata dos exemplos medievais, porém dois de seus discípulos, Michel Senellart e, mais recentemente, Jacques Dalarun, se encarregaram de analisar o ato de governar nas sociedades latinas da Idade Média a partir dos referenciais foucaultianos: nesse quesito destaca-se, sobretudo, o volume de Dalarun, *Governar é servir: ensaio sobre democracia medieval*.[124]

Jacques Dalarun é mais um dos historiadores que tentam seguir as linhas de análise de Michel Foucault sobre poder e governo, donde o apreço por questões como governabilidade ou pelo modelo de governo pastoral. Dalarun acredita que, embora a democracia não seja um produto da Idade Média, o sistema já estava em gestação, pois, segundo ele, durante a Idade Média já existe uma "potencialidade democrática"; no entanto, o autor não insere as cidades comunais em seu repertório de análise, preferindo, antes, as ordens religiosas (sobretudo a Ordem dos Frades Menores), e seu texto não dialoga com a historiografia urbana. A discussão restringe-se ao aspecto pastoral do poder do governante, e Dalarun afirma: o modelo pastoral "é uma arte de governar os homens que os envolve mais do que os domina". O pastor dirige (governa) suas ovelhas, servindo-as: protegendo-as, alimentando-as, chamando-as pelo nome.

No governo pastoral, o verbo *servir* confere sentido ao verbo *governar*, dando origem a um governo de serviço. As fontes eclesiais, como o Novo Testamento ou as Vidas dos Santos, estão repletas de exemplos de governantes que comandam através do serviço que prestam (ver a cena do Lava-pés ou as afirmações de Jesus, nos evangelhos: "os últimos serão os primeiros, e os primeiros, últimos" (Mt 20, 16) ou ainda "quem quiser ser o maior, seja aquele que vos serve" (Mt 20, 26)). Há uma consequência perversa nesse tipo de governo, e Foucault e Dalarun observam isso: o pastorado parte do pressuposto de que o pastor ama suas ovelhas e dá a sua vida por elas e, no entanto, impede que estas se revoltem contra ele.

Além disso, estabelece uma diferença marcante, praticamente insuperável, entre o pastor e as ovelhas: só o pastor saberia o que é melhor para as ovelhas; só ele teria condições de levá-las a esse melhor, pois elas seriam incapazes de sobreviver sem o pastor. Na tradição franciscana, o superior da comunidade deveria agir como uma mãe, do mesmo jeito que, na tradição beneditina, o superior deveria agir como um pai (o *abbas* ou abade). Pai ou mãe, pouco importa, os governados são sempre crianças e, tal como as ovelhas em relação ao pastor, incapazes de viver sem a tutela de pais. A lógica do pastorado político é "acalmar a revolta", como escreve Dalarun. O "poder se abaixa para melhor abraçar", isto é, atingir a tudo, todos os aspectos, para ficar ainda mais forte.

Essa questão do poder pastoral parece bastante distante das propostas de Brunetto Latini: ele, de fato, assegura que o governante deve amar seus súditos, mas esse comportamento seria uma condição de proteger o *bem comum da cidade* e de todos os súditos. Em sua exposição não aparece o cuidado com cada indivíduo separadamente, qualidade que marca o governo pastoral, cujo mote é *cuidar de todos e de cada um* (*omnes et singulatim*). Além disso, os súditos, ao amar o governante, prestam-lhe ajuda e conselho, e isso nos sugere que esses súditos não lhe estão cegamente submetidos. A meu ver, a grande objeção que Brunetto apresenta para a forma de governo pastoral reside no papel que confere à retórica como ato de governo. Qual seria o sentido de discursar se não existe a possibilidade de convencer? E, se é preciso convencer, é porque a obediência não é cega!

No capítulo 75 do III livro do *Tesouro*, Brunetto elenca 12 características que devem marcar a escolha de um governante. Entre elas, tem-se que o eleito deve ser um homem sábio; deve ter um coração nobre e hábitos honráveis (pouco importa qual a sua linhagem); deve ser justo; deve ter preparo intelectual; deve ter força e coragem (para fugir da vanglória); não deve ser ganancioso ou avarento etc. Chamo atenção para a sétima qualidade:

[...] que [o governante] seja bom orador [*parliers*], pois é apropriado, como senhor, que ele fale melhor que os outros, para que todo o mundo tenha por mais sábio [*sage*] aquele que sabiamente discursa [*dist*], ainda que ele seja um homem jovem. Mas, sobre todas as coisas, convém que ele saiba se abster de falar muito, a fim de que, ao dizer muito, não cometa pecado; e se, com uma só corda [faltante], toda a cítara [*citole*] se descorda [ou seja, para de tocar], do mesmo jeito, por uma só palavra má, toda a honra e todo o discurso dele se esvaem.[125]

Retorna aqui a máxima ciceroniana do *vir sapiens et eloquens* (homem sábio e eloquente): saber falar e ter o que falar (retórica e moral). Brunetto destaca que saber falar transmite a ideia de ser sábio, e saber falar melhor que os outros significa ser mais sábio que os outros. É preciso insistir na dimensão do convencimento que reside na arte da retórica, principalmente por conta da visibilidade a que se expõe o governante. Paolino Minorita de Veneza (m. 1344), no *Liber de regimine rectoris* (Livro sobre o governo dos reitores), de 1314, não endossa o mesmo apreço pela retórica; porém, a questão do amor que o *rector* urbano precisava demonstrar se revela bem pontuada, e parece-me que num sentido muito próximo ao de Brunetto. O amor que o *rector* deve demonstrar relaciona-se a uma lista de coisas que devem ser amadas: deve-se amar em primeiro lugar o maior bem de todos, sem o qual nada pode ser bom, Deus. Portanto, o amor pela cidade só pode ser bom se seguir ao amor que se tem por Deus:

Depois, sim, bom senhor, se deve amar a comunidade [*comunança*], porque, após o criador, a comunidade é a melhor [coisa], porque ela compreende a bondade de todos os particulares, donde para defender este bem comum se deve colocar [à frente] cada [bem] particular, assim como se põe a mão [à frente] para defender a vida de todo o corpo. Depois disso deve-se amar o que é melhor à comunidade, seja pela oração, seja pelo conselho ou por ofício ou por artifício, e isso exige a virtude da justiça, como se falou no capítulo IX.[126]

Jacques Dalarun pode ter deixado as comunas de fora de seu ensaio sobre democracia medieval, mas, ao escolher os minoritas franciscanos como sujeitos privilegiados de observação, mesmo sem querer, contribui para que as comunas apareçam; afinal, os mendicantes foram os grandes divulgadores de um regime de poder diferente daquele que as comunas desenvolveram: e as comunas, sobretudo as italianas, foram muito sensíveis à pregação e à influência desses frades. O modelo de governo mendicante, delineado por Dalarun, pode ter ficado restrito ao espaço do convento;

todavia, sua inspiração acabou contagiando os espaços cívicos em que os frades trabalhavam, e isso só foi possível porque os ministros das comunas eram igualmente filhos da Igreja, o bem comum da cidade era desdobramento da caridade eclesial.

Notas

[1] Guizot, 1846, pp. 168-169.

[2] *Idem*, p. 169 (grifos meus).

[3] Luchaire, 1890, pp. 3-4.

[4] Pirenne, 1927, p. 70.

[5] Derville, 2002, p. 13.

[6] Lefranc, 1888, p. 24.

[7] Janninck *et al.*, 1698, p. 90.

[8] Lefranc, 1888, p. 25.

[9] Herbers & Santos Noia, 1998, p. 209.

[10] Cf. Pounds, 2005, pp. 38-42; Conde, 2011.

[11] Lefranc, 1888, p. 34, n. 1.

[12] *Idem*, pp. 184-185.

[13] Lewis & Short, 1879, p. 384.

[14] Cicero, 1966, p. 322.

[15] *Idem*, p. 323.

[16] Migne, 1865a.

[17] Petit-Dutaillis, 1970, p. 22.

[18] *Idem*, p. 23.

[19] *Idem*, p. 21.

[20] Bourgin, 1907, p. 156.

[21] *Idem*, pp. 156-157.

[22] *Idem*, p. 157.

[23] *Idem, ibidem*.

[24] Petit-Dutaillis, 1970, p. 31.

[25] Derville, 2002, p. 16.

[26] *Idem*, 1985, p. 207.

[27] Cf. Grossi, 2014, p. 270.

[28] Derville, 2002, p. 3.

[29] *Idem*, 1985, p. 209.

[30] Waitz, 1912, p. 116.

[31] Garbini, 1999, p. 118.

[32] *Idem*, p. 114.

[33] Barbero, 2021, p. 57.

[34] Waitz, 1912, p. 116.

[35] Hamilton, 2003, p. 383.

[36] Duchesne, 1892, p. 290.

[37] Marangoni, 1747, p. 99.

[38] *Idem*, p. 70.

[39] Duchesne, 1886, pp. 442-443.

[40] Porta, 2000, pp. 500-501.

[41] Barbero, 2021, p. 8.

[42] Waitz, 1912, p. 116.

[43] Gilli, 2011, p. 242.

[44] Carbone, 1871, p. 15.

[45] *Idem, ibidem*.

[46] Najemy, 2006.

[47] Artifoni, 2003.

[48] Wight, 1999, n. 3.2.

[49] Grossi, 2014, p. 227.

[50] *Idem*, p. 241.

[51] *Idem*, pp. 241-242.

[52] Wight, 1999, n. 3.4.

[53] *Idem*, n. 3.6.

[54] Grossi, 2014, p. 225.

[55] *Idem*, p. 226.

[56] Gilli, 2011, p. 238.

[57] Grossi, 2014, p. 270.

[58] Thierry, 1851, p. 354.

[59] Weber, 2004, p. 429.

[60] *Idem*, p. 430.

[61] D'Hermansart, 1880, p. 11.

[62] Thierry, 1851, p. 356.

[63] De Boüard, 1957, pp. 173-174.

[64] Grand, 1948, p. 145.

[65] Porta, 2000, p. 1.315.

[66] Ito, 2014, p. 405.

[67] Bourgin, 1907, p. 129.

[68] *Idem*, p. 139.

[69] Petit-Dutaillis, 1970, p. 75.

[70] Bourgin, 1907, pp. 155-156.

[71] *Idem*, p. 158.

[72] *Idem*, p. 162.

[73] *Idem*, p. 163.

[74] Migne, 1853c.

[75] Bourgin, 1907, p. 170.

[76] Lot, 1949, p. 47.

[77] Lefranc, 1888, p. 195.

[78] Coleman, 2013, pp. 25-42.

[79] Leoni, 2022.

[80] Coleman, 2013, p. 27.

[81] *Idem*, p. 28.

[82] Miller, 2000, pp. 93-94.

[83] Coleman, 2013, p. 30.

[84] Occhipinti, 2000, p. 16.

[85] Brentano, 1994; Miller, 2000; Occhipinti, 2000; Coleman, 2013; Silvestri, 2015.

[86] Beullens, 2023, p. 48.

[87] *Idem*, p. 55.

[88] *Idem*, p. 56.

[89] Schmidt, 1986, p. 298.

[90] Aristóteles, 1998, p. 49.

[91] Susemihl, 1872, p. 1. Para facilitar a compreensão do leitor, disponibilizo uma tradução em inglês. "Every state is a community of some kind, and every community is established with a view to some good; for everyone always acts in order to obtain that which they think good. But, if all communities aim at some good, the state or political community, which is the highest of all, and which embraces all the rest, aims at good in a greater degree than any other, and at the highest good" (Jowett, 1984, p. 1.986).

[92] Cf. Martins, 2011, p. 62.

[93] Schmidt, 1986.

[94] Hernández de la Fuente, 2014, p. 165.

[95] *Idem*, p. 166.

[96] *Idem*, p. 167.

[97] Kittel & Friedrich, 1990, p. 396.

[98] Vine *et al.*, 2008, p. 467.

[99] Schmidt, 1986, p. 302.

[100] *Idem*, p. 303.

[101] Morard *et al.*, 2023.

[102] Vallerani, 2017, pp. 113-143.

[103] Schmidt, 1986, p. 312.

[104] Alarcón & Bernot, 2005, n. 11.476.

[105] *Idem*, 2005, n. 79.234.

[106] Aristóteles, 1998, pp. 56-57.

[107] Susemihl, 1872, p. 11.

[108] Alarcón & Bernot, 2005, n. 79.106.

[109] Hohenber & Lees, 1992, p. 65.

[110] Viroli, 1994, p. 3.

[111] Skinner, 1991, p. 121.

[112] *Idem*, p. 122.

[113] Viroli, 1994, p. 5.

[114] *Idem*, p. 17.

[115] *Idem*, p. 35.

[116] Latini, 1998, p. 317.

[117] *Idem*, p. 17.

[118] *Idem*, p. 18.

[119] *Idem*, p. 17.

[120] *Idem*, p. 211.

[121] *Idem*, p. 392.

[122] *Idem*, p. 392.

[123] Foucault, 2003, pp. 355-385.

[124] Dalarun, 2020.

[125] Latini, 1998, p. 394.

[126] Paolino Minorita, 1868, p. 46.

8

OS FILHOS DA IGREJA: UMA CIDADANIA POSSÍVEL

Um documento de 938, referente ao serviço espiritual prestado por um presbítero chamado Creximiro, junto à Ecclesia de Sancto Mamete (Igreja de São Mamede), na diocese do Porto (no atual Portugal), denomina *filii ecclesiae* (filhos da igreja) a um grupo formado por 15 homens, cujos nomes ajudam a autentificar a tomada de posse do novo pároco:

Em nome de Deus. Eu, Creximiro presbítero, a vós, Galindo Gunçalviz, senhor desta Igreja de São Mamede, a qual me dais para conservar e habitar, e aos filhos da Igreja, que *sudes* herdeiros, e que são Arguiru, Alderedo, Arias, Loureido, Osoredo, Fruila, Frumarigu, Romarigo, Ermildi, Guimiro, Nandulfo, Astrulfu, Vimaredo, Bradila e Vilifonso, faço um pacto e compromisso convosco, firmados por escrito, a fim de mantê-la, cultivá-la e edificá-la o quanto puder e o quanto eu puder ali plantar, edificar e ganhar.[1]

A ideia de que uma igreja local seja mãe deriva do sacramento do batismo, cuja celebração se reservava para alguns templos, como as plebes batismais e/ou as sedes paroquiais, onde podia existir fonte batismal ou batistério. Uma antiga oração do rito do batismo, conforme o *Missale Vesontionense* (encontrado na abadia de Bobbio, para onde se acredita que São Columbano o levou ao deixar Luxeuil, no século VII), assim rezava:

Deus eterno e todo-poderoso, sede propício aos mistérios de vossa grande piedade, sede propício aos sacramentos, e enviai o Espírito de adoção para criar novos povos, os quais *a fonte batismal irá parir para vós* [...] (*Omnipotens sempiterne Deus, adesto magnae pietatis tuae mysteriis, adesto sacramentis, et creandis novis populis, quos tibi fons baptismatis parturit, Spiritum adoptionis emitte*).[2]

Dotada de batistério, a sede paroquial dá à luz filhos doravante vinculados a ela como mãe. É uma relação jurídica que define direitos e deveres, como argumenta Miguel de Oliveira, tratando de documentação portuguesa:

[...] a designação de *filii ecclesiae, filigreses* ou *fregueses* exprimia relações de ordem puramente eclesiástica, que no espiritual consistiam em receber os sacramentos e ouvir missa em determinada igreja, e no temporal em lhe pagar as contribuições para despesas do culto e sustentação do clero.[3]

A Igreja local é que exerce a maternidade espiritual sobre as pessoas que nela se reúnem, e é por seus sacramentos, seu clero, seu direito, que tais pessoas se reconhecem como uma comunidade própria ou singular, e assim são tratadas pelo Estado. Os laços estabelecidos entre os membros da comunidade eclesial (os *filii ecclesiae* ou fregueses), e entre eles e o seu território, cidade ou aldeia, consolidam a sociedade local em seus diferentes níveis, religiosos, civis ou políticos. Precisamos agora aprofundar a investigação sobre os leigos, essa massa quase sempre ignota de homens e mulheres que edificaram, com seus bens e, em muitos casos, com suor e sangue, as suas igrejas e, ao redor delas, as suas cidades.

8.1 Os leigos, a comunidade eclesial e a sociedade urbana

Dificilmente seremos capazes de compreender plenamente o alcance social dos *filii ecclesiae* (os filhos da Igreja) se continuarmos a insistir em uma divisão rígida entre clérigos e leigos, como se fazia até recentemente.[4] A partir do século XIII, relatos cronísticos e hagiográficos, cada vez mais numerosos, revelam que, na cristandade, os leigos assumiram, além de suas tradicionais responsabilidades paroquiais,[5] um zelo especial pela liturgia e pela oração privada. Esse zelo, que Giordano de Pisa chamava de *stato di penitenzia*, era essencialmente um programa abrangente de busca pela santificação pessoal.[6]

Não convém perder de vista a simultaneidade dos fenômenos: o tempo e o espaço em que os *filli ecclesiae* procuravam aumentar seu fervor religioso é o mesmo tempo e espaço em que eles, agora sob o epíteto de *cittadini*, levavam o regime comunal a alcançar o seu auge. Isso não é mera coincidência. Ainda que as bases modernas da historiografia política republicana, desde François Guizot, passando por Simondo Sismondi e Hans Baron, tenham afirmado justamente o contrário, o regime comunal (cf. Cap. 7), na sua luta pela liberdade, orquestrou, com as suas igrejas e seus clérigos, um movimento bastante harmônico; para historiadores como Augustine Thompson e Georges Dameron, e cientistas políticos como Maurizio Viroli, religião e república comunal foram aliadas;[7] Dameron investiga o comprometimento da Igreja florentina com o regime republicano e nota que a grandeza econômica de Florença contou com a enorme contribuição de seus clérigos, irmandades leigas e instituições eclesiais; Thompson, analisando a vida espiritual dos citadinos, identifica uma comum disposição para rezar a Deus e servir à cidade; Viroli sustenta que as repúblicas medievais entendiam os deveres cívicos como se fossem verdadeiros deveres religiosos, mandamentos de Cristo, não apenas conselhos humanos.[8]

Simultâneos também foram o regime comunal e uma particular atenção pelo purgatório. Todos os 200 anos das comunas foram marcados por violentas lutas políticas entre partidos urbanos – lutas sangrentas, que provocaram todo tipo de exibição de força e de corrupção moral; a um quadro tão funesto, os fiéis-cidadãos reagiram afirmando a esperança cristã na penitência final e na purificação dos pecados após a morte.

No Canto V, do *Purgatorio*, Dante encontra-se com as almas dos *cittadini uscisi per forza*, isto é, assassinados, três deles, em luta política. A morte imprevista roubou-lhes o tempo para um detido arrependimento, e, ali, no purgatório, suplicam que Dante, ao voltar à terra, procure seus parentes e conterrâneos para que eles rezem pela purificação de suas almas.

Se foram assassinados pelo ódio que a política engendra, que sejam seus concidadãos a rezar por eles, agora que sofrem por causa de seus pecados pessoais: "todos nós tivemos violentas mortes, tendo pecado até a última hora; aí a luz do céu nos fez mais fortes, arrependendo e perdoando, fora da vida vindo a Deus pacificados, que o desejo de Deus em nós demora".[9] Três palavras – arrependendo, perdoando, pacificados – expressam, ao mesmo tempo, um sentimento religioso e um programa de reconciliação política, uma proposta que também encontramos nos sermões de Giordano de Pisa e na crônica de Dino Compagni (m. 1324).

Que Florença, Siena e Pisa, em pleno século XIV, tenham exibido uma verdadeira obsessão pelo purgatório diz muito dessa conjuntura de intensificação da devoção, visível, por exemplo, no crescimento das técnicas de penitência e do número de penitentes. Procurar a confissão, lucrar indulgências, lavrar testamentos *pro anima*, sufragar as almas dos defuntos queridos: em vista de causas comuns, padres e leigos desenvolveram, juntos, uma verdadeira engenharia da salvação, assentada na premissa de que a penitência, na prática, funcionava como um processo de reeducação do indivíduo em vista da transformação da sociedade. Não estamos muito distantes da proposta política de Francesco Petrarca (m. 1378), para quem a educação – entendida como a obtenção da *eloquentia* – era o modo mais seguro de unir a teoria das virtudes (ciceronianas) à prática de atos virtuosos.[10]

Ao contrário do que dizem muitos historiadores contemporâneos, os *auctores* do período comunal, como Giovanni Boccaccio (m. 1375) e Francesco Petrarca, não só insistiram *no* como desenvolveram *o* pensamento teológico, apesar das ressalvas que tinham em relação à teologia escolástica, caracteristicamente francesa.[11] Se assim é com *auctores* que costumamos dissociar de demandas eclesiásticas, muito mais se pode encontrar nas pregações e nas devoções leigas, todas elas integradas ao sentir cívico comunal. Por essas e outras razões, a historiografia política teria muito a ganhar se conseguisse incluir os espaços e culturas eclesiais, laicais e clericais nos estudos sobre a política das comunas e o republicanismo medieval. É urgente entender que as comunas, em vez de serem dominadas por uma religião (dirigida exclusivamente por clérigos), desenvolveram uma cultura religiosa particular, que dava sustentação à sua própria ideologia política; a esse modo de conceber o funcionamento da religião, em âmbito comunal, os estudiosos chamam de "religião cívica",[12] "religião republicana",[13] ou ainda, talvez com mais propriedade, de "religião comunal".[14]

O leigo, de fato, não era um clérigo, mas nunca era considerado um profano. A sacralidade que instaurava a *ecclesia mater*, a Igreja urbana, derivava do sacramento do batismo, que faz o leigo, e não do sacramento da ordem, que faz o clero; é isso o que elucida o apreço das cidades comunais pelo batismo e, por extensão, justifica o gasto público da construção de batistérios monumentais, amiúde rivalizando com a beleza e a grandeza das catedrais dos bispos.[15] Fonte da sacralidade leiga, o batistério era emblema daquilo que a comuna esperava ser, mesmo que nunca tenha chegado a sê-lo, isto é, um regime alicerçado no bem comum.

Na dimensão batismal, leigos e clérigos são iguais, assim como, na dimensão comunal, a república e a comunidade eclesiástica deveriam formar uma só unidade mística. Como sabemos, ideais estão longe de ser realidade, mas apontam para estratégias de ação que não podemos ignorar. Não nego que, do ponto de vista das instituições sociais e do poder político, as relações entre clérigos e leigos sempre comportaram amplas margens para o conflito; porém, o que quero frisar é que o regime comunal, ao se proclamar um regime sagrado, considerava a defesa da fé católica um requisito para a liberdade política e a paz civil,[16] e, para isso, era imprescindível integrar clérigos e leigos em uma mesma cultura política.

8.2 As vias da devoção

Devotio, divozione, devoção: na Itália dos séculos XIII e XIV, essa palavra traduzia a disposição da vontade humana de entregar--se inteiramente a Deus, de amá-lo acima de qualquer outro amor e de conformar a moral individual a essa entrega e submissão religiosas. Ao menos era assim que expressava Dante Alighieri (1265-1321), no Canto X de seu *Paradiso* (v. 55-60):

[...] nunca houve coração de mortal tão disposto à devoção e a entregar-se a Deus com gratidão tão imediata, como eu ao ouvir aquelas palavras; e coloquei o meu amor de tal modo n'Ele, que Beatriz se eclipsou no esquecimento.[17]

No Canto X, Dante convida o leitor a elevar a vista às mais altas esferas do Paraíso, onde o sol, *"ministro maggior de la natura"* ("maior ministro da natureza"), emite uma luz tão sublime que serve de analogia para a luz sobrenatural da Trindade, a que contemplam os anjos e os espíritos bem-aventurados. Nesse canto, são abundantes as expressões próprias da mística cristã: contemplação, visão, iluminação, luz, olho da mente, ardente respiro flamejante, relacionadas, pelo poeta, a homens que se notabilizaram por sua sabedoria, como Tomás de Aquino (m. 1274), Alberto de Colônia (m. 1280), Graciano de Bolonha (século XII), Pedro Lombardo (século XII), o bíblico rei Salomão, Pseudo-Dionísio (século V), Paulo Orósio (século V), Boécio (século VI), Isidoro de Sevilha (século VII), Beda (m. 735), Ricardo de Saint-Victor (m. 1173) e Siger de Brabante (m. 1280). Trata-se de um curioso elenco de autores que revela a base mística do pensamento dantino e, ao mesmo tempo, demonstra como o poeta também era um refinado teólogo:[18] os *doctores* que cita são, para ele, luzeiros celestes a indicar o caminho para a eterna sabedoria, uma meta que não se alcança sem ascese.

Por conseguinte, *devoção* aparece como uma *ação ascética* que cria as condições para a *contemplação mística*; o poeta explicita isso muito bem quando, entre os versos 109-117, estabelece um paralelismo entre Salomão e Pseudo-Dionísio, o quinto e o sexto luzeiros, respectivamente: o primeiro exibe em "sua alta mente um saber tão profundo que não conhece rival no mundo"; o segundo "viu, na carne, a natureza e o serviço dos anjos". Salomão e Dionísio, um rei e um teólogo, ação e contemplação: isso diz muito sobre a compreensão dantina de política e de religião. Saber governar pressupõe o saber viver ou o bem viver; enxergar o mundo angélico pressupõe a transcendência, a elevação da mente, coisa que Dionísio fez estando *in carne*, isto é, no estado de homem vivente. É de vida bem-aventurada e de vida política que se trata: ao citar o *De Coelesti Hierarchia*, Dante certamente não ignora a contribuição do *corpus dionysiacum* para a teologia política, a qual relacionava a hierarquia dos anjos à hierarquia dos homens, o serviço angélico aos ofícios políticos. Salomão e Dionísio tornam-se assim modelos complementares de duas formas de praticar a devoção, uma ativa e outra contemplativa, e Dante, para não perder nem uma nem outra, escolhe as duas.

No tempo de Dante, havia em Florença um pregador dominicano chamado Giordano de Rivalto ou de Pisa (m. 1311), cujos sermões se ocupavam de instigar os fiéis a praticarem as virtudes civis e a viverem devotamente e em penitência (*penitenzia*). Sobre a caridade e o desejo do céu, o pregador recitava:

[no paraíso, o maior santo é aquele que] tem mais amor e mais caridade: esta é aquela virtude que torna a alma gloriosa. [...] sem a virtude da caridade não se pode deter nenhuma outra virtude: ela é senhora e comanda todas as demais, assim como o imperador faz com seus súditos. [...] quanto mais caridade tu tens, mais crescem em ti as virtudes: e de onde nascem as virtudes? Do amor e da *devoção*.[19]

Em vários de seus mais de 700 sermões, *devoção* aparece como sinônimo de amar e de amor, ou como atitude gestual e psicológica de quem ama. Seria algo como colocar o amor em movimento, fazê-lo ato, passar para a atitude de amar, daí a sua associação com as virtudes, que são potências do agir. E que outra finalidade perseguia um pregador que levar os seus ouvintes a agir, isto é, a colocar em ato aquilo que escutava durante a pregação?

Devoção, amor a Deus, mobilização social: uma trajetória que vemos replicada na *Chronica* do notário público Rolandino de Pádua (m. 1279). Ao descrever a batalha de Villanova, travada em 1257 entre o partido pró-imperial, dirigido por Ezzelino de Romano (m. 1259), e o partido pró-papal, representado, na cena, pela cidade de Vicenza, Rolandino interpreta os esforços do partido papal como uma verdadeira devoção, isto é, uma demonstração de amor a Deus e de acatamento à santa fé. De um lado, ele coloca os 200 soldados de Montagnana, aliados dos vicentinos, e de outro os 400 militares de Ezzelino. Os homens de Montagnana estavam em menor número, mas não fugiram ao combate: "colocando totalmente sua esperança na Santa Mãe Igreja, pela qual lutavam, e no sinal da Santa Cruz, olharam para aquela situação como se fosse uma batalha contra os pérfidos sarracenos e inimigos da santa fé católica". Diante da bravura da tropa cruzada [*cruce signata*], o exército inimigo [de Ezzelino] não conseguiu resistir, e sua derrota "tornou patente que não era impossível à virtude divina auxiliar a devoção [*devotionem*] de uns poucos fiéis quando lutavam contra muitos nefastos infiéis.[20]

Rolandino não é nada original ao interpretar a batalha de Villanova como uma cruzada; já o papa Alexandre IV (m. 1261), em 1255, havia equiparado a luta contra Ezzelino ao movimento cruzado e, usando de sua autoridade apostólica, tinha concedido aos soldados pró-papais os mesmos benefícios e privilégios que a Igreja reservava aos que combatiam os muçulmanos no Oriente. Para Rolandino (ou mesmo para o papa), não interessava muito que Ezzelino fosse cristão como ele, e que lutasse igualmente pelos direitos de Deus e da sua religião. Para ele, devoção se traduzia em engajamento político, no caso, dentro do partido da Igreja romana, cujos pontífices propunham as cruzadas como movimentos heroicos de devoção, pelos quais as causas de Deus, reduzidas às causas da Igreja, encarnavam-se em um preciso projeto político, papal sim, mas comunal também.

Dante Alighieri, Giordano de Pisa, Salimbene e Rolandino servem de exemplo e, com suas obras, exemplificam como as populações das cidades setentrionais da península italiana eram suscetíveis ao fervor religioso, e como esse fervor, traduzido em devoção, fomentava diversas formas de compromisso social e político. Não é que os leigos estivessem descobrindo esse tipo de devoção apenas naquele momento histórico, mas, sem dúvida, os séculos XIII e XIV foram marcados por uma intensa elaboração de formas devocionais, um processo em que leigos e clérigos trabalharam juntos e produziram um acervo gigantesco de livros de orações, práticas piedosas, instituições caritativas, iconografia sacra e hinografia litúrgica, rituais e festivais cívico-religiosos, enfim, todo tipo de expressão performática da fé. Os leigos desse período foram especialmente inventivos e criativos; souberam interpretar e atualizar a tradição e afirmaram as suas próprias convicções espirituais, sem renunciar ao patrimônio espiritual de clérigos e monges.

8.3 As confrarias e irmandades urbanas

Em dezembro de 1144, os membros da Confraria de São Nicolau, em Coimbra, expuseram os fundamentos de sua irmandade em texto redigido em protoportuguês; era um regimento de vida comunitária que começava assim:

Em nome do Paadre e do Filho e do Espirito Samto aamen. Autoridade dos Samtos Paadres nos amoeste que qualquer cousa que confessemos ho ajumtamento de fe e que fiquemos fielmente em o ajumtamento da hirmindade e do autor e se comsserarmos de vontade os autos da primeira igreja sem duvyda acharemos que os Apostollos e aquelles que com eles criiam persseveravam da vomtade em desejo de hermindade e de fee e de amor asy o testemunha o bem avemturado Sam Lucas evangellista em os autos dos Apostollos que diz que huum coraçam e huua vomtade era em todos aquelles que eram. [...] que possamos seguir huua vomtade e huum amor o qual o boom pastor emsignou aa homrra de Deus Padre e do bem avemturado Sam Nicollao comfessor de Christo comviimos em Christo em huua hirmindade e amor e pois que asy he em esta tençam huum ame ho outro d'amor de hirmãao e o outro ho outro na necessidade com deligemcia lhe acorra.[21]

O que ocorria em Coimbra com a *hirmindade de Sam Nicollao* ocorria em outras regiões da cristandade latina, como a Itália, a Germânia, a Provença ou o reino da França. Muitos religiosos de vida claustral e muitos leigos e leigas, sejam as pessoas casadas e os solteiros, sejam os artesãos e mercadores e os nobres cavaleiros, tomando os Atos dos Apóstolos por regimento e modelo de como viver em comunidade eclesial, iniciaram um movimento religioso que ficou conhecido como *vita apostolica*, cuja meta era restaurar a primitiva forma da Igreja apostólica.

Desde a publicação de *Movimentos religiosos na Idade Média*, por Herbert Grundmann em 1935, a historiografia tem estudado esse assunto como se fosse um grande movimento de contestação da autoridade da Igreja institucional. É visto como um protesto contra padres, bispos e papas, considerados supostamente como os únicos beneficiários do sagrado eclesial e envolvidos em situações morais inadequadas para seu estado. Certamente, esse movimento colocou a moral da conversão como uma preocupação central, mas não se limitou apenas ao concubinato de padres ou aos abusos de autoridade por parte de bispos e abades. Na verdade, ele questionava todo o comportamento dos cristãos, sejam eles leigos ou clérigos, consagrados ou não.

No fundo, como descreve o cônego Gerhoh de Richersberg (m. 1169), em *De aedificio Dei*, o movimento da *vita apostolica* significou uma tomada de consciência espiritual que contribuiu demasiado para que as comunidades eclesiais – a começar pelos mosteiros, logo também as paróquias e catedrais – procedessem a uma revisão de suas estruturas e da dinâmica interna da vivência da fé, e, por óbvio, essa revisão, em vez de fragilizar a instituição eclesiástica, fortificou-a ainda mais, pois os laços que uniam essas pessoas entre si e com a Igreja foram revigorados, independentemente do querer ou da malquerença dos clérigos.

A *vita apostolica* foi um movimento dentro da Igreja, não contra ela. Embora tenha se originado nas novas comunidades de clérigos reformados (geralmente cônegos regulares), os leigos abraçaram tão intensamente essa causa que se tornaram os principais colaboradores, de forma consciente ou não, na efetiva reforma das estruturas e da pastoral da própria hierarquia eclesiástica. O enorme sucesso do movimento fez com que, ao longo do século XIII, a mística evangélica transformasse tão profundamente a cultura eclesial que se tornou impensável ignorá-la. Nesse processo, os leigos desempenharam um papel de destaque, sendo os artífices das comunidades eclesiais renovadas, que recuperaram o sentido comunitário do sacramento do batismo. Essas comunidades eram compostas de pessoas que, espiritualmente, transcendiam o mundo secular, mas que, ao mesmo tempo, buscavam sua santificação dentro desse mundo.

Aqui está o que Gerhoh de Richersberg escreve sobre o despertar da santidade leiga no século XII – ele se refere ao que testemunhou na região germânica, mas o mesmo é válido para a região ibérica:

Pois se há alguns no degrau mais baixo que desejam ser salvos, porém não querem ou não podem desfazer-se de todas as coisas para ser santos com os santos, ou ordenar todas as suas coisas para o serviço dos pobres e dos santos, como discípulos perfeitos, e que ainda não são capazes de comer pão sólido, e sim beber simplesmente o leite da fé: estes tais recorram também ao ensinamento apostólico [*doctrinam apostolicam*]. Nele, os casados encontram uma tal regra [*regulam*], uma tal disciplina [*disciplinam*] de ora se abster do sexo, ora de voltar a fazê-lo, de modo que, se seguirem perfeitamente a sua regra, com o bem-aventurado Jó, simples e retos e tementes a Deus de modo algum serão privados da salvação.[22]

Ao indicar a disciplina do sexo, o cônego parafraseia o texto paulino de 1Cor 7, 1-9, no qual o apóstolo trata do matrimônio cristão e das relações sexuais dentro do casamento: contrariando certas correntes ascéticas de seu tempo, que se abstinham completamente do sexo, Paulo impõe uma condição para tal prática: marido e mulher devem estar de acordo e desde que a finalidade seja para facilitar a oração em tempos específicos, não terminantemente. Gerhoh, no trecho citado, maneja o vocábulo *regula* (regra) como sinônimo de *doctrina apostolica*, que, no seu entender, constitui um modo de vida, um manual de como proceder na vida comunitária.

A base é certamente a literatura das regras monásticas, uma tradição que remontava ao século IV, ou das exortações ascéticas – como a Carta de São Jerônimo a Eustóquia ou de Santo Agostinho a Proba –, nas quais encontramos o escopo de uma vida ordenada em vista da ascensão espiritual e da deificação. Gerhoh, momentos antes do trecho mencionado, já tratara dos leigos que aderiam a uma regra ainda mais estrita, e que eram portanto penitentes em tempo integral ("discípulos perfeitos"), enquanto aqui ele se refere às pessoas que somente conseguem buscar a perfeição por uma via mitigada: esses tais podem ser santos, mas também para eles existe uma *regula*, um caminho mais duro do que o daqueles que, sendo parte da Igreja, não buscam a santidade. Esses que buscam a santidade são como os irmãos de que trata o regimento da Confraria de São Nicolau de Coimbra.

O regimento da *hirmindade* menciona explicitamente a "autoridade dos Santos Padres", a "primeira igreja" (de Jerusalém), a "vida dos apóstolos" e o livro de São Lucas, isto é, os Atos dos Apóstolos: tudo isso compõe como que uma *regula* para aqueles que estão munidos do "desejo de fraternidade, de fé e de amor": no texto "ajuntamento de fé" indica a direção comunitária com que a devoção religiosa deve ser experimentada, donde a ênfase do regimento recai sobre a fraternidade, e é em vista de maior mutualidade que o regimento estabelece uma série de preceitos. Trata-se, portanto, de uma nova forma de viver a eclesialidade, uma consciência mais aguda do que era pertencer a uma comunidade de fé; assim, esperava-se que os irmãos tivessem uma convivência comunitária mais qualificada, uma prática de oração mais intensa e demonstração mais evidente da conversão para a ética do Evangelho.

Contudo, a confraria se soma às paróquias, que nunca deixaram de ser as referências primárias de pequenas cidades e aldeias, como nas grandes eram as catedrais; as confrarias favorecem um espaço de convivência e de agremiação que tende a agrupar indivíduos específicos (também classes específicas) numa convivência mais direta, mais voluntária e socialmente mais vantajosa, porque, como se fosse um clube, a irmandade engaja o indivíduo num grupo e predispõe o grupo a estar atento ao indivíduo. O

Compromisso da Confraria de Santa Maria de Fungalvaz, de Torres Novas (Portugal), de 1176, reza assim:

Por emde nos os comfrades que ora somos e os que depois emtrarem na homrra e louvor do Senhor Deus e da Virgem Gloriosa Sancta Maria Sua Madre e por saude de nossas almas nos todos juntamente stabellecemos amtre nos amor e irmindade convem a saber que huum ame o outro irmaamente e lhe socorra quando lhe for mester e que o ajude quamdo poder.[23]

A vinculação individual ao clube confraternal traduz o desejo de baixar as armas, suspender os conflitos, aumentar os canais de resolução de demandas interpessoais, enfim, de diminuir o quanto fosse possível os efeitos de uma sociedade urbana armada, militarizada e muito marcada pela lógica da vingança. Também servia para inserir o indivíduo num grupo que seria socialmente visto como um grupo de devoção, portanto, ilustrado por um valor social elevado, em que não há anonimato: os regimentos de São Nicolau e Santa Maria de Fugalvaz trazem os nomes dos primeiros signatários, o que se repete em outros textos de mesmo teor.

Mas não só de aparência vive o citadino devoto; a entrada numa confraria garantia um compromisso de mutualidade, isto é, de ajuda mútua na hora em que os bens materiais individuais ou familiares desaparecessem ou fossem insuficientes. A confraria garante a solidariedade que nem sempre o parentesco garante; no regimento de São Nicolau, lê-se o seguinte:

E se a allguum de nos arder casa ou lha queimarem por mall que lhe quiriam ou se lhe vier cativeiro ou pobreza ou outra necessidade todos como iirmãaos em huua vomtade lhe façamos esmolla per tal guisa que nosso irmãao posto em mingoa possa seer alevamtado della e soteer-se ou seer livre daquel cativeiro e esto aa homrra de Deus Padre Todo Poderoso e de Sam Nicollaao duas vezes no anno convem a saber tres dias depois da festa de Todollos Samtos e em as oytavas de Pascoa em tall guisa que os pobres de Christo comnosco possam seer rrecuados verdadeiramente em ho ajudoiro dessa hirmindade e dos pobres e dos cativos.[24]

A sociedade de vingança segue presente – há quem possa incendiar a casa de outro só para fazer-lhe mal –, bem como uma sociedade guerreira – em Coimbra, nessa data, o recém-criado Estado português ainda vivia em guerra com potentados muçulmanos vizinhos, e mesmo em relação ao reino cristão de Castela a coisa não era mais fácil: cair em cativeiro exigia resgate, uma soma elevada para um citadino comum. A confraria assegura, por um lado, um "ajudoiro dessa hirmindade", ou seja, um caixa comum cujo tesouro se reverte em seguro de imóveis, de vida e economia (tirar o irmão de sua miséria momentânea), e, por outro, solidariza esses irmãos confrariados com os pobres e miseráveis não confrariados, ainda que isso seja algo reservado para momentos específicos. Confraria lida com dinheiro comunalizado e para o bem da comunidade. E, como dinheiro é dinheiro, a confraria atua como um sujeito econômico, "que produz e/ou redistribui riqueza através de uma organização de gestão não diferente daquela de uma sociedade comercial e com repercussões significativas para o contexto econômico de pertença".[25]

O sucesso das confrarias foi tão grande, sobretudo a partir do século XIII, que elas se tornaram a forma mais apreciada de organização associativa da religiosidade e da piedade leiga em contexto urbano.[26] Tal como uma comuna, uma confraria também é uma associação *juramentada* com compromissos morais e políticos. Ambos os movimentos começam e se desenvolvem concomitantemente, com a diferença de que, nas comunas, a organização política em assembleias e partidos profissionais excluía a presença feminina, bem como a atuação das mulheres,[27] enquanto as confrarias aceitavam-nas em igual condição com os homens e, em alguns casos, elas podiam até dispor de mais influência do que os homens.[28] Conhecem-se algumas tentativas de regulamentação geral desses sodalícios devocionais a começar pelas instruções de Inocêncio III, quando autorizou a chamada terceira ordem dos Humilhados da Lombardia (aprovados em 1201), mas é em 1221 que surge um documento referencial para o movimento, chamado *Memoriale Propositi*, assinado pelo cardeal Hugolino de Anagni, futuro papa Gregório IX (m. 1241).

Como diz o nome, o *Memoriale Propositi* contém um *propositum* (um preceito ou ordenamento) pelo qual "o irmão ou irmã da penitência", como são chamados, conduzem suas vidas: o texto indica a simplicidade das roupas, os dias de abstinência de carne, de jejum completo, as horas e os modos de orar, a periodicidade da recepção do sacramento da confissão, da comunhão, o preceito da missa mensal da fraternidade; proíbe-se que o irmão da penitência porte armas e profira juramentos cívicos – aspecto que acabou por desestimular esse tipo de confraria, pois as cidades dependiam de seus cidadãos para a formação da *militia* urbana, e todos os cargos cívicos exigiam o juramento; por conseguinte, se muitos cidadãos resolvessem tornar-se irmãos da penitência (e isso poderia ser uma saída para aqueles que não queriam gastar com as despesas e correr os riscos da *militia*), a cidade ficaria em prejuízo. Assim, ao lado das confrarias ditas da penitência, fortificam-se outras, mais abertas à cidade e menos rígidas no corte entre a prática devota e o compromisso cívico.

Em 1232, o mesmo Hugolino, agora já como papa Gregório IX, promulgou uma bula, chamada *Ad nostram noveritis audientiam*, e por ela sabemos da existência, em Roma, de diversos grupos devocionais chamados de *fraternitates laicorum*. Dessa vez, o documento pontifício expressa preocupação com os possíveis abusos que as *fraternitates* podiam cometer, entre eles, um distanciamento do grupo e cada indivíduo da instituição paroquial (decorrente da sensação de que o serviço religioso recebido na confraria bastava para os deveres dos membros), a infração aos costumes tradicionais e as normas aprovadas, a depreciação da autoridade pastoral dos ministros ordenados, a extravagância e a singularidade na celebração dos ritos sacros, a presunção de organizar a sua comunidade de modo paralelo às formas eclesiais ordinárias, inclusive, escolhendo seus reitores e tesoureiros e publicando seus estatutos.[29] A questão dos tesoureiros é o maior dos problemas. Como dito antes, uma confraria é um ente econômico e, no geral, bastante livre do controle clerical.

O impasse nem é tanto a falta de controle, e sim o risco que corriam as paróquias, entidades territorializadas, diante das confrarias muito mais elásticas e independentes: como sabemos, por exemplo, pelos regimentos confrariais citados, a entrada e a permanência na associação exigem dos confrades pagamentos periódicos de contribuições, dinheiro este que a confraria usa para custear as refeições coletivas para os pobres, os albergues e demais serviços que presta à cidade, e que, no entanto, torna-se um forte concorrente da arrecadação das paróquias. Os párocos reagiam, e com razão, pois as despesas paroquiais eram muito maiores, haja vista a abrangência dos serviços que competiam a uma paróquia, a quantidade de pessoas que ela envolvia, o número das liturgias solenes que exigiam altas despesas, o sustento de seus presbíteros, diáconos, subdiáconos e cantores, bem como todas as custas adicionais de uma paróquia.

Por outro lado, quando a confraria exigia pagamentos de seus confrades – "se algum quiser na dita confraria entrar pague pola entrada meio morabitino e a sa morte leyxe a sa confraria meio morabitino ou mais se poder" –, ela oferecia retornos diretos que podiam suprir carências pessoais e econômicas muito concretas, não só em matéria espiritual – "Se alguum confrade asy pobre come rico for enfermo deve a ser visitado dos outros confrades ameude. E dementre for doente devem quatro confrades ameer com ele aver revezes en cada hũa nocte. E se na vila for o qui hy nom quiser viir meer peite aos outros confrades .v. soldos" (Regimento da Confraria do Espírito Santo de Ribeira de Vide, século XIII).[30] Assim, a confraria tinha seu próprio caixa porque os irmãos tinham de doar regularmente, e eram eles mesmos, não os padres, que administravam os valores em prol da fraternidade. Daí que havia de fato riscos grandes de a solidariedade confrarial criar embaraços para os párocos e clérigos: não raro, os confrades procuravam burlar os direitos paroquiais, por exemplo, não sepultando seus defuntos nos cemitérios da paróquia ou exigindo que os padres seguissem os protocolos definidos pela irmandade.

No *Memoriale propositi* de 1221, determinava-se que os Irmãos e Irmãs da Penitência se vestissem "*de panno humili sine colore*", mantendo "os mantos e as peles sem decotes, fixos ou inteiros, em qualquer caso presos com fivelas e não abertos, como usam os seculares, e que as mangas estejam fechadas".[31] Como se nota, os irmãos da penitência, por seu modo de vestir, deviam se diferenciar esteticamente dos demais fiéis, aqui chamados de "seculares". No entanto, na bula *Ad nostram*, de 1232, os confrades são criticados exatamente porque se vestiam de modo diverso: "malgrado a aparência superficial de honestidade, cujo mérito é duvidoso, [...] que eles não sejam levados a erro, sob o pretexto de simplicidade".[32]

A suposta contradição entre ambos os textos, na verdade, camufla a estratégia de Gregório IX para refrear tendências anticlericais, que havia pouco tempo causaram grande dano à Igreja de Milão, com seus barulhentos *Patarini*.[33] A bula de 1232 atendia a uma reclamação formal do clero romano, que alegava que os *laici* confrariados usurpavam seus direitos. O *Memoriale propositi*, ao contrário, consolidava a vinculação dos irmãos e irmãs da penitência à Ordem dos Frades Menores, uma instituição explicitamente dependente da cúria romana e, portanto, capaz de conter qualquer ímpeto de desobediência que pudesse envolver os leigos penitentes a ela adscritos. Igual situação se passou com a *fraternitas sive congregatio beati Dominici*, de Bolonha, em 1244, quando o mestre geral da Ordem Dominicana submeteu a fraternidade leiga à autoridade de seus religiosos, enquadrando-os formalmente na administração da ordem.[34]

Diante disso, surge a pergunta: Gregório IX seria uma referência confiável para conhecermos as confrarias da Baixa Idade Média? Embora seja verdade que uma bula pontifícia tenha autoridade para ordenar e vincular, o papa não dissimula suas reservas em relação a esse fenômeno confraternal. Ele percebe que esse estilo de vida pode levar a excessos e representar riscos para a *ecclesia*, principalmente enfraquecendo a autoridade clerical e a unidade eclesial. No entanto, é precisamente por essa razão que a bula se torna uma fonte valiosa de conhecimento. Ao tentar limitar as excentricidades das confrarias, o papa apenas ressalta o quanto esse sistema confraternal atendia a uma demanda espiritual por parte dos leigos, que não se sentiam totalmente satisfeitos com as estruturas convencionais das paróquias.

O poeta italiano Giovanni Boccaccio, que ridicularizava, no *Decameron*, a credulidade dos confrades, para ele, meros santarrões hipócritas de Florença, ao criticá-los, também reconhece que muitos homens e mulheres, sobretudo os mais ricos, realmente *"si sforzano d'andare in paradiso"* ("esforçam-se para ir ao paraíso"),[35] ou seja, há algo neles que não era mero formalismo e ostentação. Assim, Gregório – e inclusive Boccaccio – podiam até ficar desgostosos com o modo com que os *laici* praticavam a devoção, mas isso demonstra que nem mesmo o papa seria capaz de impedir que os fiéis interpretassem a tradição e a espiritualidade cristãs a partir de um *ethos* que lhes era próprio.

Os confrades, em matéria doutrinal ou sacramental, afirmavam-se sempre como filhos da Igreja, não seus concorrentes. Todavia, o fato de que a confraria representava uma maneira de contornar os limites de uma paróquia tornou-se um desafio para a incorporação dessas associações nos mecanismos tradicionais da vida eclesial. E essa questão se somava a outra: como rezava o estatuto da Confraternita della Vergine, da cidade Arezzo, na Toscana (1262): "Deus não faz nenhuma discriminação entre homens e mulheres na realização dos atos de salvação".[36] Esse esclarecimento estatutário se justificava em face de uma forte tendência de impedir que as mulheres assumissem papéis de comando dentro das irmandades mistas e, em alguns casos, inclusive de vetar a filiação delas ao grupo.

Como recorda Anna Esposito,[37] a participação de mulheres nas fraternidades respeitava dinâmicas locais variáveis no tempo e no espaço, pelo que cada confraria decidia qual o espaço a abrir às mulheres, sem tornar a decisão imutável. Após uma inicial hesitação, durante a primeira metade do século XIII, a orientação se inverteu, e o número de mulheres nas confrarias cresceu exponencialmente, em alguns casos, tornou-se comparável ou superior à quantidade de homens. A Confraternita della Misericordia Maggiore, de Bérgamo, chegou a incluir mais de mil mulheres, em 1274, e atingiu a cifra de 1.783 associadas, no ano de 1339.[38] Em Gubbio, na Úmbria italiana, a Fraternita di S. Maria del Mercato, já ativa por volta de 1270, contava, no século XIV, com 2.160 sócias contra 1.092 sócios, um número muito expressivo, se pensarmos que a cidade oscilava entre 8 mil e 10 mil habitantes.[39]

Como se pode imaginar, a presença maciça de mulheres no espaço confrarial não tardaria a mostrar seus efeitos: o mais óbvio foi a ampliação do envolvimento feminino nas instâncias deliberativas da própria irmandade; Anna Esposito constata que os sodalícios italianos mais procurados pelas mulheres eram aqueles lhes garantiam a "possibilidade de exprimir-se, seja do ponto de vista das práticas religiosas, seja daquele das obras caritativas";[40] "exprimir-se", nesse caso, significava traduzir a devoção em caracteres que convinham às mulheres, segundo sua sensibilidade espiritual específica, consolidando a confraria como uma das mais fortes manifestações daquilo que Jacques Dalarun chamou de "religião da mulher".[41]

Além disso, as confrarias e irmandades respondiam a uma demanda social não atendida pelo governo cívico da comuna, e que tinha a ver com a assistência social. Ora, as cidades do norte italiano destacavam-se por uma desenvolvida economia mercantil, gerida por associações de interesse comercial, que, por um lado, protegiam a própria categoria profissional diante da concorrência e, por outro, influenciavam a política municipal em proveito próprio. Assim, nas cidades marcadas pelo comércio e o amor ao dinheiro,[42] proliferava cada vez mais o contingente de marginalizados (homens e mulheres), que caíam na mendicância, na prostituição ou na criminalidade, vitimados por uma lógica de lucro que impunha à cidade uma predisposição à exclusão daqueles elementos menos produtivos ou menos eficientes.[43]

Desse modo, as irmandades penitenciais, por um lado, combatiam essa lógica de lucro, promovendo um culto especial para os sofrimentos de Cristo, identificados com o sofrimento dos pobres, e uma devoção do coração para enfatizar o sentimento e a emoção em vez da racionalidade do comércio; por outro lado, criavam instituições caritativas, como a Confraternita della Misericordia de Florença (1244), a homônima Confraternita della Misericordia Maggiore de Bérgamo (1265) ou a Confraternita della Santissima Annunziata, fundada por Michelina de Pesaro, em 1347, todas especializadas no atendimento aos necessitados e miseráveis.

Apesar de as confrarias reservarem às mulheres um lugar diferenciado no interior da vida citadina, as fraternidades não podem ser tomadas como revolucionárias do ponto de vista das relações de gênero, uma vez que, na grande maioria dos casos, as mulheres eram impedidas de ocupar postos de comando nas próprias associações, apesar de serem numerosíssimas.[44] Devido à proximidade institucional das irmandades com a própria noção cívica de comuna, as confrarias acabaram adotando práticas sexistas comuns ao sistema comunal ordinário, o que, ao fim e ao cabo, mantinha as mulheres dentro de limites tradicionais, exceto por um detalhe: as confrarias penitenciais e/ou caritativas geraram uma espiritualidade da compaixão e do afeto, a qual, impulsionada pela pregação dos frades mendicantes, gerou uma postura espiritual diferenciada em relação a Deus e ao próximo, de modo que o *ser feminino* passou a ser constitutivo dessa espiritualidade.[45]

8.4 Leigos e leigas consagrados: a escolha da penitência como política

Cristina de Markyate (m. 1155) foi uma mulher anglo-saxã anacoreta leiga que tomou a decisão de romper um casamento arranjado pela família, a fim de se dedicar inteiramente à vida contemplativa. No entanto, ela optou por não ingressar em um mosteiro oficial e, inicialmente, não fez votos solenes como uma monja formal. Ela seguiu um caminho semelhante ao de outra anacoreta penitente, a princesa Adelaide, filha mais nova de Guilherme I (m. 1087), o conquistador normando da Inglaterra, e a tantas outras mulheres que decidiram se afastar do mundo secular sem se juntar a conventos tradicionais. Elas optaram por permanecer como penitentes autônomas, algumas como eremitas reclusas, outras como semieremitas ou peregrinas, e ainda outras como serviçais independentes de alguma casa monástica formal. Cristina, por exemplo, viveu 16 anos como eremita e, depois, passou outros 20 dentro de uma comunidade de mulheres penitentes, as quais formaram um priorado e se congregaram à abadia de Saint Albans, no sul da Inglaterra.[46]

Essas leigas, a quem podemos chamar de reclusas ou semirreclusas,[47] tornaram-se muito numerosas desde o início do século XI, e nessa população contam-se também muitos homens eremitas independentes: eles todos geralmente não obedeciam a nenhuma regra específica, preferindo a condução espiritual de mestres *ad hoc* – como Rogério Eremita, no caso de Cristina, ou Anselmo de Bèc, no de Adelaide. Na península Ibérica, destacou-se a jovem Ória (ou Áurea) de Villavelayo (ou de San Millán), província de La Rioja (m. 1070); na Renânia (sul da Germânia), conhecemos a famosa Jutta de Sponheim (m. 1136), que foi mestra de Hildegarda de Bingen (m. 1179); enquanto na Baviera notabilizou-se Diemut de Wessobrunn (m. 1130), uma grande copista de manuscritos bíblicos.

O poeta Gonzalo de Berceo (m.*c.* 1264) define Santa Ória (ou Áurea) como uma penitente que "jazia entre paredes" e, nesse sentido, que compartilhava com Santa Wiborada de St. Gallen (m.*c.* 926) idêntico chamado à forma mais dura de reclusão, o emparedamento, isto é, o confinamento da anacoreta no interior de uma cela de 2 a 3 metros quadrados, dispondo apenas de uma janela e sem porta.[48] A reclusão da cela, no entanto, parecia mais conectar essas mulheres ao entorno social, principalmente nas cidades, do que isolá-las ou descartá-las: delas falam até as canções de gesta cavaleirescas, sempre, como de mulheres em contato com cavaleiros – a *Quête du Saint Graal et la Mort d'Arthus*, de Gautier Map (séc. XIII), por exemplo, retrata as emparedadas em constantes diálogos com os militares, que as procuravam para aconselhamento.[49]

Os reclusórios femininos (também chamados de *heremiterium, romitorio, cella*) localizavam-se no interior de cidades e aldeias, junto a pontes ou cerca amuralhada, também a hospitais ou leprosarias, sempre com a máxima proximidade com eventuais benfeitores, dos quais a reclusa urbana dependia. Para a Itália, conhecemos o caso de Umiltà de Faenza

(m. 1310), que viveu casada por 9 anos, tendo depois integrado uma comunidade de monges por 14 anos, até que se tornou eremita urbana independente, vivendo assim por 12 anos, antes de ser escolhida como abadessa de um mosteiro reformado de Florença, à frente do qual viveu 44 anos. Do tempo de seu emparedamento, a sua hagiografia relata o seguinte:

[Os citadinos] fabricaram [para Umiltà] uma cela muito pequena junto à igreja de S. Apolinário, na predita cidade, dispondo de uma janelinha que dava para a igreja, pela qual [a eremita] podia assistir e receber os Sacramentos da Sacrossanta Mãe Igreja; e fizeram também outra janelinha para o lado de fora, por onde recebia esmolas e podia livremente *satisfazer aqueles que chegavam*, conforme ela solicitou.[50]

Se os citadinos, curiosos, espionam as suas emparedadas, por outro lado, garantem a elas até mesmo a moradia, o alimento e toda ajuda adicional para viverem tão árdua penitência. Conhecemos casos de reclusão masculina, porém são muito mais raros e, geralmente, externos ao mundo urbano (na *Vita Sanctae Bonae virginis Pisanae*, encontramos um anacoreta chamado Ubaldo Eremita, "que servira a Deus recluso na cela por 30 anos").[51] O mais comum é encontrar os homens eremitas ou penitentes vivendo como pedintes mais ou menos giróvagos, hospedados em igrejas desabitadas ou em comunidades religiosas que lhes davam guarida. Os títulos que os contemporâneos usavam para identificar essas personagens curiosas eram variados: *conversi*, *poenitentes*, *heremitae* (ou *eremitae*), *solitarii*, *reclusi*, *peregrini* e tantos outros. Ranieri de Aqua, de Pisa (m. 1160), por exemplo, era tratado de "Raynerius Eremita" ou "Raynerius peregrinus", indistintamente por seu hagiógrafo.[52]

Os nomes são variados porque o estatuto eclesiástico e social desses indivíduos era pouco preciso e mal estabelecido no direito da Igreja. Algumas características são constantes: eram leigos, pauperistas e viviam regimes de vida informais. O eremita ou converso, por exemplo, rompia com o seu estado de vida anterior (se fosse casado, deixava a esposa e os filhos; se fosse rico, renunciava aos bens), porém, em vez de solicitar entrada numa instituição religiosa formal, ele improvisava uma casa, vestia uma roupa pobre, mas que não se tratava de um hábito monástico, não seguia uma regra de vida estabelecida, adotando, no lugar, uma *forma vitae* que os observadores contemporâneos, como Jacques de Vitry (m. 1240), associavam a uma existência conforme o Evangelho e marcada pelo celibato, pela renúncia ao *status* familiar, incluída a fortuna e a herança, e pelo abandono da profissão laboral; eles abraçavam, de fato, uma dura ascese, contudo, mantinham grande liberdade institucional. Por isso, preferi chamá-los de leigos consagrados, pois é isso que eles sempre foram, mesmo que, como aconteceu com Francisco de Assis (m. 1226), o indivíduo penitente autônomo tenha depois migrado para um estado clerical definido.

Cronistas, como Salimbene de Parma, deixaram muitas indicações de quão abundantes eram esses leigos consagrados: eles eram centenas, às vezes isolados, às vezes em pequenas comunidades, porém, sempre dentro das cidades. Tratou-se de um fenômeno muito mais urbano do que rural. A historiadora Anna Benvenuti Papi registrou 36 casos de mulheres reclusas na Toscana que alcançaram a veneração como santas – e podemos imaginar que o número de mulheres que não tiveram essa mesma sorte seja ainda maior;[53] Jacques Dalarun afirma que, em Roma, havia 260 mulheres eremitas urbanas em 1320.[54] A pesquisadora Gregoria Cavero Domínguez, ao estudar os casos de mulheres emparedadas na península Ibérica, apresenta diversos dados que evidenciam a natureza urbana desse movimento:[55] em Sevilha, as emparedadas habitavam o mais das vezes anexas a igrejas paroquiais, e algumas preferiam formar microcomunidades (emparedamentos comunitários), como nas igrejas de San Salvador, San Juan de la Palma, Santiago de la Espada, San Miguel, San Martín, San Bartolomé, San Pedro e San Leandro, todas comunidades eclesiais intramuros – Cavero Domínguez observa que, nas igrejas de San Juan de la Palma, Santiago de la Espada e San Salvador, as mulheres emparedadas eram parentes de famílias nobres e da cavalaria sevilhanas que residiam nas proximidades. Isso demonstra que, mesmo ao romperem de forma espetacular com o mundo, essas mulheres tendiam a manter uma conexão próxima com seus familiares.

Além da oração, o que essas pessoas faziam? Uma análise minuciosa exigiria que distinguíssemos a contribuição social dos anacoretas reclusos daquela dos mais integrados à sociedade (como os *peregrini*), uma vez que alguns tinham mais facilidade em oferecer serviços pastorais do que outros. No entanto, sugiro uma abordagem abrangente, priorizando o estudo do caso feminino, que geralmente é menos conhecido. Vou examinar textos hagiográficos, pois são mais acessíveis e os autores das *Vitae* dessas santas mulheres, contrariando um padrão antigo, foram generosos ao relatar a sensibilidade delas e também tiveram o cuidado de destacar sua própria sensibilidade em relação às cidades e à sua população.

Um desses hagiógrafos urbanocentrados, e cujo relato bem se compara a uma crônica, é o frade de nome Giunta Bevegnati (m.*c.* 1318), autor da *Antica Leggenda della Vita e dei Miracoli di S. Margherita di Cortona*. No decorrer da narrativa, o frade nos brinda com informações bem minuciosas acerca de si mesmo, da situação histórica e do clima espiritual em que vivia. Diz, por exemplo, que mantinha consigo um caderno, onde anotava tudo aquilo que ouvia a santa falar e aquilo que via de seu comportamento. Ele mesmo recorda que recorria a esse caderno sempre que necessário.[56] Ao longo de todo o texto, frade Giunta insiste em se posicionar como *"ego confessor eius"*, destacando o seu ofício de confessor de uma santa, e simultaneamente demonstrando que ele era também seu servidor. A santa a quem ele servia atendia pelo nome de Margarida, nascida provavelmente em 1247, na cidade umbra de Laviano, nas proximidades do lago Trasimeno.

A santa, por sua vez, teve uma vida sentimental e vocacional muito tumultuada (nisso se comparando a tantas outras convertidas da mesma época, na Itália e fora dela). Ainda jovem, Margarida enamorou-se de um rico citadino de Montepulciano, com quem viveu irregularmente casada durante nove anos, uma relação socialmente escandalosa, que resultou no seu banimento da família e no desprezo da parte da família de seu companheiro, com quem teve um filho. Quando o companheiro faleceu, ela viu-se abandonada por toda a parentela, e, sem ter onde ficar, mudou-se para a pequena cidade de Cortona. Ali, ela recebeu a solidariedade de algumas mulheres que, vendo-a com uma criança em tanta penúria, ofereceram-lhe emprego, a princípio de doméstica e, logo depois, de parteira. Durante esse período, algo mudou tão completamente dentro dela, que não mais quis saber de voltar à vida social das jovens mulheres de sua geração. Em 1275, ela foi recebida como *irmã da penitência*, na igreja dos frades Menores de Cortona, e, pouco tempo depois, descobriu sua nova vocação, a de eremita reclusa.

Entre Giunta e a recém-conversa Margarida originou-se uma amizade tão profunda, e uma cumplicidade espiritual tão marcante, que deles se poderia dizer o mesmo que Michel de Certeau escreveu da mística visionária Catarina Emmerich (1774-1824) e de seu escriba, o poeta romântico Clemens Brentano: "graças a essa aliança entre o poeta aristocrático e a mística de vilarejo, o discurso da 'visionária' fez emergir, através de uma 'literatura' escrita, a língua 'selvagem' de um mundo rural".[57] Ora, Michel de Certeau afirma que os místicos, via de regra, empregam uma "linguagem recebida" de seu meio ambiente cultural; em outras palavras, que a fala dos místicos, naquilo que tem de excessos extraordinários, expressa-se numa gramática culturalmente compartilhada. Catarina Emmerich, por exemplo, falava a "língua" dos camponeses da Westfália, e foi justamente por isso que o poeta Brentano se encantou por ela. Giunta Bevegnati não só se encantou com a fala de Margarida, como conheceu, no confessionário, os seus pecados e as pegadas de sua alma. Ao descrever essa alma, Giunta não se esqueceu da cidade onde ela era nutrida e, assim, com a linguagem mística da alma, o hagiógrafo registrou também a linguagem mistificadora das cidades.

Num desses momentos, o frade anotou o relato de uma conversa mais do que reveladora entre a santa e o diabo:

O antigo adversário enganador das almas, vendo que Margarida não relaxava nem mesmo em um mínimo ponto no rígido rigor com que vivia a abstinência, como se fosse um guerreiro que nada soubesse e que seria derrubado por uma mulher. Aproximou-se ela e disse: "Ó sua infeliz, o que fazes nessa cela? Permito-me dar-te um conselho: renuncia, renuncia logo à graça divina; e trata de não te preocupares muito daqui para a frente em querer acumular tantos méritos. [...] Melhor seria se tu praticasses a regra geral dos teus *Fratres de Penitentia*, conforme eles a praticam, e receberes, com eles, a misericórdia que buscam, jejuando e frequentando as igrejas para as pregações e ofícios. Bastaria para ti seres contada no número daqueles que deverão ser salvos. Por isso, por que ficas trancada nessa cela e perdes, ao mesmo tempo, o corpo e a alma?".[58]

Margarida havia vivido anos como *soror de penitentia* e praticado exatamente o que o diabo lhe recomenda, uma devoção que já no século XIII muitos considerariam exagerada. Ela, no entanto, trocara a confraria por uma cela, isto é, uma comunidade pelo isolamento, uma observância rígida, mas tolerável, por uma *artam abstinentiam*, que prostrava o demônio, e enfraquecia seu suposto poder sobre a cidade inteira. Giunta retrata Margarida como uma *doctissima dimicatrix*,[59] ou seja, uma verdadeira doutora na arte da guerra, uma combatente vitoriosa, justo quando as cidades, sobretudo as comunas, mais precisavam de cidadãos militares, de uma *militia* cidadã contra inimigos externos. Não que os *Fratres de Penitentia* não fossem úteis para isso, mas, na boca do diabo, Margarida ia além de uma autossalvação, ela a fazia reverberar para a comunidade inteira.

O diabo, que o célebre hagiógrafo de São Francisco de Assis, Tomás de Celano, colocou como inimigo da cidade, fautor das guerras civis e destruidor da paz urbana, esse mesmo diabo é que expõe Margarida diante da cidade: ele argumenta que ficar presa à cela era uma forma de vaidade e de soberba arrogância, pois Margarida seria observada por toda a população, seria notada, admirada, sobretudo por outras mulheres; estas, por devoção ou por inveja, iriam se amontoar ao redor da janelinha de seu reclusório. A cela, portanto, funcionaria como uma tela (*display*) em que as populações se enxergariam num espelho cuja imagem invertida daria uma ideia do que a cidade deveria se transformar.

Margarida, como tantas outras anacoretas daqueles tempos, levava uma vida desnuda e crucificada, ao modo do Cristo pobre e nu, cujo adágio já era tradicional. O hagiógrafo de Ranieri de Pisa, por exemplo, coloca na boca de Cristo os seguintes dizeres: "eu te fiz semelhante a mim [...] e, para salvar meu povo cristão, eu me visto agora com a tua carne".[60] Não que todos os cristãos, principalmente os clérigos, estivessem convencidos de que esses leigos aparentemente desvairados e autoaniquiladores fossem de fato tão cristiformes como eles acreditavam ser, mas os outros leigos, aqueles atraídos por seus arroubos e exageros penitenciais, sim. Eram muito suscetíveis ao contato deles. E a aparição de Cristo a Ranieri completa: "eu sou a ressurreição dos mortos: por essa razão te escolhi, para mostrar a minha força [*virtutem meam*] em ti, no tempo presente para as populações da minha cidade e da tua, e para todo o meu povo cristão".[61]

A conterrânea de Ranieri, Bona de Pisa (m. 1207), reclusa como Margarida, também mereceu ouvir de Cristo palavras tão honrosas e ao mesmo tempo preocupantes: ela, mesmo sendo uma leiga consagrada, fora eleita para ser esposa de Cristo e mãe de duas comunidades eclesiais (a igreja de S. Michele de Orticaia e a de S. Jacobo de Podio); nessa última ela mandou erguer um hospital, onde ela acolhia os doentes e atendia à população do lugar. E, enquanto morava em S. Jacobo, "a força da divina potência ali se fazia presente para curar os doentes e para realizar diversos outros milagres".[62] As *Vidas* de Ranieri e Bona, redigidas bem antes que Giunta Bevegnati escrevesse a *Antica Leggenda* de Margarida, demonstram que esses dois santos leigos, anacoretas consagrados de uma importante cidade toscana, cabeça de um império marítimo impressionante, eram portadores de uma *virtus*, isto é, de uma força curativa e sobrenatural que ambos os hagiógrafos associam ao testemunho evangélico sobre Jesus Cristo. E, na Bíblia, o termo *virtus* corresponde ao grego carisma.

A *Vita S. Bonae* insiste: "O Senhor agiu por meio [de Bona], enquanto ela ainda estava em vida, para demonstrar o quão poderosa ela era diante de Deus, e o quanto ela possuía compaixão pelo próximo".[63] Como observa Gary Dickson, referindo-se aos estudos sociológicos de Max Weber sobre a autoridade carismática, o carisma é uma "força social" de liderança, e, como tal, é sempre público e gestualmente visível para a comunidade que lhe atribui valor, e se pergunta: "qual a melhor forma de [o carisma] se manifestar senão pela *performance*?".[64] As hagiografias oferecem centenas de exemplos de como o carisma desses leigos consagrados se manifestava em público (mesmo quando se tratava de milagres realizados na cela) e de como o público da cidade reconhecia esses gestos como portadores de carisma. Sobre Margarida de Cortona, o frade Giunta acrescenta, sempre mostrando o toque físico, o contato entre devotos e o objeto de sua devoção, a leiga eremita:

Margarida era tão verdadeiramente humilde, sem sombra de falsidade, que ela respondia com lágrimas aos fiéis devotos, que chegavam de regiões distantes a fim de serem tocados por ela e curados de suas doenças: "se eu, a mais vil das criaturas, vos tocasse, como desejais, ou vos assinalasse, estou certa de que, por causa de meus muitos pecados, a vossa enfermidade, em vez de sarar, iria ficar ainda pior".[65]

De fato, o diabo que apareceu a Margarida parece ter razão, pois o completo depauperamento, a reclusão da cela, a maceração do corpo, a completa abstinência, a oração ininterrupta, enfim, tudo isso junto tornava esses ascetas um ponto de convergência para os citadinos, que reconheciam neles manifestações extraordinárias de força carismática. E noutra ocasião, "o soberbo adversário entrou em sua cela, enquanto [Margarida] rezava; e insistentemente passou a comentar como era imensa a multidão de homens e de mulheres que, por devoção, desejavam vê-la e tocá-la".[66]

Mas, afora essa força carismática – apesar de muito concreta –, o que mais chama atenção, sobretudo nos casos de leigos consagrados a partir da segunda metade do século XIII, é a atuação deles no tecido político e economicamente conflituoso das cidades. Para além das violências decorrentes da cultura armada, da vendeta, do milicianismo que predominava na mentalidade das elites urbanas, tinha todo o problema gerado pela exploração econômica, o inchaço populacional, a migração descontrolada, o aumento vertiginoso da pobreza e da população de rua. Esses leigos consagrados viveram para comunidades muito conflituosas, e viveram para sanar tais conflitos.

Na *Vita* de outra leiga consagrada, Umiliana dei Cerchi, de Florença, o diabo mais uma vez entra em cena, dessa vez para informar a reclusa dos acontecimentos da guerra que devastava a cidade, movida pelos partidos guelfo e gibelino, em 1246, ano de sua morte. Assim que um dos governadores de Florença foi assassinado, o diabo apareceu para Umiliana e lhe falou: "Olha bem e vê a triste piedade e a horrenda crueldade com que esse homem, o prior de Santi Apostoli, foi degolado; ele está morto diante de ti, e tu deves ter compaixão dele". E então ele dá uma ordem: "levanta, Umiliana, e vê o que está ocorrendo, olha lá para fora, toda a cidade está sendo destruída, e o fogo está se alastrando, podendo chegar à tua casa".[67] É importante ressaltar para o leitor menos familiarizado com a gramática hagiográfica que a intenção do diabo era perturbar a oração de Umiliana, causar pânico e fazê-la fugir da cela. No entanto, é impressionante como os hagiógrafos desse período, ao abordar um tema tão tradicional como a tentação demoníaca de santos, utilizam cenas violentas reais, uma linguagem política contemporânea e, especialmente, fazem referência a assassinatos e guerras que não poderiam ser ignorados por aqueles que viviam naquela região naqueles anos.

Os leigos também desempenhavam um papel fundamental no campo econômico, no qual se posicionavam especialmente contra a concentração de renda e em favor dos mais vulneráveis do sistema, como os pobres, a população de rua e os doentes. A respeito de Umiliana dei Cerchi, o hagiógrafo franciscano Vito de Cortona registrava:

Ó Deus, com quanta solicitude [ela] te buscava nos pobres, que são teus membros; com sua companheira, ela andava tão depressa pelas ruas, procurando-te, que nenhuma outra, dentre as mais fortes, seria capaz de seguir o ritmo de seus passos. [...] e, visto que ao seu fervor não bastava a esmola dada com suas mãos, ela visitava as Damas nobres, aquelas discretas e tementes a Deus, que viviam na cidade de Florença, e pedia-lhes esmolas humildemente para dá-las às irmãs reclusas pobres por amor ao Senhor Jesus Cristo [...]. Ela era atingida por especial compaixão pelos pobres envergonhados [*pauperes verecundi*], a quem sustentava, e para os quais dirigia todo o seu cuidado, fornecendo-lhes, conforme podia, o que fosse necessário: certa vez, uma senhora caiu em tão grande penúria que, se não fosse a ajuda que recebeu, teria sido forçada a vender seu corpo no prostíbulo; [Umiliana] sustentou-a, com suas próprias mãos, enquanto viveu; e não somente a esses, mas a muitos outros, o quanto pôde.[68]

A menção é breve, mas a informação é confiável: Umiliana estava longe de ser a única reclusa de Florença. Ela pode ter sido a mais santa daquela década, mas "as irmãs reclusas pobres" – as clarissas e outras – estavam ativas na cidade. Umiliana sentia-se também responsável por mendigar em nome delas. Mas quem eram esses "pobres envergonhados" pelos quais ela nutria uma compaixão especial? Essa é mais uma pista histórica fornecida pelo hagiógrafo Vito de Cortona. Sob essa designação estavam catalogados todos os citadinos respeitáveis (ou seja, aqueles que possuíam bens móveis e imóveis, que tinham famílias antigas na cidade), mas que caíram na miséria devido à falência nos negócios ou a um infortúnio conjuntural. Essa situação era mais comum do que a população gostaria. Esses "pobres envergonhados" eram, portanto, novos pobres que não eram "vagabundos" ou "desocupados". Ao contrário, eram trabalhadores produtivos, porém afetados pelas flutuações de uma economia de mercado cada vez mais implacável. Conforme observado por Vito de Cortona, entre os "envergonhados" havia mulheres cuja penúria as levava a recorrer à prostituição.

Esse mesmo sentimento de compaixão pelos pobres impulsionava também Margarida de Cortona. Cristo teria dito à santa:

[...] recorda-te de que, enquanto te comprazias no mundo, vivendo nas trevas dos vícios, eu, teu verdadeiro mestre, que me fiz teu instrutor, te favoreci com uma materna compaixão pelos pobres e aflitos, e te dotei de gosto pelos lugares solitários e remotos, sobre os quais dizias, no excesso da devoção [*deuotionem*]:

ó quão suavemente um homem poderia orar num lugar assim, quão devota e solenemente poderia ali cantar os louvores de Deus, e com quanta tranquilidade e segurança poderia se entregar a uma salutar penitência.[69]

A solidão da penitência eremítica é como uma escada que permite ao penitente vislumbrar a cidade de cima, contemplar suas adversidades e tentar enfrentá-las com suas armas carismáticas. O mesmo pode ser dito sobre Clara de Rimini (m. 1326), que,

[...] segundo seu costume, saía pobremente visitando as casas, pedia esmolas, e, do pão que encontrava e da água que provava, se sustentava com muita pobreza: e visitava os campesinos e os migrantes: e com suas esmolas cuidava das pessoas miseráveis, ocultamente ou em público, e dos necessitados e pobres, mostrando--lhes a sua carestia.[70]

Como exploraremos em maior detalhe no capítulo 10, a preocupação social desses leigos consagrados está em perfeita consonância com o serviço prestado pelas confrarias devocionais urbanas, especialmente em relação aos hospitais. Em 1278, Margarida de Cortona, por exemplo, tal como Bona de Pisa, fundou um hospital – o Ospedale di Santa Maria della Misericordia – e, para cuidar dessa instituição, criou também uma confraria, de mesmo nome. A diferença que se pode apontar, nesse momento, é que as eremitas consagradas agiam prioritariamente movidas por aquela dimensão carismática oriunda de sua identificação com Cristo através da autoimolação de seus corpos em prol da cura dos corpos dos citadinos. Não é tanto uma política assistencial *tout court* o que elas promovem, ainda que isso também seja considerado e, em grande medida, realizado. Elas e eles (pois nisso os homens eremitas e penitentes semirreclusos também se notabilizaram) promoviam, antes, uma mística da caridade e da compaixão que mais mobilizava os afetos e fomentava uma política afetiva de compaixão do que fazia o dinheiro escorrer para a mão das vítimas do sistema. Sobre isso, o hagiógrafo de Clara de Rimini escreveu:

Aos pobres necessitados de todo tipo de ajuda, ela secretamente lhes doava o resto do pão, esperança, fé e caridade, com todo o seu esforço, que nela era crescente, para que eles não fossem constrangidos a roubar, mentir ou tomar o nome de Deus por causa da extrema pobreza a que estavam submetidos; em suma, os nus eram por ela vestidos; os encarcerados eram absolvidos e postos em liberdade pelos senhores das terras, graças às suas longas preces; os casais que estavam em desacordo no matrimônio e na relação conjugal, ela os reconciliava e pacificava; com as suas mãos delicadas, ela cuidava das chagas dos leprosos, tendo compaixão por todos e a eles confortava maravilhosamente com paciência [...]. A sua fala sábia e doce tinha tanta eficácia com todos os ouvintes, que a mente de todos se inclinava ao seu querer; e, assim, podia copiosamente contribuir com esmolas com todos os pobres e necessitados. E, sobretudo, ela procurava se instruir com os peritos da nossa lei e com os doutíssimos em ciência divina, a fim de adquirir doutrina para a salvação e com grande carinho se esforçava para ensinar os ignorantes.[71]

A pobreza era bem real, os vários tipos de carência social estavam bem definidos, os afligidos pelos males da desigualdade econômica tinham contornos precisos e, para uma cidade pequena, como Rimini, eram conhecidos de todos. A santa anacoreta, por certo, articulava-se com outros agentes da caridade eclesial urbana, inclusive, os membros das confrarias, mas ela queria fazer de sua própria carne crucificada o preço da redenção da cidade. Esse tema já apareceu na *Vita Sancti Raynerii*, em 1167, cujo autor, o cônego Benincasa de Pisa, esmerou-se por demonstrar como o leigo eremita Ranieri "prolongou essa penitência tão dura em favor do povo por sete anos", após o que o Senhor apareceu para ele, "e falou com ele sobre essa penitência: 'o que fizeste pelo meu povo cristão já me deixou satisfeito. [...] oferece instantemente, diante de mim, a oração pelo meu povo, até o dia em que eu te levar de volta [à tua cidade], e, estando lá, eu vou libertar o meu povo por teu intermédio'".[72]

Ora, o hagiógrafo não tem dúvidas de que a penitência física praticada por Ranieri, durante os sete anos em que viveu em Jerusalém, justamente na igreja do Santo Sepulcro, correspondeu a um sacrifício que aplacou a Deus, e que foi como uma propiciação que adquiriu perdão e libertação para o povo, no caso, os moradores de Pisa; a frase "eu vou libertar o meu povo por teu intermédio" (*liberabo pro te*) significa o papel messiânico – eu diria sacerdotal – que Benincasa atribui a seu conterrâneo. A *Vita Sancti Raynerii* contém vários elementos nesse sentido, e Benincasa sabe o risco teológico que comporta a suposição de que um leigo pudesse agir como um sacerdote; por isso, ele destacou que se tratava de um sacerdócio diferente do hierárquico, um sacerdócio comum dos fiéis, porém vivido em grau heroico. A *Vita S. Bonae Virginis* vai na mesma direção e confirma o que foi escrito de Umiliana, Margarida e Clara: o corpo dessas mulheres conversas é como uma hóstia viva, é uma vítima, uma oblação cujo sacrifício aplaca a divindade: o hagiógrafo de Bona coloca essa fala em sua boca: "eu quero receber em meu próprio corpo todas as enfermidades daqueles que sofrem".[73]

Nessas trajetórias, constatamos homens e mulheres que aceitam sofrer fisicamente para aliviar os sofrimentos físicos de seus conterrâneos; aceitam padecer no lugar deles, porque deles assumiram a carne simbólica, isto é, o destino inglório de gente que vive em cidades cada vez mais belas arquitetonicamente, mas cada vez mais desiguais. É uma mística, sem dúvida, política, e que, depois, entretecida com a devoção dos confrades, originou uma política mística que foi extraordinariamente eficaz para promover culturas da caridade em tamanha proporção que os hospitais médicos, dos séculos XV e XIV, isto é, aqueles que procuravam reabilitar o doente pela medicina, deveram muito a esses consagrados: o Hospital Geral de Saragoça, fundado em 1425, e que contava com atendimento cirúrgico e obstétrico, reservava algumas salas anexas, dentro das quais mulheres reclusas imolavam-se para o bem do hospital e da inteira cidade de Saragoça.[74]

8.5 A atuação dos leigos na comunidade urbana: uma recusa à violência

Acabamos de conhecer duas vivências laicas distintas: a primeira é a das irmandades devocionais, que promovem vínculos de solidariedade e fraternidade espiritual; sua mística penitencial materializa uma religiosidade profundamente comunitária, inspirada na interpretação de At 2, 42-47, em que se narra que "os cristãos tinham tudo em comum, e não havia necessitados entre eles". Em seguida, conhecemos os leigos e leigas anacoretas, que vivem uma vida austera também chamada de *"arcta poenitentia"* (a estrita penitência); sua espiritualidade é pautada pela meditação da paixão de Jesus Cristo, e, a partir desse exercício, surge uma profunda compaixão pelo sofrimento das pessoas, especialmente pelos citadinos que cercam os reclusórios e ermidas.

Em ambas as situações, os fiéis leigos demonstraram uma notável criatividade no âmbito religioso, moldando um patrimônio ascético e místico que muitos mestres espirituais consideravam reservado aos contemplativos mais heroicos. Eles transformaram esse patrimônio em algo próprio dos leigos, adaptando-o ao seu estado eclesial. Em ambas as situações, os fiéis leigos afirmaram firmemente sua pertença à comunidade eclesial, enfatizando que essa pertença não prejudicava seu compromisso com a cidade. Foi em solo urbano que eles desenvolveram uma forma militante e engajada de vivenciar a espiritualidade, colaborando para que os princípios éticos da Igreja e os valores de um cristianismo adaptado à realidade citadina tivessem impacto maior no tecido social e nas estruturas políticas. Maurizio Viroli chegou a denominar esse tipo de cristianismo de "cristianismo civil",[75] pois muitos praticantes consideravam a resistência à opressão política e a confrontação daqueles que impunham seu domínio, ignorando ou desprezando o bem comum, como princípios fundamentais de sua fé.

Vamos aprofundar essa discussão analisando dois casos concretos: um de natureza histórica e outro poético-hagiográfico. O primeiro caso é oriundo da península Itálica e envolve o jurista e político Albertano de Brescia, do qual não temos informações posteriores a 1253. O segundo caso refere-se a uma personagem anônima que aparece em uma canção de milagre, a Cantiga 144, que compõe o cancioneiro mariano ibérico conhecido como *Cantigas de Santa Maria*. Vamos observar suas diferenças e afinidades e, a partir da aproximação entre os textos que os documentam, procuraremos por uma interpretação que dê conta de explicitar o que é civil no pensamento eclesial e o que é eclesial no pensamento civil. Nos dois casos, serão os leigos a nos conduzir pelo passado e será com a companhia deles que vamos descobrir um cristianismo profundamente laical sem ser anticlerical.

A cidade de Brescia (*civitas Brixiana*), onde Albertano viveu, para a qual trabalhou intensamente e pela qual se arriscou, fica no norte da Itália, na área conhecida como Lombardia, isto é, as antigas terras do reino dos lombardos, um estado pós-romano que impôs sua autoridade depois que os ostrogodos foram depostos pelo imperador romano-oriental Justiniano, em 553; o historiador Paulo Diácono (m. 799) assim descreve Brescia: "*Brexiana civitas* sempre abrigou uma multidão de aristocratas lombardos",[76] dando a entender a importância estratégica da cidade para os destinos políticos da área ao longo da Alta Idade Média. O regime comunal, de acordo com a mais antiga documentação a mencionar uma *concio* cívica, foi instaurado lá em 1120, e, para 1127, já havia governo de cônsules; mais para o fim do século, inaugurou-se o palácio da comuna, em 1187.

O período de vida de Albertano foi decisivo para a afirmação do regime comunal: em 1209, adota-se o governo do podestade (*podestà*) e organizam-se os órgãos administrativos colegiados, o Conselho dos Anciãos e o Conselho da Credenza; os partidos políticos também se afirmam: de um lado, a Societas Sancti Faustini, dos populares, e de outro, a Societas militum Brixiae, dos cavaleiros feudatários; não muito depois, aparece a rixa entre guelfos e gibelinos, muito embora a cidade como um todo tenha sido, nessa época, um núcleo guelfo, daí a inimizade com a vizinha gibelina, Cremona.

Brescia foi também um local de intensas discussões religiosas quando o movimento da *vita apostolica* surgiu por lá, ainda no início do século XI; ali os *Patarini* foram muito ativos, e o clérigo Arnaldo de Brescia (m. 1155), ex-aluno do famoso Abelardo, iniciou uma revolução eclesiástica contra a corrupção do clero e contra o poder temporal da Igreja. Em resposta, a comunidade eclesial apontou como bispo um clérigo trazido da cidade de Reggio, Alberto, que combateu os patarinos e arnaldistas e ao mesmo tempo reorganizou a Igreja local para livrá-la dos abusos sobre os bens eclesiais cometidos por clérigos e leigos; sua afinidade com a causa da reforma eclesiástica pode ser medida inclusive por sua amizade com o fundador da Ordem dos Pregadores, Domingos de Caleruega (m. 1221), que se hospedou com Alberto, em 1218; após a sua eleição para patriarca de Antioquia, no reino cruzado do Oriente, em 1226, Alberto foi substituído, em Brescia, justamente por um frade dominicano, fra Guala de Roniis (m. 1244), ardoroso defensor da pobreza evangélica.

Albertano era um leigo muito ativo na Igreja local. Casado e pai de três filhos, ele foi membro da confraria dos causídicos de Brescia, uma associação devocional que congregava profissionais do direito, mas sempre esteve muito próximo dos frades franciscanos: com eles conviveu e colaborou. Foi por causa dessa proximidade que os princípios penitenciais se tornaram relevantes inclusive para a sua atuação profissional, como magistrado urbano, e podemos encontrá-los também em sua obra escrita, nos três tratados didáticos que escreveu para formação política dos servidores da comuna. Dele também se conservaram cinco discursos (ou sermões), que Albertano proferiu nos encontros de sua confraria, seja em Brescia, seja em Gênova, onde atuou como secretário do podestade Emmanuel de Madiis, seu conterrâneo. Era relativamente comum que leigos letrados pudessem fazer sermões, principalmente dentro do ambiente confrarial; Albertano, ademais, pregava para pregadores, como os franciscanos, e seus discursos transparecem grande conhecimento bíblico, sensibilidade pelo problema da pobreza e dos pobres e preocupação com a difícil situação social da população não aristocrática.

Nos tratados de educação política, Albertano revela grande afinidade com os antigos livros de Túlio Cícero e Sêneca; nem poderia ser muito diferente, pois ele produziu seus escritos antes que a tradução latina de *A Política*, de Aristóteles, roubasse completamente a cena filosófica ocidental. No entanto, Albertano foi cauteloso na sua exegese da obra de Sêneca e nunca adotou aquelas premissas que, na sua opinião, não faziam muito sentido, como o desejo senequiano de isolamento da sociedade e a reforma em nível individual: para Albertano, o indivíduo nunca se separa da comunidade, e ele interpretava o programa de reforma individual em chave eclesial, isto é, como conversão e, principalmente, como *conversão para a comunidade* – como já falava Augustine Thompson.[77] Assim é que Albertano, mesmo como jurista e magistrado, matizou sua leitura dos antigos estoicos com a leitura das antigas regras monásticas, que tratavam da perfeição de monges, e adaptou essa literatura regrante para a vida civil de leigos urbanos: seu propósito era aproveitar o dispositivo do controle das regras para o aperfeiçoamento da vida comunitária civil; o interessante é que ele fez isso sem projetar, sobre os leigos seculares, o que era próprio do estado monástico, porém sem perder de vista que a *beata vita* era o termo de um esforço diuturno (uma disciplina ou ascese), pelo qual os cidadãos poderiam construir uma verdadeira comunidade civil.

É isso o que encontramos no tratado *De amore et dilectione Dei et proximi et aliarum rerum et de forma vitae* (Sobre o amor e a dileção de Deus e do próximo e de outras coisas e sobre a forma de vida), que Albertano escreveu durante o ano de 1238, quando esteve encarcerado, em Cremona, por haver tentado impedir a conquista imperial do castelo de Gavardo, que lhe fora confiado durante a guerra entre Brescia e

Frederico II. Como sustenta James Powell, o objetivo do *De amore* era tornar possíveis "as aspirações sociais da sociedade comunal como um grupo de cidadãos voluntariamente comprometidos em manter um corpo de regras em busca da felicidade".[78] essa aspiração albertaniana fica marcada no complemento *forma vitae*, com a qual ele encerra o longo título, que começou no "amor de Deus e do próximo". Ora, *forma vitae* era uma expressão monástica, que designava um programa ascético de aperfeiçoamento ético-moral para religiosos. Albertano, portanto, saca essa premissa do esforço para o aperfeiçoamento do monge e o aplica ao cidadão: nenhuma vida civil digna desse nome poderia prescindir de um *propositum*, isto é, de uma "determinada determinação" – citando a monja ibérica Teresa de Ávila – para alcançar uma meta que vale mais que o próprio indivíduo: aqueles que têm um propósito comum precisariam de uma regra (*forma vitae*) comum.

Nós já vimos que esses pressupostos animavam os leigos de vida penitente, dentro e fora da Itália, principalmente entre 1150-1260; os anacoretas Ranieri de Aqua (m. 1160) e Bona de S. Martino (m. 1207), de Pisa, concordariam com cada linha do *De amore*. A *forma vitae* de que falava Albertano tinha muitas afinidades com o movimento da *vita apostolica*, cujo mote era recuperar a *ecclesiae primitivae forma*. Podemos, então, dizer que Albertano, leigo confrariado e penitente, traduz a dimensão ascética das regras monásticas para leitores leigos e que eram cidadãos e servidores comunais, como ele; assim, ao fomentar uma nova consciência eclesial, ele intencionava também fomentar uma consciência cidadã, para ele, mais qualificada: a insistência com que Albertano empregou a expressão *forma vitae* e a devoção com que a interpretou indica que os leigos confrariados buscavam praticar a sua fé de um jeito especial, combinando, numa só mística, a ética política e a ascética religiosa, sem precisar abandonar a cidade e sem deixar a condição de plenos cidadãos seculares – James Powell diria que o *De amore* é "um exemplo da capacidade medieval de transformar o sagrado em algo secular para melhorar a sociedade".[79]

Os poucos estudos atuais que incluem Albertano de Brescia entre os tratadistas políticos do século XIII praticamente ignoram essa verve eclesial ou tratam-na como resquício de um humanismo de origem estoica, como se o fato de Albertano não ter sido influenciado por Aristóteles o transformasse necessariamente num antiaristotélico. Ele não era o único a conceber o devotamento à fé como devotamento ao regime comunal; os membros das confrarias penitenciais – e, em Brescia, isso incluía os chamados frades *Humiliati* – eram os principais encarregados da administração civil e funcionários da burocracia municipal: *fratres* e *conversi* (casados ou celibatários) eram contratados pela comuna para trabalhar nas secretarias de estado, e mesmo que os estatutos confrariais – sobretudo aqueles da *Ordo Poenitentium* – proibissem que os *fratres* prestassem juramento cívico, portassem armas e até os isentassem de várias taxas municipais, as comunas contaram com o serviço deles até o fim do século XIII, quando começaram a ser substituídos por um pessoal não confrariado – Augustine Thompson atribui essa mudança não a um movimento de "secularização da comuna", mas à corrupção que tomou conta de algumas confrarias, que foram então retiradas da governança.[80]

Albertano era um jurista (*causidicus*), um profissional do direito, e a sua confraria era formada por outros juristas, juízes e notários, e, por isso, não dá para separar o lado profissional do lado devocional. Ninguém ali pensaria que um bom agente do direito não devesse ser antes um bom cristão ou que o bom cristão não devesse ser o melhor cidadão possível e trabalhar para o bem da comuna.[81] E não faltava trabalho para eles. O tempo em que Albertano atuou como jurista foi também um tempo de guerra sangrenta, e ele mesmo, como vimos, sofreu na pele o que significava lutar pela liberdade da cidade. Seus livros e seus sermões expressam o incômodo que lhe causavam a realidade da guerra, o divisionismo violento das facções políticas e, sobretudo, o esgotamento dos recursos comunais provocado pelos poderosos em luta intestina. O pacifismo de Albertano é profundamente cristão, mas não é etéreo, bucólico ou romântico; é resultado de leituras filosóficas feitas ao som do bulício pouco inteligível de gente truculenta. A violência era muito concreta, e era a sua preocupação central.[82]

Para tentar contribuir para a paz, Albertano instava seus *confratelli* causídicos a abrirem seus escritórios para prestar assistência jurídica voluntária às principais vítimas de um sistema político fortemente armado: os desarmados, o que equivale a dizer os pobres. No primeiro de seus sermões, pregado em Gênova, em 1243, ele dizia a seus colegas:

[...] estou muito animado por ganhar agora a vossa afável atenção e, entre vós, que sois homens de sabedoria, poder comentar as palavras do Senhor, "vós sois o sal da terra; se o sal perder o sabor, com que será salgado? Não servirá para mais nada senão para ser jogado fora e pisado pelos passantes" (Mt 5, 13). Nosso Senhor Jesus Cristo dirigiu essas palavras para seus apóstolos, mas, por algum tipo de analogia, essas mesmas palavras podem ser aplicadas também a vós, que sois sábios: "vós sois o sal da terra", porque, assim como os apóstolos levaram os cristãos a provar o sabor da fé e a doçura da vida eterna, assim também vós, por vossa sabedoria, deveis levar todos os atos dos homens, que vos procuram para apresentar suas causas e pedir vossa assistência, a provar o sabor da razão, o paladar da justiça e a doçura dos preceitos do direito.[83]

A analogia é bastante elucidativa do processo de tradução da fé em obras: o que os apóstolos representam, na Igreja, em termos de sabedoria e eloquência, os juízes, advogados e juristas representam, na cidade; o que a fé e a vida eterna significam para o crente, a razão, a justiça e o direito significam para o cidadão, sobretudo para o operador das leis. E tal como os apóstolos atuaram para temperar todas as coisas com o sal do evangelho, os juristas o fazem com o sal do direito. É um apostolado civil que Albertano considera tão sagrado quanto transmitir a fé, por isso ele adverte seus colegas a trabalharem como apóstolos, isto é, dizendo sempre a verdade com mansidão, dissipando as gritarias, acalmando os exaltados, dando conselhos que desarmem os briguentos e façam cessar a violência. Eles podem cobrar pelo trabalho, desde que o cliente possa pagar; aos que não podem, que recebam o generoso e gratuito atendimento.

Contra a tentação dos advogados de explorar o cliente, ele insiste: "não é justo que alguém fique ainda mais rico à custa dos outros", pior ainda se for à custa de gente pobre:

[...] é impossível acreditar que alguém possa ficar rico explorando a necessidade de pessoas indigentes [*mendici*]. Ao contrário, devemos demonstrar a maior boa vontade em ajudar, de graça e não por dinheiro, os mendigos, os pobres e os fracos, os órfãos, as viúvas e todas as pessoas sem condições de pagar, pois o máximo dos lucros é servir desse modo a si mesmo e a Deus.[84]

O argumento de Albertano não consiste em defender a filantropia, ainda que ele aprovasse o gesto, e sim denunciar dois problemas: que a violência urbana decorria da concentração da riqueza na mão de gente armada, e que os advogados estavam se enriquecendo à custa da barafunda em que os desarmados e indigentes estavam metidos.[85] Os pobres de que trata eram, na verdade, as principais vítimas das lutas inesgotáveis entre as famílias poderosas de cidades, como Gênova ou Brescia: nesse contexto, não devemos entender "pobres" como a parte contrária aos ricos, pois os ricos não formavam uma classe homogênea, e, dividindo-se em partes contrárias, seus confrontos inevitavelmente prejudicavam aqueles que não tinham nem armas nem milicianos amigos para se defender. Era uma espiral de violência contra a qual Albertano conclamava seus colegas advogados, porque ali se apresentava a ocasião para eles agirem segundo a *forma vitae* de um advogado: operar o direito com justiça e dentro das regras do jogo; colocar o bem comum acima de seu desejo de lucro; saber distinguir o poderoso, que tem recursos para se defender, daquele que, sem recursos próprios, deveria poder contar com o auxílio dos operadores da justiça.

O nosso segundo caso nos levará ainda mais para dentro das intricadas relações sociais das cidades do século XIII. Vamos acompanhar um servidor público anônimo, e ver o que sua história nos ensina. O cancioneiro informa que ele viveu na cidade de Plasencia, na atual região de Extremadura, na Espanha, e, tal como fizemos no caso de Albertano, vamos antes conhecer um pouco de sua cidade e o seu papel na história ibérica medieval.

Em 1186, o rei Afonso VIII fundou uma cidade, chamada Plasencia, nos confins do reino de Castela, uma zona de fronteira muito belicosa e contestada, uma vez que, do lado leste, ficava o reino de Leão, com o qual Castela não raramente disputava, e, para piorar, do lado sul, localizava-se o reino islâmico dos Almôadas, que, naqueles anos, estavam especialmente decididos a retomar o controle das áreas anteriormente islâmicas, obstaculizando, portanto, a conquista cristã (e católica) rumo ao sul. Assim, a fundação de Plasencia impunha a uma região ainda pouco urbanizada um marco defensivo importante e ao mesmo tempo criava as condições para o assentamento de população civil na área com a finalidade de pressionar o território dos muçulmanos. Tirar uma cidade no nada exigia muito mais do que armas, decretos e força de vontade. Era preciso criar comunidades e desenvolver compromissos comunitários. Foi assim que, três anos após a fundação de Plasencia, Afonso VIII solicitou a Roma que elevasse a cidade à condição de cidade episcopal (bispado), o que foi concedido pelo papa Clemente III.

Não é o caso de reconstruirmos fatos tão intrincados referentes a uma pequena cidade nos confins de uma zona contestada. Importa frisar o papel da comunidade eclesial de Plasencia nisso tudo e, por conseguinte, o papel de seus leigos. Para a historiografia, sobretudo a espanhola, tudo não passou de uma grande estratégia de dominação, isto é, que o monarca castelhano tenha unido a construção de uma cidade, a fixação de uma população e o aproveitamento de estruturas eclesiásticas para facilitar uma coisa e outra. É como se a religião sempre devesse servir ao poder. Pode ser que de vez em quando sirva, mas resta avaliar se o serviço saiu como o desejado, geralmente não. Se, de fato, Afonso VIII valeu-se das estruturas eclesiásticas – pessoal e patrimonial – para facilitar o controle político da terra, temos que imaginar que essas mesmas estruturas existiam por causa de pessoas não necessariamente ligadas ao poder político. Assim, precisamos olhar para o reverso da moeda e, em vez de só destacarmos como a administração civil utilizou edifícios religiosos, vamos pensar como uma população civil, que se reconhece também uma população eclesial, construía a consciência de ser um povo e uma comunidade nesses lugares e como essa consciência nem sempre está ali para condescender com poderosos.

Em um muito conhecido cancioneiro sacro, as *Cantigas de Santa Maria* – uma compilação de louvores à Virgem, patrocinada por um homônimo sucessor de Afonso VIII, isto é, o rei Afonso X de Castela (m. 1284) –, a cidade de Plasencia aparece como cenário para um dos espetaculares (e nesse caso não é força de expressão) milagres da Virgem Maria, a Cantiga 144. Esses cânticos marianos, no geral, seguem o padrão compositivo dos tradicionais livros de milagres, nos quais *milagres* são, antes de tudo, fatos históricos, isto é, acontecimentos reais e, por isso, são localizáveis no tempo e no espaço e são presenciados por testemunhas locais às quais a comunidade local atribui alguma credibilidade: portanto, milagre não é aquilo que o indivíduo miraculado diz que é, e sim o que diz a comunidade, que também valida a veracidade do acontecimento miraculoso. Desse ponto de vista, curas e salvamentos são *milagres* na medida em que um coletivo de pessoas concorda em tratar esses eventos, supostamente sobrenaturais, como *milagre*, o que nos leva a entender que o sobrenatural resulta também de relações sociais muito concretas e de decisões comunitárias às vezes bem rigorosas.

Um dos códices mais bem elaborados das *Cantigas* está guardado na Biblioteca del Monasterio de El Escorial (Espanha), conhecido como *Manuscrito Rico* (Ms. T-I-1); a riqueza do nome se refere à ambição da composição, que une pauta musical, poema e ilustrações, e ao esmero artístico que caracteriza o volume: cada uma das 195 cantigas do manuscrito (originalmente eram 203) está organizada para caber em dois fólios lado a lado: no fólio esquerdo, encontra-se a partitura musical, em notação quadrada, seguida pelo texto poético-narrativo, dividido em duas colunas, com estrofes encabeçadas por rubricas e letras capitais coloridas; no fólio direito, ficam as iluminuras dispostas em seis quadros distribuídos de dois em dois, de cima para baixo, e encimados por uma legenda cada um. Antes de continuar, no entanto, preciso dizer que a análise da iconografia do cântico 144 levará em conta apenas a sua narratividade visual, deixando para os especialistas da arte a explicação dos estilos estéticos, das tipologias figurativas e de suas relações com o conjunto imagético e artístico do período.

A Cantiga 144 tem a seguinte epígrafe: *"como Santa Maria guardou de mórte un hóme bõo en Prazença dun touro que vééra polo matar"*.[86] A história conta que um nobre cavaleiro da cidade de Plasencia preparou uma grande festa para o seu casamento e, para solenizar a ocasião, organizou uma tourada justo na praça em que ficava a residência do homem bom. Alheio ao que se passava na rua, o homem bom não queria ver nem saber de touros; entretanto, um de seus amigos, de nome Mateus, e que era clérigo na dita cidade, mandou buscá-lo e, quando passava pela praça, o mais feroz daqueles touros investiu contra o homem bom. O clérigo, que a tudo via desde a sua janela, suplicou então que a Virgem Maria o salvasse, e ela providenciou que o touro caísse estirado no chão e permanecesse como morto até que o homem entrasse na casa do amigo. O touro, porém, quando pôde levantar-se, já não era mais um animal ameaçador; antes, convertera-se em um manso boi, que a ninguém mais ameaçava. O refrão da cantiga acentua o poder da Virgem sobre a ferocidade dos animais, os quais "com razão têm medo da Mãe daquele Senhor que tem poder sobre todas as coisas". No entanto, quando interpretamos o poema com o auxílio das iluminuras laterais, conseguimos tirar outros significados, dessa vez muito mais ligados à urbanidade do que ao ambiente rural de onde vêm os touros.

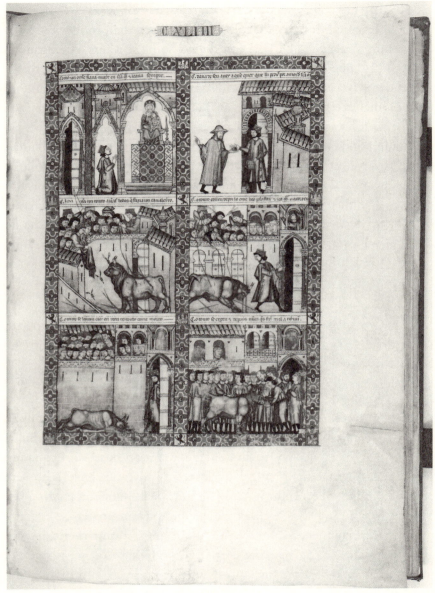

Figura 10: Cantigas de Santa María, *Códice Rico* (*c*. 1280-1284), Ms T-I-1 (folio 200r), Real Biblioteca del Monasterio de San Lorenzo de El Escorial (Espanha).
Fonte: https://rbme.patrimonionacional.es/s/rbme/item/11337#?xywh=-714%2C427%-2C5600%2C5250&cv=407. Acesso em 8/4/2024.

As iluminuras da Cantiga 144 constam do fólio 200r (cf. Figura 10), e nele podemos observar a exuberante figuração da paisagem e da arquitetura urbanas do século XIII, na península Ibérica: desde, pelo menos, 1949, quando José Guerrero Locillo publicou seu estudo arqueológico das miniaturas das *Cantigas* marianas de Afonso X, os investigadores têm notado que o *Códice Rico* privilegia a plástica civil e a estética urbana, deixando pouco espaço para a sensibilidade monástica e para as sutilezas estéticas dos filósofos e teólogos.[87] O juízo de Guerrero Locillo pode parecer restritivo demais, porém o repertório imagético do códice lhe dá razão: Garcinuño Callejo, por exemplo, enumera 121 cenas de cidades no *Códice Rico* cujas representações são tão vívidas, complexas e tão detalhadamente retratadas, que o autor chega a afirmar que as cidades são os espaços privilegiados para os milagres que o cancioneiro mariano narra e que "o ambiente urbano é o predominante no conjunto das iluminuras" desse códice.[88] Com isso podemos dizer que, se os poemas de louvor à Virgem, recolhidos por um rei devoto, foram um tributo de enlevo religioso e de arroubo espiritual, essa mesma religiosidade encontrou na urbanidade o seu complemento e o seu lugar natural.

Comecemos nossa leitura iconográfica pelo quadro superior esquerdo, cuja legenda informa: "como um homem confiava muito em Santa Maria e a louvava sempre"; a ilustração apresenta um homem ajoelhado diante de uma estátua da Virgem entronizada, e em seu colo repousa o Menino Jesus, que segura um globo com a mão esquerda – ele é o senhor do mundo – e com a direita aponta para a mãe, mantendo o olhar fixo nela. A posição ajoelhada do homem traduz em imagem o texto do poema: ele amava a Virgem acima de tudo e, por amor a ela, fazia doações generosas a quem lhe pedia favores; praticava contínuos jejuns e vigílias e acompanhava escrupulosamente a reza das horas canônicas (o trecho *"e de sas hóras non leixava ren que non oísse"* dá a ideia de que o homem, em vez de rezar privadamente a Oração das Horas, seguia a recitação comunitária, na igreja), e em todas as coisas buscava contentar a sua Santa. Ora, essa caracterização corresponde, no geral, ao que vimos praticar aqueles leigos devotos das confrarias e também as místicas e os místicos, os eremitas e anacoretas. Vou seguir nessa direção em instantes; antes, porém, precisamos explicar o que significava ser *"un hóme bõo"*.

Na documentação jurídica dos séculos XII e XIII, "homem bom" era o nome dado – dentro ou fora da península Ibérica – para os indivíduos que se dedicavam à administração política das cidades; eles agiam em nome da assembleia dos moradores livres de uma cidade, o *concelho* (do latim, *concilium*), cuja autoridade se estendia à zona urbana e ao território rural adjacente, com suas propriedades e aldeias. A origem da instituição do concelho recua às *cartas forais* (ou *cartas de franquia* ou *fueros*, em castelhano), que funcionava como uma espécie de constituição municipal e código normativo para a administração pública (em âmbito político, judicial e fiscal). Tais cartas, no entanto, eram concedidas não sem complicadas negociações entre a comunidade local e os poderes políticos superiores (reis, príncipes ou bispos), que cediam sob pressão ou sob o risco de uma ou outra revolta armada; de todo modo, o foral assegurava à comunidade a liberdade de autogoverno.[89] E é aqui que o papel dos homens bons ganha uma relevância particular.

Como foi dito, os *homens bons* (*boni homines*, em latim, ou *omnes buenos*, no castelhano antigo) eram os representantes da vontade do concelho e, como tal, exerciam, pelo menos, quatro funções: judicial, já que a presença deles era exigida nos tribunais; política, pois participavam das decisões e referendavam os atos dos governantes (os alcaides); fiscal, porque deveriam inspecionar a arrecadação e garantir a lisura e a eficiência do processo arrecadatório; e econômica, dado que, sendo eles os principais proprietários ligados ao comércio local, não raras vezes eram os avalistas das transações movidas pela própria cidade. Assim, embora não fosse exigido que os homens bons pertencessem a um específico estrato social, supõe-se que tinham de demonstrar notório conhecimento dos costumes locais e das leis, além de dispor de tempo para ocupar-se das tarefas públicas; portanto, o colegiado dos homens bons, mesmo sem constituir uma nobreza citadina, conferia a seus membros eminente prestígio social na cidade: o adjetivo *boni* agregado a *homines* assinalava que a comunidade reconhecia que tais pessoas estavam qualificadas para cuidar dos assuntos públicos e que gozavam de reputação ilibada.[90]

O homem bom da Cantiga 144 veste uma roupa condigna de sua eminente posição social: uma túnica de mangas avermelhadas, cujas mangas saem pelas brechas do manto (cota ou saia) de cor esverdeada, que desce à altura dos tornozelos; três pares de presilhas abotoam o manto em cada lado, e um barrete vermelho, com adereços desenhados, denuncia que ele é de fato um poderoso local.[91] O poema e as ilustrações, todavia, dão pouco destaque para as funções políticas desse anônimo figurão; no lugar, sublinham a sua piedade e o seu zelo. No quadro superior esquerdo, ele reza devotamente; no direito, ele dá esmolas a um peregrino que passa. Nos dois quadros do centro, que já descrevem o milagre de seu salvamento, vemo-lo indiferente a uma das mais apreciadas comemorações populares, as touradas. A sobriedade do homem bom, que orna a sua devoção, completa--se com a amizade com seu compadre, o clérigo Mateus -- que no quadro central direito aparece na janela acima da porta de sua casa, com as mãos para o alto, suplicando pela vida de seu amigo sobre quem o touro investe.

Além do padre Mateus e do homem bom, a Cantiga 144 menciona um cavaleiro: "e ocorreu que um cavaleiro do lugar se casou / e mandou trazer touros / para as suas bodas, e separou um / dentre eles, o mais bravo, que mandou correr". Nada mais é dito sobre o cavaleiro. Diferentemente dos homens bons, cuja função civil os colocava como servidores do concelho, os cavaleiros são militares, isto é, homens armados, senhores de castelos e vassalos de reis. Seria um equívoco supor que as *Cantigas de Santa Maria* estivessem lançando um juízo negativo sobre esses homens, ainda que possamos dizer que o elogio ou o vitupério dependa mesmo de cada episódio narrado, pois há exemplos de bons e de maus cavaleiros. A Cantiga 148 trata de um bom e devoto cavaleiro "que se protegeu do ataque de seus inimigos graças a uma camisa que vestia, e que se dizia ser de Santa Maria", e o fólio 28v, da Cantiga 16, retrata um cavaleiro exatamente com os mesmos elementos visuais do homem bom da Cantiga 144: dentro de uma igreja, ajoelhado diante de Maria e rezando. Assim, se o cavaleiro da Cantiga 144 não tem rosto, ele, por outro lado, é reconhecido por haver organizado uma corrida de touros, e é justamente aqui que podemos perceber um detalhe que vai reposicionar o homem bom nessa história.

Touros são animais do campo e representam a força bravia e semisselvagem daquele ambiente que não conhece nem a educação civil nem se ajusta muito bem à cultura das cidades. Empurrados por ruas estreitas, os touros se assustam e correm desembalados sob os gritos ensandecidos de uma multidão citadina que ritualmente recupera a descortesia do campo. Para entendermos isso melhor, voltemos a observar o quadro superior direito (cf. Figura 10), aquele em que está o peregrino: ali aparece o homem bom em frente à porta de Plasencia, com seu pórtico belamente decorado; a legenda informa, "como dava de seu haver a quem quer que lhe pedisse por amor de Santa Maria": o peregrino é *tipo* do necessitado honesto, ou seja, aquele que não é vagabundo e que não foge ao trabalho; mas, se repararmos que ele foi representado num completo vazio, que contrasta com as formas elaboradas dos tetos da cidade, o peregrino encarna o homem de fora, o *outsider*, o não citadino; seus trajes pálidos quase o fazem desaparecer na tonalidade do pergaminho, não fossem suas bem marcadas botas de caminhante, seu rosto tão cristomimético e o cordão que desce de seu chapéu: além disso, ele aponta para o lado de fora, para o vazio, isto é, para o campo e não para a cidade. O lado de fora não tem cor nem forma nem nada. O campo é a anticidade.

Os estudos que investigam as festas de touros e toda a simbologia taurina da Castela medieval trazem-nos dados interessantes: bovinos, em geral, e touros, em particular, eram sinais de riqueza, e os touros, além disso, indicavam valentia, bravura e se associavam aos feitos militares.[92] O touro evocava a agressividade e a sexualidade e, na heráldica castelhana, aparecia associado aos cavaleiros que haviam vencido inimigos e incorporado suas terras.[93] Os *milites* promoviam festas de touros como ocasião de exibir a sua categoria social, seus dotes pessoais e suas habilidades, pois os jogos de touros, nessa época, estavam ligados à caça e à montaria, ou seja, era uma ocasião propícia para exibir a valentia guerreira e a condição econômica: "a tourada medieval era um espetáculo complexo e custoso que colocava à prova a capacidade de seus organizadores, e que somente se levava a cabo quando oficialmente convocado pela autoridade pública".[94]

A arte sacra medieval castelhana conhece muitos outros exemplos de touradas dentro de igrejas, como no coro da Catedral de Plasencia, onde uma das *misericórdias de estalas* traz justamente esculpida em madeira uma cena de um touro sendo acossado por um lutador com lança e capa:[95] o detalhe tem semelhanças com o fólio 200r da Cantiga 144 (cf. Figura 10), mas, ali, a personagem que segura a capa não traz lança, que é atirada por muitas pessoas de cima do muro. Nesses exemplos, o recurso à representação de touros e outros animais ferozes atrela-se à temática dos bestiários medievais, que tomam os animais como tipos de vícios e/ou virtudes humanas: em decorações pintadas ou esculpidas, dentro ou fora de templos, em sepulcros ou tapeçarias, o mundo selvagem abre uma miríade de caminhos interpretativos, não raro bastante ligados ao mal, à luxúria e à brutalidade.[96] E o touro, nas *Cantigas de Santa Maria*, está relacionado com simbologia negativa, não à toa aparece, na Cantiga 144, atacando um homem bom.[97]

Se havia normas que proibiam clérigos, como Mateus, de comparecer a corridas de touros, como aquela, a populaça, ao contrário, sentia-se livre para fartar-se em demonstrações tão atrozes de crueldade com os animais. Menos aquele homem bom: "ele d'ir alá non se pagava nen de o veer", e sua casa ficava justo defronte à praça onde o cavaleiro organizara a corrida. A cantiga nos mostra que o homem bom não era bom só porque pertencia aos quadros administrativos do concelho, antes, porque era um bom filho da Igreja: "e jejuava bem em suas vigílias / e de suas horas não deixava nada / que não ouvisse, pois, todo seu entendimento / estava voltado a dar prazer [à Virgem]". E foi atendendo ao pedido de seu compadre que ele saiu de casa, e o touro, vendo-o, investiu contra ele a fim de "meter-lhe os chifres pelas costas". Elvira Fidalgo acredita que esses versos colocam frente a frente o mal e o bem, o demônio e o santo.[98] De certa forma, dou-lhe razão. Mas penso que não é de santos ou de demônios que essa cantiga trata, e sim de duas formas de viver a cidadania: uma baseada na piedade, outra na violência.

Violento era o jogo em que um animal, por mais feroz que fosse, era acossado, torturado e morto; violento o homem de armas que contratava uma apresentação como aquela; violenta a população que sentia prazer em ver um animal sangrar até à morte. A piedade era justamente o contrário disso. Ela abrandava os arroubos de classe e as demonstrações de grandeza, doava seus bens e se ocupava dos outros. Piedade, nesse caso, era amizade e ao mesmo tempo compaixão. O milagre da Virgem foi, na verdade, um duplo milagre: preservou o homem bom do ataque e livrou da morte o touro. Este, amansado pela força da piedade, materializada na oração de um clérigo, isto é, de um cura da cidade, foi reconciliado com o povo, que, se antes empoleirava-se no alto dos muros para lançar-lhe dardos e azagaias, agora desce, se aproxima dele e até lhe faz carícias.

O homem bom não foi o autor dessa mudança, embora tenha sido para salvar-lhe a vida que tudo isso aconteceu. Mateus representa nominalmente a Igreja que vigia do alto de sua torre e implora a proteção dos bons e a conversão dos maus. O homem bom é o leigo ideal, por cujo amor a Virgem Maria, figura da cidade/comunidade perfeita – em Siena, o palácio público chamava-se justamente "Casa de Maria'" –, ensinava ao cavaleiro, a esse homem do campo, uma importante lição: uma comunidade urbana se assentava na piedade, na solidariedade, na doação, isto é, numa *forma de vida* plenamente leiga, mas que não era laica, já que exigia uma consciência religiosa perfeita: era um milagre que gente armada agisse movida por compaixão e não exorbitasse o seu poder. Tal como na história daquele lobo que São Francisco de Assis amansou e reconciliou com o povo de Gúbio, o touro de Plasencia parece mais representar um juízo contra a ferocidade dos *milites*, que, à custa de promover *o pão e o circo*, esqueciam--se de que a comunidade resultava da *caritas* (caridade), não da *potentia* (força), e que *caritas* englobava princípios eclesiais, lidos em chave cívica, e cívicos, lidos em chave eclesial.

Notas

[1] Herculano, 1867, p. 28.

[2] Neale & Forbes, 1855, p. 267 (grifos meus).

[3] Oliveira, 1950, p. 117.

[4] Le Goff, 1987, pp. 370-390; Vauchez, 1987.

[5] Schmitt, 2006, p. 238.

[6] Giordano da Rivalto, 1839b, p. 196.

[7] Thompson, 2005; Dameron, 2005; Viroli, 2012.

[8] Viroli, 2012, p. 21.

[9] Dante Alighieri, 2005, p. 347.

[10] Skinner, 1996, p. 110.

[11] Witt, 2012.

[12] Vauchez, 1995.

[13] Viroli, 2012.

[14] Thompson, 2005.

[15] Cf. Naumann, 2016.

[16] Viroli, 2012, p. xii.

[17] Dante Alighieri, 2005, p. 676.

[18] Honess, 2006; Mackin, 2013.

[19] Giordano da Rivalto, 1839a, pp. 69-71 (grifos meus).

[20] Rolandino, 2005, p. 466.

[21] *Apud* Paiva, 2002, p. 265.

[22] Migne, 1885a.

[23] *Apud* Paiva, 2002, p. 267.

[24] *Idem*, p. 265.

[25] Bianchi, 2009, p. 239.

[26] Terpstra, 2000.

[27] Guerra Medici, 2004, p. 25.

[28] Brolis, 2002, p. 231.

[29] Cf. Pertz & Rodenberg, 1883, pp. 391-392.

[30] *Apud* Paiva, 2002, p. 272.

[31] Bughetti, 1921, p. 114.

[32] Pertz & Rodenberg, 1883, p. 391.

[33] Cf. Golinelli, 1998, p. 10.

[34] Cf. Meersseman, 1950.

[35] Giovanni Boccaccio, 1952, p. 209.

[36] *Apud* Casagrande, 2000, p. 48.

[37] Esposito, 2009, pp. 53-78.

[38] *Idem*, p. 56.

[39] Casagrande, 2000, p. 59; Brolis, 2002, p. 231.

[40] Esposito, 2009, p. 78.

[41] Dalarun, 2008.

[42] Todeschini, 2004, p. 12.

[43] *Idem*, 2013.

[44] Casagrande, 2000, p. 50; Terpstra, 1994, pp. 118-119.

[45] Dalarun, 2008.

[46] Holdsworth, 1978, p. 185.

[47] McAvoy, 2011.

[48] Cavero Domínguez, 2010, n. 51.

[49] Ropa, 2016.

[50] Biagio de Faenza, 1968, pp. 208-209 (grifos meus).

[51] *Apud* Baertio & Ianningo, 1867, p. 146.

[52] Henschenio *et al.*, 1867, p. 356.

[53] Benvenuti Papi, 1996, pp. 84-103.

[54] Dalarun, 2008, p. 213.

[55] Cavero Domínguez, 2010, n. 15-19.

[56] Bevegnati, 1793, p. 116.

[57] De Certeau, 2021, p. 417.

[58] Bevegnati, 1793, pp. 61-62.

[59] *Idem*, p. 62.

[60] Henschenio *et al.*, 1867, p. 357.

[61] *Idem*, p. 355.

[62] Baertio & Ianningo, 1867, p. 149.

[63] *Idem, ibidem.*

[64] Dickson, 2014, p. 5.

[65] Bevegnati, 1793, pp. 66-67.

[66] *Idem,* p. 69.

[67] Baertio & Ianningo, 1866, p. 391.

[68] *Idem,* p. 388.

[69] Bevegnati, 1793, p. 24.

[70] Garampi, 1755, p. 25.

[71] *Idem,* pp. 20-21.

[72] Henschenio *et al.,* 1867, p. 357.

[73] *Apud* Doyno, 2019, p. 139.

[74] Cavero Domínguez, 2010, n. 9.

[75] Viroli, 2012.

[76] Paulo Diácono, 1878, p. 200.

[77] Thompson, 2005, p. 69.

[78] Powell, 1992, p. 37.

[79] *Idem,* p. 50.

[80] Thompson, 2005, p. 95.

[81] Gazzini, 2019, p. 157.

[82] Powell, 1992, p. 113.

[83] Albertano di Brescia, 1874, p. 34.

[84] *Idem,* p. 43.

[85] Powell, 1992, pp. 112-113.

[86] Casson, 2019.

[87] Guerrero Lovillo, 1949, p. 27.

[88] Garcinuño Callejo, 2002, p. 81.

[89] Cf. Caetano, 2000, p. 219; Coelho, 2005, p. 73.

[90] Aurov, 2006, pp. 74-75.

[91] Guerrero Lovillo, 1949, p. 196.

[92] Morales Muñiz, 2013, p. 140.

[93] *Idem,* p. 146.

[94] *Idem,* pp. 148-149.

[95] Mateo Gómez, 1979, p. 338.

[96] Mogollón Cano-Cortés & Pizarro Gómez, 1994, pp. 458-459.

[97] Fidalgo, 2018, p. 238.

[98] *Idem, ibidem.*

9

OS RITUAIS DA CIDADE-IGREJA

Em 2005, a editora da Pennsylvania State University publicou duas grandes monografias para discutir a relação entre as comunas italianas medievais e a devoção religiosa de seus habitantes: *Cities of God. The religion of the Italian Communes, 1125-1325*, de Augustin Thompson, e *Florence and its Church in the age of Dante*, de Georges Dameron. Enquanto o livro de Dameron circunscreve-se mais no tempo e no espaço e lida apenas com Florença, Thompson inventariou um *corpus* mais amplo de situações urbanas, dentro de um arco cronológico mais estendido, a fim de explicar como os leigos viviam a sua religião enquanto cidadãos.

O título *"Cities of God"* obviamente se inspira na magna obra de Santo Agostinho (*De civitate Dei*); porém, esse outro Agostinho, que é o Thompson (Augustin), lhe atribui um sentido bem diferente. Santo Agostinho falava em "cidade" num sentido figurado, indicando a comunidade dos eleitos (a "cidade celeste" ou "cidade de Deus"), que, na história, convive sem se confundir com a comunidade dos danados (que ele chama de "cidade terrena"): os eleitos da "cidade celeste" amavam a

411

Deus em detrimento de si mesmos, pelo que mostravam ser humildes; os danados, ao contrário, amavam a si mesmos em detrimento de Deus, e provavam ser soberbos. Augustin Thompson, por sua vez, trata as comunas como "cidades de Deus", porque ele as concebe como entidades sagradas e eclesiais, e isso por dois motivos que ele explicita ao longo das mais de 500 páginas: o sistema comunal, segundo o autor, assentava-se em bases verdadeiramente sobrenaturais e teológicas, e, devido a isso, a liturgia católica e seus sacramentos ocupavam um lugar central nas repúblicas italianas.

O interessante dessa abordagem, bastante original quando foi publicada, é o tratamento que Thompson dá ao problema religioso, que considera nunca redutível ao elemento eclesiástico ou clerical: os leigos comuns, para ele, eram igualmente sujeitos de sua fé, e participavam da responsabilidade pastoral, ao lado dos clérigos, sem nunca prescindir deles. Pode ser que Thompson, que é um teólogo e frade dominicano, tenha se deixado influenciar pela eclesiologia do Concílio do Vaticano II (1962-1965), em cujos documentos a Igreja se apresenta mais como "povo de Deus" do que como "corpo hierárquico"; seja como for, os argumentos que Thompson apresenta para demonstrar o envolvimento dos leigos na vida eclesial são muito convincentes e correspondem à documentação disponível e à cultura religiosa do período. A situação eclesial do tempo das comunas contribuiu efetivamente para que os leigos assumissem o protagonismo dentro de suas comunidades de fé e, além disso, aproveitassem essa experiência eclesial, de base comunitária, na gestão do espaço urbano, razão pela qual o batismo e o batistério adquiriram um sentido fortemente civil e político.

O recorte geográfico da obra de Thompson inclui apenas as comunas que existiram nas partes imperiais da Itália, excluídas as cidades que ficavam no interior dos Estados pontifícios e aquelas do sul peninsular. Isso se justifica pela premissa de que as comunas que mais se mostraram "cidades de Deus", isto é, que mais evidentemente elaboraram uma "religião comunal", foram aquelas que tiveram de lutar contra a autoridade sagrada do Império Romano-Germânico, e, por causa isso, precisaram afirmar a sua própria sacralidade. Na opinião de Thompson, a luta entre as duas sacralidades foi o que singularizou religiosamente as comunas centro--setentrionais: nelas, práticas litúrgicas já abandonadas, como o batismo coletivo, celebrado durante a vigília pascal, foram restabelecidas a fim de acentuar a dimensão cívica do sacramento do batismo, e prédios eclesiásticos, costumeiramente dirigidos por clérigos, como as catedrais, receberam um tratamento cívico especial, afirmando-se como lugares de gestação de uma religião propriamente comunal, a que Thompson evitar chamar de "religião cívica".

Georges Dameron, por sua vez, adota uma perspectiva diferente: em vez de priorizar a experiência religiosa dos leigos citadinos, ressalta o envolvimento das instituições eclesiásticas nas políticas comunais. Para ele, a "Igreja florentina" (a perspectiva é marcadamente institucional) "estava inextricavelmente conectada com a crescente prosperidade e poder da comuna",[1] razão pela qual o livro se chama *Florence and its Church* (Florença e sua Igreja). Para o autor, "[a igreja] não era uma organização monolítica, mas um conjunto de comunidades eclesiásticas e tradições divididas por ideias, riqueza, gênero, geografia e lugar ocupado dentro da hierarquia institucional".[2]

Essa premissa faz toda a diferença, pois estamos acostumados a conceber "Igreja" como sinônimo de clero, e este, como uma classe fechada, autorreferencial, preocupada em preservar tradicionalismos e defender interesses de uma casta distinta das classes ou dos grupos sociais não clericais de um dado lugar. Dameron recorda que, em Florença, apenas 3% da população pertencia ao clero, e, dentro desse pequeno grupo, havia sérias discrepâncias sociais, diferentes níveis de riqueza e de taxação fiscal, aspectos que tornavam os clérigos um conjunto bastante heterogêneo e em contínua tensão. Além disso, as paróquias e as associações devocionais e caritativas, animadas e mantidas pela enorme população leiga, não eram controladas pelo clero nem compartilhavam um mesmo modo de entender a política ou o envolvimento da religião na política. Teria sido por causa dessa porosidade que os papas de Roma conseguiram estabelecer alianças com certos setores da sociedade florentina (sobretudo as famílias enriquecidas dos grupos de *popolani*), fortalecendo o partido guelfo, sem, contudo, excluir completamente as posições dos aristocratas, que se adaptaram à nova situação.

A postura epistemológica adotada por Dameron e a sua forma de lidar com a eclesiologia, por exemplo, alargam a capacidade de compreendermos as conexões entre vida política e vida religiosa, porque, quando entendemos que uma comunidade eclesial (seja ela uma paróquia ou uma irmandade) reproduzia as múltiplas tensões que segmentavam a sociedade civil e ajudavam a explicá-las, percebemos que a realidade eclesial podia ser um recorte da realidade política. Por isso, a obra de Dameron nada tem a ver com uma "História da Igreja de Florença", como o é a *Raccolta di Notizie Storiche riguardanti le Chiese dell'Arci-Diocesi di Firenze* (Coletânea de Notícias Históricas sobre as Igrejas da Arquidiocese de Florença), que Luigi Santoni publicou em 1847; sendo mais do que uma história social da Igreja florentina, o livro de Dameron é uma história de Florença contada a partir de sua Igreja, pois o autor entende que a república de Florença não pode ser explicada ou compreendida sem a consideração do papel insubstituível das instituições eclesiásticas, da devoção leiga e da elaboração teológica da política e da economia.

Dameron, mais do que Thompson, parece adotar uma perspectiva durkheimiana, segundo a qual a religião funciona como canal de integração comunitária e de mediação de conflitos, como se pode ver em dois exemplos. O primeiro aparece na interpretação que o autor apresenta para o episódio dos milagres ocorridos em 1292, na Loggia de Orsanmichelle (o Mercado Velho), conforme Giovanni Villani (m. 1348) registrou em sua *Nuova Cronica*. A *loggia* era um armazém de cereais, e seus responsáveis (a Compagnia di Orsanmichelle, formada por cidadãos muito ricos) regulavam a distribuição desses produtos numa época em que a cidade sofria de desabastecimento alimentar, causado pelo crescimento acelerado da população intramuros. No coração de uma cidade notavelmente rica, e controlada por ricos, um ícone da Virgem Maria, pintado sobre uma das colunas da *loggia*, começou a fazer milagres e a atrair para lá os mais pobres, os doentes e todo tipo de excluídos.

O segundo momento tem a ver com a crença no purgatório, que, em Florença, alcançou grande apelo social, como Dameron discute, no capítulo 4, intitulado *Piety* (Piedade). Para Dameron, a riqueza acumulada pelos florentinos trouxe para a discussão pública o pudor cristão relativo ao dinheiro, sobretudo aquele adquirido ilicitamente; porém, a fé na existência do purgatório e, principalmente, os mecanismos espirituais de expiação de pecados *post-mortem* teriam possibilitado que os ricos florentinos, sem medo da condenação eterna, sentissem-se autorizados a acumular dinheiro. A devoção pelo purgatório, um ato religioso, tinha, então, uma funcionalidade intrinsecamente econômica: o dinheiro, que podia condenar a alma, era o mesmo que, investido em obras pias, sobretudo as celebrações de missas em sufrágio dos falecidos, encurtava o tempo deles no fogo purgatório e reforçava os vínculos entre os vivos e seus ancestrais. O fato de ter sido um florentino leigo, Dante Alighieri (m. 1321), a ter escrito uma das mais espetaculares obras sobre o purgatório não teria sido, para Dameron, uma simples coincidência.

Nesses dois exemplos, digamos, religiosos, Dameron enxerga significados sociopolíticos de primeira grandeza: a piedade popular que responde a apelos sociais; os lugares sagrados que se misturam com os espaços econômicos; a "periferia" que pressiona o "centro"; a situação dos pobres que mobiliza os ricos; o sagrado que ajuda a explicar o profano; as políticas de abastecimento estimuladas por milagres de um ícone; e mortos que continuam a agitar a economia dos vivos. Se, para Augustin Thompson, a "religião comunal" derivava da liturgia e das devoções, para Georges Dameron, ela tem a ver com práticas econômicas. Para esse autor, a Igreja florentina desempenhou um papel preponderante no rápido crescimento e enriquecimento de Florença, pois ela teria voluntariamente colocado à disposição da república os recursos humanos, econômicos, culturais e políticos que possuía.

Thompson já afirmava que a "religião das comunas" favorecia o sistema político; porém, Dameron vai ainda mais longe e propõe que Florença dificilmente teria chegado a ser o Estado que se tornou sem a sua Igreja. Se Dameron não tivesse tomado exclusivamente o caso Florença, o notário milanês, chamado Bonvesin de la Riva (m.c. 1313), teria sido a testemunha histórica que confirmava todas as suas teses. Bonvesin de la Riva, no *De Magnalibus Mediolani* (As maravilhas de Milão), escrito em 1288, pormenorizou os modos segundo os quais a Igreja milanesa contribuía para o desenvolvimento político, econômico e social da cidade; no capítulo terceiro, dedicado a exaltar Milão em vista da qualidade de seus habitantes, o notário apresentou uma curiosa contabilidade dos moradores, sem discriminar os recursos eclesiais dos recursos cívicos:

O capítulo III compreende: I. A qualidade dos cidadãos. II. O número dos homens seculares na cidade e no território. III. O número dos cabidos e das cúrias dos regulares. IV. O número das capelas. V. O número dos cenóbios. VI. O número dos hospitais. VII. O número das casas dos Humilhados. VIII. O número dos religiosos da Ordem de Santo Agostinho. IX. O número das casas de

Pobreza. X. O número dos frades que moram com seus familiares. XI. O número de todos os isentos da jurisdição secular. XII. O número das bocas humanas em Milão. XIII. O número das paróquias da cidade. XIV. O número de todos os habitantes da cidade. XV. O número dos homens na cidade. XVI. O número dos cavaleiros da cidade.[3]

Como membro da Ordem dos Humilhados, aprovada pelo papa Inocêncio III (m. 1216) em 1201, Bonvesin era um irmão penitente, sem votos religiosos. Ele tinha plena consciência de como sua associação contribuía para a cidade de Milão, principalmente no campo da assistência social. Ao tratar o ponto VI (sobre os hospitais), o notário destacou o Hospital de Brolo, fundado no século XII, por Godofredo de Bussero, no qual mais de 500 pobres acamados podiam ser acolhidos, nos dias de Bonvesin, e atendidos pelos irmãos daquela casa de saúde; ademais, era a própria associação que custeava todas as despesas dos assistidos. Para os casos mais graves, em que era necessário fazer cirurgias médicas, a comuna assumia os custos de três cirurgiões, que ficavam à disposição da confraria hospitalar, revelando, assim, a contínua relação entre associações devocionais, de caráter assistencial, e os governos comunais, os quais não tinham, naquele momento, obrigações com políticas públicas na área da saúde. É sobre esse comprometimento igreja-comuna a que Dameron se refere quando afirma:

As confrarias e os hospitais tornaram-se os principais meios institucionais pelos quais a caridade era distribuída. Como fazem muitas igrejas na América, hoje, elas ajudavam a facilitar a integração pacífica, na sociedade, dos *outsiders*, migrantes recém-chegados, órfãos, desempregados, doentes e indigentes. O hospital cuidava das pessoas que representavam uma ameaça à ordem social durante o período da ascensão florentina, e as integrava, tanto quanto possível, dentro das redes caritativas urbanas e rurais. Nos períodos de crises econômicas agudas, como o desabastecimento de grãos, entre 1328-1330, as confrarias e os hospitais da cidade, juntamente com os esforços comunais para importar e distribuir cereais aos necessitados, ajudaram a manter a paz social.[4]

Diferentemente de Augustin Thompson, Georges Dameron enfatizou a participação da religião nas dinâmicas econômicas da comuna e percebeu que, se a Igreja colaborou com o aumento da exploração laboral, por outro lado, ela criou estruturas de socorro e de alívio para os vitimados pelas transformações sociais. Todavia, e a despeito das diferentes ênfases, ambos os autores convergem mais do que divergem. Para eles, "Igreja" não é uma entidade autônoma, e muito menos uma estrutura que fala com uma única voz: o clero secular, por exemplo, interagia com a cidade de modo muito distinto do que fazia o clero regular, que, de resto, divergia da posição adotada por monges.

Aliás, Thompson e Dameron oferecem uma importante contribuição para os estudos sobre as instituições eclesiásticas, na medida em que ambos evitam cair na tendência, tão comum nos estudos brasileiros sobre as ordens religiosas do Ocidente medieval, de considerar o clero secular corrupto, decadente, malformado, enquanto o clero regular, sobretudo o mendicante, seria moral e intelectualmente superior e mais bem-preparado para lidar com as cidades e seus urgentes desafios. Estudos como o de John Yousey-Hindes[5] sobre o clero de Gênova no século XIII vão exatamente na contramão dessa polarização bastante anacrônica e oferecem uma nova visão do clero secular durante a Baixa Idade Média: os clérigos seculares demonstravam capacidade semelhante à dos monges e frades para responder às demandas espirituais, e para mobilizar e estimular a piedade leiga e seu engajamento sociopolítico.

O fato de ambos os autores evitarem o uso do conceito de *religião cívica* é, por si só, bastante revelador. Na introdução ao volume, *La religion civique à l'époque médiévale et moderne* (A religião cívica na época medieval e moderna),[6] André Vauchez procurou oferecer uma "formulação provisória" para o que os medievalistas costumam chamar de "religião cívica", já precavendo o leitor de que aquilo que, na Antiguidade, chamava-se de "religião da cidade" não encontrou similar durante a Idade Média, pois o cristianismo e o islã eram sistemas religiosos que não se esgotavam totalmente na noção de Estado ou de comunidade civil. Seja como for, para que o conceito de "religião cívica" possa ser aplicado, é preciso que as forças governamentais consigam legitimamente exercer algum tipo de controle sobre "o conjunto de fenômenos religiosos – cultuais, devocionais ou institucionais [...] principalmente através da ação das autoridades locais e municipais".[7] Desse ponto de vista, e referindo ao texto de Giorgio Chittolini,[8] os rituais religiosos constituiriam dispositivos a serviço dos poderes políticos, facultando a eles um controle mais eficiente dos mecanismos de pacificação, de integração e de exaltação de uma comunidade política, reforçando, por esse meio, tanto a autoridade do governo sobre o sagrado quanto o orgulho cívico.

A formulação de Vauchez, certamente, não esgota todos os demais modos com que os elementos religiosos poderiam ser manipulados por autoridades políticas; porém, a ênfase na ação do Estado sobre o repertório religioso acabou se tornando o lugar-comum quando se trata de referir à religião cívica. Penso que é por essa razão que Augustin Thompson prefere usar a expressão "religião comunal" em vez de "religião cívica": como vimos, seu trabalho defende o protagonismo dos leigos na organização de sua vida espiritual. Portanto, se nem mesmo os clérigos conseguiam controlar a vida religiosa dos leigos, ou o repertório das imagens e práticas religiosas, o poder urbano tampouco o conseguiria fazer.

Georges Dameron, sem nunca usar a expressão "religião cívica", também reconhece que as tradições religiosas são repertórios que podem ser manejados, tanto por indivíduos e suas famílias quanto por grupos sociais ou poderes políticos, sem que nenhuma dessas instâncias possa afirmar a exclusiva autoridade sobre eles. Assim, Dameron considera que as tradições religiosas, como as de Florença, ajudaram o crescimento político e econômico da cidade, bem como forneceram as respostas para os sérios questionamentos éticos e morais, colocados pelos habitantes prejudicados por esse crescimento, o que, a meu ver, reforça a premissa durkheimiana de religião como fábrica do social: as tradições religiosas, como dispositivos sociais, suscitam mobilização, mas também resistência e dissidência. Segundo Dameron, elas protegem os indivíduos e as famílias contra as forças do Estado, bem como justificam as ações do próprio Estado.[9]

9.1 Batismo

O *Liber Pontificalis* da Igreja de Roma nos dá uma vívida impressão de como o batistério de San Giovanni in Laterano, a catedral de Roma, foi magnificamente adornado nos tempos do papa Silvestre I (m. 335). Diz o texto:

A fonte santa, onde o augusto Constantino foi batizado, [Silvestre] fez revestir com pedra porfiria, e cobriu cada lado em que ficam as águas, seja a parte de dentro ou a de fora seja a de cima, com 3.008 libras da prata mais fina. No meio da fonte fica uma coluna de pórfiro, que sustenta um vaso dourado com uma vela, que pesa 52 libras do ouro mais puro; ali se queimam 200 libras de bálsamo nos dias da Páscoa, e o pavio é feito de tiras de amianto. Nas bordas da fonte batismal, [há] um cordeiro que jorra água, pesando 300 libras de ouro; à direita do cordeiro, um Salvador de prata puríssima, com 5 pés de altura, pesando 170 libras; à esquerda do cordeiro, um bem-aventurado João Batista, feito em prata, com 5 pés de altura, e que traz pendurada uma inscrição com este título: EIS O CORDEIRO DE DEUS, QUE TIRA OS PECADOS DO MUNDO, pesando 125 libras; 7 cervos que jorram água, cujo peso é 80 libras de prata cada um; um turíbulo de ouro puro, cravejado com 49 gemas verdes, pesando 15 libras.[10]

Este, na verdade, não era o primeiro batistério romano; os arqueólogos acreditam que, nesse mesmo sítio, ficava outra construção batisterial, anterior ao período constantiniano, em formato retangular, e que aproveitava partes de um complexo termal doméstico (o que reforça a ideia de que a comunidade eclesial do Latrão aproveitou as instalações hidráulicas que já estavam à disposição). O batistério que Silvestre mandou adornar – e que a tradição romana liga, sem provas, ao batismo do imperador Constantino – tinha o formato circular e, apesar da exuberância da ornamentação, ele sofreu um novo processo de reforma, dirigido pelo papa Sisto III (m. 440), que se seguiu ao incêndio da cidade após o assalto dos visigodos, em 410 – foi o mesmo Sisto o reformador da basílica liberiana, reinaugurada por ele, com novo nome, Santa Maria Maior, demonstrando o ímpeto urbanístico e arquitetônico desse papa que se correspondia com Agostinho de Hipona.

A reforma de Sisto III alterou, mais uma vez, o formato do batistério lateranense, que então passou a ter a forma octogonal, que conservou até o presente: no centro do octógono, fica uma piscina ou fonte circular, recoberta por uma cúpula – *tegurium* – igualmente em forma octogonal; para delimitar o espaço da fonte do espaço em que fica a assistência, oito colunas de pórfiro formam um terceiro octógono; em seus capitéis, encontra-se um precioso entablamento. Essa monumentalidade toda denota a grandeza do significado social e religioso atribuído a esse edifício, bem como à cerimônia que dentro dele acontece. Ora, San Giovanni in Laterano não era apenas a catedral da urbe romana, era também a Igreja mãe de todas as igrejas do mundo latino – *mater et caput omnium ecclesiarum*, diz uma inscrição no átrio de entrada dessa basílica, que fora inicialmente uma propriedade doméstica de Constantino, e que ele doou para servir de sede para os bispos romanos e a comunidade que eles dirigiam.

A um templo ímpar deveria corresponder um batistério igualmente ímpar, a começar pelas suas monumentais dimensões para a época, 8,5 metros de diâmetro, considerando a área interna do parapeito, e pela já observada suntuosidade artística. Era um batistério ímpar porque, além de fazer parte do complexo catedralício, as celebrações batismais que ali ocorriam eram reservadas à presidência do papa, que eventualmente podia delegar esse ofício a outros celebrantes. Podemos, então, dizer, apoiados nos estudos de Paul Underwood, que esse batistério se beneficiava da dignidade de sua catedral e, portanto, também ele exercia um primado sobre todos os batistérios do mundo cristão latino, antigo e medieval.[11]

O formato octogonal do bastistério sistino, obviamente, não é exclusivo e contém um significado teológico: recorda o *Oitavo Dia*, isto é, o dia sem ocaso que marcará a vida bem-aventurada do reino de Deus. Essa ideia veio a substituir aquela mais antiga dos hebreus, que consideravam o sétimo dia como dia do descanso divino após a criação do mundo. O oitavo dia, o dia da recriação, se refere ao dia em que Deus descansará com todos os seus filhos adotivos, isto é, aqueles que renasceram em seu Filho – o *Salvador* representado na fonte lateranense –, que lhes dará como prêmio uma vida sem fim. Essa teologia batismal podia – e pode ainda – ser lida por quem circula a fonte, pois foi lavrada na parte externa das oito traves que formam o entablamento. Eis a tradução da epígrafe latina:

[1] A nação a ser consagrada para o céu aqui nasce de nobre semente, / ela que o Espírito engendra em águas fecundas. [2] Que mergulhe na torrente sagrada o pecador a ser purificado: / a quem esta onda receber velho, ela devolverá novo. [3] Distinção alguma existe entre aqueles que renasceram: eles se tornam um / em uma só fonte, um só espírito, uma só fé. [4] A mãe igreja, em parto virginal, faz nascer nas águas / aqueles que, inspirando Deus, ela concebeu. [5] Se queres ficar livre da culpa, purifica-te nesse lavatório, / quer sejas premido pelos crimes dos teus pais, quer por teu próprio. [6] Eis a fonte da vida, que banha o mundo inteiro, / seu começo foi a chaga de Cristo. [7] Aguardai o reino dos céus, vós que renascestes nesta fonte; / a vida feliz não aceita os que nascem apenas uma

vez. [8] Que ninguém fique apavorado, nem com a quantidade dos crimes nem com a sua forma: / quem nasce nesta torrente ficará santo.[12]

Os especialistas conseguiram encontrar correspondências entre o conteúdo dessas inscrições e os sermões e cartas do papa Leão Magno (m. 461); se tivermos em mente que Leão, antes de se tornar bispo de Roma, havia servido aquela Igreja como diácono, justamente durante o pontificado de Sisto III, de quem foi o sucessor, a autoria leonina parece bastante provável. Seja como for, os dísticos nos ensinam coisas importantes sobre como uma cidade do século V – mas não qualquer cidade – entendia o batismo e o vivia socialmente. Em primeiro lugar, a ideia de que o batismo é a origem de uma *nação*, isto é, de um povo que reconhece um mesmo princípio ou uma mesma *gens*, ou seja, uma mesma família, linhagem ou dinastia: não mais romanos ou bárbaros; uma vez renascidos nas águas batismais, há uma só *gens*, a *gens christiana*, originada nas águas, não no sangue (destaca-se aqui a convicção de que o batismo é uma escolha livre e individual, não um arbítrio da natureza ou da vontade de progenitores). Em segundo lugar, o batismo é renascimento ou segunda vida: quem é velho, fica novo, o sujo, fica limpo, o pecador, santo. Depois, a ideia de que a Igreja é mãe – *Mater Ecclesia*; ela não substitui a cidade ou as comunidades políticas, muito embora represente, para elas, um auxílio sobrenatural para o seu aperfeiçoamento político. Por fim, a expectativa escatológica: o sétimo dístico recorda Jo 3, 1-8, "nascer de novo" significa nascer para outro reino, aquele dos céus. Toda a vida transcorrida na cidade dessa terra é uma jornada em direção àquele reino; o batismo serve como porta de entrada, assim como é a entrada para a comunidade eclesial.

O Batistério de San Giovanni in Laterano nos faz divisar, além disso, um aspecto da história urbana que não é, nem de longe, uma coisa menor. O detalhamento de cada objeto doado pelo papa Silvestre, incluindo seu peso em material precioso e sua finalidade, aponta para o valor do monumento eclesiástico que se transforma, seja no *Liber Pontificalis*, seja na topografia da cidade ou em sua autocompreensão coletiva, em monumento cívico. E o batismo, como cerimônia, assume ares de iniciação à vida cívica – por "cívico", aqui, entendo o que foi exposto no capítulo 7.5. No batistério, uma cidade renascia como *comunidade* – os tijolos ou as pedras, ali, passam a representar apenas adornos, porquanto a comunidade real é feita de pessoas reais, com suas histórias reais. O batismo, portanto, atualiza ritualmente pressupostos teológicos e a consciência histórico-coletiva que fundamentavam a *communicatio christiana*, a qual, como vimos, recuperava toda a força comunitária da *koinōnia politikē* de que falava Aristóteles e encontrou guarida na teologia eclesial do século XIII.

O batistério, como monumento primacial da cidade, e o batismo, como ritual de nascimento para a comunidade, já demonstram uma perspectiva sociológica e política da liturgia. No entanto, quando consideramos as cidades livres da Baixa Idade Média, as chamadas comunas, essa importância do batismo adquire uma força adicional.[13] Quem poderia imaginar que um movimento civil, impulsionado principalmente por leigos, que buscava emancipar a cidade da autoridade temporal dos bispos, levaria as comunas a colocarem o batistério e o batismo no centro de suas preocupações cívicas. Na Itália, não há dúvida alguma sobre isso, pois o período das comunas foi marcado por uma explosão arquitetônica sem precedentes. Os poderes municipais, muitas vezes enfrentando a resistência de certos bispos ciumentos, investiram grandes somas de dinheiro – que não raro faltava para as guerras – na construção de novos e majestosos batistérios, como em Pisa, Parma ou Florença. Augustine Thompson[14] destaca que, para os fundadores e entusiastas do movimento comunal, o batistério era o "útero da comuna", e não a catedral, onde reinava um bispo, um antigo senhor temporal de uma cidade. O batistério era visto como a fonte do nascimento de um povo livre, livre até mesmo de bispos senhoriais. O batistério e a celebração coletiva e festiva do batismo ocuparam um lugar central da religião das comunas.

Os dísticos do batistério sistino de Roma exibem uma liturgia eclesial de vigência cívica que retrocede ao século V. Os agentes das comunas, clérigos, como Giordano de Rivalto (m. 1311), e leigos, como Dino Compagni (m. 1324) ou Dante Alighieri (m. 1321), entendiam o rito do batismo como iniciação cristã e ingresso na comunidade civil. Daí se entende por que as liturgias batismais – celebradas festivamente – eram acontecimentos cívicos mais proeminentes. A execução da cerimônia, os detalhes do ritual, o envolvimento das autoridades eclesiásticas e civis, a representação das populações do campo e da cidade, enfim, tudo vinha estabelecido nos livros oficiais – para Siena, podemos consultar o *Ordo officiorum ecclesiae Senensis* (que se encerra no ano 1213), cujo capítulo CLXXXV contém a seguinte informação:

Batiza-se canonicamente duas vezes ao ano, e apenas em dia de sábado, que significa "descanso", porque é o batismo que confere o eterno descanso. Celebra-se o batismo no Sábado Pascal, a fim de sermos sepultados com Cristo morto, e no Sábado de Pentecostes, para merecermos receber, no batismo, o Espírito Santo. E a solenidade desse batismo deve ser celebrada na hora nona [três da tarde], porque foi nessa hora que Cristo expirou, como está escrito.[15]

Há um *ordo* específico, datas específicas, horário específico e local igualmente específico; a festa era exageradamente pública, em dias feriados, que a lei canônica obrigava a participação aos ofícios. Ninguém estava autorizado a se ausentar. A liturgia batismal do Sábado Santo e da Véspera de Pentecostes englobava uma autorrepresentação da própria sociedade citadina que a celebrava. Disso também trata Renata Salvarani, em seu estudo sobre a liturgia do batismo nas comunas da Idade Média: "[os ritos batismais] se colocam, pois, como formas de sacralização do espaço e como momentos de construção da urbs e da civitas, em seus componentes materiais, mas também simbólicos e socioinstitucionais".[16]

Obviamente, os usos cívicos do batismo não substituíram a sua compreensão sacramental nem a sua importância religiosa: recém-nascidos ainda podiam ser batizados em cerimônia privada, quando a morte era um risco sério; fora disso, era muito raro e sempre desaconselhado. Ao mesmo tempo, ninguém negava que o primeiro efeito do batismo era a concessão da cidadania sobrenatural. O Ritual da Igreja de Siena (*Ordo officiorum ecclesiae Senensis*), no capítulo CLXXX (Sobre o mistério do Batismo), afirma exatamente isso:

Batismo significa unção ou banho. O batismo foi prefigurado por Noé, no Dilúvio, por Moisés, no mar Vermelho, e por Salomão, no mar de Bronze (1Rs 7, 23); João o demonstrou com o seu ofício, o Senhor o confirmou com o seu próprio batismo, consagrou-o com a sua Paixão, e o ordenou com o seu mandato.[17]

No século seguinte, em Florença, o frade dominicano Giordano de Rivalto declarou em um de seus sermões da Quaresma (1305-1306), ou seja, o tempo de preparação para o batismo do Sábado Santo:

Deus se agrada tanto da pureza da alma, que, para lavá-la e purificá-la, ele criou o banho mais leve que há. Este banho é a água do Batismo, que contém tanta força que ultrapassa todas as coisas desse mundo e sua potência; ali ele lava imediatamente e purifica todos os pecados que há no mundo, e que torna essa pureza igual à pureza dos anjos.[18]

Para aqueles que acham que a Idade Média foi um período entranhadamente marcado pelo clericalismo e pelo sacerdotalismo, deve ser difícil de admitir que tamanha valorização do batismo, naquele momento, implicava outra eclesiologia, mais horizontal ou menos clerical. Seja como for, essa não é a nossa principal questão. A mistagogia batismal, sem dúvida, realça o que preciso destacar, mas o ponto a ser discutido, aqui, não é nem o clericalismo da Idade Média, nem o batismo enquanto sacramento católico; antes, é a sua ritualidade (ou *performance*) comunitária e, sobretudo, os usos que a comunidade cívica fez dessa liturgia sacramental.

Continuaremos a olhar para um mesmo objeto, porém, agora, desde outro ângulo, aquele das comunidades urbanas. No *Ordo* da cidade de Grado, por exemplo, descreve-se minuciosamente como a liturgia do batismo deveria ser celebrada na catedral: informa a maneira de acolher os catecúmenos, com seus familiares; refere que as pessoas chegam de todas as partes da cidade e arredores; destaca como deve ser a entrada, para o batistério, dos padrinhos e madrinhas trazendo as crianças, e como, depois, eles deveriam se dirigir para a catedral, onde a missa solene seria celebrada com a presença de todo o clero e da inteira comunidade dos fiéis. E informa algo ainda mais interessante: o *Ordo* diz que as pessoas que compareciam à liturgia se colocavam ao redor da criança, formando um semicírculo, e nessa posição executavam uma espécie de dança que marcava a entrada do neófito para a comunidade: podemos, então, perceber claramente que a liturgia do batismo envolve movimentos e gestos, tanto do celebrante quanto dos assistentes, que são performados dentro de um espaço especificamente adaptado para expressar as convicções comunitárias e cívicas daquela assembleia, e que tornavam aquele evento tão significativo.[19]

Ultrapassando a liturgia propriamente dita, passemos à consideração do lugar do batismo e de sua função para além do sacramento.

Sabe-se que os agentes das comunas, desde o século XII, empenhavam-se bastante para fazer do batismo uma cerimônia de transmissão do direito de cidadania às crianças, e precisamos compreender as razões. Com efeito, já tivemos ocasião de constatar que as comunas surgiram a partir de um ideal de igualdade, que, na prática, mal disfarçava o quanto o sistema reproduzia as desigualdades, seja a social e política, seja a econômica. Eleger o batismo como o momento de concessão da cidadania, e concedê-la a crianças, tem muito a ver com uma autêntica tentativa de burlar as desigualdades sociais e políticas, inerentes ao sistema: tratava-se de tomar um ponto fortemente consensual, isto é, não passível de disputa entre os grupos, no caso, uma ocasião religiosa que todos, praticamente sem exceção, valorizavam e sobre a qual concordavam; o batismo, pensava-se, tinha o poder de transformar a vida individual e de inserir o indivíduo dentro de uma comunidade espiritual cujo fundamento é simplesmente a igualdade – será preciso voltarmos a ler o terceiro dístico do batistério sistino: "Distinção alguma existe entre aqueles que renasceram: eles se tornam um / em uma só fonte, um só espírito, uma só fé".

Não é por um acaso que os novos batistérios erigidos no apogeu do período comunal, principalmente na Itália, reproduziam até mesmo a disposição espacial do Batistério de San Giovanni in Laterano, isto é, passaram a ser construídos separados da catedral, como edifícios autônomos, em muitos casos, sob direta tutela dos magistrados cívicos. Vejamos um exemplo:

No ano da encarnação de nosso Senhor Jesus Cristo de MCLVI, quarta indicção, mês de março, esta fonte [batismal] foi ultimada, sob a autoridade dos cônsules de Chiavenna e de Piuro, Bertrame de Solar, Girardus Muso, Azo Beldon, Petrus Rastel, Girardus de Co' de Pont, Ato Mora e Guidon de Pluri.[20]

Essa fonte batismal localizava-se na plebe de San Lorenzo, em Chiavenna, um pequeno núcleo urbano da região da Lombardia. A inscrição epigráfica, que nos fornece essa lista de nomes, serve para algo mais do que homenagear os generosos doadores com uma fonte recém-construída. Não são meros doadores, são magistrados civis, executores da vontade de um conselho municipal, que representam. Reparando bem, percebemos que a fonte pertence a uma igreja que fica sob a jurisdição de uma comuna,

Chiavenna; entretanto, a inscrição contém nomes de cônsules de outra, Piuro – ou seja, magistrados de outra dada comuna estiveram dispostos a investir na construção monumental em outra. A razão parece ser esta: entre 1151-1156, essas cidades vizinhas enfrentaram uma grave crise política, que colocou uma contra a outra; a fonte batismal, portanto, funcionava como um símbolo de unidade entre elas, sua construção marcava o fim dos confrontos, e a inscrição na pedra da fonte servia de registro documental para um pacto de reconciliação política. Como escreve Salvarani:

Escolheram construir um artefato de elevado valor simbólico para solenizar uma difícil *pax* local. O batismo, que coincidia com o ingresso na comunidade dos *cives*, seria celebrado, desde então, em uma situação nova, caracterizada pelo novo tipo de relações regulamentadas entre os dois maiores centros do vale.[21]

Cento e cinquenta anos depois, em outra região, dessa vez, a Toscana, o batistério volta a estar no centro de um pacto de paz. Quem nos conta a história é Dino Compagni. Esse político *popolano* foi eleito para integrar o colégio dos nove *Signori* que dirigiam a república de Florença, no dia 15 de outubro de 1301. A cidade, mais uma vez, passava por uma grave crise política, dividida entre os guelfos brancos e negros, que havia anos se digladiavam pelo controle do governo local. A eleição dos nove *Signori* era uma esperança de pacificação, pois representava um equilíbrio entre os dois partidos. No entanto, os conflitos persistiram, instigados pelas famílias Donati e dei Cerchi. O rei de França, Carlos de Valois, que estava na Itália, foi nomeado, pelo papa, para intermediar a situação, em nome da Sé romana. Mas o grande conselho e todos os cônsules e capitães precisavam dar o seu assentimento. Então, agendou--se a visita do mediador para novembro daquele ano. E Dino Compagni, temendo que a visita do rei fosse acentuar ainda mais as divisões e os ódios partidários, teve uma ideia para reaproximar as partes, e assim ele escreveu em sua crônica:

Veio-me ao pensamento que, pelo ofício que eu exercia e pelos bons sentimentos que nutria pelos meus companheiros, seria bom reunir muitos bons cidadãos na Igreja de San Giovanni, e assim eu fiz; compareceram os representantes de todos os ofícios. E, quando me pareceu bem, dirigi-me a eles nesses termos: "Caros e valentes cidadãos, como aconteceu a todos nós, vós recebestes o sagrado batismo nesta fonte, e a razão obriga e compele a amar-vos como queridos irmãos. E ainda mais porque vós possuís a mais nobre cidade do mundo. Entre vós surgiu uma querela por causa de ofícios, os quais, como vós sabeis, os meus companheiros e eu, com juramento, prometemos desempenhar. Está para chegar esse senhor [o rei de França], e convém honrá-lo. Jogai fora o vosso desprezo, e celebrai entre vós a paz a fim de que ele não vos encontre divididos. Relevai todas as ofensas, livrai-vos de toda a má vontade que se esconde entre vós. Seja tudo perdoado e esquecido, por amor, e pelo bem da vossa cidade. E sobre essa sagrada fonte, onde recebestes o santo batismo, jurai a boa e perfeita paz entre vós, a fim de que esse senhor que está para chegar encontre todos os cidadãos unidos". E todos se puseram de acordo com essas palavras, e assim foi feito, tocando com o corpo o livro, juraram manter boa paz, conservar a honra e a jurisdição da cidade; e, assim feito, todos deixaram aquele lugar.[22]

A Igreja de San Giovanni era o batistério, que Dante chamava de *il mio bel San Giovanni* (Inferno, XIX, v. 17), em cuja fonte ele também foi batizado. Aliás, o mesmo Dante conta, nesse mesmo canto, que ele costumava passar por ali, quando não havia serviço religioso, certamente para rezar e para contemplar a beleza artística que abrigava e que o encantava. Mas Dino Compagni reuniu os representantes dos partidos políticos naquela Igreja por causa do que ali se passara com cada um deles, individualmente. Naquela fonte, eles entraram pecadores, filhos de famílias em guerra, entraram *velhos*, dizia o segundo dístico do batistério sistino, para saírem novos, isto é, filhos de uma Mãe Igreja, uma comunidade eclesial que, solapando as diferenças dinásticas, igualava *milites* e *populares*, *divites* e *pauperes*, e Compagni era um popular, e devia sofrer na pele o preconceito dos *nobiles* florentinos. Aquele até poderia ter sido apenas um estratagema político, mas não teria sido sequer cogitado, e muito menos realizado, se o batistério e a mistagogia que lhe acompanha não fossem entendidos socialmente como expressão dos ideais comunais, tanto quanto era uma manifestação dos ideais eclesiais.

De resto, outro testemunho histórico do período de Dino Compagni vem confirmar o sentido cívico do batismo e reproduz a mesma lógica de que o batismo reconcilia as pessoas em conflito e iguala os grupos urbanos que se sentem superiores aos demais. Mais uma vez, é Giordano de Rivalto quem nos apresenta a questão, tendo como horizonte as lutas partidárias de Florença:

Nós somos irmãos, não somente pela natureza, mas pelo batismo: pois nascemos todos de uma mesma mãe, isto é, a água do batismo; e, por essa razão, vós deveis amar mais o cristão do que o sarraceno, pois aquele é teu irmão. Inclusive se considerardes o fim, pois todos nós fomos criados para um fim, a vida eterna, todos devemos nos tornar cidadãos de uma cidade. Sabei que os cidadãos se amam mutuamente, e assim aquele ali pode ter a vida eterna assim como tu; imaginemos que ele seja uma pessoa ruim, ele pode vir a se converter; e tu, que agora pareces um santo, podes ficar pior do que ele. Portanto, não podemos julgar o fim. Cada um daquela cidade pode ser seu cidadão, tanto esse quanto aquele outro, e assim bens daquele lhe são arrumados tanto quanto os teus, até que a sentença de Deus não chega. E, por razões como essa, nós podemos e devemos amar os outros.[23]

Frade Giordano fazia parte do Convento de Santa Maria Novella, o mesmo convento que abrigava uma escola na qual Remígio dei Girolami ensinava filosofia. Era também uma casa onde os escritos de Tomás de Aquino eram lidos, discutidos e copiados. Giordano retoma a ideia de que todos os seres humanos são iguais por natureza, uma noção que Tomás adotou de suas leituras aristotélicas, e a concilia com a ideia de que o batismo é uma segunda natureza ou uma supernatureza que aperfeiçoa a primeira. Em Florença, surge então uma dupla obrigação de igualdade: todos são iguais por serem humanos e todos são iguais por serem cristãos. Talvez a breve menção aos sarracenos tenha sido uma forma de o frade destacar para seus ouvintes que eles não poderiam se vangloriar de suas relações amistosas com os infiéis da África e do Oriente enquanto eram famosos por odiarem uns aos outros. Giordano aponta o dedo para as pessoas e expõe o escândalo desses ódios, como se dissesse: "tu, que te consideras santo e pertences à família dos Donati, tu não és melhor do que aquele ali que julgas péssimo, apenas porque ele é da família dos dei Cerchi. Nisso, a ideia reiterada é a de que o reino de Deus é uma cidade e que a cidade dos homens precisa se tornar como a cidade de Deus". Nos tempos de Girolamo Savonarola (m. 1498), essa ideia foi posta em prática, e as coisas ficaram bastante complicadas em Florença.

Giordano de Rivalto, em contraste com seu confrade Savonarola, é muito mais conciliador e talvez mais inclinado ao republicanismo. Ele não usa sua pregação para reunir um partido conservador contra uma cidade que tem outras tendências. Pelo contrário, Giordano, ao enfatizar tanto o batismo como vetor de paz civil, o faz impulsionado pelo desejo de integrar a população. Em seu sermão proferido em janeiro de 1304, ele retorna ao tema do batismo, dessa vez destacando que o sacramento deixa uma marca indelével, uma impressão permanente, que sobrepuja os distintos brasões das casas aristocráticas ou os estandartes (*gonfaloni*) de cada corporação de ofício. É um sinal que identifica uma comunidade antes que seja cindida por conflitos partidários beligerantes. Assim, o pregador relembra que o batismo é um "sinal de congregação" e, ao mesmo tempo, lamenta que, naqueles tempos em que pregava, esse sinal fosse tão pouco valorizado, talvez não por causa do declínio da religião, mas sim devido aos perigos que a realidade de uma república enfrentava.

Observemos como Giordano aborda essa questão e, com o trecho seguinte, encerramos o assunto:

[diferentemente da circuncisão judaica] o batismo é um sinal não no corpo, mas na alma, pelo que dizem os Santos que este sinal nunca se apaga: e chamam-no de caráter, ou seja, que não se pode apagar por razão alguma; ainda que [o batizado] se torne infiel, o sinal não se apaga. Nem todos os homens nem mesmo todos os papas seriam capazes de fazer com que aquele que recebeu o batismo deixe de ser cristão; eles não poderiam apagar esse sinal: pois tão forte ele é. Ele é sinal de grande honra. É ainda sinal de congregação; antigamente fazia-se esse sinal a fim de que se visse quem fazia parte do povo de Deus. Donde esse sinal congregava os filhos de Deus e as pessoas do seu povo, e isso era uma grande dignidade. Porém, hoje as pessoas não cuidam desse sinal, o batismo, ele nos é dado como um sinal. Como vedes, sob o sinal do gonfalone se reúne o povo; este sinal do batismo é o sinal de Deus, que Cristo colocou no seu povo. Sabei que na família do Senhor todos portam uma arma e um sinal para serem reconhecidos; mas esse [sinal] é hoje em dia desprezado.[24]

9.2 Procissões

Em 1444, sete placas de bronze foram encontradas entre os restos de um antigo teatro localizado na pequena cidade de Gúbio (Úmbria italiana); algumas placas continham inscrições em letras latinas, com texto em língua umbra, em outras os caracteres também eram umbros (ou paleoumbro), que era falada na localidade, quando seu nome ainda era como Iguvium (ou Ikuvium). Segundo uma tradição que remonta à

História Natural, de Plínio, o Velho (m.*c.* 79 d.C.), os umbros teriam sido os primeiros habitantes da península Itálica, porque, quando os etruscos migraram para aquela área, tiveram de enfrentá-los e submeter suas cidades: no cômputo de Plínio, foram 300 as cidades umbras conquistadas pelos etruscos,[25] que depois foram vencidos pelos romanos. A datação das placas, de acordo com os especialistas, vai do século III ao I a.C., portanto, estiveram envolvidas com a própria história da conquista romana. Em 1456, essas placas – que medem entre 33 polegadas de altura por 22 de largura e 16 polegadas por 12 – foram compradas pelas autoridades comunais de Gúbio e guardadas desde então no Palácio Público da comuna.

As placas de Iguvium são interessantes por várias razões: representam, talvez, a primeira atestação de uma clara política municipal visando à preservação de patrimônio histórico e evidenciam a iniciativa de uma mulher durante as tratativas para a aquisição desses materiais, como se lê no documento registrado na chancelaria da cidade:

Paulo de Gregório de Sig.a [*sic*], habitante de Gúbio, para seus herdeiros e sucessores, e no lugar e em nome de Presentina, filha do finado Francisco e da senhora Ângela, atualmente esposa do referido Paulo [...] deu, entregou, vendeu, cedeu e concedeu ao magnífico Senhor Gonfaloneiro e aos Cônsules da dita cidade e a mim, Guererio, chanceler, abaixo assinado, que receberam em favor da dita comuna sete placas ebúrneas [erro do notário, pois as placas são de bronze], algumas escritas com letras latinas e outras com letras desconhecidas.[26]

Além das razões ligadas ao período medieval, há aquelas do período antigo, que, em minha opinião, são ainda mais interessantes: as *Placas Eugubinas* (ou *Tavole Eugubine*) contêm as mais antigas instruções para a realização de ritos religiosos celebrados por habitantes da península Itálica e em nome de uma inteira coletividade urbana. O próprio culto cívico romano, posterior a essas inscrições, deve muito de sua organização e sistematização ao conteúdo ritual dessas placas, como os peritos têm demonstrado.[27] Nelas, verificam-se as prescrições de uma ordem sacerdotal, chamada de Fratres Atiedii, uma confraria cultual que, em Gúbio, desempenhava o papel de colégio sacerdotal máximo, como em Roma, onde pontificavam os Fratres Arvales:

[As tábuas] incluem instruções para a purificação ou lustração do monte sagrado ou da cidadela de Iguvium; para a lustração da própria população eugubina; para o festival decurial dos aliados da *curia* de Iguvium; para vários sacrifícios privados; para as cerimônias anuais da confraria Atiediana. Além delas, encontram-se diversos decretos do Colégio, os quais estipulam os deveres dos oficiais dos *Fratres* em relação aos sacrifícios e as funções recíprocas dos *Fratres* e das famílias federadas ou da *curia* que participam no festival decurial.[28]

Émile Benveniste, em seu *Vocabulário das instituições indoeuropeias*, recorda o grande ritual da lustração, descrito pelas *Placas Eugubinas*, e destaca o papel propiciatório desses ritos "realizados para atrair os favores dos deuses para a cidade [*tota*, em umbro] e o território de Iguvium". E acrescenta: nas fórmulas *totaper iiouina/tutaper ikuvina*, isto é, "para a cidade de Iguvium", "não há distinção entre cidade e sociedade: existe aí uma só e mesma noção. Os limites do hábitat do grupo constituído assinalam as fronteiras da sociedade mesma".[29] O ritual da lustração consiste numa elaborada liturgia desenvolvida pela combinação de sacrifícios oferecidos em lugares específicos e procissões que levam os devotos de um templo a outro. Como observa Benveniste, *tota* designa tanto a cidade quanto a sua população; logo, a procissão pode ser entendida como uma cidade em movimento. Procissões, aliadas a sacrifícios, exercem um papel capital na representação social do espaço urbano: elas facultam que o circuito sagrado, definido pela localização dos templos e pelo traçado das muralhas, seja frequentado e pisado por uma coletividade organizada, que entende aquele gesto como uma propiciação religiosa de vigência comunitária ou política.

Procissões e peregrinações são identificadas em praticamente todas as formas de experiência religiosa, e desde épocas imemoriais. Nos tempos míticos do êxodo do antigo Povo de Israel, descrito na Bíblia hebraica, as procissões também compunham o culto político-religioso de Iahweh, ainda que o elemento urbano, a depender do período, não fosse tão determinante (aqui é preciso lembrar que boa parte da história antiga de Israel é marcada pela experiência do deserto, não pela cidade). O livro de Números, por exemplo, descreve procissões dos tempos do êxodo:

Partiram, então, da montanha do Senhor [o Sinai]. Caminharam três dias, e a arca do Testemunho do Senhor ia à frente para lhes procurar um lugar de descanso. [...] Quando a arca do Testemunho partia, Moisés dizia: "Levanta-te, Senhor, que se dispersem os teus inimigos! Fujam de tua face os que te odeiam". E, quando a arca pousava, dizia: "Volta, ó Senhor, à multidão dos milhares de Israel".[30]

Procissão, peregrinação e marcha coletiva são experiências intercambiáveis e, em muitos casos, sinônimas; o que define suas diferenças são as razões alegadas por aqueles que as realizavam. Uma diferença fundamental é que peregrinações podem ser feitas solitariamente, e por motivos individuais, enquanto procissões são sempre atos de uma comunidade. No relato de Números, aquilo que poderia ter sido apenas uma marcha de emigrantes caravaneiros passou a ser lido como uma procissão porque a comunidade de Israel projetava sobre ela um sentido religioso socialmente compartilhado, e porque performava uma liturgia específica: por exemplo, carregava ritualmente a arca do testemunho (que cumpre o papel de símbolo ou simulacro religioso) à frente de uma congregação que marchava conforme o estabelecido em regras de precedência (quem vai na dianteira e quem deve ir atrás) e efetuava orações específicas de propiciação (pela fórmula da oração, nota-se que a finalidade da procissão era afugentar inimigos e congregar o povo).

Aliás, as orações proferidas por Moisés ("Levanta-te, Senhor..."; "Volta, ó Senhor...") foram assimiladas, depois, a um hino – que se tornou, na verdade, o Salmo 68(67) –, que passou a compor as liturgias processionais do período do primeiro templo de Jerusalém (já em contexto urbano). Esse hino reforça a ideia de que procissões são *procissões* (um povo que caminha unido) porque seguem a um *ordo* (um ritual) específico, no qual se determina como a procissão deve ser celebrada, qual a sua finalidade e onde cada participante deve estar durante a marcha ritual; é o que se pode ler em Sl 68(67), 25-26: "Eles viram [isto é, os inimigos de Israel] os teus cortejos, ó Deus, os cortejos do meu Deus e do meu Rei, no santuário. Precedem os cantores, por último vêm os salmistas, no meio, as jovens batendo címbalos". E o poema claramente posiciona a arca na parte principal da caminhada. Encontramos outra descrição no livro de Josué (6,1-6), onde a procissão foi determinante para a conquista israelita da cidade de Jericó: foi uma procissão de sete dias, encabeçada por sete sacerdotes tocando chofares, seguidos pelo andor da arca e pela comunidade israelita, que percorreu sete vezes o perímetro das muralhas de Jericó: a procissão foi um ritual de conquista militar.

Os testemunhos das *Placas Eugubinas* e dos livros da Bíblia hebraica, nos colocam perante um fato antropológico, sociológico e religioso diante do qual o cristianismo mais não fez do que se adaptar a ele. As comunidades urbanas entendem suas procissões como ritos ancestrais, como uma liturgia que desvenda, para aquela comunidade, a sua própria história e, por isso, ela constitui uma forma de lidar com o próprio passado. Jean Delumeau fala em "caráter arcaico das procissões"[31] e destaca que os povos que as celebram consideram-nas como eventos de "tempos imemoráveis" que passam por "lugares costumeiros":[32] procissões são avessas a mudanças, seja no percurso, seja no calendário, de tal sorte que nem o clero consegue alterá-los arbitrariamente. Assim, se não podemos ter certeza de que os habitantes de Gúbio, em 1444, tinham ciência de que suas placas atestavam a longevidade das procissões na cidade, sabemos, no entanto, que os cortejos seguiam no centro da devoção municipal, garantindo "continuidade, solidariedade e confiança",[33] vantagens de que eles não abriam mão.

Isso é particularmente evidente em um documento cívico desse mesmo período, intitulado *Regimento das Procissões da cidade de Évora* (Portugal), de 1482. É um texto impressionante. Não foi registrado em placas de bronze, como em Iguvium, mas trata da mesma matéria: estabelece códigos rituais a serem seguidos por uma cidade que, como Gúbio, tinha ancestralidade romana, visíveis até hoje nos restos do Templo de Diana, de inícios do século I. Tal como as *Placas Eugubinas*, o *Regimento das Procissões de Évora* atesta como a prática religiosa pode se tornar um modo de celebrar a memória da cidade, recordando os acontecimentos históricos mais significativos, e de ocupar o espaço público,[34] pois a comunidade é chamada a percorrer os pontos que a tradição local reputa mais importantes em sua topografia:

Regimento que mandou el-rei Dom Joam II dos que hão de servir nas quatro procissões de Corpo de Deus, em cada um anno, a saber: Dia de quinta-feira do Corpo de Deos: e logo no dia do Milagre da Cera, que vai o dito Corpo de Deus; e véspera de Santa Maria de Agosto pelo vencimento da batalha real, e o dia em que elrey Dom Joam nosso Senhor venceo a batalha dantre Toiro e Samora.[35]

Como se nota, são quatro as principais ocasiões de procissão em Évora, assinadas como dever cívico definido por lei. A importância política desses eventos pode ser avaliada com base no significado das datas comemorativas, na especificação dos grupos responsáveis pela organização dos cortejos, no percurso a ser seguido e na aplicação de medidas formais de punição para aqueles que forem negligentes:

E manda ElRey nosso Senhor que este Regimento se cumpra em todas as quatro procissões; na do Dia do Corpo de Deus, que sempre se faz a quinta-feira depois da Trindade, e na procissão do milagre da Cera em que também vai o Corpo de Deus, e vai pella Sellaria à praça, e na procissão que se faz na véspera de N. Senhora d'Agosto, pelo vencimento da batalha Real, que também vai pela Sellaria à praça; e assim na procissão que Sua Alteza mandou fazer em os dois dias de Março pelo vencimento em que venceu a ElRey D. Fernando na batalha que houveram entre Toiro e Samora, e assim foi ordenado o dito Regimento, e quem quer das sobreditas pessoas neste Regimento nomeadas que não for às sobreditas procissões pague de pena para a Câmara duzentos réis, e para as classes da Cidade por cada vez que não for; e os Vereadores que não executarem a dita pena paguem quinhentos réis da Cadeia, e da mesma sorte os condemnados.[36]

A primeira festa processional mencionada é aquela de Corpus Christi, a qual, no século XV, já estava bem consolidada nos calendários litúrgicos das dioceses de toda a cristandade latina. A segunda festa tinha caráter local e comemorava Nossa Senhora do Milagre da Cera, no terceiro domingo depois de Pentecostes, como informa o *Martyrologio Lusitano*; nesse documento também encontramos a explicação do milagre e seu significado cívico:

Em Évora, Cidade de Portugal, a Festa de Nossa Senhora, com o título do Milagre da Cera; quando estando para se recolherem os trigos, sobrevindo tanta, e tão continuada chuva por toda a Província, que de todo os perdia, recorreu o Clero, o Magistrado, e o Povo com solenes súplicas à Mãe de Deus na Igreja Catedral, para aplacar o Céu em tão eminente, e universal castigo, mas no mesmo ato cessou milagrosamente a tempestade; em cuja confirmação os círios, que ardiam diante da Imagem da Senhora, não só se não consumiram, mas se acharam com dobrado peso; e se conservam debaixo do Altar para perpétua memória. Em ação de graças por tão grande benefício se celebra por voto esta Festa todos os anos neste dia com procissão pública de ambos os estados, Eclesiástico e Secular.[37]

A terceira festa, que ocorria no dia 14 de agosto, tinha, decerto, uma ligação com a celebração da Assunção da Virgem Maria, no dia 15; porém, o regimento dá como justificativa um fato político: comemorar a vitória portuguesa na batalha de Aljubarrota (14 de agosto de 1385): a uma só vez, tributava-se culto à Mãe de Deus, enaltecia-se a história de Portugal e reconhecia-se a autoridade da dinastia de Avis, a qual, com D. João I, assegurou a vitória e consolidou a ascensão da nova dinastia.[38] A quarta comemoração era também a mais recente, e seu motivo, inteiramente político: no dia 2 de março, os eborenses celebravam a vitória lusitana sobre os castelhanos, na batalha de Toro, de 1476, durante a qual morreram 17 de seus citadinos: a procissão acompanhava os andores de São Jorge e de São Cristóvão.[39]

Se repararmos bem, o regimento não lida com todas as procissões previstas no calendário eclesiástico: por exemplo, nada diz sobre a Procissão do Domingos de Ramos, uma das mais solenes do ano, dado que rememora o cortejo triunfal de Jesus Cristo pelas ruas de Jerusalém, e se cala sobre os dias das Rogações Maiores (25 de abril) e Rogações Menores (três dias antes da festa da Ascensão). Além disso, todas as quatro apresentam-se como ocasiões festivas, não penitenciais, como as rogações, nas quais o jejum, os cantos contritos, a meditação da Cruz e, geralmente, os pés descalços acrescentavam um espírito de contristação, avesso à euforia e à agitação que se verificam, por exemplo, nas procissões de Corpus Christi. Procissões festivas e por motivos religiosos e pátrios, o regimento estabelece procedimentos normativos apenas para os cortejos que estavam sob a jurisdição do concelho e que contavam com o seu patrocínio. Portanto, podemos afirmar que as procissões do século XV, de todos os demais rituais religiosos da cidade, eram os eventos mais fortemente cívicos, e os quais as autoridades municipais e a sociedade civil, nomeadamente as corporações profissionais, mais procuraram tutelar.

Outra característica do *Regimento das Procissões de Évora* é que estavam previstos o traslado e a exposição da Hóstia Consagrada em todas as quatro ocasiões, e não apenas naquela mais diretamente ligada ao mistério eucarístico, isto é, a solenidade de Corpus Christi. Essa comemoração havia sido instaurada, em 1264, por Urbano IV, pela Bula *Transiturus de hoc mundo*, de 11 de agosto. Voltemos a atenção para esse texto mais antigo, porque ele contém muitas das disposições que, desde então, marcariam os ânimos com que essa festa seria celebrada por toda a cristandade. Sustenta o pontífice, dirigindo-se a todos os "veneráveis patriarcas, arcebispos, bispos e demais prelados": "embora este sacramento seja celebrado todos os dias, no solene rito da missa, cremos ser útil e digno que se celebre, ao menos uma vez por ano, uma festa ainda mais solene, em especial para confundir e refutar a hostilidade dos hereges".[40]

E completa:

Assim, para corroborar e exaltar a fé católica, estabelecemos um dia fixo anual para que seja celebrado de maneira ainda mais especial e solene este tão grande Sacramento, além da comemoração cotidiana que a Igreja lhe presta, isto é, a primeira quinta-feira depois da oitava de Pentecostes; que, nessa quinta-feira, as multidões devotas dos fiéis acorram afetuosamente à Igreja, e todo o clero e o povo, igualmente alegres, entoem os cânticos de louvor, que os corações e as preces, as bocas e os lábios, prorrompam em hinos de júbilo salutar: cante a fé, tremule a esperança, exulte a caridade, a devoção palpite, a pureza rejubile, a sinceridade se alegre; que todos se reúnam com ânimo diligente e pronta vontade esforçando-se para realizar louvavelmente esta festa tão solene: e queira Deus que este amor ardente inflame os fiéis no serviço de Cristo, que por meio desta festa e por outras boas obras, aumentem seus méritos diante de Deus, Ele que deu e entregou a si mesmo como preço no patíbulo, conceda-lhes, como prêmio, a sua presença, após o transcurso dessa vida.[41]

Urbano IV fora eleito papa em 1261; antes disso seu nome era Jacques Pantaleão, oriundo de Troyes e, depois, clérigo residente em Laon, onde assumiu o ofício de arcediago, em 1238, transferindo-se, em 1241, para Liège, ainda como arcediago; foi lá que ele conheceu uma religiosa mística e vidente, Juliana de Mont-Cornillon (m. 1258), afamada na cidade por sua notável vida ascética e pelas visões sobrenaturais que recebia.[42] Em várias ocasiões, o clérigo Jacques demonstrou o quanto se deixou influenciar por ela. Juliana residia em um hospital de leprosos, mantido pela assembleia dos *burgenses*, mas administrado por uma comunidade de consagrados, sem votos formais, de estilo laical; foi ali que ocorreram suas experiências místicas e visões sobrenaturais. Em uma dessas ocasiões, a penitente viu "a lua, em seu máximo esplendor, porém ela exibia uma fratura ou um defeito em sua esfera corporal; e, contemplando longamente essa imagem, ela ficou maravilhada, não sabendo o que aquilo poderia significar".[43]

Mesmo após muitos dias, a visão não lhe saía da cabeça, e o fato de não entender "o seu mistério e a significação que escondia" a importunava demasiado. Foi então que "nosso Senhor lhe revelou que a lua significava a Igreja militante do presente, enquanto a fratura assinalava que a dita Igreja carecia de uma solenidade, que, a partir de então, ele queria que fosse celebrada pelos fiéis sobre a terra";[44] o motivo era este: reparar o desmazelo com que as missas eram celebradas, todos os dias, e ressaltar o mistério eucarístico, pois, segundo a vidente, a celebração anual da Quinta-Feira Santa, que recorda a Última Ceia de Cristo, não era suficiente, dado que dividida com outros motivos litúrgicos, como a Consagração do Crisma, na catedral, e a missa do Lava-Pés, nas paróquias. A aparição solicitava que houvesse um dia reservado apenas para a consideração do Corpo e do Sangue de Cristo, sem outra memória que a da eucaristia.

Tendo nosso Senhor revelado essas coisas à virgem Juliana, ele a encarregou de dar início à dita solenidade, e de anunciar pela primeira vez ao mundo que essa festa deveria ser instituída. [A santa, sentindo-se inepta para uma missão dessa natureza, respondeu a Cristo] "Senhor, perdoai-me, mas encarregai isso que me ordenais aos grandes teólogos da vossa Igreja, homens ilustrados pela luz da ciência, eles sabem e podem dar curso a este tão alto negócio melhor do que eu. [...] Eu não sou digna de anunciar ao mundo uma coisa tão grande e sublime". Ao que o Senhor lhe respondeu, dizendo que essa solenidade deveria ser por ela inaugurada e que, depois, seria promovida por outras pessoas humildes que a haveriam de suceder.[45]

Segundo o hagiógrafo, que publicou a *Vida* entre 1261-1264, Juliana guardou a visão em segredo durante cerca de 20 anos, e só a revelou quando fora eleita priora da comunidade religiosa de Mont-Cornillon de Liège; sua própria eleição foi conturbada, pois os *burgenses* retinham os direitos patrimoniais e temporais do hospital, que eram reivindicados pelo bispado e que, por sua vez, interferia na eleição do prior ou priora. Juliana era mais inclinada aos direitos do bispo, mas veio a suceder no cargo a um prior alinhado com a assembleia dos *burgenses*. As visões de Juliana e a própria idealização de uma festa eucarística estiveram inextricavelmente comprometidas com a tensa disputa pelo poder temporal que dividia a municipalidade e o bispado. Foi assim que ela precisou tomar muitas providências para promover a festa, dirigindo-se às autoridades eclesiásticas e civis de várias cidades da região, inclusive, Colônia. Em outras palavras, Juliana se transformou numa missionária da eucaristia e uma negociadora política em favor de uma festa eclesiástica e civil do Corpus Christi.

Todavia, Juliana não trabalharia sozinha, como a revelação lhe havia garantido. De fato, em Liège havia várias outras *mulieres religiosae* especialmente sensíveis à devoção pela Hóstia Consagrada, mulheres místicas, como Eva de Saint-Martin, uma reclusa emparedada que fora mentora da própria Juliana e que lhe dera abrigo quando os *burgenses* a expulsaram de seu hospital; Eva sobreviveu a Juliana, e foi para ela que Urbano IV, um antigo admirador, enviou uma carta emblemática:

Urbano, bispo, servo dos servos de Deus, à nossa filha bem-amada em Jesus Cristo, Eva, reclusa de Saint-Martin de Liège, saudação e bênção apostólica. Sabemos, filha, que tua alma, tomada por uma grande ânsia, desejou que uma festa solene do santíssimo corpo de nosso Senhor Jesus Cristo fosse instituída na Igreja de Deus, a ser celebrada anualmente e em perpétuo pelos fiéis cristãos. E, por isso, nós te informamos, para a tua alegria, que consideramos digno, para o fortalecimento da fé católica, instituir uma comemoração mais especial e solene para Sacramento tão admirável, além daquela celebração cotidiana.[46]

Urbano, que na bula *Transiturus* citara trechos inteiros da *Vida de Juliana*, reconhece, nessa carta, que Eva foi a sucessora de Juliana na promoção da festa do Corpo de Cristo, e que foram elas, suas admiradas mentoras, as responsáveis para que ele tomasse a decisão que tomou; a carta também revela que a junção de misticismo visionário, ascese penitencial e liderança feminina foi suficientemente decisiva para proporcionar uma revolução espiritual e uma reforma litúrgica impressionantes, colocando no centro da experiência civil da fé a teologia da presença real de Cristo na eucaristia e a adoração da Hóstia Consagrada. Mas, já que é uma experiência comunitária em solo civil, não é nem fácil de começar, muito menos fácil de prosperar. Os *burgenses* de Liège enxergaram aquela proposta como um subterfúgio para minar-lhes a autoridade, enquanto os teólogos consideraram-na uma devoção exagerada ou supérflua. Assim, quando a primeira festa de Corpus Christi ocorreu em Liège, no último ano do episcopado de bispo Roberto de Langres (m. 1246), muita gente andava insatisfeita. E pelo jeito com que Urbano IV se expressou, na bula, a insatisfação ia muito além da Bélgica:

Por esta razão, recomendamos e exortamos a todos vós, no Senhor, e por meio desta Bula Apostólica, ordenamos, em virtude da santa obediência, com preceito rigoroso, impondo-o como remissão de vossos pecados, que celebreis devota e solenemente esta festa tão excelsa e gloriosa, e vos empenheis com toda a atenção em fazê-la celebrar em todas as Igrejas de vossas cidades e dioceses, na citada quinta-feira de cada ano.[47]

O tom imperativo do texto sugere que Urbano IV tinha ciência de que a novidade litúrgica suscitava controvérsia entre os prelados e, talvez, desaprovação e má vontade por parte de alguns, cujas igrejas possuíam ritos de longa tradição local e que, portanto, tinham pouca animação por inovações vindas de fora. Podemos supor ainda, com base no pretexto de "confundir e refutar a hostilidade dos hereges",[48] que os bispos de cidades onde havia grupos de fiéis mais refratários às demonstrações de adoração à Hóstia Consagrada (no Languedoc ou na Lombardia eles eram numerosos) podiam sentir-se incomodados por ter de confrontar mais duramente a reprovação das populações locais. Seja como for, o documento já supõe que a festa não seria facilmente adotada em algumas regiões, daí não só ordenar a sua realização, como condicionar a remissão dos pecados dos bispos ao cumprimento do decreto. Em 1311, essa determinação foi acolhida solenemente pelo Concílio de Viena, que também condenou os begardos, entre outras razões, porque eles diziam "não dever mostrar reverência alguma à elevação do corpo de Cristo".[49]

Ora, a festa de Corpus Christi tinha exatamente esse propósito de espetacularizar a reverência pela eucaristia. A Bula *Transiturus*, ademais de indicar o ânimo alegre e festivo com que os fiéis e o clero deveriam celebrar a festa, estabelece ainda seus elementos litúrgicos:

[A missa deve contar] com suas novas leituras, responsórios, versículos, antífonas, salmos, hinos e orações próprias, que fizemos incluir em nossa Bula, juntamente com as partes próprias da missa; ordenamos também que exorteis a vossos fiéis [...] que se preparem com generosas esmolas, com atentas e assíduas orações e outras obras de devoção e de piedade para participar desse sacramento.[50]

Boa parte das peças litúrgicas que foram anexadas à bula de Urbano vinha da comunidade de Juliana, autora de um ofício próprio do Corpo de Cristo. Mas, apesar de mencionar um lecionário próprio, hinos e antífonas, o ritual aprovado nada diz sobre procissões, o que não deixa de ser curioso, e que nos revela um aspecto urbano muito interessante para nosso argumento. As primeiras atestações dessa festa no calendário local das igrejas citadinas – para a Inglaterra, por exemplo, as cidades Bath e Wells implementaram-na em 1318,[51] as de Ipswich e de York em 1325,[52] e, para Portugal, temos Braga, em 1388 – não mencionam procissões, e sim as missas solenes. Conforme a celebração foi ganhando destaque no conjunto das práticas de piedade dos leigos, e as irmandades tomaram para si particular atenção para com ela, novos elementos começaram a aparecer, como a própria procissão e os autos de fé ou representações teatrais. Portanto, o surgimento das procissões de Corpus Christi dependeu mais da iniciativa leiga do que da clerical; foi o investimento dos poderes municipais que garantiu os gastos que uma festa tão dispendiosa exigia.

Estudos voltados para as procissões da Idade Média[53] têm ressaltado que a festa de Corpus Christi, sem deixar de ser um acontecimento eclesial, afirmou-se mais como uma festa citadina do que rural. Katherine French, citando Glynne Wickham, sugere que a razão para a prevalência das cidades sobre as aldeias na comemoração do Corpo de Cristo advém "das maiores oportunidades de patrocínio e de financiamento que as áreas urbanas ofereciam",[54] e Mervyn James destaca a oportunidade política, haja vista que, nas cidades, "o prefeito, os cônsules, conselheiros e outros oficiais municipais tomavam um lugar proeminente nos procedimentos".[55] Longe de significar que os magistrados urbanos estivessem buscando secularizar o capital religioso dessa solenidade, o que se percebe é que a comunidade política, pelo expediente dessas procissões eucarísticas, expressava-se como um corpo formado de outros tantos corpos, isto é, as corporações, profissionais e devocionais, cuja estrutura e ideologia reforçavam o corpo da cidade como extensão da comunidade eclesial.

Assim conseguimos entender a razão pela qual o *Regimento das Procissões* de Évora previa o traslado da Hóstia Consagrada em todas as demais procissões que estavam sob responsabilidade civil, incluindo a de Corpus Christi: não se diminuía a participação dos clérigos, que de resto celebravam a eucaristia e circundavam a Hóstia durante as procissões, mas evidenciava-se que o corpo da cidade tinha um regimento, segundo o qual o Corpo de Cristo deveria desfilar, quatro vezes por ano, acompanhado de todas as corporações, com as quais se transubstanciava numa teologia cívica impressionante. O professor Oliveira Marques resume e atualiza bem o que o *regimento* de Évora descreve com a linguagem da época:

À frente caminhavam os carniceiros puxando um touro por cordas. Rodeavam-
-nos outros carniceiros e enxerqueiros a cavalo, erguendo a insígnia da profissão.
Seguiam-se os hortelões e pomareiros [...]. Vinham, depois, em alegres danças,
grupos sucessivos de peixeiras (pescadeiras), padeiras, regateiras e vendedeiras de
fruta, com seus trajos mais garridos, bailando ao som dos gaiteiros. Seguidamente,
os almocreves, ostentando suas divisas e pendões. Mais atrás, os carreteiros e
estalajadeiros protegidos pelos três Reis Magos, cujo andor "em sua invenção"
deveriam trazer. Sapateiros e outros de mister afim (surradores, curtidores e
odreiros) ladeavam três máscaras que representavam um imperador e dois reis
"muito bem vestidos". Da outra banda, a fileira dos alfaiates, "ao redor da serpe
tentadora da nossa mãe Eva". Chegava a vez da tropa: duas filas de cinquenta
besteiros de conto, com as bestas em riste, festivamente engalanadas. Depois,
de um lado, os espingardeiros do rei, e do outro, os besteiros da câmara real e
os besteiros a cavalo. Vinham a seguir os chamados "homens de armas" [...].
Traziam na mão espadas nuas, transportando o andor de S. Jorge [...]. Os tecelões,
penteadores de lã e cardadores estavam sob a proteção de S. Bartolomeu, cujo
andor levavam aos ombros. Correeiros, fabricantes de adagas e sirgueiros [tecelões
de seda] vinham na outra ala, transportando a imagem de S. Sebastião, seu
patrono. Depois, a um lado, ataqueiros e safoeiros com a imagem de S. Miguel
Arcanjo expulsando os diabos. Ao outro, oleiros, telheiros e tijoleiros, com a
de Santa Clara e suas duas companheiras. O andor de Santa Catarina traziam-
-no os carpinteiros, pedreiros, taipadores, calçadores, caeiros, cabouqueiros [...].
Os tosadores e os cirieiros [...] formavam o grupo seguinte. E começava então
o desfile das mais nobres e ricas profissões: ourives e picheleiros, também de
tochas acesas, transportando o andor de S. João. (Depois vinha a bandeira da
cidade e bandeira real). Um entremez de juventude vinha formado pelo grupo
dos apóstolos, evangelistas e anjinhos. Estava aberto o caminho para a passagem
dos ricos burgueses mercadores de pano de linho [trapeiros] e de retrosaria [...].
Vinham depois os opulentos mercadores de fazendas [panos de cor], também
com círios acesos. Seguiam-se os letrados e as autoridades: escrivães, escrivão
de armas, boticários, tabeliães das notas, tabeliães do judicial, procuradores
e inquiridores, escrivães dos órfãos e da almotaçaria, escrivães régios, juízes e
vereadores. "[...] seguiam-se as comunidades monásticas: frades negros, frades
brancos e pretos, frades crises, frades pardos, frades de todas as cores tristes; [...].
Depois, um sem número de cavaleiros de Cristo, do Hospital, d'Avis, de Santiago,
precedidos dos respectivos mestres e comendadores e seguidos dos frades leigos
e serventes d'armas. Depois, os magistrados da corte, os oficiais da coroa e o
próprio monarca rodeavam a hóstia triunfante nas mãos do bispo...". Toda a

nobreza emprestava, com o luxo e o brilho dos seus trajes, uma nota insuperável de esplendor à procissão do Corpo de Deus que assim se concluía.[56]

Retornaremos ainda para essa longa citação, que resume praticamente o inteiro *Regimento das Procissões* de Évora. Por ora, cabe destacar que a presença obrigatória de corporações profissionais e religiosas, bem como a existência de uma ordem de precedência nas procissões de Corpus Christi, também aparecem em estatutos cívicos exteriores a Portugal, como aqueles estudados por Douglas Cowling[57] e Mervyn James,[58] em relação à Inglaterra. James, inclusive, interpreta o ordenamento social e o escalonamento profissional que a procissão enseja como derivados de uma visão orgânica da sociedade, segundo a qual "a experiência humana do corpo tende a sustentar uma visão particular da sociedade, e essa última, por sua vez, delimita o modo pelo qual o corpo é considerado";[59] dito de outro modo, é como se a crença eucarística e o código ritual da procissão derivassem de uma mesma cosmologia, como explica Stanley Tambiah, isto é, o conjunto de "princípios orientadores e concepções que são tidos como sacrossantos, e são constantemente usados como parâmetros e considerados dignos de perpetuar-se relativamente sem alteração".[60] Para Tambiah, a cosmologia de uma sociedade integra, ao mesmo tempo, convenções políticas, códigos legais e crenças "religiosas" (aspas do autor), isso porque a "ideia de sacralidade" não necessita se conectar apenas a coisas religiosas, e a distinção entre "religioso e secular" é bem pouco relevante nesses casos.[61]

As pistas etnográficas de Stanley Tambiah são bem-vindas, principalmente, por duas razões: a primeira é que os historiadores geralmente costumam tomar o sagrado como fenômeno do religioso, exacerbando suas diferenças com o secular, e a segunda é que o autor toma os rituais num sentido bastante flexível, facilitando perceber que eles atuam como sistemas de comunicação simbólica, isto é, eles tanto expressam ideias e fornecem parâmetros para a ação quanto são socialmente eficazes. E eficácia, parece-me, é uma chave de interpretação importante para explicarmos como a crença eucarística (supostamente um dogma religioso) podia influir tanto na organização social, produtiva e econômica de uma cidade, a ponto de os grupos de produtores e de governantes apropriarem-se dela para expressar por ela o máximo de sua autoestima.

Obrigando a que o Santíssimo Sacramento saísse pelas ruas em todas as procissões cívicas (ou seja, aquelas sobre as quais a municipalidade podia arbitrar), os eborenses faziam com que cada procissão performasse a eficácia do corpo sacramental de Cristo ritualizado no corpo político da cidade, celebrando uma cosmologia tradicional com roupagens inovadoras e levando a comunidade a experimentar a si mesma como um corpo místico devotado à mesma perenidade de seu arquétipo.

E se isso não era algo restrito a Évora nem a Portugal, e se as procissões cívicas de Corpus Christi eram também importantes nas cidades da Inglaterra, tomemos um trecho do *Sermão breve para a Solenidade de Corpus Christi*, do cônego John Mirk (m.*c.* 1414): o texto pertence ao seu *Festial*, uma coletânea de sermões muito lida e influente em seu tempo, dela restando 23 edições, publicadas entre 1483-1532:

Todos nós cristãos, homens e mulheres, devemos bem saber que [a solenidade de Corpus Christi] é uma altíssima festa na santa igreja para [celebrar] o corpo de Cristo, o qual é oferecido neste dia, na santa igreja, no altar do Pai Celestial, para a remissão dos pecados de todos aqueles que vivem aqui, *em perfeita caridade e grande segurança* [...]. E devemos saber que esta festa foi instaurada por um papa chamado Urbano IV. Ele tinha grande devoção por esse sacramento, *considerando a grande graça de Deus e a elevada ajuda que Deus reserva para todo o seu povo em virtude desse sacramento*. Assim, ele ordenou que esta festa fosse celebrada nesta quinta-feira, após o domingo da Trindade. Por direito cada cristão, homem e mulher, que deseja ser salvo *deve se reunir em perfeita caridade na Trindade*, reunir-se corretamente na plena fé e crença no sacramento do corpo de Cristo que é instituído no altar, pela força das santas palavras que o presbítero ali pronuncia, e pela poderosa ação do Espírito Santo.[62]

A "'perfeita caridade", já o vimos e tornaremos a ver, servia como uma autêntica virtude política, e sua origem é eclesial: John Mirk relaciona a caridade à eucaristia, à Trindade e ao Espírito Santo, configurando um conjunto teológico de claro desdobramento comunitário. A associação era bastante antiga e recuava às epístolas do Novo Testamento, passando pelos tratados de Santo Agostinho, Pedro Lombardo e Tomás de Aquino, em cujos textos *Espírito* e *caridade* são equivalentes e possuem uma mesma substância: Pedro Lombardo, por exemplo, equipara o Espírito à caridade porque é ele é a *connexio* (conexão) e a *concordia* entre o Pai e o Filho, e acrescenta: *et per eum omnia connexa* (e por ele todas as coisas estão conectadas).[63] A caridade, portanto, é o vínculo que, em primeiro lugar, unifica as pessoas da Trindade, depois, congrega os fiéis na igreja, um só corpo no Corpo de Cristo e, por fim, aglutina os cidadãos na assembleia urbana, que nada mais elevado poderiam desejar do que encontrar a plena unidade do edifício na diversidade de suas pedras.

O regimento de Évora dá prosseguimento a essa mesma lógica e escalona não só as diferentes corporações sociais que desfilam, mas os diferentes corpos humanos também, corpos masculinos e femininos, cada qual com as mãos carregadas de seus produtos ou dos meios de sua produção; eles integram seus corpos numa coreografia festiva que exprime o papel de cada eu na concertação do nós, cujo corpo uno, então, desfila. E não só os corpos dos cidadãos da terra, bem como aqueles da cidade de Deus, os santos, que, nas procissões, comparecem com suas imagens e seus símbolos, igualmente vestidos para a ocasião: também eles portam seus instrumentos de trabalho e carregam suas oferendas para a comunidade. Ali, santo é cidadão, e a cidade se estende da terra para o céu. É festa da eucaristia, portanto, é festa da transubstanciação do corpo no pão, do indivíduo no grupo, da corporação na cidade, da cidade nos santos e todos eles na caridade solidária, na qual todos dão para que todos tenham. E os sentidos sociais e comunitários da transubstanciação não param por aí.

O regimento de Évora, após estipular que, a cada ano, a Hóstia Consagrada – o santíssimo sacramento – deveria sair em cortejo solene por quatro vezes, estabelece também o seu percurso: as procissões seguiriam por uma rua chamada "da Selaria". Ora, seu nome não dissimula que se tratava de uma via de clara vocação econômica (inclusive, em 1389, ela era conhecida como Rua dos Mercadores), uma das principais artérias da cidade:[64] o sagrado atravessava inteiramente o profano; o Pão da Vida perambulava pela rua onde se vendia o pão. E não apenas o pão, mas a carne, os peixes, as verduras, os legumes e as frutas. No *Regimento*, os ofícios que alimentam os corpos precedem os ofícios que os vestem e calçam, e estes precedem aqueles que defendem e governam. Assim, alimentar a cidade aparece como o primeiro dever da caridade e, por isso, não causa espécie que o "Milagre da Cera" tenha sido, na verdade, o milagre da salvação do trigo, pois nem a Virgem, como a maior dos santos, está isenta de contribuir para alimentar. Isso tudo já estava bem descrito na bula *Transiturus*, de Urbano IV:

[A eucaristia é] um alimento que restaura e nutre verdadeiramente, sacia em sumo grau não o corpo, mas o coração; não a carne, senão o espírito; não as vísceras, mas a alma. O homem tinha necessidade de um alimento espiritual, e o Salvador misericordioso providenciou, com piedosa atenção, o alimento da alma com o manjar melhor e mais nobre.[65]

Olhemos agora para o significado topográfico da procissão, e o ritual social que ela engendra. A Rua da Selaria ia muito além do comércio e dos ofícios profanos. Ela conectava, na verdade, dois polos opostos da cidade: de um lado, a catedral, localizada na área mais antiga, onde ficava a urbe de origem romana; do outro lado, a Porta de Alconchel, uma das passagens de uma muralha conhecida como *Cerca Nova*, porque havia sido concluída havia bem pouco tempo, em finais do século XIV: era ali que se encontrava um largo, referido no regimento como praça, e sobre o qual funcionava um mercado. Portanto, o traçado das procissões integrava a zona mais arcaica à mais recente, o setor povoado pela aristocracia terratenente ao setor dos comerciantes, muitos deles recém-instalados. Em outras cidades, as procissões podiam opor o antigo ao novo (por exemplo, evitando trafegar pelas áreas novas), mas em Évora, ao contrário, elas criavam *connexiones* entre ambos os tempos, performando uma só consciência citadina e cultura cívica, porquanto nenhuma das quatro procissões ultrapassava o perímetro definido pelas muralhas.

Todos esses detalhes elucidam um sentido social compartilhado e que, por conseguinte, é variável a depender de cada cidade. Referindo-se a uma procissão de 1407, em Montpellier (litoral sul da atual França), Jean Delumeau escreve o seguinte:

O cortejo dos suplicantes movia-se da Igreja de Saint-Firmin – a mais antiga paróquia da cidade –, passava pela porta Lattes e, de lá, procedia, de leste para oeste, contornando, de porta em porta, os muros da "muralha comum", erguida na segunda metade do século XII. Depois de haver retornado para o ponto de partida, [a procissão] traçara, pois, um anel muito estreito dentro da parte interna da cidade, que coincidia com os limites de uma antiga muralha, talvez datada de fins do século XI. Também nesse caso, a escolha do itinerário era informada pelo desejo de decalcar o passado da cidade.[66]

Parece que, em Évora, decalcar o passado era menos importante que conectá-lo ao presente, mas, seja como for, as procissões respeitavam as motivações de seus caminhantes, os quais, por sua vez, ao celebrar a procissão delineavam a imagem de sua comunidade. Ellen Rentz, referindo-se às procissões de cidades da Inglaterra, por volta de 1400, afirma que

[...] as procissões exercem um papel importante na formação e preservação das identidades das aldeias e das cidades, e, como Steven Justice observa, elas "tornavam a comunidade visível como uma *população* – exibiam o núcleo urbano para si mesmo – enquanto lembravam e tornavam visível a comunidade como uma *localidade*, um lugar e uma unidade de produção".[67]

Jean Delumeau acrescenta que elas reforçavam o sentimento de pertença a uma comunidade e de sua conexão com o lugar, transmitindo um senso coletivo de segurança,[68] isso porque procissões lidam com emoções e com disposições psicológicas: indivíduos de distintas classes sociais caminhando em uníssono, ao longo da mesma rua e em direção ao mesmo destino, cidadãos diversos pisando sobre o mesmo chão, seguindo com devoção os caminhos delineados por tradições centenárias, representando um gesto coletivo que adquiria um valor religioso para os espaços e as rotas profanas da cidade. Essa prática anualmente repetida consolidava a familiaridade de todos e cada um com o perímetro urbano, ampliando o sentimento de pertencimento a uma comunidade. Efetivamente, a cerimônia das procissões difere consideravelmente do rito do batismo. No último, os elementos urbanos e a dimensão cívica são secundários, ao contrário das procissões, onde os motivos urbanos e cívicos têm igual importância aos motivos religiosos e eclesiais. No batismo, os protagonistas são os batizandos, os padrinhos e os clérigos, enquanto a comunidade desempenha papel secundário. Por outro lado, nas procissões, não há papéis secundários, e a comunidade participa ativamente, atuando, assistindo, encenando e aplaudindo o espetáculo divino, que nada mais é do que uma homenagem a si mesma.

As procissões, diferentemente do rito batismal, não ressaltam a igualdade entre os fiéis; ao contrário, elas patenteiam que *todos* não é a soma de iguais, e sim de diferentes; elas bem podem estabelecer um mesmo ritmo para a marcha de todos, porém esse *todos* que marcha o faz conforme

OS RITUAIS DA CIDADE-IGREJA

a ordem de suas diferenças e consoante o lugar de cada um no sistema: a procissão, portanto, é um desfile público das hierarquias de que a cidade é feita. Tanto é que o regimento de Évora determina: "por quanto ElRey nosso Senhor há por bem que nenhuma pessoa de calidade, estado, ou condição qualquer que seja, que não se escuse, nem seja disto escuso, e isto há por bem por serviço de Deos".[69] Tudo segue em ordem, pois tudo tem a sua ordem. Uma procissão é a afirmação do cosmos sobre o caos.

Em Évora, esse cosmos ordenado segue o ritmo da natureza. Podemos até notar, no regimento, que o escalonamento dos blocos preservou alguma coisa da velha antropologia, de origem platônica, segundo a qual, no ser humano, convivem três disposições ou almas – a concupiscível, a irascível e a intelectiva, de modo que, na procissão, abrem o cortejo as diversas corporações profissionais ligadas ao abastecimento e à alimentação, que respondem pelas necessidades do estômago (alma concupiscível), seguidas pelas corporações de homens armados e profissionais da guerra, que respondem pela força física (alma irascível); na sequência vem o bloco dos profissionais da escrita e todo tipo de servidores da governança urbana e guardiões da memória local (alma intelectiva), os quais são sucedidos pelos ministros do culto e por todos os consagrados, desvelando a sobrenatureza da alma cristã.

Se procissões conectam o passado ao presente de uma cidade, conectam também suas tradições, atualizam performaticamente as narrativas ancestrais e tornam os ritos comunitários eficazes para a continuidade da comunidade. Daí que o passado pré-cristão importa tanto quanto o presente cristão, e não se trata de sincretismo ou de sobrevivências pagãs, e sim de continuidade de uma cidade que se entende como um corpo batizado, e no ritual do batismo renunciava-se às práticas pagãs e idolátricas, abraçava-se uma vida renovada, mas o corpo continuava o mesmo, apenas banhado nas águas da novidade. As procissões, como liturgias em movimento e dramas a céu aberto,[70] permitem a preservação da memória ancestral, mesmo sob novas roupagens, porque é a cidade, com a sua história, que está em jogo, bem como a consciência de sua gente de que pertence a ela, em cada momento e em toda situação. Nisso a procissão católica atualiza a procissão das Tábuas de Gúbio, porque seu *populus* não desiste de querer ser, para si e para o mundo, uma *tota*, uma comunidade.

447

9.3 Sermões

Quem quer que observe o quadro de Sano di Pietro (1425-1444) que retrata a Pregação de São Bernardino de Siena, na Piazza del Campo, diante do Palazzo Pubblico, poderá notar o quanto os sermões constituíam ocasiões de grande solenidade e congraçamento, para os citadinos, e de instrução política, para o regime republicano comunal. Brunetto Latini, em *Li Tresors* (livro I, 4.9), classifica a pregação entre os ofícios da arte da oratória, "esta nobre ciência que nos ensina a encontrar, ordenar e dizer as palavras boas, belas e cheias de sentenças, de acordo com o que a natureza requer".[71]

Os pregadores, ao lado de oradores civis, que debatem nos parlamentos, e dos notários, que redigem os documentos da governança pública, realizam as obras da retórica, "ciência que, no passado, levou o mundo ao bem-fazer, e que ainda o conduz graças às pregações [*predications*] dos homens santos, pelas divinas escrituras e pela lei que governa os povos e pela justiça".[72] E, porque a pregação fazia parte da "instrução coletiva"[73] e servia como plataforma de "educação política",[74] ela constituía um instrumento de comunicação e de ensino coletivo de conteúdos e de comportamentos que as comunidades urbanas, e mesmo os regimes comunais, consideravam irrenunciável para a vida em comum.[75]

9.4 O que é um sermão?

Uma rápida definição de sermão encontramos no texto de Bervely Kienzle: "Um sermão é essencialmente um discurso oral pronunciado pela voz de um pregador, que se dirige a um auditório, para instruir e exortá-lo sobre algum tópico relativo à fé e à moral, e baseado num texto sagrado".[76] Desse ponto de vista, "sermão" equivale à "pregação", isto é, ao ato de discursar publicamente, próprio de um "pregador", ou seja, um ministro eclesiástico que efetua o seu ofício conforme o estabelecido pelas normas oratórias, pelas rubricas litúrgicas e pelas urgências pastorais.

No Primeiro Livro das *Siete Partidas* (artigo III), uma obra de cunho didático-legislativo do rei castelhano Afonso X, o Sábio, podemos ler uma boa definição do ofício de pregador e do ato de pregar (conta na Lei XLII):

Figura 11: Predica di San Bernardino in Piazza del Campo, Sano di Pietro (Siena, 1425-1444), Têmpera sobre tela, 163 × 102 cm (Museo dell'Opera di Siena).

Fonte: https://provincedesienne.com/2019/01/26/sano-di-pietro-5/. Acesso em 8/4/2024.

O prelado deve sermonar aos membros de seu bispado, aos clérigos como também aos leigos, e esta é a segunda maneira de ensinamento, mencionada na lei anterior, que se refere ao ensinamento através do discurso. E a pregação há de ser sobre uma dessas coisas: mostrar aos [ouvintes] o que devem saber e entender em matéria de fé, ou mostrar-lhes como devem guardar-se de pecar após terem entendido [a matéria de fé] e como hão de fazer penitência de seus pecados, depois de o terem cometido.[77]

Os principais pregadores são os bispos (os prelados), isto é, os pastores supremos de suas igrejas locais (os bispados), e, por essa razão, também os clérigos sob sua jurisdição são objetos, juntamente com os leigos, de seu zelo pastoral. A igreja local, portanto, é o ambiente primário do sermão, e os dados teológicos (a catequese doutrinal) e os assuntos morais (a catequese parenética), a sua matéria elementar; notem, a propósito, que essas coordenadas vêm estabelecidas em uma obra legislativa, de alcance e validade civil, confirmando a função pública e política dos pregadores e da própria pregação. Para compreendermos com mais profundidade essa função, e o quanto os pregadores, como mediadores do *Verbum Dei* e comunicadores de uma "palavra eficaz",[78] contribuíram para o desenvolvimento da *res publica*, proponho começarmos nossa análise pela exegese de um dos *Comentários aos Salmos*, de Santo Agostinho – o mais famoso entre os pregadores do Ocidente cristão medieval.

O bispo Agostinho de Hipona (m. 430), no *Comentário ao Salmo 44*, discorre longamente sobre a arte de pregar e defende a ideia de que a pregação engendra a Igreja. O Salmo 44 é um hino nupcial, que declama a beleza de um rei e de uma rainha e canta o enamoramento do rei por ela. Agostinho interpreta esse salmo como "cântico às santas núpcias do esposo e da esposa, do rei e do povo, do Salvador e dos que serão salvos".[79] O método de exegese empregado é aquele da alegoria, pelo qual o rei torna-se figura de Cristo, e a rainha, da Igreja. Agostinho interpreta a "Igreja" em sentido místico, isto é, como esposa do Verbo, e o Salmo 44, que é um hino matrimonial, manifesta justamente que o Verbo se casou com a carne, no seio da Virgem Maria: "A Igreja foi assumida do gênero humano, para que fosse Cabeça da Igreja a própria carne unida ao Verbo, e os fiéis fossem os membros desta Cabeça".[80] E continua:

Lemos em outro salmo: "Deus falou uma só vez" (Sl 61,12). Tantas vezes ele falou pelos profetas, tantas vezes pelos apóstolos, e hoje fala por seus santos, e, no entanto, diz o salmista: "Deus falou uma só vez". Como falou uma só vez, a não ser por que proferiu um só Verbo?[81]

A esse Verbo gerador da vida e criador de todas as coisas, o salmo elogia dizendo que é como "cálamo de um escriba a escrever velozmente":[82] Agostinho explica os binômios verbo-escrita e som-letra, apelando para o fato de que o Verbo é eterno e, ao contrário do som que sai de nossa voz, não passa, mas perdura, tal como acontece com a escrita: "O que a boca profere, soa e passa, mas o que se escreve permanece". Em Deus, não há contradição ou diferença entre a Voz e a Escrita, pois é um só o Verbo. E assim Agostinho segue com seu comentário, explicando frase por frase. O "noivo" leva "uma espada ao flanco"; espada que o bispo interpreta como a "Palavra que Cristo trouxe ao mundo", e que separou o pai do filho, a mãe da filha, a sogra da nora, como consta dos Evangelhos. Agostinho aprofunda o sentido místico e interpreta o conflito que a palavra de Cristo instaura entre pai/filho, mãe/filha, como sinais da própria fundação da Igreja pela palavra:

Os dois progenitores que encontramos geram para a vida eterna. O filho contra o pai. A filha contra a mãe. A multidão dos judeus que acreditou separou-se da Sinagoga. Nora contra sogra. A turba dos gentios que se aproxima chama-se nora, porque Cristo, seu esposo, é filho da Sinagoga. De onde nasceu o Filho de Deus segundo a carne? Da Sinagoga. Ele deixou pai e mãe e uniu-se a sua esposa, a fim de serem dois numa só carne. Isto não é conjetura nossa, mas afirmação do Apóstolo: "É grande este mistério: refiro-me à relação entre Cristo e a sua Igreja" (Ef 5,32).[83]

O esposo e a esposa místicos fazem ressoar no mundo a Palavra, que Agostinho relaciona com "as flechas aguçadas, penetrantes", do versículo 6 do Salmo 44 ("As tuas flechas são penetrantes, a ti se submetem os povos, perdem a coragem os inimigos do rei". Esse versículo dota o discurso de sentido histórico e soteriológico, e Agostinho não o perde de vista: o mundo romano, do século V, apresentava-se sob o império de Cristo; os bárbaros, como já havia notado Santo Ireneu de Lyon (m. 202), também haviam aderido à fé, e, como pregava o papa Leão Magno (m. 461), no *Sermão para a festa do martírio de Pedro e Paulo*, a *pax christiana* superara a *pax romana*, demonstrando toda a caducidade dessa última. Para Agostinho, os povos estavam aderindo a Cristo, mas não estavam caindo, como ele traduz o salmo ("tuas setas aguçadas farão cair os povos a teus pés"); como é que ele, então, interpreta o trecho? A flecha aguçada, que seria a palavra de Cristo, fazia com que os povos infiéis "caíssem" dentro de si, isto é, em seu coração, tal como outrora ocorrera durante a conversão de Saulo de Tarso, o famoso apóstolo dos gentios:

Explica o salmista onde caem: "no coração". Ali erguiam-se contra Cristo, e é ali que caem perante Cristo. Saulo blasfemava contra Cristo; estava ereto. Suplicou a Cristo, caiu, ficou prostrado. Foi morto o inimigo de Cristo para que vivesse o discípulo de Cristo. Do céu partiu a seta, Saulo foi ferido no coração. [...] Acontece aos povos o mesmo que a ele. Olhai as gentes, vede como estão sujeitas a Cristo. [...] Eram inimigos. Atingidos por tuas setas, caíram diante de ti. De inimigos tornaram-se amigos; morreram os inimigos e vivem os amigos.[84]

É preciso prestar atenção ao processo: há uma dinâmica que faz com que a conversão individual reverbere na vida social. O tema neoplatônico da relação microcosmo/macrocosmo encontra eco na análise agostiniana. A palavra de Cristo, qual flecha penetrante, rompe o coração humano, destruído pelo pecado original, e suscita nele o amor, isto é, instaura nele uma "doença de amor", que inflamará a alma e a tornará ainda mais predisposta a desenvolver em si os apelos da graça. Agostinho propõe que aconteça coletivamente, com as nações que se rendem a Cristo, o mesmo processo da inabitação do Verbo na alma individual. É assim que a *ecclesia* teria sido fundada; é assim que surgiu a *christianitas*, ou, como também denomina Agostinho, a *res publica christianorum* (a república dos cristãos), como povos de Cristo.

A "flecha da Palavra" penetra o coração, porque ele está ferido de pecado; os corações humanos foram distorcidos e encurvados (*curvi erant, distorti erant*) e, por isso, não podem fazer nada de justo e de bom. Aspectos centrais da teologia política de Agostinho condensam-se aqui: após a Queda (isto é, o período pós-lapsário), os homens foram feridos pelo desejo de dominar (*cupiditas dominandi*), e assim desprezaram a Deus e arrasaram o seu ordenamento:

É cetro de retidão, que dirige os homens. Eles eram curvos, distorcidos. Queriam reinar para si, amavam-se a si mesmos, comprazíam-se em suas obras más; não submetiam sua vontade a Deus, mas queriam dobrar a vontade de Deus, segundo suas concupiscências.[85]

O homem é torto, Deus reto (*distortus tu es, ille rectus est*), e essa colocação leva Agostinho a inferir o quanto os homens pecadores estão a agir despropositadamente:

Como unir o torto ao reto? Não se ajustam. Se num pavimento liso colocas uma tábua curva, não se ajusta, não adere, não se adapta ao pavimento. O pavimento, de fato, é todo igual; mas o que é curvo não se adapta ao liso. A vontade de Deus, portanto, é certa, e a tua é curva. A dele te parece curva, porque não consegues te ajustar a ela. Corrige-te de acordo com ela, ao invés de querer entortá-la de conformidade contigo.[86]

Nesse contexto, o pregador propõe um ajustamento de conduta, um exercício ascético ou terapêutico, com a finalidade de "desentortar" o indivíduo. Existem soluções para a pessoa que está "torta", e essas soluções envolvem tanto o esforço voluntário de autocorreção do indivíduo quanto o trabalho de Cristo, que é descrito como o "rei" mencionado no Salmo 44, governando e corrigindo. Essa informação é crucial para entendermos o papel da pregação: como um discurso oral proferido diante de um público reunido, o sermão atua como uma ferramenta para a *ascese individual e social*, sendo manuseada por "regentes eclesiais" que exercem o ministério pastoral. Agostinho alterna entre o uso do pronome "tu" e "vós", direcionando-se tanto ao ouvinte individual quanto à assembleia como um todo. Ele enfatiza que uma comunidade justa é formada por indivíduos justos, ou seja, aqueles que são retos e corrigidos.

Assim, o pregador atribui aos santos a regência de Cristo: "os corações dos santos, que são reis pelo domínio da carne, que controlam as multidões de afeições humanas, castigam o corpo e o reduzem à servidão, porque nisto o deleitam as filhas de reis".[87] Agostinho concebia os santos como aqueles que triunfaram na morte e estão no céu, enquanto Brunetto Latini via os "homens santos" como os pregadores, aqueles que governam as almas e as cidades, cuja missão é sustentar o mundo na justiça e na lei.

Para ele, a pregação era um meio de educação ética e cívica, tendo sido antes uma forma de educação moral. Por conseguinte, o propósito da pregação é estabelecer a comunidade eclesial.

Agostinho trata desse argumento logo na sequência:

Efetivamente todas as almas que nasceram através de sua pregação e evangelização são filhas de reis. As Igrejas, filhas dos apóstolos, são filhas de reis. Pois Cristo é o "Rei dos reis" (Ap 19,16). Os apóstolos são os reis, acerca dos quais se disse: "Também vós vos sentareis em doze tronos para julgar as doze tribos de Israel" (Mt 19,28). Pregaram a palavra da verdade e geraram Igrejas, não para si, mas para Cristo. [...] Seus irmãos [isto é, os apóstolos, irmãos de Cristo] tomaram sua esposa, a fim de gerar filhos pela pregação do evangelho, em vista do nome de seu irmão. Diz o Apóstolo: "Fui eu quem pelo evangelho vos gerou" (1Cor 4,15). Em consequência disso, os apóstolos, suscitando uma descendência a seu irmão, denominaram a todos os que geraram, não paulinos ou petrinos, mas cristãos.[88]

Para Agostinho, esse nascimento (ou geração), que acontece pela recepção do evangelho (através da pregação), certamente principia pela recepção individual (ou interior), porém é um processo comunitário: em primeiro lugar, porque ele se refere a "gerar igrejas" e, em segundo lugar, porque localiza as igrejas dentro das cidades do mundo romano, como fica patente a seguir:

Que se me mostre em Roma, em honra de Rômulo, um templo tão grandioso quanto lá te aponto a memória [ou basílica] de Pedro. Quem é honrado na lembrança de Pedro, senão aquele que morreu por nós? Somos cristãos, não petrinos. Embora gerados pelo irmão do defunto, temos o nome daquele que morreu. Nascidos através do primeiro, mas para o segundo. Eis que Roma, Cartago, mais e mais cidades são filhas dos reis. E deleitaram o rei, rendendo--lhe honra. E todos constituem uma só rainha.[89]

A questão fica muito mais interessante para nós, pois Agostinho insere, no discurso, o tema da fundação e da refundação de Roma, a primeira, obra de Rômulo, e a segunda, de Pedro. Roma é filha de reis porque foi gerada pelo apóstolo Pedro, agindo em nome de Cristo, não de Rômulo, que foi seu primeiro rei. Critica-se a fundação para exaltar a refundação, e isso é válido para todas as cidades em que igrejas apostólicas forem fundadas. A cidade é gerada na realeza quando vence a ira, a cobiça ou a maldade de seus pseudofundadores, como Rômulo. A Roma que merece louvor é aquela que é filha do sacrifício de Cristo e de Pedro, não do fratricídio de Remo, a quem Rômulo mandou matar. Todas as cidades são refundadas quando ali chegou a pregação do evangelho: de "filhas da ira" ou do fratricídio, elas tornam-se filhas de reis e, como tais, rainhas, esposas, descendentes da realeza.

Quando Agostinho pronunciou o seu sermão, a cidade de Roma passava, de fato, por um amplo e demorado processo de reconstrução, após a barbárie levada a cabo pelos soldados de Alarico, em 410. O papa Sisto III, em 433, inaugurou um arco triunfal, no interior da antiga Basílica liberiana, reconsagrada com o título de Basílica de Santa Maria Maior: nos mosaicos que ainda se preservam, podemos ver uma imagética releitura da refundação de Roma, a partir da pregação de Pedro e de Paulo. Após Sisto, foi a vez do papa Leão I, chamado de Leão Magno, de quem foi preservado um sermão, justamente pregado na festa litúrgica de São Pedro e São Paulo, no qual lemos que Rômulo e Remo foram providencialmente substituídos por Pedro e Paulo, como fundadores da cidade eterna. Sisto e Agostinho trocaram cartas, e Leão foi o papa que aprovou os seus escritos, assumidos como doutrina católica.

Construir e reconstruir também aparecem associados à pregação num dos *Sermões* de Santo Antônio de Lisboa (m. 1221):

Diz-se no 2º Livro dos Reis [correspondente a 1Cr] que "Banaías, filho de Joiada, desceu e matou um leão no meio de uma cisterna, em tempo de neve" (2Rg 23, 20). Banaías interpreta-se pedreiro do Senhor e significa o pregador, o qual, com a argamassa da palavra divina, ajunta as pedras vivas, os fiéis da Igreja, na unidade do espírito. Desse pedreiro diz o Senhor ao profeta Amós: "Que vês, Amós?". E ele disse: "A trolha dum pedreiro". E disse o Senhor: "Eis que eu porei uma trolha no meio do meu povo". A trolha é um ferro largo com que se alinham as paredes, assim chamada porque empurra, isto é, segura com cal ou barro as pedras. A trolha é a pregação, colocada pelo Senhor no meio do povo cristão, para que seja comum a todos e se estenda com a sua largura ao justo e ao pecador, e una em Cristo os crentes com a cal da caridade.[90]

Antônio interpreta o texto bíblico a partir dos instrumentos exegéticos de seu tempo, principalmente a *Glossa Ordinaria*, um comentário bíblico universitário, muito famoso desde 1170, formado por curtas "sentenças", inscritas nas margens dos manuscritos da Bíblia latina ou entre as linhas do próprio texto bíblico, para facilitar ao estudante da Bíblia a interpretação das passagens, dos nomes e dos lugares. Esses manuais ofereciam também os métodos da exegese, baseados em quatro sentidos: o histórico, o alegórico, o moral e o anagógico (ou místico). Os três últimos sentidos formam o que Antônio de Lisboa chama de "tipologia", pela qual o exegeta procede a uma leitura espiritual da escritura: a leitura tipológica dos três sentidos funciona como uma escada de três degraus, que permite ao intérprete atingir os mistérios mais elevados da escritura, desvendando as relações subjacentes entre "a prosa do mundo" e a "prosa bíblica".[91]

No texto bíblico, "Banaías filho de Joiada" é um soldado valente da guarda de Davi (e esse é o sentido histórico da passagem); porém, como seu nome significa "*edificator*" (construtor ou pedreiro), a *Glossa* faz de Banaías um tipo alegórico de Cristo, o "edificador da Igreja". Antônio, como qualquer outro sermonista do tempo, faz uso livre dessas matérias, e, em vez de seguir a pista cristológica, explora a passagem de Banaías para tratar do papel do pregador, que se torna, então, tipo de Cristo: a "argamassa" corresponde à "palavra divina", "as pedras" aos fiéis, "a construção" à Igreja, "a cal" à caridade que vincula, e a "trolha" à pregação. A trolha, ou colher de pedreiro, é referida por sua função de nivelar as diferenças no relevo de uma parede, revelando, portanto, um sentido comunitário reforçado pelo "seja comum a todos", isto é, leigos e clérigos, homens e mulheres, ricos e pobres, justos e pecadores; e, sobretudo, é referida pela função de corrigir, aplainar e firmar pedras e argamassa no muro: eis, mais uma vez, a ação da ascese, do esforço de vencer os vícios, que estimula a caridade – o vínculo social mais forte – e que edifica a comunidade eclesial.

Uma vez que o pregador é um construtor de comunidades arquitetonicamente belas, a sua alegórica "colher de pedreiro" deve funcionar devidamente. Boaventura de Bagnorégio (m. 1274) sistematiza, em seus *Sermões Dominicais*, o funcionamento dessa operação, que ele chama de "iluminação interior", a qual instrui o intelecto e corrige a conduta. No Sermão 33 (n. 4), Boaventura escreve: "Cristo diz para os apóstolos e doutores ou aos pregadores que eles devem nutrir os ignorantes e os sedentos com alimento celestial, o pão da vida e do intelecto".[92] Nesse sermão, pregação é literalmente um recurso para a educação (*eruditio*), e o pregador é um educador (*doctor*); a pregação age como uma arma contra a ignorância, cuja raiz atinge e prejudica o intelecto, e aqui temos uma questão recorrente em Boaventura.

No Sermão 33, ele comenta a passagem de Mc 8, 1 ("tenho pena deste povo que não tem o que comer") e, a partir do tema da "falta de alimento", o sermonista identifica três espécies de fome: a corporal, ligada propriamente ao estômago; a intelectual, ligada à mente ou consciência; e a fome espiritual – Boaventura não diz a que se liga a fome espiritual, mas o contexto remete à alma. A pregação, como educação (*eruditio*), destina-se a matar a fome intelectual. No Sermão 36 (n. 2), Boaventura reelabora esses três aspectos de fome, colocando-os, porém, em contexto eclesial: é a Igreja quem tem a capacidade de suprir as carências dos diversos tipos de indigentes – a Igreja "limpa o pecado", "educa o intelecto" e "oferece o alimento sacramental". E, então, explica: "na Igreja, o Senhor toma para si o domínio, pois ela é o lugar da salutar educação que ilumina as trevas do intelecto":[93] a Igreja é o lugar da educação, e a pregação é o ato de educar.

Boaventura vai no rumo de Antônio: o pregador faz o papel de Cristo na obra de edificar a Igreja; todavia, destaca, com mais força, o aspecto pedagógico, que ele relaciona principalmente à necessidade dos fiéis leigos: o pregador expõe o "*Verbum* da divina sabedoria para os leigos, que assim são chamados porque são indoutos, e porque não foram devidamente instruídos nas palavras divinas (*in divinis eloquiis*)" (*Sermo* 36, 4), isto é, a Bíblia. Em outras palavras, a pregação representa para os leigos, ou aqueles que não têm a oportunidade de ir ao *studium*, a escola de teologia, a ocasião para suprir a deficiência intelectual e obter os rudimentos da educação eclesiástica, que começa pela audição e termina no intelecto:

Estes [isto é, os leigos] aproximam-se da sabedoria incriada quando prestam atenção à eloquência da pregação, seja com a percepção dos ouvidos, seja com a inteligência do coração, para que, diligentemente atentos ao que lhes é dito, e desejando-o com todo coração, apressem-se a realizar tudo aquilo que aprendem.[94]

Como escola para leigos, a pregação acontece "*inter parietes ecclesiae materialis*" (entre as paredes da igreja material ou do prédio eclesial), porém é um ato público da Igreja-instituição em vista da formação da comunidade: os pregadores – tal como os *doctores* e *magistri* universitários

– encontram-se revestidos da "*auctoritas officii, veritas evangelii et utilitas populi*": a autoridade do ofício, a verdade do evangelho e a utilidade do povo. Boaventura trabalhou a vida toda como professor universitário em Paris e fazia parte daquilo que podemos chamar de elite intelectual da Baixa Idade Média. As associações que ele estabelece entre "pregar" e "educar" nascem desse meio e dessa experiência.

Nos *Sermões Dominicais*, "*intellectus*" é sinônimo de "*ratio*" (razão), e a pregação aparece igualmente associada a um exercício intelectivo. Boaventura, inclusive, considera o pregador um *magister* (mestre), *doctor* (instrutor) e *docens* (docente), e, por esse motivo, não há que tomá-lo como um profissional diferente dos mestres que a própria universidade produzia. Ora, costumamos pensar que a *Universitas* parisiense formava prioritariamente "teólogos", ou seja, *magistri theologiae* ou professores para as cátedras de outras faculdades teológicas, espalhadas pela cristandade; isso é verdade, mas não explica tudo. A insistência com que as ordens missionárias, como a dos dominicanos e franciscanos, enviavam seus religiosos a Paris, desde o início do século XIII, demonstra que aquela universidade produzia, sobretudo, pregadores, profissionais da palavra, que iriam atuar em comunidades eclesiais, não em escolas formais.[95] Boaventura o atesta:

Três coisas são necessárias para qualquer professor [*docenti*] e pregador [*praedicanti*], quais sejam, uma ciência que regula, uma facúndia que exprime e uma vida que confirma as outras duas. Ora, ensinar [*docere*] ou pregar [*praedicare*], sem a direção da ciência, é perigoso, sem a perícia da oratória, é infrutífero, e sem a vida que confirma as outras duas, é vergonhoso.[96]

Giordano de Rivalto (m. 1311), outro pregador renomado, desta vez dominicano, e muito ativo na cidade de Florença, fazia a mesma equiparação entre professor e pregador, entre convento de pregadores e escolas, entre pregação e instrução coletiva, e elogiava Florença por estar repleta de uns e de outros:

Estamos num tempo de luz, pelos muitos doutores e mestres que temos hoje. Antigamente não havia tantos mestres e, quando havia, eram raríssimos e de pouco talento; um só mestre costumava bastar para toda uma província [...].

Todavia, hoje os mestres [*maestri*] são inumeráveis, e todas as cidades estão cheias deles: tantos pregadores [*predicatori*] são muito bons e capacitados; há escolas em cada convento, que se contam aos milhares, e onde cotidianamente se procura, se proclama e se ensina a sabedoria: e, mesmo assim, não nos movemos [Prédica XXXV, *Hi novissimi una hora fecerunt*, de 1304].[97]

Estudiosos como Nicole Bériou, Hervé Martin e Augustine Thompson comparam os pregadores a formadores de opinião pública, a catalisadores de forças sociais, as quais eles procuram dirigir segundo as políticas eclesiásticas próprias de suas congregações ou igrejas locais.[98] Nas páginas seguintes, teremos ocasião de analisar alguns exemplos concretos de pregadores atuando no interior das cidades e observaremos o ajuste dos sermões ao regime comunal. Por ora, convém ressaltar que a pregação urbana, sobretudo essa que principia em meados do século XII e se estende até o século XV, tem a sua origem no sistema universitário, verdadeira academia preparatória de comunicadores eclesiásticos. Essa associação entre pregação e universidade mostra o quanto a primeira recebe da segunda o seu aparato científico, particularmente as técnicas de governança.

Em meados do século XIII, os pregadores atuantes nas universidades, como Paris e Oxford, estavam muito envolvidos nos debates políticos e discutiam, por exemplo, a respeito das diversas formas de governo, posicionando-se ora por uma, ora por outra forma, e redigindo, para tanto, livros sobre essa temática. Entre 1220 e 1260, os frades pregadores já elaboravam tratados sobre teorias de governo, sobretudo, em bases agostinianas, e as obras de Vicente de Beauvais (m. 1264), dominicano, e Gilberto de Tournai (m. 1284), franciscano, contam-se entre as mais destacadas. Ademais, esses dois egressos do *Studium* parisiense, além de serem autores de manuais para a educação de príncipes e governantes, também integraram os quadros da corte francesa, como sucedia a seus confrades que residiam nos reinos de Portugal e Castela, por essa mesma época. Essa atividade ganhou uma nova dimensão a partir de 1260, quando o tratado *A Política*, de Aristóteles, passou a ser estudado e comentado por mestres dominicanos, como Alberto Magno e Tomás de Aquino, a partir da tradução feita por Guilherme de Moerbeke (*c.* 1260).[99]

Ideias aristotélicas já podem ser encontradas nos sermonários de Antônio de Lisboa (ou de Pádua) (m. 1221) e Paio de Coimbra (m.

1249) – o primeiro, apesar da origem lusitana, foi ativo pregador no sul da França e no norte da Itália; porém, a recepção sermonística à *Política* de Aristóteles aconteceu mais evidentemente com pregadores, como Iacopo de Varazze (m. 1298), Giordano de Rivalto, Juan Gil de Zamora (m. 1318), Remígio dei Girolami (m. 1319) e Ptolomeu (Bartolomeu) de Lucca (m. 1337), todos frades mendicantes, dominicanos ou franciscanos. Na opinião desses homens, os fins da pregação – eclesiais na origem – eram totalmente compatíveis com os fins da vida civil, e, por essa razão, os *sermonários* (as coleções de sermões escritos) podem, a justo título, integrar o acervo de textos políticos, como os tratados filosófico-teológicos, pois neles se encontram argumentos, raciocínios e toda uma linguagem de gestão pública (por exemplo, uma ampla discussão sobre o tema da utilidade pública), compatíveis com outras expressões acadêmicas sobre filosofia política do período, nas quais se baseiam e para as quais geralmente remetem.[100] É porque o sermão *in-forma* os indivíduos, e o pregador *educa* politicamente os filhos da cidade, que não podemos deixar esse impressionante sistema de comunicação de fora de nosso estudo sobre a comunidade urbana. Vamos acompanhar como isso acontecia na prática.

9.5 A pregação na cidade

No citado sermão de Giordano de Rivalto (Prédica XXXV, *Hi novissimi una hora fecerunt*, de 1304), vimos o quanto as cidades eram atravessadas por pregadores, principalmente aqueles treinados pelas ordens mendicantes, cujos conventos, às centenas, iam cada vez mais disputando espaço imobiliário com outros atores sociais, sofrendo, como todos os que insistiam em deter propriedades nas áreas centrais, o peso da especulação imobiliária.

Os frades pregadores, na verdade, representavam um estoque de recursos humanos destinado a suprir a carência de profissionais da palavra eclesiástica, desde que o IV Concílio de Latrão (1215) determinou que, em todas as igrejas paroquiais, houvesse periódicas prédicas para a instrução do povo; o clero secular era muito mais numeroso do que o regular, no entanto, era muito mais destreinado nas artes oratórias, e muito raramente se encontrava um pregador secular fora do número dos cônegos: acontece que o cônego faz parte de um colégio ligado ao bispado e, por isso, eles formam uma elite restrita que mal se distribui para além do perímetro da catedral. Os religiosos dominicanos e franciscanos foram, então, instados a ocupar essa lacuna, pregando diretamente para o povo e abrindo escolas para preparar o clero secular para cumprir essa mesma missão.

Para o espaço ibérico, os frades chegaram às cidades justo quando os senhores e príncipes católicos obtinham os maiores sucessos na tomada das cidades e aldeias sob dominação muçulmana e, por isso, foram empregados na tarefa de recristianizar esses espaços e ajudar a população civil, que migrava para essas áreas. Na península italiana, a introdução dos frades ocorreu quando as cidades estavam em pleno desenvolvimento do regime comunal, oscilando entre comunas consulares, comunas de podestade (*podestà*) e comunas populares: era um momento de efervescência das assembleias públicas, em que os magistrados e os representantes das artes e ofícios pronunciavam discursos inflamados e performáticos, que os mestres chamavam de *concio* ou *arengo* (Artifoni, 1994). Nos inícios de 1220, a pregação dos frades era, sob muitos aspectos, tão parecida com a estética da *concio*, que São Francisco de Assis (m. 1226), quando pregou em Bolonha, em 1222, diante de um público universitário, foi considerado um *concionator*, principalmente porque, ao pregar, movia-se e gesticulava como um orador de assembleia comunal.

Pregação (*praedicatio*) e discurso político (*concio*) integravam as técnicas de vocalização e de enunciação oral que se destinavam a um mesmo público: a comunidade urbana.[101] Entre uma e outro, mal conseguiríamos enxergar separação entre "laico" e "clerical", porque, se um frade pauperista, como Francisco de Assis, podia discursar ao modo dos *concionatores* – conforme testemunho ocular do cônego Thomas de Spalato (m. 1268) –, um jurista e notário, como Albertano de Brescia (m. 1251), notabilizou-se por discursos justamente chamados de "sermões", proferidos diante de públicos seculares, como os causídicos de Gênova, em 1243, e diante de públicos eclesiásticos, como os próprios frades Menores, dos quais era muito amigo e colaborador. Cinco desses sermões foram preservados, e neles o orador se ocupou de temas como a caridade, a justiça e o socorro dos pobres, sempre acompanhando as normas oratórias do sermão eclesiástico.

Nas *Siete Partidas*, do rei Afonso X, o Sábio (Primeira Partida, livro V, *De los perlados*), temos algumas orientações que favorecem uma observação mais pragmática das pregações nas cidades. Na *Ley XLIII* diz-se que a *predicacion*, para ser bem-sucedida, tem que levar em conta quatro coisas: o tempo, o lugar, o público e o modo. O *tempo* da pregação correspondia a datas especiais, uma vez que, se houvesse pregação todos os dias, o povo tomaria aversão a ela, que perderia todo o seu proveito; o *lugar* adequado seria o edifício eclesiástico, porém, facultava-se usar "outros lugares honestos", desde que fossem "públicos", pois a pregação realizada em casas privadas poderia levantar a suspeita de heresia – já que assim faziam os pregadores não católicos; o *público* dos sermões correspondia à comunidade inteira, e não a grupos ou indivíduos isolados, justamente porque a *Ley XLIII* queria distinguir a catequese herética (ministrada em pequenos grupos reunidos em casas) da pregação propriamente católica, isto é, aberta para todos; o *modo* da pregação acompanhava a recomendação anterior e ressaltava a necessária publicidade do evento: para tanto, a *Ley* recorda passagens bíblicas que tratavam da obrigação de ensinar publicamente, nunca em segredo.[102] Em síntese, pregação é discurso público, ministrado em espaços públicos – igreja ou praça –, e todas as pessoas são, por força da ocasião, destinatárias do sermão.

Como vemos, a legislação afonsina atribui aos "prelados", ou seja, os bispos e os abades territoriais, o múnus da pregação e, nesse caso, estabelece os quadros jurisdicionais da igreja local (a diocese citadina e as paróquias de aldeia) como campo da pregação e responsabiliza o clero secular para esse trabalho: em sendo assim, os frades pregadores não estariam diretamente contemplados por esse tipo de entendimento. Para responder a problemas como esse, os teólogos da universidade de Paris produziram diversos textos com a intenção de expor os motivos pelos quais eles acreditavam que os frades, mesmo sem deter a *cura animarum* (a autoridade jurisdicional sobre o território de uma igreja paroquial), tinham o direito, e até o dever, de pregar ao povo, e consideravam que isso não afrontava as leis da Igreja. Um desses textos chama-se *Determinationes quaestionum circa Regulam S. Francisci* (Respostas às perguntas sobre a Regra de S. Francisco), de Boaventura de Bagnoregio, composto entre 1266 e 1268.

A Questão II indaga os frades sobre a razão pela qual eles, sem a cura das almas, metem a foice em seara alheia, isto é, invadem o campo de ação dos párocos, pregando e confessando, e com isso lesam os seus direitos à remuneração por esse trabalho. A tônica da questão é a infração da jurisdição plebana (ou paroquial) e a lesão dos benefícios inerentes a um cargo que eles não têm. Boaventura rebate a crítica afirmando que os frades não causam prejuízo aos párocos, nem os enganam, pois agem segundo a autoridade da Sé apostólica, cuja jurisdição de governo é superior à dos bispos locais, e o papa, ao haver concedido essa missão aos pregadores mendicantes, acudia, antes, a uma premente urgência:

[...] ele viu, lendo as palavras do Apóstolo (2Tm 3, 1), que os últimos tempos seriam tempos perigosos, e que as redes da pregação evangélica deveriam ser lançadas para capturar e trazer muitos peixes de homens à profissão da fé, a ponto de a rede se rasgar, pois a messe de fiéis é grande, e os operários idôneos são poucos; viu também que os pecados aumentam a cada dia na Igreja, que os bispos dedicam-se a seus negócios exteriores e negligenciam os espirituais, que poucos são os pastores que residem pessoalmente em suas igrejas, delegando as ovelhas a vigários e mercenários, e muitos desses demonstram ser completamente incompetentes para reger as almas, têm vida desonesta, são negligentes e têm tantos outros defeitos que os tornam inábeis para o governo das almas a tal ponto que não há mais quem ensine ao povo ou o retire da lama dos pecados.[103]

Não era a primeira vez que frades mendicantes atacavam os clérigos seculares sob a justificativa de que estes não eram fiéis ou idôneos e que não cumpriam com o zelo, que os frades supunham ser o melhor zelo, o dever pastoral que lhes competia. O argumento é tal que, se lido sob outro ângulo, poder-se-ia dizer que a causa de haverem sido fundadas as ordens de pregadores pauperistas e penitentes era o pecado do clero secular. *Causa peccati* era um tema teológico que justificava tanto a encarnação do messias quanto a autoridade temporal da Igreja; portanto, temos que ser cautelosos, pois os frades queriam promover-se às custas do clero secular, e a descrição da situação moral dos bispos e párocos nem de longe é isenta. Tanto é que, na linha seguinte, quando Boaventura insere os frades na sua resposta, o humor muda completamente:

[...] fomos chamados para auxiliar tanto o clero quanto o povo, [...] para aliviar o peso que carregam os pastores: tal como Pedro e seus companheiros, quando não conseguiram puxar as redes para a praia, porque estavam repletas de peixes, acenaram para Tiago, João e seus companheiros, que estavam em outro barco – que significa a Ordem religiosa –, para que viessem ajudá-los, a fim de que eles não afundassem nem os peixes se perdessem.[104]

Se os frades são simbolicamente como Tiago e João, como os clérigos seculares eram como Pedro e André, logo, as redes estavam cheias de peixes pela pesca de Pedro, sinal de que havia trabalhado. Onde estaria então a negligência dos clérigos? O que se vê é o excesso de trabalho, que, portanto, exige uma gestão estratégica e partilha de responsabilidade. A *opera praedicationis* (a obra da pregação) necessita mais operários, e o clero secular seria numericamente insuficiente. A Questão V, no entanto, contém outra pista, e que nos leva para dentro do problema das cidades. A pergunta a ser respondida é a seguinte:

[...] com frequência os religiosos esforçam-se por viverem separados do tumulto do século e preferem habitar na solidão, então, por que é que vós [os frades] tendes o costume de permanecer mais frequentemente nas cidades e nas aldeias fortificadas, como se ali pastoreásseis com mais vontade e ali vivêsseis mais ocupados e mais ainda indevotos?[105]

As razões apresentadas são três: 1) *propter eorum aedificationem* (por causa da edificação deles), ou seja, Boaventura acredita que o povo das cidades, ao observar a pobreza e simplicidade dos frades, ficaria mais edificado, e os frades, vivendo no meio deles, estariam mais disponíveis para atendê-los e prestariam um atendimento de melhor qualidade; 2) *propter indigentiam victualium* (por causa da falta de alimentos): como os frades são pauperistas e não podem ter propriedades, precisam morar perto de quem lhes possa doar o necessário à subsistência; 3) *propter tuitionem* (por causa da proteção), pois a cidade torna a vida mais segura, e, assim, os frades podem dispor de cálices para a missa, de paramentos litúrgicos e dos demais objetos próprios para seu serviço sem ficarem com medo de ser furtados ou assaltados "por ladrões ou por malfeitores ou por servos dos poderosos".[106] Seriam os conventos e mosteiros tão violados assim? As crônicas conventuais e as vidas dos santos dão sinais de que os religiosos pauperistas eram presas fáceis do banditismo; porém, aqui, parece ser um argumento de força, não uma descrição realista.

O que chama atenção é que, nas duas últimas razões apresentadas, as cidades representam, para os religiosos, uma vantagem material, e apenas na primeira é que elas se beneficiariam com eles. Há, portanto, uma relação de dom e contradom que marca, de fato, a história desses religiosos sobre cujos fundadores se dizia outrora: *oppida Franciscus, celebres Dominicus urbes* ("Francisco amava as cidades fortificadas [logo, pequenas], enquanto Domingos as cidades populosas"). Nenhuma delas conseguiu inserir-se nas malhas citadinas sem a ajuda de contínuos e generosos benfeitores – geralmente o pessoal das confrarias e irmandades, em cujos conventos se reuniam –, até porque não ficava nada barato.

A Questão VI trata de responder por que os frades erigiam "casas altas e grandes, oratórios suntuosos e compravam terrenos enormes e que custavam tão caro".[107] Boaventura, na resposta, mostra-se ciente de que os preços dos terrenos eram mais acessíveis quando fora da cinta amuralhada, mas alega que, no exterior das muralhas, as guerras eram tão frequentes, que os conventos corriam o risco de ataques e incêndios, e por ficar em zona insegura, os citadinos temiam recorrer ao convento quando precisava. Por conseguinte, os altos preços imobiliários da área interna seriam compensados pelo serviço religioso (o autor destaca a confissão e a pregação) que os frades prestavam aos citadinos. Os frades pregadores não eram apenas pregadores, e sim servidores das cidades.

9.6 Os pregadores urbanos

Desde, pelo menos, a década de 1960, impulsionados, sobretudo, pela ampliação dos interesses de pesquisa, característica da "terceira geração" da Escola dos *Annales*, os historiadores têm destacado com vigor a estreita relação entre as ordens mendicantes e as sociedades urbanas da chamada Baixa Idade Média. Tal relação tem levado os investigadores a repensarem e a aprofundarem os conhecimentos em torno das sociedades europeias, desde pontos de vista os mais variados, como política, economia, espiritualidade etc.; isso porque as ordens mendicantes, ao pretenderem transformar o mundo, o faziam pela inserção nele, de modo que seus ensinamentos e pregações, a ética/moral novas (ou renascidas) que propunham, pudessem atingir todos os recantos da vida social dos séculos XIII, XIV e XV, pelo menos.

A partir dos anos 2000, como lembrou Paul Bertrand,[108] os historiadores empenharam-se em estudar, caso a caso, a rápida e fecunda implantação dessas ordens na malha urbana europeia, destacando, em minuciosas monografias, as especificidades da ação dos frades em cada região e em cada cidade, estabelecendo diferenças decorrentes das especificidades de cada ordem em particular. Entre essas ordens, a dos frades Menores (franciscanos) e a dos Pregadores (dominicanos) ocupam lugar preponderante no quadro geral do clero regular, seja pelo elevado número de seus membros, pela estreita ligação com o papado, pela universalidade e itinerância de seu apostolado, pelas importantes funções que exerceram em nome de papas, imperadores e reis, ou pela inquestionável força carismática de seus fundadores. Mas as cidades foram seus lugares naturais: nas palavras de C. H. Lawrence, "os frades, eles mesmos produtos de uma nova cultura urbana, pregaram a Palavra para um povo cuja língua e cujos hábitos mentais eles conheciam e entendiam".[109]

Como vimos nas *Respostas às questões sobre a regra*, o amor pelas cidades não isentava esses mesmos religiosos de graves críticas, principalmente vindas do clero secular, que enxergava os frades muito mais como concorrentes do que como colaboradores. Os frades, por sua vez, apelavam para explicações teológicas mais amplas quando os argumentos mais pragmáticos se mostravam insuficientes. Um desses argumentos tinha base milenarista e apocalíptica. Ora, ambas as ordens, ainda que por razões diversas, partilhavam a convicção de que o mundo caminhava para o seu fim, que aquele tempo seria o último da história. Os frades seriam, portanto, os últimos enviados de Deus para alertar as pessoas e dar-lhes alguma saída. As profecias que corriam pelo Mediterrâneo, segundo as quais o advento do anticristo estava próximo, encontravam sustentação na pregação desses frades. Eles entendiam a sua missão evangelizadora como uma ação escatológica, prenhe de tensão espiritual, de resto nunca ausente inteiramente no cristianismo. Os frades seriam os "trabalhadores da última hora" (cf. Mt 20, 1-16), e sua mensagem renovava a velhice do mundo antes da chegada do Reino.

Embora o aspecto apocalíptico-escatológico tenha sido mais marcante na Ordem dos Menores, os frades Pregadores, a seu modo, também participaram do mesmo espírito, como parece demonstrar Jordão da Saxônia, primeiro cronista da Ordem de são Domingos, no seu *Libellus de Principiis Ordinis Praedicatorum*, de 1234:

Vários confrades me pediram e desejaram saber como se deu a fundação desta Ordem de Pregadores, pela qual a Divina Providência acudiu aos *perigos destes últimos tempos*, quais foram os primeiros frades de nossa Ordem, como se multiplicaram e foram confortados pela graça.[110]

Ainda que esse trecho pareça mais indicar um *topo* literário, bastante comum às crônicas e hagiografias cristãs, não podemos esquecer que as tópicas do envelhecimento do mundo e da luz providencial enviada por Deus ajudaram a definir todo o espírito com que os frades Pregadores se puseram a trabalhar em meio à sociedade, tanto em sua ação *intra gentes* quanto pela pregação evangélica. Acreditando que o mundo estava imerso em trevas e que S. Domingos fora dado por Deus como luz refulgente para os pecadores, Jordão definia o tipo de ação que o fundador e seus discípulos desempenhariam entre as pessoas: iluminar a escuridão do mundo com a luz da pregação ortodoxa do evangelho.

No mesmo sentido, Jacopo de Varazze (m. 1298), o grande hagiógrafo dominicano do século XIII, o autor/compilador da afamada e muito divulgada *Legenda Aurea*, na *Legenda Sancti Dominici*, narra um diálogo entre Jesus e a Virgem, no qual a mãe de Cristo lhe pede para ter misericórdia dos pecadores. Ao ouvir o pedido de sua mãe, Cristo responde:

Minha mãe, que posso e devo fazer mais? Enviei-lhes patriarcas e profetas e pouco se corrigiram. Fui até eles, depois enviei os apóstolos e mataram a mim e a eles. Enviei mártires, confessores e doutores e nem eles foram aceitos. Mas como não posso negar nada a você, darei a eles meus Pregadores, por meio dos quais se iluminarão e limparão, caso contrário irei contra eles.[111]

Podemos perceber, por essa passagem, que o autor da legenda faz uma leitura escatológica da história: uma *historia salutis* que não terminou com Cristo, mas que se estendia até aquele momento em que ele estava escrevendo. Para Jacopo, a salvação, a fim de se tornar concreta na história humana, necessitava da mediação exclusiva da exortação. A própria ação do Cristo na história é analisada na esteira da ação dos patriarcas, profetas, doutores, que está, mais uma vez, relacionada ao anúncio, à pregação; sua morte de cruz, pois, teria sido o resultado da recusa dos homens em aceitarem seus ensinamentos. Em Jacopo, é a pregação, seguida do assentimento da vontade convertida, que salva e redime o mundo.

Além disso, podemos entrever uma divisão bastante característica do tempo, em cinco fases: 1º) tempo dos patriarcas e profetas – Antigo Testamento; 2º) tempo de Cristo e dos Apóstolos – Novo Testamento; 3º) tempo dos mártires, confessores e doutores – Patrística; 4º) tempo dos frades Pregadores; e 5º) tempo do retorno de Cristo e fim da história. A pregação dos frades, nesse sentido, é elevada e exacerbada ao extremo; ela é a última possibilidade que Cristo concedeu para o mundo se converter e, enfim, salvar-se; depois disso a história se encerra. Esse aspecto finalista e escatológico da teologia da história dominicana, que privilegia a pregação (logo, os pregadores) na salvação da humanidade, serviu como a maior das justificativas para os privilégios que a Ordem dominicana recebeu do papado, privilégios também concedidos à Ordem franciscana, cujo apostolado partilhava.

A necessidade de justificar não era um esforço pequeno ou desnecessário, pois, perante a tradição da Igreja e o *corpus* de direito eclesiástico, até 1215, tais ordens não encontravam a mínima legalidade. Em primeiro lugar, porque, na tradição da vida regular eclesiástica, eram conhecidos apenas os gêneros de vida eremítico, monástico e canonical (os cônegos regulares), e cada gênero dispunha de uma regra para definir tanto o comportamento (*conversatio*) dos professos quanto o sentido de sua ação. Em segundo lugar, porque, de acordo com alguns documentos emanados de Inocêncio III (m. 1216), o estatuto clerical era incompatível com a mendicância. Tudo isso dificultava bastante a existência de ordens que recusavam a *stabilitas loci* (a estabilidade claustral), recusavam ter rendas próprias e privilegiavam a itinerância em detrimento da tradicional e consagrada permanência nas dioceses: os frades, ao contrário, criaram outra rede, agora de conventos agrupados em províncias que abraçavam muitas dioceses. Esses conventos urbanos serviam como bases de formação e referência para os novos pregadores independentes da jurisdição episcopal-diocesana, a quem, por direito, cabiam as prerrogativas da pregação.

A esses frades, tão criticados por monges e clérigos seculares, restava apelar, por um lado, para a fidelidade literal ao evangelho e ao modelo da convivência apostólica (pobreza e itinerância) e, por outro lado, recorrer a uma teologia da história, que os inserisse num plano de salvação universal aceito por todos. Desse modo, entendemos por que Jacopo de Varazze colocou o diálogo entre Cristo e a Virgem, que mencionei acima, na boca de um monge cisterciense, cuja ordem representava a estrita observância da *Regra de S. Bento*, como que fazendo com que a tradicional experiência beneditina aceitasse e reconhecesse a peremptória necessidade desses novos religiosos.

A inserção dessas ordens no tecido urbano deu-se como processo natural de coerência a esses ideais milenaristas e apocalípticos, e isso desde os inícios do século XIII: havia de se converter as multidões, e onde elas se congregavam em maior número senão nas cidades? Humberto de Romans (m. 1277), mestre geral dos dominicanos, afirmava: quanto mais gente, mais pecados e maior a necessidade da pregação.[112] As cidades, *grosso modo*, contavam, até então, apenas com a assistência espiritual do clero secular, em número e formação insuficientes, dividido em redes de paróquias antigas e, amiúde, maldistribuídas. Além do mais, os membros desse clero faziam parte das famílias locais e, comumente, estavam atrelados aos problemas locais, políticos, econômicos e dinásticos, de modo que nem sempre gozavam da fama ascética que caracterizava a observância religiosa desses novos frades, cujos fundadores, mesmo quando filhos da cidade, mostraram-se igualmente filhos da penitência e autônomos em relação aos poderes locais.

Como vimos anteriormente, os leigos, profissionais do comércio e do artesanato, nutriam, em suas confrarias, uma piedade muito inclinada para a penitência que os frades praticavam e pregavam e, tal como demonstra o caso de Albertano de Cremona, no século XIII, e de Dante Alighieri, no XIV, entre os frades e esses grupos sociais sedimentou-se uma amizade estreita, cujos contornos religiosos e sociais alteraram bastante o ecossistema urbano. Os frades recebiam deles o necessário para o corpo e devolviam para a eles o espaço interno de seus conventos urbanos, palavra amiga e o atendimento pastoral;[113] porém, essa aliança teve seu preço. De modo geral, pode-se dizer que a proximidade com a burguesia emergente possibilitou o rápido enriquecimento dessas ordens e uma releitura do que era, para elas, a pobreza e a mendicância. Inseridas nos centros políticos das cidades, elas assumiram uma posição de destaque nos rumos e destinos urbanos, formando com o poder episcopal e o municipal um triângulo muitas vezes arriscado, mas sempre decisivo.

Deixemos as referências italianas e vejamos como na Inglaterra do século XIII esses pregadores pauperistas se comportavam, e como as cidades do reino inglês, como Londres, Oxford, Cambridge ou Shrewsbury se relacionavam com eles, e o que disso resultava. Para isso, será oportuno recorrermos a uma crônica conventual, escrita por Tomás de Eccleston, por volta de 1258, conhecida como *De Adventu Fratrum Minorum in Angliam* (Da chegada dos Frades Menores na Inglaterra): é um texto muito interessante porque seu autor, estando despreocupado de questões formais da escrita da história, registrou aspectos da vida cotidiana praticamente ausentes de crônicas mais formais, mesmo da própria Ordem dos Menores. A crônica é dividida em 15 capítulos, correspondentes às 15 "conversações" (*collationes*) – esse era o nome dado para os encontros comunitários diários que os frades chegados à Inglaterra faziam, ao cair da noite, ao redor da fogueira, quando conversavam sobre o dia e evocavam as lembranças de suas missões. A "quarta conversação" trata "da fundação dos lugares" (os frades desse período chamavam seus conventos de "lugares" a fim de ressaltar sua pobreza, uma vez que "mosteiro" ou "convento" muitas vezes significa propriedade imobiliária), e esse capítulo é particularmente interessante para nós:

Depois disso, crescendo o número dos frades e divulgando-se sua santidade, cresceu também a estima dos fiéis para com eles. Por isso, os fiéis procuravam providenciar-lhes lugares idôneos. Em Cantuária, Alexandre, diretor do hospital dos sacerdotes, doou-lhes certa área e construiu-lhes uma capela [...]. Como os frades não queriam apropriar-se de coisa alguma, ela foi entregue à comunidade da cidade. Aos frades, porém, ficou tão somente o uso, de acordo com a vontade dos cidadãos. De maneira especial favoreceram os frades, Simão Langton, arcediácono de Cantuária, Henrique de Sandwich e uma nobre condessa que vivia reclusa em Hackyngton Essa senhora ajudou os frades em tudo como uma mãe a seus filhos. Atraiu habilidosamente para eles o favor dos príncipes e prelados, sobre os quais ela havia conquistado uma profunda influência.[114]

Os frades que migraram para a Inglaterra, nos inícios de 1220, estabeleceram-se primeiramente em Cantuária porque ali ficava a igreja primaz da ilha, a sede do arcebispado que presidia na caridade a todas as demais igrejas diocesanas e abaciais do reino. Ali também ficava o santuário inglês mais famoso, o túmulo do mártir São Tomás Becket, assassinado em 1170, dentro da catedral daquela cidade, numa tramoia política contra a sua resistência às pretensões do rei Henrique II em relação à Igreja. Em 1220, as relíquias de São Tomás foram trasladadas para uma nova e belíssima capela, localizada atrás do altar-mor da Christ Church, um acontecimento que atraiu peregrinos de toda a cristandade, e que fez daquele santuário um destino de peregrinações em escala europeia.[115] Quando os franciscanos chegaram à cidade, a sé arquiepiscopal era ocupada por Stephen (Estêvão) Langton, o primeiro arcebispo inglês desde que os normandos conquistaram a ilha, em 1066; antes disso, ele estudou e lecionou teologia, em Paris, trabalhou para a cúria romana e se tornou um eclesiástico muito conhecido e influente fora dos ambientes ingleses quando foi eleito arcebispo da Cantuária, em 1206; sua morte ocorreu em 1228.

O cronista Tomás registrou a ajuda que os franciscanos receberam de Simão Langton, irmão de Stephen, que era, então, o arcediago (ou arcediácono) da sé primaz, figura de primeira grandeza administrativa após o arcebispo. Simão e Stephen, apesar de serem homens pragmáticos e bons políticos, eram também profundamente sensíveis às causas do movimento espiritual de renovação evangélica, que, desde meados do século XII, espalhava-se pela cristandade latina, o mesmo movimento, inclusive, do qual surgiram os dominicanos e os franciscanos. Eles eram clérigos seculares, porém bastante próximos de casas religiosas – como a Ordem cisterciense – que sustentavam uma eclesiologia de reforma moral, de fervor espiritual, de pobreza e simplicidade. A acolhida aos frades "mendigos", que andavam descalços mesmo no chão congelado durante o rígido inverno da Inglaterra, não foi fortuita; era uma estratégia de penetração do movimento, de expansão de uma cultura eclesial renovada. Ao lado dos irmãos, há um presbítero, Alexandre, que dirigia o Hospital dos Padres Pobres, junto à paróquia de S. Margaret, e uma leiga, reclusa, cujo nome Tomás omite, se bem que lhe tribute mais reconhecimento do que a todos os demais homens mencionados.

Essa condessa anônima, na verdade, era bastante conhecida no reino, chamava-se Loretta, condessa de Leicester, filha de William de Braose (Briouze) (m. 1211) e esposa de Robert de Beaumont (m. 1204), uma das mulheres mais influentes de sua época. Após dedicar-se aos negócios de sua estirpe e condição, em 1221, a então viúva Loretta, sob influência de Stephen Langton, abraçou a reclusão eremítica sob a forma de emparedamento. Viúvas ou solteiras, muitas mulheres, sobretudo da nobreza, abandonavam a vida secular e, em vez de entrar para um mosteiro formal, trancavam-se em celas exíguas, anexas a igrejas paroquiais urbanas, onde viviam em estrita ascese até o fim da vida.[116] O confinamento das reclusas era tolerado, mas não recomendado pelos prelados, já que, de fato, era um gênero de vida rígido demais até para os mais ascéticos monges. No entanto, foi esse gênero de eremitismo que atraiu a muitas leigas – como Christina de Markyate (m. 1161) e Juliana de Norwich (m.*c.* 1416), para citar casos famosos – e que verdadeiramente contribuiu para que irrompesse um rosto feminino bastante independente na experiência católica da Idade Média e que marcou também a cultura religiosa urbana, porque as anacoretas, emparedadas ou reclusas, eram, como Tomás de Eccleston afirma de Loretta, muito influentes dentro das redes de poder das cidades.

Juntando todos esses atores sociais que foram decisivos para a fundação da Ordem franciscana na cidade de Cantuária, podemos observar como havia afinidades espirituais entre clérigos seculares, mulheres leigas reclusas e os frades Menores. Loretta de Hackington é chamada de mãe para os frades, o que não deve ser entendido apenas do ponto de vista material. Estaríamos muito enganados se pensássemos que os franciscanos foram os grandes responsáveis por uma verdadeira alteração da religiosidade das populações urbanas. Eles certamente contribuíram para que o movimento espiritual de penitência alcançasse mais pessoas; no entanto, temos que admitir que há uma espiritualidade urbana que antecede aos frades e que o influencia. E, mesmo quando eles procuram implementar uma missão própria, só o conseguem com a ajuda de outros grupos. No trecho da crônica, fica nítido o auxílio moral e material que os frades receberam dos citadinos; tão grande auxílio que a autoridade comunal assume a propriedade das casas que os frades vão ocupar a fim de garantir que eles não infringissem a estrita pobreza que os impedia de ter imóveis próprios. Portanto, estabelece-se uma cumplicidade entre a instituição urbana, os grupos citadinos religiosamente engajados e os frades pregadores, o que vai ser fundamental para a pregação penitencial que eles ali desenvolveram.

De acordo com o *De Adventu Fratrum*, o que se passou em Cantuária repetiu-se por outras cidades inglesas, como Londres, onde a *communitas civium*, mais uma vez, assumia a propriedade imobiliária e reservava apenas o uso simples para os religiosos. Em Londres, os benfeitores citados por Tomás são o dominus Johannes Iwun (senhor João de Iwin), que doou o terreno para a construção do convento, alienando a propriedade para a cidade, depois, o dominus Jocius filius Petri (senhor Jócio filho de Pedro), que aumentou o terreno, e o dominus Willelmus Joynier (senhor Guilherme Joynier), que doou o necessário para erguer uma capela para os frades. João e Jócio acabaram, mais tarde, entrando para a ordem – João ficou como irmão leigo – e Guilherme, mesmo não se tornando frade, permaneceu até a morte *"in spiritualitate fratrum"*, uma informação bastante importante para entendermos o tipo de correspondência que havia entre os pregadores e a população citadina, no caso, uma população aristocrática, já que todos os mencionados eram *domini*, senhores.[117]

Pela leitura do relato de Tomás de Eccleston, podemos pensar que os frades se mudaram para a Inglaterra principalmente para terem a chance de frequentar as universidades inglesas, em Oxford e Cambridge, dois centros acadêmicos onde a ciência teológica era ensinada com muito sucesso, como ocorria em Paris. Anteriormente falamos de como as faculdades de Teologia desenvolveram um método de exegese e de pregação que se chamou de *sermo modernus* – que consistia em tomar uma citação bíblica principal (*thema*) e desmembrá-la em partes que formavam subtemas analisados a partir de outra citação bíblica (*prothema*), concatenadas por um sistema lógico de explicação, daí a necessidade de aprender a técnica em escolas especializadas.[118] Vejamos o que Tomás relata desses inícios:

Em tudo o que os frades faziam, dedicavam-se à mais perfeita simplicidade e pureza de consciência. Mas, acima de tudo, eram tão fervorosos no estudo da Sagrada Escritura e das disciplinas escolásticas que todos os dias, com os pés descalços, no rigor do frio hibernal, nas estradas cheias de barro, frequentavam as escolas de teologia, por mais distantes que fossem, sem nenhuma preguiça. Por isso, dentro de pouco tempo, com o auxílio da graça do Espírito Santo, muitos frades foram promovidos ao ofício da pregação. Entre estes, o primeiro foi Frei Hugo de Baldok, de boa memória, depois, Frei Filipe de Londres e Frei Guilherme de Ashby. Este pregou a palavra de Deus ao clero e ao povo, não somente por palavras, mas também pelo exemplo de sua devoção.[119]

Pode parecer surpreendente que em uma ordem de frades pregadores nem todos os frades tenham permissão para pregar. No entanto, a *Regra de São Francisco* exige um exame meticuloso dos candidatos a esse ofício e estabelece critérios para a concessão do *munus praedicandi*. Nesse sentido, é necessário ter um diploma universitário e receber um mandato do ministro provincial e do bispo diocesano local. Tomás menciona três pregadores, todos eles já nascidos na Inglaterra e um deles já falecido; os primeiros frades que chegaram, em 1221, eram de origem italiana, e pregar ao povo, nesse momento, exigia dominar a língua local, uma perícia que talvez fosse acima da capacidade dos estrangeiros, e, por isso, tiveram de aguardar as primeiras vocações inglesas. O cronista destaca ainda Frei Guilherme de Ashby, que pregava ao clero e ao povo; essa é outra expressão técnica para dizer que um pregador tanto dominava o discurso em língua vernácula quanto em língua latina, pois ao povo se pregava em vernáculo (o que era facultado à maioria dos pregadores) e ao clero, em língua latina, uma tarefa que exigia uma habilidade que nem todos os religiosos possuíam, razão pela qual esses pregadores ficavam ainda mais famosos.

Um desses pregadores renomados foi Frei Aimão (Haymo) de Faversham, antigo aluno da faculdade de Teologia de Paris que entrou para a Ordem franciscana, em 1222, já como teólogo formado, padre ordenado e pregador habilidoso. Eis o que conta Tomás de Eccleston sobre uma dessas pregações de Aimão, quando já tinha vestido o hábito dos Menores:

No dia de Páscoa, Frei Aimão viu a igreja paroquial, onde os frades participavam dos mistérios divinos, lotada de povo. Naquele tempo, os frades ainda não possuíam capelas. Disse então ao Custódio, Frei Benvindo, leigo, que, se o desejasse, com muito prazer pregaria ao povo. Assim, aqueles fiéis não receberiam a comunhão em pecado mortal. O Custódio, inspirado pelo Espírito Santo, ordenou-lhe que pregasse. Frei Aimão pregou com tanta comoção que muitos adiaram a comunhão, até que tivessem sido atendidos por ele em confissão. Assim, demorou-se naquela igreja três dias, ouvindo as confissões, para grande consolação do povo.[120]

Tomás sublinha informações cronológicas relevantes: pela altura de 1224, os franciscanos ainda não dispunham de igrejas próprias e, na falta delas, usavam esporadicamente os templos paroquiais – o que confirma o argumento de Boaventura sobre a cooperação dos frades com o clero secular; além disso, sendo aquela ocasião a festa da Páscoa, todos os fiéis estavam obrigados a receber o sacramento da eucaristia, por força do IV Concílio de Latrão (1215), que havia tornado obrigatória a comunhão eucarística ao menos uma vez ao ano, pela páscoa da ressurreição. Porém, para comungar sem culpa, o fiel precisava antes ter confessado seus pecados; por conseguinte, confissão e comunhão anuais tornaram-se dois mandamentos da Igreja cuja observância deveria ser estimulada pelos prelados e clérigos, em suas dioceses e paróquias, e pelos religiosos, em suas missões.

A pregação de Aimão expressa o compromisso da Ordem minorítica com a penitência e coloca aquele frade inglês na mesma perspectiva de Antônio de Lisboa ou de Boaventura ou mesmo do dominicano Giordano de Rivalto: pregar significava comover os ouvintes a fim de demovê-los de seus maus hábitos e levá-los à reconciliação. Certamente o ensino religioso era um dos principais pressupostos das prédicas, porém mais importante ainda era o resultado prático daí resultante: a penitência e a confissão. Os pregadores esperavam intervir nas cidades através da purificação interior advinda de um discurso público comovente.

9.7 Efeitos da pregação nas cidades

Um dos momentos mais célebres da história da pregação nas cidades ocorreu na Itália, durante o ano de 1233, quando, nas regiões setentrionais, entre Milão e Veneza, desenrolou-se um fenômeno que o cronista Salimbene de Parma (m.*c.* 1291), testemunha ocular dos acontecimentos, chamou de "tempo da devoção" (*tempus devotionis*) ou também de "tempo do Aleluia" (*tempus alleluiae*), nome que ficou mais conhecido. Escreve o cronista parmense:

Em todas as cidades da Itália se podia ver essa devoção. Eu vi que, na minha cidade de Parma, cada comunidade eclesial [*vicinia*] queria possuir um estandarte próprio para usar nas procissões que se faziam, e no estandarte exibiam o tipo de martírio de seu santo; por exemplo, a comunidade de São Bartolomeu exibia no seu estandarte o modo pelo qual o mártir de sua igreja foi esfolado, e assim faziam as demais Igrejas. E, vindo das aldeias para a cidade, chegavam homens e mulheres, meninos e meninas, em grandes comitivas, trazendo suas bandeiras, *para ouvir as pregações e louvar a Deus* [...]. As pregações aconteciam ao entardecer, de manhã e ao meio-dia [...]. E faziam as estações nas igrejas e praças, e elevavam as mãos para Deus, para louvá-lo e bendizê-lo nos séculos. [...] E entre eles não havia sentimento de ira, nenhuma perturbação, nenhuma disputa, nenhum rancor. Tudo era feito por eles pacífica e benignamente.[121]

O cronista insiste em afirmar que acompanhou de perto esses acontecimentos, cujos participantes ele descreve como "inebriados do amor divino", uma indicação do caráter carismático, quase pentecostal do movimento do Aleluia. Os aspectos performáticos estavam por toda parte: bandeiras desfraldadas, cenas de martírio dos santos de cada igreja, procissões, comitivas, braços erguidos, preces ardentes e pregações, muitas pregações, recorrentes, inflamadas. Era como se a cidade tivesse sido tomada por um drama coletivo, uma liturgia teatral, em que os gestos valiam tanto quanto as palavras, e os pregadores gesticulavam e bailavam, mais do que falavam. Mesmo sendo um frade minorita, Salimbene reconhecia que o movimento nasceu autônomo e totalmente laical. Eram os leigos os principais envolvidos. O iniciador do movimento e seu primeiro pregador também era leigo, um dos numerosos *homines poenitentes*, eremitas urbanos, tão comuns por aquele tempo, chamado de frade Bento (*frater Benedictus*), e apelidado de "frei Corneta" – devido à corneta que ele gostava de tocar durante as suas pregações populares, como nota Salimbene.[122]

Convém ressaltar que a *devotio* que arrebatou tantas gentes no norte italiano ocorreu após três anos de intenso desequilíbrio ambiental e econômico: enchentes terríveis, frio excessivo, lavouras atacadas por gafanhotos e grilos, invasão de lobos nas cidades, desabastecimento alimentar, inflamação no preço de víveres, fome e muitos conflitos sociais.[123] Os conflitos tomaram o rosto da guerra, inclusive polarizando as cidades mais bem colocadas na região, as quais, seja em razão da difícil situação econômica, seja pela escalada da violência provocada por Ezzelino III de Romano (m. 1259), passaram às vias de fato, e escaramuças, invasões, incêndios e morticínios comprometeram bastante o equilíbrio do norte, sobretudo, entre Bolonha e Pádua. O enredo é sinuoso e as nuanças, numerosas, mas, para homens como Salimbene, o tempo da devoção significou uma trégua e uma chance: "[o] *Alleluia*, como veio a ser chamado, foi um tempo de tranquilidade e de paz, em que as armas de guerra foram inteiramente afastadas".[124]

Salimbene de Adam é, sem dúvida, um observador atento e detalhista, mas ele via as coisas sob o olhar de um pregador. Para ele, ver as pessoas trocando as armas pelos ramos das procissões era a confirmação de profecias bíblicas, que ele cita e interpreta à luz da história que vivencia. No *Chronicon Parmense*, um texto historiográfico oficial da cidade de Parma, terminado em 1338, os acontecimentos de 1233 têm outras cores e outros contornos. "E naquele ano foram feitos muitos acordos de paz, mediados por frade Geraldo de Módena [m. 1257]; os estatutos das comunas foram emendados e todos os exilados [políticos] foram absolvidos. [...] E esta foi a devoção dos frades Pregadores."[125]

O anônimo autor do *Chronicon Parmense* possivelmente era um desses notários públicos que, durante o regime das comunas, se especializaram na historiografia política, como Rolandino de Pádua (m. 1276). E o regime comunal, em qualquer de suas primeiras três formas (consular, podestatal e popular), caracterizava-se principalmente pela deliberação de assembleia, quando os discursos cívicos enchiam as salas dos palácios municipais.[126] Ao citar o *frater* Geraldo de Módena (m. 1257), franciscano minorita, o *Chronicon* destaca sua participação como mediador político e pacificador de cidades, um papel que ele exerceu, ao lado de frei João de Vicenza (m. 1259), um dominicano, aos quais Salimbene trata como *sollemnibus predicatoribus* (pregadores solenes), título que notabilizava os sermonistas oficiais, praticantes do *sermo modernus* parisiense.

É interessante observar que o período de gestação da cultura *moderna* da prédica coincide com o momento em que outra forma de comunicação pública se iniciava e amadurecia: o discurso político ou de assembleia (*concio* ou *arengo*), que marcou a prática cívica das cidades comunais italianas durante todo o século XIII. Isso não foi mera coincidência. Pregação (*praedicatio*) e discurso político (*concio*) são expressões de técnicas de vocalização e momentos de enunciação oral voltados a um mesmo tipo de público: a comunidade urbana.[127] Por isso é que oradores clericais e laicos, indistintamente, intercambiavam as técnicas e os momentos, de modo que não se pode absolutamente tomar o sermão como uma peça religiosa sem que se admita o fato de que inclusive personagens políticos laicais, como Albertano de Brescia (m.*c.* 1251), também fizeram sermões durante o tempo de suas vidas públicas.

Tal como frei Geraldo, João de Vicenza (m. 1265) foi um desses pregadores que, durante o século XIII, convulsionaram as cidades comunais, arrastando multidões atrás de si e demonstrando toda a força social dos sermões e o risco político que comportavam. Filho de um causídico, isto é, de um jurista a serviço da comuna, frei João também mantinha contato com a vida política urbana, com a qual acabou se envolvendo, não como político, mas como religioso, quando diversas rebeliões começaram a explodir em muitas comunas do norte italiano, entre 1220-1230. O historiador Gerardo Maurisio (m.*c.* 1237) nos dá um perfil da atuação do frade João nesse período:

Ninguém ouviu dizer que, desde o tempo de Nosso Senhor Jesus Cristo, algum pregador tenha, em seu nome, congregado tantas pessoas, como [frei João], por ocasião das celebrações de paz; ele reduzia as multidões à unidade que, unânimes, louvavam a Jesus Cristo e engrandeciam-no com hinos. Ele primeiro veio a Pádua, e ali pregou a paz, dissolvendo toda a discórdia que havia entre eles, e, sob sua influência, colocaram-se debaixo de seu julgamento. Depois ele foi a Treviso, e os trevisanos fizeram a mesma coisa. Também as populações de Feltri e de Belluno. Igualmente os senhores de Camino, bem como os de Conegliano; do mesmo modo fizeram os senhores de Romano. Os vicentinos, veronenses, mantuanos, os homens de Brescia, os condes de San Bonifacio, e todo o seu partido. Ele teve tanto poder sobre todos que, recebendo os estatutos de todas as cidades, ele os emendava e, segundo o seu juízo, os acrescentava e modificava. Os encarcerados eram libertados, onde quer que os encontrasse. E estabeleceu um prazo preciso para que os pactos de paz fossem celebrados e assinados, o que deveria ocorrer na cidade de Verona; ele ordenou que as preditas cidades e seus habitantes fossem, então, para lá, para ouvir a sua pregação e celebrar a paz entre todos.[128]

Sem citar o termo "devoção", como fizeram Salimbene e o anônimo autor do *Chronicon*, Maurisio nos apresenta o mesmo quadro cênico: assembleias litúrgicas, pregações, procissões, tréguas, acordos de paz, anistia. Os pregadores foram atores sociais engajados nas contendas políticas das comunas, justamente quando, em muitas delas, os poderosos aristocratas começaram a sofrer a ameaça de partidos populares que, por meio de rebeliões e insurreições, impuseram uma agenda própria, modificando os estatutos cívicos, que vetavam a participação popular nos estratos deliberativos, e assumindo, às vezes, o total controle governamental das cidades. Sermões como os do frade João não foram raros. Passando por Frei Antônio de Lisboa (m. 1231), em Pádua, Geraldo de Módena (m. 1257), Govramonte de Varese (m. 1242?), Pedro de Verona (m. 1252), Remígio dei Girolami (m. 1319) e Giordano de Rivalto, quase todo pregador italiano, que se dirigiu a um público urbano, preocupou-se com a situação social e política das comunas.

É possível que essa situação leve um observador contemporâneo a concluir que a cultura religiosa católica dominava a cena política em repúblicas como Parma ou Bolonha, atribuindo isso ao fato de que o período medieval era amplamente influenciado pela autoridade eclesiástica e pela ideologia cristã, o que limitava a emergência do político e do secular. É inegável que a cultura religiosa exercia uma influência significativa, mas é importante destacar, em contraposição à má reputação da Idade Média, que a *cultura cívica comunal* também desempenhava um papel crucial. Durante todo o movimento da Grande Devoção de 1233 e em outras ocasiões, essa cultura cívica impactava de tal forma a leitura do mundo de indivíduos como Geraldo de Módena e João de Vicenza que os cronistas não tinham outra opção senão retratá-los no coração das cidades, representando o supremo gesto de congregar o *cívico* por meio de uma retórica *religiosa* e *litúrgica*.[129]

Notas

[1] Dameron, 2005, p. 1.

[2] *Idem*, p. 7.

[3] Bonvesin, 1974, pp. 48-49.

[4] Dameron, 2005, p. 52.

[5] Yousey-Hindes, 2010.

[6] Vauchez, 1995, pp. 1-5.

[7] *Idem*, p. 1.

[8] Chittolini, 1990, p. 71.

[9] Dameron, 2005, p. 166.

[10] Duchesne, 1886, p. 174.

[11] Underwood, 1950, p. 45.

[12] *Idem*, p. 55. A beleza e a riqueza semântica desses dísticos exigem o texto em sua língua original: "Gens sacranda polis hic semine nascitur almo / quam fecundatis spiritus edit aquis. Mergere, peccator sacro purgante fluento / quem veterem accipiet, profere tunda novum. Nulla renascentum est distantia, quos facit unum / unus fons, unus spiritus, uma fides. Virgineo faetu genetrix ecclesia natos / quos spirante deo concipit, amne parit. Insons esse volens isto mundare lavacro, / seu patrio premeris crimine seu proprio. Fons hic est vitae, qui totum diluit orbem / sumens de Christi vulnere principium. Caelorum regnum sperate hoc fonte renati; / non recipit felix vita semel genitos".

13 Cf. Naumann, 2016.

14 Thompson, 2005, pp. 26-27.

15 Trombelli, 1766, p. 168.

16 Salvarani, 2013, p. 39.

17 Trombelli, 1766, p. 163.

18 Delcorno, 1974, p. 194.

19 Lambot, 1931, pp. 7-31.

20 *Apud* Salvarani, 2013, p. 49.

21 *Idem*, p. 50.

22 Dino Compagni, 1829, pp. 64-65.

23 Narducci, 1867, pp. 25-26.

24 Silvestri, 1839.

25 Rosenzweig, 1937, p. 5.

26 Gubbio, Archivio di Stato, rif. 1453-1457 [rif. 25], c. 132-133.

27 Weiss, 2010.

28 Rosenzweig, 1937, p. 11.

29 Benveniste, 1983, pp. 233-234.

30 Números 10, 33-36.

31 Delumeau, 1992, p. 139.

32 *Idem*, p. 136.

33 *Idem*, p. 139.

34 Barata, 2012, n. 4.

35 Tullio, 1845, p. 528.

36 *Idem*, 1845, p. 529.

37 Atlas Digital da América Lusa, 2015.

38 Barata, 2012, n. 8.

39 *Idem*, n. 5.

40 Tàutu, 1953, p. 45.

41 *Idem*, p. 46.

42 Newman, 2004, pp. 503-505.

43 Le Ruyte, 1598, p. 89.

44 *Idem*, p. 90.

45 *Idem*, pp. 91-92.

46 *Idem*, pp. 216-217.

47 Tàutu, 1953, p. 47.

48 *Idem*, p. 45.

49 Denzinger, 2007, p. 308.

50 Tàutu, 1953, p. 47.

51 French, 2001, p. 181.

52 James, 1983, p. 4.

53 *Idem*.

54 French, 2001, p. 191.

55 James, 1983, p. 5.

56 Oliveira Marques, 1964, pp. 173-175.

57 Cowling, 1976.

58 James, 1983.

59 *Idem*, p. 6.

60 Tambiah, 1985, p. 130.

61 *Idem, ibidem*.

62 Erbe, 1905, p. 168 (grifos meus).

63 Guerreau-Jalabert, 2000, p. 31.

64 Cf. De Sousa & Rodrigues, 2021, p. 155.

65 Tàutu, 1953, p. 44.

66 Delumeau, 1992, p. 140.

67 Rentz, 2015, p. 68 (grifos do autor).

68 Delumeau, 1992, p. 134.

69 Tullio, 1845, p. 529.

70 Dyer, 2016, p. 113.

71 Carmody, 1998, p. 21.

72 *Idem, ibidem*.

73 D'Avray, 1985, pp. 3-4.

74 Bériou, 1998.

75 Kienzle, 2000.

76 *Idem*, p. 151.

77 Afonso IX, 1789, p. 99.

78 Sánchez, 2009.

79 Santo Agostinho, 1997, p. 741.

80 *Idem*, pp. 743-744.

81 *Idem*, p. 747.

82 *Idem*, p. 748.

83 *Idem*, p. 754.

84 *Idem*, p. 757.

85 *Idem*, p. 758.

86 *Idem, ibidem*.

87 *Idem*, p. 766.

88 *Idem, ibidem*.

89 *Idem*, p. 767.

90 Costa, Frasson & Luisetto, 1979, p. 30.

91 Hansen, 2006, p. 91.

92 San Bonaventura, p. 1992, p. 388 : "Ad apostolos et doctores sive praedicatores dicit Christus, ut ignorantes et esurientes cibo caelesti reficiant pane vitae et intellectus".

93 *Idem*, p. 418: "Dominus appropriat in ecclesia sibi dominium quia est locus salutaris eruditionis illuminantis tenebrositatem intellectus".

94 *Idem, ibidem*.

95 Cf. Bériou, 1998.

96 San Bonaventura, 1992, p. 560.

97 Riccardi, 1739, pp. 153-154.

98 Bériou, 1998; Martin, 1988; Thompson, 1992.

99 Lambertini, 1999, pp. 231-277.

100 Evangelisti, 2002, p. 315.

101 Artifoni, 1994; Cammarosano, 2000; Thompson, 2002, p. 13.

102 Afonso IX, 1789, pp. 99-100.

103 Peltier, 1878, p. 602.

104 *Idem, ibidem*.

105 *Idem*, p. 604.

106 *Idem, ibidem*.

107 *Idem, ibidem*.

108 Bertrand, 2001, p. 310.

109 Lawrence, 1994, p. 102.

110 Garganta, 1947, p. 29; Jordão da Saxônia, 1990, p. 19 (grifos meus).

111 Jacopo de Varazze, 2003, p. 618.

112 Cf. Lawrence, 1994, p. 102.

113 Heers, 1990, p. 390.

114 Fontes Franciscanas, 2005, pp. 1.207-1.208.

115 Cf. Powicke, 1935, p. 161.

116 Cf. McAvoy, 2011.

117 Little, 1951, p. 21.

118 Cf. Bériou, 1998, vol. 1.

119 Fontes Franciscanas, 2005, p. 1.212.

120 *Idem*, p. 1.213.

121 Salimbene de Adam, 2007, pp. 190-192 (grifos meus).

[122] Cf. Miatello, 2018, pp. 109-131.

[123] Thompson, 1996, p. 37.

[124] Salimbene de Adam, 2007, p. 190.

[125] Bonazzi, 1902, p. 10.

[126] Cf. Miatello, 2019.

[127] Artifoni, 1994; Cammarosano, 2000; Thompson, 2002.

[128] Gerardus Maurisius, 1726, p. 37.

[129] Polacci, 2004.

10

AS POLÍTICAS DA CARIDADE E A
MISERICÓRDIA URBANA

No livro do *Tresors* (Tesouro), Brunetto Latini (m. 1294) reserva dois pequenos capítulos para tratar da caridade (*charité*), ambos fazendo parte do livro II, cuja finalidade é discutir "a natureza dos vícios e das virtudes segundo a Ética"[1] – a princípio tratar-se-ia de comentar a *Ética a Nicômaco*, de Aristóteles, porém Brunetto vai muito além, e faz uma glosa de outras obras antigas e bíblicas sobre essa mesma matéria. O antigo mestre de Dante Alighieri divide a Filosofia em duas partes, a *teórica*, na qual coloca a teologia, e a *prática*, que encampa as artes de governar: a ética (o governo de si), a economia (o governo da casa) e a política (o governo do reino). A ciência prática da Filosofia, que "ensina quais são as coisas que o homem deve fazer e quais deve evitar", é como um tesouro, cujas "pedras preciosas correspondem às virtudes, às palavras e aos ensinamentos dos sábios, que são de proveito para a vida das pessoas".[2] E, para Latini, "a caridade é a meta de todas as virtudes".[3]

Como dito, o tema da caridade aparece em dois capítulos do *Tresors*, o primeiro está na seção em que Brunetto discute a vida ativa (ou vida moral), seguindo a exposição das quatro virtudes cardinais (prudência, temperança, fortaleza e justiça), pelas quais o indivíduo, sobretudo aquele que exerce ofício político, deve "governar a si mesmo e às suas coisas temporais";[4] o segundo capítulo sobre a caridade consta da seção sobre a vida contemplativa, "que tem o pensamento voltado para as coisas celestiais".[5] A vida ativa ocupa-se de "coisas mundanas", a contemplativa "rejeita o mundo e se deleita apenas em Deus"; no entanto, a vida ativa, dado que segue a ética do bem usar as coisas temporais (ou de usá-las para o bem), é propedêutica para a contemplação e dela não se separa. Por isso, vamos nos concentrar no primeiro capítulo *De Charité*, no qual a caridade é compreendida como expressão de sociabilidade comunitária, um modo de relacionamento entre as pessoas.

Ora, Latini considera a caridade como uma das sete ações concretas pelas quais a virtude da liberalidade se manifesta:

Liberalidade é uma virtude que doa e beneficia; e ela também é chamada de cortesia. Quando ela se encontra na vontade, chamamo-la benignidade, e quando passa para as obras, chamamo-la generosidade. Essa virtude consiste em dar e retribuir, e por essas duas coisas somos nós religiosos para com Deus, nosso soberano Pai, e piedosos para com nosso pai, nossa mãe, nossos familiares e nossa terra, e amáveis com todos e reverentes com os maiores e misericordiosos com os necessitados e benéficos com os mais frágeis e concordes com nossos vizinhos.[6]

Doação, retribuição, religião, piedade, caridade, reverência e misericórdia constituem, pois, sete ações que predispõem as pessoas a estarem em relação umas com as outras, a fazerem o bem para as outras, enfim, a criarem uma comunidade concorde; não à toa, Brunetto inseriu essas sentenças justamente no tratado sobre "o governo das cidades", a maior de todas as artes.[7] A caridade, que é expressão da vida ativa, aparece como uma virtude política:

A caridade é a meta das virtudes, ela "nasce de um coração puro e de uma consciência reta, não de uma fé fingida" [cf. 1Tm 1, 5]. E seu mandamento é este: Ama a Deus e ao teu próximo como a ti mesmo. Várias são as razões que nos levam a isso: primeiramente a santa Igreja que sempre grita: "ama o teu próximo e ama os estranhos assim como amas a ti". [...] A terceira razão é o parentesco de natureza, pois todos somos descendentes de Adão e Eva. A quarta é o parentesco de espírito, isto é, aquele que se origina na fé da santa Igreja, que é mãe de todos nós. [...] A sétima é o proveito que se segue do amor e da companhia. Salomão diz: "mais vale estar dois juntos do que um sozinho, pois o irmão que é auxiliado por seu irmão é como uma cidade firme". E Ambrósio afirma, "batalha que começa pela vontade de todos conquista a vitória, pois, assim, um carrega a carga do outro". [...]Túlio [Cícero] diz, "privar os homens da amizade é como tirar o sol do universo".[8]

Partindo da Bíblia e passando pela Patrística, Latini chega a Cícero, com o chamamento à *amizade*, da qual a vida social depende e sem a qual viver juntos se torna insuportável. Maurizio Viroli[9] observa de que modo escritores, como Brunetto Latini, que eram servidores públicos nas cidades republicanas da Itália, desenvolveram uma versão cívica do cristianismo, mesmo que isso às vezes entrasse em conflito com a versão papal. No entanto, pode-se argumentar contra Viroli, lembrando que não é preciso recorrer à independência das cidades comunais em relação ao papa para justificar o surgimento de uma eclesiologia diferente daquela institucional-papal. Isso ocorre porque o cristianismo nunca teve um pensamento homogêneo sobre nenhum assunto e toda a sua doutrina é resultado de uma dialética entre grupos que pensam de maneiras diversas. De qualquer forma, Viroli tem razão, pois a fé vivida pelos cidadãos dos séculos XIII e XIV (não apenas na Itália, como veremos) se manifestou por meio de comportamentos urbanos e valores cívicos nos quais a cidade era a chave para entender a comunidade eclesial, e vice-versa.

Conforme destacado por Viroli, a versão cívica do cristianismo estabeleceu uma equivalência entre a *caridade*, que define um bom cristão (como afirmado por São João: "Se alguém disser, 'amo a Deus', mas odeia seu irmão, é mentiroso"), e o princípio que define um *bom cidadão*, ou seja, o amor e o serviço ao bem comum. Para Brunetto Latini, isso é exatamente o que ocorre: o pressuposto fundamental da vida na cidade é a caridade expressa nas relações entre os cidadãos, todos eles iguais, unidos por laços de parentesco de espécie e fé, tornando-os irmãos duplamente e, portanto, comprometidos com um mesmo bem, o bem comum da humanidade e da religião. É nesse sentido que Viroli interpreta o "cristianismo republicano" como uma forma de ativismo político, na qual os cidadãos resistiam à dominação de tiranos e autoritários, reagindo a eles com base na convicção de que amar o bem comum era se assemelhar a Deus e transformar a cidade em um lugar de liberdade. Em sua *Epístola XI* de 1314, Dante Alighieri repreende os cardeais da Igreja romana, pois eles "tomaram como esposa a cobiça, que, ao contrário da caridade, que é mãe da piedade e da equidade, sempre gera impiedade e a iniquidade".[10]

Dante, no *De Monarchia*, afirmara que a cobiça (*cupiditas*), por mais moderada que fosse, ofuscava sempre o senso normal da justiça, enquanto a caridade, ao contrário, lançava luz sobre ela: a justiça assenta-se sobre a caridade, e, quanto mais brilhar a segunda, mais eficaz será a primeira, pois "a caridade [*caritas*] procura Deus e os homens e, por consequência, procura o bem do homem".[11] Era justamente contra a cobiça dos príncipes da Igreja que Dante exclamava: "Ah, mãe piíssima, Esposa de Cristo, que, na água e no Espírito, geras filhos para a tua vergonha. Tornaram-se tuas noras não a Caritas (caridade) ou Astrea (justiça), mas as filhas da sanguessuga" (é uma a referência ao livro de Provérbios 15, 33, onde se lê: "A sanguessuga tem duas filhas, 'Dá mais!', 'Dá mais!'").[12] Para os cristãos leigos, como Brunetto e Dante, a caridade era o antídoto para corrupção política e por essa razão, como sustenta Viroli, ela era vista como o fundamento da vida civil. Vejamos como a caridade, enquanto virtude política, materializava-se no serviço que as comunidades eclesiais, e seus membros, ofereciam às cidades.

10.1 "Não desvies do pobre os teus olhos": esmola e hospitalidade nas cidades

Brunetto Latini já havia elencado a caridade entre as ações da liberalidade, a virtude pela qual se doa, distribui-se e se faz o bem. Tanto quanto Dante Alighieri, Brunetto acredita no pressuposto de que a comunidade eclesial (a *Igreja*) é uma mãe, cujos filhos são os cidadãos da cidade, irmanados pela fé. Disso resulta que a liberalidade, que consiste em querer bem as pessoas, também se aplica à própria cidade, como um ato de amor pela terra; é como explica Maurizio Viroli: a *caridade* – uma virtude teologal e religiosa – gerava consciência cívica e excitava também a disposição dos citadinos para lutar pela liberdade de sua casa comum.[13]

Latini explicita o querer bem como a atitude de "amar a todos, respeitar os maiores, ser misericordioso com os necessitados, bondoso com as pessoas frágeis e estar em concórdia com os vizinhos",[14] uma proposta que coincide, em praticamente todos os pontos, com aquilo que as confrarias urbanas e os teólogos dos séculos XIII e XIV chamavam de "as sete obras de misericórdia" (visitar, dar de beber, dar de comer, restituir a liberdade, doar vestimentas, dar abrigo e sepultar): amar é agir para minorar a injustiça, a violência, a enfermidade, a solidão e a pobreza, é um programa de ações interpessoais que visam redistribuir recursos, solidarizar-se e promover o que podemos chamar de justiça social.[15] A caridade, como política de redistribuição, foi muito explorada por outro destacado leigo da geração de Brunetto, um já conhecido nosso, Albertano de Brescia (m.*c.* 1251).

Albertano dedicou seu tratado *Sobre o amor* (*De amore*) a seu filho, Vincenzio, mencionando-o ao longo da obra e almejando instruí--lo sobre o modo de vida que idealizava. Como vimos, essa obra apelava para a expressão *forma vitae* como um processo de transformação da vida cidadã, uma transformação que resultava da transição do preceito do amor eclesial para a vida civil. Sobre a caridade, o *causidicus* de Brescia expressa o seguinte:

Pela caridade alcança-se o amor e a dileção de Deus, pois por ela são temperadas todas as virtudes e todos os bens. Que tenhas [Vincenzio] a caridade conforme a define São Paulo, na sua epístola, e serás reputado amigo de Deus. No meu modo de entender, caridade é a mesma coisa que a esmola. Donde se diz: "Dai esmola e tudo se tornará puro para vós". E em outro lugar se diz, pelo Sábio: "aquele que cerra seus ouvidos aos gritos dos pobres, quando gritar, não será atendido". E em outro lugar, "quem dá ao pobre, não passará necessidade; quem, ao contrário, desprezar o necessitado, sofrerá a penúria". [...] Não há melhor maneira de se conhecer a Deus do pela fração do pão, quando se pratica a esmola, e isso se pode constatar claramente no evangelho de Deus. [...] [Os apóstolos] reconheceram-nO na fração do pão, como se o Senhor lhes permitisse entender, com toda a clareza, que Deus jamais poderá ser mais bem conhecido, nem os olhos dos pecadores mais bem atentos do que quando o pão é repartido para se fazer a esmola. Pela esmola, pois, o homem alcança a bem-aventurança, e nos dias ruins será libertado pelo Senhor. [...] [E citando o livro de Eclesiástico 4, 1-2] "filho, não prives da esmola o pobre; não desvies do pobre os teus olhos. Não entristeças quem tem fome e não exasperes o pobre em sua indigência".[16]

Marina Gazzini escreve que "os homens e mulheres, durante a Idade Média, estavam constantemente tentando aperfeiçoar a si mesmos e suas vidas", e que "seu objetivo final era tornar-se bons cristãos, uma finalidade que frequentemente significava adquirir as competências necessárias para ser um membro qualificado da sociedade civil e trabalhar para o bem comum".[17] A interpretação que Albertano de Brescia oferece para o tema da esmola tem esse escopo. No trecho acima, concorrem diversas referências bíblicas, que eram consensuais para tratar do tema, como a Primeira Epístola aos Coríntios 13 (o hino paulino da caridade) ou Eclesiástico 4; no entanto, há uma referência principal, e que curiosamente não era associada ao tema da esmola ou da caridade, por outros exegetas: é a passagem de Lucas 24, 13-35, a famosa narrativa dos "discípulos de Emaús", que "haviam reconhecido [Jesus ressuscitado] quando ele lhes partiu o pão", um gesto que os primeiros fiéis sempre interpretaram como *celebrou com eles a eucaristia*.

Ao equiparar a eucaristia (em latim, a *fractio panis*, a fração do pão), o mais elevado dos sacramentos eclesiásticos, à esmola, Albertano afirmava que ela era a mais elevada das ações cristãs e uma forma de o leigo participar do sacerdócio; dito de outro modo, a esmola é um jeito de os leigos exercerem o chamado *sacerdócio comum dos fiéis*, conferido pelo batismo: a vida divina, que se materializa na hóstia, pela mediação do presbítero, manifestava-se no pão ordinário que o leigo repartia com aqueles que tinham fome. Assim, não seria dentro do presbitério ou sobre o altar que o leigo exerceria um sacerdócio verdadeiro; antes, seria entre as ruas ou no meio da praça de uma cidade cheia de pobres.

Dessa forma, Albertano enfatizou que a esmola era a melhor maneira para olhos pecadores conhecerem e contemplarem a Deus, mantendo como referência o versículo de Lucas 24, 35: "Então os dois discípulos contaram [...] que tinham reconhecido Jesus ao partir o pão". Ademais, ocorre, aqui, outra adaptação, semelhante à do sacerdócio, porém, agora, ligada à vida monástica: os monges procuravam contemplar a face de Deus abstendo-se de olhar o mundo; em Albertano, contemplar a Deus torna-se um exercício de olhar para aquilo que, no mundo, menos se parece com a face de Deus. Leigos como Albertano de Brescia ou Bona de Pisa poderiam dar importantes lições aos teólogos que julgam que somente dentro do clero se faz boa teologia, boa exegese e boa eclesiologia. Porém, o assunto, aqui, é a vida urbana. Albertano colocou a esmola no centro da vida civil, assim como a eucaristia estava no centro da vida eclesial.

Trata-se de uma "divina economia do amor",[18] uma cultura eclesial que enseja um modo de ação profundamente laico e totalmente civil. Eucaristia, sem dúvida, é um elemento ritual, um emblema religioso; todavia, homens como Albertano acreditavam que a hóstia fosse carne verdadeira de um messias encarnado verdadeiramente. Em muitos pontos Albertano demonstra afinidade com São Francisco de Assis, e aqui está mais um: para ele, a carne de Cristo deve ser tocada fisicamente através do toque físico sobre o corpo dos *pauperes* e dos *inopes*, isto é, dos indigentes e dos impotentes. Em seu segundo sermão, dirigido a seus colegas da confraria dos *causidici*, de Brescia, Albertano pregou sobre a pobreza e os pobres: mais uma vez, a pobreza comparece, em sua apresentação, como algo concreto, que se percebe pelos cinco sentidos, e a caridade é uma forma especial de tocar fisicamente as chagas causadas pela pobreza: não há nenhuma espiritualização ou glamourização do pobre; ele existe realmente em toda a rudeza da injustiça, e aqueles que não são pobres devem saber que ele também é uma pessoa.[19] Assim, Albertano demonstrava obstinação contra a tendência clerical que colocava as obras de misericórdia espirituais sobre as obras corporais,[20] equiparando o gesto de dar a um exercício da mente, não das mãos ou do corpo todo.

Fora do âmbito italiano, essa política da caridade não perde nada de sua força. Na cidade de Marselha (Provença), um cambista de nome Bertrand de Beaumont, em 1286, lavrou um testamento pelo qual legava seu patrimônio à sua catedral, sob duas condições: que o dinheiro fosse agregado à esmolaria (*helemosina*) da Igreja, e que ela continuasse a ser administrada por leigos, como o *magister* Victor, médico na cidade.[21] Francine Michaud aponta que a *helemosina* episcopal era uma das mais antigas instituições caritativas dessa rica cidade portuária do Mediterrâneo ocidental, e, como indica o testamento de Bertrand, a *helemosina* ficava a cargo de uma confraria de leigos, como também ocorria em Rouen, na Normandia. Os fatos ultramontanos parecem dar razão a Albertano de Brescia: a prática da *caritas*, como sacerdócio laical, colocou os leigos ao lado, senão acima, dos bispos e cônegos na missão de socorrer os indigentes das cidades. Também em Marselha, a Confraria do Espírito Santo (Confrérie du Saint-Esprit) contribuiu muito para que essa nova consciência eclesial tivesse sérios efeitos civis, inclusive, fomentando a fundação de uma comuna, dissolvida em 1257, o que não significou a desmobilização da ação caritativa da irmandade, então muito forte, através do hospital do Espírito Santo, mantido e administrado pelos *confrères* antes que passasse para a administração municipal, no início do século XIV.[22]

Em 1260, Marselha contava com os serviços de oito hospitais para uma população não muito maior do que 20 mil habitantes, além de pequenas instituições privadas (todas laicas) que também atendiam pessoas enfermas e vulneráveis.[23] Em 1244, uma jovem que não conseguira se adaptar a um mosteiro de clarissas, chamada Doucelina de Digne (m. 1274), fundou uma sociedade de mulheres leigas – conhecida como as Damas de Roubaud – com o propósito de levar uma vida de penitência estrita, dedicando-se sobretudo a atender a população em situação de rua.[24] Essa associação de penitentes leigas – Doucelina preferia chamá-las de beguinas – dividia-se em dois grupos, as "beguinas de vida comum", residentes na chamada casa de Roubaud de Marselha, e as *enbeguinidas en la carriera* (beguinas que moravam fora da comunidade e, como o nome indica, exerciam seu ofício pelas vias públicas); grande parte das damas pertencia às famílias aristocráticas da cidade e, como não faziam voto de pobreza, elas podiam receber e administrar os dotes e os legados testamentários de suas famílias, investindo-os no trabalho caritativo que prestavam.

A *Vida de la Benaurada sancta Doucelina* foi redigida em língua provençal, e sua autora é a principal discípula e sucessora de Doucelina, Felipa de Porcelet (m. 1312). É ela quem descreve como a fundadora, comparando o seu instituto com as ordens tradicionais da Igreja, entendia a caridade como a verdadeira regra da associação:

"Filhas, permanecei em unidade no amor do Senhor, pois vós estais reunidas no amor de Cristo, e Cristo vos ligou com a sua caridade [*caritat*]. Todas as outras santas ordens possuem, em sua regra, um elo muito forte, porém, vós", ela dizia, "vós não tendes outro elo a não ser a caridade. Este cordãozinho, a caridade de Cristo, vos mantém assim ligadas, pois ela é um ligamento muito mais forte do que qualquer outra regra. O amor de Deus, que ligou as ordens pela força de uma grande regra, este amor é a mesma caridade com que Deus vos mantém todas unidas. [...] Eu vos asseguro que em todo o mundo não podereis achar regra mais forte do que essa, que tão bem e tão fortemente vos liga, pois não existe nada que vos possa separar da caridade de Cristo".[25]

As obras de caridade, outro nome para obras de misericórdia, assumem, para Doucelina, papel semelhante à da *forma vitae*, de Albertano. As regras das ordens geralmente estabelecem comportamentos internos ao claustro – o modo de rezar, de produzir ou de estudar –, enquanto a *regra da caridade* seria um projeto de ação sobre uma cidade cheia de pobres e famintos. Assim, Felipa de Porcelet afirma que sua fundadora "fazia as damas se cansarem de servir os doentes; e nesse serviço, não queria que elas atendessem apenas os irmãos, e sim os pobres enfermos, até mesmo trabalhando nos hospitais [espitals]".[26] E acrescenta:

Por amor do Senhor, a santa costumava fazer as obras de caridade [*obras de caritat*] com grande compaixão e diligência; ela dispunha de mulheres estabelecidas a quem mandava buscar os pobres para lhes trazer, e ela os recebia como a pessoa de Cristo. E esses pobres doentes [*paures malautes*] enchiam os hospitais da rua [*hostals de la carriera*] com grande alegria, e, aqui e ali, ela os servia e pedia que fossem servidos com grande caridade, e jamais dizia não a alguém que vinha pedir-lhe por amor do Senhor.[27]

Considerar o pobre como "a pessoa de Jesus Cristo" era uma atitude já em voga nos meios de renovação espiritual, desde meados do século XII, porém Doucelina, tal como Albertano, não trata esse tema como uma inspiração espiritual; antes, como um gesto físico, uma ação concreta com consequências sociais: trabalhar em hospitais, construir albergues, adquirir camas para que nenhum desalojado durma ao relento. As Damas de Roubaud aprenderam logo que, sem dinheiro, não conseguiriam obedecer à sua espiritualidade. E o papel de lidar com o dinheiro coube à sucessora de Doucelina, Felipa de Porcelet. Felipa nasceu por volta de 1250 e ainda muito jovem casou-se com Fulques de Pontèves, e foi viver na cidade de Barjols; foi lá que ela conheceu Doucelina. Em cerca de 1270, Felipa veio a perder o marido, e sua sogra privou-a da companhia de suas duas filhas; separada delas, e sofrendo a hostilidade da sogra, Margarita de Pontèves, Felipa estava livre para dar outro rumo à sua vida, e foi então que ela se juntou à comunidade de Doucelina, pouco antes de a fundadora falecer, em 1274.

A sogra reteve a herança do marido, mas Felipa conservou a parte que herdara de seus pais, e, como as leis de Marselha permitiam que ela gerisse seus bens livremente, ela os empregou para subsidiar o trabalho das Damas de Roubaud. E não foi só isso. Felipa, sob a justificativa de maximizar os recursos, passou a investir no sistema financeiro de Marselha; contratando representantes legais, fazia negócios e celebrava acordos de compra e venda de terras e imóveis, e, em pelo menos uma ocasião, sabe-se que Felipa chegou a emprestar dinheiro a juros a fim de obter ainda maiores vantagens. Enfim, os contratos que Martin Aurell editou dão mostras de que Felipa era muito precavida nos negócios e agia como uma investidora, não como beguina: o contrato de 1305, assinado na beguinagem de Roubaud, por exemplo, refere-se a ela como "*domina Philippa Porcelleta*, esposa do falecido cavaleiro e nobre homem, o senhor Fulques de Pontèves", e todo o patrimônio citado bem como as vantagens do contrato ficam para ela e para seus herdeiros.[28]

A trajetória de Felipa de Porcelet apresenta-nos as possibilidades de atuação pública de mulheres ricas, cuja devoção aumentava a riqueza que se reinvestia também em obras de socorro social: a fé está na base de uma política de benemerência, e sua lógica insere o fiel no tecido de sua comunidade civil, tanto quanto lhe prepara para o reino celestial. Felipa encontrou entre as Damas devotadas às misérias da cidade a sua segunda família, e a sensibilidade espiritual que demonstrou ao redigir a *Vida de la Benaurada Santa Doucelina* atesta que a caridade era, de fato, um empreendimento social, e que o hospital era um negócio santo. Mulheres como Doucelina e Felipa deram concreção à virtude da *caritas* por meio de uma de suas derivações, a *hospitalitas*: acolher pessoas em situação de rua, doentes, menores e idosos em locais preparados para isso, os hospitais, tornou-se uma forma mais sistemática e organizada de praticar a esmola e de repartir o pão para ver Jesus.

Em Lisboa, outra mulher igualmente devota tomou uma estrada semelhante à de Felipa de Porcelet: seu nome era Maria de Aboim, filha de D. João Peres de Aboim, mordomo-mor do rei D. Afonso III, e viúva do fidalgo espanhol D. João Fernandes de Límia.[29] O pouco que conhecemos da personalidade de Maria de Aboim vem de seu testamento, conservado com o *Livro 1º do Hospital de Dona Maria de Aboim* (no Arquivo Municipal de Lisboa): é um texto oficial, não um tratado ascético, como o que redigira Felipa sobre a sua fundadora; em contrapartida, por ele podemos avaliar como a devoção compatibilizava-se com a economia da caridade, e como uma obra considerada piedosa (obra pia) podia ser também uma política cívica. Maria de Aboim tem muita coisa em comum com Felipa de Porcelet: também ela era viúva, membro da elite aristocrática, rica e muito devota; sua riqueza, como a de Felipa, advinha da linhagem paterna, de seus dois casamentos e de seus próprios negócios; porém, diferentemente de Felipa, Maria não tinha filhos, e seu testamento contém informações preciosas de como ela esperava que seu patrimônio fosse administrado para o bem de sua comunidade eclesial e da cidade de Lisboa, sob cuja autoridade ela determinou que sua obra pia permanecesse após a sua morte.

Lavrado em 1337, pouco antes de seu falecimento, o testamento de Maria estabelece providências para a fundação e o custeio de um hospital, na verdade, era mais uma *casa de acolhida*, para dez *mulheres envergonhadas*: pobres "envergonhados", como se dizia, eram pessoas "de boa nomeada", isto é, que haviam sido socialmente bem-posicionadas antes que algum infortúnio as levasse a perder o patrimônio e o bom nome da família (como visto no capítulo 8). Em Lisboa, havia várias instituições para essa finalidade, conhecidas como "casas de mercês" ou mercearias,[30] dado que os internos (os merceeiros) retribuíam os cuidados recebidos com a sua contínua intercessão, seja na intenção da alma do fundador e sua família, seja na intenção dos demais benfeitores – o *Testamento de D. Maria de Aboim* estabelece que as pobres envergonhadas deveriam assistir à missa na Igreja do Convento de S. Domingos, onde a testadora, por devoção e para o sufrágio de sua alma, mandou erguer uma capela privada, dentro da qual as suas assistidas deveriam rezar por ela.

Para acolher as suas merceeiras, D. Maria de Aboim legou as casas que possuía "às Portas de Santo Antão", freguesia de Santa Justa, e que ficavam próximas ao dito Convento de São Domingos, e, para subvencionar a instituição, ela transferiu as rendas de outras propriedades suas, dentro e fora de Lisboa, e nomeou dois testamenteiros de sua confiança para cuidar de seus assuntos (o documento previa que, após a morte desses colaboradores, o hospital deveria ser integrado à rede hospitalar do concelho de Lisboa e administrado pela magistratura urbana). A julgar pela quantidade de casas de mercês, em Lisboa,[31] dá para ter uma ideia de como a vida citadina podia comportar riscos de empobrecimento para as famílias não aristocráticas ou de média e baixa condição; ao mesmo tempo, podemos confrontar esses riscos com a oferta de oportunidades criadas pela própria comunidade urbana.

A caridade demonstrada por pessoas como D. Maria, que construíam centros de hospitalidade para seus conterrâneos caídos na miséria, marca não apenas uma espécie de precaução, do tipo, "farei por eles o que espero que façam por mim se incorrer em igual situação", como também testemunha que, na cidade, e apesar de seus riscos, existia uma rede de solidariedade muito forte, entretecida com os nós criados pela Mãe Igreja e fortalecida pela cultura urbana propriamente dita, na qual a fundação de obras beneméritas exaltava a memória dos fundadores ao mesmo tempo em que minimizava os prejuízos causados pela própria situação econômica das cidades.[32] Não excluamos, ainda, o que Maria de Lurdes Rosa expõe ao tratar dessas fundações piedosas, em número sempre crescente e cada vez mais dirigidos por leigos caridosos e pelos poderes municipais e régios: a reciprocidade, tanto aquela entre o testador e os receptores de seus bens, quanto a que se estabelece entre ele e a inteira comunidade civil, à qual retribui socorrendo aqueles que ela mesma penalizava com seus infortúnios. Quanto aos pobres acolhidos nas fundações, a reciprocidade efetivava-se através do intercâmbio espiritual das orações, pelo qual os assistidos reembolsavam a assistência recebida com outro tipo de moeda, aquela da caridade.

No entanto, o aspecto espiritual está longe de ser o único ou o principal. Como vimos com o exemplo das beguinas de Marselha, o cuidado com os pobres tinha a finalidade de reintroduzi-los no sistema produtivo da cidade. As casas de mercês serviam também como forma de garantir que o indivíduo honrado, mas que foi à falência econômica, pudesse seguir pertencendo minimamente a seu grupo social, mesmo em situação econômica inglória; afinal, a missão da mercearia era impedir que os assistidos, forçados pela pobreza, tivessem de recorrer à mendicância ou viver de favor ou trabalhar em ofícios inferiores à sua condição social.[33] No caso das pessoas idosas, o trabalho prestado por benfeitores, como D. Maria, ou por confrarias devocionais, supria a ausência da família, primeira responsável pelos seus membros, porém frequentemente negligente – sobretudo em se tratando de famílias modestas – com os parentes improdutivos. Portanto, os membros da comunidade eclesial investiam em ações civis que garantiam que mulheres e idosos não perdessem o mínimo de condições da vida e, aos idosos, já sinalizavam com a promessa dos ritos fúnebres (sepultamento e sufrágios), serviços religiosos que podiam ser bem caros.

A instituição de acolhida de D. Maria fornecia a cada interna, e durante o tempo em que permanecesse hospedada, alimentação, vestuário e abrigo, ou, nas palavras de seu testamento: "dezoito dinheiros diários, seis côvados anuais de pano de Valência para se vestirem e vinte soldos para calçado e camisas, tendo direito, de dois em dois anos, a um 'cerame'" (nome de capas ou sobretudos usados por populares).[34] As internas ocupariam a casa principal da doadora, um imóvel de grandes dimensões, que a documentação posterior refere como dispondo de "compartimentos térreos e sobradados em pisos diferentes, vários quintais, um deles com um poço, e uma torre, além de quatro boticas. Ao lado do Hospital, numas habitações pertencentes a este, morava o provedor"[35] – a existência de quatro boticas é um bom indício de que o hospital também estava preocupado com a recuperação da saúde e com a fabricação de remédios.

Não obstante essas características físicas e os procedimentos de ação, as instituições de caridade, no século XIV, ainda dispensavam edifícios específicos, construídos e reservados exclusivamente para esse fim, e podiam funcionar normalmente em casas residenciais comuns, sem maiores adaptações arquitetônicas; e, já que ficavam sujeitos aos condicionantes econômicos de seus mantenedores privados, os assistidos podiam ser alocados em várias residências diferentes ou até mesmo compartilhar a casa do próprio doador ou de seus diretores: em outras palavras, os assistidos permaneciam integrados, tanto quanto possível, à convivência social ordinária, incluindo aí a frequentação dos templos paroquiais comunitários e a circulação pelas vias públicas sem maiores limitações à autonomia com que podiam gastar o estipêndio que recebiam diretamente, sabendo que eram responsáveis pelo próprio sustento.

Podemos, então, pensar que essa estruturação da caridade evitava (ou minimizava) a estigmatização social dos assistidos, os quais, não sendo confinados a ambientes claramente demarcados para gente em condição de vulnerabilidade, poderiam transitar pelos espaços urbanos comuns e participar da rede de reciprocidade simbolicamente mais apreciada, a intercessão: quanto a isso, o *Regimento do Hospital do Espírito Santo*, de Santarém, de 1454, equiparava a oração que os merceeiros deveriam oferecer por seus benfeitores ao trabalho de intercessão que os monges prestavam pela inteira comunidade cristã; para uma sociedade que acreditava no valor social da prece, os assistidos não eram vistos como improdutivos ou inválidos, nem se poderia dizer que vivessem do suor alheio, pois o ofício da intercessão, além de socialmente dignificante, representava acúmulo de capital simbólico investido para saldar a dívida moral contraída pela assistência recebida.[36]

O caso das beguinas de Marselha e do Hospital de Dona Maria de Aboim de Lisboa são bons exemplos de como a caridade, como sustentada por Albertano de Brescia, Brunetto Latini e Dante Alighieri, transitava entre os livros e a rua, entre a teoria e a prática, e interessava a leigos eruditos, a mulheres consagradas e a viúvas endinheiradas, sendo expressão de comportamento político e disposição religiosa. Essa amostragem de mulheres engajadas na caridade evidencia também como o gênero feminino integrava-se ao cenário político urbano mais amplo, tornando eficazes os conceitos de *caritas* e *hospitalitas* que os regimes citadinos encaravam como fundamentais para a sua existência e como critério da justiça. Sem perder a sua força originariamente eclesial, a *hospitalitas* e a *caritas*, como vimos, jamais foram monopólio do clero ou de ordens religiosas formais: no exemplo de Dona Maria de Aboim, essas obras de misericórdia não ficaram nem mesmo submetidas completamente às irmandades e confrarias.

Alguns estudiosos interpretam o surgimento de inúmeras instituições de caridade privadas durante o século XIV como uma questão de consciência.[37] Nessa perspectiva, os ricos e poderosos, aterrorizados pela possibilidade de irem para o inferno após a morte, passaram a investir seu dinheiro em obras de caridade como uma forma de redimir seus pecados e facilitar o acesso à salvação. Alguns chegam a comparar essa prática com as antigas moedas míticas que os recém-falecidos deveriam pagar ao barqueiro Caronte para atravessar o rio Adiges até o Hades. Assim, a *caritas* teria se tornado uma espécie de moeda cristã com o propósito de garantir a passagem para a vida após a morte. Sem querer generalizar a crítica, é importante salientar que essas pessoas não estavam limitadas a pensar apenas em seus próprios interesses individuais. A economia da caridade, por sua própria natureza, é anticapitalista, pois é fundamentada no comunitarismo, abrangendo tanto a esfera eclesial quanto a civil.

Não é necessário submeter a economia da caridade a lógicas capitalistas ou a abordagens metafísicas ou transcendentais, que são de difícil aplicação prática pelos historiadores. A *Commedia* de Dante, por exemplo, essa gigantesca teologia sagrada escrita por um leigo devoto e cidadão ardoroso, testemunha que as preocupações com a vida após a morte se misturavam ao desejo de perpetuar a solidariedade entre aqueles que se consideravam irmãos, seja por compartilharem a mesma pátria, seja por serem fregueses da mesma paróquia. Na vida, eles estavam unidos e, após a morte, ainda mais (cf. *Purgatorio*, canto V). O "além" funcionava como uma agência social bastante concreta, voltada para a sobrevivência da comunidade, e não precisamos buscar explicações além das relações sociais imanentes a essa realidade.

Gabriella Piccinni sustentou, com muito êxito, que as instituições ligadas à *hospitalitas* (todo tipo de iniciativa de socorro social, incluindo, por óbvio, os hospitais) multiplicaram-se, entre os séculos XIII-XIV, como resultado do desenvolvimento da consciência social do que significava viver em uma cidade e do que implicava ser uma cidade: "o esforço para sustentar os mais fracos [...] contribuía para definir uma cidade diante de seus próprios habitantes, e daqueles do território circundante, dos forasteiros e estrangeiros".[38] A autora lembra ainda que diversos regimentos hospitalares e documentos congêneres permitem perceber qual investimento se fazia nas obras de *hospitalitas* visavam contornar o flagelo da concentração de riqueza apelando para a redistribuição, e completa: "quando um cidadão deixava um testamento genericamente a favor de pobres de um hospital, como acontecia amiúde, ele pretendia, ao fim e ao cabo, doar os próprios bens à gente de sua cidade, à comunidade e, poder-se-ia dizer, a todo o seu povo". Doar tornou-se uma "palavra-chave", ela afirma, "clara para todos, porque condividida por todos, e que resumia completamente o sentido da ação de assistência".[39] É essa a pista que vamos perseguir na continuação, e tendo presente que a semântica eclesial da caridade se fundiu com a consciência cidadã, justo quando as cidades alcançaram o auge de sua maturação; vamos encerrar essa nossa viagem pela história do cristianismo urbano vendo como, por fim, a *ecclesia-civitas* deixou lastros de sociabilidade duradouros na *civitas* propriamente dita.

10.2 A comunidade e a *"cosa pública crestiana"*

Em 10 de maio de 1383, a Junta Municipal de Valência, na Catalunha, assistia ao juramento público dos seis novos magistrados que começavam a trabalhar naquele dia. Para a ocasião, e para homenagear a segunda cidade mais ilustre do reino, um frade franciscano, chamado Francesc Eiximenis (m.*c.* 1412), enviou para eles um opúsculo em que tratava de política civil, contendo 38 capítulos, e cujo título é: *Regiment de la cosa pública* (O regimento da coisa pública). O livro fora redigido em vernáculo catalão, precedido de uma carta introdutória (suficientemente longa e completa a ponto de representar um tratado político independente) e de um discurso laudatório – *Les specials belleses de la Ciutat de València* – no qual o autor indica as razões da sobre-eminência da urbe valenciana em termos que lembram muito o *De Magnalibus Mediolani*, de Bonvesin de la Riva.

Ora, Francesc Eiximenis era mais do que um religioso escritor, era também um afamado teólogo, pregador régio, pensador político, enciclopedista e, em diversas ocasiões, atuou como emissário público e estrategista político: quando se dirigiu à Junta de Valência, Eiximenis já tinha se destacado nos meios políticos de Barcelona e da corte dos reis aragoneses. Por isso, não é de estranhar que os *jurats* valencianos tenham mandado fazer uma cópia bem encadernada do *Regiment* e determinado que ela ficasse disponível na Sala do Conselho, "presa com correntes sobre a escrivaninha da Sala" a fim de que pudesse ser consultada por qualquer um dos oficiais: aquele volume, ofertado para o órgão dirigente de uma cidade comunal, apresentava considerações sobre a governança pública e indicava propostas para o fortalecimento das instituições urbanas.[40]

Desse ponto de vista, o *Regiment* de Francesc Eiximenis se compara a outros tratados políticos do período e não deixa de ter similaridades com aqueles livros chamados de espelhos de príncipes, se bem que adaptado para um contexto urbano e para um governo colegial. A exposição das matérias foi arranjada para permitir que os *jurats* de Valência, "que detêm o singular governo da comunidade", encontrem "o lume, o caminho e o método para governar, reger e manter a comunidade bem e sabiamente", pois sobre "eles assenta-se principalmente a segurança do povo" e "eles devem ser apresentados a todos como espelhos especiais e, não menos

AS POLÍTICAS DA CARIDADE E A MISERICÓRDIA URBANA

importante, como se fossem alvos para os quais as pessoas do povo, como os arqueiros, apontam suas flechas".[41] E prossegue:

Por isso, meus senhores muito sábios e reverendos, percebendo e vendo eu, com meus olhos, neste tempo presente, isto é, o ano da encarnação do Salvador de mil trezentos e oitenta e três, o grande zelo, a ardorosa vontade, a pura intenção e o santo propósito que vos movem a governar sábia e proveitosamente a coisa pública da dita cidade de Valência, para a glória de nosso Redentor e conservação da prosperidade da cidade, e para desprezo daquele filho da perdição, Mafometo [Maomé], das mãos do qual ela foi novamente retirada, pela misericórdia de Deus e pelo mui alto senhor, o rei Jaime, de gloriosa memória, outrora rei de Aragão. Em vista de tais fatos, eu propus apresentar à vossa reverência este pequeno tratado, composto pelos grandes pais do passado para o governo da coisa pública.[42]

Por duas vezes, o frade se refere à "coisa pública", já tendo, no início da carta introdutória, mencionado *cosa pública crestiana*, em referência à comunidade fundada pelos santos apóstolos. O que ele entende por coisa pública? E qual a relação entre a "coisa pública da cidade de Valência" (e, no limite, de toda cidade e comunidade política) e a "coisa pública cristã"? Ele fornece uma definição no início do primeiro capítulo do tratado:

[...] coisa pública é uma comunidade de pessoas reunidas, que vivem sob uma mesma lei, governo e costumes, entendendo por tal reunião um reino ou cidade, aldeia, castelo, ou qualquer outra comunidade semelhante, desde que não seja uma só casa. Porque parece que o agrupamento doméstico, quando é uma só casa ou parcela de alguma comunidade, não se considera coisa pública naquela comunidade da qual faz parte: antes é considerada coisa particular, pessoal ou própria; e assim afirma o filósofo, quando trata dessa matéria em sua Política.[43]

É nítida a segmentação entre público e privado, entre comunidade e casa ou família; a comunidade é *coisa pública* porque vai além da coisa privada da família, e não se deixa restringir por ela. E, justamente por isso, a gama de entidades que podem ser tidas como coisa pública é grande: a começar pela menor delas, a aldeia, depois, o castelo ou castelania, seguido pela cidade e, por fim, pelo conjunto maior, o reino. Porque o *Regiment* foi escrito para uma cidade, e, a despeito de o reino significar uma comunidade política mais englobante, Eiximenis coloca a *coisa pública urbana* acima

501

da *coisa pública monárquica*, porém, na sua opinião, essas duas dimensões comunitárias não estão postas em uma hierarquia absoluta.

Ao contrário, sob a forma de uma *comunidade*, coisa pública (reino ou cidade) é sempre algo relativo ou relacional, isto é, constituído a partir de uma relação entre diferentes. Em outras palavras, a coisa pública emerge da relação social que pessoas não aparentadas estabelecem quando decidem levar a vida em comum, e, para garantir que a convivência seja benéfica para todos, essas pessoas instauram sua comunidade sobre um ordenamento jurídico, que Vicent Baydal Sala chamou de "contratual", segundo o qual "os governantes [do reino de Valência] tinham de respeitar os direitos e as liberdades dos membros da comunidade política, ao passo que estes deveriam obedecer os primeiros a fim de obterem, todos juntos, um proveito comum".[44]

Lei, governo, costumes: três regras da convivência comunitária e colunas que sustentam a *cosa pública*. E, tão logo as menciona, Eiximenis indica que a *Política*, de Aristóteles, foi a referência teórica para a sua definição. Pois bem, sabemos que o frade manuseava o tratado aristotélico guiando-se pela exegese que as universidades do século XIV praticavam, e que haviam herdado de Guilherme de Moerbeke e de Tomás de Aquino; em uma obra muito divulgada entre os teólogos do período, conhecida como *Parvi Flores*, a qual reunia citações de Aristóteles e de outros filósofos pré-cristãos, a famosa afirmação do filósofo grego – "o homem é, por natureza, um ser vivo político"[45] – era traduzida, em latim, como "*homo naturaliter animal politicum et civile*".[46]

A justaposição de *politicum* e *civile* testemunha a peculiaridade da leitura que os teólogos faziam do tratado aristotélico, tentando conciliar, na verdade, duas concepções dificilmente conciliáveis, isto é, a concepção aristotélica de que a política pertence à natureza mesma do gênero humano, e a concepção biblicopatrística de que a cidade e o poder político resultam da condição pós-lapsária da natureza humana, como descrita no texto bíblico de Gênesis e comentada pela teologia cristã, particularmente por Santo Agostinho. John Wycliffe (m. 1384), por exemplo, observava que "Aristóteles não considerava o homem em seu estado de inocência, mas apenas em seu estado decaído",[47] o que equivale a dizer que o estado pós-lapsário provocou uma falha na *natura politica* de que falava Aristóteles, e toda reflexão sobre o político não poderia prescindir desse fato.

AS POLÍTICAS DA CARIDADE E A MISERICÓRDIA URBANA

Francesc Eiximenis repercute essa teologia política em toda a sua obra, principalmente no seu grande tratado, o *Dotzé Llibre del Crestià* (*O Décimo Segundo Livro do Cristão*), escrito entre 1385-1391; no capítulo 3, o frade parte do *De civitate Dei*, de Santo Agostinho, e discute como o gênero humano foi divinamente criado para habitar uma *"ciutat gloriosa"*, e como o pecado o tornou cativo de uma *"ciutat criminosa"*, povoada de gente perversa, onde o pecado é a lei, e as iniquidades são adornos.[48] Nesse capítulo, Eiximenis trabalha o tema da queda original a partir da relação entre memória e esquecimento: antes da queda, o criador havia registrado na memória humana uma imagem da cidade gloriosa, sua verdadeira pátria, a fim de que, depois da queda, os homens jamais se esquecessem qual era o seu lugar de origem, e trazendo-a à lembrança, encontrassem remédio contra os males da cidade ímpia:

[...] o soberano Criador, no começo do mundo, criou o homem para gozar da bem-aventurança e para habitar perpetuamente com ele mesmo, nesta cidade gloriosa; por essa razão, e para que em todo o momento o homem da dita gloriosa cidade tivesse ardente memória, pintou-lha toda inteira dentro dele. E isso porque, ao contemplar a sua imagem, ele pensa nela o tempo todo e, pensando, fica alegre e, alegrando-se por lográ-la, vive e age virtuosamente e, assim agindo, espera por ela e, esperando-a, alcança-a, quando deixa esta vida, não para a morte, mas para a translação e transposição gloriosa.[49]

Dessa ideia de que as pessoas carregam, na memória, uma imagem da cidade perfeita, podemos tirar duas conclusões: a primeira é que a natureza política do homem, embora desgraçadamente adulterada, não foi e nem poderia ser totalmente destruída, e no tempo que resta ele viverá tateando em sua demanda; a segunda é que o teólogo, ao considerar uma saída, digamos, positiva para a condição lapsária, descreve todo o processo de salvação como uma "translação e transposição" de cidades, pelo qual os humanos retornam à cidade original, construindo, na história, a *ciutat material* a partir daquela imagem primigênia, inscrita em sua memória espiritual, como podemos ler no capítulo 4:

Por essa razão, o soberano regente e Pai, nosso Senhor Deus, movido por grande piedade, querendo prevenir o homem contra os ditos homens perversos, deu-lhe *natural inclinação de viver em companhia* bem ajeitada e bem endireitada, segundo o espírito e o corpo, e a isso se deu o nome de cidade material [*ciutat material*]; dessa forma, aplicando-se a esta cidade material, conheceis a cidade espiritual [*ciutat esperitual*] que carrega consigo e, contemplando essas duas cidades e a sua beleza, desejeis aquela celestial cidade soberana e, desejando-a, que façais obras pelas quais mereçais alcançá-la e possuí-la finalmente.[50]

Que os seres humanos, mesmo na condição de pecadores, tenham conservado a inclinação natural para as cidades, Eiximenis o demonstra nos 43 capítulos em que tratou do tema urbano, no seu *Dotzé del Crestià*. No capítulo 5, ele anuncia que seu projeto é encontrar o porquê de existirem cidades desde o começo do mundo e conhecer as razões pelas quais os seres humanos sempre se ocuparam delas, e enumera 13, que abrangem motivos econômicos, educacionais, políticos e religiosos. A décima razão, como exemplo, argumenta que as cidades foram construídas com o propósito de servir à coisa pública. "Essa intenção deve inspirar todos os indivíduos a terem um grande amor pela coisa pública, ao testemunharem como os antigos dedicaram-se com tanto afeto não apenas às suas próprias cidades e comunidades, mas também a todas as demais". As cidades proporcionam proteção ao povo, afastam os inimigos, asseguram o suprimento de necessidades básicas, a educação e a diversão. A razão número 12 versa sobre "a regência do povo", pois, na ausência de regras, comando ou governo,

[...] cada um inclina seu corpo para agir conforme sua má vontade e cobiça. Por essa razão, os antigos e nobres pais fizeram congregações civis [*congregacions civils*] e políticas, constituídas por leis nobres e bem dirigidas por homens virtuosos que, por graça ou por força, capitaneavam os homens para retornarem à forma correta e devida, de tal modo que, sob tão bom regime, eles se tornassem virtuosos e governassem bem os seus corpos e salvassem suas almas.[51]

Para Francesc Eiximenis, a cidade existe para melhorar os cidadãos, para modelá-los, transformá-los, corrigi-los;[52] a cidade é a salvação dos homens. Ao passo que eles constroem cidades, são construídos por elas, sempre segundo a imagem arquetípica, registrada na memória original: as cidades materiais, mesmo sendo réplicas, são bastante úteis, pois suas instituições, sua cultura, sua civilidade aperfeiçoavam a vida até que chegue o dia da *transalació* para a cidade definitiva. Toda a natureza humana inclina-se para a cidade, e a graça a complementa. Mas a cidade comporta também cidadãos criminosos, fora da lei, gente corrompida e que despreza o bem comum. Eiximenis considera que a cidade, na medida em que garante o direito e a coisa pública, não pode ter a menor tolerância com quem saqueia o bem comum. Por isso, o frade afirma que a quarta razão pela qual as cidades foram criadas é "para antagonizar os homens perversos e para defender-se deles", e ainda "para confrontar e desbaratar a malícia e a violência e a força desses homens [maus]".[53] Eis aqui o papel da força, que compete legitimamente aos regentes, pois a "boa ordenação do mundo" exige que as cidades "persigam rigorosa e vigorosamente tais pessoas perversas".[54]

Eiximenis, sem dúvida, é fascinado pelas cidades, com destaque especial para as comunas; Jordi Rubió i Balaguer, comentando a obra do frade catalão, afirmava: "a cidade, por sua vez, merece todas as suas preferências. Ele a apresenta como imagem da ordem do Paraíso e como a instituição mais útil para a ciência e a vida do homem. E, ao pensar assim, Eiximenis não desmentia a sua origem nem as suas concomitâncias burguesas".[55] Tamanha a boa vontade com que Eiximenis contemplava o papel das comunas na história que ele, numa das páginas com claros traços proféticos do *Dotzé del Crestià*, vaticinou que num futuro próximo – sua previsão era o ano de 1400 – não haveria mais reis no mundo, nem duques ou condes, nem nobres ou grandes senhores, "ao contrário, daí para a frente, e até o fim do mundo, é a justiça popular que vai reinar, e o mundo inteiro, por conseguinte, será repartido e dirigido por comunas [*comunes*], assim como ocorre em Florença, Roma, Pisa, Siena e outras cidades da Itália e da Alemanha".[56] Flocel Sabaté, comentando a citação, observa que, quando Eiximenis afirmava essas coisas, o sistema comunal, na Catalunha, encontrava-se completamente desacreditado, e era frontalmente criticado pelos senhores por supostos abusos e excessiva violência das milícias urbanas contra os senhorios.[57]

E não era apenas a rixa entre barões e comunas que tornava o período em que Eiximenis redigia o seu *Crestià* particularmente gravoso. O chamado Cisma do Ocidente dividia reis e papas e ameaçava a autoridade eclesiástica sobre o Ocidente, enquanto os príncipes pesavam a mão contra as autonomias locais, entre elas, as cidades livres. Assim, nas palavras de Rubió i Balaguer, Eiximenis "não aparece como um renovador, senão como um conservador da tradição, determinado a purificá-la e a depurá-la dos seus vícios para reajustá-la a seu espírito cristão".[58]

De fato, o tema da purificação da cidade aparece não só quando o frade catalão se referia aos indivíduos perversos e desordeiros, nem dizia respeito apenas a questões de ordem moral: como ele considera que as minorias religiosas, os judeus e os muçulmanos, não faziam parte do que chamou de *cosa pública crestiana*, ele defende a marginalização deles, com base na ideia de limpeza da cidade. Nas palavras de Sam Ottewill-Soulsby, "[Eiximenis] acreditava que [judeus e muçulmanos] deveriam ser realocados nas áreas menos saudáveis do ambiente urbano, juntamente com outros indesejáveis, como as prostitutas e os leprosos".[59] A proposta, no entanto, era pouco original, e a aversão de Eiximenis por essas minorias, no fundo, apenas repercutia as determinações de concílios eclesiásticos, do direito canônico e das antigas opiniões dos padres da Igreja.[60] Assim, a autorização para o uso da violência contra criminosos e a marginalização dos não cristãos se justificam na medida em que o *regiment de la cosa pública* não acontece sem uma obstinada sofreguidão contra aqueles que atentam contra a comunidade e aqueles que dela não fazem parte, mas ocupam o seu espaço.

Em relação aos de dentro, isto é, aos indivíduos que não são nem transgressores nem infiéis, o paradigma da *cosa pública crestiana* também se apresenta como um controle para administração da comunidade política, e nisso Eiximenis, mais uma vez, aglutina os fundamentos da *sociologia* aristotélica com a *eclesiologia* organicista paulina: por um lado, defende, acompanhando Aristóteles bem de perto, "que os homens da comunidade não podem ser todos iguais", já que precisam contribuir, com seu trabalho, para a satisfação das diversas necessidades dos diferentes indivíduos da comunidade; por outro lado, e recorrendo ao Antigo e ao Novo Testamento, sustenta que "a *comunitat de la ciutat* fica sólida e forte quando um ajuda o outro, assim como um bom irmão ajuda a seu irmão de coração",[61] pois, assim como "diversos membros do homem formam um corpo e executam diversas funções, pessoas diferentes e seus ofícios relacionados formam um corpo e uma comunidade, a que se dá o nome de coisa pública cristã".[62]

Eiximenis discute melhor o princípio dessa correlação no *Dotzé del Crestià*, no qual afirma que "uma boa e nobre cidade, quando é bem governada na terra, exibe a semelhança daquela [cidade celestial]" da qual é "um belo espelho".[63] E se a *ciutat material* espelha a cidade mística, muito maior seria a sua similitude com a *sancta església*, com quem compartilhava o mesmo fundamento, a caridade, e, portanto, também, na cidade, deveriam prevalecer as obras de caridade, cujos frutos ensejam a cooperação e a concórdia e pelas quais se evita toda forma de competição; isso vem exposto no capítulo II do *Regiment de la cosa pública*, cujo título é: "como, segundo o exemplo dos membros do nosso corpo, hão de se estimar aqueles que se unem para fazer uma coisa pública":

[...] a palavra do Apóstolo [...] ensina como cada bom homem da comunidade é e há de ser membro vivo e verdadeiro da coisa pública, e há de ser como os membros de um corpo vivo. Pois ele diz: observa o membro que vive no corpo, onde se encontra naturalmente situado, e atende qual a sua forma, e verás primeiramente que o amor que um membro tem pelo outro é tão forte que um serve diligentemente ao outro, e que tudo o que ele faz é feito para o serviço dos outros.[64]

A estima mútua materializa-se na cooperação que Eiximenis propõe como referência para as relações sociais e econômicas entre os indivíduos e, sobretudo, as classes que compõem a comunidade civil: o princípio da cooperação é algo tão significativo para ele que, mesmo admitindo que o poder político tenha surgido para frear as tendências egoísticas derivadas da Queda, ele resiste em considerar que conflitos e competições possam ser positivos para o crescimento da comunidade; não à toa Eiximenis crê, e nisso ele contraria o próprio Santo Agostinho, que as cidades poderiam ser antecipações históricas concretas da *civitas dei*, desde que conseguissem impedir que os indivíduos acumulassem mais poder do que o que fora pactuado no regimento e estabelecido na lei. Daí a sua insistência para que as classes dominantes, isto é, a aristocracia senhorial e a burguesia comercial, trocassem as disputas pela cooperação, e para que o poder civil mantivesse o controle objetivo das rixas e das disputas interfamiliares e intracitadinas. Em outras palavras, Eiximenis advoga que as instituições urbanas sejam efetivamente superiores aos poderes de classe e que, guiadas pelo justo ordenamento legal, imponham o interesse público sobre os privados.

No *Regiment de la cosa pública*, Eiximenis estimula os *jurats* de Valência a promover a felicidade civil, isto é, a realização da natureza social

UMA HISTÓRIA RELIGIOSA DAS CIDADES MEDIEVAIS

da comunidade, em primeiro lugar, controlando as rixas internas pelo uso da lei, em segundo lugar, defendendo a liberdade da cidade diante dos poderes extracitadinos: na sua opinião, a cidade deveria ser livre, e seu *poble* (povo) precisava lutar contra toda subjugação externa que não fosse previamente negociada e pactuada com senhores ou príncipes e aceita pela assembleia. Na carta que Eiximenis enviou para os *jurats*, e que introduz o *Regiment*, pode-se ler: "[...] pois na cidade existem diversos ofícios próprios de senhor [*senyor*], mais do que em outras terras do reino, e é necessário conversar e, às vezes, competir com cada um deles, a fim de evitar que prejudiquem a liberdade da cidade ou tomem atitudes contrárias à vossa justiça".[65] O pactismo que caracteriza os tratados políticos de Eiximenis e marca também a cultura política do Reino de Aragão encontra aqui uma de suas expressões: a felicidade política e civil não pode nascer senão da liberdade, do pacto e do controle dos possíveis abusos do arbítrio régio e senhorial. E, no campo econômico, o princípio da cooperação também é determinante.

Francesc Eiximenis sustenta que uma comunidade civil realizada impediria que alguns abastados, acumulando mais do que o necessário, submetessem os demais cidadãos a níveis de carência completamente danosos à comunidade. Se a gente leva em conta as práticas econômicas do período, que já estava gerando graus inauditos de acumulação de renda por parte da minoria, podemos imaginar o quão fantasiosas essas orientações podiam soar. Eiximenis acredita que quem vende e quem compra, quem produz e quem consome, em suma, quem faz o mercado existir não deixa de fazer parte de uma comunidade civil, e, portanto, seu ofício deve contribuir para a construção dessa mesma comunidade. Nessa lógica, o mercado, antes de servir para a satisfação de interesses individuais ou de classe, necessitava criar as condições para que a inteira comunidade civil, por meio da cooperação entre seus membros, encontrasse a satisfação dos interesses gerais.

A concepção de comércio que o frade catalão abraça evoca mais uma vez o comunitarismo de base e recupera o que Isidoro de Sevilha já afirmava havia tantos séculos, nas *Etimologias*: "Comércio [*commercium*] retira seu nome da palavra mercadoria [*merx*], por cujo termo referimo-nos a coisas que estão à venda. Por essa razão, chama-se mercado [*mercatus*] *uma reunião de muitas pessoas* que estão acostumadas a vender e a comprar mercadorias".[66] Com base nessa visão tradicional de comércio (literalmente a mercancia que se permuta), Eiximenis defende, como aponta Paolo Evangelisti, "um sistema de troca fundado sobre o princípio e sobre o parâmetro das equivalências de valores",[67] dentro do qual o relacionamento social precede e respalda toda a transação comercial. Em síntese, comércio seria outra forma de cooperação entre sujeitos e, portanto, também um meio de fortalecer a concórdia e a amizade civil. No capítulo 33 do *Regiment*, ele louva o papel social do comércio: "[...] pois, onde a mercadoria corre em abundância, a terra é sempre plena, fértil e em bom estado". E prossegue:

Por isso, [o moralista Philogolus] diz que os mercadores devem ser favorecidos sobre todas as pessoas seculares do mundo, e diz que os mercadores são a vida da terra onde estão, e são o tesouro da coisa pública, o alimento dos pobres, o braço de todo bom negócio, o acabamento de toda atividade. Sem mercadores as comunidades colapsam, os príncipes se tornam tiranos, os jovens se perdem, os pobres choram. [...] eles, contra toda oposição, comumente ascendem por especial graça de Deus acima de todos os demais membros da comunidade. [...] E acredita sem hesitação que nosso Senhor Deus tem por eles especial misericórdia, na morte e na vida, graças ao grande proveito que trazem para a coisa pública.[68]

Todo o pauperismo que a Ordem dos Frades Menores professava não servia de obstáculo para que o teólogo franciscano defendesse que o dinheiro, o comércio e os mercadores eram imprescindíveis para a coisa pública e para o fomento do bem comum, não obstante sua veemente condenação das desigualdades sociais.[69] Apesar disso, ele sabia bem que a desigualdade estava instaurada na própria natureza das coisas, de modo que a amizade civil entre as classes dominantes e a população citadina, de que ele trata, não buscava eliminar as desigualdades, e sim incluir os desiguais na construção de uma comunidade mais participativa:

Tanta é a nobreza da coisa pública bem governada, e tanto é o proveito que se segue a todos, em geral, e a cada um, em especial, que todos quanto vivem na comunidade, grandes e pequenos, velhos e jovens, pobres e ricos, homens e mulheres, clérigos e seculares, senhores e vassalos, todos hão de ajudar com todo o seu poder e saber: os velhos com seu conselho e juízo; os jovens com sua força e seu vigor; os pobres segundo suas possibilidades; os ricos com suas riquezas;

os homens com tudo o que sabem e lhes é ordenado; as mulheres, deixando ornamentos inúteis, pérolas e outras coisas, a fim de não onerar seus maridos; os clérigos com suas incessantes orações; os seculares com as armas e outros tipos de trabalho, até que a comunidade esteja em bom estado.[70]

A amizade e a colaboração, para Francesc Eiximenis, eram preferíveis a uma igualdade que, à época, soava como coisa antinatural, e nisso ele tinha a seu favor a filosofia de Aristóteles e a teologia do apóstolo Paulo; a colaboração que a coisa pública enseja, sob a forma de amizade civil, bastaria para superar, em seu parecer, qualquer disparidade de condições no acesso aos bens e serviços que proporcionavam a felicidade civil: Eiximenis, que reprovava os "cavaleiros e cidadãos que vivem de renda"[71] por não serem generosos com a coisa pública, elogia aqueles que produzem, comercializam e fazem o dinheiro circular, passando por muitas mãos até chegar principalmente às mãos dos pobres. Dinheiro parado é bem comum deteriorado. E essas ideias deviam soar como música para os ouvidos dos *burgenses* de Valência, pois, de gente gananciosa e fraudulenta, esses homens de negócios passaram a ser vistos, pelo menos pelo frade, como gente abençoada por Deus, querida por seus santos e necessária para a salvaguarda da coisa pública e da caridade; por outro lado, os acumuladores e rentistas tinham razões de sobra para protestar.

Ora, Eiximenis dissera: "os cavaleiros e cidadãos que vivem de rendas não se preocupam em dar grandes esmolas [*grans almoines*], enquanto os mercadores são grandes doadores e grandes pais e irmãos da coisa pública, principalmente quando são homens bons e têm boa consciência".[72] As esmolas, já vimos, nascem da consciência eclesial de que a comunidade é o coletivo de irmãos, que tanto mais cresce quanto mais se doa, é a caridade como redistribuição de renda e como negação do entesouramento. E os leigos doavam para as confrarias de assistência e para as casas de misericórdia, isto é, para associações cujo ideal era acolher pessoas e distribuir donativos. Dirigindo-se diretamente para os seis *jurats* de Valência, Eiximenis, na carta introdutória, coloca a caridade no coração do sistema político comunal e, diante do risco de haver acumulação da parte até mesmo de quem normalmente não acumula, ele instrui o poder público a cuidar dessa tarefa:

[deveis aplicar-vos a bem governar] pois vos cabe manter os hospitais, que é coisa que Deus rigorosamente exige, e vós sabeis que é coisa e obra de misericórdia espiritual. E não menos importante, deveis tratar de paz entre os discordantes, e garantir que a coisa pública permaneça em paz.[73]

Pode nos parecer fora de lugar a associação entre hospitais e manutenção da paz, mas ela fazia todo sentido para os leitores valencianos de 1383; por um lado, a cidade vivia sob os efeitos de um crescimento populacional acelerado e, por outro, seus habitantes guardavam ainda vivo na memória o quanto foi custoso construir uma cidade socialmente organizada e pacificada, desde 1238, quando multidões de imigrantes cristãos, vindos do norte peninsular, substituíram os antigos residentes muçulmanos. A posição politicamente privilegiada de Valência e a riqueza de sua burguesia mercantil contrastavam com a incipiente rede de assistência eclesial disponível. Diferentemente de outras cidades cristãs da península e sobretudo de fora dela, Valência ainda estava por se tornar uma cidade socialmente cristã, e Eiximenis observa esse fato: "pois, como a cidade ainda é quase mourisca, pelo recente de sua tomada, assim vos convém cuidar de reparar as muralhas e os fossos, as estradas e as praças, as casas e as armas, a fim de que por toda a parte pareça que exista entre vós o regime cristão e as maneiras cristãs".[74]

Se não era tarefa fácil instilar *"les cristianes maneres"* em uma cidade tão antiga, e ainda tão islâmica em sua arquitetura e cultura, pior ainda seria resolver os problemas sociais oriundos de uma recente imigração. Passados cem anos da conquista, boa parte dos imigrantes, que foram chegando até o fim do século XIV, ainda era formada de pobres. Eiximenis tocou também nesse assunto: "[...] porque, como há muita população amontoada, como foi dito, convém que vós [os *jurats*] a suporteis e ajudeis, pois, tal gente costuma ser pobre e carente de bens temporais". E prossegue:

[...] como grande parte do dito povo não é natural [da terra], assim como se disse, nem seja por essa razão muito rico, fica pior governá-lo, pois ele, antes abalado, e tendo tão pouco a perder, está mais disposto a fazer tumultos contra as autoridades e os governantes, caso os venha a incomodar por um nada que seja.[75]

A ideia de Eiximenis é que a pobreza gera insatisfação, e um povo insatisfeito faz revolta. Portanto, tomar a peito políticas que minimizem os incômodos dos pobres, e, por extensão, que minorem a pobreza, era uma urgência para a governança municipal. Valência, apesar de uma população estimada entre 40 mil e 45 mil habitantes, no final do século XV,[76] dispunha ainda de poucos hospitais, e, desses poucos, a maioria não passava de albergarias conventuais pouco cômodas para os índices de desvalidos.

Em 1311, um rico mercador, Bernat dez Clapers, tomou uma decisão, que seria repetida em outro momento e em outro reino pela viúva Dona Maria de Aboim, em Lisboa: não tendo filhos herdeiros, Bernat deixou grande parte de sua fortuna para construir e subvencionar um hospital, o qual deveria passar para a administração da junta municipal, após o falecimento de sua esposa, então nomeada tutora de seus bens e regente do hospital, e da morte dos demais testamenteiros. O Hospital de Santa Maria foi inaugurado, em 1314, e tornou-se o primeiro centro de assistência social não fundado por monarcas e não ligado a um convento, e foi o princípio de uma tendência cada vez mais comum: a de investimento da burguesia urbana nas obras hospitalares.[77] Portanto, quando Eiximenis elogiava a generosidade dos mercadores e recomendava que os magistrados – saídos do séquito da burguesia – cuidassem de zelar pelos hospitais, não lhes propunha uma verdadeira novidade.

Para o autor do *Regiment*, a lógica da *cosa pública* é sempre a comunidade, uma realidade constituída por diferentes sujeitos, mas com igual vocação para a felicidade civil. Logo, se o acesso à riqueza era desigual e variável, consoante os sujeitos (ou mais propriamente à sua família e ao seu *status*), o mesmo não deveria ocorrer em relação ao acesso à saúde. A municipalidade, sob o risco de trair os fundamentos da *comunitat* urbana, havia de buscar soluções para os graves entraves que impediam que os menos favorecidos obtivessem tratamentos sanitários e atendimento social. E, se faltassem os recursos econômicos para garantir os serviços de saúde, os membros da comunidade entravam em ação com as doações privadas, principalmente, os ricos comerciantes, pois, como dizia Eiximenis, *"solament mercaders son grans almoyners"* ("somente os mercadores são grandes doadores").[78]

É exatamente isso que se verifica pelo testamento de Bernat dez Clapers; ao lado da fundação e subvenção de seu hospital, ele destinava recursos para outras atividades de assistência, inclusive, para a esmolaria (*Elemosine*) administrada pelo bispado valenciano (*"Elemosine quam dictus dominus episcopus instituit in civitate Valentiae de pauperibus procurandis*", "A esmolaria que o referido senhor bispo instituiu na cidade de Valência para o cuidado dos pobres"),[79] que é mais um parceiro do que um competidor. Assim, não é preciso entender a crescente atenção da municipalidade pelos hospitais ou o aumento do investimento laico e privado nas instituições caritativas como secularização do sistema hospitalar. O caso já analisado do cambista Bertrand de Beaumont de Marselha (1286), cujo testamento transferia recursos para a esmolaria episcopal, desde que esta continuasse a ser administrada por uma confraria laica, demonstra que os leigos enxergavam que a *"obra de spiritual misercordia"*, a práxis da caridade, lhes competia porque ela respondia eficazmente ao seu compromisso evangélico e eclesial; não se tratava de romper com a autoridade do bispado a fim de estatizar a caridade, mas de materializar o protagonismo dos leigos na comunidade por uma via que ninguém duvidava de que agradava a Deus e tornava a cidade um lugar melhor para viver.

Francesc Eiximenis, a meu ver, segue na mesma direção. Sem destituir a natureza eclesial dos hospitais, ele os coloca no centro das responsabilidades da administração pública, seja porque a junta dispunha dos recursos econômicos compatíveis com as necessidades reais, seja porque possuía os órgãos de gestão pública mais eficientes, ou ainda porque ele considerava a *comunitat*, isto é, a "coisa pública", como uma reunião de citadinos autogovernados por leis e por um compromisso ético, não um estado eclesiástico submetido ao báculo de um bispo. Obra de um franciscano ardorosamente urbano, para quem o futuro do mundo é comunal, o *Regiment de la cosa pública* contempla a eclesialidade dentro do pressuposto de *comunitat*, e, por se tratar de uma comunidade de *cristianes maneres*, a lei da caridade obriga a todos, clérigos e leigos, porém, maximamente à comunidade na sua totalidade, pois a comunidade é sempre maior do que a soma de todos os seus indivíduos.

10.3 "E se a caridade, senhor, que sustenta o mundo, se perde, o que será de nós?"

O frade catalão, Francesc Eiximenis, faleceu em 1409, na cidade de Perpignan, então parte do reino aragonês. Quarenta e um anos depois, isto é, em 9 de agosto de 1450, a Junta de Valência, apreciadora primeira dos ensinamentos do *Regiment de la cosa pública*, enviou ao rei de Aragão, Alfonso V (m. 1458), uma carta que, na minha opinião, consegue demonstrar o quanto a consciência eclesial da caridade era inseparável da cultura civil, e o quanto as políticas comunitárias em relação à saúde tornavam essa cultura ainda mais civil, mais eclesial e ainda mais distributiva. A carta, na verdade, protestava contra o decreto real que determinava o pagamento de impostos, incluindo os atrasados, por parte dos *"spitals, confraries e obres pies de aquesta ciutat"* ("hospitais, confrarias e obras pias desta cidade"),[80] antes isentos, uma decisão que os *jurats* entendiam como impeditiva para o funcionamento das instituições de assistência e, portanto, uma ameaça à paz social:

Se assim for, mui virtuoso senhor, que os hospitais, confrarias e obras pias tenham que pagar, eles irão fechar as portas, pois não há o suficiente para sustentar os pobres e alimentar as crianças, que são conduzidas para os ditos hospitais. Seja pela caridade, que é muito pouca, seja pela cruel mortalidade das pessoas ou pela ausência de grande parte da população da dita cidade, os pobres estarão em apuros, desvalidos, espoliados e privados de tantos benefícios; vão dormir pelas ruas, sobre mesas e bancos; vão morrer de fome e de frio; as muitas crianças que ali são alimentadas e criadas são mortas por suas mães, pois os hospitais, assim espoliados, não as poderão receber.[81]

O tom alarmante da missiva, tanto pretendia amolecer o sentimento de Afonso V, quanto corresponde bem ao tenso clima social daqueles momentos de epidemia, razão pela qual muitos valencianos abandonaram a cidade e deixaram de contribuir para as casas de misericórdia. O *jurats*, tal como recomendara Eiximenis décadas antes, tomaram a peito a tarefa de defender os hospitais, e lembraram ao rei, responsável por aquela ameaça, quais eram os deveres da *comunitat* e qual o papel da *cosa pública*. Na sequência, eles elencam os diversos serviços que as instituições prestavam, independentemente de serem dirigidas pelo bispado ou por benfeitores privados, e enfatizavam a relação entre caridade, ordem pública, segurança e paz social. O trecho é longo, mas vale a pena citá-lo, pois nele identificamos a eficácia de tudo o que estudamos anteriormente, desde a compreensão da esmola, segundo Albertano de Brescia, até a solidariedade que instaura a *cosa pública crestiana*, de Eiximenis:

Não duvidamos, nem podemos duvidar, nem presumimos que Vossa Senhoria não esteja disposta a assumir tal responsabilidade de alguma forma. E, por estarmos certos disso, saibam que milhares, mais do que nós, reconhecem que toda a nossa fé está fundamentada na caridade. E se a caridade, senhor, que sustenta o mundo, se perde, o que será de nós? Em verdade, senhor, ela está em um declínio tão significativo que Vossa Senhoria ficaria admirada ao constatar a imensa pobreza que assola esta cidade. [...] a esmolaria da Sé, conhecida como "En Conesa", que diariamente praticava a caridade ao doar cinco *diners* a cada pessoa doente e pobre, foi bloqueada. Além disso, muitos outros necessitados que viviam em extrema pobreza [*a extrema pobrea*] na cidade eram assistidos secretamente. Mulheres pobres e honestas, que recebiam a caridade junto à dita esmolaria, se aproximaram de nós, implorando misericórdia, porque estavam morrendo de fome. E, senhor, essa é a pior dor do mundo [...]. As crianças que eram alimentadas e criadas pelos hospitais estão sendo devolvidas, pois alegam que, sem pagamento por seus serviços, não as alimentarão e, consequentemente, elas morrem. E há mais, senhor: quando os pobres dormem nas ruas, em bancos e tábuas, eles se tornam vítimas de muitos bandidos e malfeitores que perambulam pela cidade à noite, os agridem com facadas e os matam, como já aconteceu. No entanto, quando são recebidos e acolhidos nos hospitais mencionados, ficam protegidos de todos esses perigos. Quem seria capaz de imaginar, senhor, quantas coisas boas uma criança poderia fazer pelo mundo? No entanto, se são mortas por qualquer uma dessas razões, quem irá relatar oficialmente o ocorrido e a sua causa? Os loucos e violentos, internados no hospital dos Inocentes da referida cidade, serão soltos e vagarão pelas ruas da cidade, matando pessoas com pedradas e de tantas outras maneiras. Considerai, senhor, todas essas situações: se, apesar de todas as boas ações praticadas nesta cidade, Deus, nosso Senhor, nos visita com uma terrível epidemia e mortalidade, imaginai, senhor, o que acontecerá se o contrariarmos? Se vós, senhor, apoiardes os hospitais, confrarias e obras de caridade, se ajudardes os pobres e os mais vulneráveis – tanto os que vivem como as almas daqueles que faleceram – que são acolhidos e alimentados nesses hospitais, senhor, eles rezarão continuamente por vós diante de Deus.[82]

Encontramos consolidada nesse texto toda a teologia leiga da caridade; identificamos a linguagem eclesial da misericórdia como ação comunitária e política, e toda a lógica que lhe dá sustento, qual seja, a de que o bem comum só existe onde há também justiça social. Desse ponto de vista, a carta dos *jurats*, de 1450, é bem pouco inovadora. A novidade, no entanto, reside nos remetentes: não mais confrades de alguma companhia devocional, ou religiosos hospitalares, porém magistrados, membros do conselho governativo de uma cidade, que, em nome da boa governança, tomam papel e tinta para suplicar que o rei de Aragão suspendesse toda e qualquer tributação de "*spitals, confraries e altres obres pies*", pois o serviço que prestavam, ademais de ser "para o louvor e glória de Deus", traziam inúmeros benefícios materiais e espirituais para o reino e para as cidades, principalmente nos períodos em que os recursos são poucos e os necessitados, muitos.

A suplicação dos magistrados era também uma resposta a uma reforma fiscal do reino, publicada em 1448, pela qual Afonso, o Magnânimo, esperava recompor o tesouro, prejudicado pelas últimas guerras; o problema, como aponta Juan Martínez Vinat, é que a revisão tributária incidia apenas sobre as instituições eclesiásticas ("*ecclesias, personas eclesiasticas, religiosa loca, aut manum mortuam*"), "passando por cima dos privilégios de imunidade fiscal e contrariando as práticas que regiam a fiscalização em conceito de *servicium*".[83] As reações foram as mais variadas, como essa da Junta de Valência, que recorda ao monarca exatamente o serviço público que tais instituições eclesiais prestavam para a comuna na qualidade de parceiras no ônus da saúde pública: qualquer agravo feito a elas resultaria em danos para o erário local e desatendimento da população vulnerável.

A carta, por sua vez, omite qualquer referência aos privilégios eclesiásticos, ainda que legais e, no lugar, enfatiza o papel da caridade na orquestração social da comunidade política: "a caridade sustenta o mundo", porque ela, bem ou mal, fomenta a consciência comunitária, volta a atenção da governança e da sociedade civil para aqueles que nada têm, fomentando políticas públicas essenciais; a caridade equilibra as desigualdades e minora os transtornos em sociedades que estavam a um passo do desabastecimento alimentar e do esgotamento de seus recursos econômicos. No entanto, a caridade não era uma atitude isenta de sérios limites: o mandamento dominical dizia "amai o próximo", e os cristãos dos séculos XIII-XV interpretavam o *próximo* como os irmãos na fé, não os crentes de outras religiões, como constataram empiricamente os judeus e os muçulmanos que tentavam viver (ou sobreviver) em Valência naqueles anos. O desafio da integração era grande, sem dúvida; apesar disso, o princípio da solidariedade não deixava de ser o esteio do comportamento cívico considerado ideal e de toda conceituação de justiça.

De mais a mais, a caridade constituía um dos aspectos mais visíveis da interação que a comunidade eclesial estabelecia com o espaço urbano, com suas instituições, pessoal e governança; era o campo privilegiado da ação dos leigos e leigas, como *filii ecclesiae*, os quais evidentemente compunham o conjunto dos membros e dos agentes das comunidades políticas urbanas, cujo sistema não separava o religioso e o político. A caridade, portanto, era parte constitutiva, talvez a mais criativa e proativa, daquilo que Maurizio Viroli chamou de *religião republicana*, "fundada sobre um corpo de princípios interconectados – embora nunca tenha se tornado um sistema teológico ou teorético – que inspirava a ação política e social de magistrados e cidadãos igualmente".[84] Bem antes que o franciscano Eiximenis dirigisse sua palavra aos *jurats* de Valência, outro frade, desta vez um dominicano, Remígio dei Girolami (m. 1319), havia insistido, nas palavras de Viroli, que "a caridade é o fundamento da vida civil, e enfatizava que o amor pelo país é um dever cristão, firmado sobre a natural inclinação do homem e no amor de Deus".[85]

Assim, o incremento do sistema hospitalar durante o século XV, como defende Gabriella Piccinni, deve ser interpretado como expressão do sentimento de pertença à cidade e como um ato de civismo. A autora demonstra que a caridade representava um *bem social* – um conjunto de serviços – que uma comunidade colocava à disposição de sua gente, um bem social que havia sido acumulado porque muitos colocaram parcelas do dinheiro privado à disposição do comum. As conclusões de Piccinni, sobre hospitais italianos, confirmam o caso de Valência: as comunas foram se interessando cada vez mais pelas instituições hospitalares à medida que identificavam o trabalho prestado por essas entidades como um serviço público; a autora observa ainda que as cidades aumentaram gradativamente os incentivos fiscais e financeiros para os hospitais porque transferiram para eles o ônus do socorro social; os incentivos, na verdade, funcionavam como especial investimento público, como ocorreu em Siena, cujo *Ospedale* dispunha de um estoque de grãos que era considerado como "*del popolo di Siena*" ("do povo de Siena").[86]

Os hospitais e as obras assistenciais contribuíam para a paz social não apenas porque acudiam os excluídos dos meios de produção, senão porque também incitavam o aprimoramento da governança da *cosa pública* e, inclusive, geravam riquezas, graças às múltiplas oportunidades de negócios que a administração do patrimônio fundiário e imobiliário dessas instituições abria para aqueles que sabiam lidar com ele: Afonso, o

Magnânimo, sabia tão bem disso que colocou os hospitais no alvo de sua reforma tributária, pois, se geravam lucro, deveriam pagar o correspondente imposto para o erário. Os estudos de Josep Barceló Prats e Josep Comelles Esteban identificam "uma cultura financeira que foi hegemônica na trama urbana da Catalunha", entre os séculos XIV e XV, e que tinha "como objetivo preservar secularmente os dispositivos assistenciais locais incorporados, como peças indispensáveis, na vida cotidiana e na reprodução do entramado jurídico, econômico, político e cultural do *comú*".[87]

Em outras palavras, os hospitais dispunham de patrimônios (terras e imóveis) que ficavam disponíveis para arrendamento, convertendo-se "em ativos financeiros" lucrativos, como o *censal*, que era um instrumento de crédito "baseado no direito a pagar uma pensão anual em troca de um capital", ou a *enfiteusis*, concessão "de domínio privado para um usuário em troca de um censo".[88] Eiximenis, certamente, desaprovaria que essas casas de misericórdia fossem usadas para fazer girar uma verdadeira economia política e que se tornassem pretexto para mais acumulação, em vez de serem motivos para doação, muito menos concordaria que alguns abastados, alegando a causa dos hospitais, engrossassem as próprias rendas; entretanto, para o horror do frade, a abertura do capital e os incentivos tributários foram extremamente relevantes para que os hospitais mantivessem suas portas abertas, mesmo em tempos de endêmica crise econômica.

A esse cenário de transformações institucionais, políticas e fiscais deve-se acrescentar uma melhoria da cultura hospitalar bastante notável: a sistemática contratação de médicos e o início do processo de medicalização das políticas de assistência à saúde. Para a Catunha, isso se observa desde o século XV, quando se tornou frequente o recrutamento de profissionais formados pelas escolas de medicina para atender os doentes e, em muitos casos, para dirigir toda a área clínica dos hospitais.[89] E essa novidade não ficou restrita à península Ibérica, já que se verifica a mesma tendência na França, na Provença, na Inglaterra e também na Itália, sempre atrelada à capacidade das faculdades de medicina cada vez mais prestigiadas, de preparar novos médicos. Rapidamente vamos observar, para efeitos de comparação, um caso italiano e, com ele, encerraremos essa discussão.

Na segunda metade do século XVI, logo após o encerramento do Concílio de Trento (1545-1563), o cardeal Gabriele Paleotti (m. 1597) enviou uma carta para a cidade de Bolonha, a fim de tratar da reorganização, inclusive do arquivo documental, das instituições que prestavam auxílio para os indigentes, os vulneráveis e os menores abandonados. Na carta, o cardeal enumera 30 "hospitais e locais de piedade" sob a jurisdição do município de Bolonha, 3 deles sendo especificamente centros de cuidados médicos.[90] Um desses centros era o Ospedale de Santa Maria della Morte, uma instituição muito bem estruturada e que dispunha de uma equipe médica qualificada e suficiente, graças à parceria com a escola de medicina da cidade.

A história desse centro de saúde remonta ao ano de 1336, quando um pregador dominicano, muito popular, itinerante e milagreiro, chamado Venturino de Bergamo (m. 1346), estimulou a fundação de uma confraria devotada ao culto de Santa Maria della Morte. Frade Venturino era um dos muitos divulgadores do chamado Movimento dos Flagelantes, na Itália, e a irmandade surgiu exclusivamente para prestar socorro aos condenados à morte, durante os momentos finais que antecediam a sua execução.

No século XV, a confraria – que já estava bem consolidada e gozava de reconhecimento cívico e político – resolveu expandir seu raio de ação: enquanto uma ala da associação, a Compagnia Stretta, seguiria dedicando-se aos assuntos espirituais, outra ala, a Compagnia Larga, passaria a cuidar dos assuntos sociais e caritativos, e foi dessa última *compagnia* que se originou o hospital, cuja finalidade, para além da acolhida, era fornecer atendimento médico para as pessoas doentes: diga-se de passagem que a relação com a medicina foi determinante para que o edifício do hospital fosse integrado ao conjunto arquitetônico da universidade de Bolonha, facilitando, assim, o trânsito de alunos e professores, o aprimoramento dos estudos científicos, e inclusive a realização de autópsias e de aulas de anatomia.[91]

Como atesta a carta do Cardeal Paleotti, as instituições caritativas, como o Ospedale di Santa Maria della Morte, eram numerosas, porém, no geral, eram bastante desorganizadas: não se fazia o registro dos atendimentos efetuados, não se tomavam notas dos dados das pessoas atendidas – quem se internava e quem recebia alta, quais tratamentos eram aplicados, qual o número dos óbitos e a correspondente *causa mortis*. Para sanar essa demanda e tornar mais eficiente o trabalho, o hospital bolonhês adotou um método de controle interno, chamado *Libro degli infermi dell'Arciconfraternita di S. Maria della Morte*, e nele encontramos um dado para o qual chamo a atenção:

Dia 18 de março de 1559. Eu, Io[annes] Stephanus de Corvis, cidadão placentino, e estudante e aluno de medicina e cirurgia, como trabalhasse nesse hospital da Bem--aventurada Maria da Morte, para o serviço e cuidado, e para a cura dos acometidos por males e, como direi, dos feridos e, sobretudo, para preparar medicamentos, sob as ordens do nobre senhor Hieronimi Gonzini, então guardião desse sagrado hospital, comecei a escrever e anotar os nomes, os panos e vestimentas daqueles doentes que entram nesse hospital para recuperar a saúde.[92]

Os procedimentos de registro que Ioannes Stephanus de Corvis adotou para o controle do Hospital da Confraria da Morte, de Bolonha, tinham profundas conexões com outros projetos de racionalização da governança hospitalar, e que começavam a vigorar em outras instituições, inclusive fora da Itália:[93] o objetivo dessas inovações era superar os entraves administrativos causados pelos estatutos das confrarias, dado que, em muitos casos, um complicado organograma de funções e de serviços, processos intrincados de eleição dos dirigentes, irregularidades na duração de mandatos e a falta de sindicâncias tornavam caótica a gestão dessas entidades. E, claro, contribuíam para perpetuar abusos, gastos indevidos e descomedidos, bem como uma baixa qualidade do serviço prestado. Portanto, não se tratou, mais uma vez, de um processo intencional de secularização da assistência social ou de tomada civil de um serviço eclesiástico: Nicholas Terpstra, com base na Opera Pia dei Poveri Mendicanti, fundada, em Bolonha, em 1560, observa que a cultura confrarial, portanto *eclesial*, continuou a ser predominante apesar das transformações da gestão institucional. Sustenta o autor:

[A Opera dei Medicanti de Bolonha] modelava-se deliberadamente pela organização confrarial. A experiência com as instituições caritativas confraternais forneceu aos patrícios maior conhecimento das necessidades sociais, que estavam além das agências caritativas individuais; essa experiência permitiu--lhes transformar as abstratas propostas humanistas em um exequível programa abrangente.[94]

Com *propostas humanistas*, Terpstra se refere ao grande prestígio de Juan Luis Vives (m. 1540), cujo *De subventione pauperum* (1526), escrito para o cuidado dos pobres da cidade belga de Bruges, "inspirou muitos dos programas cívicos de assistência que emergiram no século XVI".[95] Ocorria, assim, uma alteração significativa no modo como as casas de caridade operavam: cada vez mais institucionalizadas e dirigidas segundo métodos de gestão racional, as entidades hospitalares e caritativas aplicavam também uma política de "assistência municipal aos pobres", pela qual se procurava recuperar, em primeiro lugar, os indivíduos carentes que apresentassem as maiores chances de ser reinseridos no circuito da produção, beneficiando a própria sociedade. É certo que a reforma das casas de caridade derivou do estímulo de novas ideias filosóficas, talvez de uma nova antropologia filosófica, que levaram a caridade a se tornar "um conjunto de estratégias de alta performance gestionária para manter os hospitais, reintegrar os internados na economia e favorecer a cidade", uma postura que Nicholas Terpstra chamou de "caridade prática".[96]

Thomas Frank, referindo-se ao pregador Johannes Geiler von Kaysersberg (1500), de Strasburgo, afirma que ele defendia uma "gestão complementar das obras de misericórdia", isto é, o Estado assumiria o papel de coordenação dos trabalhos assistenciais de entidades coletivas ou privadas, a fim de favorecer a sua eficiência gestional e a obtenção de resultados sempre mais positivos no campo da saúde: indivíduos doadores poderiam doar com responsabilidade, e os receptores – os pobres e doentes – receberiam conforme a necessidade,[97] tudo isso sem a intromissão do Estado nas associações privadas. No fundo, a república citadina tornava-se avalista da caridade eclesial, a qual assumia aspectos de uma assistência civil, uma necessidade que se justificava, no século XVI, pelo aumento das demandas sociais, diante das quais as ações individuais ou de pequenos grupos mostravam-se insuficientes.

Tal como demonstra o caso de Bolonha, estudado por Piccinni, também as propostas de Johannes Geiler, para Strasburgo, pautavam-se pela busca de eficiência na gestão: quando os fundos disponíveis para a caridade eram menores do que a necessidade real, havia de se melhorar a governança e procurar a subvenção do erário público, ainda que isso eventualmente implicasse criar critérios para a seleção de quem teria prioridade no atendimento e quem seria atendido nesta ou naquela instituição – surge daqui a reserva que faziam alguns hospitais por só atenderem doentes curáveis, e que não fossem idosos ou doentes contagiosos, que deveriam contar com outras instituições.

No século XVI, ocorreu a convergência da ideia de "misericórdia evangélica", baseada na virtude teologal da *caridade*, com a noção de solidariedade civil. Isso foi impulsionado pela convicção de que o *gênero humano* é uma condição natural compartilhada por todos os indivíduos, que, devido à sua natureza comum, tornam-se colaborativos. No entanto, esse encontro não foi uniforme e se manifestou de maneiras diferentes ao comparar cidades como Lodi ou Pavia, na Lombardia, ou Strasburgo e Braunschweig, na Germânia, que são os exemplos explorados por Frank. A esse elenco, eu acrescentaria ainda Lisboa, em Portugal, e Valência, na Catalunha. Cada uma dessas realidades urbanas desenvolveu estratégias distintas para lidar com o crescente drama dos pobres e estabelecer mecanismos de assistência e redistribuição. No entanto, Thomas Frank observa um fio condutor comum que atravessa todas as diferenças locais: "a conexão entre obras de misericórdia e o amor a Deus".[98] No ano de 1550, a caridade era percebida a partir de uma abordagem racional, prática e baseada em princípios médicos. No entanto, apesar de sua evolução, os elogios que lhe tributaram os *jurats* de Valência cem anos antes continuavam atuais: é a caridade que sustenta o mundo, e, sem ela, como seríamos capazes de sobreviver?

Notas

[1]   Latini, 1998, p. 175.

[2]   *Idem, ibidem.*

[3]   *Idem*, p. 285.

[4]   *Idem*, p. 230.

[5]   *Idem*, p. 308.

[6]   *Idem*, pp. 275-276.

[7]   *Idem*, p. 176

[8]   *Idem*, pp. 285-286.

[9]   Viroli, 2012.

[10]   Toynbee, 1966, p. 133.

[11]   Moore, 1916, p. 346.

[12]   Toynbee, 1966, p. 134.

[13]   Viroli, 2012, p. 5.

[14]   Latini, 1998, pp. 275-276.

[15]   Earenfight, 2004; Bain, 2018, p. 36.

16 Albertano of Brescia, 1980, c. VI.

17 Gazzini, 2019, p. 157.

18 Rosser, 2018, p. 121.

19 Powell, 1992, pp. 95-96.

20 Bain, 2018, p. 28.

21 Cf. Michaud, 2009, p. 243.

22 Gouffran, 2016, p. 87.

23 Michaud, 2009, p. 249.

24 Miatello, 2022.

25 Albanès, 1879, p. 142.

26 *Idem*, p. 52.

27 *Idem*, p. 66.

28 Aurell, 2001, p. 511.

29 Almada Santos *et al.*, 2017, p. 261.

30 Farelo, 2020, p. 262.

31 *Idem, ibidem*.

32 Rosa, 2000, p. 464.

33 *Idem*, p. 467.

34 Lopes, 2015, p. 37.

35 *Apud* Rosa, 2000, p. 468.

36 Cf. Farelo, 2020, p. 262.

37 Sá, 1997, p. 27; Farelo, 2020, p. 261.

38 Piccinni, 2016, p. 9.

39 *Idem*, p. 10.

40 Eiximenis, 2021, p. 9.

41 *Idem*, 1499, p. 4.

42 *Idem, ibidem*.

43 *Idem*, p. 26.

44 Baydal Sala, 2014, p. 15.

45 Aristóteles, 1998, p. 53.

46 Rosier-Catach, 2015, n. 4.

47 *Apud* Rosier-Catach, 2015, n. 2.

48 Rogers, 1987, p. 10.

49 *Idem*, p. 9.

50 *Idem*, p. 11 (grifos meus).

51 *Idem*, p. 136.

52 Ottewill-Soulsby, 2022, p. 84.

[53] Rogers, 1987, p. 89.

[54] *Idem*, p. 94.

[55] Rubió i Balaguer, 2006, p. 156.

[56] *Apud* Sabaté, 2018, p. 124.

[57] *Idem*, p. 125.

[58] Rubió i Balaguer, 2006, p. 156.

[59] Ottewill-Soulsby, 2022, p. 84.

[60] Viera, 1985, p. 207.

[61] Eiximenis, 1499, p. 18.

[62] *Idem*, p. 28.

[63] Rogers, 1987, p. 11.

[64] *Idem*, pp. 28-29.

[65] Eiximenis, 1499, p. 8.

[66] Barney *et al.*, 2006, p. 122 (grifos meus).

[67] Eiximenis, 2013, p. 20.

[68] *Idem*, 1499, pp. 132-133.

[69] Sabaté, 2018, p. 131.

[70] Eiximenis, 1499, pp. 131-132.

[71] *Idem*, p. 132.

[72] *Idem, ibidem*.

[73] *Idem*, p. 8.

[74] *Idem*, pp. 6-7.

[75] *Idem*, p. 6.

[76] Rubio Vela, 1998, p. 15.

[77] *Idem*, p. 24.

[78] Eiximenis, 1499, p. 132.

[79] *Apud* Rubio Vela, 1983, p. 383.

[80] *Idem*, 1998, p. 370.

[81] *Idem, ibidem*.

[82] *Idem*, pp. 370-371.

[83] Martínez Vinat, 2018, p. 183.

[84] Viroli, 2012, pp. 6-7.

[85] *Idem*, p. 24.

[86] Piccinni, 2016, p. 11.

[87] Barceló & Comelles, 2016, p. 2.

[88] *Idem*, p. 12.

[89] *Idem*, p. 3.

[90] Savoia, 2016, p. 167.

[91] *Idem*, p. 168; p. 179.

[92] *Apud* Savoia, 2016, p. 193.

[93] *Idem*, p. 164.

[94] Terpstra, 1994, p. 102.

[95] *Idem, ibidem*.

[96] *Idem*, 2013, pp. 15-16.

[97] Frank, 2018, p. 185.

[98] *Idem*, p. 193.

CONCLUSÃO

Ao longo de nossa jornada até o século XV, tivemos a oportunidade de conhecer várias pessoas, cidades diversas e diferentes culturas urbanas, com suas políticas e religiosidades. Durante a Idade Média, a história da Igreja latina foi marcada pela participação expressiva dos leigos, embora suas contribuições históricas tenham se tornado mais evidentes a partir do século XI, justamente quando, de acordo velhos manuais, a Igreja romana teria sido "libertada da opressão dos leigos para ser dirigida por pontífices enérgicos e atentos ao seu dever".[1] A partir do capítulo 6, observamos como os leigos, organizados em paróquias e confrarias, e seguidores de uma espiritualidade profundamente comunitária, voltaram sua atenção para o modelo da Igreja de Jerusalém, na qual os fiéis "viviam unidos e possuíam tudo em comum", não havendo necessitados entre eles (At 2, 44). Inspirados pela fundação da primeira comunidade eclesial, os leigos foram capazes de adaptar esse antigo paradigma ao seu contexto, transformando o comunitarismo e a caridade em política solidária. Mantendo seus olhos voltados para a fundação, um conceito tão valorizado por eles, tanto os casados como os celibatários sentiram-se impelidos a imitar Jesus Cristo e a sua paixão, abraçando um estilo de vida penitencial que se tornou o caminho pelo qual eles se aproximaram dos sofredores reais e pensaram politicamente sobre o tema da compaixão.

Tanto através da prática da caridade quanto da penitência, os leigos e leigas das cidades ocidentais revelaram-se extremamente criativos e protagonistas de sua própria espiritualidade ao longo de toda a Idade Média. Além disso, mantiveram uma reverência pelos clérigos, reconhecendo-os como pastores e servidores de suas comunidades. Nesse sentido, os leigos não foram apenas destinatários das ações do clero; sua espiritualidade também influenciou a consciência eclesial dos próprios clérigos, incluindo os monges. Em muitos casos, leigos se destacaram como mestres espirituais, como Ranieri de Aqua, Bona de San Martino, Margarida de Cortona ou Ângela de Foligno, e foram eles que definiram o tom e o ritmo das principais mudanças na vida espiritual. Se os leigos conseguiram alcançar tal feito dentro de uma estrutura eclesiástica tradicional como a Igreja, não é difícil concluir que também foram igualmente eficientes em trazer essa vivência eclesial, comunitária e penitencial para os domínios da vida civil.

Embora este livro não tenha sido escrito com o propósito de discutir situações e problemas contemporâneos, o historiador nunca pode se desvincular das questões de seu próprio tempo. E, no meu contexto no Brasil, testemunhamos a ascensão de projetos políticos autoritários, cuja truculência encontrou um apoio entusiasmado e um estímulo formidável no reacionarismo compartilhado por uma parcela considerável da população religiosa do país. O período em que escrevi este livro lamentavelmente presenciou a inversão da lógica comunitarista, centrada no bem comum, que caracterizou as experiências religiosas e políticas nas cidades que explorei ao longo do texto. Muitos cidadãos religiosos de hoje, sem terem a menor noção de que no passado comunidades eclesiais promoviam a cultura civil e encaravam a política como expressão da caridade, aferram-se a um moralismo autorreferencial, fundamentalista e excludente. Assim, em vez de fomentarem comunidades acolhedoras, enfraquecem as que ainda resistem. À medida que aprofundava minha investigação no passado, tornava-se cada vez mais evidente a urgência do presente. Foi durante esses momentos de desânimo que encontrei um livro do teólogo Jon Sobrino que tinha o título significativo de *A Misericórdia*

O texto de Sobrino oferece uma reflexão teológica atualizada sobre a realidade brutal de povos inteiros que são "crucificados", ou seja, subjugados e devastados por tiranias políticas e econômicas, por sistemas de exploração que multiplicam a miséria e os miseráveis e desumanizam a vida em sociedade. Ele concentra sua análise principalmente no contexto da América Latina, em especial El Salvador. Como autor confessional, Sobrino examina o presente à luz dos referenciais de sua tradição religiosa e, como teólogo, busca nas fontes bíblicas dessa tradição aquilo que ele chama de "princípio-misericórdia", que emerge como "princípio estruturante da vida de Jesus".[2] Sobrino confessa que aprendeu esse princípio-misericórdia ao conviver e se solidarizar com os pobres de El Salvador. Ele "despertou" para a realidade de um mundo inumano, marcado pela "pobreza em massa" e por estruturas de injustiça que esmagam "os pobres simplesmente quando querem deixar de ser pobres".[3] O princípio-misericórdia, portanto, resume-se na ação de Jesus como uma resposta à injustiça, à exploração e ao sofrimento impostos aos povos crucificados e desumanizados. Diante da estrutura da morte – injustiça, violência e pobreza –, a misericórdia surge como uma reação – justiça, doação e erradicação do sofrimento:

Aprendi em El Salvador que crer em Deus é, ao mesmo tempo, deixar de crer nos ídolos e lutar contra eles. Por isso se exige de nós, como seres humanos, não só que escolhamos entre fé e ateísmo, mas, antes de tudo, entre fé e idolatria. Num mundo de vítimas pouco se conhece de um ser humano pelo mero fato de este se proclamar crente ou descrente, enquanto não se souber em que Deus não crê e contra que ídolos combate. [...] sempre é preciso dizer duas coisas: em que Deus se crê e em que ídolo não se crê. Sem essa formulação dialética, a fé permanece muito abstrata, pode ser vazia e, o que é pior, pode ser muito perigosa, pois permite que coexistam crença e idolatria.[4]

Sobrino aborda o princípio-misericórdia sem levar em consideração toda a história do cristianismo e sua análise é desvinculada da historiografia. No entanto, ao ler esse breve texto, encontrei uma nova esperança diante do presente conturbado de um país marcado por discursos de ódio, projetos autoritários e uma cultura negacionista que vai contra o pluralismo político, democrático e republicano. Além disso, esse texto me levou a reconsiderar as inúmeras ocorrências da palavra "misericórdia" nos escritos eclesiais urbanos da Idade Média e as várias formas de ação promovidas por entidades estabelecidas para esse propósito. Surgiu em mim a pergunta: as comunidades na Idade Média teriam compreendido o princípio-misericórdia ou simplesmente reproduzido um assistencialismo baseado nas obras de misericórdia?

Os habitantes das cidades na Baixa Idade Média não enfrentavam o dilema de crer ou não crer como nós, mas possuíam uma clara distinção entre fé e idolatria. No contexto urbano medieval ocidental, a "idolatria" era amplamente associada à adoração do poder, e a tirania era sua manifestação mais comum. Portanto, a escolha não se limitava a uma religião cívica *sem Igreja* ou uma religião cívica *com Igreja*. Os cidadãos na Idade Média, acostumados a meditar a sua história à luz dos textos bíblicos que condenavam veementemente a idolatria, sentiam-se pressionados a optar entre uma civilização *comunitária* e uma *autoritária* (considerando o anacronismo). Essa distinção era tão marcante que, embora as comunidades eclesiais geralmente estivessem integradas às próprias cidades, elas tendiam a se destacar delas quando a tirania (ou autoritarismo, como o chamamos atualmente) demonstrava seu desejo insaciável por poder. Nessas situações, como procurei mostrar, os movimentos religiosos podiam se posicionar contra bispos ou senhores, invocando o comunitarismo do Novo Testamento e exigindo mudanças nas leis, nos forais e nos costumes. Dessa forma, o povo das cidades ocidentais medievais também acreditava que *professar a fé* era um *compromisso em prol da liberdade contra a tirania* e um engajamento pela justiça em favor das vítimas da injustiça.

À medida que avançava na redação dos capítulos 7, 8, 9 e 10, tornava-se cada vez mais evidente como a vocação eclesial dos leigos se manifestava dentro da comunidade civil, seu ambiente natural. Foi nesse contexto que eles descobriram que o compromisso do batismo os impelia a se aproximar uns dos outros, a cultivar amizades e a se engajar na prática da solidariedade e compaixão, especialmente para com os vulneráveis. Eles denominaram esse conjunto de ações como "obras de misericórdia", promoviam uma empatia comunitária. Tomás de Aquino, em sua *Suma de Teologia* (Ia-IIae q. 72 a. 4 co), sustentava que, uma vez que "o ser humano é naturalmente um animal político e social, é necessário que exista um terceiro ordenamento [*tertius ordo*], pelo qual o humano se ordena para os outros humanos, com os quais deve conviver". Tomás usa o termo *iustitia* (justiça) para descrever esse ordenamento: "pelas virtudes teologais, o homem se ordena para Deus; pela temperança e fortaleza, para si mesmo; e, finalmente, pela justiça, ele se ordena para o próximo".[5] Portanto, podemos afirmar que as obras de misericórdia não apenas estavam distantes do assistencialismo paternalista,

CONCLUSÃO

mas também faziam parte de uma ordem de justiça (*ordo iustitiae*), por meio da qual era possível vislumbrar a concretização da convivência civil, tanto dentro quanto fora das estruturas institucionais da *civitas*.

Jon Sobrino introduziu a expressão "princípio-misericórdia" para descrever a prática de uma *reação fundamental perante este mundo de vítimas*.[6] Segundo ele, "a misericórdia não é só uma atitude fundamental que está (ou não está) no início de todo processo humano, mas é um princípio que configura todo o processo posterior". Em sua experiência em El Salvador, o teólogo descobriu uma sociedade política violenta e desprovida de misericórdia, que gostava de enaltecer as *obras de misericórdia*, mas que não conseguia "guiar-se pelo princípio-misericórdia".[7] O teólogo explica que o *princípio-misericórdia* é, acima de tudo, uma determinação consciente de se opor a qualquer forma de crucificação de pessoas e povos. É um compromisso humano – político e ético – em prol da justiça que retira da cruz os novos crucificados. Assim, a *misericórdia* é uma ação religiosa que transcende os limites da crença e frequentemente causa desconforto nas instituições eclesiásticas e políticas, pois misericórdia significa, especialmente, justiça para as vítimas. Além disso, Sobrino acrescenta:

A quarta coisa [que aprendi em El Salvador] é que o exercício da misericórdia dá a medida da liberdade, tão proclamada como ideal do ser humano no mundo ocidental. Por ser misericordioso, não por ser um liberal, Jesus transgrediu as leis de seu tempo e curou num sábado. Jesus compreendeu a liberdade a partir da misericórdia, e não inversamente. A liberdade significou para Ele, em primeiro lugar, que nada podia ser transformado em obstáculo para o exercício da misericórdia.[8]

Não apenas a memória histórica de Jesus de Nazaré foi distorcida pela tradição liberal, mas também a memória das comunidades que o reivindicam como fundador. Ao longo de um milênio, essas comunidades encontraram cada vez mais convergência entre a mensagem de Jesus sobre um reino alternativo e suas convicções de que esse reino prometido deveria ser manifesto na forma de uma cidade, a mais perfeita de todas. Ao longo do livro, encontramos diversas evidências que apontam para o fato de que as comunidades eclesiais enxergavam a *cidade* e, portanto, a vida civil, como o palco para os mais elevados ideais de sua cultura e religião. O frade Remígio dei Girolami de Florença chegou a afirmar: *"Et si non est civis non est homo*" ("E quem não é cidadão não é homem).[9] Isso mostra que a identidade e a humanidade das pessoas estavam intrinsecamente ligadas à sua participação na vida da cidade.

De acordo com Aristóteles e Dionísio, a beleza reside na proporção, sem a qual não pode existir. Em qual flor de prosperidade poderá um cidadão [*civis*] ou um cristão [*christianus*] ser belo se a sua cidade [*civitas*] ou igreja [*ecclesia*] estiverem defloradas, oprimidas e arruinadas? Isso é impossível. A flor é bela no jardim, não na lama ou no esterco.[10]

Remígio escreveu o livro *De bono communi* (Sobre o Bem Co-mum) durante a turbulenta guerra civil que assolava Florença em 1302. A metáfora da flor é derivada da etimologia do nome da cidade, *Florentia*, conhecida como a cidade das flores, que, de acordo com o teólogo, havia sido desfigurada pelos horríveis conflitos entre os partidos Neri e Bianchi. Esse frade dominicano, que chegou a ser chamado de ferrenho anti-individualista por Ernst Kantorowicz,[11] estava convencido de que o faccionalismo político e os interesses particulares de poderosas linhagens e corporações poderiam ameaçar a existência da *civitas* como um todo. Para alertar seus concitadinos, ele expressou o seguinte:

O bem-aventurado apóstolo Paulo, em sua profecia em 2Tm 3 (1-2), fala que "sobrevirão momentos difíceis e pessoas egoístas, avarentas, presunçosas, soberbas, difamadoras etc."; é evidente que esses tempos se cumprem em nosso presente e, para a nossa infelicidade, isso afeta especialmente os nossos italianos. Dominados por um amor-próprio desordenado, eles negligenciam os bens comuns [*bona comunia*] e não demonstram qualquer cuidado em relação a eles. Agitados por um espírito diabólico, eles continuamente devastam e destroem castelos, cidades, províncias e toda a região com hostilidade feroz. No entanto, de acordo com a ordem da caridade [*ordinem caritatis*], como está escrito no livro de *Cânticos* 2, "*ordinavit in me caritatem*", o bem comum deve, sem dúvida, ser preferido ao bem particular, e o bem da comunidade deve prevalecer sobre o bem de uma única pessoa.[12]

Remígio dei Girolami pertencia à Ordem Dominicana, assim como Tomás de Aquino, e esse último já havia escrito na *Summa contra Gentiles* (lib. III, c. 17, n. 6) sobre a relação entre o bem particular e o bem comum. Segundo Tomás, "o bem particular se ordena ao bem comum como seu objetivo", e "o bem do povo é mais elevado do que o bem de uma única pessoa". No entanto, Tomás acrescenta que "o bem supremo, que é Deus, é o bem comum, pois dele depende o bem de todos".[13] Não vejo contradição entre esses dois dominicanos, pois um não é mais político e o outro mais teológico. A diferença reside no contexto em que eles se encontravam. Paris e Florença possuíam realidades distintas. Conforme alertado por Jon Sobrino, a compreensão da misericórdia deve ser "historicizada de acordo com quem é o ferido no caminho".[14] Em Florença, não era a fé em Deus que estava em perigo, embora a fé no bem comum representado por Deus não fosse suficiente para impedir os massacres. O que estava em risco era a comunidade (*communitas*) em si, pois seus cidadãos negligentes em relação aos bens comuns (*bona comunia negligentes*) dilaceravam a comunhão e a convergência necessárias para a sua sobrevivência.

De resto, os exemplos de Tomás de Aquino e Remigio dei Girolami seguem a linha de pensamento de Albertano de Brescia e Brunetto Latini, ilustram as iniciativas de Doucelina de Digne, Felipa de Porcelet, Margarida de Cortona, Dona Maria de Aboim e muitas outras mulheres e antecipam o republicanismo de Francesc Eiximenis. Para todas essas pessoas, *justiça*, *caridade* e *misericórdia* configuram atitudes concretas que contribuem para o bem comum. Reconhecer que todos têm direitos na comunidade, deter a opressão dos autoritários, combater a fome e a miséria, valorizar os mais jovens e os idosos, implementar políticas de inclusão para aqueles que vivem em situação de rua e garantir oportunidades de trabalho para todos são condições indispensáveis para falar sobre o bem comum. Em cidades como Florença, Paris, Valência ou Lisboa, a caridade e a misericórdia estavam intrinsecamente ligadas à justiça, portanto, e, por conseguinte, à liberdade. Isso significava o fim da violência, das guerras civis e da exploração dos mais vulneráveis. Essas cidades não eram ainda *cidades liberais* moldadas pelo capital e pelo individualismo, mas sim *comunidades* de pessoas convencidas de que a vida comum as aprimorava e as tornava mais humanas e mais felizes.

Sim, porque a vida em comunidade era encarada como um meio de conquistar a felicidade. Conrado de Megenberg (m. 1374) se referia a ela como "felicidade civil" (*felicitas civilis*). Esse cônego da Baviera, com o qual concluímos, defendia a ideia de que a felicidade na vida em sociedade advém da prática da virtude plena, que orienta as pessoas a se relacionarem de maneira altruísta com seus concidadãos e amigos, enriquecendo suas vidas. Segundo ele, a felicidade civil era um "bem suficiente por si mesmo" [*bonum per se sufficiens*], alcançável pelo homem que não se isola do mundo em uma "vida solitária", mas, ao contrário, abre-se para as relações sociais e estabelece conexões significativas com pais, filhos, cônjuges e todos os outros concidadãos e amigos. É possível perceber o eco da tradução de Guilherme de Moerbeke para a famosa declaração de Aristóteles, "o homem é, por natureza, um animal civil [*civile*] e social [*sociale*]".[15] E o cônego acrescenta:

[...] porque a vida civil [*vita civilis*] consiste na comunicação entre os cidadãos; por sua vez, o bem da comunicação humana reside na amizade. E para que haja amizade entre cada amigo, é necessário existir liberdade, benevolência, confiança e tolerância no convívio entre as pessoas. Por essa razão, para alcançar a felicidade civil, é preciso ter amigos, é preciso ter potência civil, sem a qual não há amor, favor e honra, nem existe liberdade.[16]

Hannah Arendt havia afirmado que "é-nos difícil entender a relevância política da amizade", porque a associamos, desde os tempos de Rousseau, a um "fenômeno da intimidade".[17] No entanto, ela imediatamente recorda que Aristóteles já propunha a *philia* (o amor de amizade) como condição para o bem-estar na Cidade, não tendo nada a ver com a "ausência de facções e guerra civil", mas sim com a presença do *discurso*, do "intercâmbio constante de conversas [que] unia os cidadãos numa *polis*". Conrado de Megenberg também compartilhava esse pensamento. Para ele, vida civil significa a *comunicação* entre cidadãos, não uma troca de confidências ou desabafos íntimos de uma existência privada. Assim como Aristóteles e Arendt, Conrado fala da comunicação – ou do discurso – na cidade, fala de liberdade e de convivência, coisas que são públicas e presumem que temos a capacidade de "discutir as coisas do mundo" com os nossos companheiros e compartilhar com eles o mundo que temos em comum. Portanto, a amizade é indicativa de liberdade, pois esta é uma condição essencial para a *vita civilis*, ou a "política", como preferimos chamá-la.

A importância dada por Conrado de Megenberg à comunicação para alcançar a felicidade civil levou-o a reinterpretar positivamente o conceito político da "potência civil" (*civilis potentia*), que outros teólogos da época haviam considerado de forma negativa. Por exemplo, o frade Egídio de Roma, em sua obra *De Regimine Principum*, interpretava-a como a capacidade de comando, a imposição da vontade governativa e a coação (*per coactionem et violentiam*), afirmando que a *civilis potentia* correspondia à força violenta pela qual os tiranos governavam os escravizados, não os cidadãos livres. Por outro lado, Conrado considera a potência civil desprovida de qualquer caráter violento e a vê como uma ligação entre *comunicação* e *amizade política*. Ele a entende de fato como uma força, porém uma força para construir comunidades e combater a ação autoritária daqueles que perdem de vista o senso de bem comum e de mundo compartilhado.

Em meio aos *tempos sombrios* de desumanidade em que nos encontramos, nos quais a amizade civil perde seu significado e se torna incompreensível, acredito que apenas o reconhecimento de que somos nós a cidade pode servir como um protesto contra o autoritarismo daqueles que negam que a vida em comunidade política, ou seja, a própria Cidade, é um direito universal.

Notas

[1] Amann & Dumas, 1948, p. 219.

[2] Sobrino, 2020, p. 36.

[3] *Idem*, p. 16.

[4] *Idem*, pp. 28-29.

[5] Alarcón & Bernot, 2005, n. 36.567.

[6] Sobrino, 2020, p. 30.

[7] *Idem*, p. 31.

[8] *Idem*, p. 32.

[9] *Apud* Panella, 1985, p. 139.

[10] Panella, 1985, pp. 136-137.

[11] Rupp, 2000, p. 218.

[12] *Apud* Panella, 1985, p. 123.

[13] Alarcón & Bernot, 2005, n. 25.690.

[14] Sobrino, 2020, p. 31.

[15] Krüger, 1992, p. 263.

[16] *Idem*, p. 264.

[17] Arendt, 2008, posição 445.

DOCUMENTOS HISTÓRICOS

AFONSO IX. *Las Siete Partidas del sabio rey Don Alonso el nono, glosadas por el licenciado Gregorio Lopez, del Consejo Real de Indias de S. M*, tomo I: *que contiene la I y II partida*. Madri, Oficina de Benito Cano, 1789.

ALARCÓN, E. & BERNOT, E. (ed.). *Corpus Thomisticum*. Índice Tomístico por Roberto Busa e associados. WEB Edition. Navarra, Universidad de Navarra, 2005. Disponível em <http://www.corpusthomisticum.org/>. Acesso em 6/4/2023.

ALBANÈS, J. *La vie de sainte Douceline fondatrice des Béguines de Marseille*. Marseille, Étienne Camoin/Librairie-Éditeur, 1879.

ALBERTANO DI BRESCIA. *Sermone inedito di Albertano Giudice di Brescia*. Edição dirigida Monsenhor Luigi Francesco Fè. Brescia, Tipografia Istituto Pavoni, 1874.

_____. *De amore et dilectione Dei et proximi et aliarum rerum et de forma vitae liber I*. Edição crítica Sharon Lynne Hiltz, 1980. Disponível em <https://www.thelatinlibrary.com/albertanus/albertanus1.shtml>. Acesso em 11/3/2023.

ANDRADE, A. A.; SOUSA, B. V. & FONTES, J. L. (org.). *Regnum Regis – as inquirições do reinado de Afonso II (1211-1223)*, vol. 4: *Rol das propriedades, bens e igrejas da coroa e das instituições religiosas em Lisboa e no seu termo*. Lisboa, Instituto de Estudos Medievais, 2008. Disponível em <https://iem.

fcsh.unl.pt/imagens/files/regnumregis_rolpropropriedades.pdf>. Acesso em 10/12/2021.

ARISTÓTELES. *Política*. Edição bilíngue. Trad. António Campelo Amaral e Carlos de Carvalho Gomes. Lisboa, Vega, 1998.

ATLAS DIGITAL DA AMÉRICA LUSA. "Nossa Senhora do Milagre da Cera (Martirológio Lusitano)", Brasília, IHS/UnB, 2015. Disponível em <http://lhs.unb.br/atlas/Nossa_Senhora_do_Milagre_da_Cera_(Martiriol%C3%B3gio_Lusitano)>. Acesso em 10/4/2023.

AURELL, M. (ed.). *Actes de la famille Porcelet d'Arles (972-1320)*. Paris, Éditions du Comité des Travaux Historiques et Scientifiques, 2001.

BAERTIO, F. & IANNINGO, C. (ed.). "Vita beatae Humiliane de Cerchis". *Acta Sanctorum maii*, tomus IV. Paris/Roma, Victor Palmé, 1866, pp. 385-400.

_____. "Vita sanctae Bonae virginis Pisanae". *Acta Sanctorum maii tomus VII*. Paris/Roma, Victor Palmé, 1867, pp. 141-161.

BAIRD, J. L. (ed.). *The personal correspondence of Hildegard of Bingen*. Cartas selecionadas, introd. e comentário Joseph L. Baird. Oxford/Nova York, Oxford University Press, 2006.

BARNEY, S. *et al*. *The etymologies of Isidore of Seville*. Cambridge, Cambridge University Press, 2006.

BASTIAENSEN, A. A. R. & SMIT, J. W. (ed.). *Vita di Martino, Vita di Ilarione, In Memoria di Paola*. Vite dei Santi vol. IV. Milão, Mondadori, 2007.

BERNINI, F. (ed.). *Salimbene de Adam Cronica*. Vol. 1. Bari, Laterza, 1942.

BERTINI, D. *Memorie e documenti per servire all'istoria di Lucca*, tomo IV, parte II. Lucca, Francesco Bertini, 1836.

BEVEGNATI, G. *Antica leggenda della vita e de' miracoli di S. Margherita di Cortona*. Lucca, Francesco Bonsignori, 1793.

BIAGIO DE FAENZA. "Vita s. Humilitatis Abbatisse". *Acta Sanctorum maii tomus V*. Bruxelas, Culture et Civilisation, 1968, pp. 207-223.

BOLLANDUS, J. *Acta Sanctorum martii tomus VIII*. Paris, Victor Palmé, 1865.

BONAZZI, G. (ed.). "Chronicon parmense ab anno MXXXVIII usque ad annum MCCCXXXVIII". *Rerum Italicarum Scriptores*, vol. 9/9. Città di Castello, Editore S. Lapi, 1902.

BONVESIN DE LA RIVA. *De magnalibus Mediolani*. Le Meraviglie di Milano. Texto bilíngue. Trad. Giuseppe Pontiggia. Introd. e notas Maria Corti. Milão, Bompiani, 1974.

BORETIUS, A. "Capitularia". *Monumenta Germaniae Historica*, tomo I. Hanovre, 1883.

BOURGIN, G. (ed.). *Guibert de Nogent, histoire de sa vie (1053-1124)*. Paris, Librairie Alphonse Picard et Fils, 1907.

BROMMER, P. (ed.). *Monumenta Germaniae Historica: capitula episcoporum*, vol. 1. Hannover, Hahnsche Buchhandlung, 1984.

BUGHETTI, B. "Prima regula tertii ordinis iuxta novum codicem". *Archivum Franciscanum Historicum*. Roma, vol. XIV, n. I-III, 1921, pp. 109-121.

CARBONE, Domenico (ed.). *La Cronaca Fiorentina di Dino Compagni e L'intelligenza poemetto attibuito al medesimo*. Ilustrado com notas de vários autores e manuscritos Domenico Carbone. Florença, G. Barbera Editore, 1871.

CASSON, A. "Cantiga 144: Con razôn é d'haveren gran pavor as bestias". *Cantigas de Santa Maria for Singers*, 2019. Disponível em <http://www. cantigasdesantamaria.com/csm/144>. Acesso em 18/3/2023.

CÉSAIRE D'ARLES. *Sermons au peuple*, tome 1 (sermons 1-20). Introd., trad. e notas Marie-José Delage. Paris, Les Éditions du CERF, 1971.

CICERO, M. T. *De Re Publica*. *De Legibus*. Trad. Clinton Walker Keyes. Londres, William Heinemann, 1928.

_____ . *De re publica*, *De legibus*. Trad. Clinton Walker Keyes. Cambridge (M.A.), Harvard University Press, 1966.

CIPRIANO. *Obras Completas*. Trad. Monjas Beneditinas e Antonio Marchionni. São Paulo, Paulus, 2016.

COSTA, B.; FRASSON, L. & LUISETTO, I. (ed). *S. Antonii Patavini sermones dominicales et festivi*, vol. 1. Padova, Edizioni Messaggero, 1979.

CROS-MAYREVIEILLE, J.-P.G. *Histoire du Comté et de la Vicomté de Carcassonne*. Precedido por uma pesquisa histórica sobre Carcassonne e seu território sob os volkes, romanos, visigodos e sarracenos, tome premier. Paris, J.-B. Dumoulin, 1846.

DA CUNHA, R. *Historia Ecclesiastica da Igreja de Lisboa*. Lisboa, Manoel da Silua, 1642.

DANTE ALIGHIERI. *A Divina Comédia*. Trad., introd. e notas Vasco Graça Moura. São Paulo, Landmark, 2005.

DELCORNO, C. (ed.). *Giordano da Pisa*. *Quaresimale fiorentino, 1305-1306*. Edição Crítica. Florença, G. C. Sansoni Editore, 1974.

DENZINGER, H. *Compêndio dos símbolos, definições e declarações de fé e moral*. Trad. José Marino Luz e Johan Konings com base na 40. ed. alemã, aos cuidados de Peter Hünermann. São Paulo, Paulinas/Edições Loyola, 2007.

D'HERMANSART, P. (ed.). *Les anciennes communautés d'arts et métiers à Saint-Omer*. Anexos e peças justificativas. Saint-Omer, Imprimerie Fleury- -Lemaire, 1880.

DINO COMPAGNI. *Cronaca*. Milão, Nicolò Bettoni, 1829.

DIONYSIUS OF HALICARNASSUS. *The Roman Antiquities*. Trad. Earnest Cary com base na versão de Edward Spelman em sete volumes. The Loeb

Classical Library, vol. 1. Cambridge (Massachusetts)/Londres, Harvard University Press/William Heinemann LTD, 1960.

DOZY, R. *Le Calendrier de Cordoue de l'Année 961*. Texto árabe e antiga tradução latina. Leiden, Brill, 1873.

DUCHESNE, L. (ed.). *Le Liber Pontificalis*. Texto, introd. e comentário do padre L. Duchesne, tome premier. Paris, Ernest Thorin Éditeur, 1886.

_____ . *Le Liber Pontificalis*. Texto, introd. e comentário do padre L. Duchesne, tome second. Paris, Ernest Thorin Éditeur, 1892.

EIXIMENIS, F. *Regiment de la Cosa Pública* (= Crestiá, XII part. 3). Edição incunábula. València, Cristofol Cofman, 1499. Disponível em <https://bivaldi.gva.es/es/consulta/registro.do?id=333>. Acesso em 10/5/2023.

_____ . *Il Dodicesimo libro del Cristiano* (capp. 139-152 e 193-197). Lo statuto della moneta negli scritti di un frate Minore del secolo XIV. Análise intodutória e trad. Paolo Evangelisti. Trieste, Edizioni Università di Trieste, 2013.

_____ . *Regiment de la Cosa Pública*. Edição crítica David Guixeras Olivet. Barcelona, Editorial Barcino, 2021.

ERBE, Th. (ed.). *Mirk's Festial: a collection of homilies, by Johannes Mirkus (John Mirk)*. Editada a partir de Bodl. Ms. Gough Eccl. Top. 4, com leituras de variantes a partir de outro manuscrito. Parte I. Londres, Kegan Paul, Trench, Trübner & Co., 1905.

EUSÉBIO DE CESAREIA. *História Eclesiástica*. Trad. Monjas Beneditinas do Mosteiro de Maria Mãe de Cristo. São Paulo, Paulus, 2000.

FAGNAN, E. (ed.). *Histoire de l'Afrique et de l'Espagne intitulée Al-Bayano'L-Mogrib*. Trad. e notas E. Fagnan, tomo II. Alger, Imprimerie Orientale Pierre Fontana, 1904.

FONTES FRANCISCANAS. Coordenação geral de Dorvalino Francisco Fassini, edição de João Mamede Filho. Santo André, O Mensageiro de Santo Antônio, 2005.

FRIEDBERG, A. *Decretum Magistri Gratiani*. Editio Lipsiensis secunda. Leipzig, 1959.

GARAMPI, G. (ed.). *Memorie ecclesiastiche appartenenti all'istoria e al culto della b. Chiara di Rimini*. Roma, Niccolò e Marco Pagliarini, 1755.

GARBINI, P. (ed.). *Boncompagno da Signa. L'Assedio di Ancona – Liber de obsidione Ancone*. Roma, Viella, 1999.

GERARDUS MAURISIUS. "Historia de rebus gestis Eccelini de Romano ab anno MCLXXXIII ad annum circiter MCCXXXVII". *In*: MURATORI, L. (ed.). *Rerum Italicarum Scriptores*, vol. 8. Milão, Typographia Societatis Palatinae, 1726, pp. 1-65.

GAUDEMET, J. & BASDEVANT, B. (org.). *Les canons des conciles mérovingiens (VIe-VII siècles)*, tome I. Paris, Éditions du CERF, 1989.

GIORDANO DA RIVALTO. *Prediche del beato fra Giordano da Rivalto dell'Ordine dei Predicatori recitate in Firenze dal M.CCC.III al M.CCC. IX.* Primeira edição milanesa reordenada cronologicamente, vol. I. Milão, Giovanni Silvestri, 1839a.

_____. *Prediche del beato fra Giordano da Rivalto dell'Ordine dei Predicatori recitate in Firenze dal M.CCC.III al M.CCC.IX.* Primeira edição milanesa reordenada cronologicamente, vol. III. Milão, Giovanni Silvestri, 1839b.

GIOVANNI BOCCACCIO. *Decameron, Filocolo, Ameto, Fiammetta.* A cura di Enrico Bianchi, Carlo Salinari, Natalino Sapegno. Milão/Nápoles, Riccardo Ricciardi Editore, 1952.

GRÉGOIRE, J.-F. & COLLOMBET, F.-Z. *Oeuvres de C. Sollius Apollinaris Sidonius, traduites en français avec le texte en regard et des notes,* tome second. Lyon/Paris, M.-P. Rusand Imprimeur-Libraire/Poussielgue-Rusand Libraire, 1836.

GREGORIO MAGNO. *Storie di Santi e di Diavoli (Dialoghi),* vol. II. Texto crítico e trad. Manlio Simonetti, comentários Salvatore Pricoco. Milão, Fondazione Lorenzo Valla, 2006.

GUBBIO. *Archivio di Stato,* rif. 1453-1457 [rif. 25], c. 132-133.

GUIDETTI, S. (ed.). *Iacopo da Varagine. Cronaca della città di Genova dalle origini al 1297.* Texto latino em apêndice. Gênova, ECIG, 1995.

HEINEMANN, L. & SACKUR, E. "Placidi Monachi Nonantulani Liber de Honore Ecclesiae". *Monumenta Germaniae Historica.* Hanover, Hahn, 1892, pp. 566-639.

HENRIQUE DE SUSA. *Summa Aurea.* Venetia, 1574.

HENSCHENIO, G. *et al.* (ed.). *Acta Sanctorum junii tomus IV.* Paris/Roma, Victor Palmé, 1867, pp. 343-384.

HERBERS, K. & SANTOS NOIA, M. *Liber Sancti Jacobi: Codex Calixtinus.* Transcrição a partir do códice original. Santiago de Compostela, Xunta de Galicia, 1998.

HERCULANO, A. (ed.). *Portugaliae Monumenta Historica a saeculo octavo post Christum usque ad quintumdecimum.* Diplomata et chartae, vol. 1. Lisboa, Academia de Ciências de Lisboa, 1867.

JACOPO DE VARAZZE. *Legenda Áurea: vidas de santos.* Trad. Hilário Franco Júnior. São Paulo, Companhia das Letras, 2003.

JANNINCK, C. *et al. Acta Sancturum* junii tomus II. Antuérpia, Viduam et Heredes Henrici Thieullier,1698.

JORDÃO DA SAXÔNIA. *As origens da Ordem Dominicana.* Trad. Eliseu Lucena Lopes. São Paulo, Centro Ecumênico de Publicações e Estudos Frei Tito de Alencar Lima, 1990.

JOWETT, B. (trad.). "Politics". *In*: BARNES, J. (ed.). *The complete works of Aristotle*. Trad. de Oxford revisada, vol. 2. Princeton, Princeton University Press, 1984.

KRÜGER, S. (ed.). "Speculum felicitatis humanae (Conradus Megenbergensis)". *Monumenta Germaniae Historia*, Staatsschriften 2,4. Stuttgart, Hiersemann, 1992, pp. 4-269.

KRUSCH, B. & LEVISON, W. (ed.). "Gregorii Turonensis opera. Libri Historiarum X". *Monumenta Germaniae Historica*. Scriptores rerum merovingicarum, vol. 1,1. Wiesbaden, Harrassowitz Verlag, 2020.

LAFUENTE Y ALCÁNTARA, E. (ed.). *Colección de obras arábigas de Historia y Geografía, que publica La Real Academia de la Historia*, tomo I. Ajbar Machmuâ (Coleção de Tradições) Crônica Anônima do século XI, publicada pela primeira vez, trad. e notas Don Emilio Lafuente y Alcántara. Madri, Imprenta y Estereotipia de M. Rivadeneyra, 1867.

LAMBERT MEARS, T. (ed.). *Institutes of Gaius and Justinian, the Twelve Tables and the CXVIIIth and CXXVIIth Novels*. Introd. e trad. Clark, The Lawbook Exchange, 2004.

LAMBOT, C. *North Italian services of the Eleventh Century*. Coletânea de Ordines do século XI da Itália setentrional. (Milano, Biblioteca Ambrosiana T. 27 suppl.). Londres, Henry Bradshaw Society, 1931.

LAMI, G. (ed.). *Sanctae Ecclesiae Florentinae Monumenta*, tomo III. Florença, Typographio Deiparae ab Angelo Salutatae, 1758.

LATINI, B. *Li Livres dou Tresor*. Edição crítica Francis J. Carmody. Genebra, Slatkine Reprints, 1998.

LAURAIN, E. *Cartulaire manceau de Marmoutier*. Laval, 1911-1945. Disponível em <https://werkstatt.formulae.uni-hamburg.de/texts/urn:cts:formulae:marmoutier_manceau.laurain_laval_0006.lat001/passage/1>. Acesso em 28/3/2021.

LEONI, V. "Breve investiture nomine benefitii 1097 dicembre 26, Piadena". *In*: ANSANI, M. (org.). *Codice diplomatico della Lombardia medievale (secoli VIII-XII)*. Pavia, Università di Pavia, 2022. Disponível em <https://www.lombardiabeniculturali.it/cdlm/edizioni/cr/cremona-sicardo/carte/vescovosicardo1097-12-26>. Acesso em 27/4/2022.

LE RUYTE, L. *Histoire Memorable de Sainte Iuliene Vierge, ladis Prieure de la maison de Cornillon lez la Cité de Liège*. Trad. integral do latim para o francês Sire Lambert le Ruyte, vigário da dita casa. Liège, Jean Voes, 1598.

LITTLE, A. G. (ed.). *Fratris Thomae vulgo dicti de Eccleston Tractatus de Adventu Fratrum Minorum in Angliam*. Manchester, Manchester University Press, 1951.

LIVIUS, T. *Ab urbe condita libri*. Erklaert von W. Weissenborn, Erster Band: Buch I und II. Berlim, Weidmannsche Buchhandlung, 1871.

DOCUMENTOS HISTÓRICOS

MANSI, J. D. *Sacrorum conciliorum nova et amplissima collectio*, tomo II. Florença, Antonii Zatta, 1759a.

_____ . *Sacrorum conciliorum nova et amplissima collectio*, tomo III. Florença, Antonii Zatta, 1759b.

MAQUIAVEL. *Comentários sobre a Primeira Década de Tito Lívio (Discorsi)*. Trad. Sérgio Bath. Brasília, Editora UnB/Imprensa Oficial, 2000.

MARANGONI, G. *Istoria dell'Antichissimo Oratorio, o Cappella di San Lorenzo nel Patriarchio Lateranense comunemente appellato Sancta Sanctorum e della celebre immagine del ss. Salvatore detta Acheropita che ivi conservasi.* Roma, Stamperia di San Michele, per Ottavio Puccinelli, 1747.

MESTRE RUFINO. *O Bem da Paz.* Trad. do latim, introd. e notas Frei Ary E. Pintarelli, OFM. Petrópolis, Vozes, 1998.

MIGNE, J.-P. (ed.). *Leonis IV, Benedicti III, Pontificum Romanorum, SS. Eulogii, Prudentii, Toletani et Trecensis Antistitum, Angelomi Luxoviensis opera omnia.* Patrologiae Cursus Completus. Vol. 115. Paris, J.-P. Migne Editorem, 1852.

_____ . *Gregorii VII Romani Pontificis Epistolae et Diplomata Pontificia accendunt Prolegomena et Appendices Amplissimae.* Patrologiae Cursus Completus. Vol. 148. Paris, J.-P. Migne Editorem, 1853a.

_____ . *Silvestri II Pontificis Romani, Aimoini Floriacensis Monachi, Sancti Abbonis Abbatis Floriacensis, Thietmari Merseburgensis Episcopi, opera omnia.* Patrologiae Cursus Completus. Vol. 139. Paris, J.-P. Migne Editorem, 1853b.

_____ . *Ven. Guibertus abbas Sanctae Mariae de Novigento.* Patrologiae Cursus Completus. Vol. 156. Paris, J.-P. Migne Editorem, 1853c.

_____ . *Sigeberti Gemblacensis Monachi opera omnia.* Patrologiae Cursus Completus. Vol. 160. Paris, J.-P. Migne Editorem, 1854.

_____ . *Ven. Gerhohi praepositi Reicherspergensis Opera Omnia. Opuscula et Epistolae.* Patrologiae Cursus Completus. Vol. 194. Paris, J.-P. Migne Editorem, 1855a.

_____ . *Stephani Abbatis S. Genovefae Parisiensis tum Episcopi Tornacensis Epistolae quae auctores, emendatiores et notis illustratae denuo prodeunt accedunt Absalonis Abbatis Sprinckirsbacensis.* Patrologiae. Vol. 211. Paris, J.-P. Migne Editorem, 1855b.

_____ . *Beati Aelredi Abbatis Rievallensis opera omnia.* Patrologiae Cursus Completus. Vol. 195. Paris, J.-P. Migne Editorem, 1855c.

_____ . *S. P. N. Joannis Chrysostomi, Archiepiscopi Constantinopolitani, Opera Omnia quae exstant, vel quae ejus nomine circumferuntur.* Patrologiae Graecae. Vol. 51. Paris, J.-P. Migne Editorem, 1862.

_____ . *Sancti Eusebii Hieronymi Stridonensis Presbyteri Opera Omnia.* Tomus Quartus. Patrologiae Latinae. Vol. 24. Paris, J.-P. Migne Editorem, 1863.

MIGNE, J.-P. (ed.). *B. Rabani Mauri Fuldensis Abbatis et Moguntini Archiepiscopi opera omnia*. Patrologiae Cursus Completus. Vol. 107. Paris, J.-P. Migne Editorem, 1864.

_____ . *Sancti Aurelii Augustini, Hipponensis Episcopi opera omnia*. Tomus Quartus pars prior. Patrologiae Cursus Completus. Vol. 36. Paris, J.-P. Migne Editorem, 1865a.

_____ . *Sancti Aurelii Augustini, Hipponensis Episcopi opera omnia*. Tomus Quintus pars prior. Patrologiae Cursus Completus. Vol. 38. Paris, J.-P. Migne Editorem, 1865b.

_____ . *S. Brunonis Astensis abbatis Montis Casini et Episcopi Signiensium Opera Omnia*. Patrologiae Cursus Completus. Vol. 164. Paris, Garnier Fratres Editores et J.-P. Migne Successores, 1884a.

_____ . *Othloni Monachi S. Emmerammi Opera Omnia*. Patrologiae Cursus Completus. Vol. 146. Paris, Garnier Fratres Editores et J.-P. Migne Successores, 1884b.

MOORE, R. (ed.). *Dante De Monarchia*. Oxford, The Clarendon Press, 1916.

MORARD, M. *et al.* (ed.). "Glossa ordinaria cum Biblia latina (1Cor. Capitulum 10)". *In*: *Glossae Scripturae Sacrae electronicae*. Paris: IRHT-CNRS, 2023. Disponível em <http://gloss-e.irht.cnrs.fr/php/editions_chapitre.php?id=liber&numLivre=61&chapitre=61_10>. Acesso em 6/4/2023.

NARDUCCI, R. *Prediche Inedite del B. Giordano da Rivalto dell'Ordine de' Predicatori recitate in Firenze dal 1302 al 1305*. Bolonha, Gaetano Romagnoli, 1867.

NASCIMENTO, A. (ed.). *A Conquista de Lisboa aos Mouros. Relato de um Cruzado*. Lisboa, Vega Editora, 2001.

NEALE, J. M. & FORBES, G. H. *The Ancient Liturgies of the Gallican Church*. Pela primeira vez reunidas com dissertação introdutória, notas e várias leituras, com passagens paralelas dos ritos romano, ambrosiano e moçárabe. Burntisland, The Pitsligo Press, 1855.

NORMAN, A. F. *Antioch as a Centre of Hellenic Culture as Observed by Libanius*. Trad. e introd. A. F. Norman. Translated Texts for Historians, volume 34. Liverpool, Liverpool University Press, 2000.

ORÍGENES. *Contra Celso*. Trad. Orlando dos Reis, introd. e notas Roque Frangiotti. São Paulo, Paulus, 2004 (Patrística 20).

PADRES APOLOGISTAS. *Carta a Diogneto; Aristides de Atenas; Taciano, o Sírio; Atenágoras de Atenas; Teófilo de Antioquia; Hérmias, o Filósofo*. Trad. Ivo Storniolo e Euclides M. Balancin, introd. e notas explicativas Roque Frangiotti. São Paulo, Paulus, 1995 (Patrística 2).

DOCUMENTOS HISTÓRICOS

PAIVA, J. P. (coord.). *Portugaliae Monumenta Misericordiarum*. Antes da Fundação das Misericórdias, vol. 2. Lisboa, União das Misericórdias Portuguesas, 2002.

PANELLA, E. (ed.). "Remigio de' Girolami *De bono comuni*. Dal bene comune al bene del Comune". *Memorie Domenicane*. Florença, vol. 16, 1985, pp. 123-168.

PAOLINO MINORITA. *Trattato De Regimine Rectoris di Fra Paolino Minorita*. Publicado por Adolfo Mussafia. Viena/Florença, Tendler & Comp./Vieusseux, 1868.

PAULO DIÁCONO. *Pauli Historia Langobardorum*. Para uso das escolas, reimpressa a partir dos Monumenta Germaniae Historica. Hanover, Impensis Bibliopolii Hahniani, 1878.

PELTIER, A. C. (ed.). *S. R. E. Cardinalis S. Bonaventurae ex Ordine Minorum Episcopi Albanensis, doctoris Ecclesiae Seraphici Opera Omnia*. Tomus Decimus Quartus. Paris, Ludovicus Vives Editor, 1878.

PERTZ, G. H. & RODENBERG, C. (ed.) "Epistolae Saeculi XIII e Regestis Pontificum Romanorum". *Monumenta Germaniae Historica*. Epistolae, tomus I. Berlim, Weidmannos, 1883.

PLINY. *Letters*. Trad. inglesa William Melmoth e rev. W. M. L. Hutchinson. Vol. II. Londres/Nova York, William Heinemann/G.P. Putnam's Sons, 1927.

PORTA, G. (ed.). *Cronica di Giovanni Villani*. Versão *e-book* da série de CD-ROM "La Letteratura Italiana Einaudi". Turim, Einaudi, 2000.

POSTE, E. (ed.). *Gai Institutiones or Institutes of Roman Law by Gaius*. Trad. e comentários Edward Poste. Oxford, Clarendon Press, 1904.

RICCARDI, G. *Prediche del Beato F. Giordano da Rivalto*. Florença, Pietro Gaetano Viviani, 1739.

ROGERS, D. M. *A partial edition of Francesc Eiximenis' Dotzè del Crestià* (CHS. 1-97). Toronto, University of Toronto, 1987 (Tese de doutorado).

ROLANDINO. *Vita e morte di Ezzelino da Romano* (Cronaca). Ed. Flavio Fiorese. Turim, Fondazione Lorenzo Valla/Arnoldo Mondadori Editore, 2005.

RUBIO VELA, A. (ed.). *Epistolari de la València Medieval*. Introd., ed., notas e apêndices Agustín Rubio Vela, vol. II. València/Barcelona: Institut Interuniversitari de Filologia Velenciana/Publicacions de l'Abadia de Montserrat, 1998.

SALIMBENE DE ADAM. *Cronica*. Texto latino estabelecido por Giuseppe Scalia, trad. Berardo Rossi. Parma, Monte Università Parma Editore, 2007.

SAMARITANIUM, H. *Aegidii Columnae Romani Archiepiscopi Bituricensis De Regimine Principum lib. III*. Roma, Bartholomeum Zannettum, 1607.

545

SAN BONAVENTURA. *Sermoni Domenicali*. Trad. Eliodoro Mariani; introd., notas e índices Jacques Guy Bougerol. Roma, Città Nuova Editrice, 1992.

SAN JERÓNIMO. *Obras Completas. Epistolario I*. Vol. Xa. Edição bilíngue feita pela Ordem de São Jerônimo. Madri, Biblioteca de Autores Cristianos, 2013.

SAN ISIDORO DE SEVILLA. *Etimologías*. Edição bilíngue. Texto latino, versão espanhola e notas Jose Oroz Reta e Manuel A. Marcos Casquero. Madri, Biblioteca de Autores Cristianos, 2004.

SANTO AGOSTINHO. *Comentário aos Salmos* (Enarrationes in psalmos). Salmos 1-50. São Paulo, Paulus, 1997.

_____ . *A cidade de Deus* (Contra os pagãos). Parte II. 4. ed. Trad. Oscar Paes Leme. Petrópolis, Vozes, 2001.

SILVESTRI, G. (ed.). *Prediche del Beato Fra Giordano da Rivalto dell'Ordine dei Predicatori recitate in Firenze dal M.CCC.III al M.CCC.IX*. Primeira edição milanesa reordenada cronologicamente, vol. I. Milão, Giovanni Silvestri, 1839.

SIMEONI, L. *Veronae rythmica descriptio*. Bolonha, Nicola Zanichelli, 1919.

SIRMONDI, I. *Concilia Antiqua Galliae*. Tomo I. Paris, Sebastiani Cramoisy, 1629.

SOZOMEN. *The Ecclesiastical History of Sozomen, comprising a History of the Church, from A.D. 324 to A.D. 440*. Trad. Edward Walford. Londres, Henry G. Bohn, York Street, Convent Garden, 1855, p. 362.

SUSEMIHL, F. (ed.). *Aristotelis Politicorum Libri Octo cum vestusta translatione Guilelmi de Moerbeka*. Leipsig, Teubner, 1872.

TÀUTU, A. *Acta Urbani IV, Clementis IV, Gregorii X (1261-1276)*. Roma, Typis Polyglottis Vaticanis, 1953.

TERTULLIAN. *Apology, De Spectaculis*. Trad. para o inglês T. R. Glover. Londres/Nova York, William Heinemann/G.P. Putnam's Sons, 1931.

THIERRY, A. *Récits des temps mérovingiens précédés de considérations sur l'histoire de France*, tome premier. 4. ed., revisada e corrigida. Paris, Furne et Ce. Éditeurs, 1851.

TORRES PRIETO, J. *Raúl Glaber Historias del Primer Milenio*. Introd., trad. e notas Juana Torres Prieto (ed.). Madri, Consejo Superior de Investigaciones Científicas, 2004.

TOYNBEE, P. (ed.). *Dantis Alagherii Epistolae*. The Letters of Dante, texto emendado com introd., trad., notas, índices e apêndices sobre o cursus. 2. ed. Oxford, The Clarendon Press, 1966.

TROMBELLI, J. Ch. *Ordo Officiorum Ecclesiae Senensis ab Oderico ejusdem Ecclesiae Canonico anno MCCXIII compositus*. Bolonha, Typographia Longhi, 1766.

DOCUMENTOS HISTÓRICOS

TULLIO, A. S. "Procissão do Corpo de Deus no século XV". *Revista Universal Lisbonense*. Lisboa, vol. IV, série IV, 1845, pp. 527-529.

VARRO, M. T. *De lingua latina*. Librorum quae supersunt. Ed. e notas Carolus Odofredus Muellero. Lipsig, Libraria Weidmanniana, 1833.

VIVES, J. *Concilios visigóticos e hispano-romanos*. Barcelona, CSIC/Instituto Enrique Flórez, 1963.

WAITZ, G. *Ottonis et Rahewini Gesta Friderici I Imperatoris*. Hanover, Impensis Bibliopolii Hahniani, 1912.

WIGHT, S. M. (ed.). *Opera Omnia Boncompagni (1194-1243)*. [ed. *on-line*]. Pavia, Scrineum Università di Pavia, 1999. Disponível em <http://www.scrineum.it/scrineum/wight/cedrus.htm>. Acesso em 11/3/2022.

WOTKE, C. (ed.). *S. Eucherii Lugdunensis Opera Omnia*. Pars I. Corpus Scriptorum Ecclesiasticorum Latinorum. Vol. 31. Viena, Bibliopola Academiae Litterarum Caesareae Vindobonensis, 1894.

BIBLIOGRAFIA CITADA

ABULAFIA, D. *O Grande Mar. Uma história humana do Mediterrâneo*. Trad. Cássio de Arantes Leite. Rio de Janeiro, Objetiva, 2014.

ADAMS, E. "The ancient church at Megiddo: the discovery and an assessment of its significance". *The Expository Times*. Newbury Park, vol. 120, n. 2, 2008, pp. 62-69.

AEBISCHER, P. "La diffusion de plebs 'paroisse' dans l'espace et dans le temps". *Revue de linguistique romane*. Zürich, vol. 28, 1964, pp. 143-165.

AGAMBEN, G. *Opus Dei: arqueologia do ofício*. Trad. Daniel Arruda Nascimento. São Paulo, Boitempo, 2013.

———. *Altíssima pobreza: regras monásticas e forma de vida*. Trad. Selvino J. Assmann. São Paulo, Boitempo, 2014.

ALMADA SANTOS, A. *et al.* "Fontes medievais do Arquivo Municipal de Lisboa para o estudo dos hospitais". *Cadernos do Arquivo Municipal*. Lisboa, n. 8, 2. série, 2017, pp. 237-274.

ALMEIDA, N. B. "Raul Glaber: um historiador na Idade Média (980/985--1047)". *Revista Signum da ABREM*. São Paulo, vol. 11, n. 2, 2010, pp. 76-108.

AMANN, E. & DUMANS, A. *L'Eglise au pouvoir des laïques (888-1057)*. Paris, Bloud & Gay, 1948.

ARENDT, H. *Entre o passado e o futuro*. Trad. Mauro W. Barbosa. São Paulo, Perspectiva, 2005.

ARENDT, H. *Homens em tempos sombrios*. Trad. Denise Bottmann. São Paulo, Companhia de Bolso, 2008. *E-book*.

ARTIFONI, E. "Retorica e organizzazione del linguaggio politico nel Duecento italiano". *In*: CAMMAROSANO, P. (org.). *Le forme della propaganda politica nel Due e nel Trecento. Relazioni tenute al convegno internazionale di Trieste*. Roma, École Française de Rome, 1994, pp. 157-182.

_____ . "I governi di 'popolo' e le istituzioni comunali nella seconda metà del secolo XIII". *Reti Medievali Rivista*. Florença, vol. 4, n. 2, 2003. Disponível em <http://www.serena.unina.it/index.php/rm/article/view/urn:nbn:it:unina-3304>. Acesso em 30/3/2022.

ARZONE, A. & NAPIONE, E. (org.). *La più antica veduta di Verona. L'Iconografia Rateriana. L'archetipo e l'immagine tramandata*. Atas do Seminário 2011. Verona, Cierre Grafica, 2012.

AUROV, O. "El concejo medieval castellano-leonés: el caso de Soria". *Anuario de Historia del Derecho Español*. Madri, n. 76, 2006, pp. 33-80.

BACHRACH, B. S. "Imperial walled cities in the West: an examination of their early medieval *Nachleben*". *In*: TRACY, J. D. (org.). *City Walls. The Urban Enceinte in Global Perspective*. Cambridge, Cambridge University Press, 2000, pp. 192-218.

BAIN, E. "Politiques des oeuvres de miséricorde dans le discours scolastique (XIIe-XIIIe siècles)". *In*: DELCORNO, P. (org.). *Politique di misericordia tra teoria e prassi. Confraternite, ospedali e Monti di Pietà (XIII-XVI secolo)*. Bolonha, Società Editrice Il Mulino, 2018, pp. 21-48.

BARATA, F. Th. "Organizar a procissão nos finais do século XV. O lugar de cada um e do grupo na cidade". *In*: *Categorias sociais e mobilidade urbana na Baixa Idade Média: entre o Islão e a Cristandade*. Évora, Publicações do Cidehus, 2012. Disponível em <https://books.openedition.org/cidehus/4487>. Acesso em 10/4/2023.

BARBERO, A. *Dante. A biografia*. Trad. Federico Carotti. São Paulo, Companhia das Letras, 2021.

BARCELÓ, J. & COMELLES, J. "La economía política de los hospitales locales en la Cataluña Moderna". *Asclepio Revista de Historia de la Medicina y de la Ciencia*. Madri, vol. 68, n. 1, 2016. Disponível em <https://asclepio.revistas.csic.es/index.php/asclepio/article/view/682>. Acesso em 7/7/2023.

BARTHÉLEMY, D. "La Mutation Féodale a-t-elle eu lieu? (Note critique)". *Annales ESC*. Paris, année 47, n. 3, 1992, pp. 767-777.

_____ . *A Cavalaria. Da Germânia antiga à França do século XII*. Trad. Néri de Barros Almeida e Carolina Gual da Silva. Campinas, Editora da Unicamp, 2010.

BAUR, Ch. *John Chrysostom and His Time*. Vol. 1 Antioch. Translated by Sr. M. Gonzaga, R.S.M. Londres/Glasgow, Sands & Co. Publishers, 1959.

BAYDAL SALA, V. *Guerra, relacions de poder i fiscalitat negociada. Els orígens del contractualisme al Regne de València (1238-1330)*. Barcelona, Fundació Noguera, 2014.

BENVENISTE, É. *Vocabulario de las instituciones indoeuropeas*. Trad. Mauro Armiño. Madri, Taurus, 1983.

BENVENUTI PAPI, A. "Mendicant friars and female pinzochere in Tuscony: from social marginality to models of sanctity". *In*: BORNSTEIN, D. & RUSCONI, R. (org.). *Women and Religion in Medieval and Renaissance Italy*. Chicago/Londres, The University of Chicago Press, 1996, pp. 84-103.

BÉRIOU, N. *L'avènement des maîtres de la Parole*. La Prédication à Paris au XIIIe siècle. Paris, Institut d'Études Augustiniennes, 1998.

BERTRAND, P. "Ordres mendiants et renouveau spirituel du bas Moyen Âge (fin du XIIe s.-XVe s.). Esquieses d'historiographie". *Le Moyen Âge Revue d'histoire et de philologie*, tome CVII. Liège, 2001, pp. 305-315.

BEULLENS, P. *The Friar and the Philosopher. William of Moerbeke and the Rise of Aristotle's Science in Medieval Europe*. Londres/Nova York, Routledge, 2023.

BIANCHI, F. "L'economia delle confraternite devozionali laiche: percorsi storiografici e questioni di metodo". *In*: GAZZINI, M. (org.). *Studi confraternali: orientamenti, problemi, testimonianze*. Florença, Firenze University Press, 2009, pp. 239-270.

BILABEL, F. "Fragmente aus der Heidelberger Papyrussammlung". *In*: REHM, A. (org.). *Philologus. Zeitschrift für das Klassische Altertum und sein Nachleben*. Leipzig, Dieterichsche Verlagsbuchhandlung, 1925, vol. 80, pp. 331-341.

BLOCKMANS, W. "Urbanisation in the European Middle Ages. Phases of openness and occlusion". *In*: LUCASSEN, L. & WILLEMS, W. (org.). *Urban Institutions in the Low Countries 1200-2010*. Nova York, Routledge, 2011, pp. 16-27.

BORDONE, R. *Uno stato d'animo. Memoria del tempo e comportamenti urbani nel mondo comunale italiano*. Florença, Firenze University Press, 2002.

BOUCHERON, P. "Présentation Villes, cathédrales et histoire urbaine". *Histoire urbaine*: *Société française d'histoire urbaine*. Paris, n. 7, 2003/1, pp. 5-16.

BOUSSARD, J. "Étude sur la ville de Tours du Ier au IVe siècle". *Revue des Études Anciennes*. Bordeaux, vol. 50, 1948, pp. 313-329.

BOWES, K. D. *Private Worship, public values and religious change in Late Antiquity*. Cambridge, Cambridge University Press, 2008.

BOY, R. V. "Barbárie e Heresia: uma perspectiva religiosa para o estudo da História das Guerras – século VI". *Revista Signum* da ABREM. São Paulo, vol. 11, n. 2, 2010, pp. 20-41.

BRANCO, M. J. V. "Reis, Bispos e Cabidos: a Diocese de Lisboa durante o primeiro século da sua restauração". *Lusitania Sacra*. Lisboa, vol. 10, 2. série, 1998, pp. 55-94.

BROLIS, M. T. "A Thousand and More Women: The Register of Women for the Confraternity of Misericordia Maggiore in Bergamo, 1265-1339". *The Catholic Historical Review*. Washington, D.C., vol. 88, n. 2, 2002, pp. 230-246.

BRENTANO, R. *A New World in a Small Place. Church and Religion in the Diocese of Rieti, 1188-1378*. Berkeley/Los Angeles, University of California Press, 1994.

BROWN, P. *Power and Persuasion in Late Antiquity. Towards a Christian Empire*. Madison, The University of Wisconsin Press, 1992.

_____ . *A ascensão do cristianismo no Ocidente*. Lisboa, Presença, 1999.

BRUNI, L. & ZAMAGNI, S. "Economics and Theology in Italy since the Eighteenth Century". *In*: OSLINGTON, P. (org.). *The Oxford Handbook of Christianity and Economics*. Oxford/Nova York, Oxford University Press, 2014, pp. 57-72.

_____ . *L'Economia civile. Una altra idea di mercato*. Bolonha, Società Editrice Il Mulino, 2015. *E-book*.

CAETANO, M. *História do Direito Português (séc. XII-XVI)*. Lisboa, Verbo, 2000.

CAILLÉ, A. "Présentation du dossier 'Qu'est-ceque le religieux?'". *Revue du MAUSS*. Caen, vol. 22, n. 2, 2003, pp. 5-30.

CALVINO, I. *Por que ler os clássicos*. Trad. Nilson Moulin. 2. ed., 4. reimpressão. São Paulo, Companhia das Letras, 1993.

CAMMAROSANO, P. (org.). *Le forme della propaganda politica nel Due e nel Trecento. Relazioni tenute al convegno internazionale di Trieste*. Roma, École Française de Rome, 1994.

_____ . "L'éloquence laïque dans l'Italie communale (fin du XIIe-XIVe siècle)". *Bibliothèque de l'École des Chartes*. Paris, tome 158, n. 2, 2000, pp. 431-442.

CARPENTIER, É. *Orvieto à la fin du XIIIe siècle. Ville et campagne dans le Cadastre de 1292*. Paris, Éditions du Centre National de la Recherche Scientifique, 1986.

CASAGRANDE, G. "Confraternities and Lay Female religiosity in Late Medieval and Renaissance Umbria". *In*: TERPSTRA, N. (org.). *The politics of ritual kinship. Confraternities and Social Order in Early Modern Italy*. Cambridge, Cambridge University Press, 2000, pp. 48-66.

CASANOVA, J. *Public Religions in the Modern World*. Chicago, University of Chicago Press, 1994.

CAVERO DOMÍNGUEZ, G. *Inclusa intra parietes: la reclusión voluntaria en la España medieval.* Toulouse, Presses universitaires du Midi, 2010. Disponível em <http://books.openedition.org/pumi/29723>. Acesso em 27/12/2022.

CERRATO, E. & ASENSIO, D. (org.). *Nasara, extranjeros en su tierra. Estudios sobre cultura mozárabe y catálogo de la exposición.* Córdoba, Cabildo Catedral de Córdoba, 2018.

CERRATO, E. "El Calendario de Córdoba como fuente para la reconstrucción de la topografia eclesiástica de la Córdoba altomedieval". *In*: CERRATO, E. & ASENSIO, D. (org.). *Nasara, extranjeros en su tierra. Estudios sobre cultura mozárabe y catálogo de la exposición.* Córdoba, Cabildo Catedral de Córdoba, 2018, pp. 47-76.

CHADWICK, H. *The Church in ancient society. From Galilee to Gregory the Great.* Oxford, Oxford University Press, 2001.

CHENU, M.-D. *La Théologie au Douzième Siècle.* Paris, Librairie Philosophique J. Vrin, 1957.

CHITTOLINI, G. "Civic religion and the countryside in late medieval Italy". *In*: DEAN, T. & WICKHAM, C. (org.). *City and Countryside in Late Medieval and Renaissance Italy: Essay Presented to Philip Jones.* Londres, The Hambledon Press, 1990, pp. 69-80.

COELHO, M. F. "Inquirições régias medievais portuguesas: problemas de abordagem e historiografia". *In*: PÉCOUT, T. (org.). *Quand gouverner c'est enquêter. Les pratiques politiques de l'enquête princière (Occident, XIIIème--XIVème siècles).* Paris, De Boccard, 2010, pp. 43-54.

COELHO, M. H. da C. "No palco e nos bastidores do poder local". *In*: DA FONSECA, F. T. (org.). *O poder local em tempo de globalização: uma história e um futuro.* Coimbra, Imprensa da Universidade, 2005, pp. 49-74.

COLEMAN, E. "Bishop and commune in twelfth-century Cremona: the interface of secular and ecclesiastical power". *In*: ANDREWS, F. & PINCELLI, A. (org.). *Churchmen and urban government in late medieval Italy, c.1200-c.1450.* Cambridge, Cambridge University Press, 2013, pp. 25-41.

COMBLIN, J. *Teologia da cidade.* São Paulo, Edições Paulinas, 1991.

CONDE, M. *Construir, Habitar: A casa medieval.* Braga, CITCEM, 2011.

COWLING, D. "The liturgical celebration of Corpus Christi in medieval York". *Records of Early English Drama.* Ontario, vol. 1, n. 2, 1976, pp. 5-9.

CURTIUS, E. R. *Literatura europea y Edad Media latina.* Trad. Margit Frenk Alatorre e Antonio Alatorre. 5. reimpressão. México/Madri, Fondo de Cultura Económica, 1995, vol. 1.

DA COSTA, M. A. M. "Os cónegos da Sé de Braga e a sociedade local (1245--1278)". *Lusitania Sacra.* Lisboa, 2. série, n. 13-14, 2001-2002, pp. 41-58.

DALARUN, J. *"Dieu changea de sexe, pour ainsi dire": La Religion faite femme, XIe-XVe siècle*. Paris, Fayard, 2008.

_____. *. Governar é servir. Ensaio sobre democracia medieval*. Campinas, Editora da Unicamp, 2020.

DAMERON, G. W. *Florence and Its Church in the Age of Dante*. Filadélfia, University of Pennsylvania Press, 2005.

DA ROSA, C. B. "A religião na *Urbs*". *In*: DA SILVA, G. V. & MENDES, N. M. (org.). *Repensando o Império Romano. Perspectiva socioeconômica, política e cultural*. Rio de Janeiro/Vitória, Mauad/Edufes, 2006, pp. 137-159.

DA SILVA, C. G. *Lisboa medieval*. A organização e a estruturação do espaço urbano. 2. ed. Lisboa, Edições Colibri, 2010.

DAVID, S. *L'art Roman dans le Jura*. Lons-le-Saunier, Musée d'Archéologie du Jura, 2014.

D'AVRAY, D. *The preaching of the friars. Sermons diffused from Paris before 1300*. Oxford, Oxford University Press, 1985.

DÉBAX, H. "Les serments de Lautrec: redatation et reconsidérations". *Annales du Midi: revue archéologique, historique et philologique de la France Méridionale*. Toulouse, tomo 109, n. 219-220, 1997, pp. 467-480.

DE BOÜARD, M. "De la confrérie pieuse au métier organisé. La fraternité des Fèvres de Caen (fin du XIIe siècle)". *Annales de Normandie*. Caen, Année 1957, n. 7-2, pp. 165-177.

DE CERTEAU, M. *O lugar do outro. História religiosa e mística*. Ed. Luce Giard. Trad. Guilherme João de Freitas Teixeira. Petrópolis, Vozes, 2021.

DE JONG, M. "L'autorité religieuse royale sous le Carolingiens (790-840)". *Annales Histoire, Sciences Sociales*. Paris, vol. 58, n. 6, 2003, pp. 1.243-1.269.

DE LA PEÑA SOLAR, J. I. R. "Parroquias, concejos parroquiales y solidaridades vecinales en la Asturias medieval". *Asturiensia medievalia*. Oviedo, vol. 7, 1993, pp. 105-122.

DELUMEAU, J. *Rassicurare e proteggere*. Trad. Bettino Betti. Milão, Rizzoli, 1992.

DERVILLE, A. "Les origines des libertés urbaines en Flandre". *In*: *Actes des congrès de la Société des historiens médiévistes de l'enseignement supérieur public*. 16e congrès. Rouen, 1985, pp. 193-215. Disponível em <https://www.persee.fr/doc/shmes_1261-9078_1990_act_16_1_1470>. Acesso em 7/7/2023.

_____ . "Chapitre III. Naissance d'institutions urbaines". *Villes de Flandres et d'Artois (900-1500)*. Villeneuve d'Ascq, Septentrion Presses Universitaires, 2002. Disponível em <https://books.openedition.org/septentrion/52257>. Acesso em 22/3/2022.

DE SOUSA, S. R. V. & RODRIGUES, P. S. "A Rua da Selaria de Évora na primeira metade do século XVI: estruturas habitacionais e equipamentos domésticos". *In*: ANDRÉ, P. (org.). *Antologia de Ensaios*. Laboratório Colaborativo: Dinâmicas Urbanas, Património, Artes. VII Seminário de Investigação, Ensino e Difusão. Lisboa, DINÂMIA'CET-ISCTE, 2021, pp. 154-164.

DICKSON, G. "Charisma, Medieval and Modern". *In*: KAUFMAN, P. I. & DICKSON, G. (ed.). *Charisma, Medieval and Modern*. Ed. impressa do número especial da revista *Religions*. Richmond, MDPI, 2014, pp. 1-27.

DOYNO, M. H. *The lay saint. Charity and charismatic authority in medieval Italy, 1150-1350*. Ithaca/Londres, Cornell University Press, 2019.

DUARTE, C. *Iconographia Spiritualis. Arte paleocristã e simbolismo funerário em um fragmento tumular na Basílica de Santa Agnese Fuori Le Mura em Roma – 370-440*. Curitiba, Appris, 2022.

DUBY, G. *O Ano Mil*. Trad. Teresa Matos. Lisboa, Edições 70, 1992.

DUTOUR, T. *La Ciudad Medieval. Orígenes y triunfo de la Europa urbana*. Buenos Aires, Paidós, 2005.

DYER, J. "Roman processions of the Major Litany (*litaniae maiores*) from the Sixth to the Twelfth Century". *In*: Ó CARRAGÁIN, É. & DE VEGVAR, C. N. (org.). *Roma Felix – Formation and Reflections of Medieval Rome*. Londres/ Nova York, Routledge, 2016, pp. 113-138.

EARENFIGHT, Ph. "Catechism and *Confraternitas* on the Piazza San Giovanni: how the Misericordia used image and text to instruct its members in Christian theology". *The Journal of Religious History*. Nova Jersey, vol. 28, n. 1, 2004, pp. 64-86.

EIGLER, U. "La missione di trasmissione. Girolamo come mediatore di culture differenti". *In*: URSO, G. (org.). *Integrazione, mescolanza, rifiuto: incontri di popoli, lingue e culture in Europa dall'antichità all'umanesimo*. Atti del convegno internazionale, Cividale del Friuli, 21-23 settembre 2000. Roma, L'Erma, 2001, pp. 185-198.

ESPOSITO, A. "Donne e confraternite". *In*: GAZZINI, M. (org.). *Studi confraternali: orientamenti, problemi, testimonianze*. Florença, Firenze University Press, 2009, pp. 53-78.

EVANGELISTI, P. "I *pauperes Christi* e i linguaggi dominativi. I francescani come protagonisti della costruzione della testualità politica e dell'organizzazione del consenso nel bassomedioevo (Gilberto de Tournai, Paolino da Venezia, Francesc Eiximenis)". *La propaganda politica nel Basso Medioevo*. Spoleto, CISAM, 2002, pp. 315-392.

FALCONIERI, T. "S. Arduino, la riforma del clero e la canonica di S. Colomba". *In*: VASINA, A. (org.). *Storia della Chiesa riminese*, vol. 2: *Dalla lotta per le investiture ai primi anni del Cinquecento*. Rímini, Pazzini e Guaraldi, 2011, pp. 67-87.

FARELO, M. "A rede assistencial em Lisboa antes do Hospital Real de Todos--os-Santos". *O Hospital Real de Todos-os-Santos: Lisboa e a saúde*. Lisboa, Rainho & Neves Lda., 2020, pp. 261-278.

FAVIER, J. *Carlos Magno*. Trad. Luciano Vieira Machado. São Paulo, Estação Liberdade, 2004.

FERNANDES, P. A. "A marginalidade do lado cristão: o breve exemplo dos moçárabes de Lisboa". *In*: FONSECA, L. A.; AMARAL, L. C. & SANTOS, M. F. F. (org.). *Os reinos ibéricos na Idade Média*. Livro de homenagem ao professor doutor Humberto Carlos Baquero Moreno. Lisboa, Livraria Civilização Editora, 2003, pp. 1.231-1.237.

FIDALGO, E. "Animales de simbologia negativa en las 'Cantigas de Santa Maria'". *In*: BIZZARRI, H. O. (org.). *Monde animal et végétal dans le récit bref du Moyen Âge*. Friburgo, Reichert Verlag Wiesbaden, 2018, pp. 233-249.

FLUKE, M. *Building Across the Sacred Landscape*. The romanesque churches of Verona in their urban context. Nova York, Columbia University, 2012 (Tese de doutorado).

FOUCAULT, M. "'Omnes et singulatim': uma crítica da Razão política". *In*: DA MOTTA, M. B. (org.). *Michel Foucault estratégia, poder-saber*. Coleção Ditos e Escritos IV. Rio de Janeiro, Forense Universitária, 2003, pp. 355-385.

FRANK, T. "Le Opere di Misericordia alla prova: la riforma dei sistemi assistenziali in Italia e in Germania, XV-XVI". *In*: DELCORNO, P. (org.). *Politiche di misericordia tra teoria e prassi*. Confraternite, ospedali e Monti di Pietà (XIII-XVI secolo). Bolonha, Società Editrice Il Mulino, 2018, pp. 173-194.

FRENCH, K. L. *The people of the parish. Community life in a late medieval English diocese*. Filadélfia, University of Pennsylvania Press, 2001.

FRUGONI, C. "Il ruolo del battistero e di Marte a cavallo nella Nuova Cronica del Villani e nelle immagini del codice Chigiano I VIII 296 della Biblioteca Vaticana". *Mélanges de l'École Française de Rome: Moyen Âge*. Roma, vol. 119, n. 1, 2007, pp. 57-92.

GARCINUÑO CALLEJO, Ó. "La visión de la ciudad medieval (s. XIII) en las miniaturas de las Cantigas de Santa María". *Revista de Filología Románica*. Madri, n. 3 (edición extra), 2002, pp. 81-90.

GARGANTA, J. M. *Santo Domingo de Guzmán visto por sus contemporáneos*. Madri, Biblioteca de Autores Cristianos, 1947.

GAUDEMET, J. "La paroisse au Moyen Âge". *Revue d'Histoire de l'Église de France*. Paris, vol. 59, n. 162, 1973, pp. 5-21.

BIBLIOGRAFIA CITADA

GAZZINI, M. "Guides for a good life: the Sermons of Albertano da Brescia and other instructions for citizens and believers in Italian medieval confraternities". *In*: EISENBICHLER, K. (org.). *A companion to Medieval and Early Modern confraternities*. Leiden/Boston, Brill, 2019, pp. 157-175.

GILLI, P. *Cidades e sociedades urbanas na Itália medieval (séculos XII-XIV)*. Trad. Marcelo Cândido da Silva e Victor Sobreira. Campinas, Editora da Unicamp, 2011.

GOLINELLI, P. *La Pataria. Lotte religiose e social nella Milano dell'XI secolo*. Milão, Europía-Jaca Book, 1998.

GÓMEZ-MORENO, M. *Iglesias Mozárabes. Arte español de los siglos IX a XI*. Madri, Centro de Estudios Históricos, 1919.

GOUFFRAN, L.-H. "Les acteurs de l'assistance: hôpitaux et élites urbaines à Marseille à la fin du Moyen Âge (fin XIVe-début XVe siècle)". *Mediterranea – ricerche storiche*. Palermo, vol. 13, n. 36, 2016, pp. 75-92.

GRAND, R. "De l'étymologie et de l'acception première du mot communia = commune, au moyen âge". *Revue Historique de Droit Français et Étranger*. Paris, vol. 25, 1948, pp. 144-149.

GROSSI, P. *A ordem jurídica medieval*. Trad. Denise Rossato Agostinetti. São Paulo, WMF Martins Fontes, 2014.

GRUNDMANN, H. *Religious Movements in the Middle Ages. The Historical Links between Heresy, the Mendicant Orders, and the Women's Religious Movement in the Twelfth and Thirteenth Century, with the Historical Foundations of German Mysticism* [German edition 1935]. Trad. Steven Rowan. Notre Dame, University of Notre Dame Press, 2005.

GUERRA MEDICI, M. T. "'City Air'. Women in the medieval city". *In*: CASAGRANDE, G. (org.). *Donne tra Medioevo ed Età Moderna in Italia*. Ricerche. Perúgia, Morlacchi, 2004, pp. 23-52.

GUERREAU-JALABERT, A. "*Caritas* y don en la sociedad medieval occidental". *Hispania*. Revista Española de Historia. Madri, vol. LX/1, n. 204, 2000, pp. 27-62.

GUERRERO LOVILLO, J. *Las Cántigas: estudio arqueológico de sus miniaturas*. Madri, CSIC, 1949.

GUIZOT, F. *Cours d'Histoire Moderne: histoire générale de la civilisation en Europe depuis la chute de l'Empire Romain jusqu'à la Révolution Française*. Bruxelas, Meline, Cans et Compagnie, 1846.

HAMEL, C. *Manuscritos Notáveis*. Trad. Paulo Geiger. São Paulo, Companhia das Letras, 2017.

HAMILTON, L. I. "Memory, Symbol, and Arson: Was Rome 'Sacked' in 1084?". *Speculum, A Journal of Medieval Studies*. Chicago, vol. 78, n. 2, 2003, pp. 378-399.

HANSEN, J. A. *Alegoria. Construção e interpretação da metáfora*. São Paulo/ Campinas, Hedra/Editora da Unicamp, 2006.

———. "Representações da cidade de Salvador no século XVII". *Sibila*. Revista de poesia e crítica literária. São Paulo, Ano 10, 2010. Disponível em <http:// sibila.com.br/mapa-da-lingua/representacoes-da-cidade-de-salvador-no-seculo-xvii/3343>. Acesso em 31/3/2021.

HARRIS, M. S. *Roman identity in the age of Augustus. A critical look at the roles of Aeneas, Romulus and Hercules in the founding of Rome*. Ann Arbor, University of Michigan, 2012 (Dissertação de mestrado).

HARTMANN, M. "Alcuin et la gestion matérielle de Saint-Martin de Tours". *Annales de Bretagne et de Pays de l'Ouest*, tome 111, n. 3. Rennes, 2004, pp. 91-102.

HARVEY, S. A. "Syria and Mesopotamia". *In*: MITCHELL, M. & YOUNG, F. M. (org.). *The Cambridge History of Christianity. Origins to Constantine*, vol. 1. Cambridge, Cambridge University Press, 2008, pp. 351-365.

HEERS, J. *La ville au Moyen Âge*. Paris, Fayard, 1990.

HERNÁNDEZ DE LA FUENTE, D. "La noción de *koinonia* y los orígenes del pensamiento utópico". *Studia Philologica Valentina*, vol. 16, n. 13. València, 2014, pp. 165-196.

HITCHCOCK, R. *Mozarabs in Medieval and Early Modern Spain. Identities and Influences*. Hampshire/Burlington, Ashgate Publishing, 2008.

HOHENBERG, P. M. & LEES, L. H. *La formation de l'Europe Urbaine (1000--1950)*. Paris, PUF, 1992.

HOLDSWORTH, C. "Christina of Markyate". *Studies in Church History*. Cambridge, Subsidia 1, 1978, pp. 185-204,

HONESS, C. *From Florence to the Heavenly City. The poetry of citizenship in Dante*. Londres, Legenda, 2006.

HRBEK, I. & DEVISSE, J. "Os almorávidas". *In*: EL FASI, M. (org.). *História Geral da África*, vol. III: *África do século VII ao XI*. Brasília, Unesco, 2010, pp. 395-429.

IOGNA-PRAT, D. *La maison Dieu. Une histoire monumentale de l'Église au Moyen Âge*. Paris, Éditions du Seuil, 2006.

———. *Iglesia y sociedad en la Edad Media*. México, Universidad Nacional Autónoma de México, 2013.

———. *La invención social de la Iglesia en la Edad Media*. Trad. Ángela Schikler y Silvia Tenconi. Buenos Aires, Miño y Dávila, 2016.

ITO, M. D'A. *Orsanmichele – The Florentine Grain Market: trade and worship in the Later Middle Ages*. Washington, D.C., The Catholic University of America, 2014 (Tese de doutorado).

BIBLIOGRAFIA CITADA

JAEGER, C. S. *The envy of angels. Cathedral schools and social ideals in medieval Europe (950-1200)*. Philadelphia, University of Pennsylvania Press, 1994.

———. *A inveja dos anjos. Escolas catedrais e ideais sociais na Europa medieval (950--1200)*. Campinas, Kírion, 2019.

JAEGER, W. *Cristianismo Primitivo y Paideia Griega*. Trad. Elsa Cecilia Frost. México, Fondo de Cultura Económica, 1998.

JAMES, M. "Ritual, Drama and Social Body in the Late Medieval English Town". *Past & Present*. Oxford, n. 98, 1983, pp. 3-29.

JOHNSON, P. *História do Cristianismo*. Trad. Cristiana de Assis Serra. Rio de Janeiro, Imago, 2001.

JONES, Ph. *The Italian City-State: From commune to signoria*. Oxford, Clarendon Press, 2004.

JOUNEAU, D.; CHARBOUILLOT, S. & ROCHET, Q. "Le Couvent des Cordeliers de Montbrison". *In*: MATHEVOT, C. & POISSON, J.-M. (org.). *Montbrison Médiéval*. Atas do colóquio de Montbrison de 6 de fevereiro de 2016. Montbrison, La Diana, 2017, pp. 91-114.

KELLY, T. F. *The Exultet in Southern Italy*. Nova York/Oxford, Oxford University Press, 1996.

KIENZLE, B. M. (org.). "Introduction". *In*: KIENZLE, B. M. (org.). *The sermon. Typologie des sources du Moyen Âge Occidental, 81-83*. Turnhout, Brepols, 2000, pp. 143-174.

KITTEL, G. & FRIEDRICH, G. (ed.). *Theological dictionary of the New Testament*. Abridged in one volume by Geoffrey W. Bromiley. Grand Rapids, William B. Eerdmans Publishing Company, 1990.

KLEIN, P. K. "Introduction: The Apocalypse in Medieval Art". *In*: EMMERSON, R. K. & McGINN, B. (org.). *The Apocalypse in the Middle Ages*. Ithaca, Cornell University Press, 1992, pp. 159-198.

KOTKIN, J. *A Cidade, uma história global*. Trad. Rafael Mantovani. Rio de Janeiro, Objetiva, 2012.

LAFFONT, P.-Y. "Introduction". *In*: LAFFONT, P.-Y. (org.). *L'armorial de Guillaume Revel: châteaux, villes et bourgs du Forez au XVe siècles*. Lyon, Alpara, 2011. Disponível em <https://books.openedition.org/alpara/2915>. Acesso em 31/3/2021.

LAMBERTINI, R. "Governo ideale e riflessione politica dei frati mendicanti nella prima metà del Trecento". *Etica e Politica: le teorie dei Frati mendicanti nel Due e Trecento*. Spoleto, CISAM, 1999, pp. 231-277.

LATTA, C. *Histoire de Montbrison*. Lyon, Éditions Horvath, 1994.

LAURANSON-ROSAZ, C. "En France: le débat sur la 'mutation féodale'. État de la question". *Scienza & Politica*, vol. 26. Bolonha, 2002, pp. 3-24.

LAUWERS, M. "Paroisse, paroissiens et territoire. Remarques sur *parochia* dans les textes latins du Moyen Âge". *Médiévales*. Vincennes, vol. 49, 2005. Disponível em <https://journals.openedition.org/medievales/1260>. Acesso em 10/12/2020.

_____ . *O nascimento do cemitério. Lugares sagrados e terra dos mortos no Ocidente medieval*. Trad. Robson Murilo Grando Della Torre. Campinas, Editora da Unicamp, 2015.

LAVAJO, J. Ch. "Islão e cristianismo: entre a tolerância e a guerra santa". *In*: AZEVEDO, C. M. (org.). *História religiosa de Portugal. Formação e limites da cristandade*. Coord. Ana Maria C. M. Jorge e Ana Maria S. A. Rodrigues. Casais de Mem Martins, Círculo de Leitores S.A., 2000, pp. 91-136.

LAWRENCE, C. H. *The Friars. The impact of the early Mendicant movement on Western society*. 2. reimpressão. Londres/Nova York, Longman, 1994.

LEFRANC, A. *Histoire de la ville de Noyon et de ses institutions jusqu'à la fin du XIIIe siècle*. Paris, Vieweg, 1888.

LE GOFF, J. "Clérigo/leigo". *Enciclopédia Einaudi*. Trad. portuguesa. Lisboa, Imprensa Nacional-Casa da Moeda, 1987, pp. 370-390.

LE JAN, R. "A ideologia do poder no reino dos francos". *In*: ALMEIDA, N. B. & DA SILVA, M. C. (org.). *Poder e construção social na Idade Média. História e historiografia*. Goiânia, Editora UFG, 2011, pp. 19-46.

LEWIS, Ch. T. & SHORT, Ch. *A Latin Dictionary*. Baseado na ed. de Andrews do *Latin Dictionary* de Freund aumentado e em grande parte reescrito por Charlton T. Lewis and Charles Short. Oxford, Clarendon Press, 1879.

LOPES, V. "As necrópoles de Mértola. Do mundo romano até à Antiguidade Tardia". *In*: LÓPEZ QUIROGA, J. & MARTÍNEZ TEJERA, A. (org.). *Morir en el Mediterráneo medieval*. Oxford, British Archaeological Reports, 2009, pp. 31-58.

_____ . *Mértola e o seu território na Antiguidade Tardia (séculos IV-VIII)*. Huelva, Universidad de Huelva, 2013 (Tese de doutorado).

LOPES, P. *A assistência hospitalar na Lisboa medieval, anterior à instituição do Hospital Real de Todos os Santos (séc. XIII-XV)*. Lisboa, Universidade Nova de Lisboa, 2015 (Dissertação de mestrado).

LÓPEZ ALSINA, F. "La reforma eclesiástica y la generalización de un modelo de parroquia actualizado". *La reforma gregoriana y su proyección en la cristiandad Occidental (Siglos XI-XII)*. Semana de Estudios Medievales (Estella 18-22 de julio de 2005). Pamplona, Fondo de Publicaciones del Gobierno de Navarra, 2006, pp. 421-450.

LOT, F. "L'évolution des communes françaises à propos d'un livre récent". *Revue Historique*. Paris, tome 201, fasc. 1, 1949, pp. 45-54.

BIBLIOGRAFIA CITADA

LORA SERRANO, G. "El pontificado de Plasencia (siglos XII-XIII): aportación al estudio de la Historia Eclesiástica de Extremadura". *Homenaje al profesor Eloy Benito Ruano*, vol. 2. Murcia, Universidad de Murcia/CSIC, 2010, pp. 449-464.

LUCHAIRE, A. *Les communes françaises à l'époque des Capétiens Directs*. Paris, Librairie Hachette, 1890.

MACHADO, C. R. "A Antiguidade Tardia, a queda do Império Romano e o debate sobre o 'fim do mundo antigo'". *Revista de História*. São Paulo, vol. 173, 2015, pp. 81-114.

MACKIN, Z. D. R. *Dante Praedicator. Sermons and preaching culture in the Commedia*. Nova York, Columbia University Graduate School of Arts and Sciences, 2013 (Tese de doutorado).

MARKUS, R. "How on earth could places become holy? Origins of the Christian idea of holy places". *Journal of Early Christian Studies*. Baltimore, vol. 2, n. 3, 1994, pp. 257-271.

_____ . *O fim do cristianismo antigo*. Trad. João Rezende da Costa. São Paulo, Paulus, 1997.

MARTIN, H. *Le métier de prédicateur à la fin du Moyen Âge, 1350-1520*. Paris, Éditions du CERF, 1988.

_____ . "Un Prédicateur face à l'Histoire: le dominicain silésien Pérégrin d'Opole (vers 1260-vers 1330)". *In*: CAROZZI, C. & TAVIANI-CAROZZI, H. (org.). *Faire l'événement au Moyen Âge* (*on-line*). Aix-en-Provence, Presses Universitaires de Provence, 2007. Disponível em <http://books.openedition. org/pup/5729>. Acesso em 26/7/2019.

MARTINES, L. *Fire in the City. Savonarola and the struggle for Renaissance Florence*. Oxford/Nova York, Oxford University Press, 2006.

MARTÍNEZ VINAT, J. *Cofradías y oficios. Entre la acción confraternal y la organización corporativa en la Valencia medieval (1238-1516)*. València, Universitat de València, 2018 (Tese de doutorado).

MARTINS, J. A. "Sobre as origens do vocabulário político medieval". *Revista Trans/Form/Ação*. Marília, vol. 34, n. 3, 2011, pp. 51-68.

MATEO GÓMEZ, I. *Temas profanos en la escultura gótica española. Las sillerías de coro*. Madri, CSIC, 1979.

MATHÉVOT, C. "Montbrison". *In*: LAFFONT, P.-Y. (org.). *L'armorial de Guillaume Revel: châteaux, villes et bourgs du Forez au XVe siècles*. Lyon, Alpara, 2011. Disponível em <https://books.openedition.org/alpara/2928>. Acesso em 1/4/2021.

MATOS, J. L. *Lisboa na Civilização Islâmica*. Lisboa, Academia das Ciências de Lisboa, 2015.

561

MATTOSO, José. "Os Moçárabes". *Revista Lusitana* (Nova Série). Lisboa, vol. 6, 1985, p. 5-24.

———. "Paróquia (até o século XVIII)". *In*: AZEVEDO, C. M. (org.). *Dicionário de História Religiosa de Portugal*. Lisboa, Círculo de Leitores, 2001, pp. 372-376.

MAZEL, F. *Féodalités, 888-1180*. Paris, Éditions Belin, 2010.

McAVOY, L. H. *Medieval Anchoritisms, gender, space, and solitary life*. Suffolk, D. S. Brewer, 2011.

MEERSSEMAN, G. G. "Études sur les anciennes confréries dominicaines". *Archivum Fratrum Praedicatorum*. Roma, vol. 20, 1950, pp. 5-113.

MIATELLO, A. L. P. "Relações de poder e bem comum na Baixa Idade Média italiana (séc. XIII-XIV)". *Anos 90*. Porto Alegre, vol. 20, n. 38, 2013, pp. 181-217.

———. "Iacopo de Varagine e a escrita da história no século XIII". *In*: TEIXEIRA, I. & BASSI, R. (org). *A escrita da história na Idade Média*. São Leopoldo, Oikos, 2015, pp. 112-143.

———. "Pregação e cavalaria no processo de expansão da cristandade latina: o papel da Ordem da Milícia de Ramon Llull (1232-1316)". *Horizonte*. Belo Horizonte, vol. 15, n. 48, 2017a, pp. 1.151-1.190.

———. "Giordano de Pisa (1260-1311) e os três significados da cidade: um ensaio de política urbana medieval". *Revista Tempo*. Niterói, vol. 23, n. 2, 2017b, pp. 240-263.

———. "Pregação em tempos de crise ou de como a pregação ajustava-se ao sistema político comunal (século XIII)". *In*: TORRES FAUAZ, A. (org.). *La Edad Media en perspectiva Latinoamericana*. San José (Costa Rica), EdUNA, 2018, pp. 109-131.

———. "O Barco de São Pedro e as tormentas do Mar: respostas papais às transformações religiosas do Mediterrâneo (séculos VII-XI)". *In*: ALMEIDA, N. B. & DELLA TORRE, R. (org.). *O Mediterrâneo medieval reconsiderado*. Campinas, Editora da Unicamp, 2019, pp. 197-239.

———. "As culturas da caridade das Beguinas de Marselha frente aos desafios da economia mercantil da Baixa Idade Média". *Revista de História da USP*. São Paulo, n. 181, 2022, pp. 1-20.

MICHAUD, F. "Le pauvre transformé: les hommes, les femmes et la charité à Marseille, du XIIIe siècle jusqu'à la Peste Noire". *Revue Historique*. Paris, vol. 650, n. 2, 2009, pp. 243-290.

MILLER, M. C. *The formation of a medieval Church: Ecclesiastical change in Verona, 950-1150*. Londres/Ithaca, Cornell University Press, 1993.

———. *The Bishop's Palace. Architecture and authority in medieval Italy*. Ithaca/ Londres, Cornell University Press, 2000.

MILLER, M. C. "Topographies of power in the urban centers of medieval Italy. Communes, bishops, and public authority". *In*: FINDLEN, P.; FONTAINE, M. & OSHEIM, D. (org.). *Beyond Florence. The contours of medieval and early modern Italy*. Stanford, Stanford University Press, 2003, pp. 181-189.

MOGOLLÓN CANO-CORTÉS, P. & PIZARRO GÓMEZ, F. J. "El tema del salvaje en la sillería de coro de la catedral de Plasencia". *Anales de la Historia del Arte*. Madri, n. 4, 1994, pp. 455-462.

MOMIGLIANO, A. *As raízes clássicas da Historiografia Moderna*. Trad. Maria Beatriz Borba Florenzano. Bauru, Edusc, 2004.

_____ . "The Origins of Rome". *In*: WALBANK, F. W. *et al.* (org.). *The Cambridge Ancient History*. The Rise of Rome to 220 B.C. 2. ed., vol. VII, parte 2. Cambridge, Cambridge University Press, 2008, pp. 52-112.

MOORE, M. E. *A sacred kingdom. Bishops and the rise of Frankish kingship, 300-850*. Washington, D.C., The Catholic University of America Press, 2011.

MORALES MUÑIZ, D. C. "Carne y símbolo: toros en las tierras madrileñas durante el medioevo". *Miscelánea Medieval Murciana*. Murcia, vol. 37, 2013, pp. 139-154.

MORONI, G. *Dizionario di erudizione storico-ecclesiastica da S. Pietro sino ai nostri giorni*, vol. XX. Veneza, Tipografia Emiliana, 1843.

MORSEL, J. *La Aristocracia medieval*. El dominio social en Occidente (siglos V-XV). Trad. Fermín Miranda. Valência, PUV, 2008.

MUÑOZ, Á. *Madrid en la Edad Media: análisis de una comunidad urbana y su entorno rural en sus relaciones con el hecho religioso*. Madri, Universidad Complutense de Madrid, 1993 (Tese de doutorado).

_____ . "Las redes primarias de lo urbano. A propósito de los espacios parroquiales del Madrid medieval". *Revista de Filología Románica*. Barcelona, anexo III, 2002, pp. 65-80.

NAJEMY, J. *A history of Florence, 1200-1575*. Malden, Blackwell Publishing, 2006.

NANNI, L. *La parrochia studiata nei documenti lucchesi dei secoli VIII-XIII*. Roma, Università Gregoriana, 1948.

NASCIMENTO, A. & GOMES, S. "S. Vicente de Lisboa e seus milagres medievais". *Didaskalia*. Lisboa, vol. 15, n. 1, 1985, pp. 73-95.

NAUMANN, P. *"La Repubblica vi sono tutti": O batistério de Pádua como expressão visual da religião das comunas durante a signoria dos Carraresi*. Belo Horizonte, Universidade Federal de Minas Gerais, 2016 (Dissertação de mestrado).

NEWMAN, B. "Juliana of Mont-Cornillon (1193-1258)". *In*: WILSON, K. M. & MARGOLIS, N. (org.). *Women in the Middle Ages*. An encyclopedia. Volume 1 (A-J). Westport/Londres, Greenwood Press, 2004, pp. 503-505.

NOREEN, K. "Sacred memory and confraternal space. The insignia of the Confraternity of the Santissimo Salvatore (Rome)". *In*: Ó CARRAGÁIN, É. & NEUMAN DE VEGVAR, C. *Roma Felix: Formation and Reflections of Medieval Rome*. Nova York, Routledge, 2007, pp. 159-187.

NUNES, G. M. "As Igrejas Próprias e o processo de estruturação político-ideológica do Reino Visigodo". *In*: DA SILVA, L. R. *et al.* (org.). *A Igreja em construção. Poder e discurso cristão na Alta Idade Média (séculos IV-VIII)*. Rio de Janeiro, PEM, 2013, pp. 85-101.

OCCHIPINTI, E. *L'Italia dei comuni, secoli XI-XIII*. Roma, Carocci, 2000.

OLIVEIRA MARQUES, A. H. *A sociedade medieval portuguesa. Aspectos de vida quotidiana*. Lisboa, Livraria Sá da Costa Editora, 1964.

_____ ."O 'Portugal' Islâmico". *In*: OLIVEIRA MARQUES, A. H. (org.). *Portugal das invasões germânicas à "Reconquista"*. Lisboa, Editorial Presença, 1993, pp. 117-251.

OLIVEIRA, M. *As paróquias rurais portuguesas. Sua origem e formação*. Lisboa, União Gráfica, 1950.

ORLIN, E. "Urban religion in the Middle and Late Republic". *In*: RÜPKE, J. (org). *A Companion to Roman Religion*. Malden/Oxford/Carlton, Blackwell Publishing, 2007, pp. 58-70.

OTTEWILL-SOULSBY, S. "Making men and cities: Francesc Eiximenis on the reasons for city-founding". *In*: GREAVES, S. & WALLACE-HADRILL, A. (org.). *Rome and the colonial city: rethinking the grid*. Oxford/Filadélfia, Oxbow Books, 2022, pp. 83-100.

PENNA, R. *Um só Corpo. Laicidade e sacerdócio no cristianismo das origens*. Trad. Gabriel Frade. São Paulo, Edições Loyola, 2022.

PEÑARROJA TORREJÓN, L. *Cristianos bajo el Islam. Los mozárabes hasta la reconquista de Valencia*. Madri, Editorial Gredos, 1993.

PETERSON, E. *The angels and the liturgy*. Trad. Ronald Walls. Nova York, Herder and Herder, 1964.

PETIT-DUTAILLIS, Ch. *Les communes françaises. Caractères et évolution des origines au XVIIIe siècle*. Paris, Éditions Albin Michel, 1970.

PETOLETTI, M. "L'Iconografia rateriana: le didascalie e i versi celebrativi". *In*: ARZONE, A.; NAPIONE, E. (org.). *La più antica veduta di Verona: iconografia rateriana. L'archetipo e l'immagine tramandata*. Verona, Comune di Verona, 2012, pp. 33-46.

PETRI, L. *La ville de Tours du IVe au VIe siècle. Naissance d'une cité chrétienne*. Roma, École Française de Rome, 1983.

PICCINNI, G. "I modelli ospedalieri e la loro circolazione dall'Italia all'Europa alla fine del Medioevo". *In*: CAVERO DOMÍNGUEZ, G. (org.). *Civitas*

Bendita. Encrucijada de las relaciones sociales y de poder en la ciudad medieval. León, Universidad de León, 2016, pp. 9-47.

PICHOT, D. "Villa, village, paroisse et seigneurie sur les confins du Maine et de la Bretagne (VIIIe-XIIe siècles)". *In*: BARTHÉLEMY, D. & BRUAND, O. (org.). *Les pouvoirs locaux dans la France du centre et de l'ouest (VIIIe-XIe siècles): implantation et moyen d'action.* Rennes, Presses Universitaires de Rennes, 2005. Disponível em <http://books.openedition.org/pur/27490>. Acesso em 27/3/2021.

PIRENNE, H. *Les villes du Moyen Âge. Essai d'histoire économique et sociale.* Bruxelas, Maurice Lamertin Éditeur, 1927.

PISTARINO, G. *La capitale del Mediterraneo: Genova nel medioevo.* Gênova, Istituto Internazionale di Studi Liguri Bordighera, 1993.

POISSON, J.-M. "Le château medieval de Montbrison et ses églises: Saint--Pierre-'le-Viel'". *In*: MATHEVOT, C. & POISSON, J.-M. (org.). *Montbrison Médiéval.* Actes du colloque de Montbrison du 6 février 2016. Montbrison, La Diana, 2017, pp. 67-77.

POLACCI, F. "La disputa sulla tabulella monogrammata si san Bernardino nella configurazione plastica di Sano di Pietro". *Carte Semiotiche*. Rivista della Società Italiana di Semiotica del Testo e del Centro Senese di Semiotica. Palermo, n. 6-7, 2004, pp. 112-129.

POUNDS, N. *The Medieval City.* Westport/Londres, Greenwood Press, 2005.

POWELL, J. M. *Albertanus of Brescia. The pursuit of happiness in the early Thirteenth Century.* Filadélfia, University of Pennsylvania Press, 1992.

POWICKE, M. *The Christian life in the Middle Ages and other essays.* Oxford, Clarendon Press, 1935.

PRODI, P. *Uma história da justiça. Do pluralismo dos foros ao dualismo moderno entre consciência e direito.* Trad. Karina Jannini. São Paulo, Martins Fontes, 2005.

QUAGLIONI, D. "'Civitas': appunti per una riflessione sull'idea di città nel pensiero politico dei giuristi medieval". *In*: CONTI, V. (org.). *Le Ideologie della città dall'umanesimo al romanticismo.* Florença, Olschki, 1993, pp. 59-76.

QUILICI, B. "La Chiesa di Firenze dal governo del 'Primo Popolo' alla restaurazione guelfa". *Archivio Storico Italiano.* Florença, vol. 27, n. 3, 1969, pp. 265-337.

RAHNER, H. *Miti greci nell'interpretazione cristiana.* Trad. Luciano Tosti. Bolonha, Società Editrice il Mulino, 1971.

RAYMOND, A. "The spatial organization of the city". *In*: JAYYUSI, S. K. *et al.* (org.). *The city in the Islamic World*, vol. 1. Leiden/Boston, Brill, 2008, pp. 47-70.

RENTZ, E. K. *Imagining the parish in late Medieval England*. Columbus, The Ohio State University Press, 2015.

REYNOLDS, S. *Kingdoms and communities in Western Europe, 900-1300*. 2. ed. Oxford, Clarendon Press, 1997.

RIBEIRO, F. A. *Uma história socioeconômica da Igreja: ineclesiamentos, reformas e paroquializações na Itália, a partir do caso de Orvieto (1029-1157)*. Belo Horizonte, Universidade Federal de Minas Gerais, 2019 (Tese de doutorado).

RICHÉ, P. *Éducation et culture dans l'Occident Barbare (VIe-VIIIe siècles)*. Paris, Éditions du Seuil, 1962.

RIGBY, S. H. "Urban population in late medieval England: the evidence of the lay subsidies". *Economic History Review*. Nova Jersey/Glasgow, vol. 63, n. 2, 2010, pp. 393-417.

RONZANI, M. "Vescovi, capitoli e strategie famigliari nell'Italia comunale". *In*: CHITTOLINI, G. & MICCOLI, G. (org.). *Storia d'Italia. Annali 9. La Chiesa e il potere politico dal Medioevo all'età contemporanea*. Turim, Giulio Einaudi Editore, 1986, pp. 99-146.

ROPA, A. "Female authority during the Knights' Quest? Recluses in the Queste del Saint Graal". *Bulletin du Centre d'Études Médiévales*. Auxerre, vol. 20 n. 1, 2016. Disponível em <https://doi.org/10.4000/cem.14426>. Acesso em 27/12/2022.

ROSA, M. de L. "A religião no século: vivências e devoções dos leigos". *In*: AZEVEDO, C. M. (org.). *História religiosa de Portugal*. Formação e limites da Cristandade. Casais de Mem Martins, Círculo de Leitores S.A., 2000, pp. 423-506.

_____ . "A religiosidade medieval como campo de trabalho historiográfico: perspectivas recentes". *Revista de História das Ideias*. Coimbra, vol. 36, 2. série, 2018, pp. 57-81.

ROSENZWEIG, I. *Ritual and cults of Pre-Roman Iguvium*. Com o texto das Placas Iguvinas em apêndice. Londres, Christophers, 1937.

ROSIER-CATACH, I. "Communauté politique et communauté linguistique". *In*: GENET, J.-Ph. (org.). *La légitimité implicite*. Paris/Roma, Éditions de la Sorbonne, 2015. Disponível em <https://books.openedition.org/psorbonne/6590>. Acesso em 2/5/2023.

ROSSER, G. "Charity, fraternity, self and others in the Late Medieval European guilds". *In*: DELCORNO, P. (org.). *Politiche di misericordia tra teoria e prassi. Confraternite, ospedali e Monti di Pietà (XIII-XVI secolo)*. Bolonha, Società Editrice Il Mulino, 2018, pp. 119-131.

RUBIO, A. "Un hospital medieval según su fundador: el testamento de Bernat dez Clapers (Valencia, 1311)". *Dynamis*. Acta Hispanica ad Medicinae Scientiarumque Historiam Illustrandam. Granada, vol. 3, 1983, pp. 373-387.

RUBIO, A. "Beneficencia y hospitalidad en la ciudad de Valencia durante la baja edad media según las fuentes archivísticas". *In*: HEVIA, A. (ed.). *Memoria Ecclesiae X. Beneficencia y hospitalidad en los archivos de la Iglesia – Santoral Hispano-Mozarabe en las diócesis de España*. Oviedo, Asociación de Archiveros de la Iglesia en España, 1997, pp. 15-60.

RUBIÓ I BALAGUER, J. *Historia de la Literatura Catalana*, vol. I. 1. reimpressão. Montcada i Reixac, Publicacions de l'Abadia de Montserrat, 2006.

RUCQUOI, A. *História Medieval da Península Ibérica*. Trad. Ana Moura. Lisboa, Editorial Estampa, 1995.

RUPP, T. "Damnation, Individual, and Community in Remigio dei Girolami's 'De Bono Communi'". *History of Political Thought*. Exeter, vol. 21, n. 2, 2000, pp. 217-136.

RUSSO, D. "Savoir et enseignement: la transmission par le livre". *In*: DALARUN, J. (org.). Le Moyen Âge en lumière. Paris, Fayard, 2002, pp. 235-265.

RUST, L. & SILVA, A. F. "A Reforma Gregoriana: trajetórias historiográficas de um conceito". *História da Historiografia*. Ouro Preto, n. 3, 2009, pp. 135-152.

RUST, L. "Quando o reino revelou o rei: o papado e a formação de Portugal". *In*: TAVARES, R. (org.). *1179: Portugal, uma retrospectiva*. Lisboa, Público/ Tinta-da-China, 2019, pp. 34-55.

SÁ, I. G. *Quando o rico se faz pobre: misericórdias, caridade e poder no Império Português, 1500-1800*. Lisboa, Comissão Nacional para as Comemorações dos Descobrimentos Portugueses, 1997.

SABATÉ, F (org.). "La comuna idealitzada i rebutjada a la Catalunya baixmedieval". *El espais de poder a la ciutat medieval*. Lérida, Pagès Editors, 2018, pp. 123-154.

SALVARANI, R. "Liturgia e partecipazione nei riti del Battesimo tra X e XII secolo. I 'casi' del fonte di Chiavenna e della vasca di Fidenza". *In*: GIRARDI, L. (org.). *Liturgia e partecipazione. Forme del coinvolgimento rituale*. Pádua, Edizioni Messaggero, 2013, pp. 39-58.

SÁNCHEZ, M. A. "Todo vale para construir un sermón: microtextos en la predicación castellana medieval". *Revista de poética medieval*. Alcalá de Henares (Madri), vol. 23, 2009, pp. 247-266.

SARTRE, M. "Syria and Arabia". *In*: BOWMAN, A.; GARNSEY, P. & RATHBONE, D. (org.). *The Cambridge Ancient History*. 2. ed. Vol. XI (The High Empire, A.D. 70-192). Cambridge, Cambridge University Press, 2008, pp. 635-662.

SAVOIA, P. "The *Book of the Sick* of Santa Maria della Morte in Bologna and the medical organization of a hospital in the Sixteenth-Century". *Nuncius*. Leiden, vol. 31, 2016, pp. 163-235.

SAXER, V. S. "L'utilisation par la liturgie de l'espace urbain et suburbain: l'exemple de Rome dans l'Antiquité et le le Haut Moyen Âge". *Actes du XIe Congrès International d'Archéologie chrétienne*. Roma, Publications de l'École Française de Rome, 1989, pp. 917-1033.

SCHMIDT, J. "A Raven with a Halo: the translations of Aristotle's 'Politics'". *History of Political Thought*. Exeter, vol. 7, n. 2, 1986, pp. 295-319.

SCHMITT, J.-C. "Clérigos e leigos". *In*: LE GOFF, J. & SCHMITT, J.-C. (org.) *Dicionário temático do Ocidente Medieval*. vol. 1. São Paulo, Edusc, 2006, pp. 237-251.

SCHNAPP, A. "The poetics of ruins in Ancient Greece and Rome". *In*: BINTLIFF, J. & RUTTER, K. (org.). *The archaeology of Greece and Rome. Studies in honour of Anthony Snodgrass*. Edimburgo, Edinburgh University Press, 2016, pp. 382-401.

SENNETT, R. *Carne e Pedra. O corpo e a cidade na civilização ocidental*. Trad. Marcos Aarão Reis. 3. ed. Rio de Janeiro, Record, 2003.

_____ . *Carne e Pedra. O corpo e a cidade na civilização ocidental*. Trad. Marco Aarão Reis. 3. ed. Rio de Janeiro, BestBolso, 2014.

SILVA, M. C. *A Realeza Cristã na Alta Idade Média. Os fundamentos da autoridade pública no período merovíngio (séculos V-VIII)*. São Paulo, Alameda, 2008.

_____ . *História Medieval*. São Paulo, Contexto, 2019.

SKINNER, Q. "Machiavelli's Discorsi and the pre-humanist origins of republican ideas". *In*: BOCK, G.; SKINNER, Q. & VIROLI, M. (org.). *Machiavelli and Republicanism*. Cambridge, Cambridge University Press, 1991, pp. 121-141.

_____ . *As fundações do pensamento político moderno*. Trad. Renato Janine Ribeiro e Laura Teixeira Motta. São Paulo, Companhia das Letras, 1996.

SIMONET, F. J. *Historia de los Mozárabes de España deducida de los mejores y más auténticos testimonios de los escritores cristianos y arabes*. Madri, Establecimiento Tipográfico de la Viuda é Hijos de M. Tello, 1903.

SHELDRAKE, Ph. *The spiritual city*. Theology, spirituality, and the urban. Sussex, John Wiley and Sons, 2014.

SHEPARDSON, C. *Controlling contested places. Late Antique Antioch and the spatial politics of religious controversy*. Berkeley, University of California Press, 2014.

SILVESTRI, A. *Power, politics and episcopal authority. The bishops of Cremona and Lincoln in the Middle Ages (1066-1340)*. Cambridge, Cambridge Scholar Publishing, 2015.

SNYDER, J. "The reconstruction of an early Christian cycle of illustrations for the Book of Revelation: The Trier Apocalypse". *Vigiliae Christianae*. Leiden/Boston, vol. 18, n. 3, 1964, pp. 146-162.

SOBREIRA, V. *O modelo do Grande Domínio. Os polípticos de Saint-Germain--des-Près e de Saint-Bertin*. São Paulo, Intermeios, 2015.

SOBRINO, J. *A misericórdia*. Trad. Jaime A. Clasen. Petrópolis, Vozes, 2020.

SOBRINO, M. *Catedrales. Las biografías desconocidas de los grandes templos de España*. Madri, La Esfera de los Libros, 2009.

STARK, R. *Cities of God. The real story of how Christianity became an urban movement and conquered Rome*. Nova York, HarperCollins *e-books*, 2006.

STEGEMANN, E. & STEGEMANN, W. *História social do protocristianismo. Os primórdios no judaísmo e as comunidades de Cristo no mundo mediterrâneo*. Trad. Nélio Schneider. São Leopoldo/São Paulo, Sinodal/Paulus, 2004.

STEM, R. "The exemplary lessons of Livy's Romulus". *Transactions of the American Philological Association*. Baltimore, vol. 137, 2007, pp. 435-471.

STOVER, J. "Hildegard, the schools, and their critics". *In*: KIENZLE, B. M.; STOUDT, D. & FERZOCO, G. (org.). *A companion to Hildegard of Bingen*. Leiden/Boston, Brill, 2014, pp. 109-136.

TABACCO, G. "La città vescovile nell'Alto Medioevo". *In*: ROSSI, P. (org.). *Modelli di città. Strutture e funzioni politiche*. Turim, Einaudi, 1987, pp. 327--345. Disponível em <http://www.rmoa.unina.it/id/eprint/1213 >. Acesso em 11/9/2019.

———. *Profilo di storia del medioevo latino-germanico: duepunti*. Turim, Scriptorium, 1996.

TAMBIAH, S. J. *Culture, thought, and social action. An anthropological perspective*. Cambridge, Harvard University Press, 1985.

TERPSTRA, N. "Apprenticeship in social welfare: from confraternal charity to municipal poor relief in early Modern Italy". *The Sixteenth Century Journal*. Kirksville, vol. 25, n. 1, 1994, pp. 101-120.

———. *Lay confraternities and civic religion in Renaissance Bologna*. Cambridge, Cambridge University Press, 1995.

TESTINI, P.; WATAGHIN, G. C. & PANI ERMINI, L. "La cattedrale in Italia". *In*: *Actes du XIe Congrès international d'Archéologie Chrétienne*. Roma, Publications de l'École Française de Rome, 1989, pp. 5-87.

THOMPSON, A. *Revival preachers and politics in thirteenth-century Italy. The Great Devotion of 1233*. Oxford, Clarendon Press, 1992.

———. *Predicatori e politica nell'Italia del XIII secolo: La "Grande Devozione" del 1233*. Milão, Edizioni Biblioteca Francescana, 1996.

———. "From texts to preaching: retrieving the medieval sermon as an event". *In*: MUESSIG, C. (org.). *Preacher, sermon and audience in the Middle Ages*. Leiden/Boston/Colônia, Brill, 2002, pp. 13-39.

———. *Cities of God: the religion of the Italian communes, 1125-1325*. Filadélfia, University of Pennsylvania Press, 2005.

TIHON, P. "A Igreja". *In*: BOURGEOIS, H.; SESBOÜÉ, B.; & TIHON, P. *Os Sinas da Salvação (séculos XII-XX)*. Trad. Margarida Oliva. São Paulo, Edições Loyola, 2005, pp. 285-463.

TODESCHINI, G. *Un trattato di economia politica franciscana: il De emptionibus et venditionibus, de usuris, de restitutionibus di Pietro di Giovanni Olivi*. Roma, Istituto Storico Italiano per il Medio Evo, 1980.

_____ . *Ricchezza francescana. Dalla povertà volontaria alla società di mercato*. Bolonha, Il Mulino, 2004.

_____ . "Morale economica ed esclusione sociale nelle città di mercato europee alla fine del Medioevo (XIII-XV secolo)". *In*: SABATE, F. (org.). *El mercat: un mondo de contactes i intercanvis. The market: a world of contacts and exchanges*. Lérida, Universitat de Lleida, 2013, pp. 43-56.

TORRES, C. "Lisboa muçulmana: um espaço urbano e o seu território". *Trabalhos de Antropologia e Etnologia* (Sociedade Portuguesa de Antropologia e Etnologia). Porto, vol. 35, n. 3, 1995, pp. 427-434.

_____ . "O Garb-Al-Andaluz". *In*: MATTOSO, J. (org.). *História de Portugal*. Primeiro Volume *Antes de Portugal*. Lisboa, Editorial Estampa, 1997, pp. 329-390.

TOUBERT, P. *Feudalesimo mediterraneo. Il caso del Lazio medievale*. Trad. Danilo Zardin. Milão, Jaca Book, 1980.

UNDERWOOD, P. A. "The Fountain of Life in manuscripts of the Gospels". *Dumbarton Oaks Papers*. Washington D.C., vol. 5, 1950, pp. 42-138.

VALLERANI, M. "La fama nel processo tra costruzioni giuridiche e modelli sociali nel tardo medioevo". *In*: PRODI, P. (org.). *La fiducia secondo i linguaggi del potere*. Bolonha, Il Mulino, 2007, pp. 93-111.

_____ . "La cittadinanza pragmatica. Attribuzione e limitazione delle *civilitas* nei comuni italiani fra XIII e XV secolo". *In*: MENZIGER, S. (org.). *Cittadinanze medievali. Dinamiche di appartenenza a un corpo comunitario*. Roma, Viella, 2017, pp. 113-143.

VAN ANDRINGA, W. "Religions and the integration of cities in the Empire in the second century AD: The creation of a common religious language". *In*: RÜPKE, J. (org). *A companion to Roman religion*. Malden/Oxford/Carlton, Blackwell Publishing, 2007, pp. 83-95.

VAUCHEZ, A. *Les laïcs au Moyen Âge. Pratiques et expériences religieuses*. Paris. Éditions du CERF, 1987.

_____ . "Introduction". *In*: *Religion civique à l'époque médiévale et moderne (Chrétienté et Islam)*. Atas do colóquio organizado pelo Centro de pesquisa "Histoire sociale et culturelle de l'Occident. XIIe.-XVIIIe. siècle" da Universidade de Paris X-Nanterre e do Institut universitaire de France. Roma, École Française de Rome, 1995, pp. 1-5.

BIBLIOGRAFIA CITADA

VERGER, J. *Cultura, ensino e sociedade no Ocidente nos séculos XII e XIII*. Trad. Viviane Ribeiro. Bauru, Edusc, 2001.

VEYNE, P. "O Império Romano". *In*: *História da vida privada*, vol. 1, *Do Império Romano ao Ano Mil*. Trad. Hildegard Feist. São Paulo, Companhia das Letras, 1989, pp. 19-223.

_____ . *Pão e Circo. Sociologia histórica de um pluralismo político*. Trad. Lineimar Pereira Martins. São Paulo, Editora Unesp, 2015.

VIERA, D. J. "The treatment of the Jew and the Moor in the Catalan works of Francesc Eiximenis". *Revista Canadiense de Estudios Hispánicos*. Edmonton, vol. 9, n. 2, 1985, pp. 203-213.

VILAÇA, H. "A religião na cidade: territórios, materialidades e comunicação". *Sociologia*. Porto, n. 7, 2017.

VILELLA, J. "*In alia plebe*. Las cartas de comunión en las iglesias de la Antigüedad". *In*: DELMAIRE, R. *et al.* (org.). *Correspondances*. Documentos para a história da Antiguidade Tardia. Atas do colóquio internacional, Universidade Charles-de-Gaulle-Lille 3, 20-22 novembre 2003. Lyon, Maison de l'Orient et de la Méditerranée Jean Pouilloux, 2009, pp. 83-113.

VINE, W. E; UNGER, M. F. & WHITE, W. (org.). *Dicionário VINE: o significado exegético e expositivo das Palavras do Antigo e do Novo Testamento*. Trad. Luís Aron de Macedo. Rio de Janeiro, CPAD, 2008.

VIROLI, M. *Dalla politica alla ragion di Stato. La scienza del governo tra XIII e XVII secolo*. Roma, Donzelli Editore, 1994.

_____ . *As if God existed. Religion and liberty in the history of Italy*. Trad. Alberto Nones. Princeton/Oxford, Princeton University Press, 2012.

VITI, M. *Tempora sub Phrigiano. La chiesa di San Frediano di Lucca nell'Alto Medioevo (secoli VI-IX)*. Pisa, Università di Pisa, 2020 (Trabalho de conclusão de curso).

VOGEL, C. "La réforme liturgique sous Charlemagne". *In*: BRAUNFELS, W. (org.). *Karl der Grosse: Lebenswerk und Nachleben*. Vol. II. Dusseldorf, Schwann, 1965, pp. 217-232.

WATAGHIN, G. C. *et al.* "Topografia della *civitas christiana* tra IV e VI secolo". *In*: BROGIOLO, G. P. (org.). *Early medieval Towns in the Western Mediterranean*. Mântua, Editrice S.A.P., 1996, pp. 17-42.

WEBER, M. *Economia e Sociedade. Fundamentos da sociologia compreensiva*, vol. 2. Trad. Regis Barbosa e Karen Elsabe Barbosa. São Paulo, UnB/Imprensa Oficial, 2004.

WEISS, M. *Language and ritual in Sabellic Italy*. The ritual complex of the third and fourth *Tabulae Iguvinae*. Leiden/Boston, Brill, 2010.

WICKHAM, C. *Early medieval Italy. Central power and local society 400-1000*. Londres, The Macmillan Press, 1981.

WICKHAM, C. *Una historia nueva de la Alta Edad Media. Europa y mundo mediterráneo 400-800*. Barcelona, Crítica, 2008.

_____ . *Medieval Rome. Stability and crisis of a city, 900-1150*. Oxford, Oxford University Press, 2015.

_____ . *Medieval Europe*. Nova Haven/Londres, Yale University Press, 2016.

_____ . *O Legado de Roma. Iluminando a idade das trevas, 400-1000*. Trad. Pamela Naumann Gorga *et al*. Campinas, Editora da Unicamp, 2019.

WITT, R. G. *The Two Latin cultures and the foundation of Renaissance Humanism in medieval Italy*. Cambridge, Cambridge University Press, 2012.

YOUSEY-HINDES, J. B. *Living the middle life: secular priests and their communities in Thirteenth-Century Genoa*. Palo Alto, Stanford University, 2010 (Tese de doutorado).

COLEÇÃO ESTUDOS MEDIEVAIS

Inventar a heresia?
Discursos polêmicos e poderes antes da Inquisição

Organização: Monique Zerner
Tradução: Néri de Barros Almeida [*et al.*]

304 páginas

ISBN: 978-85-268-0865-2

1ª edição, 2009

A cavalaria
Da Germânia antiga à França do século XII

Autor: Dominique Barthélemy
Tradução: Néri de Barros Almeida
            Carolina Gual da Silva

624 páginas

ISBN: 978-85-268-0900-0

1ª edição, 2010

Cidades e sociedades urbanas na Itália Medieval
Séculos XII-XIV

Autor: Patrick Gilli
Tradução: Marcelo Cândido da Silva
            Victor Sobreira

416 páginas

ISBN Editora da Unicamp: 978-85-268-0927-7

1ª edição, 2011

Guerra santa
Formação da ideia de cruzada no Ocidente cristão

Autor: Jean Flori
Tradução: Ivone Benedetti

416 páginas

ISBN: 978-85-2681022-8

1ª edição, 2013

O nascimento do cemitério
Lugares sagrados e terra dos mortos no Ocidente medieval

Autor: Michel Lauwers
Tradução: Robson Murilo Grando Della Torre

400 páginas

ISBN: 978-85-268-1226-0

1ª edição, 2015

Satã herético
O nascimento da demonologia na Europa medieval (1280-1330)

Autor: Alain Boureau
Tradução: Igor Salomão Teixeira

256 páginas

ISBN: 978-85-268-1334-2

1ª edição, 2016

O legado de Roma
Iluminando a idade das trevas, 400-1000

Autor: Chris Wickham
Tradução: Pamela Naumann Gorga
               Luiz Anchieta Guerra
               Patrícia Rangel do Sacramento

808 páginas

ISBN: 978-85-268-1493-6

1ª edição, 2020

Governar é servir
Ensaio sobre democracia medieval

Autor: Jacques Dalarun
Tradução: Igor S. Teixeira

288 páginas

ISBN: 978-65-86253-61-0

1ª edição, 2021

Impérios e trocas na Antiguidade Tardia Eurasiática
Roma, China, Irã e a estepe por volta de 250-750

Organização: Nicola di Cosmo e Michael Maas
Tradução: Felipe Vale da Silva

696 páginas

ISBN: 978-85-268-1620-6

1ª edição, 2023

Título	Uma história religiosa das cidades medievais
Autor	André Miatello
Coordenador editorial	Ricardo Lima
Secretário gráfico	Ednilson Tristão
Preparação dos originais	Ana Paula Candelária Bernardes
Revisão	Laís Souza Toledo Pereira
Editoração eletrônica	Ednilson Tristão
Assessoria de projeto gráfico (capa e miolo)	Adriana Garcia
Formato	16 x 23 cm
Papel	Avena 80g/m² (miolo)
	Cartão supremo 250 g/m² (capa)
Tipologia	Garamond Premier Pro e Minion Pro
Número de páginas	576

Imagem de capa
The Copenhagen Psalter Thott 143 2º Folio 13v. –
Det Kongelige Bibliotek
(Dinamarca) – *c.* 1175-1200 (originário da Inglaterra)

ESTA OBRA FOI IMPRESSA NA GRÁFICA CAMACORP VISÃO GRÁFICA
PARA A EDITORA DA UNICAMP EM DEZEMBRO DE 2024.